Martin Andersen Nexö

PELLE DER EROBERER

Der Aufbruch

Martin Andersen Nexö
wurde 1869 in Kopenhagen geboren. Wie sein Held Pelle war er als Kind Hütejunge und Knecht, dann Schuhmacher und Gelegenheitsarbeiter, Lehrer und Journalist. Zwischen 1906 und 1911 erschienen die vier Bände seines großen Romans »Pelle der Eroberer«.
Andersen Nexö unterstützte alle wichtigen internationalen Aktionen gegen Faschismus und Krieg und floh 1943 aus dem besetzten Dänemark nach Schweden. Nach einem Aufenthalt in der Sowjetunion übersiedelte er 1951 nach Dresden, wo er 1954 starb.

Martin Andersen Nexö

PELLE DER EROBERER

Der Aufbruch

Zweiter Band

Aus dem Dänischen
von Mathilde Mann

Arena

Dem Meister Henrik Pontoppidan

Lizenzausgabe des Aufbau-Verlags, Berlin

Titel der dänischen Originalausgabe: *Pelle Erobreren*

In neuer Rechtschreibung

1. Auflage 2002

Aus dem Dänischen von Mathilde Mann
Umschlagfotos: Rolf Konow und AKG Berlin
Gesamtherstellung: Westermann Druck Zwickau GmbH
ISBN 3-401-05476-7

Drittes Buch

Der große Kampf

1

Auf dem feuchten Grund des Schachtes wimmelte es von spielenden Kindern. Sie hingen zuunterst am Holzwerk, spazierten trällernd auf den Balken herum, ein Schmalzbrot in der Hand, oder setzten sich auf den Boden und rutschten auf dem klebrigen Steinpflaster vorwärts. Die Luft war rau und nass-kalt wie in einem alten Brunnen und hatte die kleinen Stimmen beizeiten mit Rost überzogen und die Gesichter mit Skrofeln bedeckt, aber aus dem Tonnengang, der nach der Gasse führte, kam hin und wieder ein warmer Hauch von Duft und blühenden Bäumen – ganz hinten vom Wall her.

Bro-bro-brille war ausgespielt, als der letzte Ritter in den schwarzen Kessel kam, und Hänsel und Gretel waren glücklich aus des verrückten Vinzlevs Gang über den Kloakenrost in das Pfefferkuchenhaus hineingeschlüpft, das wunderbarerweise auch Gitterstäbe vor der Tür hatte, durch die man sowohl ein Stück Holz als auch einen Kohlstrunk hindurchstecken konnte, damit die Hexe da hineinschnitte. Holzstücke und Kohlstrünke gab es reichlich im Kehrichtkasten neben dem Pfefferkuchenhaus, und wer die Hexe war, das wusste man wohl! Sie kam zuweilen aus dem Keller herausgestürzt und jagte die ganze Schar mit einer Feuerzange auseinander.

Es war beinahe ein wenig zu natürlich, selbst der Pfefferkuchengeruch kam von den wohlhabenden Olsens oben herabgeschwebt – ein richtiges Märchen konnte man es nicht nennen. Aber vielleicht kam der Vinzlev aus seiner Höhle heraus und erzählte die Geschichte, wie er des Königs Gold herausgefahren und draußen beim Königsgrund ins Meer versenkt hatte, damals, als der Deutsche im Lande war. Eine ganze Schiffsladung hatten des Königs Schätze ausgemacht, kein anderer als Vinzlev hatte gewusst, wo sie versenkt worden waren – und er wusste es auch nicht mehr. Es war ein furchtbares Geheimnis, das einen Mann wohl wunderlich im Kopf machen konnte. Auf seiner zweireihigen Weste bewahrte er den ganzen Plan; wenn er nur von diesem Knopf zu jenem steuerte und dann da hinunter, dann war er bei dem Schatz. Aber nun waren einige von den Knöpfen abgefallen und er konnte den Plan nicht wieder finden. Jeden Tag halfen ihm die Kinder beim Suchen; das war spannend, denn der König war jetzt ungeduldig!

Es gab noch wunderbarere Dinge: etwa wenn man sich auf das schlüpfrige Pflaster niederlegte und Hannes Spiel »Schönheit« spielte. Richtete man den Blick aus der Dämmerung hier unten durch den engen Schacht aufwärts zum Himmel, der lichtglitzernd vorüberflog, und senkte ihn dann plötzlich wieder, so war es hier ganz einfach stockdunkel. Und in der Dunkelheit flogen gelbe und blaue Farbenringe, wo sonst die Kehrichtkästen und die Aborte standen. Die verschwenderische Flut der Farben vor dem Auge, das war die Reise weit hinaus ins Land des Glücks, nach alledem, was sich nicht sagen ließ. »Ich sehe was und ich weiß auch, was es ist, aber ich sage es nicht«, summten sie und nickten geheimnisvoll ins Blaue hinein.

Auch das konnte zu viel des Guten werden. Aber der runde Rost unter dem Holzwerk, wo Hannes Vater sich ertränkt hatte, der wurde niemals langweilig. Die Tiefe kochte dort beständig heraus und erfüllte die kleinen Kinder mit heimlichem Grauen; die lang aufgeschossenen Backfische stellten sich mit gespreizten Beinen über den Rost und ließen sich schaudernd von dem kalten Hauch von da unten her durchrieseln. Der Rost führte ja zur Hölle hinab, und wenn man lange genug starrte, sah man einen schwachen

Schimmer von einem tintenschwarzen Strom, der da unten vorüberfloss. Jeden Augenblick sandte er einem seine fauligen Rülpser herauf; das war der Teufel, der in einer Ecke saß und keuchte. Wandte man die Augen von der Tiefe ab, so wurde das Halbdunkel des Hofes zum hellsten Tag und auf diese Weise konnte man nach Belieben seine Welt hell oder dunkel machen.

Da lagen ständig einige Kinder auf allen vieren und spähten mit ängstlichem Ausdruck hinab und gerade über dem Rost hing den ganzen Sommer hindurch eine Wolke von Mücken, welche die Tiefe durch ihren Atem schwebend erhielt. Sie stiegen bis zu einer bestimmten Höhe, sanken und stiegen wieder, genau wie die Kugeln eines Taschenspielers. Zuweilen sog das da unten den Schwarm vollständig an sich, aber er stieg wieder empor, schwankte hin und her in dem Luftzug aus dem Tonnengang und glich einem tanzenden Geist. Die kleinen Mädchen starrten ihn an, hoben dann ihre Röcke und machten graziöse Schritte. Olsens Elvira hatte hier ihre ersten Tanzschritte gemacht und jetzt tanzte sie ehrbare Bürger ins Armenhaus. Und die Tochter der Trödlerin war in Petersburg und beinahe Großfürstin.

Den ganzen engen Schacht hinunter hingen Holzerker schief und morsch gegeneinander und ließen gerade noch eine schmale Öffnung frei, in der die Trockenleinen mit Kinderwäsche und Schauerlappen hin und her glitten. Die mürben Holztreppen liefen im Zickzack außen an den Mauern entlang, tauchten in die Erker ein und kamen wieder heraus – bis ganz oben zur Mansarde hinauf. Von den Erkern und Galerien führten Türen in die Wohnungen oder zu den langen Gängen, die das Innere der Hausmasse miteinander verbanden. Nur auf Piepmanns Seite gab es vom zweiten Stockwerk an weder Vorbau noch Geländer. Die Zeit hatte es verzehrt, sodass die Treppe allein auf ihren Holmen ruhte. Die Balkenenden ragten noch wie verfaulte Zahnstummel aus der Mauer hervor und von oben hing ein Strick herab, woran man sich festhalten konnte. Er war blank und schwarz von den vielen Händen.

An so einem heißen Junitag, wenn der Weltenraum gleich einem knisternden Brand über den Spalt dort oben hinzog, lebte das schwere, morsche Holzwerk wieder auf und wurde zum Hochwald. Schwatzende Wesen jagten zwischen den Sprossen aus und ein, Schatten kamen und verschwanden, unaufhörliches Plaudern füllte die Dämmerung. Von den Erkern tropfte die säuerliche Lauge der Kinderwäsche bis hinab auf den Grund, wo die Kinder in dem trägen Bach spielten, der aus den Abflussrinnen floss. Das Holzwerk knarrte fortwährend wie alte Zweige, die sich aneinander reiben, nass-kalter Geruch von erdiger, fauliger Vegetation legte sich sättigend auf den Atem und alles, was man anrührte, hatte eine Schicht Schleim wie von übermäßiger Üppigkeit.

Der Blick konnte nicht zwei Schritt wandern, ohne vom Holzwerk gehemmt zu werden, aber dahinter ahnte man Welten. Wenn sich die Türen zu den langen Gängen auftaten und schlossen, brachen von den unzähligen Wesen in der Tiefe der Arche Laute hervor: das Weinen kleiner Kinder, das eigentümliche Pusseln von Sonderlingen und Verhutzelten. Ganze Lebensschicksale spielten sich da drinnen ungestört ab, die niemals ans Licht des Tages kamen. – Auf Piepmanns Seite ragten die Ausgussröhren gerade aus der Mauer heraus und glichen Waldteufeln, die aus dem Dickicht greinten, mit offenem Mund und langem grauem Bart, der rosenrote Regenwürmer gebar und zuweilen mit einem schweren Klatschen in den Hof hinabfiel. Aus den Mauerlöchern heraus wuchsen grüne hängende Büsche. Das Abwaschwasser sickerte durch sie hindurch und tropfte unablässig, wie das nasse Haar des Waldes. In dem grünen, tropfenden Dunkel saßen wunderbar gezeichnete Kröten wie kleine Quellnymphen, eine jede in ihrer Grotte, und glänzten von der giftigen Feuchtigkeit. Und in dem Holzwerk des dritten Stockwerks oben hing Hannes Kanarienvogel und sang hingegeben, den Schnabel zu dem Feuerfleck da oben emporgewandt.

Über den Boden des Hofes ging ein endloses Getrappel von Wesen, lichtscheuen Geschöpfen, die aus dem Bauch der Arche hervorkamen oder darin verschwanden. Die meisten waren Frauen, wunderlich gekleidet, krankhaft bleich, mit jenem Zusatz von Schwarz, als habe sich die Finsternis in die Haut geschlagen, mit erschlafften Zügen, aber fanatisch funkelnden Augen.

Alte Männer, die sonst zitternd in einem dunklen Winkel lagen und auf den Tod warteten, kamen auf die Galerien herausgekrabbelt, steckten die Nase zu dem funkelnden Himmelsfleck empor und niesten dreimal. »Das ist die Sonne«, sagten sie entzückt zueinander. »Hatschi! Dann erkältet man sich im Winter nicht so leicht!«

2

Aus Piepmanns Mansarde trat ein junger Mann auf die Plattform hinaus. Er stand einen Augenblick da und reckte das Antlitz lachend zum hellen Himmel empor. Dann duckte er den Kopf und lief die Hühnerstiege hinab, ohne sich an dem Strick festzuhalten. Unter dem Arm hatte er etwas, was in ein blaues Tuch gewickelt war.

»Seh einer den Clown da an, er lacht der Sonne gerade ins Gesicht, als wenn man nicht davon blind werden könnte!«, sagten die Frauen und steckten die Köpfe durch das Holzwerk. »Aber er ist ja auch vom Lande, natürlich. Und nu will er hin und die Arbeit abliefern. Herrgott, wie lange er woll noch da oben sitzt und das Brot für den Aussauger verdient? Dann wird das Rot auf seinen Wangen auch bald weg sein, wenn er noch lange dableibt.« Sie sahen ihm besorgt nach.

Die Kinder unten auf dem Hof hoben die Köpfe, als er über sie hinwegschritt.

»Hast du heute feines Leder für uns, Pelle?«, riefen sie und zerrten an seinen Beinkleidern.

Er holte kleine Stücke Lackleder und imitiertes rotes Saffianleder aus den Taschen.

»Das ist von des Kaisers neuen Pantoffeln«, sagte er, während er es unter sie verteilte. Dann lachten die Kleinen, dass es in ihren Kehlen gluckste.

Pelle war ganz der Alte, nur ging er aufrechter und elastischer und hatte einen kleinen blonden Schnurrbart bekommen. Die Schlappohren hatten sich ein wenig angelegt, als sei keine große Verwendung mehr für sie. Die blauen Augen nahmen noch immer alles für bare Münze, hatten sich aber außerdem einen kleinen Zug zugelegt, der besagte, dass es nicht mehr mit ihrem guten Willen geschah. Das Schweineglück den Nacken hinunter schimmerte ganz goldig.

Die engen Gassen lagen da und atmeten ständig dieselbe dicke Luft, die sich niemals zu erneuern schien. Die Häuser waren schmutzig und baufällig; wo ein wenig Sonne ein Fenster streifte, lagen fleckige Betten zum Trocknen ausgebreitet. In einer Seitenstraße hielt ein Krankenwagen, Frauen und Kinder umstanden ihn und warteten gespannt darauf, dass die Träger mit ihrer unheimlichen Last kommen würden, und Pelle schloss sich ihnen an; er musste alles mitnehmen.

Es war nicht eben der direkte Weg, den er ging. Die Großstadt war eine ganz neue Welt, nichts war wie daheim, hier geschahen jeden Tag hunderte verschiedene Dinge und Pelle begann gutwillig von vorn; er hatte noch immer das Verlangen, alles mitzumachen, sich alles anzueignen.

In der engen Gasse nach dem Kanal hinunter stellte sich ihm ein dreizehnjähriges Mädchen herausfordernd in den Weg. »Mutter is krank«, sagte sie und zeigte einen dunklen Treppenaufgang hinauf. »Hast du Geld, dann komm mit nach oben!«, er war im Begriff, ihr zu folgen, entdeckte dann aber, dass die alten Weiber in der Straße sich die Nasen an den Fensterscheiben platt drückten. Hier muss man auf der Hut sein!, sagte er sich wohl zum hundertsten Mal. Das Unglück war nur, dass man es immer so leicht wieder vergaß.

Er nahm den Weg am Kanal entlang. Die alten Bollwerke, die Apfelschuten und Speicher mit den hohen Reihen Luken und den quietschenden Winden zuoberst im Giebel riefen Erinnerungen in ihm wach. Zuweilen legten die Schiffer von daheim auch hier mit ihren Töpferarbeiten oder Fischen an und er konnte nach Neuigkeiten fragen. Mit seinem Schreiben war es nicht weit her; über Erfolge war wenig zu berichten gewesen; er hatte sich gerade so durchgeschlagen und schuldete Sort noch immer die Auslagen für die Reiseausstattung.

Aber das würde schon noch kommen, Pelle hegte nicht den geringsten Zweifel an der Zukunft. Die Stadt war so ungeheuer groß und unübersehbar, selbst das Unmögliche schien sie auf sich genommen zu haben, da konnte doch keine Gefahr sein für etwas so Selbstverständliches wie sein Vorwärtskommen! Hier lagen ganz einfach große Reichtümer in Haufen und ließen sich auch von dem armen Mann erobern, wenn er nur dreist zugriff; das Glück hier war ein Goldvogel, der sich mit ein klein wenig Geschicklichkeit einfangen ließ – es gab ja unzählige märchenhafte Zufälle. Und Pelle wollte den Vogel schon eines Tages einfangen, wann und wie, das überließ er getrost dem Zufall.

In einer der Seitenstraßen, die von der Torvegade abzweigten, war ein Menschenauflauf; die Volksmenge füllte vor der Eisengießerei die ganze Straße und rief eifrig den geschwärzten Gießereiarbeitern zu, die vor dem Tor standen und einander unschlüssig ansahen.

»Was is denn hier los?«, fragte Pelle.

»Das is los, dass sie nicht so viel verdienen, dass sie davon leben können«, sagte ein älterer Mann, »und der Fabrikant will ihnen keine Zulage geben. Da haben sie sich solche neumodischen Narrenstreiche ausgedacht, die aus dem Ausland hierher gekommen sein sollen, wo sie sich ja woll ganz gut gemacht haben. Das is so zu verstehn, dass alle Mann plötzlich die Arbeit hinschmeißen, mit bloßem Kopf auf die Straße laufen und lärmen und dann wieder an die Arbeit gehn, genau wie die Schuljungen in der Pause. Sie sind schon zwei-, dreimal raus und rein gewesen und nu is die eine Hälfte draußen und die andere bei der Arbeit – und das Tor is abgeschlossen. Ja, Kuchen, das soll woll dem Wochenlohn aufhelfen! Nee, zu meiner Zeit, da baten wir hübsch darum und kriegten auch immer was; wir sind ja doch die Kleinen, und wo soll es auch herkommen. Und nu haben sie sich noch dazu ihren Wochenlohn für die ganze Woche verscherzt!«

Die Arbeiter wussten weder aus noch ein, sie standen da und sahen zu den Kontorfenstern empor, von wo die Entscheidung zu kommen pflegte. Hin und wieder ging eine ungeduldige Bewegung durch die Schar, die zu den Fenstern hin drohte und barsch ihr Geld verlangte. »Er will uns unsern Wochenlohn nich geben, den wir doch ehrlich verdient haben, der Tyrann!«, riefen sie. »Das is wirklich fein, wenn man Frau und Kinder zu Hause hat, und das an einem Sonnabendnachmittag! So ’n Haifisch, der nimmt ihnen das Essen vom Munde weg! Will der gnädige Herr uns nich einen Bescheid geben, den wir mit nach Hause nehmen können? Bloß einen Gruß, denn sonst müssen sie hungrig zu Bett gehn!«

Und dann lachten sie, leise und knurrend, spien auf das Pflaster und wandten die unbeherrschten Gesichter wieder zu den Kontorfenstern empor.

Es regnete alle möglichen Vorschläge auf sie nieder und sie wussten immer noch nicht, was sie tun sollten. »Zum Teufel auch, wenn wir doch keinen haben, der uns führt«, sagten sie missmutig und stellten sich dann hin und gafften wieder. Das war das Einzige, was sie konnten.

»Wählt einige von euren Kameraden aus und schickt sie hinauf, dass sie mit dem Fabrikanten verhandeln«, sagte ein Herr, der stehen geblieben war.

»Jawohl, das stimmt! Eriksen muss hinauf, der kann die Fingersprache!«, riefen sie.

Der Fremde zuckte die Achseln und ging.

Ein großer, starker Arbeiter näherte sich der Treppe. »Du hast doch den Totschläger bei dir, Eriksen?«, rief einer. Und Eriksen wandte sich auf der Treppe um und zeigte seine geballte Faust.

»Nimm dich in Acht«, riefen sie zu den Fenstern hinauf, »denn sonst kann es sein, dass Brennholz niederfällt!« Dann wurde es auf einmal still, die schwere Haustür war verriegelt.

Pelle lauschte mit offenem Mund. Er wusste nicht, was sie wollten und sie selber wussten es wohl auch nicht; aber doch war ein neuer Ton in diesem hier! Dieses Volk bettelte nicht um sein Recht, es schlug lieber mit Fäusten, um es zu erlangen – diese Männer hatten sich nicht erst betrunken wie der starke Erik und die anderen daheim. Das ist die Großstadt!, dachte er und musste sich wieder glücklich preisen, dass er hierher gelangt war.

Eine Abteilung Schutzleute kam anmarschiert. »Weitergehen!«, riefen sie und drangen auf die Menge ein, um sie zu zerstreuen. Die Arbeiter wollten sich nicht wegjagen lassen. »Nicht, ehe wir unsern Wochenlohn bekommen haben!«, sagten sie und drängten immer wieder nach dem Torweg hin. »Hier ist unser Arbeitsplatz und wir wollen unsere Abrechnung haben, das wollen wir!« Dann jagte die Polizei die Zuschauer weg; sie zogen sich bei jedem Vorstoß zögernd ein paar Schritte zurück und standen dann da und lachten. Pelle bekam einen Puff in den Rücken; er wandte sich schnell um und starrte einen Augenblick in das rote Gesicht des

Schutzmanns; dann zog er sich zurück, indem er murrend nach seinem Rücken griff.

»Hat er dich geschlagen?«, fragte eine alte Frau. »Pfui Deubel! Solch dreckiger Bengel; er is der Sohn von der Rollfrau hier in der Straße und dann braucht er den Knüppel gegen seine eigenen Leute. Pfui Deubel!«

»Weitergehen!«, befahl der Schutzmann, zwinkerte mit den Augen und drängte sie mit dem Körper weg. Sie zog sich in ihren Kellereingang zurück; da stand sie und gebrauchte ihr Mundwerk, dass der Speichel aus dem zahnlosen Gaumen spritzte.

»Ja, regier du man auch mit alten Leuten rum, die dich auf den Armen getragen und dir was Trockenes angezogen haben, als du dir noch nicht selber helfen konntest! Brauch du man den Knüppel auch gegen mich; hast du nich Lust dazu, Fredrik? Lass du dir man von den Großen befehlen und bell uns alle an, die wir nich fein genug in Zeug sind!« Sie bebte vor Zorn; die gelblich grauen Haarsträhnen hatten sich gelöst und baumelten ihr in die gefurchte Stirn.

Die Abteilung marschierte über die Knippelsbro ab, begleitet von einem Schwarm Straßenjungen, die johlten und auf den Fingern pfiffen. Von Zeit zu Zeit wandte sich ein Schutzmann um; dann nahm die Schar Reißaus, war aber augenblicklich wieder da. Die Schutzleute waren nervös, ihre Finger krümmten und streckten sich vor Verlangen, loszuschlagen. Sie glichen einer Schar Verbrecher, die von der jüngsten Jugend zum Rathaus eskortiert wird, und die Leute lachten.

Pelle hielt auf dem Bürgersteig Schritt mit ihnen, er war in einer wunderlichen Stimmung. Irgendwo in ihm wogte es heftig, diese lächerliche Neigung, hochzuspringen und den Kopf gegen das Pflaster zu schlagen, stieg wieder in ihm auf; das war ein Überbleibsel seiner Krankheit, jetzt aber wurde es ein Ausdruck übermütiger Kraft. Er sah ganz deutlich, wie der starke Erik brüllend auf den Verwalter zurannte, zu Boden geschlagen wurde und hinterher als Idiot herumwankte. Dann erhob sich machtvoll *die Kraft* und wurde zu Tode gehetzt; sie verwandelten sich in Hunde, um ihn zu jagen, und schwänzelten vor allem, was nach Obrigkeit und Vorgesetzten roch. Und er selber, Pelle, hatte Prügel auf dem Rathaus bekommen und man hatte mit Fingern auf ihn gezeigt, genau wie auf *die Kraft*. »Seht, da geht er und faulenzt, so ein Abschaum der Menschheit!« Ja, er hatte die Gerechtigkeit kennen gelernt und er wusste, wie weh sie tat. Aber jetzt war er der Sklaverei entronnen in eine neue Welt, wo ernste Männer sich nicht einmal nach der Polizei umsahen, sondern das den Straßenjungen und alten Weibern überließen. Es lag eine mächtige Genugtuung darin; und hier in dieser Welt wollte Pelle mit dabei sein, er sehnte sich danach, Hand anzulegen.

Es war Samstagabend, da erschienen eine Menge Gesellen und Stepperinnen im Lager, um die Arbeit abzuliefern. Der Lagerist ging wie gewöhnlich umher und murrte über die Arbeit; ehe er bezahlte, riss und knautschte er daran, sodass sie die Fasson verlor, und machte dann einen höllischen Spektakel, dass sie nicht ordentlich genug sei. Zuweilen zog er auch etwas vom Arbeitslohn ab und behauptete, das Material sei ruiniert; namentlich gegen die Frauen war er niederträchtig; sie standen da und wagten nicht zu widersprechen. Man sagte, dass er alle Stepperinnen, die ihm nicht zu Willen sein wollten, schikanierte.

Pelle stand da und es kochte in ihm vor Wut. Wenn er bloß einen Ton sagt, dann geraten wir aneinander!, dachte er. Aber der Lagerist nahm die Arbeit an, ohne sie zu prüfen, sie kam ja von Piepmann.

Als er bezahlte, kam ein dicker Herr aus einem Hinterzimmer herab, das war Hofschuhmacher Meyer selbst. Er sollte einst als armer Junge mit dem Hintern in zerrissenen Hosen als Wandergesell aus Deutschland hierher gekommen sein. Vom Fach verstand er nicht viel, aber er verstand die Kunst, andere für sich arbeiten zu lassen. Er beantwortete den ehrerbietigen Gruß der Arbeiter nicht, sondern stellte sich vor Pelle hin, presste den Bauch gegen den Ladentisch, schnob durch die Nase und sah ihn an.

»Neuer Mann?«, fragte er endlich.

»Das ist Piepmanns Gehilfe«, antwortete der Lagerist lächelnd.

»Ach so, Piepmann, der versteht sich auf die Kunst! Sie machen die Arbeit und er nimmt das Geld und vertrinkt es, nicht?« Der Hofschuhmacher lächelte ironisch.

Pelle wurde rot. »Ich möchte mich am liebsten so bald wie möglich selbstständig machen«, sagte er.

»Na ja, Sie können ja mit dem Lageristen sprechen; aber einen Fachverein gibt es hier nicht, vergessen Sie das nicht! Für solche Leute haben wir keine Verwendung!«

Pelle presste die Lippen zusammen und schob schweigend das Tuch in die Brust; er hatte verschiedenen Aufforderungen widerstanden, aber dieses Verbot konnte er sich nicht gefallen lassen. Schnell ging er nach der Köbmagergade hinauf und bog vom Kultorv in die Hausergade ein, wo, wie er wusste, der Vorsitzende des hinkränkelnden Fachvereins wohnte. In einem der dunklen Keller wohnte ein kleiner Flickschuster, dort musste es sein, und Pelle stieg die Treppe hinab. Er begriff nicht, dass der Vorsitzende des Vereins eine so jammervolle Behausung haben konnte.

Unter dem Fenster saß ein hohlwangiger Mann über den Tisch gebeugt, im Begriff, an einen ausgetretenen Schuh einen neuen Rand zu nähen; er hatte die Beine der Vorübergehenden gerade über seinem Kopf. Im Hintergrund der Stube stand eine Frau und kochte etwas im Ofen; sie hatte ein kleines Kind auf dem Arm, zwei größere lagen auf der Erde und spielten mit ein paar Leisten. Es war schrecklich heiß und drückend.

»Guten Tag, Kamerad!«, sagte Pelle. »Kann ich Mitglied des Fachvereins werden?«

Der Mann sah verwundert auf. Etwas wie ein Lächeln huschte über sein trauriges Gesicht. »Kannst du dir das erlauben?«, fragte er langsam. »Es kann dich teuer zu stehen kommen. Für wen arbeitest du, wenn ich fragen darf?«

»Für Meyer in der Köbmagergade.«

»Dann fliegst du auf die Straße, sobald er es erfährt!«

»Das weiß ich; aber ich will trotzdem in den Verein eintreten. Er soll nicht darüber bestimmen, was ich darf und was ich nicht darf. Mit ihm werden wir auch schon noch mal abrechnen.«

»Das hab ich auch gedacht, aber wir sind zu wenige. Sie werden wieder aus dem Fachverein hinausgehungert, sobald sie eingetreten sind.«

»Wir müssen sehen, dass wir ein paar mehr werden«, sagte Pelle mutig, »und dann machen wir ihm eines schönen Tages die Bude zu.«

Es kam Leben in den müden Blick des Vorsitzenden. »Ja, zum Teufel auch, wenn wir dem die Bude zumachen könnten!«, rief er und schüttelte die geballte Faust. »Er trampelt auf allen herum, die ihm das Geld zusammenscharren; es ist seine Schuld, dass ich jetzt hier sitze und auf Flickarbeit angewiesen bin, er hält das ganze Fach im Elend nieder. Das wäre eine Rache, Kamerad!« Das Blut schoss ihm in die hohlen Wangen, sodass sie brannten, und dann überfiel ihn der Husten.

»Petersen!«, sagte die Frau ängstlich und hielt ihm den Rücken. »Petersen!« Sie seufzte und schüttelte den Kopf, während sie ihm half sich durch den Husten hindurchzukämpfen. »Wenn die Rede auf den Hofschuhmacher kommt, dann ist Petersen immer wie besessen«, sagte sie, als er es überstanden hatte. »Er weiß wirklich nicht, was er tut. Nein, wenn man jeder so klug sein wollte wie Meyer und sich bloß um seinen eigenen Kram kümmerte, dann säßen gewisse Leute auch mit einer guten Gesundheit und gutem Verdienst da!«

»Halt den Mund!«, sagte Petersen heftig. »Du bist ein Frauenzimmer und verstehst nichts von diesen Dingen.«

Da ging sie wieder an ihren Ofen zurück.

Er füllte ein Papier aus und Pelle schrieb seinen Namen darunter und bezahlte den Mitgliedsbeitrag für eine Woche.

»Und nun musst du sehen, dass du so bald wie möglich von dem Blutsauger wegkommst!«, sagte Petersen ernst. »Ein ehrlicher Arbeiter darf solche Sachen nicht unterstützen!«

»Ich war ja dazu gezwungen«, sagte Pelle. »Ich hatte zu Hause nichts gelernt. Aber jetzt ist das vorbei.«

»Gut, Kamerad! Da hast du meinen Handschlag auf gute Hilfe! Wir müssen von neuem arbeiten, vielleicht gelingt es dann doch; du hast mir meinen Humor wiedergegeben, will ich dir nur sagen! Und dann rede mit so vielen, wie du kannst, und versäume die Versammlungen nicht, sie werden im ›Arbeiter‹ angekündigt.« Er schüttelte eifrig Pelles Hand.

Pelle machte einen raschen Spaziergang nach Nörrebro hinaus. Er hatte seinen Gefühlen Luft gemacht und war in bester Laune.

Es war um die Zeit, da die Arbeiter heimkehrten; in Scharen und einzeln kamen sie dahergetrabt, vornübergebeugt und zögernd, ein wenig schlackernd in ihren Bewegungen nach der Mühe des Tages. Es war eine andere Welt hier draußen, völlig verschieden von der Arche. Die Häuser waren neu und mit Hilfe von Lot und Lineal gebaut; die Männer gingen ihren Weg, man konnte einem jeden ansehen, was er war.

Hier draußen hatten der Sozialismus und die neuen Anschauungen ihr Revier. Pelle schlenderte oft nach Feierabend hier heraus, um einen kleinen Einblick in diese Dinge zu gewinnen; was es war, wusste er nicht, und er hatte auch nicht gewagt, sich da hineinzustürzen, fremd, wie er sich noch fühlte; aber es übte eine lockende Macht auf ihn aus. Heute aber vergaß er, dass er hier ein Fremder war, er ließ sich von dem taktfesten Marsch mit forttreiben, der über die Brücke und nach der Nörrebrogade führte. Nun war er selber Fachvereinsmitglied, er war wie jeder von den andern und konnte geradewegs hingehen, zu wem er wollte, und ihn mit Handschlag begrüßen. Es lag ein kräftiger Appell in dem Gang dieser Leute, als seien sie Soldaten. Unwillkürlich glitt er in den Tritt über und fühlte sich stärker dadurch, getragen von der Gemeinschaft.

Ihm war feierlich-froh zu Mute, wie an seinem Geburtstag und er hatte ein Gefühl, als wenn er irgendetwas feiern müsse. Die Wirtschaften standen offen und die Arbeiter gingen in kleinen Trupps hinein. Aber er hatte keine Lust, dort zu sitzen und sich mit Schnaps zu füllen. Das konnte man tun, wenn einem alles schief gegangen war.

Vor einem Konditoreifenster stellte er sich hin und machte sich eifrig daran, die Kuchen miteinander zu vergleichen. Da wollte er hineingehen und zur Feier des Tages für fünfundzwanzig Öre Kuchen verspeisen. Aber erst musste man eine sorgfältige Auswahl treffen, damit man hinterher nicht enttäuscht war. Es sollte etwas sein, was er noch nie gegessen hatte, und das war eben das Schwierige. Viele Kuchen waren hohl und der Schmaus sollte ja auch die Abendmahlzeit ersetzen.

Gerade als Pelle einen Entschluss fassen wollte, wurde er durch einen Schlag auf die Schulter aus seinen Betrachtungen gerissen. Hinter ihm stand Morten mit seinem guten Lächeln, als wäre nichts zwischen ihnen vorgefallen. Pelle schämte sich und konnte kein Wort hervorbringen. Seinem einzigen Freund war er untreu geworden; darüber Rechenschaft abzulegen würde ihm wohl nicht so leicht fallen. Aber Morten verlangte keine Erklärungen; er schüttelte nur Pelles Hand. Sein bleiches Gesicht leuchtete vor Freude. Es lag noch immer dieser Schimmer von Leiden darüber, der so sehr zu Herzen ging, und Pelle musste sich auf Gnade und Ungnade ergeben.

»Nein, dass wir uns hier treffen müssen!«, rief Morten und lachte gutmütig. Er arbeitete bei dem Konditor und war aus gewesen, jetzt wollte er hinaufgehen und sich ausschlafen für die Nachtarbeit. »Aber komm mit herauf, eine halbe Stunde können wir noch schwatzen und einen Kuchen sollst du auch haben.« Er war noch genauso wie als Lehrjunge. Sie gingen durch den Torweg und stiegen die Hintertreppe hinauf; Morten ging in den Laden und kam mit fünf Napoleonschnitten wieder. »Hier kannst du sehen, dass ich deinen Geschmack kenne«, sagte er lachend.

Mortens Zimmer lag ganz oben unter dem Dach und war eine Art Turmstube mit Fenstern nach beiden Seiten. Man sah über die zahllosen Dächer hinweg, die in Reihen hintereinander lagen wie Mistbeete in einer ungeheuren Gärtnerei. Aus unzähligen Schornsteinen stieg dünner blauer Rauch auf und legte sich über das Ganze. Weit unten im Süden lag der Kalvebodstrand und weiter nach Westen hin erhob sich der Hügel von Frederiksberg mit dem Schloss aus dem Dunst. Auf der anderen Seite lagen die Gemeindefelder und draußen, hinter den Schornsteinen der Kalkbrennerei, schimmerte der Sund mit seinen vielen Segeln.

»Das ist doch eine Aussicht, wie?«, fragte Morten stolz.

Pelle starrte noch immer hinaus; er ging von einem Fenster zum andern und sagte nichts. Dies war die Stadt, die Hauptstadt, nach der er und alle die anderen Armen aus den fernsten Winkeln sich immerfort gesehnt hatten, das Land des Glücks, wo sie sich aus dem Elend befreien wollten! Er hatte sie kreuz und quer durchwandert, war erstaunt gewesen über ihre Paläste und Reichtümer und hatte sie über Erwarten groß gefunden. Hier war alles großzügig; was sie gestern bauten, rissen sie morgen wieder nieder, um etwas noch Stattlicheres aufzuführen. Das Glück des armen Mannes ließ sich sicher dazwischenschieben, so viel wie hier im Gange war!

Und dabei hatte er doch keine rechte Vorstellung von dem Ganzen gehabt. Erst jetzt sah er die Stadt. Gleich einem mächtigen

Ganzen lag sie ausgebreitet zu seinen Füßen, mit Schlössern, Kirchen und Fabrikschornsteinen, die über die Häusermassen aufragten. Unten auf der Straße floss ein schwarzer Strom unaufhaltsam dahin, ständig neue Menschen, wie aus einem großen Meer, das sich nie erschöpft. Sie hatten alle etwas vor; man sah es nicht, aber sie liefen wie die Ameisen und jeder trug sein kleines Teil bei zu diesem mächtigen Bau, zu dem man teure Dinge aus aller Welt zusammengeschleppt hatte.

»Es stecken viele Millionen in alledem!«, sagte Pelle endlich und atmete tief.

»Ja«, antwortete Morten und stellte sich neben ihn. »Und das alles ist von Händen hervorgebracht, von Arbeitshänden!«

Pelle stutzte. Das war ein sonderbarer Einfall. Aber es war die reine Wahrheit, wenn man darüber nachdachte.

»Jetzt ist es aber in ganz anderen Händen!«, rief er lachend aus.

»Ja, denn sie haben es uns mit List weggenommen, so wie man Kindern alles abschwatzen kann!«, erwiderte Morten finster. »Aber was Kinder tun, hat keine rechtliche Kraft, und die Armen sind niemals etwas anderes gewesen als Kinder! Aber nun fangen sie an heranzuwachsen, du, und eines Tages fordern sie vielleicht das Ihre zurück.«

»Es würde uns wohl übel ergehen, wenn wir kommen und es uns selber nehmen wollten«, sagte Pelle.

»Nicht, wenn wir einig darüber wären – wir sind ja in der Mehrzahl!«

Pelle war es noch niemals eingefallen, die Frage des Zusammenschlusses von diesem Gesichtspunkt aus zu betrachten. Man organisierte sich ja nur, um im Fach bessere Bedingungen zu erlangen.

»Du gleichst deinem Vater«, sagte er, »der legte auch alles groß aus und wollte sich selbst sein Recht nehmen. Ich musste vorhin an ihn denken – er ließ sich nicht niedertreten! Damals schämtest du dich seiner!«

Morten senkte den Kopf. »Ich konnte die Verachtung der braven Leute nicht ertragen«, sagte er leise. »Ich verstand ja nichts weiter, als dass er unser Heim zerstörte und Schande über uns brachte. Schrecklich bange war ich auch, wenn er um sich schlug; ich wache immer noch in Schweiß gebadet auf, wenn ich von meiner Kindheit träume. Aber jetzt bin ich stolz darauf, dass ich der Sohn *der Kraft* bin. Kräfte habe ich ja nicht viel; aber vielleicht werde ich die guten Bürger doch einmal dahin bringen, dass sie sich wundern!«

Kräfte! Es war eigentlich sonderbar, zu denken, dass Morten der Sohn des riesenhaften Steinhauers war – so fein und still, wie er war. Er hatte die Kräfte noch nicht wiedergewonnen, die ihm Bodil in den Kinderjahren geraubt hatte. Es war, als ob der zu frühe Missbrauch noch immer an ihm zehrte. Seinen mädchenhaften Sinn für Behaglichkeit hatte er sich bewahrt. Das Zimmer war hübsch gehalten; es standen wahrhaftig sogar Blumen in einer Vase unter dem Spiegel.

»Wo kriegst du die her?«, fragte Pelle.

»Ich kaufe sie natürlich!«

Pelle musste lachen. Konnte es wohl einem anderen Mann einfallen, für Blumen Geld auszugeben?

Aber über die Bücher lachte er nicht. Zwischen ihnen und Mortens bleicher Kraft bestand eine mystische Verbindung. Er hatte jetzt ein ganzes Bord voll. Pelle nahm einige heraus und sah hinein.

»Was für Zeug ist denn das?«, fragte er unsicher. »Das sieht ja aus wie Gelehrsamkeit!«

»Das sind Bücher über uns und wie das Neue kommt und wie wir uns dazu rüsten müssen!«

»Ja, du kannst lachen«, sagte Pelle in einem Anfall von Missmut. »Du hast deine Büchergelehrsamkeit, die dir weiterhilft. Wir anderen können hübsch da bleiben, wo wir sind.«

Morten wandte sich hastig nach ihm um. »Das ist der gewöhnliche Klagegesang!«, rief er aufgebracht. »Man spuckt auf seinen eigenen Stand und will hinüber zu den andern. Aber darum geht es ja gar nicht, zum Teufel auch! Wir wollen genau da bleiben, wo wir sind, Schuhmacher und Bäcker und alle miteinander, und verlangen, dass wir es da gut haben! Auf die gute Seite hinüberrutschen, das gelingt kaum einem von tausend – und die Übrigen gucken in die Röhre. Und glaubst du denn, dass dem einen gestattet würde hinüberzuschlüpfen, wenn die Gesellschaft keine Verwendung für ihn hätte, um mit seiner Hilfe seine eigenen Leute niederzuschlagen? Hier könnt ihr es selbst sehen, wozu der arme Mann es bringen kann, wenn er nur selber will, heißt es dann so schön; folglich ist an der menschlichen Gesellschaft nichts auszusetzen. Nein, die Massen selbst sind schuld daran, dass sie nicht alle miteinander Großbürger sind – Herrgott, sie wollen ja gar nicht! Deshalb behandelt man euch wie Schafsköpfe und ihr findet euch drein und bäht ihnen nach. Nein, alle zusammen sollten sie den Anspruch erheben, dass sie für ihre Arbeit so bezahlt werden, dass sie gut leben können. Ich verlange, dass ein Arbeiter ebenso viel für seine Arbeit bekommt wie ein Arzt oder Rechtsanwalt und ebenso aufgeklärt sein soll. Da hast du mein Vaterunser!«

»Da habe ich dich ganz schön in Harnisch gebracht!«, sagte Pelle gutmütig. »Es ist übrigens genau dasselbe, was dein Vater fabelte, als er in der Scheune lag und starb. Er glaubte in seinen Phantasien, dass der gewöhnliche Arbeiter Gemälde an den Wänden hätte und ein Klavier, geradeso wie die feinen Leute.«

»Hat er das gesagt?«, rief Morten aus und hob den Kopf, als lausche er nach oben. Dann versank er in Gedanken.

Auch Pelle saß da und grübelte. War dies das Neue, wieder dies? Dann lag ja auch ein Sinn darin, sich zusammenzuschließen, und je mehr es waren, desto besser. »Ich verstehe nicht viel davon«, sagte er endlich, »aber heute bin ich in die Organisation eingetreten! Ich will nicht dastehen und zusehen, wenn etwas Großes heraufzieht.«

Morten nickte mit einem schwachen Lächeln. Er war jetzt müde und hörte nicht mehr, was Pelle sagte. »Jetzt muss ich zu Bett, um ein Uhr muss ich aufstehen. Wo wohnst du denn? Ich komme mal zu dir. Wie spaßig es doch ist, dass wir uns hier wieder getroffen haben!«

»Ich wohne draußen in Christianshavn in der Arche, wenn du weißt, wo das ist!«

»Das ist aber ein sonderbares Haus, wo du hineingeplumpst bist. Die Arche kenne ich gut, über die wird oft in den Zeitungen geschrieben. Da haust ja so allerlei.«

»Davon weiß ich nichts«, erwiderte Pelle verletzt, »mir gefallen die Menschen gut. Aber herrlich war es, dass wir uns in die Arme laufen mussten – ein Glück, nicht? Und ich habe mich wie ein Flegel aufgeführt und bin dir aus dem Wege gegangen. Aber das war damals, als ich vor die Hunde ging, und da hasste ich alle Menschen! Jetzt aber soll nie wieder etwas zwischen uns treten, darauf kannst du dich verlassen!«

»Ja, es ist gut, jetzt mach nur, dass du wegkommst!«, antwortete Morten lächelnd; er war schon halb aus den Kleidern.

»Nun gehe ich«, sagte Pelle und griff nach seinem Hut. Einen Augenblick stand er noch da und sah über die Stadt hinweg. »Es ist doch aber ganz großartig, was du vorhin über die Dinge gesagt hast!«, rief er plötzlich. »Hätte ich die Kräfte von allen Armen in mir, dann würde ich sofort losstürzen und das Ganze zurückerobern! Was für eine Menge da zum Austeilen käme – dann würde es keine Armut mehr geben!«

Mit erhobenen Armen stand er da, als halte er das Ganze in den Händen, und lachte ausgelassen. Stark sah er aus. Morten lag da, starrte ihn halb schlafend an und sagte nichts. Und dann ging Pelle.

Piepmann schalt Pelle erbost aus, als er endlich nach Hause kam. »Zum Teufel auch, was bildest du dir ein? Gehst spazieren und spielst den Grafen, während unsereiner hier sitzt und sich die Augen aus dem Kopf guckt! Und dursten muss man auch! Lass es dir bloß nicht einfallen und komm mir mit Grobheiten, das will ich dir nur sagen, sonst hat die Sache ein Ende. Denn ich bin ganz mörderlich wütend.« Er hielt die Hand pathetisch abwehrend vor sich hin, obwohl Pelle gar nicht die Absicht hatte, ihm zu antworten, denn er nahm Piepmann nicht mehr ernst. »Der Satan frikassiere mich, hier hat man gesessen und sich die Kleider vom Körper gedurstet, während so ein Lebemann spazieren geht.«

Pelle stand da und zählte den Wochenverdienst auf den Tisch, brach aber, als sein Blick auf Piepmann fiel, in lautes Lachen aus. Die nackten blauen Schenkel, die jammervoll unter dem Schurzfell hervorzitterten, nahmen sich allzu lächerlich aus zu dem völlig bekleideten Oberkörper und dem ehrwürdigen Bart.

»Ja, du grienst«, sagte Piepmann und lachte auch. »Aber wenn du es nun wärst, der sich bei der Trödlerin die Hosen ausziehen musste und doch anständig nach oben kommen wollte? Diese verdammten Gören! Piepmann hat Delirium, hat Delirium!, grölten sie. Und weiß Gott, ich habe kein Delirium, nein – aber ich habe keine Hosen und das ist die Sache! Und diese verfluchte Hühnerstiege! Olsens Hurendirne kriegte Zustände und die hat doch weiß Gott schon alles Mögliche gesehen. Du kannst mir übrigens deine alten Buxen leihen!«

Pelle schloss die grüne Kiste auf und holte seine Arbeitshosen heraus.

»Du kannst lieber gleich sieben Riegel vor den spinatgrünen Rumpelkasten dort legen«, sagte Piepmann mürrisch. »Denn hier könnten sehr gut Diebe sein – so nah am Himmel!«

Pelle tat, als verstünde er die Anspielung nicht, und schloss wieder ab.

Dann schlenderte er, die kurze Pfeife in der Hand, auf die Plattform hinaus.

Über die Dächer stieg die Dämmerung vom Sund her empor; einige Tauben flogen dort und fingen die letzte Sonnenröte unter ihren weißen Flügeln und unten im Brunnen lag die Dunkelheit schon wie ein heißer lila Hauch. Der Leierkastenmann war nach Hause gekommen und spielte den tanzenden Kindern seine Abendnummer vor und von einer Galerie zur anderen schwatzten und zankten die Bewohner. Hin und wieder brach ein weicher Tonstrom vibrierend empor und brachte alle zum Schweigen. Das war der verrückte Vinzlev, der in seiner Höhle irgendwo tief drinnen in der Arche saß und Flöte spielte. Er versteckte sich immer, wenn er spielte – dann war er wie ein krankes Tier, saß in seiner Ecke und zitterte. Die Töne wurden so schön dadurch, sie kamen bebend aus seinem Versteck hervor wie das Singen oder Weinen aus einer fremden Welt, und die unruhigen Wesen der Arche mussten schweigen und lauschen. Jetzt hatte Vinzlev seine sanfte Zeit, man wurde förmlich ein besserer Mensch, wenn man ihm lauschte. Aber in der dunklen Zeit kam zuweilen der Teufel über ihn und schuf Töne in seinem wahnsinnigen Gehirn, die alles in panischem Schrecken erbeben ließen. Dann weitete sich das morsche Holzwerk zu einem ungeheuren pechschwarzen Wald aus, worin alle Schrecken hausten, und man musste blind um sich schlagen, um nicht ganz zu Grunde zu gehen. Der Leichenwagenkutscher im vierten Stock, der sonst immer so sanft in seinem Rausch war, schlug die Frau zu Schanden und rundum in den Gängen lagen sie und tranken und prügelten sich, um sich das Böse vom Leibe zu halten. Vinzlevs Teufelsflöte war auch schuld daran, dass Johnsen unnötigerweise sein elendes Leben beweinte und es unter dem Kloakenrost beendete. Aber es war nichts dazu zu sagen. Vinzlev spielte. Und das war ein Übergang wie alles andere.

Jetzt ging der Teufel mit einem Ring in der Nase umher und Vinzlevs Spiel war wie milder Hauch auf die Gemüter, sodass sie sich öffneten wie Blumen. Es war die schönste Zeit.

Pelle kannte das alles, obwohl er noch nicht so lange hier war; es tat ihm nichts. Er trug ja das Siegerhemd, das Vater Lasse für ihn erträumt hatte.

Im dritten Stockwerk unten im Hintergebäude herrschte ein eigentümlicher Zauber. Eine Schlingpelargonie und eine Efeupflanze hatten die morschen Balken eingesponnen und begegneten sich oben und dort hing eine kleine rote Papierlaterne und goss festlichen Schimmer aus. Es war, als habe die Sommernacht inmitten der Steinmassen eine Freistätte gefunden. Unter der Lampe saßen Madame Johnsen und ihre Tochter und nähten; Hannes Antlitz glühte wie eine Rose bei Nacht, sie wandte es alle Augenblicke zu ihm empor, lachte und machte eine ungeduldige Bewegung mit dem Kopf. Dann rückte Pelle ein wenig beiseite, stellte sich auf das andere Bein und lehnte sich auf die andere Seite, unruhig wie ein Pferd, das seinen Weg nicht sieht.

Dicht hinter ihm ging seine Nachbarin, Madame Franzen, umher und hantierte in ihrer kleinen Küche. Die Tür nach der Plattform stand offen und sie schwatzte unaufhörlich, halb für sich, halb zu Pelle gewandt, über ihre Gicht, ihren toten Mann und ihren Flegel von Jungen. Sie hatte das Bedürfnis, ihre Zunge zu rühren, die alte Person. »Herrgott, ja, hier müht man sich ab und hält Essen für Ferdinand bereit, vom Morgen bis zum Abend und vom Abend an, bis es wieder Morgen wird. Und er macht sich nicht mal die Mühe, nach Hause zu kommen. Seine wilden Wege erforschen kann ich nicht; ich kann bloß hier sitzen und mich ängstigen und das Essen warm halten. Das lockt denn doch ein bisschen; er wird schon kommen, wenn er hungrig ist, sag ich mir. Ach ja, unsere frohen Tage, die sind schnell gezählt. – Und du stehst da und glotzt wie ein Bählamm und das Mädchen da unten renkt sich beinahe den

Kopf aus nach dir! Ja, die Männer sind sonderbare Wesen, sie bilden sich ein, die Mädchen dürften nichts – und wer richtet denn eigentlich alles Unheil an?«

»Sie will gar nichts von mir«, sagte Pelle mürrisch, »sie spielt bloß mit mir.«

»Ja, die Jungfer spielte so lange mit einer weißen Maus, bis die Katze sie holte. Schäm dich, dass du hier stehst und den Kopf hängen lässt, so jung und gut gewachsen, wie du bist! Schneid ihr die Schwanzfedern ab, dann kriegst du 'ne gute Frau.« Sie puffte ihn mit dem Ellenbogen in die Seite.

Da entschloss sich Pelle denn endlich die Hühnerstiege zum dritten Stockwerk hinabzuklettern und er ging an der Galerie entlang.

»Warum hast du dich heute Abend eigentlich so rar gemacht?«, fragte Madame Johnsen und machte ihm Platz.

»Du weißt ja, dass du immer gern gesehen bist. Was sollen denn die Anstalten?«

»Pelle ist kurzsichtig, er kann nicht bis hier herüber sehen«, sagte Hanne und warf den Kopf in den Nacken. Sie saß da und sah ihn lachend an, den Kopf hintenübergelehnt, mit offenem Mund. Ihre blanken Zähne blitzten.

»Kriegen wir morgen gutes Wetter?«, fragte die Mutter.

Pelle meinte Ja und sah wetterkundig zu dem kleinen Fleck Himmel hinauf.

Hanne lachte. »Bist du auch Wetterprophet? Du hast doch wohl keine Leichdörner!«

»Hör endlich auf ihn zu foppen, Kind!«, sagte die Mutter und schlug nach ihr. »Wir wollen morgen in den Wald, wenn das Wetter gut ist. Willst du mit, Pelle?«

Pelle wollte mit, zögerte aber trotzdem mit der Antwort.

»Komm mit, Pelle«, sagte Hanne und legte bittend ihre Hand auf die seine. »Dann sollst du auch mein Herr sein. Es ist so langweilig, mit einer alten Frau in den Wald zu gehen. Und dann will ich auch so sein dürfen, wie ich bin.« Sie machte eine herausfordernde Bewegung mit dem Kopf.

»Dann fahren wir vom Nörreport mit dem Omnibus; ich mache mir nichts daraus, mit der Eisenbahn zu fahren.«

»Vom Nörreport – das gibt's ja gar nicht mehr, Mutter. Aber vom Triangel aus fahren noch Omnibusse.«

»Na ja, dann vom Triangel aus, du Klugschnacker! Kann ich was dafür, dass sie alles abreißen? In meiner Jugend war das Nörreport ein herrlicher Punkt. Von da hatte man eine Aussicht über das Bauernland, wo ich zu Hause bin, und nirgends war die Sommernacht so schön wie auf dem Wall. Damals wusste man nicht, was frieren heißt. Waren die Kleider auch dünn, so war das Herz doch jung.«

Hanne ging in die Küche und machte Kaffee. Die Tür stand offen. Sie summte und warf hin und wieder ein Wort in die Unterhaltung. Dann kam sie und hielt Pelle mit einem Knicks das Tablett hin. »Aber wie siehst du denn heute Abend aus?« Sie berührte seine Stirn und sah ihn forschend an.

»Ich bin heute in den Fachverein eingetreten«, erwiderte Pelle. Er hatte noch immer das Gefühl des Ungewöhnlichen und glaubte, dass ihm jeder Mensch etwas ansehen müsse.

Hanne brach in lautes Lachen aus. »Kriegt man davon ein schwarzes Zeichen an der Stirn? Sieh doch einmal, Mutter, sieh doch bloß mal! Das Fachvereinsabzeichen!« Sie drehte seinen Kopf zu der Alten hin.

»Ach, der Racker!«, sagte die Alte lachend. »Nun hat sie dir Ruß ins Gesicht geschmiert.« Sie netzte ihre Schürze mit Spucke und fing an den Ruß abzureiben, während Hanne hinter ihm stand und mit beiden Händen seinen Kopf hielt, damit er still säße. »Dank deinem Schöpfer, dass Pelle ein gutmütiger Bursche ist«, sagte die Alte, während sie rieb, »sonst würde er's dir wohl übel nehmen!«

Pelle selbst lachte vergnügt.

Der Leichenwagenkutscher kam durch die Öffnung in der Galerie herauf und schwankte weiter ins vierte Stockwerk. »Guten Abend!«, sagte er mit seinem tiefen Bass, als er an ihnen vorüberkam. »Und gesegnete Mahlzeit sollte man auch wohl sagen!«, er trug einen großen Schinken unter dem Arm.

»Herr du meines Lebens!«, flüsterte Madame Johnsen. »Da kommt er nun wieder mit seinem Schinken angezogen; dann hat er wieder den ganzen Wochenlohn versoffen. Sie haben immer Überfluss an Speck und Schinken da oben, die Ärmsten, aber selten Brot dazu.«

In der Arche verstummte bald dieser Laut, bald jener. Das Kinderweinen, das so trübselig aus den langen Gängen heraussickerte, wenn eine Tür sich auftat, verwandelte sich jedes Mal in weiches Glucksen, wenn eine Mutter verspätet von der Arbeit hereingestürzt kam und das Kleine an ihre Brust riss. Und nun war da noch eins und das weinte immer, mochte die Mutter zu Hause sein oder auf Arbeit. Ihr war die Milch weggeblieben.

Unten vom Keller zogen die schleppenden Töne eines Wiegenliedes durch den Brunnen empor; das war »Grete mit dem Kind«, die ihre Flickenpuppe in den Schlaf sang. Die wirklichen Mütter singen nicht.

»Sie grölt immer drauflos«, sagte Hannes Mutter, »die anderen mit den richtigen Kindern, die haben nicht so viel übrig, dass sie singen können. Aber ihr Gör braucht ja auch kein Essen; das ist ein gewaltiger Unterschied, wenn man arm ist.«

»Heute hat sie für ihr Kind gewaschen und geplättet, damit es morgen fein ist, wenn der Vater kommt. Er ist Leutnant!«, sagte Hanne.

»Kommt er denn morgen?«, fragte Pelle naiv.

Hanne lachte laut. »Ja, sie erwartet ihn jeden Sonntag. Sie hat ihn nur noch nie gesehen.«

»Ja, ja, das ist gar nicht zum Lachen!«, sagte die Alte. »Sie ist glücklich in ihrem Wahn – und um ihr Auskommen macht sie sich keine Sorgen.«

3

Pelle erwachte dadurch, dass Hanne an seinem Bett stand, ihn an der Nase zupfte und seine komischen Grimassen nachmachte. Sie war über den Boden hereingekommen.

»Wo bleibst du denn?«, sagte sie eifrig. »Wir stehen da und warten auf dich!«

»Ich kann ja doch nicht aufstehen!«, erwiderte Pelle jämmerlich. »Piepmann ist über Nacht mit meinen Hosen ausgegangen und nicht wiedergekommen und da habe ich mich hingelegt, um wieder zu schlafen.«

Hanne lachte, dass es schallte. »Wenn er nun gar nicht wiederkommt? Dann musst du dauernd im Bett liegen, genau wie Mutter Jahn.«

Da lachte Pelle auch. »Ich weiß nicht, was ich tun soll. Ihr müsst ohne mich fortgehen!«

»Nein, das tun wir nicht!«, sagte Hanne bestimmt. »Dann holen wir den Esskorb hier herauf und decken auf dem Oberbett. Das ist ja grün. Warte mal, nun weiß ich was!«

Sie schlüpfte durch die Brettertür auf den Boden. Nach einer halben Stunde kam sie wieder und warf ein Paar gestreifte Beinkleider aufs Bett. »Bitte, Herr Klotzmajor! Nun beeil dich ein bisschen. Ich bin zu Leichenkutschers Marie gelaufen, da, wo sie dient, und die hat mir 'ne Alltagshose von ihrem Herrn gegeben. Aber sie muss sie morgen früh wiederhaben, damit ihre Herrschaft nichts merkt.«

Sobald sie gegangen war, schlüpfte Pelle in die Kleider. Als er fast fertig war, hörte er ein gewaltiges Knarren im Holzwerk: Piepmann war im Ansegeln. Er hielt das Tau mit einer Hand und bei jeder Biegung der Treppe beugte er sich mehrere Male über das Tau. Ringsum in den Erkern kreischten die Frauenzimmer auf. Das amüsierte ihn, sein ehrwürdiger großer Kopf strahlte in erhabener Freude. »Ach, halt 's Maul!«, sagte er gemütlich, sobald er Pelle erblickte. »Ach, halt 's Maul!«, er stellte sich in der Tür auf, stand da und gluckste.

Pelle packte ihn beim Kragen. »Wo ist meine Sonntagshose?«, fragte er empört.

Die alte hatte Piepmann an, wo aber war die neue? Piepmann sah ihn verständnislos an, in seinem schlaffen Gesicht arbeitete es. Plötzlich pfiff er. »Hose sagtest du, Junge? Was, was? Hast du wirklich Hose gesagt? – Also du fragst mich, wo deine Hose geblieben ist? Das hättest du doch gleich sagen können! Denn, siehst du, deine Buxe – die hab ich – die hab ich versetzt!«

»Du hast meine gute Hose versetzt?«, rief Pelle und ließ ihn entsetzt los.

»Ja, bei Gott, das hab ich getan! Da kannst du selbst sehen, dass du gar nicht so hitzig zu werden brauchst. Denn mich kannst du doch nicht auffressen. Das klärt sich immer alles von selber auf. Man muss sich bloß nicht aufregen!«

»Du bist ein Schuft und ein Dieb!«, schrie Pelle. »Ja, das bist du!«

»Nee, nee, Kamerad, man immer ruhig Blut. Schrei dir man nicht die Lunge aus. Bei mir ist nichts zu holen. Piepmann ist ein ehrlicher Mann, will ich dir sagen. Hier kannst du selbst sehen! Was willst du mir dafür geben?«, er hatte den Pfandzettel aus der Tasche gezogen und reichte ihn Pelle, tief beleidigt.

Pelle fingerte nervös an seinem Kragen herum; er war außer sich vor Wut, aber was konnte das nützen? Und nun kamen Hanne und ihre Mutter da drüben heraus. Hanne hatte einen gelben Strohhut mit breiten Bändern auf – reizend sah sie aus. Die Alte hatte den

Korb am Arm. Sorgfältig schloss sie ab und legte den Schlüssel unter die Türschwelle. So gingen sie voraus.

Es war nicht möglich, fertig zu werden vor diesem Jammerlappen von Piepmann. Er ging mit unsicherem Lächeln um Pelle herum, guckte ihm neugierig ins Gesicht und hielt sich vorsichtig außerhalb seines Bereichs. »Bist du böse?«, sagte er tröstend, als spreche er zu einem kleinen Kind. »Fürchterlich böse? Zum Teufel auch, was willst du auch mit zwei Hosen, Kamerad? Was willst du bloß mit zwei Hosen!«, es klang ganz vorwurfsvoll.

Pelle zog ein Paar breite Mädchenschuhe unter seinem Bett hervor und schlüpfte durch die Brettertür. Er drückte sich zwischen dem steilen Dach und der Rückseite der Kammer entlang, duckte sich unter ein paar Balken und plumpste den langen Gang hinab, der durch die Dachetage des Vorderhauses ging und zu beiden Seiten Zimmer hatte. Lautes Summen schlug ihm plötzlich entgegen. Die Türen all der kleinen Stuben standen nach dem langen Gang hin offen, der als gemeinschaftliches Wohnzimmer diente. Zanken, Plaudern und Kinderweinen ergaben einen ohrenbetäubenden Lärm; es herrschte ein Leben wie in einem Bienenstock.

Hier ist es eigentlich ganz lebhaft, dachte er, morgen ziehe ich hier herauf! Er hatte lange darüber nachgedacht und nun sollte es ein Ende haben mit seinem Aufenthalt bei Piepmann.

Vor einer der Türen stand ein elfjähriges kleines Mädchen und putzte ein Paar plumpe Jungenschuhe; sie hatte eine Sackleinwandschürze bis unter die Achseln hinaufgebunden und trat doch noch darauf. Drinnen in der Stube gingen zwei Kinder von neun und zwölf Jahren, die Hände in den Taschen, mit mächtigen Schritten auf und ab. Sie genossen den Sonntag. Sie steckten in reinen Hemden und glichen zwei kleinen Hausvätern. Das war die »Familie«, Pelles Rettungsmannschaft.

»Hier sind deine Schuhe, Marie«, sagte Pelle. »Besser konnte ich sie nicht machen!«

Sie nahm sie eifrig und betrachtete die Sohlen. Pelle hatte sie mit altem Leder ausgeflickt, sie dafür aber in der Fußhöhlung mit schwarzem Wachs geputzt. »Sie sind fein geworden!«, flüsterte sie und sah ihn dankbar an.

Die Jungen kamen und reichten Pelle die Hand. »Was kosten die Schuhe?«, fragte der ältere und griff mit ernster Miene nach seinem Geldbeutel.

»Damit wollen wir lieber warten, Peter, ich habe es heute eilig«, sagte Pelle lächelnd. »Wir schreiben es zu Neujahr auf die Rechnung.«

»Dann komme ich heute also doch mit den Jungen hinaus«, sagte Marie freudestrahlend. »Und du willst mit Hanne und ihrer Mutter in den Wald, das wissen wir recht gut.« Hüpfend begleitete sie ihn bis an die Treppe und lachte hinunter. Heute glich sie wirklich einem Kind: Das Altkluge und Bekümmerte war wie weggeblasen. »Du kannst die Haupttreppe hinuntergehn«, rief sie.

Eine enge Bodentreppe führte zu der Haupttreppe hinab, die innen im Hause lag und nur von den Bewohnern, die nach der Straße zu wohnten, benutzt werden durfte. Dies war der vornehme Teil der Arche; hier wohnten alte Seebären, Marinezimmerleute und andere Leute mit festen Einnahmen. Die Handeltreibenden unten aus den Kellern, der Kohlenmann, der Eisenhändler und die Trödlerin, hatten auch ihre Wohnungen hier. Diese Wohnungen bestanden aus zwei herrschaftlichen Zimmern; Küche und Entree gehörten nicht dazu, aber draußen auf der Haupttreppe in der Ecke neben der Tür einer jeden Familie stand ein Abwaschtisch mit einem kleinen Bord darüber. Wenn der Deckel darübergelegt wurde, konnte man den Abwaschtisch auch zum Ausruhen benutzen. Es war ganz vornehm.

Die beiden waren schon an der Knippelsbro, als er sie einholte.

»Es hat lange mit dir gedauert«, sagte Hanne und fasste ihn unter den Arm. »Wie geht es denn der Familie? Marie hat sich wohl über die Schuhe gefreut? Die arme Kleine, sie ist die letzten Sonntage nicht ausgegangen, weil sie keine Sohlen unter den Schuhen hatte.«

»Sie hätte doch damit zu mir kommen können, ich bin ihnen viel schuldig!«

»Nein, glaub nur nicht, dass sie das tut. Die Familie ist stolz. Ich musste rübergehen und ihr die Schuhe förmlich stehlen.«

»Die armen Würmer!«, sagte Madame Johnsen. »Es ist wirklich rührend zu sehen, wie sie zusammenhalten und sich durchzuschlagen wissen. Aber warum fasst du Pelle unter den Arm, Hanne, du meinst ja doch nichts damit.«

»Muss man was damit meinen, Mutter? Pelle ist heute mein Herr und soll mich verteidigen.«

»Großer Gott, gegen wen soll er dich denn verteidigen? Doch wohl höchstens gegen dich selbst, und das ist nicht leicht.«

»Gegen eine Schar Räuber, die mich im Wald überfallen und anstarren werden. Sonst musst du ja eine große Summe Lösegeld herausrücken!«

»Ach du lieber Gott! Ich würde viel eher Geld dafür bezahlen, dich loszuwerden, wenn ich Geld hätte. Aber habt ihr wohl gesehen, wie blau der Himmel ist? Es ist herrlich mit all der Sonne auf dem Rücken, die wärmt einen bis ins Herz hinein.«

Beim Triangel stiegen sie in einen Omnibus und rollten den Strandvej entlang. Der Wagen war voll von fröhlichen Menschen; sie saßen da und lachten über ein paar gemütliche Bürger, die schwitzten und einander dumme Witze zuwarfen. Hinter ihnen hob sich drohend der Staub und blieb wie eine träge Wolke um die großen schwarzen Wassertonnen hängen, die auf ihren hohen Gerüstbeinen am Wegrand standen. Draußen auf dem Sund lagen die Boote mit ihren Segeln und kamen nicht von der Stelle. Alles feierte Sonntag.

Im Dyrehave war es kühl und frisch. Das Buchenlaub hatte noch seinen jungen Glanz und nahm sich wunderbar leicht und festlich aus zu den mächtigen hundertjährigen Stämmen. »Wie schön der Wald ist!«, rief Pelle. »Der ist ja wie ein Riesengreis, der sich eine junge Braut genommen hat.« Er war noch nie in einem richtigen Buchenwald gewesen. Man wanderte hier ja wie in einer Kirche.

Unmengen von Menschen waren hier, ganz Kopenhagen war auf den Beinen bei diesem schönen Wetter. Die Leute waren wie berauscht von dem Sonnenschein, ganz ausgelassen, und der Klang ihrer Stimmen hallte unter den Baumkronen wider und forderte dazu auf, sich Luft zu machen. Zwischen den Baumstämmen gingen Menschen umher und amüsierten sich auf eigene Faust, schlugen mit großen Zweigen um sich und schrien rücksichtslos, nur um ihre eigenen lauten Stimmen zu hören. Einige Männer standen drüben am Rand des Waldes und sangen im Chor; sie hatten weiße Mützen auf und über die Grasebenen spazierten fröhliche Gruppen dahin, spielten Haschen oder rollten sich wie junge Kätzchen im Grünen.

Madame Johnsen trabte getreulich ein paar Schritte vor ihnen her, sie kannte sich hier draußen aus und führte an. Pelle und Hanne gingen nebeneinander, ohne zu sprechen. Hanne war stumm und abwesend. Pelle nahm ihre Hand, um sie zu veranlassen, mit ihm einen Hügel hinabzulaufen; aber sie merkte es nicht einmal, dass er sie berührte, und ihre Hand war schlaff, feucht und kalt. Sie ging wie im Schlaf, verschlossen und ausgelöscht.

»Jetzt schwärmt sie wieder!«, sagte Pelle und ließ missmutig ihre Hand los – sie fiel schlaff herab.

Die Alte wandte sich um, sah sie mit strahlenden Augen an. »So herrlich hat der Wald seit vielen Jahren nicht geschimmert«, sagte sie, »nicht, seit ich ein junges Mädchen war.«

Sie kamen oben bei der Eremitage an und gingen von dort über die Hochfläche wieder in den Wald hinein, bis sie an ein kleines Waldwärterhäuschen kamen, wo sie Kaffee tranken und von den mitgebrachten Butterbroten aßen. Dann liefen sie weiter. Madame Johnsen kam nur dies eine Mal in den Wald und wollte darum alles sehen; die Jungen erhoben Einwände, aber sie war nicht totzukriegen. Sie hatte Erinnerungen hier draußen und nach denen sah sie sich um; da mochten die beiden sagen, was sie wollten. Waren sie es müde, ihr nachzurennen, so fanden sie wohl ihre eigenen Wege. Aber sie folgten ihr getreulich; ermüdet sahen sie aus und gingen ein wenig stumpf einher.

Auf dem Pfad nach Raadvad waren nicht so viele Menschen.

»Hier herrscht noch Waldeinsamkeit, ganz wie in meiner Jugend!«, sagte die Alte. »Und schön ist es hier, wie sich das Laub schließt; so recht ein Ort für Liebespaare. Nun setze ich mich hin und ziehe ein wenig die Stiefel aus, die Ballen fangen an mir weh zu tun. Schaut ihr euch so lange ein bisschen um.«

Aber die Jungen sahen sich fremd an und ließen sich zu ihren Füßen nieder. Sie hatte die Zugstiefel ausgezogen und kühlte die Ballen in dem frischen Gras, während sie dasaß und plauderte. »Warm ist es heute, die Steine sind glühend heiß, aber ihr beide könnt wohl gar kein Feuer fangen. Warum glotzt ihr eigentlich so? So küsst euch doch mal im Grünen! Das schadet nicht und ist hübsch anzusehn!«

Pelle rührte sich nicht, aber Hanne rutschte auf ihren Knien zu ihm hin, nahm seinen Kopf in die Hände und küsste ihn. Als sie das getan hatte, sah sie ihm in die Augen, rührend zärtlich, wie ein Kind ihre Puppe ansieht. Der Hut war ihr in den Nacken geglitten. Auf ihrer weißen Stirn und der Oberlippe saßen klare Schweißtropfen; dann gab sie ihn plötzlich mit einem munteren Lachen frei.

Pelle und die Alte hatten Blumen und Buchenzweige gepflückt, jetzt nahmen sie die und ordneten sie. Hanne lag auf dem Rücken und blinzelte zum Himmel empor.

»Lass doch das alte Gegucke«, sagte die Mutter, »das bekommt dir nicht!«

»Ich spiele bloß ›Schönheit‹ – das ist schon lange her«, entgegnete Hanne. »Aber zu Hause in der Arche sieht man viel mehr. Hier ist es zu hell!«

»Ja, weiß Gott, da sieht man mehr – eine Kloake und drei Aborte. Ein Glück, dass es da so dunkel ist. Nein, man sollte so viel haben, dass man im Sommer jeden Sonntag in den Wald gehen könnte. Wenn man in der freien Luft aufgewachsen ist, dann ist es hart, sein ganzes Leben lang zwischen schmutzigen Mauern eingesperrt zu sein. Aber jetzt glaube ich, wir müssen weiter! Wir verschwenden so viel Zeit.«

»Ach, ich liege so gut hier!«, sagte Hanne träge. »Pelle, schieb mir den Schal unter den Kopf!«

Aus den Baumwipfeln hoch hinter ihnen brach ein großer Vogel hervor. »Nein, was für ein Kerl!«, rief Pelle und zeigte hinauf. Der Vogel segelte auf seinen mächtigen ausgebreiteten Schwingen langsam abwärts, fegte hin und wieder mit ein paar kräftigen Schlägen die Luft unter sich zusammen und flog weiter, glitt mit spähendem Blick über den Baumwipfeln dahin.

»Herrjemine! Das war sicherlich der Storch!«, sagte Madame Johnsen. Sie griff erschrocken nach den Zugstiefeln. »Nu will ich aber nicht länger hier bleiben. Man weiß ja nie, was einem passieren kann!« Sie bemühte sich eifrig und mit ironischem Ausdruck, die Stiefel anzuziehen.

Pelle lachte, dass ihm die Augen voller Tränen standen.

Hanne hatte den Kopf gehoben. »Das ist gewiss ein Kranich, meinst du nicht auch? Dumm, dass er immer so dahinfliegt und alles so anstarrt, als wenn er kurzsichtig wäre. Wenn ich es wäre, ich stiege geradeauf in die Luft, schlösse die Augen und ließe mich von dannen treiben. Da, wo man dann hinkommt, müsste ja irgendetwas geschehen.«

»Ja, dann würde wohl das geschehen, dass du ins Meer fällst und ertrinkst, wenn nicht noch Schlimmeres. Für Hanne hat immer was geschehen müssen, und dabei kann sie nicht einmal das festhalten, was sie zwischen den Händen hat.«

»Nein, denn ich habe ja nichts!«, rief Hanne und zeigte lächelnd ihre leeren Hände. »Kannst du halten, was du nicht hast, Pelle?«

Gegen vier Uhr gingen sie zum Schleswigstein hinunter, wo die Sozialdemokraten eine Versammlung abhielten. Pelle hatte noch keiner großen Versammlung mit agitatorischen Reden beigewohnt, sondern seine Vorstellungen von dem Neuen aus dem geschöpft, was von Mann zu Mann erzählt wurde. Das stimmte mit dem blinden Trieb in ihm überein, aber etwas Mitreißendes hatte er noch nie erlebt – nur dieses eintönige Wispern wie damals in seiner Kindheit, wenn er in seinen Holzschuh hineinlauschte.

»Na, hier scheint ja die ganze Gemeinde zu sein«, sagte Madame Johnsen halb spottend. »Da kannst du alle Kopenhagener Sozialdemokraten beisammen sehen. Mehr sind es nicht, obwohl sie behaupten, dass alles ihnen gehört. Es geht wohl nicht immer so glatt, wie geschrieben wird.«

Pelle runzelte die Stirn, schwieg aber. Er wusste selbst zu wenig, um andere überzeugen zu können.

Die Volksmenge wirkte überwältigend auf ihn. Hier waren mehrere tausend Menschen zu etwas Gemeinsamem versammelt und es wurde ihm klar, dass er selber dazugehörte. Ich gehöre auch dazu, jubelte es wieder in ihm. Er hatte das Bedürfnis, es sich selbst zu bestätigen, und war dankbar für den gestrigen Tag. Wenn nun der Hofschuhmacher nicht die Worte gesprochen hätte, die ihn veranlasst hatten, in den Verein einzutreten, dann hätte er auch außerhalb des Ganzen gestanden, wie die Heiden. Die Handlung von gestern war gleichsam ein Taufbund gewesen, er fühlte sich diesen Menschen ganz anders verbunden als den übrigen. Und als sie einen tausendstimmigen Gesang anstimmten, einen Jubel über das Neue, das kommen würde, durchschauerte es ihn kalt. Er hatte das Gefühl, als würde das Tor aufgetan und etwas, das eng und gedrückt in ihm gelegen hatte, ans Licht gehoben.

Auf der Rednertribüne stand ein brünetter Mann und redete mit mächtiger Stimme. Kopf an Kopf standen sie und lauschten atemlos, mit offenem Mund, die Gesichter starr auf ihn gerichtet; einige waren so in seinem Bann, dass sie sein Mienenspiel nachahmten. Es wurden keine Zurufe laut, aber wenn ein Ausfall besonders gut traf, ging ein Murmeln der Bewunderung durch die Menge.

Er sprach von der Not und dem Elend, von der mühseligen, endlosen Wanderung, ohne vorwärts zu gelangen. Wie die Israeliten getreulich ihre Bundeslade durch die Wüste trugen, so hatten die Kleinen ihre Hoffnung durch schlimme Zeiten mit sich getragen. Wenn die eine Mannschaft stürzte, stand gleich eine andere an den Tragstangen bereit. Und jetzt endlich tagte es, jetzt stand man am Eingang zu dem Lande – mit dem Beweis in der Hand, dass sie seine rechten Einwohner seien.

Das alles war ja ganz selbstverständlich – wenn es etwas gab, was Pelle mit durchgemacht hatte, so war es die mühselige Wanderung des Volkes Gottes durch die Wüste. Das war ja das große Symbol des Elends. Die Worte vernahm er wie etwas Altbekanntes. Aber die Macht der Stimme ergriff ihn; es war etwas an der Rede des Mannes, das nicht den Verstand bewegte, sondern gleichsam durch die Haut nach innen brannte und dort das berührte, was schwellend in ihm lag. Allein schon der zornige Klang schlug ein und traf alte Narben, dass sie aufbrachen wie schlimme Geschwüre und man befreit aufatmete. So eine Stimme, die über alles dahinschallte, hatte Pelle selber gehabt, als er auf dem Feld die Kühe hütete. Er empfand das Bedürfnis, sich mit einem Ruf Luft zu verschaffen und das Ganze seiner Stimme untertan zu machen – er auch. Ach, wer so reden könnte, donnernd und milde zugleich wie die alten Propheten!

Es gingen eigentümliche Kräfte aus von der dicht gedrängten

Volksmenge, die dasselbe fühlte und dachte. Pelle war nicht mehr der arbeitslose, arme Schustergesell, dem es schwer genug wurde, sich durchzuschlagen. Er stand hier und wurde eins mit diesem großen Wesen, fühlte dessen Kräfte in sich schwellen, wie der kleine Finger beiträgt zu der Kraft des ganzen Körpers. Eine blinde Gewissheit der Unüberwindlichkeit ging aus von diesem mächtigen Haufen, ein Ansporn, Sturm zu laufen. Seine Glieder schwollen, er wurde zu einem gewaltigen Wesen, das nur vorwärts zu trampeln brauchte, um alles niederzutreten. Es wimmelte in seinem Gehirn von Kräften, von unermesslichen, unüberwindlichen Kräften!

Nun, Pelle war schon früher aufgestiegen und glücklich wieder heruntergekommen. Auch diesmal kam er wieder auf dem Erdboden an, mit einem langen, befreienden Aufatmen, als habe auch er eine große Last von sich abgewälzt. Hannes Arm lag in dem seinen; er drückte ihn leicht an sich.

Aber sie merkte es nicht, auch sie war ganz weg. Er sah auf ihren schönen Nacken und beugte sich vor, um ihr Gesicht zu sehen. Der große gelbe Hut warf einen goldenen Schimmer darüber. Ihr beweglicher Sinn spielte unruhig hinter den gespannten, wie versteinerten Zügen, die Augen sahen starr vor sich hin. Es hat auch dich gepackt, dachte er voll Glück, sie ist ganz weg. Es war etwas Wunderbares, sich zu zweien einer Sache hinzugeben – Mann und Weib!

Im selben Augenblick sah er zufällig in die Richtung ihres starren Blickes und es ging ihm ein Stich durchs Herz. Draußen auf der Hochfläche, fern von der übrigen Versammlung, stand ein großer, schöner Mann, der auffallend an den Besitzer vom Steinhof in seinen guten Tagen erinnerte; die Sonne kam und ging über seine braune Haut und seinen weichen Bart. Jetzt wandte er ihnen das Gesicht zu, dessen große, offene Züge an das Meer erinnerten.

Hanne zuckte zusammen, als erwache sie aus einem Schlummer, und gewahrte Pelle. »Er ist Seemann!«, sagte sie geistesabwesend, ohne dass Pelle sie gefragt hätte.

Gott weiß, woher sie ihn kennt, dachte er ärgerlich und zog seinen Arm aus dem ihren; sie aber nahm ihn sogleich wieder und presste ihn fest gegen ihren weichen Busen. Es war wie eine plötzliche Kraftversicherung, die sie ihm geben wollte.

Sie hing jetzt schwer an seinem Arm und stand da, den Blick unverwandt auf die Rednertribüne gerichtet. Mit den Händen griff sie sich nervös in die Haare.

»Du bist so unruhig, Kind«, sagte die Mutter, die sich zu ihren Füßen niedergesetzt hatte. »Du kannst mich doch meinen Rücken an deine Knie legen lassen, vorhin saß ich so gut.«

»Ja, Mutter«, sagte Hanne und stellte sich zurecht. Ihre Stimme klang ganz erregt. »Pelle«, flüsterte sie plötzlich, »wenn er zu uns herkommt, dann antworte ich ihm nicht. Ich tue es nicht.«

»Kennst du ihn denn?«

»Nein, aber es kommt ja vor, dass Männer kommen und einen anreden. Aber dann sagst du, dass ich dir gehöre, nicht wahr?«

Pelle wollte abweisend antworten, aber es ging ein Schauer durch sie. Sie hat Fieber, dachte er mitleidig; das bekam man so leicht in der Arche, es stieg mit den Dünsten aus der Kloake auf. Sie kann dir ja auch sehr gut was vorgelogen haben, dachte er nach einer Weile, Weiber sind hinterlistig! Er war zu stolz, um sie auszufragen, aber er hatte Lust, den Mann bei der Kehle zu packen und die Wahrheit aus ihm herauszuschütteln.

Aber dann rief die Menge Hurra, dass es schallte. Pelle rief mit, und als sie aufhörten, war der Mann verschwunden.

Sie gingen zu dem Rummelplatz auf dem Hügel hinüber; die Alte stapfte zwei Schritte voraus. Hanne ging summend dahin; von Zeit zu Zeit sah sie Pelle fragend an, dann summte sie weiter.

»Es geht mich ja nichts an«, sagte Pelle finster, »aber es ist doch nicht ganz richtig von dir, dass du mich belügst.«

»Ich dich belügen? Aber Pelle!« Sie sah ihm verwundert in die Augen.

»Ja, das tust du! Da ist was zwischen dir und ihm.«

Hanne lachte hell, hielt aber plötzlich inne. »Nein, Pelle, nein, was mach ich mir schon aus ihm, ich hab ihn ja noch nie gesehen. Ich hab noch nicht einmal einen geküsst. Doch, dich, aber du bist mein Bruder.«

»Ich mach mir gar nichts daraus, dein Bruder zu sein – nicht die Spur, dass du das weißt!«

»Hab ich dir wehgetan? Dann tut es mir Leid.« Sie fasste ihn bei der Hand.

»Ich will dich zur Frau haben!«, rief Pelle heftig.

Hanne lachte. »Hast du gehört, Mutter? Pelle will mich zur Frau haben«, rief sie sprudelnd.

»Ja, ich höre und sehe mehr, als du glaubst«, erwiderte Madame Johnsen kurz.

Hanne sah von der Mutter zu Pelle hinüber und wurde ernst. »Du bist so gut, Pelle«, sagte sie leise, »aber du kannst nicht aus der Fremde zu mir kommen – ich kenne ja alles an dir und ich habe noch nie des Nachts von dir geträumt. Hast du denn das Glück?«

»Dass ich das habe, will ich dir schon zeigen«, erwiderte Pelle und hob den Kopf. »Wenn du mir nur ein wenig Zeit lassen wolltest.«

»Herrgott, nu schnackt sie wieder vom Glück«, rief die Mutter und wandte sich jäh um. »Du hast doch wirklich nicht nötig uns diesen schönen Tag mit deinem Unsinn zu verderben. Ich war so froh heute.«

Hanne lächelte hilflos. »Mutter behauptet, dass ich nicht ganz bei Verstand wäre, weil mich Vater einmal auf den Kopf geschlagen hat, als ich noch ein Kind war«, sagte sie zu Pelle.

»Ja, seitdem hat sie es mit diesen Anfällen. Dann will sie nichts anderes, als mit Sinnen und Gedanken in das Ungewisse hinausschweifen. Ganze Tage konnte sie am Fenster sitzen und glotzen und die Kinder auf dem Hof machte sie ganz verrückt mit ihrem Blödsinn, wenn das über sie kam. Und mich kriegte sie immer herum, dass ich alles stehen und liegen ließ – so arm, wie wir nach meines Mannes Tode waren –, nur um mit ihr und der Puppe im Zimmer herumzugehen und das Grafenlied zu singen. Ja, du kannst es glauben, Pelle, ich hab blutige Tränen über sie geweint.«

Hanne ging neben ihm und summte lächelnd zu dem Schelten der Mutter – es waren die Töne des Grafenliedes.

»Da hörst du es selbst«, sagte die Alte und stieß Pelle an, »sie schämt sich nicht einmal; es ist nicht mit ihr auszukommen.«

Oben auf dem Hügel war ein ohrenbetäubender Spektakel von ausgelassenen Menschen, die in Gruppen hin und her wanderten, auf Kindertrompeten und Schreiballons bliesen und sich wie fröhliche Wilde gebärdeten. Jeden Augenblick bekam man ein Getute ins Ohr, dass man zusammenzuckte, oder man entdeckte plötzlich, dass irgendein Schelm damit beschäftigt war, einem von hinten etwas an die Kleider zu heften. Hanne war nervös, sie ging zwischen Mutter und Pelle und konnte nicht stillstehen. »Ach nein, wir wollen machen, dass wir wegkommen – irgendwohin«, sagte sie und lachte verzweifelt.

Pelle wollte Kaffee spendieren und sie suchten nach einem Zelt, wo Platz war.

Hallo! Da stand der Leierkastenmann von daheim an einem Karussell und nickte ihnen zu, während er drauflosdrehte. Er hielt die Hand wie ein Schallrohr vor den Mund, um den Lärm zu übertönen. »Mutter trefft ihr hinten, zusammen mit Olsens«, brüllte er.

»Ich kann gar nicht hören, was er sagt«, erklärte Madame Johnsen. Heute machte sie sich nichts daraus, Leute aus der Arche zu treffen.

Als der Kaffee getrunken war, wanderten sie weiter zwischen den Buden auf und ab und amüsierten sich über das Gewimmel. Hanne ließ sich weissagen; es kostete fünfundzwanzig Öre, aber es wurde dann auch ein unerwarteter Freier daraus, der mit viel Geld über das Meer kam. Ihre Augen strahlten.

»Das hätte ich viel besser machen können!«, sagte Madame Johnsen. »Nein, Mutter – denn du weissagst mir ja nie was anderes als Unglück«, erwiderte Hanne lachend.

Madame Johnsen traf eine Bekannte, die Schreiballons verkaufte, und ließ sich bei ihr nieder. »Geht ihr nur hinüber und macht ein Tänzchen, während ich meine müden Beine ausruhe«, sagte sie.

Die Jungen gingen in das Tanzzelt und stellten sich zwischen den Zuschauern auf. Von Zeit zu Zeit machten sie einen Tanz zu fünf Öre. Wenn andere kamen und Hanne aufforderten, schüttelte sie den Kopf; sie machte sich nichts daraus, mit anderen als mit Pelle zu tanzen. In einiger Entfernung stellten sich die Verschmähten auf und standen da, den Hut im Nacken, und schimpften. Pelle musste sie schelten. »Du beleidigst sie ja«, sagte er, »und vielleicht haben sie was vor und fangen Streit an!«

»Warum soll ich mich zwingen lassen mit jemand zu tanzen, den ich gar nicht kenne?«, erwiderte Hanne. »Ich will nur mit dir tanzen!« Sie machte zornige Augen und sah entzückend aus in ihrer Unerschütterlichkeit.

Pelle hatte nichts dagegen, der Einzige zu sein. Er hätte sich gern für sie geprügelt, wenn es nötig gewesen wäre.

Als sie gehen wollten, entdeckte er den Fremden im Hintergrund des Tanzzeltes. Er trieb Hanne zur Eile an, sie aber stand da und starrte geistesabwesend in den Kreis der Tanzenden, als wisse sie nicht, was um sie her vorging. Der Fremde kam zu ihnen herüber; Pelle war sicher, dass sie ihn nicht gesehen hatte.

Plötzlich erwachte sie und ergriff Pelles Arm. »Wollen wir nicht gehen?«, sagte sie ungeduldig und zog ihn mit sich fort.

An der Tür holte der Fremde sie ein und verneigte sich vor Hanne. Sie sah nicht auf, aber es zuckte in ihrem linken Arm, als wollte sie ihn auf seine Schulter legen.

»Meine Braut tanzt nicht mehr, sie ist müde«, erwiderte Pelle kurz und führte sie fort.

»Gut, dass wir da heraus sind!«, rief sie mit einem Gefühl der Befreiung, als sie zur Mutter zurückkehrten. »Es waren keine amüsanten Tänzer.«

Pelle stutzte. Sie hatte den Fremden also nicht gesehen, sondern geglaubt, dass es einer von den anderen war, der sie aufforderte! Es war auch nicht zu verstehen, wann sie ihn erblickt haben sollte; und doch hatte sie seine Gegenwart bemerkt, als sähe sie quer durch die gesenkten Augenlider hindurch, und Weiber konnten ja bekanntlich um die Ecken sehen! Und dann das Zucken des Armes! – Er wusste weder aus noch ein. Na, mir ist es einerlei, dachte er, ich lasse mir nicht auf der Nase herumtanzen!

Er hatte sie beide am Arm, als sie unter den Bäumen nach dem Halteplatz gingen. Die Alte war lebhaft; Hanne ging schweigsam einher und ließ die beiden reden. Aber plötzlich bat sie Pelle einen Augenblick zu schweigen. Er sah sie verwundert an.

»Es saust mir so herrlich in den Ohren; aber wenn du redest, dann hört es auf!«

»Unsinn! Dein Blut ist so unregierlich«, sagte die Mutter, »und der Mond ist im Zunehmen.«

Während der Fahrt war Pelle schweigsam. Hin und wieder drückte er Hannes Hand, die warm und ein wenig schweißig in der seinen auf dem Sitz ruhte.

Aber die Freude der Alten wollte nicht ausbrennen. Die Lichter von der Stadt her und der dunkel ruhende Sund brachten ihr eine Botschaft und mit dünner, zitternder Fistelstimme begann sie zu singen:

»Leise naht die Nacht auf weichen Schwingen,
Hell am Himmel blitzt der Sternenschein,
Und die Abendglocken klingen,
Menschen fahren heimwärts und die Vögel schlummern ein.

Lass sie fahren, wenn sie wollen.
Uns erwartet der Dampfer am Strand.
Wo die Wellen leise grollen,
Segeln wir über den Öresund an Land.«

Aber vom Triangel an wurde es ihr schwer, Schritt zu halten; sie hatte sich doch müde gelaufen.

»Vielen Dank für heute«, sagte sie unten im Hof zu Pelle. »Morgen muss man wieder an die Arbeit und alte Soldatenhosen wenden. Aber ein schöner Ausflug ist es gewesen.« Sie ging vor ihnen nach oben – stöhnte ein klein wenig über die vielen Stufen und sprach vor sich hin.

Hanne stand da und zögerte. »Warum sagtest du ›meine Braut‹?«, fragte sie plötzlich. »Das bin ich ja doch gar nicht.«

»Du hattest mich doch darum gebeten«, erwiderte Pelle – er hätte gern noch mehr gesagt.

»Na ja«, sagte Hanne und lief die Treppe hinauf. »Gute Nacht, Pelle!«, rief sie ihm von oben zu.

4

Bande eigener Art verknüpften Pelle mit der »Familie«. Die drei verwaisten Kinder waren die Ersten gewesen, die freundlich und hilfsbereit zu ihm gewesen waren, als er drei Tage nach seiner Landung in der Hauptstadt auf dem nackten Pflaster stand, aller seiner Zehrpfennige beraubt.

Er war im Übrigen großartig genug dahergekommen, hatte die Nacht nicht auf seiner Bank im Zwischendeck zwischen dem Vieh verschlafen. Die Spannung hielt ihn wach und er lag da und machte große Pläne für sich selbst und seine fünfundzwanzig Kronen. Beim ersten Dämmern des Morgens war er auf Deck und spähte nach dem Ufer hinüber, wo die große Stadt mit ihren Türmen und Fabrikschornsteinen aus dem Nebel auftauchte. Über der Stadt schwebte ihr dunstiger Atem schwach errötend der Morgensonne entgegen und machte den Anblick zu einem Fest; und die Einfahrt zwischen den Forts und dem Kriegshafen war großartig, imponierend. Das Gewimmel auf der Kvaesthusbrücke, ehe der Dampfer anlegte, wo Kutscher und Lastträger schrien und riefen, verwirrte ihn etwas; aber er hatte sich vorgenommen sich durch nichts verblüffen zu lassen. Es dürfte ohnehin schwer genug sein, das richtige Ende der Sache in die Hand zu bekommen.

Und dann hatte der Zufall selber für ihn gesorgt. Unten am Kai stand ein dicker, jovialer Mann und sah Pelle vertraulich an; er schrie und rief nicht, sondern sagte nur ganz ruhig: »Guten Tag, Landsmann«, und bot Pelle Kost und Logis für zwei Kronen den Tag an. Es war gut, einen Landsmann in all diesem Wirrwarr zu haben, und Pelle folgte ihm vertrauensvoll. Es war ein sehr hilfsbereiter Mann, nicht einmal die grüne Kiste durfte Pelle tragen. »Die werde ich schon holen lassen!«, sagte der Mann und immer wieder versicherte er: »Das werde ich schon in Ordnung bringen, lass mich das nur machen.«

Als drei Tage vergangen waren, präsentierte er Pelle eine lange Rechnung, die auf genau fünfundzwanzig Kronen lautete. Das war ein sonderbarer Zufall: Gerade so viel Geld besaß Pelle ja. Er wollte es nicht gern rausrücken, aber Gasthofbesitzer Elleby rief den Schutzmann von der Straße herein und Pelle musste bezahlen.

Da stand er nun hilflos und verzweifelt mit seiner grünen Kiste auf der Straße und wusste weder aus noch ein, als ein kleiner Knabe pfeifend vorüberkam und fragte, ob er ihm nicht helfen könne. »Ich kann die Kiste sehr gut allein dahin bringen, wohin sie soll; das kostet fünfundzwanzig Öre und zehn Öre für den Ziehwagen. Wenn ich aber nur den einen Henkel anfassen soll, dann kostet das bloß zehn Öre«, sagte er und sah Pelle ganz geschäftsmäßig an. Er schien nicht älter als neun, zehn Jahre zu sein.

»Ich weiß bloß nicht, wohin ich soll«, sagte Pelle, dem Weinen nahe. »Ich bin auf die Straße gesetzt worden und habe keinen Ort, wohin ich mich wenden könnte. Ich bin wildfremd hier in der Stadt, alles Geld haben sie mir weggenommen.«

Der kleine Junge machte eine Bewegung, als schlage er mit der Stirn gegen etwas. »Ja, das ist eine verdammte Geschichte – du bist den Bauernfängern in die Hände geraten. Dann musst du mit zu uns nach Hause kommen – du kannst dreist bei uns wohnen, wenn du auf der Erde liegen willst.«

»Was werden aber deine Eltern dazu sagen, wenn du mit mir ankommst?«

»Ich hab gar keine Eltern und Marie und Peter sagen nichts. Komm nur mit und vielleicht kannst du bei Piepmann Arbeit bekommen. Woher kommst du denn?«

»Von Bornholm!«

»Daher sind wir auch gekommen! Das heißt, es ist ja schon lange her – damals, als wir noch klein waren. Komm getrost mit, Landsmann!« Der Junge lachte ganz vergnügt und fasste an einem Henkel an.

Es war ja freilich auch ein Landsmann gewesen, der Pelle ausgeplündert hatte, aber er ging trotzdem mit. Es war nicht seine Art, misstrauisch zu sein.

So hielt er seinen Einzug in der Arche, unter dem Schutz eines Kindes. Die beiden ein wenig älteren Geschwister fanden die Handlungsweise des kleinen Karl sehr vernünftig und die drei Verwaisten, die sonst scheu und zurückhaltend waren, schlossen sich gleich an Pelle an. Sie hatten ihn auf der Straße gefunden und betrachteten ihn wie einen Altersgenossen, der des Schutzes bedurfte. Sie verschafften ihm den ersten Überblick über die große Stadt und verhalfen ihm zu der Arbeit bei Piepmann.

Am Tage nach dem Ausflug in den Wald zog Pelle auf den Boden des Vordergebäudes in ein Zimmer neben dem der Familie, das gerade leer stand. Marie half es in Ordnung zu bringen und die Sachen hinüberzuschaffen und erleichtert beendete er das lästige Verhältnis zu Piepmann. Jetzt hatte es ein Ende mit der Ausbeuterei und allen Sticheleien, die damit in Zusammenhang standen. Jetzt schloss er selbst einen Vertrag mit dem Arbeitgeber und konnte seinen Kameraden offen in die Augen sehen. Es war in verschiedener Hinsicht eine beschämende Zeit gewesen, aber er trennte sich ohne Groll von Piepmann: Er hatte in den wenigen Monaten bei ihm mehr gelernt als während der ganzen Lehrzeit daheim.

Gebrauchtes Werkzeug erstand er bei einem Eisenhändler und Tisch und Bett kaufte er auf Abzahlung. Vom Hofschuhmacher bekam er als Anfang etwas Kinderschuhzeug. Das schob er dazwischen; seinen Hauptverdienst fand er bei Meister Beck in der Torvegade.

Beck war ein Mann der alten Schule; sein Kundenkreis bestand hauptsächlich aus Nachtwächtern, Bootsführern und alten Seebären, die draußen in Christianshavn hausten. Obwohl er in Kopenhagen geboren und aufgewachsen war, glich er einem Provinzhandwerker, ging in Morgenschuhen, die seine Tochter ihm gestickt hatte, und rauchte des Morgens seine lange Pfeife in der Haustür. Er hatte eine altmodische Anschauung vom Handwerk und freute sich über Pelle, der jedes Schmierleder spannen konnte und nicht bange davor war, mit einem Paar alten Transtiefeln anzubinden. Becks Arbeit konnte nicht gut aus dem Hause gegeben werden und Pelle stellte sich willig in der Werkstatt ein und scheute sich vor keiner Arbeit. Nur wollte er nicht auf altmodische Weise Kost und Logis beim Meister haben. Vom ersten Tage an war diese Veränderung eine Verbesserung, er arbeitete mit Lust und Liebe und fing an etwas zurückzulegen, um seine Schulden an Sort abzahlen zu können. Jetzt sah er in der Ferne auch den Tag, wo er Vater Lasse herüberkommen lassen konnte.

Am Morgen, wenn die Bewohner des Bodens schlaftrunken durch den langen Gang taumelten, um aus dem Hause zu sein, ehe es ein Viertel vor sechs pfiff, saß Pelle schon in seiner Stube und hämmerte. Gegen sieben Uhr ging er dann zu Beck in die Werkstatt, wenn dort etwas für ihn zu tun war. Auch von den Bewohnern der Arche bekam er Arbeit.

Hinsichtlich der Bedingungen in der Produktion hatte er seine Erfahrungen gemacht und diese Erfahrungen waren ein fruchtbarer Kern, der da keimte, wohin er geworfen war, und ständig mehr Frucht tragen würde. Seine Verhältnisse besserten sich sofort, nachdem er den einen Aussauger abgeschüttelt hatte; was, wenn man auch den anderen loswerden und selbst den ganzen Ertrag seiner Arbeit bekommen würde?

Das klang phantastisch, aber Pelle hatte keine Lust, hier in die Höhe zu steigen und unsanft wieder auf der Erde anzulangen. Er hatte eine handgreifliche Erfahrung gemacht und wollte wissen, wie weit sie wohl reichen würde. Während er dasaß und arbeitete, zwang er die Frage, besonnen zwischen den Gedanken hin und her zu gehen, sodass er sie ordentlich untersuchen konnte.

Piepmann als Mittelsmann war also überflüssig; man konnte ein Stück Arbeit schaffen, ohne dass es nötig war, ihm eine Flasche Branntwein in den durstigen Hals zu gießen. Lag nun aber mehr Sinn darin, dass das Schuhzeug auf seinem Weg zu den Kunden den Umweg über den Hofschuhmacher nahm und für ihn Equipagen und Herrenleben abwarf? Konnte Pelle nicht in ein direktes Verhältnis zu der Kundschaft treten und Meyer ebenso ausschalten, wie er Piepmann ausgeschaltet hatte?

Ja, natürlich! Für dreißigtausend Kronen Einkommen im Jahr bezahlte der Hofschuhmacher Steuern, hieß es. Das sollte gleichmäßig zwischen uns verteilt werden, die wir für ihn arbeiten!, dachte

Pelle, während er die Pflöcke einschlug. Dann brauchte Vater Lasse daheim auch nicht einen Tag länger herumzugehen und sich so kümmerlich durchzuschlagen.

Dies war etwas, was man in die Hand nehmen und befühlen konnte, ein praktisches Rechenexempel, das anscheinend nichts mit seinem festen Glauben ans Glück zu schaffen hatte. Der lebte noch immer irgendwo im Verborgenen in ihm und hielt ihn durch alles hindurch aufrecht – hütete sich aber wohl, bestimmte Forderungen zu stellen; ein Instinkt sagte ihm, dass dieser Glaube bei armen Leuten vieles umfassen müsse. Er war sein Familienerbe und Pelle würde ihn getreulich durch alle Schickungen hindurchtragen, wie es Millionen vor ihm getan hatten, immer bereit, das Unbekannte aufzunehmen – bis sie das Grab erreichten und resigniert den Traum weitergaben. Es lag eine Hoffnung für ihn darin, und wenn die fehlschlug, blieb die Hoffnung selber doch noch bestehen. Das mit dem Glück war schließlich kein Versprechen auf handgreiflichen Erfolg für den Einzelnen, sondern eine allgemeine Verheißung, die durch Jahrhunderte der Knechtschaft von dem langen Atemzug der Ewigkeit getragen worden war.

Pelle trug die ganze endlose Wanderung in sich; sie lag tief in seinem Gemüt als unfassbar große Langmut eingegraben. In seiner Welt waren die Fähigkeiten oft groß genug, aber die Resignation war immer größer. Er war gründlich darauf eingestellt, alles zu Grunde gehen zu sehen und sich doch die Hoffnung zu bewahren.

Oft genug hatte sie während des langen Marsches Töne angenommen wie »Davidstadt mit goldenen Gassen«, »Tausendjähriges Reich« oder »Wiederkehr der Herrlichkeit des Herrn«. Er hatte selbst fragend einigem davon gelauscht; nie aber war diese Hoffnung bisher in einem Lied erklungen, das von Essen und Kleidern, Haus und Hof handelte. Wie sollte er sich da zurechtfinden?

Er saß nur hier und stellte ein Rechenexempel auf, wie man sich schnell Anteil an den Gütern dieser Welt verschaffen konnte – anspruchsvoll und mit einer Ungeduld, für die er selber keine Erklärung hätte geben können.

Und rings um ihn her wühlte es auf dieselbe Weise. Es war wie ein Ruck des Erwachens durch die Massen gegangen. Sie wanderten nicht mehr blindlings und geduldig dahin, sondern schwankten hin und her in verwirrten Betrachtungen. Das Wunderbare würde sich nicht mehr von selber vollziehen, wenn die Zeit erfüllt war. Da saß eine böse Macht und drückte ihrer großen Hoffnung die Knie zusammen, sodass sie niemals gebären konnte. Sie mussten selber mithelfen das Glück zur Welt zu bringen.

Der unerschütterliche Fatalismus, der bisher alles im schweren Gang erhalten hatte, war dahin; die Massen ließen sich nicht länger in dumpfer Resignation niederhalten. Menschen, die das ganze Leben hindurch ihren Gewohnheitsgang von und zur Arbeit gewandert waren, blieben plötzlich stehen und fingen an über den Sinn des Ganzen unvernünftige Fragen zu stellen. Selbst die Einfältigen wagten es, an der Ordnung der Dinge zu zweifeln; es war nicht mehr so, weil es so sein musste – es gab eine peinliche Ursache dieses Elends. Damit war die Sache angeschnitten und nun bekamen sie Lust, selber das Dasein zu meistern; die Finger juckten ihnen danach, irgendetwas Hemmendes niederzureißen – sie wussten nur nicht, was.

Es lag etwas wie ein Wirbel darin, alle Linien verschwanden. Unbekannte Mächte tauchten auf und ließen sich gerade nur ahnen oder behexten die Gutmütigen. Leute, die bisher wie die Hunde gekrochen waren, um Nahrung zu erhalten, wurden plötzlich vom Eigensinn ergriffen und ließen sich lieber niederschlagen, als dass sie sich beugten. Besonnene Leute, die ihr ganzes Leben auf einer Stelle gearbeitet hatten, konnten sich nicht länger in die Dinge finden und gingen um eines Wortes willen davon. Die schwer erworbene Langmut war aus den Gemütern gewichen; die, die unerschütterlich alles auf ihren Schultern getragen hatten, wurden empfindlich, unwillig und unregierlich wie schwangere Frauen. Es war, als ächzten sie unter dem inneren Druck einer unsichtbaren Macht und versuchten die harte Kruste, die etwas Neues in ihnen bedeckte, zu öffnen. Man erkannte das schmerzliche Bestreben an ihrem verwirrten Starren und an den wahnsinnigen Griffen in die leere Luft.

Es lag etwas Drohendes in der Ungewissheit, mit der die Massen herumtrabten, als lauschten sie auf neue Worte aus der Dunkelheit. Schnell entschlossen schlugen sie sich Altgewohntes und Hergebrachtes aus dem Sinn, um Platz in sich zu machen; ringsumher sprach man von dem Neuen und versuchte sich blindlings darauf einzurichten – als sei es etwas Selbstverständliches, dass die Zeit jetzt erfüllt wäre und die Verheißung sich gerade an ihnen vollziehen solle. Sie gingen umher, bereit, irgendetwas auszuführen – sie wussten selbst nicht, was, sammelten sich zu kleinen Gruppen und veranstalteten missglückte Streiks, ganz ins Blaue hinein. Andere schufen Diskussionsvereine und begannen mit heftigen Worten um das Neue zu kämpfen, das niemand von ihnen kannte; das waren namentlich die Jungen. Viele von ihnen waren hierher gekommen, um das Glück zu suchen – genau wie Pelle selbst, und sie brannten vor Unruhe. Es lag etwas Heftiges über ihnen – ein fieberhafter Zustand.

So lagen die Verhältnisse, als Pelle in die Hauptstadt kam – alles war chaotisch, ohne irgendeinen sicheren Plan, nach dem man zu seinem Ziel hätte wandern können. Die Massen stützten einander nicht mehr, sondern waren in Auflösung begriffen und strömten verwirrt hin und her, auf der Suche nach etwas, um das sie sich scharen konnten. Oben in der Gesellschaftsordnung spürte man nur die Unsicherheit in den Arbeitsverhältnissen; dort klagte man über die Unruhe, diese sinnlose Unruhe, die den Ertrag beeinträchtigte und die Konkurrenz mit dem Ausland erschwerte. Aber einzelne Kluge witterten das Volk als großes lauschendes Ohr;

neue Prädikanten erstanden und wollten die Menge auf neuem Wege zu Gott führen. Pelle wurde ein paar Mal von dem Strom an solche Orte geführt, ließ sich aber nicht erfassen; das waren nur die alten Töne noch einmal – dort lag es nicht. Niemand ließ sich mehr durch Anweisungen auf den Himmel zufrieden stellen – die neuen Propheten verschwanden ebenso plötzlich, wie sie aufgetaucht waren.

Aber mitten in der Verwirrung entstand ein fester Kern, eine Gemeinde, die durch eine Reihe von Jahren sicher gewachsen war und fanatisch die Verfolgungen und den Spott von oben und unten ertragen hatte, bis sie jetzt einige tausend Mitglieder umfasste. Sie stand fest in dem Wirbel und behauptete ebenso hartnäckig, dass ihrer Lehre die Zukunft gehöre. Und nun schien sie Wind in die Segel zu bekommen; sie entsprach auf eigene Weise den ungeduldigen Forderungen, den Himmel schon hier auf Erden zu haben und das Glück erreichbar zu machen.

Pelle hatte sich draußen am Schleswigstein von der neuen Lehre erfassen lassen und sich ihr warm und stark in die Arme geworfen. Er besuchte Versammlungen und Diskussionen und gebrauchte seine Ohren, um etwas Sachliches aufzufassen; seine praktische Natur verlangte etwas Handgreifliches, womit der Gedanke arbeiten konnte. In ihm rang es gleichzeitig tief und stark, wie Ströme unter dem Eis; zuweilen war es an der Oberfläche zu spüren und machte ihm Bange. Noch hatte er nicht vermocht es zu etwas Ganzem zu sammeln; wenn er die Klagen über die verheerende Unruhe hörte, die den Wohlstand des Landes aufs Spiel setzte, sah er keinen Zusammenhang darin.

»Es ist doch verkehrt, dass sie die Arbeit ohne Grund einstellen«, sagte er zu Morten, als der Kutscher des Bäckers eines Tages seinen Platz verlassen hatte. »Euer Kutscher zum Beispiel – er hatte sich doch über nichts zu beklagen.«

»Er hat vielleicht plötzlich Schmerzen zwischen den Beinen bekommen, weil sein Urgroßvater einmal auf dem hölzernen Pferd hat reiten müssen. Wer weiß – er war ja vom Lande«, meinte Morten ernsthaft.

Pelle sah ihn schnell an. Er konnte Mortens doppelsinnige Art und Weise zu reden nicht leiden. Sie machte ihn unsicher. »Kannst du nicht ebenso gut vernünftig sprechen?«, sagte er. »Ich verstehe dich nicht.«

»Nicht? – Aber es gibt wohl Gründe genug dafür, ein Haufen Gründe aus alten Zeiten. Zum Teufel auch, weshalb müssen sie obendrein noch einen Grund von gestern haben! Könntest du dir nicht denken, dass der Arbeiter, der die Tretmühle so lange in dem Glauben getreten hat, dass die Bewegung von den anderen ausginge, plötzlich entdeckt, dass er selber das Ganze in Gang hält? Denn das ist es, was vor sich geht! Der arme Mann ist nicht nur ein Sklave, der das Rad tritt und dem von Zeit zu Zeit eine Hand voll Mehl in den Hals geworfen wird, damit er nicht verhungert. Er ist dabei, zu entdecken, dass er in höherem Dienst steht, du! – Und nun wendet sich die Bewegung und geht von ihm selber aus! – Aber das kannst du wahrscheinlich nicht sehen«, fügte er hinzu, als er Pelles ungläubigen Ausdruck bemerkte.

»Nein, denn ich bin nicht größenwahnsinnig«, erwiderte Pelle lachend, »und du bist schließlich auch kein Prophet, der so große Dinge weissagen kann. Aber ich habe Verstand genug, um auszurechnen, dass, wenn man Krach machen will, man etwas Bestimmtes braucht, worüber man Krach macht. Anders geht die Sache nicht. Das mit dem hölzernen Pferd genügt nicht!«

»Es kommt wohl darauf an, wie viele Krach machen«, erwiderte Morten. »Wenn sich alle beteiligen, dann braucht man wohl keine Gründe anzugeben.«

Pelle grübelte während der Arbeit weiter darüber nach. Es ging nicht mit diesen allgemeinen Erwägungen; die Gedanken dieser

Art waren durch Generationen festgelegt und handelten hauptsächlich von Tod und Leben. Er musste praktisch handeln und wieder auf seine eigene große Erfahrung zurückgreifen.

Piepmann war überflüssig, dafür hatte Pelle selber den Beweis geliefert! Und es gab auch keinen Grund, weshalb man den Hofschuhmacher nicht auch ausschalten konnte! Die Gesellen besorgten das Maßnehmen und Zuschneiden – die ganze Arbeit! Er war eigentlich auch ein Ausbeuter, der sich an die Spitze gestellt hatte und den Profit einstrich. Aber dann hatte Morten ja doch Recht mit seiner unverschämten Ansicht, dass der Arbeiter das Ganze trage! Pelle stutzte ein wenig über dieses Ergebnis; er stellte vorsichtig fest, dass es auf alle Fälle für sein Fach gültig sei. Es hatte Sinn, sein Eigentum zurückzuerobern – aber wie?

Sein gesunder Menschenverstand verlangte etwas, was Meyer und die anderen Aussauger ersetzen konnte. Es ging nicht, dass jeder Geselle dasaß und als kleiner Meister auf eigene Faust herumpfuschte; davon hatte er daheim in der kleinen Stadt genug gesehen – das ergab nur Pfuscherei!

Da setzte er sich hin, um einen Plan für eine Produktionsgenossenschaft auszuarbeiten. Eine Anzahl Arbeiter vom Fach sollten sich zusammenschließen, jeder seinen kleinen Anteil einschießen und Geschäftsräume mieten. Die Arbeit sollte entsprechend den besonderen Fähigkeiten eines jeden Mannes unter sie verteilt werden und aus ihrer Mitte wählten sie dann einen, der dem Ganzen vorstehen konnte.

Auf diese Weise ließ sich die Frage lösen – jeder Einzelne erhielt den vollen Ertrag seiner Arbeit.

Als er seinen Plan gründlich durchdacht hatte, ging er damit zu Morten.

»Das haben sie ja schon in der Bewegung vorgebracht!«, rief Morten aus und zog ein Buch heraus. »Aber sonderbarerweise ging es nicht. Wo hast du die Idee her?«

»Es ist meine eigene«, erwiderte Pelle mit Selbstgefühl.

Morten sah ein wenig ungläubig drein; er schlug im Buch nach und zeigte Pelle, wie seine Idee – fast Wort für Wort – als Etappe im Fortschritt beschrieben worden war. Es war ein Werk über den Sozialismus.

Nein, Pelle verlor deswegen den Mut nicht! Er war stolz darauf, etwas erfunden zu haben, auf das auch andere gekommen waren – gelehrte Leute obendrein! Er fing an Vertrauen zu seinen eigenen Gedanken zu bekommen, und besuchte eifrig Versammlungen und Vorträge. Kräfte und Mut hatte er, das wusste er. Er wollte versuchen tüchtig zu werden – und dann die aufsuchen, die an der Spitze standen und den Weg bahnten, und ihnen seine Dienste anbieten.

Bisher hatte ihm das Glück immer dunkel als ein Märchen vorgeschwebt, das plötzlich auf seinen Mann niederstieß und ihn in höhere Gefilde emporhob, während alle anderen zurückblieben und ihm sehnsuchtsvoll nachstarrten – das war ja das Peinliche. Aber hier gewahrte er neue Wege, die für alle, die etwas ausrichteten, zum Glück führten – genau wie es *die Kraft* in seiner Todesstunde phantasiert hatte. Er begriff nicht sogleich, woher das alles kommen sollte, aber das war ja Sache derer, die es entwirren mussten!

Dies alles hielt seine Gedanken in neuer und ungewohnter Beschäftigung. Er war nicht gewöhnt auf eigene Faust zu grübeln, sondern er hatte sich bisher immer an das gehalten, was ihm von Generation zu Generation als anerkannt überliefert worden war – und oft war das eine schwere Last gewesen. Dann versuchte er alles zu verscheuchen, um es loszuwerden. Aber es kam immer wieder!

Wenn er müde war, gewann Hanne wieder Macht über ihn und dann ging er des Abends zu ihnen hinüber. Er wusste sehr wohl, dass es nicht zum Guten führte. Eine Zukunft an Hannes Seite vermochte er sich nicht vorzustellen, bei ihr existierte nur der Augenblick. Ihr sonderbares Wesen hatte Macht über ihn – weiter nichts! Oft gelobte er sich, sich nicht foppen zu lassen, ging aber doch wieder zu ihnen hinüber. Er musste versuchen sie zu erobern – und dann die Folgen auf sich nehmen.

Eines Tages nach Feierabend kam er zu ihnen hinabgeschlendert. Auf der Galerie war niemand, da ging er in die kleine Küche.

»Bist du es, Pelle?«, tönte Hannes Stimme aus der Stube. »Komm nur herein!«

Sie hatte offenbar ihren Körper gewaschen und saß nun im weißen Unterrock und Leibchen da und kämmte ihr schönes Haar. Sie hatte etwas von einer Prinzessin, so wie sie ihren Körper pflegte. Der Spiegel stand vor ihr auf dem Fensterbrett und vor dem kleinen Hinterstübchen, zwischen den Dächern und den fleckigen Brandmauern sah man die Zuchthausbrücke und den Kanal, der ins Meer führte. Bei den Handelsplätzen war die Luft grau schraffiert von der Takelage der Schiffe.

Pelle setzte sich auf die Chaiselongue am Ofen, die Ellenbogen auf die Knie gestützt, und starrte zu Boden; ihm war ganz sonderbar zu Mute. Wenn nur die Alte bald kommen wollte, dachte er, ich glaube, ich gehe hinaus und tue, als wenn ich Ausschau halte. Aber er blieb doch sitzen. An der Wand stand das zweischläfrige Bett mit der rot geblümten Decke darüber und an der anderen Wand der Tisch, unter den die Stühle geschoben waren. Sie sollte mich nicht zu sehr reizen, dachte er wieder, sonst endet es vielleicht doch noch damit, dass ich zugreife, und dann verbrennt sie sich!

»Warum sagst du nichts zu mir, Pelle?«, fragte Hanne.

Er hob den Kopf und sah sie im Spiegel. Sie hatte die Spitze ihrer Flechte im Mundwinkel und sah aus wie ein Kätzchen, das sich in den Schwanz beißt.

»Ach, was soll ich wohl sagen!«, antwortete er mürrisch.

»Du bist böse auf mich, aber das ist unrecht von dir – wirklich, das ist Unrecht! Kann ich was dafür, dass ich solche Angst vor der Armut habe? Ja, wie mir davor graut! Von meiner Geburt an ist nie was anderes gewesen und du bist auch arm, Pelle, ebenso arm wie ich! Was könnte dabei wohl aus uns werden – wir kennen das ja!«

»Was sollte denn sonst werden?«, fragte Pelle.

»Das weiß ich nicht, und das ist auch ganz gleichgültig – nur etwas, was ich nicht kenne. Hu, alles ist so bekannt, wenn man arm ist; jeden Faden im Zeug kennt man auswendig, man kann sehen, wie er sich abnützt. Wärst du nur Seemann gewesen, Pelle!«

»Hast du ihn etwa wieder gesehen?«, fragte Pelle.

Hanne schüttelte lachend den Kopf. »Nein, aber ich glaube an etwas – an etwas Großartiges! Da drüben liegt ein großes Schiff – ich kann es vom Fenster aus sehen! Das ist voll von herrlichen Dingen!«

»Du bist verrückt!«, sagte Pelle höhnisch. »Das ist eine Bark, die nach dem Kohlenkai will. Sie kommt mit Kohlen aus England.«

»Das mag sein«, erwiderte Hanne gleichgültig. »Was mache ich mir daraus! Da drüben liegt das Schiff und hat mir was aus der Fremde mitgebracht, so singt es in mir; und die Freude kannst du mir doch wohl gönnen.«

Die Mutter kam herein und äffte sie nach. »Ja, da drüben liegt das Schiff und hat mir was mitgebracht, ja, da liegt das Schiff und hat mir was mitgebracht – großer Gott! Hast du es denn nicht bald satt, deinen eigenen verschrobenen Blödsinn anzuhören? Deine Kindheit hindurch hast du dagesessen und gefaulenzt und nach dem Schiff ausgeschaut, jetzt kann es doch wohl bald genug sein. Und da lässt du Pelle sitzen und zusehen, wie du deine Jugend entblößt – schämst du dich denn gar nicht?«

»Pelle ist so gut, Mutter – und er ist mein Bruder. Der denkt sich nichts dabei.«

»Denkt sich nichts dabei? Ja, er denkt, wie weich und weiß ist ihr Busen! Und in ihm weint es, weil er seinen Kopf nicht da hinlegen darf. Ich habe es auch gekannt, wie es ist, Freude zu schenken in seinen jungen Tagen.«

Hanne errötete bis über den Busen hinauf. Sie warf ein Handtuch über und lief in die Küche hinaus.

Die Mutter sah ihr nach. »Sie hat eine so zarte Haut wie eine Königstochter. Sollte man nicht glauben, dass sie ein Kuckuckskind ist? Der Vater konnte sie auch gar nicht ausstehen. ›Du hast mich mit irgendeinem von den Feinen betrogen!‹, hat er oft zu mir gesagt. ›Wie sollten zwei arme Leute zusammen solch feines Porzellan zu Stande bringen?‹ – ›So wahr Gott lebt, Johnsen‹, sagte ich, ›du und kein anderer ist der Vater des Mädchens.‹ Aber er hat uns geprügelt und wollte mir nicht glauben. Er wurde wütend, wenn er das Kind ansah, und hasste uns beide, weil sie so fein war. Es ist denn ja auch kein Wunder, dass sie ein bisschen sonderbar im Kopf geworden ist. Du kannst mir glauben, Pelle, sie hat mich blutige Tränen gekostet. Aber lass sie fahren, Pelle! Ihr könnte ich es wohl wünschen, dass du sie kriegst, aber für dich ist es nicht gut, dass sie dich so hinhält. Und wenn du sie kriegst, wird es am Ende noch schlimmer für dich. Frauenmucken sind ein elendes Mobiliar für eine Häuslichkeit.«

Pelle gab ihr im Stillen Recht. Er hatte sich betören lassen und vergeudete seine Jugend auf einem Weg, der zu nichts führte. Aber nun sollte es ein Ende haben!

Hanne kam herein und sah ihn an, heiter und schwärmerisch. »Willst du mit mir spazieren gehen, Pelle?«, fragte sie.

»Ja«, antwortete Pelle erfreut und warf hurtig alle Vorsätze über den Haufen.

5

Pelle und seine kleine Nachbarin wetteiferten, wer am Morgen zuerst aufstünde. Wenn sie Glück gehabt hatte und ihn wecken musste, strahlte ihr Gesicht vor Stolz. Es kam vor, dass er ein wenig länger liegen blieb, um ihr die Freude zu gönnen, und ganz schlaftrunken antwortete, wenn sie an die Wand pochte. Aber zuweilen forderten die Kinderjahre ihr Recht und Pelle bewegte sich so still wie möglich und um halb sechs klopfte er dann an die Wand. Dann schämte sie sich den ganzen Vormittag.

Die Brüder mussten ihren Morgenkaffee haben und um sechs auf Arbeit sein. Peter, der ältere, ging in eine Blechwarenfabrik, Karl trug Morgenzeitungen aus und verrichtete alle mögliche zufällige Arbeit; die musste er aufstöbern, und das haftete seiner ganzen kleinen Person an. Es lag etwas Rastloses, Unruhiges in seinem Wesen, als wenn die Gedanken beständig nach Auswegen suchten.

Um diese Stunde regte es sich ringsumher; über den Grund des Schachtes und durch den Tonnengang schallte ein endloses Klappern von Fußtritten von den hunderten aus der Arche, die sich schlaftrunken in den Tag hinauswälzten – zerzaust, die Nacht noch in den Gesichtszügen und den Augen. Sie schmatzten, als schmeckten sie den Gegensatz von Tag und Nacht, gähnten hörbar und jagten fort. Hier oben auf dem langen Gang taumelten Fabrikmädchen, Arbeiter und Zeitungsfrauen halb nackt umher; sie verspäteten sich immer und standen nun scheltend da und warteten, dass die Reihe zum Waschen an sie käme. Es war nur eine Waschgelegenheit an jedem Ende des Ganges und es war nur eben Zeit, die Augen anzufeuchten und den Schlaf zu verjagen. Zu allen Kammern standen die Türen offen; die Nachtdünste hingen schwer in dem Gang.

An den Tagen, wo er zu Hause arbeitete, war die kleine Marie guter Laune. Sie sang und trällerte unaufhörlich mit ihrer wunderlichen Zwergenstimme und jeden Augenblick kam sie herein und bot ihre Dienste an. Dann konnte sie sich hinter ihn stellen und schweigend dastehen und seiner Arbeit zusehen, während sie mit schwachem, pfeifendem Geräusch atmete. Es lag ein dumpfes Brüten in ihrem zurückgebliebenen Körper, der Pelle an Mortens unglückliche Schwester Karen erinnerte; dasselbe Unausgetragene, Versteinerte – wie die Früchte von allzu jungen Bäumen. Aber sie hatte doch eine lichtere Färbung; die Kinderarbeit war nicht als bitterer Saft in sie eingedrungen, nur ihr Äußeres war davon gestempelt. Über ihrem Wesen lag im Gegenteil ein Schimmer von verkümmertem Glück, als ginge es ihr viel besser, als sie erwarten konnte. Vielleicht kam es daher, dass sie ein Ergebnis ihrer harten Kinderarbeit sah; es gab niemand, der es ihr in alle Winde zerstreute.

Sie war eine tüchtige kleine Hausfrau und die Brüder respektierten sie und brachten getreulich nach Hause, was sie verdienten. Dann nahm sie davon, was sie brauchte, legte etwas für die Miete in eine Schachtel zurück, die sie in der Kommode aufbewahrte, und gab ihnen ein wenig, wofür sie sich amüsieren durften. »Etwas müssen sie haben«, sagte sie zu Pelle, »denn Männer brauchen etwas Geld in der Tasche. Sie verdienen es ja auch, denn sie haben noch nie eine Öre vertrunken. Samstagabend kommen sie immer gleich mit ihrem Verdienst nach Hause. – Aber jetzt muss ich an meine Arbeit. Schrecklich, wie einem die Zeit unter den Händen wegläuft!« Sie schwatzte genau wie eine verheiratete Frau und Pelle amüsierte sich im Stillen.

Nach einer Weile sah sie wieder herein: Er sollte irgendetwas kosten oder sie hatte ihre Flickarbeit mitgebracht und ließ sich auf den Rand eines Stuhles nieder. Sie war immer auf dem Sprung, als könne ein Kochtopf überkochen oder sonst etwas geschehen.

Dann redeten sie vernünftig miteinander. Die kleine Marie

machte sich nichts aus Geschwätz; es gab auch genug ernste Dinge, die sie bereden musste: die schwierigen Zeiten, Mariens Eltern und dann das Seltsame, dass sie einander schon einmal getroffen hatten; das war ein wunderbares Ereignis für sie, obwohl sie sich dessen nicht mehr entsinnen konnte.

Aber Pelle wusste es noch ganz deutlich und musste ihr immer wieder erzählen, wie er daheim nach dem Hafen gegangen war, um dem alten Dachdecker Holm den Dampfer zu zeigen; und sie lachte jedes Mal, wenn sie hörte, dass Holm dagestanden und vor Angst weggelaufen war, als die Dampfwinde getutet hatte. Und dann? – Ja, der Dampfer war ja im Begriff, im Hafen Mobiliar einzuladen, alte Betten, Tische und dergleichen.

»Das war alles unsers!«, rief Marie und klatschte in die Hände. »Damals hatten wir noch was. Wir brachten es aufs Pfandhaus, als Vater nach dem Fall krank lag!« Dann starrte sie ihn fragend an.

Und mitten zwischen all ihren Habseligkeiten stand ein Mann mit einem alten Spiegel unterm Arm. Dachdecker Holm kannte ihn und ließ sich in eine Unterhaltung mit ihm ein.

»Er weinte, nicht wahr?«, fragte Marie gerührt. »Vater war so unglücklich, dass es mit uns zurückging.«

Und dann schwatzte sie selber, von dem Hotel unten zwischen den Klippen an der Ostküste und von den feinen Gästen, die im Sommer dort wohnten. Drei Jahre hatten sie das Hotel gehabt und Pelle musste ihr die Summen nennen, um die man ihren Vater betrogen hatte. Sie war stolz darauf, dass sie einmal so viel besessen hatten – zehntausend Kronen!

Hier hatte der Vater als Maurerhandlanger Arbeit gefunden; eines Tages war er auf einen losen Balken getreten und hinabgefallen. Er lag ein paar Monate, und als all ihr Hab und Gut ins Pfandhaus gewandert war, starb er und dann kamen sie in die Arche. Die Mutter wusch außer Haus, aber sie war so wunderlich im Kopf geworden. Sie konnte das Unglück nicht verwinden und so vernachlässigte sie die Häuslichkeit, lief umher und suchte Trost bei verschiedenen religiösen Sekten. Zuletzt war sie ganz verwirrt und eines Tages verschwand sie. Man glaubte, sie hätte sich im Kanal ertränkt. »Aber nun geht es uns gut«, schloss Marie, »nun ist es eine Kleinigkeit!«

»Wirst du denn nicht müde davon, dass du auf alles Acht geben musst?«, fragte Pelle verwundert.

Sie sah ihn erstaunt an. »Wovon sollte ich wohl müde sein? Das ist doch nicht mehr, als man bewältigen kann – wenn man sich bloß einzurichten weiß, und die Jungen sind zufrieden mit allem, was ich tue. Die machen mir nie Schwierigkeiten!«

Die drei Verwaisten schlugen sich so gut durch, wie sie konnten, und waren ganz stolz auf ihre kleine Wirtschaft. Wenn es ihnen schlecht ging, so hungerten sie und sannen auf Abhilfe, aber sie nahmen von keinem Menschen Unterstützung an. Sie lebten in ständiger Angst, dass die Polizei Einblick in ihre Verhältnisse gewinnen und sie in die Schule schleppen könnte. Dann würden sie auseinander gerissen und auf Rechnung des Armenwesens untergebracht werden. Sie waren scheu und hielten sich für sich. Alle in der Arche hatten sie gern und halfen ihnen ihre Unabhängigkeit zu wahren. Mit dem Familienleben der übrigen Bewohner ging es, so gut es konnte; irgendwo war immer ein Skandal. Es war gleichsam eine Genugtuung, diese drei Kinder so hübsch mitten in all diesem Wirrwarr wohnen zu haben. Man sah zu der kleinen Musterwirtschaft auf und schützte sie wie ein Heiligtum.

An Pelle schlossen sie sich blindlings an. Sie hatten ihn auf der Straße aufgefischt und betrachteten ihn gewissermaßen als ein Findelkind, das noch immer unter ihrem Schutz stand. Wenn Marie den Jungen den Morgenkaffee eingeschenkt hatte, brachte sie Pelle auch einen Schluck hinein – da half kein Widerstreben. Und am Vormittag, wenn sie bei sich selbst fertig war, stellte sie sich mit Besen und Aufwischeimer bei ihm ein. Ihr verständiges, altkluges Gesicht strahlte vor Umsicht und Hilfsbereitschaft. Sie bat nicht erst um Erlaubnis, sondern griff zu, wo es Not tat. Wenn Pelle in Becks Werkstatt war, fand er des Abends sein Zimmer immer in Ordnung vor.

Hatte er zu Hause Arbeit, so kam sie mit dem Vormittagskaffee für sie beide herein. Er wagte nicht es ihr abzuschlagen, weil sie sich das zu Herzen nahm und dann einen ganzen Tag gekränkt umherzugehen pflegte; stattdessen lief er hinunter und holte Wecken. Marie pflegte unter irgendeinem Vorwand ihr Teil für die Jungen zurückzulegen – es machte ihr keine rechte Freude, irgendetwas allein zu genießen.

Pelle fühlte, wie es mit ihm vorwärts ging und er fühlte seine eigene Jugend. Er war beständig in rosigster Laune, selbst Hanne konnte keinen ernsten Schatten auf sein Dasein werfen. Das Verhältnis zu ihr hatte eine schöne Unwirklichkeit, die keine Narbe im Herzen hinterließ.

Und diesem viel geprüften Kind gegenüber schämte er sich ganz einfach, wenn irgendetwas in ihm aufsteigen und ihn verstimmen wollte. Er betrachtete es als seine Pflicht, ihr armes Dasein mit seiner guten Laune zu erhellen. Er schwatzte munter mit ihr, scherzte und neckte sie, um ihren unnatürlichen Ernst zu vertreiben. Dann lächelte sie auf ihre stille, mütterliche Weise, wie man über ein liebes Kind lächelt, das unsere Sorgen verscheuchen will – und erbot sich, irgendetwas für ihn zu tun.

»Soll ich dir deine Bluse auswaschen oder deine Hemden nachsehen?«, fragte sie. Ihre Dankbarkeit äußerte sich immer in irgendeiner Arbeit.

»Danke, Marie – das besorgen Hanne und ihre Mutter!«

»Aber das ist doch nichts für die Prinzessin – das kann ich doch viel besser!«

»Die Prinzessin?«, fragte Pelle und hob den Kopf. »Wird sie so genannt?«

»Nur von uns Kindern – es ist kein Schimpfname. Wir spielten immer Prinzessin, wenn sie mit dabei war – und dann war sie es. Aber weißt du, was? Es wird einer kommen und sie entführen – ein sehr Vornehmer. Sie ist in der Wiege schon für einen feinen Herrn bestimmt worden.«

»Ach was, Unsinn!«, sagte Pelle ärgerlich.

»Das ist wirklich wahr! Wenn es regnete, saßen wir unter der Galerie, da in der Ecke auf dem Kehrichtkasten, und dann erzählte sie es uns – es ist wirklich wahr! Findest du nicht auch, dass sie reizend ist, so ganz wie eine Prinzessin? So . . .« Marie machte mit gespreizten Fingern eine Bewegung in der Luft. »Und sie kennt alles, was fein ist. Sie kam in ihrem langen Kleid zu uns in den Hof herunter und ihre Mutter stand oben und schalt sie aus; dann setzte sie sich auf den Rost wie auf einen Thron und war Königin – und wir waren ihre Hofdamen. Sie flocht uns das Haar und steckte es fein auf mit bunten Bändern, und wenn ich dann heraufkam, riss mir Mutter alles vom Kopf und machte mir das Haar wieder wuschlig. Es sei eine Sünde gegen Gott, sich so aufzuputzen, sagte sie. Und als Mutter dann verschwand, hatte ich keine Zeit mehr, da unten zu spielen.«

»Arme Kleine«, sagte Pelle und strich ihr über das Haar.

»Warum sagst du das?«, fragte sie und sah ihn verwundert an.

Er besaß ihr ganzes Vertrauen und erfuhr Dinge, die nicht einmal die Jungen wissen durften. Sie achtete jetzt auch mehr auf ihr Äußeres und ihr dünnes blondes Haar war immer glatt zurückgestrichen.

Wenn sie beide was in der Stadt zu besorgen hatten, war sie glücklich. Dann zog sie ihr bestes Kleid an und ging an seiner Seite durch die Straßen, über das ganze Gesicht lächelnd. »Nun glauben die Leute am Ende, dass wir ein Liebespaar sind – aber was tut das? Lass sie das nur glauben.« Pelle lachte; sie war mit ihren elf Jahren nicht größer als ein neunjähriges Kind – so zurückgeblieben im Wachstum.

Die Kinder hatten oft ihre Not, auszukommen; sie sprachen nicht gern davon, aber es konnte etwas Gequältes in ihre Mienen kommen. Dann sprach Pelle fröhlich über die guten Zeiten, die bald für alle Armen anbrechen würden. Es kostete ihn große Anstrengungen, es in Worten auszudrücken; und noch dazu mit dem richtigen Klang. Die Gedanken waren ihm selbst noch so neu. Aber die Kinder störte seine Unbeholfenheit nicht; ihnen wurde es noch leichter, an das Neue zu glauben, als ihm selber.

6

Mit Pelle ging in dieser Zeit eine sonderbare Veränderung vor sich. Er hatte genug Not und Elend in seinem Leben gesehen und die Hauptstadt hier war ganz einfach eine Walstatt, wo ein Heer nach dem anderen vorwärts gestürmt und jammervoll zu Grunde gegangen war. Ringsumher lagen die Gefallenen. Die Stadt war über ihnen aufgebaut wie ein Friedhof; man musste auf sie treten, um vorwärts zu kommen – und sich abhärten. So war es nun einmal im Leben; man schloss die Augen – wie die Schafe, wenn sie sehen, dass ihre Kameraden geschlachtet werden – und wartete still, bis die Reihe an einen selber kam. Etwas anderes war da nicht zu tun.

Aber nun erwachte der Schmerz in ihm; es tat ihm jedes Mal schneidend weh, wenn er jemand leiden sah; er murrte gegen das Unglück an, so bodenlos es war.

Eines Tages saß er da und arbeitete. An dem anderen Ende des Ganges war kürzlich ein Fabrikmädchen mit ihrem Kind eingezogen. Jeden Morgen schloss sie die Tür ab und ging – und kam nicht vor Abend von der Arbeit zurück. Wenn Pelle nach Hause kam, hörte er oft Weinen da drinnen.

Er saß bei seiner Arbeit und schlug sich mit seinen Gedanken herum; die ganze Zeit hatte er ein sonderbar unterdrücktes Geräusch im Ohr, schmerzlich, als wenn irgendetwas unaufhörlich jammerte. Vielleicht war es nur der Klagegesang des Elends selber; es hingen ständig Strophen davon in der Luft.

Die kleine Marie kam hastig herein. »Ach, Pelle, nun weint er schon wieder«, sagte sie und ballte die Hände ängstlich vor der eingefallenen Brust. »Er hat alle Tage geweint, seit sie hier eingezogen sind – es ist ganz schrecklich!«

»Wir wollen mal hingehen und sehen, was da los ist«, sagte Pelle und warf den Hammer hin.

Die Tür war verschlossen; sie versuchten durch das Schlüsselloch zu gucken, konnten aber nichts sehen. Das Kind da drinnen hielt einen Augenblick mit seinem Weinen inne, als es sie hörte, begann aber gleich wieder von neuem; es klagte leise und eintönig, als habe es sich darauf eingerichtet, bis ins Unendliche weiterzuweinen. Sie sahen einander an; es war nicht zum Aushalten.

»Die Schlüssel hier im Gang passen zu allen Zimmern«, sagte Marie leise.

Mit einem Sprung war Pelle fort, holte seinen Schlüssel und öffnete. Dicht neben der Tür saß ein vierjähriger kleiner Junge, er hielt einen verrosteten Blechgegenstand in der Hand und starrte zu ihnen auf. Er war an den Ofen festgebunden; neben ihm stand auf einem alten Holzstuhl ein Blechteller mit ein paar abgeknabberten Brotkrusten. Das Kind war in schmutzige Lumpen gekleidet und sah entsetzlich aus. Es saß in seinem eigenen Schmutz, die kleinen Hände waren voll davon. Das verschwollene, verweinte Gesicht war ganz damit beschmiert. Flehend streckte es die Hände zu ihnen empor.

Pelle brach in Tränen aus bei diesem entsetzlichen Anblick und wollte den Kleinen aufnehmen.

»Lass mich das tun!«, rief Marie entsetzt. »Du machst dich ja ganz schmutzig!«

»Ach was!«, erwiderte Pelle dumpf. Er half das Kind losbinden; seine Hände zitterten.

Sie säuberten den Jungen und gaben ihm zu essen. Dann ließen sie ihn in den langen Gang hinein. Eine Weile stand er am Türpfosten und glotzte; dann entdeckte er, dass er nicht festgebunden war, und fing an auf und ab zu stürmen. In der Hand hielt er noch das alte Teesieb, mit dem er dagesessen hatte, als sie zu ihm eingebrochen waren; er hatte es die ganze Zeit krampfhaft festgehalten. Marie musste die Hand in Wasser tauchen, um das Sieb zu reinigen.

Von Zeit zu Zeit blieb er vor Pelles offener Tür stehen und sah herein. Pelle nickte ihm zu, dann stürmte er wieder auf und ab – er war wie wild. Aber plötzlich kam er herein, legte das Teesieb in Pelles Schoß und sah ihn an.

»Soll ich das haben?«, fragte Pelle. »Siehst du, Marie, er gibt mir das Einzige, was er hat.«

»Ach, der arme Kleine!«, rief Marie gerührt aus. »Er will sich bedanken!«

Am Abend kam die Fabrikarbeiterin hereingestürmt; sie war wütend und schimpfte über den Einbruch. Pelle wunderte sich selber darüber, dass er so ruhig antworten konnte und nicht widerschalt. Aber er begriff sehr wohl, dass sie sich ihres Elends schämte und nicht wollte, dass jemand es sähe. »Es ist ein Unrecht gegen das Kind«, sagte er nur. »Du hast es ja doch lieb!«

Da fing sie an zu weinen. »Ich muss ihn ja festbinden, sonst kriecht er aufs Fensterbrett und stürzt auf die Straße – er hat die Haken schon einmal aufgemacht. Und Kleider, um ihn in die Krippe zu schicken, hab ich nich.«

»Dann lass die Tür nach dem Gang hin aufstehen! Wir wollen uns schon um ihn kümmern, Marie und ich!«

Seither lief der Junge im Gang herum und tummelte sich. Marie war ihm behilflich und war wie eine Mutter zu ihm; Pelle kaufte einige alte Kleider und die nähte sie für ihn zurecht. Der Junge sah drollig darin aus; er war ein kleiner Kobold, der alle in gute Laune versetzte. In seiner Einsamkeit hatte er nicht sprechen gelernt, aber jetzt holte er das schnell nach.

In Pelle hinterließ diese Begebenheit etwas ganz Neues. Das Elend hatte er stets gekannt, jetzt war es die himmelschreiende Ungerechtigkeit, die dahinter stand; er konnte die Hände plötzlich im Zorn ballen, während er so still dasaß. Da war etwas, was man ohne Unterlass hassen musste, Tag und Nacht, so lange man atmete – auch darin hatte Morten Recht. Dies Kind hatte einen Fabrikherrn zum Vater und das Mädchen wagte nicht einmal ihn vor Gericht anzugeben, damit er den Unterhalt für das Kind bezahle, nur um nicht von ihrer Arbeitsstelle gejagt zu werden. So hoffnungslos das Ganze aussah, so empfand er doch das Bedürfnis, zuzuschlagen; seine Hand allein wog wenig, aber wenn sie den Schlag gemeinsam führten, so war er vielleicht doch zu spüren.

Des Abends gingen er und Morten häufig zu Versammlungen, wo heftig über die Zustände debattiert wurde. Die Teilnehmer an diesen Versammlungen waren meist junge Leute wie er selber. Man versammelte sich in irgendeiner Wirtschaft auf Nörrebro. Aber Pelle hatte das Verlangen, Ergebnisse zu sehen, und stürzte sich eifrig in die Organisation seines eigenen Fachs. Er steckte den müden Vorsitzenden mit seinem Feuer an und arbeitete zusammen mit ihm eine Liste aller Berufsgenossen aus – als Grundlage für eine handfestere Agitation. Wenn man die Kameraden durch das Blatt zu einer Versammlung einberief, blieben sie schlaff und hielten sich fern. Es gehörten schärfere Mittel dazu, und Pelle setzte eine Hausagitation in Gang. Das half gleich; sie kniffen nur ungern, wenn man sie von Angesicht zu Angesicht hatte, und der Verband erhielt guten Zuwachs trotz der Verfolgung durch die großen Meister.

Morten fing an ihn mit Respekt zu betrachten und wollte, dass er auch über die Bewegung lesen sollte. Aber dazu hatte Pelle keine Zeit. Zusammen mit Peter und Karl, die eifrig dabei waren, hielt er den »Arbeiter«. Das genügte. »Ich weiß mehr vom Elend als die Schreiber da«, antwortete er.

Es fehlte ihm auch nicht an Holz für sein Feuer. Er hatte den Marsch des Elends vom Lande nach der Stadt und nun hierher nach der Hauptstadt mitgemacht, wo sie standen und nicht weiterkommen konnten mit ihrem Sehnen, sondern an einem öden Strand umkamen. Die vielen Lebensschicksale der Arche standen ihm täglich vor Augen als großes, gemeinsames Besitztum, wo niemand sich zu verkriechen brauchte und des einen Not des anderen Klage war.

Sein Wesen machte in dieser Zeit eine große Veränderung durch. Er war nicht mehr der sorglos Empfangende. Er lachte weniger und fasste scheinbare Kleinigkeiten mit einem Ernst auf, der ganz komisch wirken konnte. Es kam ein Selbstgefühl in sein Auftreten, das durch seine Stellung und Armut schlecht begründet schien.

Als er eines Abends nach Feierabend aus Becks Werkstatt nach Hause kam, hörte er die Kinder im Hof Hannes Lied singen. Er blieb im Tonnengang stehen. Hanne selber stand mitten im Kreis und die Kleinen gingen um sie herum und sangen:

»Ich ging wohl über den hohen Berg,
Sah in das tiefe Tal hinab,
Da sah ein Schiff ich fahren,
Ein Schiff, das sah ich fahren,
Drei Grafen auf dem Schiffe waren.«

Auf Hannes Antlitz lag ein stilles Lächeln, ihre Augen waren fest geschlossen. Sie drehte sich zu dem Gesang der Kinder langsam um sich selbst und sang leise mit:

»Der allerjüngste von den Grafen,
Die auf dem Schiffe waren . . .«

Plötzlich erblickte sie Pelle und brach aus dem Kreis aus. Sie ging mit ihm die Treppe hinauf. Die Kinder standen da und riefen ihr enttäuscht nach.

»Kommst du nicht heute Abend zu uns?«, fragte sie. »Es ist so lange her, seit wir dich gesehen haben.«

»Ich habe keine Zeit, ich habe mich verabredet!«, erwiderte Pelle kurz.

»Aber du musst trotzdem kommen, ich bitte dich darum, Pelle.« Sie sah ihn flehentlich an, ihre Augen brannten.

Pelles Herz begann bei ihrem Blick zu pochen. »Was willst du denn von mir?«, fragte er heftig.

Hanne stand da und starrte unschlüssig in die Ferne. »Du musst mir helfen, Pelle«, sagte sie tonlos und ohne ihn anzusehen. »Ich begegnete gestern . . . Gestern Abend, als ich aus der Fabrik kam, stand er hier unten – er weiß, wo ich wohne. Ich ging auf die andere Seite hinüber und tat, als sähe ich ihn nicht; aber er kam mir nach und sagte, ich solle heute Abend auf den Nytorv kommen!«

»Und was hast du ihm geantwortet?«, fragte Pelle finster.

»Ich hab gar nicht geantwortet, ich lief, was ich konnte.«

»Ist das alles, was du von mir willst?«, rief Pelle schroff. »Du brauchst ja nicht zu gehen, wenn du es nicht willst!«

Ein Frostschauer schüttelte sie. »Aber wenn er mich nun hier aufsucht? Und du bist so . . . Ich mache mir aus niemand auf der Welt was als aus dir und Mutter!«, sagte sie heftig.

»Na, dann werde ich also zu euch hinüberkommen«, erwiderte Pelle munter.

Er kleidete sich rasch um und ging hinüber. Die Alte war erfreut, als sie ihn sah. Hanne war ganz ausgelassen; sie neckte ihn beständig und es währte nicht lange, da hatte er seine Standhaftigkeit aufgegeben und sich in das lieblichste Gespinst hineinlocken lassen. Sie saßen draußen auf der Galerie unter dem grünen Laubwerk, Hannes Antlitz glühte um die Wette mit der Schlingpelargonie, sie wiegte den Fuß und stieß fortwährend mit der Spitze ihres Schuhs gegen sein Bein. Sie war aus Nervosität lebhaft und wollte ständig wissen, wie viel Uhr es sei. Als die Mutter in die Küche ging, um Kaffee zu kochen, nahm sie Pelles Hand und streichelte sie lachend. »Komm mit mir«, sagte sie. »Ich möchte so gern sehen, ob er wirklich so dumm ist zu glauben, dass ich komme. Wir können uns ja in ein Versteck stellen und auslugen.«

Pelle antwortete nicht.

»Mutter«, sagte Hanne, als Madame Johnsen mit dem Kaffee zurückkam, »ich gehe aus und kaufe mir das Zeug zu der Taille. Pelle kommt mit!«

Der Vorwand war leicht zu durchschauen, aber die Alte verzog keine Miene. Sie hatte ja gesehen, dass Hanne heute freundlich zu Pelle war; es regte sich etwas in dem Mädchen, und wenn Pelle nur wollte, konnte er ihr jetzt den Zaum anlegen. Sie hatte nichts dagegen, dass die beiden jungen Leute die Leine ausliefen. Vielleicht fanden sie dann Ruhe beieinander.

»Du solltest dein Tuch mitnehmen«, sagte sie zu Hanne, »die Abendluft kann kühl werden!«

Hanne ging so rasch, dass Pelle ihr kaum folgen konnte. »Das wird spaßig, seine Enttäuschung zu sehen, wenn ich nicht da bin«, sagte sie lachend und Pelle lachte ebenfalls. Sie stellten sich unter die Rathaussäulen und spähten auf den Markt hinaus. Hanne war ganz außer Atem von dem schnellen Gehen.

Allmählich, als die Zeit verstrich und der Fremde sich nicht zeigte, schwand ihre Lebhaftigkeit; sie schwieg mit einem enttäuschten Ausdruck. »Es kommt gar keiner!«, sagte sie plötzlich und lachte kurz auf. »Ich hab dir das nur erzählt, um zu sehen, was du sagen würdest.«

»Dann lass uns gehen!«, erwiderte Pelle ruhig und nahm sie bei der Hand.

Als sie die Treppe hinabgingen, zuckte Hanne zusammen:

Schlaff glitt ihre Hand aus der seinen. Der Fremde kam schnell auf sie zu. Er reichte Hanne die Hand, ruhig und selbstverständlich, als kenne er sie seit vielen Jahren. Pelle sah er überhaupt nicht.

»Kommst du irgendwo mit hin – zum Beispiel, wo wir Musik hören können?«, fragte er und fuhr fort ihre Hand zu halten. Sein Blick schloss sich um sie.

Hanne sah Pelle unschlüssig an.

Einen Augenblick war in Pelle das Verlangen aufgestiegen, sich auf diesen Mann zu stürzen und ihn zu Boden zu werfen, aber jetzt begegneten ihm Hannes Augen mit einem Ausdruck, als sinne sie über irgendein Mittel nach, ihn abzuschütteln. Na, hier scheint man ja im Wege zu sein!, dachte er. Was geht es mich auch an? Er wandte sich von ihnen ab und schlenderte in eine Seitengasse hinein.

Pelle trieb sich unten im Gaswerkhafen herum und starrte, in Gedanken versunken, auf das ölige Wasser und die Schiffe. Er litt nicht; es war nur so fürchterlich dumm, dass eine fremde Hand aus dem Unbekannten hereinlangen konnte, und der Vogel, den er mit aller Güte nicht hatte an sich locken können, hüpfte sofort darauf.

Unter dem Bollwerk plätscherte das Wasser einschläfernd und führte Holzstücke und anderen Abfall mit sich; es war so heimatlich. Dort am Kohlenkai lag ein Dreimaster. An Bord war Feierabend und die Leute rumorten in der Kajüte herum oder standen oben auf dem Deck und wuschen sich in einem Eimer. Ein hoch gewachsener junger Seemann in blauem Anzug und weißer Halsbinde kam aus der Kajüte heraus, starrte gewohnheitsgemäß in die Takelage hinauf und gähnte. Dann schlenderte er an Land. Er hatte die Mütze im Nacken und eine angerauchte Tonpfeife zwischen den Zähnen. Er bewegte sich in den Hüften, das Gesicht war voll toller Streiche. Als er an Pelle vorüberkam, schlingerte er ein paar Mal hin und her und versetzte ihm einen Puff. »Ach, entschuldigen Sie!«, sagte er lachend und fasste an die Mütze. »Ich glaubte, es sei ein Scheuerpfahl, der Herr stand so steif! Na, nehmen Sie's man nicht übel!«, er beugte sich vor und drehte sich rund um Pelle, als suche er nach irgendetwas an ihm, strich sich die Ohren wie ein Bär, der wirbt, und schüttelte sich vor Lachen. Er wollte vor guter Laune platzen.

Pelle hatte seinen Groll noch nicht abgeschüttelt; er wusste nicht recht, ob er grob werden oder lachen sollte. Er drehte sich vorsichtig herum, sodass er den Seemann im Auge behielt, damit ihm dieser nicht die Füße unter dem Leib wegreißen konnte. Den Griff kannte er – und wusste auch, wie er pariert werden musste; die Hände waren bereit. Plötzlich fiel ihm etwas in der geduckten Stellung als bekannt auf. Das war ja Per Kofod – der Heulpeter aus der Dorfschule daheim in höchsteigener Person, der bei jedem Wort brüllte und bebte. Ja, der war es!

»Guten Abend, Per!«, sagte er erfreut und gab ihm einen Schlag auf den Rücken.

Der Seemann richtete sich erstaunt auf. »Zum Teufel auch! Guten Abend! Na, dass ich dich hier treffen muss, Pelle, das is denn doch das Spaßigste, was mir je vorgekommen is. Dann musst du meine Hundekünste wirklich entschuldigen!« Derb schüttelte er Pelles Hand.

Sie schlenderten den Hafenplatz hinab und plauschten von alten Zeiten. Da war so vieles aus der Schulzeit aufzufrischen: der alte Fris mit dem Rohrstock und ihr Spielen am Strand. Per Kofod sprach, als habe er an alledem teilgenommen; er hatte ganz vergessen, dass er immer nur dastand, sich an irgendetwas festklammerte und vor sich hin brüllte, wenn die anderen um ihn herlärmten. »Nilen habe ich übrigens neulich drüben in New Orleans getroffen. Er is zweiter Steuermann auf einem mächtigen amerikanischen Vollschiff und verdient klotzig. Ein schneidiger Kerl is er. Aber verdammt und verflucht, is der hart! Immer den Revolver in der Hand. Na, so is es ja da drüben Mode – sie haben Negermannschaft. Aber eines schönen Tages schlitzen sie ihm doch noch den Bauch auf. – Nanu, was is denn das?«

Aus einigen Bretterstapeln drang ein ersticktes Brüllen und der Laut von Schlägen. Pelle wollte abbiegen, Per Kofod aber packte ihn beim Arm und zog ihn mit sich.

Zwischen den Stapeln waren drei Kohlenarbeiter dabei, einen Kameraden zu prügeln. Er schrie nicht, sondern stieß ein ersticktes Brüllen aus, jedes Mal, wenn er einen Schlag erhielt. Das Blut floss ihm über das Gesicht.

»Come on!«, rief Per Kofod und zog die Hosen hoch. Dann stürzte er sich mit Gebrüll in den Haufen hinein und fing an drauflosdzudreschen. Es war wie eine Explosion mit nachfolgendem Steinregen. Heulpeter hatte in der Welt gelernt seine Kräfte zu gebrauchen, so konnte nur ein Seemann um sich schlagen. Es war unmöglich zu sagen, wohin die Schläge fallen würden, aber sie saßen alle. Pelle stand einen Augenblick da und riss Mund und Augen auf über diese Unbändigkeit, dann stürzte auch er sich in die Prügelei und die drei Arbeiter machten sich aus dem Staub.

»Zum Teufel auch! Warum hast du dich da eingemischt?«, sagte Pelle ärgerlich, als es überstanden war und er sich seinen Kragen zurechtzupfte.

»Das weiß ich nich«, erwiderte Heulpeter. »Aber es tut einem wohl keinen Schaden, wenn man sich mal ein bisschen rührt.«

Nach der Hitze des Kampfes hätten sie den Überfallenen beinahe vergessen; der lag zusammengesunken am Fuß des Holzstapels und gab keinen Laut von sich. Sie stellten ihn wieder auf die Beine, mussten ihn aber aufrecht halten; er stand so schlaff da, als schlafe er, und seine Augen starrten sie dumm an. Ein schweres Schnarchen kam aus seinem Mund und bei jedem Atemzug bildete das Blut zwei rote Blasen vor seinen Nasenlöchern. Von Zeit zu Zeit knirschte er mit den Zähnen, dann verdrehten sich die Augen und das Weiße schimmerte unheimlich in seinem kohlengeschwärzten Gesicht.

Der Seemann schalt ihn aus und das half insofern, als er nun auf den Beinen stehen konnte. Sie zogen einen roten Lappen aus seiner Jackentasche und wischten ihm das Blut ab. »Was für einer bist du denn, zum Teufel, dass du keine Ohrfeige vertragen kannst?«, fragte Per Kofod.

»Ich hab ja gar nicht geschrien«, sagte der Mann lallend. Seine Lippen waren zu einem Rüssel angeschwollen.

»Du hast aber auch nich wiedergeschlagen! Du siehst doch aus, als hättest du Kräfte genug. Entweder haut man selbst um sich oder man schreit so, dass andere herzukommen können. Verstanden, Kamerad?«

»Ich wollte nicht, dass sich die Polizei einmischt, denn ich hatte ja Prügel verdient. Sie schlugen bloß so verdammt hart, und als ich fiel, nahmen sie die Holzschuhe.« Er wohnte in der Saxogade und sie nahmen ihn in die Mitte. »Wenn ich bloß nich krank werde!«, stöhnte er von Zeit zu Zeit. »Ich bin wie Mus und Grus inwendig!« Dann mussten sie stehen bleiben, während er sich erbrach.

Da war eine Firma, für die er und die Kameraden nicht mehr löschen wollten, weil sie den Arbeitslohn herabgesetzt hatte. Sie waren ihrer nur vier, die diese Arbeitsverweigerung durchsetzen wollten; aber was konnte das nützen, wenn andere sofort ihre Stellung einnahmen. Die vier konnten herumspazieren und die großen Herren spielen, weiter kam nichts dabei heraus. Aber natürlich, er hatte sein Wort gegeben – darum hatte er auch nicht zurückgeschlagen. Die drei hatten anderswo Arbeit gefunden und da ging er wieder zu der Firma hin und kroch zu Kreuze. Warum sollte er auch müßig umhergehen und den Tag totschlagen, wenn die zu Hause nichts zu essen hatten? Er verstand sich den Teufel nicht auf das neue Wesen, aber Verrat war es, denn er hatte ja sein Wort gegeben. Sie schlugen bloß so verdammt hart und stießen ihn mit den Holzschuhen in die Magengrube.

So faselte er wie ein Delirierender, während sie mit ihm abzogen. Bei der Saxogade wurden sie von einem Schutzmann angehalten; aber Per Kofod erzählte ihm schnell eine Geschichte, dass der Mann das Löschgeschirr an den Kopf gekriegt habe. Er wohnte oben unter dem Dach. Als sie aufschlossen, richtete sich eine Wöchnerin in dem eisernen Bett auf und starrte sie entsetzt an – sie war blutlos und mager; als sie den Zustand des Mannes sah, brach sie in herzzerreißendes Weinen aus.

»Er ist nüchtern«, sagte Pelle, um sie zu trösten, »er ist nur ein wenig zu Schaden gekommen!«

Sie brachten ihn in die Küche und badeten seinen Kopf über dem Ausguss mit kaltem Wasser. Aber mit Per Kofods Hilfe war es nicht weit her; jedes Mal, wenn das Weinen der Frau zu ihnen herüberdrang, hielt er hilflos inne und wandte den Kopf dem Ausgang zu und plötzlich warf er alles hin und lief Hals über Kopf die Hintertreppe hinunter.

»Was war denn los mit dir?«, fragte Pelle ärgerlich, als auch er hinuntergekommen war.

Per Kofod stand vor der Haustür und wartete. »Du hast am Ende nich gehört, dass sie Gesangbuchverse sang – du Rindvieh! Aber das hast du doch woll gesehen, dass sie ganz aufrecht im Bett saß und wie Wachs aussah? Es is 'ne Schweinerei, 'ne infame Schweinerei! Und er hat doch auch nicht nötig sie zum Weinen zu bringen. Ich hatte die größte Lust, ihn durchzudreschen, so windelweich, wie er schon war. Zum Teufel auch! Was brauchte er sein Wort zu brechen!«

»Weil sie hungerten, Per!«, sagte Pelle ernsthaft. »Das kommt hier in dieser verdammten Stadt zuweilen vor.«

Per Kofod starrte ihn an und pfiff. »Pfui Satan! Frau und Kind, und ohne Essen, was – und im Wochenbett. Sie waren ja gerade verheiratet, das konnte man ja sehen! Pfui Deubel – solche Flitterwochen – nee, so 'n Unglück!« Er wühlte tief in seiner Hosentasche und holte Kautabak, Staubflocken, Streichholzstummel und mitten dazwischen einen verknüllten Zehnkronenschein heraus. »Ja, wahrhaftigen Gotts«, rief er und fischte den Schein heraus, »ich glaubte, die Mädchen hätten mich über Nacht ganz blank gemacht. Ach, Pelle, geh du rauf und erzähl ihnen irgend 'ne Geschichte; ich selbst kann es nich gut; denn wenn ich die Frauenzimmer recht kenne, so hört sie in den nächsten vierundzwanzig Stunden nich auf mit Flennen. Das is der letzte Rest von der Heuer. Aber schiet – morgen wären die doch flöten!«

»Sie hörte zu weinen auf, als ich mit dem Geld kam«, sagte Pelle, als er herunterkam.

»Na, dann is es ja gut. Wir Seeleute sind schlimme Biester, weißt du; wir verrichten unser Geschäft auf Porzellan und essen unsere Butter aus dem Teereimer, aber darum sind wir doch . . . Denn ich will nu mal sagen, ich hätte mich nich um die Sache gekümmert und hätte mir heute Abend für das Geld 'ne süße Nacht gemacht . . .« Per Kofod schwieg plötzlich; er kaute auf dem Priem, als setze er seine schwierige Philosophie innerlich fort. »Ach schiet, morgen laufen wir aus!«, sagte er plötzlich.

Sie gingen nach dem Alleenberg hinaus und setzten sich in den Garten. Pelle bestellte Bier. »Ein paar Seidel kann ich wohl spendieren, wenn ich einen guten Kameraden treffe«, sagte er, »sonst spar ich aber wie besessen. Ich muss sehen, dass ich meinen alten Vater hier herüberkriege; er isst daheim das Gnadenbrot.«

»So? Dein Vater lebt noch? Ich sehe ihn noch ganz deutlich vor mir. Er hatte eine Zeit lang eine Liebschaft mit Madame Olsen, aber dann kam Bootsmann Olsen unerwartet nach Hause; sie glaubten, er wäre draußen geblieben.«

Pelle lachte. Es war viel Wasser ins Meer geflossen seit jener Zeit. Jetzt schämte er sich nicht mehr über Vater Lasses dummen Streich.

Ringsumher aus den Zelten im Garten strahlte Licht. Junge Paare wanderten umher und ließen sich wahrsagen, versuchten sich am

Glücksrad oder ließen von den Silhouettenschneidern ihr Bild anfertigen. Beim Karussell wirbelten Gekreisch, Musik und Unterröcke bunt durcheinander. Hin und wieder erhob sich ein mächtiger Ausrufer mit seinen Wunderschrecknissen über das Ganze und vom Sängerinnenpavillon hörte man die gesprungenen Stimmen früherer »Sterne«. Kleine, jämmerliche Lebemänner kamen atemlos daher, drängten sich durch die Volksmenge und verschwanden in dem Pavillon, dem Mann an dem Billettschalter vertraulich zunickend.

»Hier is es eigentlich ganz nett«, sagte Per Kofod. »Ihr habt es doch verdammt gut an Land!«

In dem breiten Gang unter den Bäumen schlenderten Soldaten, Lehrlinge und junge Arbeiter, hin und wieder wohl auch ein Student auf und nieder, hin und her, und lugten zu den Dienstmädchen hinüber, die sich zu beiden Seiten aufgestellt hatten und Arm in Arm in kleinen Gruppen dastanden. Die Augen schickten manche Botschaft hin und her, ehe man stehen blieb und ein Wort sagte. Vielleicht wandte sich das Mädchen ab; dann war die Geschichte aus und der Jüngling begann seine Künste wieder von vorn. Vielleicht kam sie auch mit – in eine der geschlossenen Lauben, um Kaffee zu trinken, oder hinüber nach dem Karussell. Da waren noch mehrere aus der Heimat. Jedes Mal, wenn Pelle die entschiedene Stimme eines Bornholmer Mädchens hörte, regte sich sein Herz wie ein Vogel, der auffliegen will.

Plötzlich fiel ihm sein Kummer ein. »Ich hätte wohl Lust, heute Abend auf die ganze Geschichte zu pfeifen. Sieh mal die beiden, Per!« Da standen zwei Mädchen Arm in Arm an einem Baum, ganz in der Nähe ihres Tisches. Sie wiegten sich hin und her und sahen immer wieder zu den beiden jungen Leuten hinüber.

»Das is nichts für mich, das passt nur für die an Land«, sagte Per Kofod. »Denn, siehst du, die sind ja wie die kleinen Lämmer, die man ins Ohr kitzeln muss. Und dann muss man in den Nächten daran denken, wenn man allein die Hundewache geht: Der hast du was vorgelogen, hast ihr versprochen wiederzukommen, wenn sie ihr Mieder lösen wollte – am Ende sitzt sie nun da und soll ein Kind haben. Das taugt nichts! Ein Seemann soll sich an Dirnen halten.«

»Weiber können auch falsch sein«, sagte Pelle.

»So? Wirklich? Ich hätte sonst eigentlich nicht geglaubt, dass man unschuldigen Wesen einen Fußtritt geben könnte, aber du erwürgst am Ende auch kleine Kinder? Nee, die kommen und fressen einem für ein gutes Wort aus der Hand, das tun sie – und dann haben wir die Bescherung. – Kannst du dich noch auf Heulpeter besinnen?«

»Ja, jetzt, da du es selber sagst, besinne ich mich noch ganz gut.«

»Na, dessen Vater war Seemann und hat es so gemacht. Und sie war auch so ein Mädchen, das nicht Nein sagen konnte, sondern glaubte, was die Mannsleute ihr einredeten. Er wollte ja wiederkommen – natürlich: ›Wenn du die Bodenluke knarren hörst, dann hast du mich‹, sagte er. Aber die Bodenluke knarrte ein paar Mal und er kam nicht. Da hängte sie sich mit einem Strick an der Luke auf. Heulpeter fiel der Gemeinde zur Last. Und du weißt ja, wie sie ihn alle verhöhnten. Selbst die Mädchen glaubten, dass sie das Recht hätten, ihn anzuspucken. Er konnte ja nichts weiter als heulen. Seine Mutter hatte so viel geweint, ehe er geboren wurde, verstehst du? Ja, und dann versuchte er zweimal sich aufzuhängen, das hatte er geerbt. Sein Schicksal wurde noch schlimmer; jeder machte sich eine Ehre daraus, ihn schlecht zu behandeln und nach dem Streifen an seinem Hals zu fragen. Nur du nicht, du warst der Einzige, der die Hand über ihn hielt. Darum habe ich oft an dich gedacht. Aus dem is was geworden, sagte ich mir. Gott mag wissen, wo er geblieben is!«, er sah Pelle mit treuherzigen Augen an.

»Nein, das war Vater Lasses Verdienst«, sagte Pelle mit einem ganz kindlichen Tonfall. »Der sagte immer, ich müsste gut zu dir sein, du stündest in des lieben Gottes Hut.«

»Sagte er: in des lieben Gottes Hut?«, wiederholte Per Kofod sinnend. »Das war doch ein sonderbarer Ausdruck. Das Gefühl habe ich übrigens nie gehabt. Es gab auch auf der ganzen Welt nichts, was mir damals behilflich gewesen wäre, mich aufrecht zu halten. Ich kann es selber nicht verstehen, dass ich jetzt hier sitze und mit dir schwatze, dass sie mir nicht das Leben aus dem Körper gepeinigt haben, meine ich.«

»Ja, du hast dich sehr verändert. Wie ist es eigentlich gekommen, dass du jetzt so schneidig bist?«

»Ach, so, wie ich jetzt bin – das is wohl eigentlich meine Natur. Sie is bloß aufgewacht, denke ich. Aber ich begreife nich, was damals eigentlich mit mir los war. Ich wusste recht gut, dass ich euch niederschlagen konnte, wenn ich bloß wollte. Aber ich wagte nich zuzuhauen, aus lauter Jammer. Ich sah so viel, was ihr andern nicht sehen konntet. Teufel auch, da kann man nich klug draus werden! Es ist wohl das schreckliche Herzeleid meiner Mutter gewesen, das mir noch im Fleische saß. Die Angst konnte mich so überkommen, dass ich brüllen musste, und dann prügelten mich die Bauern. Jedes Mal, wenn ich versuchte mich von allem zu drücken, indem ich mich erhängte, prügelten sie mich. Es war im Gemeinderat beschlossen, dass ich Prügel haben sollte. – Und darum will ich nicht, Pelle! Ein Seemann soll sich an die Frauenzimmer halten, die Bezahlung dafür kriegen, wenn sie sich seiner annehmen – das heißt, wenn er sich nich verheiraten kann. Da hast du meine Ansicht.«

»Du hast viel Schlimmes erlitten«, sagte Pelle und nahm seine Hand. »Es ist ja eine förmliche Verwandlung mit dir vorgegangen.«

»Verwandlung? Hm, ja, das kannst du wohl sagen! Einen Augenblick Heulpeter und den nächsten der stärkste Mann an Bord – da hast du das Ganze. Denn siehst du, auf See war es ja natürlich dasselbe: Selbst der Schiffsjunge fühlte sich verpflichtet mir einen Fußtritt zu versetzen, wenn er vorüberging. Jeder, der Schelte oder Prügel kriegte, ließ es gleich an mich weitergehen. So war ich denn auf eine amerikanische Bark gekommen, da war ein Neger an Bord, den sie alle schikanierten; er kroch vor ihnen, aber du kannst Gift drauf nehmen, er hasste sie alle aus dem Weißen seiner Teufelsaugen heraus. Aber mich, der ich ihn menschlich behandelte, schikanierte er seinerseits – scherte sich nich die Bohne darum, dass ich weiß war. Selbst ihm wagte ich nich eine zu langen – mir saß ja dieser weiche Klumpen über dem Zwerchfell. Aber einmal wurde mir die Sache doch über – oder das Totgeborene in mir war verbraucht. Ich zielte ein bisschen mit dem einen Arm nach ihm hin, sodass er umfiel. Das war eigentlich ein ulkiges Erlebnis. Es war, sagen wir mal, wie im Märchen, wo die Kröte plötzlich zu einem Menschen wird. Ich schlug gleich zu und drosch ihn halb zu Schanden. Und da ich nun doch einmal dabei war, dachte ich, es wäre am besten, gleich reinen Tisch zu machen. Denn siehst du, da ging ich nach vorn und drosch die ganze Gesellschaft von Anfang bis zu Ende durch. Es war übrigens ein großartiger Augenblick, solche Menge Wut, die im Körper war und rauswollte.«

Pelle lachte. »Ein Glück, dass ich dich von früher her kannte, sonst hättest du vielleicht noch Pluckfisch aus mir gemacht.«

»Na, Kamerad, das war ja nur 'n kleiner Jux. Man wird so guter Laune, wenn man wieder an Land kommt. Denn da draußen heißt es: Prügelst du die andern nich, dann prügeln sie dich! All right!, sage ich, aber gegen die Frauenzimmer soll man gut sein. Das hab ich dem Alten an Bord auch gesagt; der ist ein Staatskerl, aber ein Schweinehund, wo es sich um Frauen handelt. Da is auch nicht ein Hafen, wo er nicht eine Liebschaft hat. Im Süden und an der amerikanischen Küste. Es is oft rein toll. Dann muss ich mit und aufpassen, dass er keinen Dolch zwischen die Rippen kriegt. ›Per‹, sagt er, ›heut Abend wollen wir beide mal auf'n Bummel gehn.‹ – ›All right, Käpt'n‹, sage ich dann. ›Aber es ist ein Jammer um alle die Weiber.‹ – ›Halt's Maul, Per‹, sagt er, ›die meisten sind ja verheiratet.‹ Er is übrigens bei uns zu Hause, aus einer kleinen Hütte oben in der Heide.«

»Wie heißt er denn?«, fragte Pelle interessiert.

»Albert Karlsson.«

»Nanu, denn ist er ja Oheim Kalles Ältester und gewissermaßen mein Vetter, das heißt, Kalle ist nicht sein Vater. Die Frau hat ihn mit in die Ehe gebracht – er ist von dem Steinhofer Herrn.«

»Dann is er also ein Kongstrup!«, rief Per Kofod und lachte laut. »Ja, das kann wohl stimmen!«

Pelle bezahlte und sie schickten sich an zu gehen. Die beiden Mädchen standen noch an dem Baum. Per Kofod ging auf die eine zu, als sei sie ein Vogel, der ihm entschlüpfen könne. Plötzlich fasste er sie um die Taille, sie entzog sich langsam seinem Griff und lächelte ihm zu. Er umfasste sie nochmals und nun stand sie still, die Flucht noch im Kopf, den sie lachend halb abwandte. Er sah sie scharf an, dann ließ er sie los und folgte Pelle.

»Was kann das nützen, Pelle, wenn ich ihre Klage schon jetzt hören kann! Dann sollte man doch gewarnt sein«, sagte er mit verzweifeltem Tonfall. »Aber zum Teufel auch, weshalb muss gerade der so viel Mitleid in der Brust haben, dem sie selbst so arg mitgespielt haben? Und die anderen, die haben kein Mitleid. Hast du gesehen, wie sanft ihre Augen waren? Wenn ich Geld hätte, ich würde sie vom Fleck weg heiraten.«

»Vielleicht will sie dich gar nicht«, erwiderte Pelle. »Auf die Mädchen hier versteh sich mal einer.«

Draußen in der Allee gingen einige Männer und riefen; sie suchten nach ihren Mädchen, die ihnen weggelaufen waren. Einer von ihnen kam auf sie zu, er hatte eine Studentenmütze auf. »Die Herren haben unsere Damen wohl nicht gesehen?«, sagte er. »Nun haben wir den ganzen Abend mit ihnen dagesessen und sie traktiert, da sagten sie, sie müssten bloß mal an einen gewissen Ort – und weg sind sie.«

Sie gingen zum Hafen hinab. »Kannst du nich mit an Bord kommen und den Alten begrüßen?«, fragte Per Kofod. »Aber er is heute Abend wohl an Land. Ich habe ihn gegen Feierabend von Bord gehen sehen – zur Frauenzimmerjagd aufgetakelt.«

»Ich kenne ihn ja gar nicht«, sagte Pelle, »er fuhr ja schon zur See, als ich noch ein kleiner Junge war. Und nun will ich nach Hause und schlafen – ich fange morgens früh an.«

Sie standen am Kai und nahmen Abschied. Per Kofod versprach bei Pelle vorzusprechen, wenn er wieder in den Hafen käme. Während sie noch redeten, rasselte die Tür zu der Achterkajüte. Heulpeter zog Pelle hinter einen Kohlenhaufen. Ein kräftiger, bärtiger Mann kam heraus und führte eine junge Frau an der Hand. Sie ging schwerfällig und schien zu widerstreben. Er setzte sie förmlich an Land, kehrte dann in die Kajüte zurück und schloss hinter sich zu. Die junge Frau blieb stehen. Es kam eine leise Klage über ihre Lippen. Sie streckte den Arm flehend nach der Kajüte aus; dann schwankte sie wie betäubt dahin, am Kai entlang.

»Das war der Alte«, flüsterte Per Kofod. »So behandelt er sie alle – und sie wollen doch nich von ihm lassen.«

Pelle konnte kein Wort hervorbringen; er stand zusammengekauert da, niedergedrückt von etwas entsetzlich Schwerem. Dann nahm er sich zusammen, gab dem Kameraden die Hand und entfernte sich zwischen den Kohlenhaufen.

Nach einer Weile wandte er sich um und folgte in einiger Entfernung dem jungen Mädchen, das nachtwandlerhaft den Kai entlang auf Langebro zuschwankte. Er fürchtete, dass sie ins Wasser stürzen könnte.

Auf der Brücke blieb sie stehen und starrte mit versteinertem Ausdruck hinüber nach dem Schiff. Pelle stand still; es fror ihn bei dem Gedanken, dass sie ihn erblicken könnte. Er würde es nicht ertragen, jetzt mit ihr zu reden – geschweige denn, ihr in die Augen zu sehen.

Aber dann ging sie weiter. Ihr Gang war schwerfällig; von hinten glich sie einem dieser schiffbrüchigen ältlichen Frauenzimmer aus der Arche, die in ausgetretenen Männerschuhen an den Häuserreihen entlanglatschten und alle eine wundervolle Vergangenheit hatten. Großer Gott, dachte Pelle, ist ihr Traum schon aus? Großer Gott!

In einiger Entfernung folgte er ihr durch die kleine Gasse. Erst als er wusste, dass sie oben in ihrer Wohnung sein musste, ging er durch den Tonnengang.

7

Auf dem Grund von Pelles Seele ruhte die undeutliche Vorstellung, dass er zu etwas Besonderem ausersehen sei; es war dieser alte Traum vom Glück, der nicht ganz befriedigt werden konnte durch die guten Verhältnisse für alle, die zu schaffen er behilflich sein wollte. Das Schicksal war ihm nicht mehr eine schwere, niederdrückende Vorausbestimmung zum Elend, die nur durch ein Wunder aufgehoben werden konnte, er war selbst Herr seiner Zukunft – daran baute er ja rastlos mit!

Aber darüber hinaus gab es noch etwas anderes, etwas, was ihm und dem Leben allein gehörte und was kein anderer auf der Welt übernehmen konnte. Was es war, darüber legte er sich auch jetzt keine Rechenschaft ab; es war etwas, das ihn über alle anderen erhob, geheimnisvoll, sodass nur er selbst es fühlte. Es war dieselbe dunkle Empfindung, ein Geweihter zu sein, die ihn immer vorwärts getragen hatte; und wenn sie sich zu einer Frage verdichtete, antwortete er sich selbst mit dem vertrauensvollen Nicken seiner Kindheit: Ja, er würde es schon schaffen. Als wäre das, was ihm widerfahren sollte, beständig so groß und wunderbar, dass es nicht ausgesprochen, ja nicht einmal gedacht werden könnte.

Er sah seinen geraden Weg vor sich und wanderte stark und mutig darauf vorwärts. Es gab keine anderen Feinde als die, die ein vernünftiger Mensch erblicken konnte; die bösen, lauernden Mächte, die in seiner Kindheit erdrückend über seinem Kopf gehangen hatten, waren die Schatten vom Elend des armen Mannes! Etwas anderes Böses gab es nicht, und das war auch unheimlich genug. Er wusste jetzt, dass die Schatten lang waren. Morten hatte Recht. Weil er selbst im Licht gelaufen war und gespielt hatte, als er ein Kind war, konnte sein Sinn dennoch gut durch das Elend all derer verfinstert werden, die tot waren oder an fernen Orten kämpften; das war es ja, worauf das Solidaritätsgefühl beruhen sollte. Das Übernatürliche existierte ganz einfach nicht, und das war gut für die, die mit ihren physischen Kräften kämpfen sollten. Kein unsichtbarer Gott saß da und hatte seine eigenen Pläne für sie oder kreuzte andere. Was man wollte, das konnte man auch durchführen, wenn man nur genug Kräfte dafür einsetzte; Kräfte – das allein war es, worauf alles ankam! Und Kräfte waren ja da, sie mussten nur vereint werden, um zusammenzuwirken.

Es wunderte die Leute immer, dass er, der so eifrig und solide war, in der Arche wohnte und nicht auf Nörrebro bei den anderen, im Herzen der Bewegung. Es wunderte ihn selber auch, wenn er zufällig einmal darüber nachdachte, aber er konnte sich nun einmal nicht von hier losreißen. Hier, auf dem Grund von allem, hatte er in seiner Not Frieden gefunden. Er war zu treu, um ihnen jetzt, wo es ihm gut ging, den Rücken zu kehren. Er wusste, sie würden es als Verrat empfinden; die Vergötterung, die die Bewohner den drei verwaisten Kindern entgegenbrachten, war auch auf ihn übergegangen; er war ja das Findelkind, das vierte Glied der Familie, und jetzt waren sie obendrein stolz auf ihn!

Es war nicht Sache der Bewohner der Arche, Pläne für das Dasein zu schmieden, sie überließen dem morgigen Tag die Sorgen für das seine; die Zukunft existierte gar nicht für sie. Sie waren sorglose Vögel, die einmal Havarie erlitten und es wieder vergessen hatten. Viele von ihnen nahmen die Nahrung da, wo sie sie fanden; so verkommen sie auch sein mochten, der geringste Sonnenstrahl ließ sie aufzwitschern und alles vergessen. Von der Bewegung und all dem Neuen plauderten sie leichtsinnig wie schwatzende Stare, die die Laute im Vorbeifliegen aufgeschnappt haben.

Aber da ging Pelle so sicher dahin und stemmte die Schultern dagegen und kam wieder zu ihnen heim! Ihm war nicht bange; er konnte dem Dasein gerade in die Augen sehen und fest in die Zukunft hineingreifen, vor der sie schaudernd die Augen schlossen. Sein Name erhielt dadurch einen eigenen Klang – Pelle war ein Prinz, nur schade, dass er anscheinend die Prinzessin nicht haben wollte!

Groß und gut gewachsen war er und er erschien ihnen noch größer. Sie kamen zu ihm mit ihrem Elend und luden es auf seine starken Schultern, dann konnte er es für sie tragen! Und Pelle nahm es in Empfang mit dem stärkenden Gefühl, dass es vielleicht nicht ganz zwecklos wäre, wenn er sich hier aufhielt – dem Grund des Ganzen so nahe!

In dieser Zeit traten Witwe Franzen und ihr Ferdinand in den Vordergrund; irgendwo musste das Unglück ja hausen!

Ferdinand war ein achtzehnjähriger Bursche mit einem großen Kopf, der aussah, als sei er ursprünglich dazu eingerichtet, die Wissenschaft der ganzen Welt zu umfassen. Er brauchte ihn, um sich Beulen zu schlagen, eine andere Verwendung hatte er nicht dafür.

Er war durchaus nicht dumm, man musste ihn eigentlich einen begabten Jungen nennen. Aber die Begabung war allmählich von sonderbarer Beschaffenheit geworden. Als kleines Kind hatte er sich mit einem versoffenen Vater herumprügeln müssen, um die Mutter zu schützen, die keinen anderen Schutz hatte. Dieser ungleiche Kampf musste gekämpft werden und musste notwendigerweise seine Schmerzempfindungen wie überhaupt seinen Sinn für Gefahr abstumpfen. Er wusste, was seiner harrte, ging aber doch blind auf den Vater los, sobald die Mutter angegriffen wurde – wie der Hund auf die großen Raubtiere losgeht; er hing sich heulend an die Bleifäuste des großen Mannes und war nicht abzuschütteln. Er hasste den Vater und wollte deshalb Schutzmann werden, wenn er erwachsen war. Mit seinem stumpfen Drauflosgehmut eignete er sich auch gut dazu. Er wurde ein Schläger!

Als er allmählich heranwuchs und Kräfte bekam, war der Kampf nicht mehr so ungleich. Der Vater fürchtete ihn und sann auf Rache; und einmal, als Ferdinand kräftig zugeschlagen hatte, zeigte er ihn an, und Ferdinand wurde bestraft. Der Knabe fand, dass das eine himmelschreiende Ungerechtigkeit sei, die Spuren waren ja eine Folge der Prügelei und diese wieder eine Folge davon, dass der Vater die Mutter nicht in Frieden gelassen hatte.

Von nun an hasste er die Polizei und machte seinem Hass bei jeder Gelegenheit Luft. Die Mutter war der einzige Mensch, an dem er noch hing. Es war ein Lichtblick, als der Vater starb. Aber sein Tod kam zu spät, um eine Veränderung herbeizuführen. Ferdinand hatte schon längst angefangen die Mutter auf seine eigene Weise zu versorgen – halb um die bestehende Ordnung herum.

Er war auf der Straße aufgewachsen und gehörte schon von klein auf zu den heimlich Gezeichneten. Die Polizei kannte ihn sehr wohl und wartete nur auf eine Gelegenheit, ihn aufzufordern, näher zu treten. Ferdinand konnte es den Augen der Schutzleute ansehen, dass sie sicher auf seinen Besuch rechneten und ein Bett für ihn da drinnen im Hotel auf dem Nytorv bereithielten.

Aber Ferdinand ließ sich nicht fangen. Hatte er etwas Zweifelhaftes vor, so verstand er es in jedem Fall, sich geschickt aus der Sache zu ziehen. Er war ein ungewöhnlich geschmeidiger, kräftiger Bursche, der sich auch nicht davor scheute, Hand anzulegen;

er hatte allerlei Gelegenheitsarbeit und führte sie stets gut aus. Aber jedes Mal, wenn er an etwas geriet, was eine Zukunft hatte, an irgendeine geordnete Arbeit, die gelernt werden und die man sich mit Geduld aneignen musste, dann wollte es nicht mit ihm gehen.

»Sprich du mit ihm, Pelle!«, sagte die Mutter. »Du bist so besonnen und vor dir hat er Respekt!« Pelle sprach auch mit ihm und war ihm behilflich eine Stelle zu finden, die sich für ihn eignete. Und Ferdinand ging mit gutem Willen an die Arbeit; aber wenn er bis zu einem gewissen Punkt gelangt war, war es wieder aus.

Der Mutter fehlte es nie an dem Nötigsten; nur schaffte er es immer erst im letzten Augenblick herbei. Sonst stand er in irgendeinem Torweg am Markt und lungerte herum, die Hände in den Taschen und die Schultern gegen die Mauer gelehnt. Er war immer in Holzschuhen und Pulswärmern; in gewissen Abständen spie er auf den Bürgersteig, seine wasserblauen Augen folgten den Vorübergehenden mit einem unergründlichen Ausdruck. Der Schutzmann, der herausfordernd an seinem Standplatz vorbeipatrouillierte, schielte jedes Mal, wenn er vorbeikam, gehässig zu ihm hin, als wollte er sagen: Können wir den Laban nicht bald zu fassen kriegen? Warum stellt er nicht einmal etwas an?

Es kam eines Tages ganz von selbst, und nicht infolge einer Ungeschicklichkeit von seiner Seite – in der Arche hob man das ganz besonders hervor –, sondern sein gutes Herz war schuld daran. Wäre Ferdinand nicht der gewesen, der er war, so wäre die Sache nie schief gegangen; er war ja ein begabter Junge.

Er war beim Krämer an der Ecke des Marktes und wollte für fünf Öre Kautabak kaufen. Ein achtjähriger Knabe aus der Arche stand am Ladentisch und bettelte um ein wenig Mehl auf Kredit für seine Mutter. Der Krämer machte einen gewaltigen Lärm um die Sache. »Anschreiben, jawoll! Man hat sich ja hier an der Ecke niedergelassen, um all die Armen im ganzen Viertel zu füttern. Morgen soll ich das Geld haben? Sonderbar, dass man in diesem elenden Armenviertel immer gerade morgen Geld hat. Aber morgen, das kommt bloß nie!«

»Herr Petersen kann ganz sicher sein!«, sagte der Kleine leise.

Der Krämer fuhr fort zu höhnen, fing aber doch an das Mehl abzuwiegen. Vor der Waagschale waren Reisigbesen und andere Waren aufgestapelt, aber Ferdinand konnte doch sehen, wie der Krämer der Waage mit dem Finger nachhalf. Er mogelt mit dem Gewicht, weil es für die Armen ist, dachte er und fühlte einen bösen Stich im Kopf, da, wo der Gedanke entstanden war.

Der Knabe stand da und fingerte an etwas Eingewickeltem herum, das er in der Hand hielt. Plötzlich fiel eine Krone zur Erde und rollte auf dem Boden herum. Der Krämer warf einen blitzschnellen Blick auf die Geldschublade, sprang über den Ladentisch und packte den Jungen im Nacken. »Ei, ei«, sagte er scharf, »so ein geschickter kleiner Strolch!«

»Ich hab es nich gestohlen«, schrie der Junge und versuchte sich loszureißen, um zu seiner Krone zu gelangen. »Das is Mutters Geld!«

»Lassen Sie den Jungen in Frieden!«, sagte Ferdinand drohend. »Er hat nichts getan.«

Der Krämer rang mit dem Jungen, der sich wand und drehte, um sein Geldstück wiederzuerlangen. »Hat er nichts getan?«, rief er keuchend. »Was schreit er dann von Stehlen, ehe ich das Wort noch gesagt habe? Und wo kommt das Geld her? Er wollte ja doch Kredit haben, weil sie nichts hatten! Nee, ich danke! Auf den Leim kriech ich nich.«

»Das Geld gehört Mutter!«, schrie der Junge und wand sich erbittert in den Händen des Krämers. »Mutter is krank – ich soll Arznei dafür holen!« Und dann fing er an zu heulen.

»Es ist ganz richtig, dass seine Mutter krank ist!«, sagte Ferdinand aufgebracht. »Und der Apotheker gibt gewiss keinen Kredit. Sie sollten ihn lieber loslassen, Petersen.« Er trat einen Schritt vor.

»Das habt ihr euch schön ausgedacht«, lachte der Krämer höhnisch und riss die Ladentür auf. »Heda, Schutzmann, hier!«

Der Schutzmann, der an der Straßenecke Wache hielt, kam schnell herbei.

»Hier ist ein Bursche, der mit anderen Leuten ihren Kronen Kunststücke macht«, sagte der Krämer erregt. »Nehmen Sie sich seiner ein bisschen an, Iversen!«

Der Junge schlug noch immer um sich; der Schutzmann musste ihn mit steifem Arm von sich abhalten. Es war ein kleiner, zerlumpter, verhungerter Bursche. Der Schutzmann sah auf den ersten Blick, was er da in den Fingern hatte, und dann schleppte er ihn mit sich fort; es lag kein Grund vor, viel Aufhebens davon zu machen.

Ferdinand ging ihm nach und legte die Hand auf den Arm des Schutzmannes. »Herr Schutzmann! Der Junge hat nichts getan«, sagte er. »Ich bin selbst dabei gewesen und habe gesehen, dass er nichts getan hat, und ich kenne seine Mutter!«

Der Schutzmann blieb stehen und maß ihn mit drohenden Blicken, dann zerrte er den Jungen weiter, der noch loszukommen versuchte und brüllte: »Meine Mutter is krank, sie wartet auf mich und die Arznei!«

Ferdinand hielt in seinen dünnen Morgenschuhen Schritt mit ihnen. »Wenn Sie ihn aufs Rathaus schleppen, dann gehe ich jedenfalls mit und zeuge für ihn«, fuhr er fort, »denn er hat nichts getan und seine kranke Mutter liegt zu Hause und wartet auf die Arznei.«

Der Schutzmann wandte sich gereizt um. »Ja, das ist ein netter Zeuge. Eine Krähe hackt der anderen die Augen nicht aus. Kümmere dich um deine eigenen Angelegenheiten – und mach, dass du wegkommst!«

Ferdinand blieb stehen. »Wen duzt du denn da, du Laban!«, murmelte er und schielte wütend zu dem Schutzmann hinüber. Plötzlich nahm er einen Anlauf und versetzte dem Schutzmann einen

Schlag in den Nacken, dass er mit dem Gesicht aufs Pflaster stürzte, während der Helm auf die Straße rollte. Ferdinand und der kleine Junge sprangen jeder nach einer Seite und entkamen.

Und nun machte man schon die dritte Woche Jagd auf ihn. Nach Hause zu kommen wagte er nicht. Die Arche wurde Tag und Nacht beobachtet, weil man ihn hier einzufangen hoffte – er hatte seine Mutter ja lieb! Gott mochte wissen, wo er sich jetzt in diesem kalten, regnerischen Herbst herumtrieb. Madame Franzen ging so einsam und verlassen in ihrer Mansarde umher, es war ein trauriges Leben. Jeden Vormittag kam sie herüber und bat Pelle im »Arbeiter« nachzusehen, ob man ihn gefasst hatte. In der Stadt war er; Madame Franzen und Pelle wussten es. Die Polizei wusste auch, dass er hier war, und meinte, dass eine Reihe nächtlicher Einbrüche auf ihn zurückzuführen sei. Er kampierte wohl in Schuppen und in leeren Hundehütten in den Villenvierteln.

Die Bewohner der Arche verfolgten bekümmert sein Schicksal. Er war unter ihren Augen aufgewachsen. Er hatte sich hier nie an etwas vergriffen, sondern immer die Arche und ihre Umgebung respektiert – was sonst auch von ihm gesagt werden konnte, und er hatte seine Mutter lieb! Er war auch im Recht gewesen, als er den Jungen verteidigte; das war ein braver kleiner Bursche. Die Mutter war sehr krank und wohnte am Ende eines der langen Gänge und der Junge war ihre einzige Stütze. Aber es war ein wahnsinniges Unterfangen, sich an der Polizei zu vergreifen, das größte Verbrechen von allen auf Erden. Man konnte weit eher seine eigenen Eltern morden – was die Strafe anbetraf. Sobald man seiner habhaft wurde, kam er ins Zuchthaus; denn der Schutzmann hatte sich das Gesicht auf dem Straßenpflaster zerschlagen. In den Zeitungen hatte gestanden, dass jeder, der nicht eben Schutzmann sei, eine Gehirnerschütterung davongetragen hätte.

Die alte Madame Franzen benutzte gern den Weg über den Boden, wenn sie zu Pelle hinüberging, um über den Sohn zu reden. »Man muss vorsichtig sein«, sagte sie. Zuweilen kniff sie den Mund fest zusammen und trippelte unruhig; dann wusste er, dass etwas Besonderes los sei. »Soll ich dir was erzählen?«, fragte sie und sah ihn bedeutungsvoll an.

»Nein, lassen Sie es lieber«, sagte Pelle. »Was man nicht weiß, darüber kann man auch keine Zeugenaussage machen.«

»Lass mich lieber schwatzen, Pelle – sonst lauf ich vielleicht hin und verschnack mich Fremden gegenüber. Ich alte Klatschliese geh hier herum und habe keinen Menschen, dem ich mich anvertrauen kann, und mit mir selber reden, das wag ich auch nicht! Dann kriegt Piepmann durch die Bretterwand alles zu hören; es ist beinahe nicht zum Aushalten und ich zittere, dass mein zahnloser, alter Weibermund ihn noch ins Unglück bringt.«

»Na, dann sagen Sie es man«, meinte Pelle lächelnd. »Aber Sie müssen leise sprechen.«

»Er ist wieder hier gewesen!«, flüsterte sie strahlend. »Heute Morgen, als ich aufstand, lag Geld für mich in der Küche. Weißt du, wo er es hingelegt hatte? In den Ausguss, du – er ist ein vernünftiger Junge. Er muss über die Dächer hierher schleichen – anders kann ich es mir nicht erklären, so wie sie auf ihn aufpassen. Aber das musst du doch auch sagen: Er ist ein guter Junge!«

»Wenn Sie bloß dicht halten könnten!«, sagte Pelle bekümmert. Sie war ja so stolz auf ihren Sohn.

»Mm«, sagte sie und schlug sich auf den eingefallenen Mund, »das hat keine Not und weißt du, worauf ich verfallen bin, damit die Spürhunde sich nicht wundern sollen, wovon ich lebe? Ich nähe Flickenschuhe.« Dann kam die kleine Marie mit Eimer und Scheuerlappen und die Alte humpelte davon.

In Meister Becks Werkstatt herrschte flaue Zeit, Pelle arbeitete daher jetzt meistens zu Hause. Er verfügte nun selbst über seine Zeit und konnte den Tag benutzen, wenn die Leute zu Hause waren, um seine Fachgenossen aufzusuchen und sie für die Organisation zu gewinnen. Es bedurfte oft langen Überredens und auf jeden Mann, den er anmelden konnte, war er stolz. Er lernte es sehr rasch, die verschiedensten Arten Menschen zu beurteilen, und passte sein Vorgehen ihrem Charakter an: Die Verzagten konnte man durch Drohungen gewinnen, andere mussten gelockt, mit den neuen Lehrsätzen bekannt gemacht und in gute Laune geschwatzt werden. Das war eine gute Übung und er lernte schnell zu denken und seine Argumente zur Hand zu haben. Das Gefühl, die Mittel zu beherrschen, wuchs ständig und verlieh seinem Auftreten Sicherheit.

Die Versäumnisse in der Arbeit holte er wieder ein, indem er doppelt eifrig war, wenn er dabei war, früh aufstand und lange bei der Arbeit sitzen blieb.

Den Nachbarn im dritten Stock hielt er sich fern; aber wenn er Hannes leichten Schritt auf dem Holzwerk drüben hörte, sah er verstohlen hinunter. Sie ging ihren geraden Weg wie eine Nonne, zur Arbeit und wieder nach Hause, den Blick auf ihre Schuhe gerichtet. Sie sah nie zu seinen Fenstern hinauf oder sonst irgendwohin. Es war, als habe ihr Wesen sein leichtes Flattern vollendet und liege nun da und wachse.

Es wunderte ihn, dass er sie mit so fremden, gleichgültigen Augen betrachtete, als sei sie ihn niemals etwas angegangen. Und er sah neugierig in sich selbst hinein – nein, in ihm war nichts zerbrochen. Der Appetit war gut und das Herz war gar nicht zu spüren. Es musste also eine holde Lüge gewesen sein, eine Luftspiegelung von der Art, wie die Wanderer sie auf ihren Wegen antrafen. Schön war sie ja, aber es war ihm nicht möglich, etwas Märchenhaftes an ihr zu entdecken; Gott weiß, warum er sich so hatte einspinnen lassen. Ein Glück war es, dass er nicht hängen geblieben war – bei Hanne war keine Zukunft!

Madame Johnsen hing weiter liebevoll an ihm und sie kam oft zu einer kleinen Unterhaltung herüber; sie konnte die guten Tage nicht vergessen, die sie miteinander gehabt hatten. Es endete stets mit Gejammer über Hanne; die Alte fühlte sich von ihr verlassen.

»Kannst du begreifen, was mit ihr ist, Pelle? Sie geht wie im Schlaf herum und auf alles, was ich sage, antwortet sie nur: ›Ja, Mutter, ja, Mutter!‹ Ich könnte weinen, so wunderlich leer klingt das, wie eine Stimme aus dem Grab. Und vom Glück redet sie nie mehr – schmückt sich auch nicht, um es in Empfang zu nehmen! Wenn sie doch wieder mit ihren Narrenstreichen anfangen und nach dem Fremden ausspähen möchte, dann hätte ich mein Kind doch wieder. Aber sie geht nur herum, sinkt in sich zusammen und starrt um sich wie im Halbschlaf, als stünde sie mitten im Leeren. Launen hat sie gar nich mehr. Sie geht mit ihren öden Gedanken herum wie eine wandernde Leiche. Kannst du verstehen, was ihr fehlt?«

»Nein, ich weiß es nicht«, antwortete Pelle.

»Du sagst das so sonderbar, als ob du doch was wüsstest und nicht damit herausrücken wolltest – und ich Ärmste weiß weder aus noch ein.« Die gutmütige Frau fing an zu weinen. »Warum kommst du gar nicht mehr zu uns herüber?«

»Ach, ich weiß nicht, ich habe so viel vor, Madame Johnsen«, erwiderte Pelle ausweichend.

»Wenn sie bloß nicht verhext ist! Sie hört gar nicht hin, was ich ihr erzähle; du könntest wirklich auch einmal zu uns herüberkommen – vielleicht würde sie das ein wenig aufmuntern. Du solltest dich jetzt nicht an uns rächen. Sie hat dich doch lieb gehabt auf ihre Weise – und mir bist du wie ein Sohn gewesen. Willst du nicht heute Abend zu uns rüberkommen?«

»Ich habe eigentlich keine Zeit! Aber ich will einmal sehen«, sagte er leise.

Und dann ging sie, sonderbar schwerfällig, mit schleppenden

Schritten. Sie trug ihre fünfzig Jahre schlecht. Pelle hatte Mitleid mit ihr, aber er konnte sich nicht entschließen hinüberzugehen.

»Du bist ganz abscheulich«, sagte Marie und stampfte wütend auf den Fußboden. »Das ist schlecht von dir!«

Pelle runzelte die Stirn. »Das verstehst du nicht, Marie!«

»Ach, glaubst du, dass ich das nicht ganz gut verstehe? Aber weißt du, was die Frauen von dir sagen? Dass du gar kein Mann bist, sonst hättest du Hanne die Flügel stutzen können.«

Pelle starrte sie verwundert an; er sagte nichts, sah sie nur an und schüttelte den Kopf.

»Was glotzt du mich an?«, sagte sie und stellte sich herausfordernd vor ihn hin. »Glaubst du vielleicht, dass ich mich geniere, dir zu sagen, was ich will? Glotz mich nicht so an, sage ich dir, sonst kriegst eins aufs Maul.« Sie war glühend rot vor Scham. »Soll ich noch was Schlimmeres sagen, weil du mich so anglotzt? Ich trau es mich bestimmt!« Ihre Stimme klang hart und heiser, sie war ganz wild vor Wut.

Pelle fühlte recht gut, dass es die Scham war, die in ihr arbeitete. Sie musste die Leine auslaufen. Er schwieg, wandte aber seinen vorwurfsvollen Blick nicht von ihr ab. Plötzlich spie sie ihm ins Gesicht und lief mit einem bösen Lachen in ihr Zimmer.

Da drinnen hantierte sie eine Weile heftig herum und beruhigte sich dann. Durch die Stille konnte er sie leise schluchzen hören. Er ging nicht zu ihr hinein. Solche Szenen zwischen ihnen waren schon früher vorgekommen und er wusste, dass sie sich den übrigen Tag über schämte und darunter litt, wenn sie ihm ins Gesicht sehen musste. Dies Gefühl wollte er nicht verletzen.

Er kleidete sich um und ging aus.

8

Die Arche lag jetzt wie eine schwerfällige graue Masse da. Sie war immer dunkel; das Herbstlicht konnte nicht hineindringen. In dem Innern der Masse brütete beständig stockfinstere Nacht; die dort wohnten, mussten sich wie Maulwürfe vorwärts tasten. Die Dunkelheit brachte Laute an die Oberfläche, die sich im Sonnenlicht nicht geltend machen konnten. Man hörte unaufhörlich das Rumoren von Wesen, die sich in halber Blindheit bewegten. Wenn der Schlaf es eine Weile zum Verstummen brachte, entschleierte die nächtliche Stille noch eine andere Welt: Die Wanzen unter den alten Tapeten brachen sich hörbar Bahn, Ratten, Mäuse und Holzwürmer arbeiteten um die Wette. Die Finsternis roch ganz würzig von dem herabfallenden Wurmmehl. Überall in dem alten Kasten arbeitete die Auflösung mit Hilfe von tausend kleinen Tieren. Zuweilen steigerte es sich zu einem mächtigen Laut, der Pelle weckte, wenn irgendein Balken untergraben war und hinabfiel. Dann drehte er sich auf die andere Seite.

Wenn er des Abends ausging, nahm er gern den Weg über den Strög, um teil an dem Lichtglanz zu haben; der Luxus der Läden hielt etwas in ihm wach, es ließen sich stärkende Vergleiche zwischen hier und dort ziehen. Wenn er aus der erleuchteten Stadt in sein eigenes Viertel kam, lagen die Durchgänge wie hässliche Abflüsse für die Finsternis da und die Arche ragte wie ein schwerer Berg unheimlich zum nächtlichen Himmel empor. Düstere Kelleröffnungen führten zu den Wurzeln des Berges hinab und in den finsteren Eingeweiden dort unten bewegten sich fahle, schmutzige Wesen mit einer qualmenden Lampe; das waren alle die, die von dem Elend der Arche lebten: Eisenhändler, Trödler und Wucherer, die gegen Pfand Geld ausliehen. Sie gingen scheu umher und wühlten zwischen sonderbaren Haufen, die Finsternis hatte sich in ihnen niedergeschlagen. Pelle musste an die »Unterirdischen« daheim denken. So hatte sich in seiner Kindheit die Klippe vor ihm aufgetan und er hatte schaudernd die Zwerge zwischen ihren verfluchten Schätzen hantieren sehen. Sie gingen hier als gierige Kobolde umher, rissen den sorglosen Wesen in der Arche das Fundament fort, sodass sie eines Tages in den Keller hinabfielen – und fraßen sie mit Haut und Haar auf. Die böse Seite des Märchens war jedenfalls keine Lüge!

Eines Tages in der Dämmerung warf Pelle die Arbeit hin und ging aus, um Mission zu betreiben. Piepmann war vor einigen Tagen sternhagelbetrunken von der Hühnerstiege herabgestürzt und unten im Hof lagen die Gören des Stadtviertels rings um die Stelle herum, wo er sich totgefallen hatte, und beleuchteten sie mit Streichhölzern. Sie konnten deutlich den dunklen Abdruck einer Form, die wie ein Mensch aussah, erkennen und waren ganz erfüllt davon.

Draußen vor dem Tonnengang blieb er an dem Kellerfenster der Trödlerin stehen: Piepmanns Werkzeug lag im Fenster ausgestellt. Also auch das hatte sie in ihre Klauen gekriegt! Sie ging da unten umher und wühlte, schorfig und eklig anzusehen, kaute an einem unappetitlichen Stück Butterbrot und zuckte bei jedem Laut von oben zusammen – aus Angst um ihr dreckiges Geld. Pelle brauchte ein neues Absatzeisen; er ging hinunter und kaufte das von Piepmann. Er musste sich mit ihr um den Preis zanken.

»Na, haben Sie über meinen Vorschlag nachgedacht?«, fragte sie, als der Handel abgeschlossen war.

»Über was für einen Vorschlag?« Pelle tat unwissend.

»Dass Sie die Flickschusterei fahren lassen und mir im Geschäft behilflich sind.«

Ach so, das meinte sie. Nein, Pelle hatte sich die Sache noch nicht genügend überlegt.

»Ich möchte meinen, dabei wäre nicht viel zu überlegen. Ich habe Ihnen mehr geboten, als Sie sonst verdienen können, und viel zu tun ist hier nicht. Ich halte einen Mann, der die Sachen holt und bringt. Es kommt mir hauptsächlich darauf an, einen männlichen Gehilfen zu haben; ich altes Frauenzimmer gehe hier so allein herum. Und Sie sind so zuverlässig, das weiß ich!«

Sie hatte jemand nötig, der ihre Tausender verteidigte, die sie hier unten in den Kellerräumen versteckt hatte. Pelle wusste das wohl – sie hatte sich schon früher um ihn bemüht.

»Ich würde mich wohl kaum dazu eignen, von dem Elend anderer zu leben«, sagte er lachend. »Vielleicht würde ich Sie totschlagen und all Ihre Batzen den Armen schenken.«

Die Trödlerin starrte ihn einen Augenblick entsetzt an. »Pfui, wie hässlich war das gesagt«, rief sie schaudernd aus. »Es steht Ihnen nicht, mit so was Scherz zu treiben. Nun traue ich mich gar nicht mehr, hier im Keller zu bleiben, wenn Sie fortgegangen sind. Wie können Sie nur so roh mit Tod und Leben scherzen! Tag und Nacht gehe ich hier herum und zittere um mein Leben und doch habe ich nicht das Geringste – das weiß der lebendige Gott, dass ich nichts habe! Das ist bloß Gerede! Alle Leute glotzen mich an, als wollten sie sagen: ›Ich schlüge dich gern tot, um dein Geld zu kriegen!‹ Aber darum möchte ich gern einen zuverlässigen Menschen im Geschäft haben; denn was nützt es mir, dass ich nichts habe, wenn alle das Gegenteil glauben? Und hier im Viertel sind so viele Taugenichtse, denen man alles zutrauen kann.«

»Wenn Sie nichts haben, dann seien Sie doch ruhig«, sagte Pelle neckend. »Ein leerer Magen pflegt keine bösen Träume zu haben.«

»Haben, haben – natürlich hat man immer was! Und, Pelle«, sie beugte sich mit einem einschmeichelnden Ausdruck vertraulich über ihn, »jetzt kommt Mary bald nach Hause, vielleicht schon zum Sommer. Sie hat da drüben so viel verdient, dass sie leben kann, und sie steht noch in ihrer besten Jugend. Was sagen Sie dazu? In ihrem letzten Brief bittet sie mich, mich nach einem Mann für sie umzusehen. Er braucht bloß schön zu sein, denn sie hat ja für beide Geld genug. Dann will sie sich 'ne große Wohnung in der vornehmen Gegend mieten, eine Equipage halten – und bloß für ihren schönen Mann leben. Was sagen Sie dazu, Pelle?«

»Ja, das muss man sich mal überlegen«, antwortete Pelle; er war in übermütiger Laune.

»Überlegen? Ist dabei was zu überlegen? Manch armer Graf würde das Anerbieten mit Handkuss annehmen, wenn man ihn bloß hier hätte.«

»Aber ich bin kein Graf – und jetzt muss ich auch fort.«

»Wollen Sie denn nicht mal ihre Bilder sehen?« Die Alte fing an in einer Schublade herumzuwühlen.

»Nein!« Pelle machte, dass er wegkam. Er hatte diese Bilder oft genug gesehen, diese vom Kellerstaub und den ekligen Händen des alten Weibes beschmutzten Bilder, die Mary darstellten: bald biegsam und gestreift wie eine Tigerkatze, so wie sie in dem teuren Tingeltangel in St. Petersburg sang, bald nackt in einem Mantel aus weißem Pelz, allein in einer Schar russischer Offiziere – Fürsten, sagte die Alte, wären es. Da war auch ein Bild von einem »Aquarium«, wo sie nackt zwischen seltsamen Pflanzen in einem großen Glasbehälter umherschwamm und nichts anderes auf dem Leib hatte als goldene Schuppen und Diamanten. Sie hatte einen prächtigen Körper – das konnte er wohl sehen. Aber dass sie steinreichen Fürsten den Kopf verdrehen und ihnen tausende aus der Tasche ziehen konnte, nur indem sie sich nackt auszog, das begriff er nicht. Na, und er konnte sie also jetzt zur Frau bekommen – und dafür all das kriegen, was sie zusammengescharrt hatte! Das war doch sehr lustig!

Schnellen Schrittes ging er durch den Strøg. Es regnete ein wenig, das Licht der Laternen und der Läden spiegelte sich in der Feuchtigkeit des Pflasters; es lag ein festlicher Glanz über der Straße. Er ging dahin mit einem Gefühl, als sei sein Sinn über den Alltag emporgehoben: das dreckige Weib, das auf dem Elend der Arche schmarotzte und eine prachtvolle Tochter in die Welt gesetzt hatte, die sich am Reichtum festsog! – Und dann schließlich er, der kleine Pelle mit dem Schweineglück, als eine Art »süßer Junge« über dem Ganzen! Das war doch endlich das sehnsüchtig erwartete Märchen! Er hob den Kopf und lachte. Pelle, den sonst die Schmach so erbittern konnte, hatte Sinn für die Göttlichkeit des Lebens bekommen.

Die Wanderung galt heute Abend dem Rhabarberviertel. Pelle hatte eine Liste, nach der er vorging und jedes Stadtviertel für sich aufsuchte, um sich unnötige Laufereien zu ersparen. Zuerst nahm er einen Schustergesellen in der Smedegade vor; das war einer von Meyers festen Leuten und er war auf einen harten Kampf gefasst. Der Mann war nicht zu Hause. »Aber Sie können ihn dreist aufnehmen«, sagte die Frau. »Wir haben kürzlich darüber gesprochen und sind übereingekommen, dass es das Richtigste wäre.« Das war eine Frau nach Pelles Sinn.

Viele verleugneten den Mann, wenn sie erfuhren, was er wollte, oder warfen ihm die Tür vor der Nase zu.

Er war in verschiedenen Häusern in der Gartnergade, in der Slotsgade und auf dem Nordvestvej, ging über Hinterhöfe und dunkle, enge Treppen in Mansarden oder Keller. Überall dieselbe Armut; die Schuster logierten jedes Mal in den jämmerlichsten Löchern. Erfolge hatte er nicht zu verzeichnen; einige waren umgezogen oder die Adresse war falsch, andere wollten es sich noch überlegen oder sagten geradezu Nein. Er gelobte sich die Schwankenden bald wieder aufzusuchen – die wollte er schon bearbeiten; die anderen merkte er sich und sparte sie sich für bessere Zeiten auf – deren Tag würde auch noch kommen! Es entmutigte ihn nicht, vergebens zu gehen; er freute sich über den einen. Dies war eine Geduldsarbeit und Geduld war das Einzige, was er immer reichlich besessen hatte.

Er bog in die Jaegergade ein, stieg in eine Mietskaserne hinauf, bis oben unter das Dach, und klopfte an. Ein großer, magerer Mann mit dünnem Vollbart öffnete ihm; es war Peter, sein Lehrkamerad von daheim. Sie gerieten sofort in eine Unterhaltung über die Lehrzeit und die Werkstatt da drüben mit all den sonderbaren Kumpanen. Von Meister Jeppe war nicht viel Gutes zu sagen, aber die Erinnerung an den jungen Meister erfüllte sie mit Wärme. »Ich habe im Lauf der Jahre viel an ihn gedacht«, sagte Peter, »er war kein gewöhnlicher Mensch – darum musste er sterben.«

Es lag etwas Versonnenes über Peter und seine Höhle machte den Eindruck der Einsamkeit. Nichts erinnerte mehr an den losen Burschen, der immer herumstrolchen musste; aber in seinen zusammengekniffenen Augen glühte etwas Aufsässiges. Pelle saß da und grübelte, was eigentlich mit ihm los sei. Er sah aus, als habe er die Haut gewechselt; aber zu den Heiligen gehörte er, nach seinen Reden zu urteilen, nicht.

»Peter, wie ist das – gehörst du eigentlich zu den Unsrigen?«, fragte Pelle plötzlich.

Ein hartes Lächeln glitt über Peters Gesicht. »Zu den Unsrigen? Das klingt genauso, als wenn sie fragen: Kennst du Jesus? – Bist du Missionar geworden?«

»So kannst du es gern nennen«, antwortete Pelle offen. »Willst du nicht in die Organisation eintreten? Da vermissen wir dich!«

»Ich werde bestimmt nicht vermisst, ich glaube, kein Mensch wird vermisst, wenn er nur seine Arbeit verrichtet. Nun habe ich die ganze Geschichte ausprobiert, die Kirche wie die Sekten, aber niemand hat Verwendung für einen Menschen. Sie wollen einen Zuhörer mehr haben und einen, den sie mitzählen können. Es ist überall dasselbe.« Er saß da und sah versonnen vor sich hin. Plötzlich machte er eine Bewegung mit der Hand, als wolle er etwas verscheuchen. »Ich glaube an nichts mehr, Pelle! Es gibt nichts, was wert wäre, dass man daran glaubt.«

»Glaubst du denn auch nicht an die Erhebung der Armen? Du hast nicht versucht dich der Bewegung anzuschließen?«, fragte Pelle.

»Was sollte ich da wohl? Sie wollen ja doch nur mehr essen – und das bisschen Nahrung, das ich nötig habe, das finde ich wohl. Können die mich denn da hinbringen, dass ich fühle, ich bin ein Mensch, nicht nur eine Maschine, die ein bisschen mehr Schmiere nötig hat? Ich will ebenso gern ein magerer Hund sein wie ein fetter.«

»Das können sie wohl«, erwiderte Pelle überzeugt. »Wenn wir zusammenhalten, müssen sie auch den Einzelnen respektieren und auf seine Forderungen hören. Der arme Mann wird auch sein Wort dazu sagen.«

Peter machte eine ungeduldige Bewegung. »Was nützt es mir, wenn ich Leute durch Prügel dazu bringe, dass sie mich ansehen? Das ist mir verdammt gleichgültig! Aber sehen sie mich von selber an? Und sagen sie von selber: Sieh, da geht auch ein Mensch, nach Gottes Bild geschaffen, und denkt und fühlt in seinem Innern genau wie ich? Das ist es, was ich will!«

»Ich begreife, offen gestanden, nicht, was du mit deinem ›Menschen‹ willst«, fragte Pelle ärgerlich. »Hat es Sinn, mit dem Kopf gegen die Wand zu rennen, wenn genug vernünftige Dinge auf uns warten? Wir wollen uns organisieren – und sehen, dass wir aus der Sklaverei herauskommen. Hinterher kann sich jeder amüsieren, wie er will.«

»Na ja, wenn es so leicht ist, aus der Sklaverei herauszukommen, warum denn nicht? Melde mich getrost an!«, sagte Peter mit einem leisen Anflug von Ironie.

»Danke, Kamerad!«, rief Pelle und schüttelte ihm erfreut die Hand. »Aber dann tu auch was für die Sache!«

Peter sah aus dem Fenster. »Ein abscheuliches Wetter, in dem du da rumrennst«, erwiderte er nur und leuchtete ihm hinaus.

Pelle ging den Kapelvej entlang nach Nörrebro zu; er wollte Morten besuchen. Der Wind jagte das Laub am Friedhof entlang und peitschte ihm den Regen ins Gesicht; er hielt sich dicht an der Friedhofsmauer, um Schutz zu haben, und schob den Kopf gegen das Wetter vor – er war in bester Laune.

Das waren zwei Neue, die er gewonnen hatte; jetzt wurde es doch allmählich. Ein sonderbarer Kauz war Peter geworden; das Wort »Mensch, Mensch« pochte sinnlos in Pelles Ohren. Na, er hatte ihn doch auf die Liste bekommen!

Plötzlich hörte er leichte Schritte hinter sich. Ein Mann tauchte neben ihm auf und schob ihm ein kleines Päckchen unter den Arm, ohne seinen Lauf zu hemmen. In einiger Entfernung verschwand die Gestalt. Es war Pelle, als sei sie über die Kirchhofsmauer entwichen.

Unter einer Laterne auf der Nörrebrogade blieb er stehen und untersuchte verwundert das Päckchen; es war fest mit Bindfaden zugebunden. »An Mutter« stand in unbeholfener Schrift darauf. Pelle grübelte nicht lange nach. Durch das Wort Mutter hindurch hörte er deutlich Ferdinands rostige Stimme. Da wird sich Frau Franzen freuen, dachte er und steckte das Päckchen in die Tasche. Während der letzten Woche hatte sie keine Nachricht von Ferdinand gehabt. Er wagte sich wohl nicht mehr nach Christianshavn hinüber. Pelle begriff nicht, wie Ferdinand ihn aufgestöbert hatte. Ob er sich hier draußen im Rhabarberland aufhielt?

Morten saß da und schrieb in einem dicken Heft. Er schlug es hastig zu, als Pelle eintrat.

»Was ist das?«, fragte Pelle und wollte das Heft öffnen. »Schreibst du noch in deinem Schreibheft?«

Morten legte verwirrt die Hand auf das Heft. »Nun, meinetwegen«, sagte er auf einmal, »du kannst es gern wissen. Ich habe ein Gedicht geschrieben. Aber du musst nicht darüber reden.«

»Lies es mir vor«, bat Pelle.

»Ja, aber du musst mir versprechen darüber zu schweigen, sonst glauben die anderen bloß, ich wäre verrückt geworden.«

Er war ganz verschämt und las stotternd. Es war ein Gedicht über die Armen, die die ganze Welt in ihren emporgestreckten Händen trugen und resigniert zusahen, wie die da oben sich gütlich taten. Es hieß: »Lasst sie fallen!«, und diese Worte kamen als Kehrreim in jedem Vers wieder. Und da Morten jetzt im Zuge war, las er auch eine anspruchslose, kleine Geschichte vom Kampf der armen Leute ums Brot vor.

»Das ist großartig!«, rief Pelle begeistert. »Fabelhaft, Morten! Ich begreife bloß nicht, wie du das zusammenkriegst – besonders die Verse. Aber du bist wohl ein Dichter. Das habe ich übrigens immer geglaubt – denn du hast so was Sonderbares an dir. Deine eigenen Ansichten hast du und du lässt dir auch nicht gern die Flügel stutzen. Aber warum dichtest du nicht was Großes und Spannendes, was sich zu lesen lohnt – an uns ist doch nichts Interessantes!«

»Das finde ich aber gerade!«

»Nein, das begreife ich nicht. Was kann ein armer Bursche wohl erleben?«

»Dann glaubst du wohl nicht an das Große?«

Doch, daran glaubte Pelle allerdings. »Aber darum werden wir doch nicht auf einmal interessant!«

»Du willst von Grafen und Baronen lesen«, sagte Morten. »So seid ihr alle. Ihr betrachtet euch doch bloß als Gesindel, wenn es drauf ankommt. Ja, das tut ihr, ihr wisst es nur nicht! Das ist die Sklavennatur in euch, so betrachtet euch die höhere Gesellschaftsklasse und ihr tut das unwillkürlich auch. Ja, schneide du nur Fratzen; wahr ist es darum doch! Ihr mögt nichts über euresgleichen hören, denn ihr glaubt doch nicht, dass von der Seite etwas kommen kann! Nein, es soll fein sein – immer nur fein! Am liebsten würde man ja auf Vergangenheit und Eltern speien und selbst zu den Feinen aufrücken, und weil sich das nicht machen lässt, verlangt man es in Büchern.« Morten war ärgerlich.

»Na, na«, sagte Pelle beruhigend, »so schlimm ist es doch wohl auch nicht!«

»Ja, es ist so schlimm!«, rief Morten heftig. »Und weißt du, warum? Weil ihr noch nicht begriffen habt, dass der Mensch heilig ist und dass es deshalb ganz einerlei ist, wo er sich bewegt!«

»Der Mensch ist heilig?«, fragte Pelle lachend. »Ich bin doch nicht heilig – ich glaubte auch nicht, dass du es wärst.«

»Ich will dir wünschen, dass du es auch bist!«, sagte Morten ernsthaft. »Denn sonst bist du nichts weiter als ein Pferd oder eine Arbeitsmaschine.« Und dann schwieg er mit einer Miene, als sei nun genug über die Sache geredet worden.

Mortens verschlossener Ausdruck machte Pelle nachdenklich. Er konnte wohl im Scherz so tun, als sei es Unsinn, aber Morten war einer von denen, die nach innen sahen – dies war vielleicht wieder etwas, was er nicht verstand.

»Ich weiß sehr wohl, dass ich im Vergleich zu dir ein Clown bin«, sagte er gutmütig, »aber darum brauchst du nicht gleich wütend zu werden. – Kannst du dich übrigens noch an Peter erinnern, der mit deinem Bruder Jens und mir zusammen bei Jeppe in der Lehre war? Er ist auch hier – ich war vorhin bei ihm. Er grübelt auch so nach innen, kann aber nicht zu solchen Ergebnissen gelangen wie du. Er glaubt an nichts in der Welt. Es ist schlecht um ihn bestellt. Es würde ihm gut tun, wenn er mit dir reden könnte.«

»Ich bin ja kein Prophet – das bist du viel eher!«, antwortete Morten ironisch.

»Darum könntest du ihm aber doch vielleicht ein gutes Wort geben. Nein, ich bin nichts weiter als ein Gewerkschaftsmensch, und das verschlägt nicht.«

Auf dem Heimweg grübelte Pelle ehrlich über Mortens Worte nach, musste es aber aufgeben, in ihren Sinn einzudringen. Nein, er hatte kein Bedürfnis nach irgendeiner Art von Heiligkeit oder einem Glorienschein. Er war nur ein gesunder Körper und hatte das Verlangen zu wirken.

9

Pelle kam aus Meister Becks Werkstatt nach Hause gestürzt, warf Jacke und Weste ab und steckte den Kopf in einen Kübel Wasser. Während er sich trockenrieb, lief er zu der Familie hinüber. »Wollt ihr mit ausgehen? Ich habe Billetts für eine Abendunterhaltung – aber dann müsst ihr euch sputen.«

Die drei Kinder saßen gemeinsam um den Tisch und machten Kartenkunststücke. Das Feuer knisterte im Ofen und es roch lieblich nach Kaffee. Sie waren müde von der Arbeit des Tages und hatten keine Lust, sich noch umzuziehen und auszugehen. Man konnte es ihnen ansehen, wie wohl sie sich zu Hause fühlten. »Du solltest Hanne und ihrer Mutter die Karten geben«, sagte Marie, »die kommen nie wohin.«

Pelle kaute ein wenig daran, während er sich fertig machte. Ja, warum nicht? Es war im Grunde eine Dummheit, alte Geschichten nachzutragen.

Hanne wollte nicht mit. Sie saß mit niedergeschlagenen Augen da und sah ihn nicht an. Aber Madame Johnsen war gleich bereit. Die arme Alte war im Nu in ihrem Staat.

»Es ist lange her, seit wir beide nebeneinander gegangen sind, Pelle«, sagte sie lebhaft, als sie der Stadt zuschritten. »Du hast in der letzten Zeit so viel zu tun, du läufst in Versammlungen, sagen sie. Das ist auch was Rechtes für einen jungen Mann – kann man dadurch was erreichen?«

»Ja, etwas kann man wohl dadurch erreichen – wenn man sich nur anstrengt!«

»Was soll denn erreicht werden? Soll wieder mal der Deutsche gefressen werden – wie in unseren jungen Jahren? Oder was hast du vor?«

»Wir möchten das Leben ein wenig glücklicher machen«, sagte Pelle ruhig.

»Ach, nichts weiter als das Glück willst du einführen? Das wirst du sicherlich erreichen«, sagte Madame Johnsen und lachte laut. »Ja, natürlich, in meiner schönen Jugendzeit, da mussten die Mannsleute auch nach der Hauptstadt und das Glück erobern. Ich war damals erst sechzehn Jahre, als ich mit meinen eigenen Absichten hierher kam – wo konnte ein hübsches Mädchen die Herrlichkeit wohl finden, wenn nicht hier? Freunde fand man reichlich; es gab genug, die neben einem netten Mädchen in dünnen Schuhen einhergehen und ihm schöne Sachen schenken wollten – und jeder Tag brachte sein Glück mit sich. Aber dann traf ich einen Mann, der das Beste mit mir wollte und auch an sich selber glaubte. Er flößte mir den Glauben ein, dass wir beide jetzt zusammen schaffen würden, was von Dauer wäre. Er war ein ebensolch armer Vogel mit leeren Händen wie ich, aber er griff tüchtig zu. Geschickt in seiner Arbeit war er auch und ein kleines glückliches Dasein mit gutem Auskommen und Traulichkeit in unseren eigenen vier Wänden, meinte er, könnten wir uns schon schaffen, wenn wir bloß arbeiten wollten. Pah, Glück! Er wollte durchaus Meister werden, denn was kann ein Geselle wohl verdienen! Mehr als einmal hatten wir auch ein wenig Geld zusammengespart und meinten, dass es jetzt leichter werde; aber dann brach allemal das Unglück über uns herein und nahm uns alles weg. Es schwebt immer wie ein großer Vogel über dem Heim des armen Mannes; und wenn du es wegjagen willst, musst du einen langen Stock haben! – Wenn wir dann ein wenig in die Höhe kamen, war es wieder dasselbe. Einen ganzen Winter war er krank. Wir hielten das Leben nur dadurch aufrecht, dass wir alles verpfändeten, was wir hatten, Stück für Stück. Als dann das Letzte zum Teufel gegangen war, liehen wir was auf die Pfandzettel.« Die Alte musste innehalten und sich verschnaufen. »Warum rennen wir eigentlich so?«, sagte sie keuchend. »Man sollte glauben, die Welt wolle vor uns weglaufen. Ja, dann hatten wir nichts mehr«, fuhr sie fort und schlurfte wieder vorwärts, »und wieder von vorn anzufangen, dazu war er zu müde. So zogen wir denn in die Arche. Wenn er ein paar Schillinge hatte, versuchte er sich zu trösten; aber für mich war das ein schlechter Trost, das kannst du mir glauben! Ich erwartete Hanne. Sie kam wie ein Geschenk nach all dem Unglück; aber er konnte sie nicht leiden, weil unsere Träume von dem bisschen Glück in ihr wiedergeboren wurden. Sie hatte das ja von uns geerbt, die Ärmste – und Lumpen und Schmutz dazu, um es sich daraus zusammenzusetzen. Du hättest sie nur sehen sollen, wie sie als ganz kleines Kind die Welt der feinen Leute aus Lumpen aufbaute, die sie aus dem Kehrichtkasten zusammensuchte. ›Was ist das?‹, fragte Johnsen, er war ein wenig beschwipst, wie gewöhnlich. ›Ach, das ist die gute Stube mit dem Teppich auf dem Fußboden, und da beim Ofen, da ist dein Zimmer, Vater. Aber du musst nicht auf den Fußboden spucken, denn wir sind vornehme Leute.‹« Madame Johnsen fing an zu weinen. »Und da schlug er sie auf den Kopf. ›Halt 's Maul!‹, rief er und fluchte schrecklich über das Kind. ›Ich will das verdammte Gequatsche nicht hören!‹ So war er. Das Leben wurde geradezu ein wenig leichter für uns, als er in der Kloake endete. Die Zeit, wo ich mich hätte amüsieren können, die raubte er mir mit seinen Zukunftsredereien und nun sitze ich da und wende alte Soldatenhosen, die die Stube dreckig machen; wenn ich ein Paar am Tage wende, verdiene ich eine Mark. Und Hanne geht wie eine Nachtwandlerin herum. Glück! Ja, Kuchen! Ist in der Arche wohl irgendjemand, der nicht mit dem festen Glauben an was Besseres angefangen hätte? Man zieht nicht freiwillig in so ein buntes Lausenest, aber man endet da doch. Und ist da wohl irgendjemand, der nur das tägliche Brot sicher hätte? Ja, am Ende Olsens mit der warmen Wand, aber das haben sie auch der Schande ihrer Tochter zu verdanken.«

»Umso mehr Grund, die Sache in Angriff zu nehmen.«

»Ja, du kannst wohl reden! Aber wer gegen das Unüberwindliche ankämpft, wird bald müde werden. Nein, lass du die Finger davon und amüsiere dich, solange du noch jung bist. Kehr dich nicht an mich alte Jammerliese, die hier neben dir hergeht und Trübsal bläst – jetzt wollen wir ja aus und uns amüsieren.« Sie sah wieder ganz vergnügt aus.

»Dann fassen Sie mich unter, das gehört sich ja so zwischen Liebesleuten«, sagte Pelle scherzend.

Die alte Frau nahm seinen Arm und trippelte jugendlich. »Ja, wäre es in meinen jungen Jahren, dann würde ich dich schon von deinen Dummheiten abbringen«, sagte sie munter, »dann würde ich dich zum Tanz führen.«

»Aber Johnsen haben Sie doch nicht davon abbringen können«, wandte Pelle ein.

»Nein, denn damals war man ja noch zuversichtlich. Aber jetzt sollte es niemand gelingen, mir meine Jugend zu stehlen.«

Die Versammlung, die in einem großen Saal in einer der Seitenstraßen auf Nörrebro abgehalten wurde, war agitatorisch unterhaltend, meist auf die Unmündigen berechnet. Es waren auch viele Frauen und junge Mädchen gekommen. Es wurde vorgelesen, unter anderem ein Gedicht, das von einem alten, ehrlichen Schmied handelte, der an einem Streik zu Grunde ging. »Das mag ja ganz schön sein«, flüsterte Madame Johnsen und putzte sich die Nase vor Rührung, »aber man hat wirklich was nötig, worüber man lachen kann. Das Elend sieht man jeden Tag.«

Dann sang ein kleiner Chor von Handwerkern einige Lieder und einer von den älteren Führern trat auf die Rednertribüne und erzählte von den Kinderjahren der Bewegung. Als er damit fertig war, fragte er, ob nicht andere auch etwas zu erzählen hätten. Es hielt offenbar schwer, den Abend auszufüllen. Es kam keine rechte Stimmung in der Versammlung auf. Die Frauen amüsierten sich nicht und die Männer saßen da und warteten auf etwas Mitreißendes. Pelle kannte die meisten von den Diskussionsversammlungen her; selbst die Jungen hatten harte Gesichter, aus denen ein hartnäckiges Fragen leuchtete. Die einfache, unschuldige Unterhaltung stillte nicht die brennende Ungeduld, die die Gemüter erfüllte und sie gespannt auf Verheißungen lauschen ließ.

Pelle saß dabei und litt unter dem Verlauf; das eifrige Drauflosgehen und Agitieren saß ihm im Blut. Was für eine Gelegenheit, etwas für den Zusammenschluss zu tun, ging ungenutzt vorüber. Die Frauen hier mussten aufgerüttelt werden, die Fabrikmädchen wie auch die verheirateten Frauen, die ihre Männer zurückhielten. Und da oben standen sie und vergeudeten die Zeit mit Singen und Dichtergeschwätz! Auf einmal stand er auf dem Podium.

»Die schönen Worte mögen ganz gut sein«, rief er feurig, »aber sie führen zu wenig für alle, die nicht davon leben können. Der Pastor und der Hund verdienen ihr Essen mit dem Mund, aber wir anderen sind auf unsere Fäuste angewiesen, wenn wir was erreichen wollen. Warum schleichen wir um die Sache herum wie die Katze um den heißen Brei – mit Worten und Predigten? Wissen wir etwa noch nicht, was wir wollen? Sie sagen, wir wären seit tausend Jahren Sklaven gewesen – da sollten wir doch wohl Zeit genug gehabt haben, uns zu besinnen! Warum geschieht so wenig, obgleich alle auf etwas warten und bereit sind? Gibt es etwa niemand, der den Mut hat, der Anführer zu sein?«

Starker Beifall erhob sich, namentlich bei den Jungen; sie trampelten und riefen.

Pelle taumelte herunter, er war schweißbedeckt.

Der alte Führer betrat wieder das Podium und dankte den Mitwirkenden für die prächtige Unterhaltung. Er wandte sich auch mit einem lächelnden Dank an Pelle. Es sei erfreulich, dass noch etwas Feuer in der Jugend glühe, wenn auch die Veranlassung missverstanden worden sei! Die älteren Leute hätten die Bewegung durch böse Zeiten hindurchgeführt, hätten aber nichts dagegen, die Jugend sich versuchen zu lassen.

Pelle wollte aufstehen und etwas erwidern, aber Madame Johnsen hielt ihn am Mantel fest. »Lass das, Pelle«, flüsterte sie ängstlich, »du wagst dich zu weit vor.« Sie wollte ihn nicht loslassen und er musste sich wieder setzen, damit keine Unruhe entstand. Seine Wangen glühten, er war atemlos, als wäre er einen Hügel hinaufgelaufen. Es war das erste Mal, dass er sich auf eine Rednertribüne hinaufgewagt hatte; die Erregung hatte ihn da hinaufgeschleudert.

Die Leute erhoben sich und mischten sich durcheinander. »Ist es schon vorbei?«, fragte Madame Johnsen. Er merkte, dass sie enttäuscht war.

»Nein, nein, nun wollen wir uns etwas spendieren«, sagte er und führte die Alte an einen Tisch im Hintergrund des Saales. »Was darf ich anbieten?«

»Mir Kaffee! Du solltest aber ein Glas Bier trinken, du bist so erhitzt!«

Pelle wollte auch Kaffee. »Du bist doch eine sonderbare Mannsperson«, sagte sie lachend. »Stürzt dich erst in einen ganzen Schwarm von Menschen und sitzt dann nachher wie ein altes Weib da und trinkst Kaffee! Was für eine Menge Menschen hier sind, es ist beinahe wie ein Fest.« Sie saß da und sah sich mit glänzenden Augen um, mit roten Wangen wie ein junges Mädchen, das zum Tanz gegangen ist. »Nimm doch mehr Haut, Pelle, du hast ja nichts gekriegt – es ist richtige Sahne!«

Der Führer trat zu ihnen und fragte, ob er Pelles Bekanntschaft machen dürfe. »Ich habe durch den Vorsitzenden Ihrer Gewerkschaft von Ihnen gehört«, sagte er und gab ihm die Hand. »Es freut mich, Sie hier begrüßen zu können, Sie haben da ein sauberes Stück Arbeit geleistet.«

»Ach, es ist nicht so schlimm«, erwiderte Pelle errötend. »Aber es wäre fein, wenn es bald im Ernst losginge!«

»Ich kenne Ihre Ungeduld nur zu gut«, erwiderte der alte Führer lächelnd. »So fragen die Jungen ständig. Wer aber wirklich etwas ausrichten will, muss bis an das Ende des Weges sehen können.« Er schlug Pelle auf die Schulter und ging.

Pelle fühlte, dass die Leute um ihn herumstanden und von ihm sprachen. Gott weiß, ob du dich da oben nicht lächerlich gemacht hast, dachte er.

Dicht neben ihm standen zwei junge Leute und sahen ihn von der Seite an. Plötzlich kamen sie zu ihm hin.

»Wir möchten Ihnen gern die Hand schütteln«, sagte der eine. »Mein Name ist Otto Stolpe und das ist mein Bruder Fredrik. Sie haben gut gesprochen da oben – seien Sie dafür bedankt!« Sie standen eine Weile beieinander und plauderten. »Es würde übrigens meinen Alten freuen, wenn Sie ihm Guten Tag sagen würden«, sagte Otto Stolpe. »Haben Sie nicht Lust, mit uns nach Hause zu kommen?«

»Heute Abend kann ich nicht gut, ich bin in Gesellschaft«, erwiderte Pelle.

»Geh dreist mit«, sagte Madame Johnsen, »dahinten sehe ich ein paar Leute aus Christianshavn, mit denen kann ich nach Hause gehen.«

»Aber wir wollten doch noch ein wenig auf den Bummel gehen, wo wir doch einmal aus sind«, sagte Pelle lachend.

»I Gott bewahre! Nee, nu haben wir für heute Abend genug gebummelt, mein alter Kopf ist schon ganz durchgedreht. Mach du man, dass du wegkommst – vor dreißig Jahren hätte ich das nicht gesagt. Und vielen Dank, dass du mich mitgenommen hast.« Sie lachte ihm ausgelassen zu.

Familie Stolpe wohnte in der Elmegade, im zweiten Stockwerk einer neuen großen Arbeiterkaserne. Der Aufgang war geräumig und an der Tür war ein Namensschild aus Porzellan angebracht. Auf der Diele kam ihnen eine gut gekleidete, ältere Frau entgegen.

»Das ist ein Genosse, Mutter«, sagte Otto.

»Willkommen!«, sagte sie und nahm Pelles Hand. Sie behielt sie einen Augenblick in der ihren und sah ihn an.

Im Wohnzimmer saß Maurer Stolpe und las im »Arbeiter«. Er war in Hemdsärmeln und stützte die schweren Arme auf den Tisch. Er las flüsternd und bemerkte nicht, dass ein Gast in der Stube war.

»Hier ist ein Mann, den zu begrüßen dir Freude machen wird«, sagte Otto und legte die Hand auf den Arm des Vaters.

Stolpe hob den Kopf und sah Pelle an. »Sie wollen vielleicht in die Gewerkschaft eintreten?«, fragte er und erhob sich schwer, die Hand auf den Tisch stützend. Er war groß, mit grau gesprenkeltem Haar, die Haut um die Augen war fleckig von Kalkspritzern.

»Du mit deiner Gewerkschaft«, sagte Frau Stolpe. »Du glaubst am Ende, kein anderer ist in der Gewerkschaft als du.«

»Ja, es sind nach und nach eine ganze Menge eingetreten, Mutter, aber darum bin ich doch der Erste gewesen.«

»Ja, ich bin schon in der Gewerkschaft«, sagte Pelle »aber nicht in Ihrer. Ich bin nämlich Schuster.«

»Schuster, ha, das ist ein schlechtes Geschäft für einen Gesellen; aber dafür kann man eben auch Meister werden – das kann ein Maurer heutzutage nicht. Das macht ja einen großen Unterschied; wenn man sein ganzes Leben lang Geselle bleibt, hat man mehr Interesse, seine Stellung zu verbessern. Verstehen Sie wohl? Darum ist der Zusammenschluss unter den Schustern auch nur mau gewesen. Ein weiterer Grund ist der, dass sie zu Hause arbeiten und nicht zu fassen sind. Aber nun ist da ja ein neuer Mann gekommen, der die Sache in Gang zu bringen scheint.«

»Ja, und das ist der da, Vater«, sagte Otto lachend.

»Zum Teufel auch – und hier stehe ich und mache mich selber zum Narren! Dann will ich Ihnen doch noch mal Guten Tag sagen. Glück auf zu Ihrem Vorhaben, junger Kamerad!«, er schüttelte Pelle die Hand. »Wir kriegen wohl einen Schluck Bier, Mutter?«

Stolpe und Pelle kamen schnell in ein lebhaftes Gespräch; Pelle war in seinem Element, er war bisher noch nie in das Herz der Bewegung eingedrungen. Da war so vieles, wonach er fragen wollte, und der alte Maurer erzählte drauflos, von dem Wachstum der Organisation von Jahr zu Jahr, von ihrem ersten Anfang an, als es nur ein Gewerkschaftsmitglied in Dänemark gab – nämlich ihn selber –, bis auf den heutigen Tag. Er kannte alle Zahlen aus den verschiedenen Berufen, er war genau orientiert über die Entwicklungsgeschichte jedes einzelnen Verbandes. Die Söhne saßen schweigend dabei und hörten andachtsvoll zu. Sie warteten mit ihrer Rede immer, bis der Vater mit einem Kopfnicken zu erkennen gab, dass er jetzt fertig sei. Der Jüngere, Fredrik, der in der Maurerlehre war, sagte nicht einmal du zum Vater; er redete ihn in der dritten Person an und sein beständiges »Vater, Vater« klang in Pelles Ohren sonderbar.

Während sie sich unterhielten, öffnete Frau Stolpe die Tür zu einem noch hübscheren Zimmer und bat sie hereinzukommen und Kaffee zu trinken. Die Wohnstube mit ihren Eichenmöbeln und dem Rosshaarsofa war Pelle bereits sehr vornehm vorgekommen. Aber hier waren rote Plüschsessel, ein achteckiger Tisch aus Nussbaumholz mit eingelegtem schwarzem Rand und gedrehtem Holzfuß und eine Etagere voller Nippsachen aus Porzellan, meistens zweideutige kleine Sachen. An den Wänden hingen Gruppenbilder von Kongressen und Versammlungen und große Fotografien von Arbeitsplätzen: ein Gebäude während des Baues und auf dem Gerüst die Maurer zwischen ihren Kalkkübeln, ein Handwerkszeug oder eine Bierflasche in der Hand. An der Wand über dem Kanapee hing ein großes Kniestück von einem schönen brünetten Mann im

Radmantel. Er glich halb einem träumenden Abenteurer, halb einem Militär.

»Das ist der Großmeister«, sagte Stolpe feierlich und stellte sich neben Pelle. »Auf ihm ist das Ganze aufgebaut.« Er stand lange stumm vor dem Bild, atmete schwer und bewegte den Kopf hin und her.

»Ein stolzer Mann war er«, fuhr er auf einmal fort, »ihm war immer eine Schar Frauenzimmer auf den Fersen. Aber wenn er sprach, hielten sie sich hübsch beiseite, denn dann ging Feuer von ihm aus, verstehen Sie? Dann hieß es: Vor mit den Männern! Und selbst den ärgsten Schlafmützen juckten die Ohren.«

»Der ist jetzt wohl tot?«, fragte Pelle interessiert.

Stolpe antwortete nicht. »Bitte sehr«, sagte er kurz, »wollen wir jetzt Kaffee trinken?«

Otto blinzelte Pelle zu; hier war offenbar etwas, woran nicht gerührt werden durfte.

Stolpe saß da und starrte in seine Tasse, aber plötzlich hob er den Kopf. »Es gibt Dinge, auf die man sich nicht versteht«, rief er ernst, »aber das ist sicher, ohne den Großmeister würden ich und eine ganze Menge andere jetzt vielleicht nicht als gute Familienväter dasitzen. Es gab viele gute Köpfe unter uns jungen Kameraden – so wie das ja immer der Fall ist; aber gerade die Begabten sind ja auch immer vor die Hunde gegangen. Denn wenn man keine Gelegenheit hat, seine Begabung einzusetzen, dann wird man natürlich ungeduldig und eines schönen Tages fängt man an sich Spiritus aufs Gehirn zu gießen. Ich hatte ja selber das verdammte Gefühl, dass mir etwas fehlte, und fing auch so langsam an einen auf die Lampe zu gießen. Aber dann entdeckte ich die Bewegung, noch bevor sie da war, könnte ich beinahe sagen – es lag so in der Luft, wissen Sie. Da war gleichsam etwas im Anmarsch und man schnupperte wie ein Hund, um etwas davon zu erhaschen. Bald hieß es, es sei hier, bald, es sei da. Aber wenn man hinkam, standen da bloß ein paar hungrige Männer, die schrien durcheinander, ohne dass der Teufel wusste, was es war. Aber dann trat der Großmeister auf, und das war wie ein erhellender Blitz für uns alle, denn er konnte uns haargenau sagen, wo uns der Schuh drückte, obwohl er gar nicht zu unseren Leuten gehörte. Seit der Zeit hat man nicht nötig gehabt nach den besten Leuten zu forschen, denn die waren in der Bewegung zu finden! Wenn sie auch nicht viele zählten – jedenfalls waren sie dabei.«

»Aber nun kommt ja Wind in die Segel«, sagte Pelle.

»Ja, nun rumort es überall! Aber wodurch ist das gekommen? Durch uns alte Veteranen, weiß Gott! Und durch den da!«

Stolpe fing an über gleichgültige Dinge zu reden, aber das Gespräch kam wie von selbst wieder auf die Bewegung; Mann und Frau lebten und atmeten nichts anderes. Es waren brave, gradlinige Leute, die ganz einfach die Menschen in zwei Arten teilten: in jene, die dafür, und jene, die dagegen waren. Pelle atmete auf eine eigene kräftige Weise in diesem Heim, wo die Luft gleichsam vom Sozialismus geschwängert war.

Er bemerkte eine massive Truhe, die auf prächtig gedrehten Beinen an der einen Wand stand; sie war dicht mit Metallnägeln beschlagen und glich einem alten Zunftschrein.

»Ja, das ist die Fahne«, sagte Frau Stolpe, schwieg aber erschrocken.

Maurer Stolpe runzelte die Stirn. »Ach was, Sie sind ja ein prächtiger Bursche«, sagte er dann. »Vor Ihnen braucht man nicht auf den Zehen zu schleichen.« Er nahm einen Schlüssel aus einem Geheimfach seines Schreibtischs. »Jetzt ist ja die Gefahr nicht so groß, aber vorsichtig ist man doch. Das ist noch so ein Überbleibsel von damals, als es hart herging. Die Polizei machte auf unsere Zeichen Jagd. Der Großmeister kam eines Abends selber mit dem Fahnentuch unter dem Mantel zu mir. ›Sie müssen sie aufbewahren, Stolpe‹, sagte er, ›Sie sind der Zuverlässigste von uns allen.‹«

Er und die Frau breiteten das große Fahnentuch auseinander. »Sehen Sie, das ist die Fahne der Internationale. Sie sieht ein wenig ramponiert aus, denn sie hat allerlei mitgemacht. Bei den Versammlungen draußen auf dem Anger, wo das Militär mit scharfen Patronen gegen uns aufgeboten wurde, wehte sie über der Rednertribüne, da hat sie uns zusammengehalten. Wenn sie über unseren Köpfen flatterte, war es, als wenn wir zu ihr schworen. Die Polizei begriff das auch und wollte sie unbedingt haben. Sie ging mitten während einer Versammlung gegen die Fahne vor, aber sie bekamen sie nicht und seither haben sie sie verfolgt und sie musste von Mann zu Mann wandern. So ist sie mehr als einmal zu mir gekommen.«

»Ja, und eines Abends brach die Polizei ein und nahm Vater mit, gerade als wir beim Abendessen saßen. Sie stellten die ganze Wohnung auf den Kopf und schleppten ihn ins Loch, ohne auch nur ein Wort zu sagen. Die Kinder waren damals klein und da können Sie sich vorstellen, wie traurig es für mich aussah. Ich wusste ja nicht, wann sie ihn wieder herauslassen würden.«

»Ja, aber die Fahne kriegten sie doch nicht«, sagte Stolpe und lachte herzlich. »Die hatte ich schon weitergegeben – sie war damals nie sehr lange an einem Ort. Jetzt führt sie ein verhältnismäßig ruhiges Dasein und Mutter und wir andern auch!«

Die Jungen standen schweigend da und starrten die Fahne an, die so viel mitgemacht hatte und gleichsam das heiße rote Blut der Bewegung war. Vor Pelle öffnete sich eine ganz neue Welt. Das, was auf dem Grund seiner Seele brannte, war nicht mehr ganz so unsinnig: Als er noch daheim die Spiele der Kindheit spielte oder Vieh hütete, hatten schon starke Männer zugegriffen und den Grund zu dem Ganzen gelegt. Ihm wurde heiß. Wenn er es nun gewesen wäre, der das glühende Tuch gegen die Unterdrücker geschwungen hätte – er!

»Und nun liegt sie hier in der Truhe und ist vergessen«, sagte er missmutig.

»Sie ruht nur aus«, sagte Stolpe. »Vergessen – ja, die Polizei glaubt wohl nicht, dass sie noch existiert. Aber heften Sie sie an eine Stange und Sie sollen sehen, wie sich die Kameraden um sie scharen, alte wie junge. In dem Stück Zeug ist Feuer! Ein Feuer, das niemals erlischt!«

Sorgfältig falteten sie die Fahne zusammen und legten sie wieder hinein. »Es darf aber nicht laut über die Fahne geredet werden. Sie verstehen wohl!«, sagte Stolpe.

Es schellte und Stolpe beeilte sich die Truhe zu verschließen und den Schlüssel zu verstecken, während Fredrik hinausging und öffnete. Sie sahen einander unruhig an und standen da und lauschten.

»Es ist nur Ellen«, sagte Fredrik und kam herein, ein hoch gewachsenes brünettes Mädchen von ernstem Wesen folgte ihm. Sie hatte einen Schleier vor dem Gesicht und vor dem Mund saß ihr Atem wie ein Perlengewebe in dem Schleier.

»Ach, da ist das Mädel!«, rief Stolpe und lachte. »Was für Narrenstreiche, wir werden ja ganz nervös, genauso nervös wie in alten Zeiten. Und du bist zu dieser nächtlichen Stunde auf der Straße! Und bei dem Wetter?«, er sah sie zärtlich an, man konnte ihm anmerken, dass sie sein Liebling war. Äußerlich waren sie sehr verschieden.

Sie begrüßte Pelle mit einem kleinen Knicks und sah ihn ernst an. Es lag etwas Anmutiges, Stilles über ihr, das ihn gleich für sie einnahm. Sie war dunkel gekleidet, ganz ohne Putz, aber in soliden Sachen.

»Willst du nicht ablegen?«, fragte die Mutter und knöpfte ihr den Mantel auf. »Du bist ja ganz nass, Kind!«

»Nein, ich muss gleich wieder gehen«, erwiderte Ellen. »Ich wollte nur einmal hereinsehen.«

»Dazu ist es aber reichlich spät«, brummte Stolpe. »Hast du erst jetzt Feierabend?«

»Ja, es ist ja heute nicht mein Ausgehtag.«

»So, also der ist heute nicht? Ja, das ist 'ne tolle Sklaverei, bis elf Uhr abends.«

»Das ist nun einmal so, Vater – und es wird nicht besser, wenn du mich ausschiltst«, erwiderte Ellen mutig.

»Nein, aber du brauchtest ja nicht zu dienen! Es hat keinen Sinn, dass unsere Kinder in den Häusern der Unternehmer arbeiten! Geben Sie mir darin nicht Recht?«, wandte er sich an Pelle.

Ellen lachte hell. »Das ist doch einerlei – Vater arbeitet ja auch für die Unternehmer!«

»Jawohl, aber das ist etwas anderes. Von Uhr soundso bis Uhr soundso, und dann fertig! Was anderes ist das Heim; die aus dem einen Heim müssen in das andere Heim gehen und alle Dreckarbeit verrichten.«

»Vater ist doch nicht in der Lage, mich zu Hause zu behalten.«

»Das weiß ich wohl, aber leiden kann ich es darum doch nicht. Du könntest sicher eine andere Beschäftigung finden!«

»Ja, aber das will ich nicht! Ich will über mich allein bestimmen«, erwiderte sie entschieden.

Die anderen saßen schweigend da und sahen einander ängstlich an. Die Adern an Stolpes Stirn schwollen an, er war blau im Gesicht und fürchterlich böse. Aber Ellen sah ihn mit einem kleinen Lächeln an. Er erhob sich und ging brummend in das andere Zimmer.

Die Mutter schüttelte den Kopf über sie. Sie war ganz blass. »Aber Kind, Kind!«, flüsterte sie.

Nach einer Weile kam Stolpe mit einigen alten Zeitungen herein, die er Pelle zeigen wollte. Ellen stellte sich hinter seinen Stuhl und sah mit hinein; sie stützte den Arm auf seinen Rücken und kraute ihm gedankenlos das Haar. Die Mutter zupfte sie am Kleid. Es waren illustrierte Blätter aus der bewegten Zeit.

Die Uhr schlug halb zwölf und Pelle brach erschrocken auf. Er hatte die Zeit ganz vergessen.

»Nehmen Sie das Mädchen mit«, sagte Stolpe. »Ihr habt ja denselben Weg. Nicht wahr, Ellen? Dann hast du Begleitung. Es ist keine Gefahr, mit ihr zu gehen, denn sie ist heilig.« Es klang, als wolle er sich für seine Niederlage rächen. »Kommen Sie bald wieder, Sie sind uns stets willkommen.«

Sie sprachen nicht sehr viel auf dem Heimweg. Pelle war verlegen; er hatte das Gefühl, dass sie im Gehen überlegte, was für ein Bursche er wohl sei. Wenn er sich aufraffte, etwas zu sagen, antwortete sie kurz und sah ihn forschend an. Und doch fand er, dass es ein interessanter Spaziergang war. Er hätte ihn gern noch in die Länge gezogen.

»Vielen Dank für Ihre Begleitung«, sagte er, als sie an ihrer Haustür standen. »Es würde mich freuen, Sie wieder zu sehen.«

»Wenn wir uns treffen sollen, wird es schon geschehen«, erwiderte sie verschlossen, ließ ihm aber doch ihre Hand einen Augenblick.

»Wir werden uns bestimmt wieder treffen! Seien Sie überzeugt davon!«, rief Pelle fröhlich. »Aber du vergisst wohl mich für die Begleitung zu bezahlen?«, er beugte sich über sie.

Sie starrte ihn erstaunt an – mit Augen, als wolle sie ihn steinigen. Dann drehte sie sich langsam um und ging hinein.

10

Eines Tages gegen Feierabend ging Pelle mit neuer Arbeit zum Hofschuhmacher. Der Lagerist nahm sie an und bezahlte, begann dann andere abzufertigen und ließ ihn stehen. Pelle wartete geduldig, räusperte sich nur hin und wieder. Dies war so eine Manier von den Leuten, man musste schweigen und sich darein finden, wenn man Arbeit haben wollte. »Sie haben mich wohl vergessen?«, sagte er endlich ein wenig ungeduldig.

»Sie können gehen«, erwiderte der Lagerist. »Sie sind hier fertig.«

»Was soll das heißen?«, fragte Pelle überrascht.

»Das soll das heißen, was Sie hören. Für Sie ist hier Schluss – wenn Sie das besser verstehen.«

Pelle begriff es recht gut, aber es war angebracht, die Gründe im Beisein der Kameraden festzustellen. »Haben Sie was an meiner Arbeit auszusetzen?«, fragte er.

»Sie geben sich zu viel mit Dingen ab, die Sie nichts angehen, mein guter Mann. Darunter leidet die Arbeit.«

»Ich möchte aber gern wissen, was Sie an meiner Arbeit auszusetzen haben«, fuhr Pelle hartnäckig fort.

»Zum Teufel auch, das habe ich Ihnen doch gesagt, Mensch«, brüllte der Lagerist.

In der Tür zum Hinterzimmer erschien der Hofschuhmacher und sah sich um. Als er Pelle erblickte, fuhr er auf ihn los. »Machen Sie, dass Sie rauskommen, und zwar sofort!«, schrie er aufgebracht. »Glauben Sie, dass wir Leuten Brot geben, die uns das Wasser abgraben? Raus aus meinem Geschäft, Monsieur Gewerkschaftsmitglied!«

Pelle blieb stehen und sah ihm in die Augen; er hatte eher Lust, ihm eine Ohrfeige zu verabreichen als sich rausschmeißen zu lassen. Ruhig Blut, sagte er zu sich selbst, ruhig Blut! Er lächelte, aber die Züge seines Gesichts bebten.

Der Hofschuhmacher umkreiste ihn in einer gewissen Entfernung und rief immerzu: »Raus mit Ihnen! Lagerist, rufen Sie doch die Polizei!«

»Da könnt ihr sehen, Kameraden, für was der einen ansieht«, sagte Pelle und wandte Meyer seinen breiten Rücken zu. »Wir sind Hunde, nichts weiter!«

Sie standen da, starrten auf den Tresen und glichen Taubstummen in ihrer Angst, Partei zu nehmen. Dann ging er.

Er nahm den Weg nach Nörrebro. Seine Brust arbeitete heftig. Der Zorn raste wie ein Unwetter in ihm und brach sich durch seinen Mund stoßweise Bahn. Meyers Arbeit war ihm schließlich gleichgültig; sie wurde schlecht bezahlt und er hatte sie nur genommen, weil gerade nichts anderes da war. Aber es war empörend, solche Arbeit mit seiner Überzeugung erkaufen zu müssen! Da standen sie und wagten nicht Farbe zu bekennen, obwohl es doch eigentlich genügte, dass man so einen Kerl am Leben erhielt. Meyer war wie eine Mauer, die jeglichem wirklichem Fortschritt den Weg versperrte; aber er sollte sich ja nicht mit Pelle einlassen, denn dann bekam er Schläge zurück!

Er ging sofort zu Maurer Stolpe hinauf, um sich mit ihm zu besprechen; der alte Gewerkschaftsvorsitzende hatte viel Erfahrung.

»So, er gehört zu denen, die offenen Sklavenhandel treiben!«, sagte Stolpe. »Denen sind wir schon früher begegnet. ›Sie sind hier fertig, mein guter Mann, wir können keine Aufwiegler gebrauchen!‹ Und sobald man wieder etwas gefunden hatte: ›Hier sind Sie fertig!‹ Ich bin selbst wie ein Hund gejagt worden – und zu Hause ging Mutter herum und weinte, aber wenn ich die Frage anschnitt, sagte sie: ›Halt aus, Stolpe, du sollst nicht nachgeben!‹ – ›Du vergisst das tägliche Brot, Mutter‹, sagte ich dann. – ›Ach, das tägliche Brot, ich kann ja waschen gehen!‹ Das war damals, jetzt hat die Pfeife schon einen anderen Ton bei uns. Jetzt nehmen die Meister hübsch den Hut vor dem alten Stolpe ab! – Meyer muss geduckt werden, verhängt doch die Sperre über den Kerl!«

Pelle hatte nichts dagegen. »Wenn es nur geht«, sagte er. »Mit unserer Organisation ist es ja noch schwach bestellt!«

»Versucht es jedenfalls – schaden könnt ihr ihm immer. Er greift nach deinem Brot, um dein Gewissen zu treffen; dafür greifst du nach seinem Geldbeutel – da hat der sein Gewissen sitzen. Nützt es nichts, so beweist ihr euch jedenfalls, dass ihr keine Sklavenseelen seid.«

Pelle saß noch eine Weile bei ihm und plauderte. Er hatte im Stillen gehofft, Ellen wieder zu treffen, wagte aber nicht zu fragen, ob sie heute käme. Frau Stolpe forderte ihn auf zu bleiben und mit ihnen zu Abend zu essen – sie warteten nur auf die Söhne. Aber Pelle hatte keine Zeit; er musste weg und Maßnahmen zur Sperre treffen. »Dann kommen Sie Sonntag«, sagte sie, »Sonntag ist Ellens Geburtstag.«

Mit langen Schritten wanderte er zu dem Vorsitzenden der Gewerkschaft; die Einladung zum Sonntag hatte den Rest seines Zornes verscheucht, die Aussicht auf einen Kampf mit Meyer versetzte ihn in gehobene Stimmung. Er war sicher, dass er den Vorsitzenden Petersen für seine Sache gewinnen würde, wenn er nur außer Bett war; er hatte seinerzeit beim Hofschuhmacher gearbeitet und hasste ihn wie die Pest. Man sagte, Petersen habe eine sinnreiche kleine Erfindung mit einem Patentknopf für Damenstiefel gemacht; er verstand sich nicht darauf, die Erfindung auszunützen, und wandte sich damit an Meyer. Aber der Hofschuhmacher betrachtete die Erfindung ohne weiteres als sein Eigentum, da sie ja von einem seiner Arbeiter gemacht worden war. Er nahm ein Patent darauf und verdiente viel Geld damit, so winzig das Ding auch war, um das es sich handelte. Als Petersen Anteil an dem Verdienst verlangte, wurde er verabschiedet. Er selbst sprach nie davon, sondern saß unten in seinem Keller und brütete über dem Unrecht, sodass er es zu nichts mehr brachte. Fast seine ganze Zeit hatte er dem Fachverein gewidmet, um durch ihn Rache zu nehmen, aber es ging nicht recht voran damit. Er flammte heftig auf, es fehlte ihm aber an Ausdauer; schwach auf der Brust war er auch.

Er zitterte vor Erregung, als ihm Pelle seinen Plan auseinander setzte. »Großer Gott, wenn wir ihn zu fassen kriegten«, flüsterte er heiser und ballte die mageren Hände, in die der Tod schon dunkle Schatten gelegt hatte. »Ich würde gern mein elendes Leben hingeben, um den Schurken ruiniert zu sehen. Sieh die da!«, er beugte sich vor und zeigte Pelle eine Feile, die an einem kräftigen Schaft saß und spitz zugeschliffen war. »Wenn ich die Kinder nicht hätte, hätte er die schon längst zwischen den Rippen gehabt.« Seine grauen, ruhelosen Augen, die an die Augen des verrückten Anker erinnerten, hatten einen kalten, stechenden Blick.

»Ja, ja«, sagte Pelle und legte die Hand beruhigend auf die seine. »Es hat ja keinen Sinn, Dummheiten zu machen. Unser Ziel erreichen wir nur, wenn wir fest zusammenhalten.«

»Willst du den Kampf organisieren?«, fragte Petersen. »Ich tauge nicht dazu – und habe auch keine Kraft mehr. Aber das Signal blasen, das will ich wohl – und zwar so, dass sie aufwachen. Dann musst du dafür sorgen, dass sie bei der Stange bleiben.«

Der Tag wurde gut ausgenützt; schon am nächsten Abend wurden die Mitglieder zu einer Versammlung zusammengetrommelt. Petersen hielt Wort und legte flammend los. Nach dem letzten Blutsturz glich er einer Leiche, die Augen brannten in den dunklen Höhlen, er stand da wie ein Blutzeuge für die Notwendigkeit des Kampfes. Die Sperre wurde einstimmig angenommen! Dann trat Pelle vor und organisierte das Erforderliche – jetzt war die Reihe an ihm. Es war kein Geld in der Kasse, aber jeder Mann musste sich verpflichten einen gewissen Beitrag für die zu zahlen, die nun arbeitslos wurden. Jeder musste sein Teil tun, um von Meyer die Arbeitskräfte fern zu halten. Dies hier durfte kein Rausch sein, den man morgen, wenn man erwachte, bereute – es galt, sich im Voraus klar zu sein über die Schwierigkeiten und das, worauf man sich einließ. Und dann – dreimal Hurra für einen glücklichen Ausgang.

Die Sache hatte viele Laufereien im Gefolge, aber was tat das! Pelle, der so viel saß, schadete es nichts, an die Luft zu kommen! Er nahm die Nacht zur Hilfe, um das Versäumte wieder einzuholen. Arbeit, die die bei dem Hofschuhmacher verlorene ersetzte, erhielt er bei den kleinen Meistern in Christianshavn, die jetzt vor Weihnachten viel zu tun hatten.

Schon am zweiten Tag, nachdem ihn Meyer hinausgeworfen hatte, stand die Ankündigung der Sperre unter »Gewerkschaftliches« im »Arbeiter«. »Zugang strikt fern halten!« Das war gleichsam ein Tagesbefehl von Pelle. Er schnitt die Notiz aus und während der Arbeit holte er sie hin und wieder hervor und betrachtete sie. Dies war er – obwohl es nirgends stand: Pelle und der größte Meister der Stadt lagen sich in den Haaren! Jetzt kam es darauf an, wer der Stärkere war.

Zu Stolpes kam Pelle oft. Merkwürdigerweise fielen seine Besuche immer mit Ellens Ausgangstagen zusammen. Dann begleitete er sie nach Hause und sie gingen nebeneinander her und redeten über ernsthafte Dinge. In ihnen beiden war nichts Stürmisches – sie benahmen sich, als läge ein langes Leben vor ihnen. Seine Glut kühlte er in dem Kampf gegen Meyer. Er war ihrer sicher, so unnahbar sie sich auch gab. Etwas in ihm sagte ihm, sie sollte es sein und sie würde es sein. Sie war eine von den Naturen, denen es schwer wird, die Schale zu sprengen und die Frucht herauszulassen; aber er fühlte, dass hinter ihrem verschlossenen Wesen etwas für ihn wuchs, und er wurde nicht ungeduldig.

Eines Abends hatte er sie wie gewöhnlich bis an die Haustür begleitet, sie standen da und sagten einander Gute Nacht. Sie reichte ihm die Hand auf ihre linkische, zurückhaltende Art, die im Grunde ebenso gut Unwillen bedeuten konnte – und wollte dann hinaufgehen.

»Aber soll es denn unser ganzes Leben so weitergehen?«, sagte Pelle lächelnd und hielt ihre Finger fest. »Du hast mich ja doch lieb!«

Sie stand eine Weile da, mit steinhartem Ausdruck; dann reichte sie ihm den Mund und küsste ihn, wie ein Kind küsst – mit fest geschlossenen Lippen. Sie war schon auf dem Weg ins Haus, stürzte aber plötzlich zurück, riss ihn an sich und küsste ihn heftig, zügellos. Es lag etwas so Gewaltsames, fast Fanatisch-Wildes in ihrem Kuss, dass er ganz verwirrt wurde. Er kannte sie nicht wieder, und als er zu sich kam, war sie schon auf dem Weg die Küchentreppe hinauf. Er stand da, geblendet wie nach einem Feuerregen, und hörte sie laufen, als werde sie verfolgt.

Von dem Tage an war sie eine andere. Ihre Liebe war wie der Lenz, der sich in einer Nacht entfaltet. Sie konnte ihn nicht einen Tag entbehren: Wenn sie ausging, um Einkäufe zu machen, kam sie in die Arche hinaufgelaufen. Ihr Wesen hatte das Träge abgeworfen; in ihren Handlungen und Bewegungen lag Spannung, sie machte sich in kleinen Ausbrüchen Luft. Sie sprach nicht viel; wenn sie einander begegneten, schmiegte sie sich heftig an ihn, wie um einen Schmerz zu betäuben, und verbarg ihr Gesicht; zwang er es in die Höhe, so hielt sie die Augen fest geschlossen. Dann atmete sie tief auf und setzte sich hin, saß lächelnd da, summte zu seinen Worten – und sah ihn an!

Es war, als vertiefe sie sich in sein innerstes Wesen; und Pelle, der das Bedürfnis hatte, sich selber zu finden und zu fühlen, gewann Sicherheit in ihrer Gesellschaft. Er hatte bei allem, was sich um ihn erhob, ängstlich dem gelauscht, was in seinem Innern aufstieg, und, ohne es zu wissen, gezweifelt und gefragt. Und nun bestätigte sie etwas, so sicher, wie sie an seinem Arm hing und schwieg und nur starrte – bis ihr Starren gleich einem stolzen Ruf in ihm selbst vibrierte und er sich unendlich reich fühlte. Sie sprach ja mit etwas in seinem Innern, wenn sie so sinnend vor sich hin starrte! Aber was sie sagte, erfuhr er nicht – auch nicht, welche Antwort sie erhielt. Wenn er sie mit Fragen aus ihrem verzauberten Starren herausriss, seufzte sie nur wie jemand, der erwacht – und küsste ihn.

Ellen war treu und uneigennützig und sehr geschätzt bei ihrer Herrschaft. Ein eigentlicher Fortschritt war nicht in ihr zu spüren. Sie sehnte sich danach, die Seine zu werden – das war alles. Aber durch ihr träumendes Starren wurde auf Pelles Lippen die Zukunft geboren, als sei sie es, die ihm die richtigen Worte eingab. Und dann lauschte sie mit einem fernen Lächeln wie auf etwas Herrliches; sie selbst schien der Zukunft keinen Gedanken zu schenken. Ihre innere Hingabe stärkte ihn, sodass er den Kopf ins Licht streckte. Diese feste Frömmigkeit in ihrem Wesen veranlasste die Familie sie neckend »die Heilige« zu nennen.

Es tat ihm so wohl, in ihrem Heim aufgenommen zu sein, wo sich hinter dem robusten Kopenhagener Humor ganz patriarchalische Zustände versteckten. Dort herrschte Ordnung und Ehrerbietung gegen die Eltern, namentlich gegen den Vater, der in allen Fragen das entscheidende Wort hatte und seinen eigenen Platz, auf den sich niemand anders setzte. Wenn er von seiner Arbeit heimkehrte, wetteiferten die erwachsenen Söhne noch immer, wer ihm seine Pantoffeln bringen sollte, und die Frau hatte stets einen Extrabissen für ihn. Der jüngste Sohn Fredrik, der bald ausgelernt hatte, freute sich wie ein Kind auf den Tag, an dem er Geselle würde und mit dem Alten Brüderschaft trinken durfte.

Sie bewohnten eine geräumige, neue Dreizimmerwohnung mit Mädchenkammer; für Pelle, der daran gewöhnt war, seine Kameraden in einem Zimmer mit Küche hausen zu sehen, war das ein förmliches Erlebnis. Die Söhne hatten zu Hause Kost und Logis, sie schliefen in der Mädchenkammer. Die Häuslichkeit war mit gemeinsamen Kräften aufgebaut worden. Wenn sich die Familie dem Hausherrn unbedingt unterordnete, so geschah dies nicht aus Unterwürfigkeit – sie taten nur dasselbe wie alle anderen. Stolpe war in seinem Fach der erste Mann, ein angesehener Arbeiter, der Veteran der Bewegung. Alle hörten auf seine Worte.

Ellen war die Einzige, die seine Herrschaft nicht respektierte, sondern ihm mutig entgegentrat, oft nur, um ihm zu widersprechen. Sie war das einzige Mädchen in der Familie und das Nesthäkchen – das machte sie sich zunutze. Zuweilen sah es aus, als reize sie Stolpe zum Äußersten, als wolle er sie in seinem Zorn zermalmen; aber er unterwarf sich ihr stets.

Über Pelle war er sehr froh und bewunderte im Geheimen die Tochter umso mehr. »Da siehst du, dass an der Göre was dran ist, Mutter! Die versteht es, sich einen Mann zu wählen«, rief er begeistert.

»Ja, ich habe nichts gegen ihn einzuwenden«, erwiderte Frau Stolpe. »Ein bisschen bäuerisch ist er ja noch, aber das schleift sich wohl noch ab.«

»Bäuerisch – der? Nein, du kannst mir glauben, er weiß, was er will. Da hat sie wahrhaftig ihren Herrn gefunden!«, sagte Stolpe triumphierend.

In den beiden Brüdern fand Pelle ein paar treue Kameraden, die nicht umhinkonnten, zu ihm aufzusehen.

11

Mit der Sperre klappte es so einigermaßen. Hofschuhmacher Meyer antwortete damit, dass er die Meister zu einer Versammlung einberief, um einen Meisterverein zu gründen, der den Mitgliedern der Gewerkschaft die Arbeit verweigern sollte. Dann wäre sie mit einem Schlage tot gewesen.

So weit kam es jedoch nicht. Die kleineren Meister fürchteten, dass sich dann die Gesellen niederlassen und ihnen Konkurrenz machen würden. Instinktiv fürchteten sie auch die großen Meister mehr als die Gesellen und scheuten sich mit ihnen in einem Verein zu sein. Innerhalb der Industrie zeichnete sich die Tendenz ab, alles in wenigen Händen zu vereinen und die kleinen Geschäfte totzumachen. Die kleinen Meister waren außerdem böse auf Meyer, der sein Geschäft auf ihre Kosten in die Höhe gebracht hatte.

Durch Meister Beck erfuhr Pelle, was zwischen den Meistern

vorging. Meyer hatte auch verlangt, dass Beck Pelle verabschieden solle, aber dem wollte sich Beck nicht unterwerfen.

»Ich kann ja eigentlich nicht über Sie klagen«, sagte er. »Ihren Gewerkschaftskram mag ich nicht – das sollten Sie lieber lassen. Aber mit Ihrer Arbeit bin ich zufrieden. Ich habe mich immer bemüht nach allen Seiten gerecht zu sein. Aber wenn Sie dem Hofschuhmacher die Füße unter dem Leib wegschlagen, dann werden wir kleinen Meister Ihrem Verein dankbar sein. Der frisst uns auf.«

Ihm die Füße unter dem Leib wegzuschlagen, das ließ sich nun freilich nicht machen. Er sprengte im Gegenteil die schwächeren Mitglieder von der Gewerkschaft ab und hatte immer Arbeiter genug – zum Teil Schweden, die er kommen ließ und denen er einen hohen Arbeitslohn zahlen musste. Die Heimarbeit machte es unmöglich, ihm richtig auf den Leib zu rücken. Pelle und der Vorsitzende patrouillierten abwechselnd vor dem Lager zu der Zeit, da die Arbeit abgeliefert wurde, um auszukundschaften, wer bei ihm arbeitete. Es gelang ihnen auch, einige anzuhalten und zur Vernunft zu bringen oder ihre Namen im »Arbeiter« zu veröffentlichen, aber dann schickten die Gesellen ihre Frauen und Kinder mit der Arbeit hin. Es kostete Meyer große Summen, das Geschäft in Gang zu halten, aber am meisten litt doch die Gewerkschaft. Sie war noch nicht stark genug und die großen Meister hielten zu Meyer und wollten die Mitglieder des Fachvereins nicht beschäftigen, solange die Sperre währte. So wurde sie denn aufgehoben.

Das war eine Niederlage, aber Pelle hatte dabei gelernt! Der Stärkste trug den Sieg davon und der Zusammenhalt war noch nicht fest genug gewesen. Es musste geredet, agitiert, es mussten Versammlungen abgehalten werden! Der Drang nach dem Neuen veranlasste sie wohl sich zusammenzuschließen, aber ihr Ehrgefühl war noch nicht entwickelt. Beim geringsten Missgeschick zerstreuten sie sich. Er verlor nicht den Mut; es musste fast wieder von vorn angefangen werden, das war alles.

Am Morgen, nachdem die Niederlage Tatsache geworden, war er schon früh auf. In den Beschluss, mit doppelter Kraft draufloszugehen, hatte er sich sozusagen hineingeschlafen, der saß ihm im Körper und verlieh seinen Hammerschlägen Nachdruck.

Er pfiff, während ihm die Arbeit schnell von der Hand ging. Das Fenster stand offen, damit die nächtlichen Dünste hinausziehen konnten, auf den Dächern lag Reif, die Sterne schimmerten am kalten Himmel. Aber Pelle fror nicht! Er hatte eben die Familie geweckt und hörte sie da drinnen rumoren. Draußen auf dem Gang fing man an schlaftrunken herumzutaumeln. Pelle pfiff den Marsch, gestern Abend hatte er Sort die letzte Rate geschickt und gleichzeitig an Vater Lasse sehr bestimmt geschrieben, dass er kommen solle – jetzt tagte es!

Marie kam und reichte ihm den Kaffee durch die Türspalte. »Guten Morgen!«, rief sie munter. »Heute kriegen wir schönes Wetter, Pelle!« Sie war noch nicht ganz angekleidet und ließ sich nicht sehen. Die Jungen nickten ihm Guten Morgen zu und liefen davon. Karl hatte Weste und Jacke unter dem Arm. Diese Kleidungsstücke pflegte er immer erst anzuziehen, wenn er die Treppe hinablief.

Als es Tag geworden war, kam Marie herein und brachte das Zimmer in Ordnung. Sie unterhielt ihn, während sie scheuerte.

»Hör, Marie!«, rief Pelle plötzlich. »Ellen ist gestern hier gewesen und hat dich gebeten mir einen Bescheid zu überbringen, wenn ich nach Hause käme. Das hast du vergessen.«

Maries Gesicht wurde hart, aber sie antwortete nicht.

»Es war der reine Zufall, dass ich sie getroffen habe, sonst hätten wir uns verfehlt.«

»Dann werde ich es wohl vergessen haben«, erwiderte Marie mürrisch.

»Ja, vergessen hast du es freilich. Aber das ist nun das zweite Mal in dieser Woche. Du hast bestimmt Heiratsgedanken!«, fügte er lachend hinzu.

Marie wandte ihm den Rücken zu. »Ich habe nichts mit ihr zu schaffen – ich schulde ihr nichts!«, rief sie plötzlich trotzig. »Und ich will dir auch nicht deine Stube mehr rein machen, lass sie das doch tun – die!« Sie nahm Scheuereimer und Schrubber und lief in ihre eigene Stube. Nach einer Weile ertönte ihre Stimme da drinnen; er glaubte erst, sie trällere eine Melodie vor sich hin, aber dann war es Schluchzen.

Er eilte hinüber. Sie lag auf ihrem Bett und weinte, biss in das Kopfkissen und schlug mit den rauen Händen wütend nach ihm aus. Ihr magerer Körper brannte wie im Fieber.

»Du bist ja krank, kleine Marie«, sagte Pelle besorgt und legte ihr die Hand auf die Stirn. »Du solltest zu Bett gehen und etwas zum Schwitzen einnehmen. Ich will es dir warm machen.«

Sie war wirklich krank, die Augen brannten trocken und ihre Hände waren feucht und kalt. Aber sie wollte von nichts hören. »Geh du deiner Wege«, sagte sie wütend, »und kümmere dich um deine Arbeit. Lass mich in Ruh!« Sie hatte ihm den Rücken zugewendet und stieß trotzig mit der Schulter nach ihm. »Geh lieber hin und streichle Ellen«, rief sie plötzlich und lachte boshaft.

»Warum bist du so, Marie?«, sagte Pelle betrübt. »Du bist ja ganz schlecht.«

Sie vergrub das Gesicht in den Betten und wollte ihn weder ansehen noch ihm antworten. Da ging er an seine Arbeit.

Nach einer Weile kam sie und begann von neuem mit Reinemachen. Sie hantierte polternd mit den Gegenständen herum. Eine Arbeit, die er zum Trocknen an den Ofen gestellt hatte, riss sie herunter und sah ihn dabei schadenfroh von der Seite an. Dann fiel eine Tasse mit Kleister zu Boden und zerbrach. Sie tut es absichtlich, dachte er betrübt und schabte den Kleister in eine leere Dose. Sie stand da und betrachtete ihn mit bösen, stechenden Augen.

Er begab sich wieder an seine Arbeit und tat, als sei nichts geschehen. Auf einmal fühlte er ihre dünnen Arme um seinen Hals.

»Verzeih mir«, sagte sie weinend und barg ihr Gesicht an seiner Schulter.

»Na, es ist ja nichts Schlimmes geschehen – schiet auf die Tasse«, sagte er tröstend und streichelte ihr den Kopf. »Du konntest ja nichts dafür.«

Aber da brach sie ganz zusammen, es sah so aus, als wolle das Weinen ihren dünnen Körper zerreißen. »Doch, ich habe es mit Willen getan«, schrie sie, »und den Stiefel habe ich auch mit Willen hingeworfen und mit Willen habe ich dir gestern nicht Bescheid gesagt! Ich könnte dir gern noch mehr zu Leide tun, ich bin so schlecht!, schlecht!, schlecht! Warum gibt mir auch niemand eine Tracht Prügel? Wenn du nur einmal ordentlich böse auf mich werden wolltest!« Sie war ganz außer sich und wusste nicht, was sie sagte.

»Hör, jetzt musst du vernünftig sein«, sagte Pelle bestimmt, »denn dies hier ist kein Vergnügen. Ich hatte mich darauf gefreut, heute zu Hause zu sein und bei dir zu arbeiten – und dann kriegst du Zustände genau wie die feinen Frauenzimmer!«

Sie unterdrückte das Weinen mit einer gewaltsamen Anstrengung und ging leise schluchzend in ihre Stube. Gleich darauf kam sie wieder herein, mit einer gesprungenen Tasse für den Kleister und einer kleinen Blechdose mit einem Spalt im Deckel. Das war ihre Sparbüchse. »Nimm das«, sagte sie und stellte ihm die Dose auf den Schoß. »Dann kannst du dir Leisten kaufen und brauchst nicht um Arbeit bei den kleinen Meistern zu betteln. Hier in der Arche gibt es Arbeit genug.«

»Aber Marie – das ist doch deine Miete«, sagte Pelle erschrocken.

»Was tut das? Bis zum Ersten bringe ich das Geld schon wieder zusammen.«

Ja, das würde sie bestimmt! Pelle lachte verzweifelt, als er sah, wie leichtsinnig sie mit dem Geld um sich warf, das sie in dreißig

Tagen verzweifelten Sparens und Nachdenkens mühselig für jeden Monat zusammenschrapte. »Was meinst du, was Peter und Karl dazu sagen würden, wenn du so mit dem Geld um dich wirfst? Mach, dass du die Dose wieder verwahrst – und rasch!«

»Ach, nimm sie doch«, sagte sie beharrlich und fuhr fort ihm die Dose hinzuschieben. »Ja, dann werf ich sie aus dem Fenster!« Sie öffnete schnell einen der Fensterhaken. Pelle stand auf.

»Es ist ja wahr, ich bin dir noch das Geld für die letzte Wäsche schuldig«, sagte er und wollte eine Krone in die Dose stecken. »Gut, dass du mich daran erinnert hast.« Sie starrte ihn versteinert an und lief dann in die Stube hinein.

Da drinnen ging sie wieder umher und trällerte mit ihrer harten Stimme; nach einer Weile ging sie aus, um Einkäufe zu machen, im grauen Umschlagetuch, ihren Hausfrauenkorb über dem Arm. Er konnte ihren eigentümlichen Schritt, der zart wie der eines Kindes und doch so fest klang, durch den Tonnengang hindurch verfolgen. Dann ging er in die Wohnung der Kinder und zog die dritte Kommodenschublade auf; dort verwahrte sie ihre Gelddose, die sie in ihrer Wäsche einwickelte. Er besaß noch zwei Kronen, die steckte er in die Dose.

Auf diese Weise pflegte er sie immer zu bezahlen. Wenn sie dann ihr Geld nachzählte und zu viel herausrechnete, glaubte sie, der liebe Gott habe das Geld in die Dose gelegt, und kam dann jubelnd an und erzählte es. Das Kind glaubte blind an das Glück und nahm es hin wie eine Offenbarung; dies Geld war für sie etwas ganz anderes als das, was sie selbst zusammensparte.

Um die Mittagszeit kam sie und lud ihn ein. »Es gibt gebratenen Hering, Pelle, da kannst du unmöglich Nein sagen«, sagte sie überredend, »denn das kann kein Bornholmer! Dann brauchst du nicht das langweilige Essen vom Höker zu kaufen und fünfundzwanzig Öre dafür hinauszuwerfen.« Sie hatte zehn Stück gekauft und fünf davon für die Brüder zurückgelegt, wenn sie heimkämen. »Und es gibt Kaffee hinterher«, sagte sie. Sie hatte allerliebst gedeckt, mit einer reinen Serviette an dem einen Ende des Tisches.

Der kleine Paul der Fabrikarbeiterin kam dazu und bekam auch einen Mund voll ab. Dann lief er wieder auf den Gang hinaus und tummelte sich dort. Der kleine Kerl war keinen Augenblick ruhig, von dem Moment an, wo ihn die Mutter am Morgen herausließ; es gab so vieles, was er nach seiner langen Einsperrung nachholen musste. Aus dem kleinen Idioten, den die Mutter an dem Ofen festbinden musste, weil er Wasser im Kopf hatte und sich zum Fenster hinausstürzen wollte, war ein richtiger Strolch geworden. Jeden Augenblick steckte er den Kopf in Pelles Zimmer herein und manchmal kam er ganz herein, legte die Hand auf Pelles Knie und sagte: »Du bist mein Vater!« Dann stürzte er wieder von dannen. Marie half ihm bei der Besorgung von Großem und Kleinem – er suchte immer seine Zuflucht bei ihr.

Nachdem sie aufgewaschen hatte, setzte sie sich mit ihrer Flickarbeit zu Pelle; dann saß sie da und schwatzte über ihre hausmütterlichen Sorgen: »Ich muss bald Laufjacken für die Jungen haben, schrecklich, was sie in dem Alter verbrauchen! Ich sehe jeden Tag bei der Trödlerin vorbei. Du musst auch eine neue Bluse haben, Pelle, die eine ist bald hinüber und dann hast du nichts zum Wechseln. Wenn du dir Stoff kaufen willst, so will ich sie dir schon nähen – ich kann nähen! Meine gute Bluse habe ich mir selber genäht – Hanne hat mir dabei geholfen. – Warum gehst du eigentlich nie mehr zu Hanne?«

»Ach, ich weiß nicht.«

»Hanne ist so sonderbar geworden. Sie kommt nie mehr auf den Hof hinunter und tanzt mit uns – sie hat es doch früher getan. Dann passte ich am Fenster auf und lief hinunter. Es war so schön, mit ihr zu spielen. Wir gingen rund um sie herum und sangen: ›Vor Hanne wollen wir knicksen, vor Hanne wollen wir uns verneigen, vor Hanne wenden wir uns alle um.‹ Und dann knicksten wir und verneigten uns alle und schließlich kehrten wir uns alle um. Du kannst mir glauben, das war flott! Du hättest doch Hanne nehmen sollen.«

»Dir ist es doch nicht Recht, dass ich Ellen genommen habe – weshalb sollte ich dann Hanne nehmen?«

»Ach, ich weiß nicht – Hanne, das . . .« Marie schwieg lauschend und riss das Fenster auf.

Unten in der Arche knallte eine Tür und ein langes Zischen kam dahergejagt, es klang fast wie ein heiserer Laut aus des tollen Vinzlevs Flöte oder wie der Zugwind in den langen Gängen. Gleich einem abgerissenen, lächerlichen Stück Melodie flatterte der Laut da unten umher, leckte hinter dem Holzwerk empor und brach ganz oben im Tageslicht hervor, heiser, ekstatisch: »Hanne kriegt ein Kind! Die Märchenprinzessin erwartet ihre Niederkunft!«

Wie ein Feuer flog Marie die Treppe hinab. Die Backfische liefen kreischend auf dem Hof zusammen, die Frauen flüsterten einander draußen auf der Galerie zu – hinauf, hinab. Nicht dass das an und für sich etwas Neues gewesen wäre; aber hier war es ja Hanne, die Unbefleckte, die zu beschmutzen noch keine Zunge gewagt hatte. Auch jetzt wagte man sich kaum damit hervor, so überraschend kam es. Sie hatten gewissermaßen alle mit ihr in ihren Schwärmereien gelebt und mit ihr auf das Märchen gewartet; von klein auf war sie für etwas Unerhörtes ausersehen gewesen – und nun sollte sie bloß ein Kind bekommen! Es war wirklich im ersten Augenblick wie ein Wunder, so überraschend kam es ihnen allen!

Marie kam wieder herauf, langsam und mit einem Ausdruck von Entsetzen und Staunen. Unten im Hof gingen die kleinen rotznäsigen Gören herum und trällerten, während sie Hand in Hand um den Rost der Kloake trabten, um den man so herrlich rundherum gehen konnte:

»Bro-bro-brille fein,
Hanne tiecht ein Tindlein tein!«

Sie konnten noch nicht einmal ordentlich sprechen.

Aber da war es »Grete mit dem Kind«, das verrückte Frauenzimmer, das das Kellerfenster aufriss, sich mit ihrer Puppe auf dem Arm hinauslehnte und durch den Hof schrie, dass es gellte: »Die Märchenprinzessin kriegt 'n Kind und Pelle is der Vater dazu!«

Pelle beugte sich über seine Arbeit und schwieg. Er war hier glücklicherweise nicht der verkleidete Königssohn gewesen! Aber er zankte sich nicht mit Frauenzimmern.

Hannes Mutter kam in die Galerie hinausgestürmt. »Das sind unverschämte Lügen!«, rief sie. »Pelle soll nicht da hineingezogen werden. Das andere mag sein, wie es will!«

Über ihr kam der Leichenwagenkutscher herausgeschwankt. »Da hat sich die Prinzessin wahrhaftig 'nen Balken in den Leib gerannt«, brummte er in seinem gutmütigen Bass. »Schade, dass man nicht Hebamme geworden ist. Man hat das verkehrte Ende zu fassen gekriegt.«

»Scher dich in deine Höhle und halt 's Maul, du Leichenräuber«, antwortete Madame Johnsen fauchend. »In alles musst du deine Schnapsnase reinstecken.«

Er stand da oben in seinem Halbrausch über das Geländer gelehnt und schwatzte neckend hinunter, ohne sich an Madame Johnsens Schelten zu kehren. Aber dann riss die kleine Marie ein Fenster auf und kam ihr zu Hilfe und oben kam Ferdinands Mutter auf die Plattform hinaus. »Wie viele Schinken hast du den letzten Monat gekauft? Hol deine Bärenschinken raus und zeig uns die. Er schlachtet bei jeder Leiche einen Bären, der Trunkenbold.« Von allen Seiten fielen sie über ihn her. Er konnte nicht dagegen an und begnügte sich damit, Augen und Mund aufzureißen und »Bä-ä-äh!« zu sagen. Dann kam sein rothaariges Frauenzimmer heraus und zog ihn hinein.

Pelle saß über seine Arbeit gebeugt und lauschte verstohlen. Seine Erscheinung pflegte die tollen Anfälle der Arche zu dämpfen, aber hier wollte er sich doch nicht einmischen. Und niemals hätte er sich träumen lassen, dass Hannes Mutter so werden könnte. Sie war wie eine Furie, drehte den Kopf blitzschnell bald nach der einen Seite, bald nach der anderen und lauschte auf jeden Laut, bereit, dagegen loszugehen. Ach, sie verteidigte ihr Kind, jetzt, wo es zu spät war! Einer fauchenden Katze glich sie.

»Der allerjüngste von den Grafen . . .«,

sangen die Kinder unten auf dem Hof: Das war Hannes Lied. Madame Johnsen stand da, als wolle sie sich auf sie stürzen. Plötzlich schlug sie die Schürze vors Gesicht und ging schluchzend hinein.

12

Sobald es heller Tag war, mischte sich ein neuer Ton in das Summen der Arche, ein heiserer Eifer, der die Sorglosigkeit beiseite schob. Durch die langen, finsteren Gänge hörte man das Scheuern und Schrubben, die Galerien und die dunklen Holztreppen bekamen ihre Behandlung mit Wasser. »Weg da!«, wurde jeden Augenblick von irgendwoher gerufen und dann galt es, sich vor der herabströmenden Flut zu retten. Den ganzen Vormittag trieb das Wasser von einer Galerie zur anderen, wie über ein Mühlrad.

Aber jetzt lag die Arche da und fror in ihrer eigenen Reinlichkeit, mit einem Ausdruck, als wollte sich das alte Nest nicht zu sich selber bekennen.

Hier und da war eine Gardine oder ein Stück Mobiliar hinter dem Fenster verschwunden – es war zu Ehren des Tages ins Pfandhaus gewandert. Was hier fehlte, lag als Erwartung und Festfreude in den Gesichtern der Bewohner.

Aus den Kellerhälsen des Stadtviertels guckten kleine Tannenbäume hervor und drüben auf dem Markt standen sie wie ein ganzer Wald die Mauer des Zuchthauses entlang. In den Fenstern der Kellerläden hingen Herzen und Tüten und farbige Lichter und der Krämer an der Ecke hatte einen mächtigen Weihnachtszwerg im Fenster aufgestellt. Er war aus rotem und grauem Wollstoff und trug als Bart ein ganzes Katzenfell.

Auf den Treppenstufen der Arche lagen die Kinder und scheuerten Gabel und Messer im Sand auf den Stufen. »Ah!«, sagten sie und klopften sich jedes Mal an die Brust, wenn der Geruch von irgendetwas Gebratenem in den Hof hinausströmte. Jeden Augenblick mussten sie fort und für fünf oder zehn Öre einholen; es war wunderbar, was der Weihnachtsabend alles in Bereitschaft hatte. »Wir kriegen richtige Rote Beete!«, sagte ein kleines Kind und trällerte eine Melodie. »Wir kriegen richtige Rote Bete, ah, ah, ah!« Und dann wiegte es seinen kleinen Körper hin und her, während es scheuerte.

»Fredrik!«, rief eine scharfe Stimme aus einem der Gänge heraus. »Lauf hin und hol eine Stiege Anmacheholz und ein Feinbrot zu zehn. Aber pass auf, dass dir der Krämer die Stiege richtig abzählt – und polk die Krumen nich raus!«

Frau Olsen mit der warmen Wand machte Schweinebraten. Sie konnte den Herd ja nicht auf die Galerie hinausschleppen, da ließ sie denn den Braten anbrennen, sodass der ganze Hof mit bläulichem Qualm erfüllt war. »Frau Olsen! Ihr Schweinebraten brennt an!«, schrien zwanzig Frauenstimmen auf einmal.

»Das kommt, weil der Schmortopf zu klein ist«, antwortete Frau Olsen und steckte ihren roten Kopf durch das Holzwerk. »Was soll ich armer Teufel denn tun, wenn der Schmortopf zu klein ist?« Und Frau Olsens Schmortopf war der größte in der ganzen Arche.

Kurz ehe die Dämmerung hereinbrach, ging Pelle von der Werkstatt nach Hause. Er sah die Straßen und Menschen mit Augen an, die einen Glanz über alles ausgossen; es war die Weihnachtsstimmung, die ihm im Gemüt saß. Warum?, fragte er sich unwillkürlich. Es harrte seiner ja nichts Besonderes. Er musste heute länger arbeiten als gewöhnlich und konnte den Abend nicht einmal mit Ellen zusammen verleben; sie musste in ihrer Küche schaffen, um es anderen behaglich zu machen.

Wie kam diese Stimmung zu ihm? Erinnerungen gab es nicht; solange er zurückdenken konnte, hatte er niemals teilgehabt an einem so recht fröhlichen Weihnachtsabend, sondern hatte sich mit den Sagen begnügen müssen, die darüber im Umlauf waren. Und all die anderen Armen, denen er begegnete, waren in derselben Stimmung wie er. Das harte Fragen war aus ihren Gesichtern gewichen, sie gingen und lächelten vor sich hin. Heute war nichts von dem bleischweren Druck zu spüren, der sonst auf den Unterklassen lastete gleich dem Vorboten eines Unwetters; glücklicher hätten sie nicht aussehen können, wenn all ihre lichten Hoffnungen in Erfüllung gegangen wären. Da kam eine Frau mit einem Federbett im Arm an ihm vorüber und verschwand in der Tür des Pfandleihers, sie sah sehr vergnügt aus. Waren die Leute vielleicht deshalb so fröhlich, weil sie sich einen kleinen Schmaus leisteten, indem sie eine Reihe magerer Tage noch magerer machten? Nein, sie feierten ja, weil Weihnachtsstimmung herrschte und sie feiern mussten, wie teuer sie es auch erkaufen mochten.

In dieser Nacht war doch Christus geboren – waren die Leute deswegen so fröhlich und gut?

Pelle wusste noch die meisten Bibelsprüche von der Schule her auswendig. Sie hatten irgendwo in ihm geruht, ohne ihn zu belästigen oder Platz einzunehmen, und hin und wieder tauchte einmal einer auf und half ihm seine Menschenkenntnis zu erweitern. Aber von Christus selber hatte er sein ganz persönliches Bild, von dem Tage an, da er als Knabe über den Befehl an die Reichen stutzte, hinzugehen und alles zu verkaufen, um den Darbenden das Geld zu geben. Das ließen sie nun hübsch sein – sie nahmen den großen

Freund des armen Mannes und kreuzigten ihn! Er erreichte nicht mehr, als eine Verheißung für die Armen zu werden, aber vielleicht war es diese Verheißung, die sie seit zweitausend Jahren feierten.

So lange hatten sie geschwiegen und sich in Bereitschaft gehalten gleich den Jungfrauen aus der Bibel und jetzt endlich kam es ja. Jetzt endlich begann das große Evangelium der Armen – es lag Sinn in dieser Weihnachtsfreude. Warum versammelte man nicht die Scharen in der Christnacht und verkündete ihnen das Evangelium? Dann würden sie alle die Bewegung verstehen und sich ihr sofort anschließen! – In Pelles Kopf kreisten neue kraftvolle Gedanken. Er hatte bisher nicht gewusst, dass das, woran er teilnahm, so groß war; er fühlte sich im Dienste des Höchsten!

Auf dem Marktplatz blieb er stehen und betrachtete still die Weihnachtsbäume – bei ihrem Anblick glitten seine Gedanken zurück zu der Weide, auf der er die Kühe gehütet hatte, und zu den kleinen Tannen. Er bekam Lust, die Kinder zu überraschen und einen Baum zu kaufen; sie hatten die letzten Abende dagesessen und Tannenbaumschmuck ausgeschnitten, und Karl hatte vier abgeschnittene Tannenzweige zu einem Weihnachtsbaum zusammengezimmert.

Beim Krämer kaufte er Süßigkeiten und Weihnachtslichter. Der Krämer ging zur Feier des Tages auf Zehenspitzen und bediente die schmutzigen kleinen Gören mit zierlichen Verbeugungen. Er gab etwas zu und vergaß sein gewöhnliches »Du, vergiss nicht, dass ihr noch für zwei Lot Tee und ein Viertelpfund Kaffee angeschrieben habt!«, aber er mogelte wie immer mit dem Gewicht.

Marie ging mit aufgestreiften Ärmeln herum und war sehr beschäftigt; sie warf alles hin und kam gelaufen, als sie den Baum sah. »Der kann nich mal stehen, Pelle!«, rief sie und richtete ihn auf. »Er muss abgeschnitten werden. Er muss ja sogar noch abgeschnitten werden! Nein, wie hübsch er is! Aber unten, du, unten! – Zu

Hause hatten wir auch einen Tannenbaum; Vater ging selbst in die Klippen und fällte ihn und wir Kinder waren mit dabei. Aber dieser hier is viel schöner!« Dann lief sie in den Gang hinaus, um es zu erzählen, erinnerte sich, dass die Jungen noch nicht nach Hause gekommen waren, und stürzte wieder zu ihm hinein.

Pelle setzte sich an die Arbeit. Von Zeit zu Zeit hob er den Kopf und sah hinaus. Die Näherin, die gerade in Piepmanns altes Nest eingezogen war, schnurrte mit ihrer Maschine drauflos und sah sehnsüchtig zu ihm hinüber. Sie war einsam; vielleicht hatte sie keinen Ort, wo sie den Abend zubringen konnte.

Die alte Franzen kam auf die Plattform heraus und humpelte in ihren Flickenschuhen die Hühnerstiege hinunter, das Tau entglitt ihren zitternden Händen. Sie hatte einen kleinen Korb am Arm und das Portmonee in der Hand – sie sah auch so einsam aus, das arme Wurm! Jetzt hatte sie seit drei Monaten nichts von ihrem Sohn gehört. Frau Olsen rief sie an und lud sie zum Abend ein, aber die Alte schüttelte den Kopf. Auf dem Rückweg sah sie bei Pelle herein.

»Heute Abend kommt er«, flüsterte sie entzückt. »Ich hab Schnaps und Hackbeefsteak für ihn gekauft, denn heute Abend kommt er!«

»Hoffentlich werden Sie nicht enttäuscht, Frau Franzen«, sagte Pelle, »er darf sich ja nicht mehr hierher wagen. Kommen Sie lieber herüber und feiern Sie Weihnachten mit uns.«

Sie nickte. »Er kommt heute Abend. Am Weihnachtsabend hat er immer in Mutters Bett geschlafen, seit er kriechen konnte, und das kann er nich entbehren, wenn ich Ferdinand kenne!« Sie hatte für sich schon ein Bett auf den Stühlen zurechtgemacht, so sicher war sie.

Die Polizei rechnete offenbar ebenso auf Ferdinands Besuch wie sie, denn unten auf dem Hof ertönten fremde Fußtritte. Es war gerade in der Dämmerung, wo so viele unbeachtet kamen und gingen. Aber diese Tritte jagten einen Frauenkopf über die Balustrade, ein scharfer Laut ertönte und im selben Augenblick waren alle Galerien mit Frauen und Kindern angefüllt. Sie hingen über dem Holzwerk und vollführten einen ohrenbetäubenden Spektakel; der ganze enge Hofschacht füllte sich mit unerträglichem Lärm. Es klang, als wenn ein Orkan mit einem Regen von Dachsteinen durch den Schacht hinabgesaust käme; der Schutzmann taumelte betäubt in den Tonnengang. Dort stand er eine Weile und besann sich, ehe er sich verzog. Oben auf dem Holzwerk hingen sie und verschnauften sich, matt nach der gewaltsamen Entladung – und tirilierten dann wie eine Heerschar kleiner Vögel, die einen Habicht in die Flucht gejagt haben.

»Fröhliche Weihnachten!«, rief man jetzt von einer Galerie zur anderen. »Danke, gleichfalls!« Kinder riefen einander »Fröhliches Fest und das Allerbest!« zu. Und andere antworteten: »Ein leckerer Schmaus für das ganze Haus!«

Der Weihnachtsabend war da. Die Männer schlurften mit schweren Schritten heran und die Fabrikarbeiterinnen kamen gestürzt. Hier und da sickerte ihnen aus den langen Gängen ein schwaches Weinen entgegen und tat ihnen in den milchgefüllten Brüsten weh. Die Kinder liefen ununterbrochen hin und her und holten die letzten Zutaten. Unten am Ausgang zur Straße mussten sie sich an zwei Vagabunden vorbeidrängen, die dastanden und in der Kälte schauerten. Sie sahen verdächtig aus. »Da unten stehen zwei, aber es sind keine richtigen«, meldete Karl. »Sie sehen aus wie die aus dem Kasino-Theater.«

»Lauf zu der alten Franzen hinüber und erzähl ihr das«, sagte Pelle.

Aber die Alte antwortete nur: »Gott sei Dank, dann haben sie ihn noch nich gefasst!«

Drüben bei Olsens war die Tochter Elvira nach Hause gekommen. Das Rouleau war nicht herabgelassen und sie stand am Fenster mit ihrem mächtigen Blumenhut und ließ sich bewundern.

Marie kam hereingelaufen. »Hast du gesehen, wie fein sie ist,

Pelle?«, sagte sie ganz benommen. »Und all das kriegt sie umsonst von den Herren, bloß weil sie finden, dass sie hübsch ist. Aber des Abends malt sie ihre Backen bloß an!«

Die Kinder trieben sich auf dem Gang herum und warteten darauf, dass Pelle fertig würde. Sie wollten nicht ohne ihn Weihnachten feiern. Und nun machte er auch Feierabend; er warf eine Jacke über, packte die Arbeit ein und ging los.

Auf der Plattform blieb er einen Augenblick stehen. Er konnte den Lichtschein der Stadt unter dem mit Sternen übersäten Himmel sehen, die Nacht war so feierlich schön. Unter ihm hing die Holzgalerie verlassen und seufzte im Frost; alle Türen waren geschlossen, um die Kälte draußen und die Freude drinnen zu halten. »Hoch herab von dem grünen Baum . . .«, ertönte es von irgendwoher. Der Lichtschein fiel durch das Fenster und bahnte sich zwischen dem Balkenwerk einen Weg. Plötzlich dröhnte es schwer auf der Treppe – der Leichenwagenkutscher kam nach Hause geschwankt, unter jedem Arm einen Schinken. Dann wurde alles ruhig, so ruhig wie sonst nie in der Arche, wo beständig etwas jammerte, Tag und Nacht. Leise kam ein Kind heraus und spähte mit fragenden Augen empor zum Weihnachtsstern. Bei Frau Franzen war Licht. Sie hatte heute ein weißes Tuch vor das Fenster gehängt und es stramm gezogen; die Lampe stand dicht an der Gardine, sodass jemand, der sich da drinnen bewegte, keinen Schatten darauf werfen konnte.

Das arme Wurm, dachte Pelle, während er lief, die Mühe könnte sie sich gewiss sparen! Als er die Arbeit abgeliefert hatte, lief er in die Holbergsgade hinüber, um Ellen ein fröhliches Fest zu wünschen.

In seiner Stube war festlich gedeckt, als er wieder nach Hause kam: Schweinskarbonade, Reisbrei und Weihnachtsbier. Marie glühte vor Stolz über ihr Werk; sie saß da und nötigte die anderen, aß aber selbst fast nichts.

»Solch gutes Essen solltest du jeden Tag machen, Mädchen!«, sagte Karl und hieb ein. »Du könntest wahrhaftig in der königlichen Küche angestellt werden!«

»Warum isst du denn gar nicht von dem schönen Essen?«, fragte Pelle.

»Ach, nein, ich kann nicht«, antwortete sie und griff sich an die Wangen. Ihre Augen strahlten ihm entgegen.

Sie lachten und plauderten und stießen mit dem Weihnachtsbier an. Karl gab die neuesten Kalauer und letzten Gassenhauer zum Besten; so etwas sammelte er auf seinen Streiffahrten durch die Stadt. Peter saß da und sah unerschütterlich bald den einen, bald den anderen an. Er lachte nie, aber von Zeit zu Zeit machte er eine trockene Bemerkung, die davon zeugte, dass er sich amüsierte. Sie sahen immer wieder nach dem Fenster der alten Franzen hinüber – es war ein Jammer, dass sie nicht mit dabei sein wollte.

Jetzt brannten da drüben fünf Lichter – sie saßen auf einem kleinen Tannenbaum in einem Blumentopf. Sie schimmerten wie ferne Sterne durch den weißen Vorhang und Frau Franzens Stimme klang dünn und wie gesprungen: »Stille Nacht, heilige Nacht!« Pelle öffnete das Fenster und lauschte; es wunderte ihn, dass die arme Seele so fröhlich sein konnte.

Plötzlich ertönte eine warnende Stimme von unten herauf: »Frau Franzen, es kommt Besuch!«

Ringsumher auf den Galerien flogen Türen und Fenster auf, Gestalten stürzten aus den Türen, ihr Essen in der Hand, und lehnten sich über das Geländer. »Wer wagt es, den Weihnachtsfrieden zu stören?«, fragte drohend eine tiefe Stimme.

»Polizei«, wurde von unten her aus der Dunkelheit geantwortet. »Verhaltet euch alle ruhig – im Namen des Gesetzes!«

Drüben an Frau Franzens Seite wurden zwei Gestalten sichtbar, die lautlos auf allen vieren hinaufliefen. Dort oben geschah nichts, sie hatten offenbar den Kopf verloren. »Ferdinand, Ferdinand!«, gellte eine Mädchenstimme wild. »Nu kommen sie!«

Im selben Augenblick flog die Tür auf, mit einem Sprung stand Ferdinand auf der Plattform. Er schleuderte einen Stuhl zu den Verfolgern hinunter und rüttelte wie rasend an dem Taugeländer, um sie von der Treppe hinunterzufegen. Dann fasste er nach der Dachrinne und schwang sich hinauf. »Adieu, Mutter!«, rief er von oben herunter. Sein Sprung schallte in die Finsternis hinaus. »Adieu, Mutter – und fröhliche Weihnachten!« Hohl wie das Brüllen eines kranken Tieres drang der Ruf weit hinaus in die Nacht und man hörte die Schutzleute über die Dächer jagen. Und dann wurde alles still.

Sie kehrten unverrichteter Dinge zurück. »Sie haben ihn also nicht gekriegt!«, rief Olsen befriedigt unten aus seinem Fenster heraus.

»Nein, glaubt ihr, dass wir uns seinetwegen den Hals brechen wollen?«, erwiderten die Schutzleute und krochen hinunter. »Spendiert keiner ein Glas Weihnachtsbier?« Als keine Antwort erfolgte, gingen sie.

Die alte Franzen ging in ihre Stube und schloss ab; sie war müde und sorgenvoll und wollte zu Bett gehen. Aber nach einer Weile kam sie über den langen Gang gelatscht. »Pelle«, flüsterte sie, »er liegt in meiner Stube! Während sie auf den Dächern herumkrabbelten, hat er sich ganz leise über den Boden heruntergeschlichen und sich in mein Bett gelegt. Großer Gott, seit vier Monaten hat er in keinem Bett gelegen – er schnarcht schon!« Dann schlich sie wieder hinaus.

Ja, das war eine böse Unterbrechung! Niemand hatte Lust, von neuem mit Essen anzufangen, außer Karl, und den rechnete Marie nicht mit, denn der war immer hungrig. So deckte sie denn ab und plauderte, während sie aus und ein ging; sie mochte es nicht, dass Pelle so ernsthaft war.

»Aber das Geheimnis!«, rief sie plötzlich ganz überrascht aus. Die

Jungen liefen zu ihr hinein; dann kamen sie wieder, dicht nebeneinander und Marie hinter ihnen mit etwas unter der Schürze. Die beiden Jungen warfen sich über Pelle und hielten ihm die Augen zu, während Marie ihm etwas in den Mund steckte. »Rat mal«, rief sie, »rat mal!«, es war eine Porzellanpfeife mit grünem, seidenem Quast. Auf dem Pfeifenkopf, Ellens Weihnachtsgeschenk für ihn, war ein Zehnkronenschein abgebildet. Die Kinder hatten eine Tüte Tabak hinzugefügt. »Nun kannst du ordentlich rauchen«, sagte Marie und klemmte seine Lippen um die Pfeifenspitze zusammen, »du bist ja sowieso so klug.«

Die Kinder hatten Gäste zum Weihnachtsbaum eingeladen; die Näherin, den alten Nachtwächter unten vom Hof, die Fabrikarbeiterin mit ihrem kleinen Jungen, alle, die zu Hause saßen und das Weihnachtsfest allein feierten, sie wussten selbst nicht, wie viele! Hanne und ihre Mutter waren auch eingeladen, waren aber früh zu Bett gegangen – sie waren nicht zu Geselligkeit aufgelegt. Nun kamen sie einer nach dem anderen mit munteren Gesichtern angetrabt, Marie löschte die Lampe aus und ging hinein, um den Weihnachtsbaum anzuzünden.

Sie saßen schweigend und erwartungsvoll da. Der Schein aus dem Ofen flackerte im Zimmer hin und her, beleuchtete ein Gesicht mit gesenkten Augenlidern und gespannten Zügen und sprang davon. Der kleine Junge der Fabrikarbeiterin war der Einzige, der schwatzte; er hatte auf Pelles Knien Zuflucht gefunden und fühlte sich ganz wohl in der Dunkelheit; die Kinderstimme klang merkwürdig hell in dieser Beleuchtung. »Paul muss hübsch still sein«, sagte die Mutter mahnend.

»Darf Paul gar nicht sprechen?«, fragte der Junge und fühlte nach Pelles Gesicht.

»Heute Abend darf Paul alles, was er will«, antwortete Pelle. Dann plauderte der Junge weiter und stieß mit den kleinen Beinen nach der Dunkelheit.

»Jetzt dürft ihr kommen!«, rief Marie und machte die Tür nach dem Gang auf. Das Zimmer der Kinder war ausgeräumt. Der Tannenbaum stand in der Mitte auf der Erde und strahlte. Nein, wie prächtig er war – und wie groß! Nun konnte man die Augen ordentlich aufsperren.

Die Lichter blitzten darin – und in den Fensterscheiben, in dem alten Mahagonispiegel und in dem Glas der Schillingsbilder, sodass man sich plötzlich zwischen Myriaden von Sternen bewegte und alles Elend vergaß. Es war, als wäre man allen Sorgen und Kümmernissen entrückt, geradewegs hinein in die Herrlichkeit; und auf einmal ertönte eine feine, klare Stimme; zitternd vor Scham sang sie:

»Willkommen aufs Neu, ihr Engelein klein
Vom hohen Himmelssaal,
Mit schönen Kleidern aus Sonnenschein
Im Erdenschattental!«

Es klang wie ein Gruß aus den Wolken. Sie schlossen die Augen und gingen Hand in Hand um den Baum herum. Dann schwieg die Näherin errötend. »Ihr singt ja nicht mit!«, rief sie.

»Jetzt wollen wir ein Weihnachtslied singen, das wir alle kennen«, sagte Pelle.

»Hoch herab vom grünen Baum!«, schlug Karl vor.

Ja, dann sang man das. Es passte ausgezeichnet hierher, selbst der Name Peter passte! Und es war lustig mit all den Geschenken, die in dem Lied aufmarschiert kamen; jeder Einzelne war bedacht! Das mit dem Geldbeutel am Ende war nur allzu wahr. Man hätte noch viel mehr über dies Lied sagen können. Aber plötzlich begannen die Knaben einen Ringelreihen zu tanzen, sie trampelten wie Soldaten und das Ganze wirbelte dann wild herum, ein wahrer Hexentanz.

»Hei, dicke dumm,
Mein Mann fiel um!
Es war am Weihnachtsabend.
Ich nahm einen Stock.
Klopft ihm den Rock!
Es war am Weihnachtsabend!«

Wie heiß das Licht machte und wie es zu Kopf stieg! Die Tür zum Gang musste geöffnet werden.

Da draußen standen die Bewohner des Bodens, lauschten und machten lange Hälse. »Kommt dreist herein!«, riefen die Jungen. »Hier ist Platz genug, wenn wir in zwei Reihen gehen.« Und dann trabte man wieder um den Baum und sang Weihnachtslieder. Jedes Mal, wenn eine Pause eintrat, fiel irgendeinem ein neues Lied ein, das durchaus noch gesungen werden musste. Die gegenüberliegenden Türen standen auch offen, der alte Lumpensammler saß am Ende seines Tisches und sang auf eigene Faust. Er hatte ein Schwarzbrot und einen Teller Schmalz vor sich stehen, zwischen jedem Lied nahm er einen Mund voll davon. In der anderen Türöffnung saßen drei Kohlenarbeiter und spielten Sechsundsechzig um Schnaps und Bier. Sie hatten die Gesichter dem Tannenbaum zugewendet und sangen mit, während sie spielten; von Zeit zu Zeit hielten sie mitten in einer Strophe inne, um etwas anzusagen oder »Stich« zu rufen. Dann plötzlich warfen sie die Karten hin und kamen herein. »Wir wollen hier nicht müßig sitzen und zusehen, wie ihr anderen arbeitet«, sagten sie und traten auch in den Kreis.

Schließlich waren sie es müde geworden, um den Baum herumzugehen und zu singen, da holte man denn Sitzgelegenheiten aus den anderen Stuben herein. Sie mussten sich dicht zusammendrängen, ganz unter das schräge Dach, und sich auf das Fensterbrett setzen; rings um den Weihnachtsbaum blieb ein freier

Kreis. Sie saßen da und schwatzten zusammengekauert, als sei das die einzige Stellung, in der ihr Körper wirklich Ruhe finden konnte; die Arme hingen schlaff zwischen den Knien. Aber die Gesichter waren noch immer angeregt, der Qualm von den Lichtern und den knisternden Tannenzweigen hüllte sie in einen bläulichen Dunst und ließ sie rundlich daraus hervorglühen. Das brennende Harz verlieh dem Rauchnebel einen mystischen, berückenden Duft und die andächtigen Gesichter glichen summenden Seelen, die in den Wolken schwebten, eine jede über ihrem gequälten Leib.

Pelle saß da und betrachtete sie, dass ihm das Herz im Leibe blutete – das war seine Andacht. Ach, die armen, zerzausten Vögel, was erlebten sie jetzt Großes, das sie für alle Entbehrungen entschädigt? Nur ein wenig Licht! Und sie sahen so aus, als könnten sie sich da hineinstürzen und darin umkommen. Er kannte jetzt die Schicksale eines jeden besser als sie selbst; wenn sie in die Nähe des Lichtes kamen, verbrannten sie sich stets, wie die Nachtfalter; so verfroren waren sie!

»Das ist übrigens eine sonderbare Erfindung, wenn man darüber nachdenkt«, sagte einer von den Erdarbeitern und nickte nach dem Weihnachtsbaum hinüber, »aber schön ist es. Gott weiß, was es eigentlich bedeuten mag.«

»Das soll bedeuten, dass jetzt das Jahr wieder dem Lichte zugeht«, sagte der alte Nachtwächter.

»Nein, das soll die Freude der Hirten über die Geburt des Jesuskindes bedeuten«, sagte der Lumpensammler und trat in die Tür. »Die Hirten waren arme Leute wie wir, die im Schatten lebten. Darum freuten sie sich so über ihn, der mit dem Licht kam.«

»Na, mit gar so schrecklich viel Licht hat man uns eigentlich nicht begabt, sollte ich meinen. Ja, der Tannenbaum hier, das ist wirklich großartig – dafür wollen wir uns bei den Kindern bedanken! Aber solche Tannenbäume kann man doch nicht jeden Tag brennen haben – und die Sonne, siehst du, die haben die Reichen mit Beschlag belegt.«

»Ja, da hast du Recht, Jakob«, sagte Pelle, der um den Baum herumging und für die Kinder, die die Süßigkeiten verteilten, die Herzen abnahm. »Ihr habt alle drei Recht – sonderbarerweise! Der Weihnachtsbaum soll uns an Christi Geburt erinnern und daran, dass das Jahr nun wieder dem Licht zugeht – denn das ist ja ein und dasselbe. Und dann soll er uns daran erinnern, dass wir auch Anteil an den Dingen haben sollten; Christus wurde wohl eigentlich geboren, um die Armen an ihr Recht zu erinnern! Ja, das ist es! Denn Gott der Herr ist nicht so einer, der weitläufige Anweisungen gibt, wie man vorgehen soll; er rollt seine Sonne jeden Tag rund um die Erde herum und dann muss jeder selber zusehen, dass er in dem Sonnenschein einen Platz findet. Das ist genauso wie mit der Frau des Krugwirtes bei uns zu Hause, die zu den Reisenden sagte: ›Was wünschen Sie zu essen? Sie können Ente haben, Huhn und Schweinebraten – alles, was Sie selber mitbringen!‹«

»Das war eine verteufelte Erklärung«, sagten sie und lachten. »Ja, dann ist es keine Kunst, einen zu Herrlichkeiten einzuladen – wenn man sie sich selber verschaffen soll! Du hättest Pastor werden sollen.«

»Er sollte viel eher des Teufels Advokat sein«, meinte der alte Lumpensammler. »Denn von Christentum ist da nicht viel in dem, was er sagt.«

»Du hast doch selbst gesagt, dass Christus den Armen das Licht gebracht hat«, entgegnete Pelle, »und er hat selber ganz deutlich erklärt, das, was er wolle, wäre, die Blinden sehend zu machen, die Tauben und Stummen aufzuwecken und den Verachteten und Verschmähten wieder Ansehen zu geben. Also, das muss man doch wohl glauben!«

»Die Blinden werden sehen, die Lahmen werden gehen, die Aussätzigen werden rein, die Tauben werden hören, die Toten werden auferstehen und den Armen wird das Evangelium gepredigt werden«, sagte der Lumpensammler berichtigend. »Du verdrehst die Schrift, Pelle!«

»Ich glaube aber nicht, dass er nur an die wenigen Verkrüppelten gedacht hat, nein – er hat uns alle in unserem Elend gemeint und alle die Gebrechen, die passen so gut auf uns. So hat der Prädikant Sort es auch aufgefasst und der war doch ein frommer Gottesmann. Er wartete auf das Tausendjährige Reich für die Armen und glaubte, Christus sei auf der Erde gewesen, um sein Kommen vorzubereiten.«

Die Frauen saßen ganz benommen da und lauschten mit offenem Mund; sie wagten kaum zu atmen. Paul war auf dem Schoß der Mutter eingeschlafen.

»Ach, sollte er wirklich an uns arme Läuse gedacht haben, vor so langer Zeit?«, riefen die Männer und sahen einander an. »Aber warum haben wir es dann nicht schon längst ein bisschen menschlicher gekriegt?«

»Ja, das verstehe ich auch nicht«, erwiderte Pelle zögernd. »Wir sollen uns vielleicht selber zu dem Richtigen durcharbeiten – das erfordert ja Zeit.«

»Ja aber –! Wenn er uns nich ordentliche Lebensbedingungen geben will, dann ... Um sie uns selbst zu nehmen, brauchen wir keinen Christus.«

Das war etwas, was Pelle sich auch nicht erklären konnte, obgleich es wie eine lebende Überzeugung in ihm lag. Man musste sich selbst das Seine erwerben – das war so klar wie der Tag und er konnte nicht begreifen, dass sie blind dafür waren; aber warum man das musste, das konnte er ihnen auch nicht auseinander setzen – so viel er sein Gehirn auch marterte. »Aber ich kann euch eine Geschichte erzählen«, sagte er.

»Aber eine spannende!«, rief Karl, der sich langweilte. »Ach, wenn doch Vinzlev hier wäre, der kann erzählen.«

»Schweig, Junge«, sagte Marie ärgerlich. »Pelle, der hält richtige Reden – vor ganzen Versammlungen«, sagte sie, indem sie den anderen feierlich zunickte. »Wie heißt die Geschichte?«

»Heulpeter.«

»Ach, das ist eine mit Peter, dann ist es ein Märchen! Wovon handelt es denn?«

»Das wirst du ja erfahren, wenn du sie hörst, mein Kind«, sagte der alte Nachtwächter.

»Ja, aber dann kann man sich nicht darauf freuen, wenn das Richtige kommt. Ist es eine Geschichte von einem, der in die Welt hinauszieht?«

»Sie handelt von . . .« Pelle besann sich ein wenig. »Die Geschichte handelt von Christi Geburt«, erwiderte er schnell und wurde dunkelrot über seine eigene Kühnheit. Aber die anderen sahen enttäuscht aus, sie setzten sich zurecht und starrten auf den Fußboden, als seien sie in der Kirche.

Und dann erzählte Pelle die Geschichte von Heulpeter, der in Kummer und Elend geboren wurde und heranwuchs, um groß und stark und aller Hund zu werden. Der jämmerlichste Jammer war es, von diesem großgliedrigen Burschen zu hören, der so voller Angst war, dass er sich nass machte, wenn nur ein Mädchen ihn antupfte – und keinen anderen Ausweg aus seiner Not wusste als den Strick. Welche Schmach war es, dass er sich sein täglich Brot selbst verdiente und doch im Armenhaus war; als wenn ihm eine Wohltat erwiesen würde, dass man ihm dort Unterschlupf gewährte – wo er doch mit seinem Arbeitseifer überall hätte ankommen können! Und ganz unerträglich wurde es, als er heranwuchs und sich noch immer von aller Welt missbrauchen ließ. Aber dann plötzlich zerriss er den Zauberbann, schlug seine Plagegeister nieder und sprang in das Tageslicht hinein als der Keckste von allen.

Sie atmeten tief auf, als er geendet hatte, Marie klatschte in die Hände. »Das war ja doch ein Märchen!«, rief sie.

Karl warf sich über Peter und prügelte auf ihn los, obwohl der ernste Bursche nichts weniger als ein Tyrann war.

Sie redeten laut durcheinander, jeder hatte seine Bemerkungen über Heulpeter zu machen. »Das hat er verdammt gut gemacht«, sagten die Männer, »er prügelte die ganze Gesellschaft von Anfang bis zu Ende durch, so 'n Prachtkerl! Na ja, Kräfte hatte er ja auch. Aber zum Teufel auch, warum hat er denn solche lange Zeit gebraucht? Und sich alles gefallen lassen?«

»Ja, das ist ja für uns nicht so ganz leicht zu begreifen – für uns, die wir so fest auf unserem Recht bestehen«, erwiderte Pelle lachend.

»Na, du bist wirklich gut – du hast es uns gründlich gegeben!«, rief der fröhliche Jakob aus. »Aber brauchst du mal eine Faust, da hast du meine!«, er schlug in Pelles Hand ein.

Die Lichter waren längst niedergebrannt, sie merkten es nicht. Ihre strahlenden Augen hingen jetzt suchend an Pelle. Und plötzlich überfielen sie ihn mit Fragen. Es gab genug, was sie wissen wollten. Eine ganze Welt von Herrlichkeiten, behauptete er, gehöre ihnen, und nun beeilten sie sich Besitz davon zu ergreifen. Selbst der alte Lumpensammler ließ sich mit fortreißen; es war zu verlockend, sich so einen kleinen Rausch zu bereiten, selbst wenn vielleicht ein Alltag darauf folgte.

Pelle stand zwischen ihnen und beantwortete ihre Fragen mit einem sicheren Lächeln; er wusste, dass das alles das Ihre werden würde, selbst wenn es nicht sofort geschah. Geduld und Ausdauer gehörten dazu, aber das wollten sie jetzt nicht begreifen. Wenn sie erst die Herrlichkeiten in Besitz genommen hatten, würden sie sie wohl zu verteidigen wissen. Zweifel herrschte nicht in ihm, er stand zwischen ihnen als ihr verkörpertes Können, glücklich, mit tiefen Wurzeln.

13

Aus dem Grunde der Arche stieg ein sonderbarer Laut auf, unsichere ländliche Tritte, Füße, die in zu schwerem Schuhzeug über das Steinpflaster stapften. Alles Blut stieg Pelle zu Herzen, er warf die Arbeit hin und war mit einem Satz auf der Galerie, fest überzeugt, dass es nur ein Traum sei. Aber da unten auf dem Hof stand Vater Lasse leibhaftig und starrte durch das Holzwerk hinauf, als wolle er seinen alten Augen nicht glauben. Auf dem Rücken hatte er einen Sack mit Gerümpel.

»Hallo!«, rief Pelle und nahm die Treppe in langen Sprüngen. »Hallo!«

»Guten Tag, Junge!«, sagte Lasse mit einer Stimme, die vor Gemütsbewegung zitterte, und betrachtete den Sohn mit seinen wimpernlosen Augen. »Ja, da hast du Vater Lasse – wenn du ihn haben willst. Aber wo bist du eigentlich hergekommen? Mir deucht, du bist vom Himmel gefallen.«

Pelle nahm dem Vater den Sack ab. »Komm jetzt herauf«, sagte er. »Du kannst dich der Treppe ruhig anvertrauen, die ist solider, als sie aussieht!«

»Dann hat sie ja Ähnlichkeit mit Lasse«, antwortete der Alte und trampelte hinter ihm drein. Die Schlaufen seiner Halbstiefel standen nach den Seiten ab, er war ganz der Alte. Auf jedem Absatz blieb er stehen und machte seine Bemerkungen über die Beschläge.

Pelle musste ihn zum Schweigen ermahnen. »Hier spricht man nicht laut über alles. Das wird leicht als Kritik aufgefasst«, sagte er.

»Nein, wirklich? Ja, man muss lernen, solange man lebt. – Sieh mal einer an, hier oben stehen sie und waschen! Das soll wohl der Hof sein! Ach ja, ich will auch nichts mehr sagen – und dass sie übereinander wohnen, das hab ich ja gewusst, aber dass hier so wenig Platz ist, das hab ich mir doch nich gedacht. Dass man den Hof oben vor die Küchentüren hängt, einen über den anderen, das is ja geradeso wie die Vögel, die machen alles auf einem Zweig. Herrgott, wenn nu das Ganze mal eines schönen Tages runterrummelt! – Hier wohnst du also?«, rief er aus und sah sich enttäuscht in der Kammer mit dem schrägen Dach um. »Ich habe oft darüber nachgedacht, wie du dich wohl hier drüben eingerichtet hast. Vor ein paar Tagen traf ich einen Mann zu Hause, der sagte, dass sie schon von dir sprechen; aber deiner Wohnung kann man das nich ansehen. Na, weit bis zum Himmel hast du wenigstens nich.«

Pelle schwieg. Er liebte jetzt seine Bude und sein ganzes Leben; aber Vater Lasse hatte auf bürgerlichen Aufstieg gehofft und fühlte sich nun beschämt. »Du hast dir am Ende eingebildet, dass ich in einem von den königlichen Schlössern wohnte?«, sagte er ein wenig bitter.

Lasse sah ihn liebevoll an und legte beide Hände auf seine Schultern. »So groß und stark, wie du geworden bist, Junge«, sagte er bewundernd. »Ja, und hier hast du mich also. Aber ich bin nich gekommen, um dir zur Last zu fallen. Nein, aber daheim wurde es so trübselig, nachdem das mit Due passiert war, dass ich mich aufmachte, ohne dir Nachricht zu schicken. Und dann konnte ich auch gratis mit einem Schiffer rüberkommen.«

»Aber was ist denn mit Due?«, fragte Pelle. »Doch wohl nichts Schlimmes?«

»Nein, weißt du das nich? Er hat strafende Hand an seine Frau gelegt, als er das mit dem Konsul entdeckte. Er war ja ganz blind gewesen und hatte nur das Beste von ihr geglaubt – bis er sie bei der Sünde ertappte. Da hat er ihr das Leben genommen, ihr und den Kindern, die sie zusammen hatten, und is zur Obrigkeit gegangen und hat sich selbst angezeigt. Aber das Jüngste, dem jeder ansehen konnte, dass es von dem Konsul war, das hat er nich angerührt. Ach ja, es is ein schweres Unglück! Ehe er sich bei der Polizei meldete, kam er zu mir, er hatte wohl das Bedürfnis, noch ein letztes Mal bei einem zu sein, der es gut mit ihm meinte. ›Ich hab Anna erwürgt‹, sagte er, sobald er sich hingesetzt hatte. ›Das musste so sein, da braucht man nich zu trauern, nich zu trauern! Die Kinder, die meine waren, für die hab ich gesorgt!‹ – Ja, ja, er hatte für sie gesorgt, der Ärmste! – ›Ich wollte dir bloß Adieu sagen, Lasse, mein Leben is nu verspielt, so glücklich wie ich in meiner Genügsamkeit hätte sein können. Aber Anna wollte ja in die Höhe und ich hab mein Vorwärtskommen ihrer Schande zu verdanken gehabt – ohne dass ich es wusste. Ich wollte ja nichts weiter als das geringe Glück des armen Mannes – eine gute Frau und ein paar Kinder, und nu muss ich ins Zuchthaus! Gott sei Dank, dass Anna das nich erlebt! Sie war feiner als wir anderen und musste betrügen, um voranzukommen!‹ – So saß er da und schwatzte wie ein Toter, ohne dass ihm das geringste Gefühl anzumerken war. Ich wagte nich ihn merken zu lassen, wie schlimm mir zu Mute war. Für ihn war es ja das Beste, dass sein Gewissen schlief. – ›Deine Augen tränen, Lasse‹, sagte er leise, ›du solltest sie ein wenig baden, Urin soll gut sein!‹ Ja, weiß Gott, meine Augen tränten, Herr du meines Lebens, ja. Dann stand er auf. ›Du hast auch nich mehr viel, was sich des Lebens verlohnt, Lasse‹, sagte er und gab mir die Hand. ›Du wirst nu alt. Aber Pelle musst du von mir grüßen – der kommt vielleicht vorwärts!‹«

Pelle saß dabei und lauschte trübselig der traurigen Geschichte. Aber bei den letzten Worten schüttelte es ihn. Er hatte schon oft diesen Klang der Erwartung, den sie alle in sein Glück setzten, gehört und sich darüber gefreut; es war ja nur ein Echo der Zuversicht, die in ihm selbst lebte. Aber nun legte es sich wie eine Last auf ihn. Stets waren es die Sinkenden, die sich an sein Glück anklammerten; indem sie sanken, setzten sie ihre Hoffnungen auf ihn. Das war eine traurige Art, wie ihm das Glück prophezeit wurde. Einen entsetzlichen Segen sprach dieser zum Tode Verurteilte über ihn und sein Vorwärtskommen aus, indem er auf das Schafott stieg. Er saß da und starrte regungslos zu Boden, mit einem brütenden Ausdruck; seine Seele schauderte unter der Ahnung übermenschlicher Lasten zusammen und plötzlich wurde ihm eins klar: Nie konnte es ein Glück für ihn allein geben – dies Märchen war aus! Er war mit allen den anderen verbunden und musste Glück und Unglück mit ihnen teilen; darum gaben die Unglücklichen ihm ihren Segen. In seiner Seele fühlte er Dues schwere Wanderung, als sei er es selbst, der das Entsetzliche trug. Und die schöne Anna, die über ihre eigene Familie hinwegschreiten musste und sie in den Staub trat! – Nie wieder konnte er ganz froh werden, so wie früher! Ihm war schon viel Elend begegnet und er war dahin gekommen, seine Ursache zu hassen. Hier aber reichte der Hass nicht aus. Dies war die große Trauer selber!

»Ach ja«, seufzte Lasse, »ein Glück, dass Bruder Kalle das nich erlebt hat. Er hat sich für seine Kinder zu Schanden gearbeitet und liegt nun zum Dank dafür auf dem Armenkirchhof. Albinus, der als Taschenspieler herumzieht, war der Einzige, der einen Gedanken für ihn hatte, aber das Geld kam zu spät, obgleich er es per Telegraf geschickt hat. Hast du je von einem solchen Tausendkünstler gehört – Geld durch einen Telegrafendraht aus England nach Bornholm zu schicken? Ein verteufelter Akrobat! Na, Bruder Kalle konnte ja auch so allerlei Taschenspielerkünste, das hat er nich von Fremden. Alfred hat bei dem Begräbnis gar nichts von sich hören lassen. Der gehört jetzt zu den Feinen und hat alle Verbindung mit seinen armen Verwandten abgebrochen. Er is in verschiedene Ehrenämter gewählt worden und gegen die Armen soll er ein wahrer Bluthund sein – gegen seine eigene Sippe is der Mensch ja immer am schlimmsten. Aber die Feinen, die halten große Stücke auf ihn.«

Die Rede des Alten klang Pelle nur wie ein eintöniges Tropfen im Ohr. Due, Due – der gutmütigste, beste Mensch, den er kannte, der Annas uneheliches Kind gegen die eigene Mutter verteidigte und es wie seine eigenen liebte, weil es wehrlos war und seiner Liebe bedurfte – er sollte nun seinen Kopf auf das Schafott legen! So teuer erkaufte er die Erfüllung seines Wunsches, ein Paar Pferde zu bekommen und Fuhrmann zu werden. Pferde und Wagen hatte er auf Kredit gekauft und war selbst für Zinsen und Anzahlungen aufgekommen – der Konsul hatte nur für ihn gebürgt. Und für dieses geringe Glück wanderte er nun den Weg der Schande! Die Schritte hallten in Pelles Seele wider; er wusste nicht, wie er das ertragen sollte. Er sehnte sich nach seinem früheren Stumpfsinn.

Lasse schwatzte sich darüber hinweg. Für ihn war es das Schicksal – schwer und traurig, aber es konnte eben nicht anders sein. Das Wiedersehen hatte auch vieles in ihm ausgelöst, er war aufgeregt. Alles, was er sah, machte ihm Spaß. Wie konnte man nur auf den Einfall kommen, Menschen so zusammenzupferchen – wie Heringe in einer Tonne! Und daheim auf Bornholm gab es Gegenden, wo kein Mensch wohnte. Sich dem Fenster zu nähern wagte er nicht, er hielt sich vorsichtig im Zimmer und sah auf die Dächer hinaus. Das war ja auch verrückt! Man konnte ebenso gut die Ähren auf einem Kornfeld zählen wie hier die Häuser.

Pelle rief Marie, die sich bescheiden in ihrer Stube aufgehalten hatte. »Das ist meine Pflegemutter«, sagte er und fasste sie um die Schulter. »Und das ist Vater Lasse, den du schon lieb hast, wie du immer sagst. Kannst du uns jetzt ein Frühstück machen?«, er gab ihr Geld.

»Die is hübsch, ja, das is sie«, sagte Lasse und wühlte in seinem Sack. »Sie soll was geschenkt haben. Da hast du einen roten Apfel«, sagte er zu ihr, als sie zurückkam, »den musst du essen, dann wirst du meine Braut.«

Marie lächelte ernst und sah Pelle an.

Sie liehen sich den Ziehwagen von der Trödlerin und fuhren nach der Apfelschute hinüber, um Lasses Sachen zu holen. Das meiste hatte er verkauft, um nicht mit zu viel Gerümpel in die Stadt zu ziehen. Aber eine Bettstelle mit Bettzeug und noch allerlei anderes hatte er doch behalten. »Und dann habe ich dir noch Grüße zu bestellen von Sort und Marie Nielsen«, sagte er.

Pelle errötete. »Ich bin ihr ein paar Worte schuldig, aber ich habe es hier ganz vergessen! Mein Bild habe ich ihr auch halbwegs versprochen. Nun will ich sehen, dass ich das erledige.«

»Ja, tu das«, sagte Lasse. »Ich weiß ja nich, wie nahe ihr einander gestanden habt, aber sie war eine gute Frau. Und die, die zurückbleiben, sind traurig, wenn sie vergessen werden – denk daran!«

Schon am Nachmittag machte sich Lasse ein wenig zurecht und bürstete seine Kopfbedeckung ab.

»Was nun?«, fragte Pelle. »Du willst doch nicht allein ausgehen?«

»Ich will aus und mir ein wenig die Stadt ansehen!«, erwiderte Lasse, als ob das ganz selbstverständlich wäre. »Ich möchte mir Arbeit suchen und vielleicht geh ich auch hin und guck mir mal den König an. Du brauchst mir nur zu erklären, in welche Richtung ich gehen muss.«

»Du solltest lieber warten, bis ich mitkommen kann – du verirrst dich bloß.«

»So, tue ich das?«, erwiderte Lasse beleidigt. »Ich habe doch ganz allein hierher gefunden, sollte ich meinen.«

»Ich kann ja mit dem alten Mann gehen«, sagte Marie.

»Ja, geh du mit dem alten Mann, dann kann doch niemand sagen, dass er die Jugend verloren hat«, rief Lasse scherzend aus und nahm sie bei der Hand. »Wir beide werden, glaub ich, gute Freunde werden.«

Gegen Abend kamen sie wieder. »Menschen sind hier genug«, sagte Lasse keuchend, »aber Überfluss an Arbeit scheint hier nich zu sein. Ich hab bei dem und jenem angefragt, aber keiner will mich haben. Na, das gibt sich wohl! Sonst kann ich wohl einen Stachel an meinem Stock anbringen und anfangen Papier auf der Straße aufzusammeln, so wie die anderen alten Männer; das kann ich wenigstens noch.«

»Aber dazu gebe ich meine Erlaubnis nicht«, erwiderte Pelle heftig. »Mein Vater soll kein Straßensammler sein.«

»Ja – aber etwas will ich doch zu tun haben, sonst reise ich wieder nach Hause. Ich will hier nich müßig gehen, während du dich abarbeitest.«

»Du kannst dich wirklich ausruhen und es auf deine alten Tage ein wenig gut haben, Vater – aber das wird sich schon finden.«

»Ich soll mich ausruhen? Ich soll wohl auf dem Rücken liegen und mich füttern lassen wie ein Wickelkind? Ich glaube nich, dass mein Rücken das aushält!«

Sie hatten Lasses Bett unter dem schrägen Dach aufgestellt, da war gerade Platz genug dafür. Pelle war ganz kindlich zu Mute, als er zu Bett ging; es war viele Jahre her, seit er mit dem Vater in derselben Stube geschlafen hatte. Aber in der Nacht quälten ihn böse Träume. Dues schreckliches Schicksal verfolgte ihn im Schlaf. Seine kräftige Gestalt wanderte in dem endlosen Grau dahin, tief gebeugt, die Hände auf dem Rücken gefesselt, eine schwere eiserne Kette um den Hals und die Augen zu Boden gerichtet, als suche er den Abgrund selber. Pelle erwachte dadurch, dass Vater Lasse über sein Bett gebeugt stand und sein Gesicht befühlte wie damals, als er noch ein Kind war.

»Was hast du, Junge?«, fragte der Alte bekümmert. »Du bist doch nich krank?«

14

Lasse wollte nicht müßig dasitzen; er war eifrig damit beschäftigt, herumzulaufen und Arbeit zu suchen. Wenn er mit Pelle sprach, machte er gute Miene zum bösen Spiel und sah hoffnungsvoll aus; aber die Großstadt hatte ihn schon enttäuscht. Er begriff diesen Wirrwarr nicht und fühlte sich zu alt, um sich damit einzulassen und den Sinn zu ergründen – vielleicht gab es auch keinen! Es sah im Grunde so aus, als renne ein jeder herum und gehe seiner eigenen Nasenspitze nach, ohne sich um alle anderen im Geringsten zu kümmern. Man grüßte nicht einmal, wenn man Menschen auf der Straße begegnete – Lasse begriff das Ganze nicht. Ich hätte zu Hause bleiben sollen, dachte er oft.

Und mit Pelle war es ja so, dass – nun ja, dass er von seinen eigenen Angelegenheiten in Anspruch genommen war! Das war ja nur zu loben bei einem Mann. Er lief zu Versammlungen, agitierte und hatte viel zu tun, seine Gedanken waren beständig damit beschäftigt, es war keine Rede von einem vertraulichen Geplauder wie in alten Zeiten. Verlobt hatte er sich auch, und was die Arbeiterbewegung nicht nahm, das nahm die Braut. Wie der Junge gewachsen war und sich verändert hatte, körperlich und in seinem ganzen Wesen! Lasse hatte ein Gefühl, als reiche er ihm höchstens bis zum Hosenbund. Furchtbar ernst war er auch geworden und ganz männlich; er sah aus, als habe er bereits die Zügel ergriffen; man sah ihm nicht an, dass er ein einfacher Schustergeselle war. Der Bursche hatte Verantwortungsgefühl – vielleicht ein wenig zu viel!

Marie pflegte den Alten zu begleiten; sie waren gute Freunde geworden und hatten genug, worüber sie plaudern konnten. Sie führte ihn auf den Hof der »Berlingske Tidende«; um die Aushängetafel wimmelte es von Arbeitsuchenden, sie füllten den Torweg und standen in einer langen Schar auf der Straße.

»Hier kommen wir nie ran«, sagte Lasse missmutig.

Aber Marie pufftе sich vorwärts; wenn die Leute schalten, schimpfte sie wieder. Lasse war ganz entsetzt darüber, was das Kind für ein Mundwerk hatte; aber es half.

Marie las vor und Lasse machte laut seine Bemerkungen über jede einzelne Notiz.

»Landwirtschaftlicher Verwalter – ja, ich hab ja selber mal einen Hof gehabt, aber den wurde ich wieder los, und das is wohl keine besondere Empfehlung. Im Übrigen war gerade das der Traum meines Lebens, wenn ich so sagen darf. Bauer sein is der herrlichste Beruf, den Gott dem Menschen geschenkt hat.« Die Umstehenden lachten. Lasse sah sie verständnislos an, lachte dann mit und machte eine muntere Bewegung mit dem Kopf. Er ging auf alles ein. »Was sagtest du da? Herrschaftlicher Kutscher! Ja, ein Paar Pferde fahren kann ich wohl, aber ich bin den Herrschaften wohl nich fein genug – mir ist bange, dass mir die Nase tropft!«, er sah sich wichtig um, wie ein Kind, das beobachtet wird. »Aber Laufjunge – das wäre nich so übel. Das wollen wir uns notieren. Das is keine große Kunst, aller Hund zu sein! Portier – den Teufel auch! Da braucht man ja bloß da unten zu sitzen und wütend aus einem Kellerfenster hinauszugucken. Da wollen wir mal hin und unser Glück versuchen.«

Sie prägten sich die Adressen ein, bis sie sie auswendig wussten, und drängten sich dann durch die Menge hinaus. »Verteufelt lustiger alter Kerl!«, sagten die Leute und sahen ihnen lächelnd nach. Lasse war ganz übermütig. Sie gingen von Stelle zu Stelle, aber niemand hatte Verwendung für ihn. Die Leute lächelten nur über die gebrechliche alte Gestalt in den ausgetretenen Stiefeln.

»Sie lachen über mich«, sagte Lasse niedergeschlagen, »vielleicht weil ich ein wenig bäuerisch aussehe. Aber das ließe sich doch wohl ändern.«

»Ich glaube, es ist eher deshalb, weil du so alt bist und doch noch Arbeit haben willst«, sagte Marie.

»Meinst du, dass es deswegen is? Ich habe doch erst eben die siebzig hinter mir, und von väterlicher und mütterlicher Seite sind wir alle beinah neunzig geworden. Glaubst du wirklich? Wenn sie mich bloß an die Arbeit ranließen, dann sollten sie schon sehen, dass noch Kraft in dem alten Lasse is! Manch junger Bursche würde sich wohl auf sein Hinterteil setzen vor lauter Verwunderung. – Aber was sind denn das für Leute, die da stehen und so traurig aussehen und die Hände in den Taschen haben?«

»Das sind die Arbeitslosen; es ist flau mit dem Verdienst und sie sagen, es wird noch schlimmer.«

»Und alle, die sich drängten, um an die Anschlagtafeln zu kommen – waren das auch müßige Hände?«

Marie nickte.

»Aber dann is es hier ja schlimmer als zu Hause; da hatten wir doch immer die Steinhauerei, wenn nichts anderes da war. – Und ich hatte geglaubt, die gute Zeit hätte hier schon angefangen.«

»Pelle sagt, sie wird schon kommen«, tröstete Marie.

»Ja, Pelle – der hat gut reden. Er is jung und gesund und hat das Leben vor sich.«

Lasse war schlechter Laune, nichts sagte ihm so recht zu. Um ihm eine Freude zu machen, nahm ihn Marie zur Wachtparade mit, das munterte ihn ein wenig auf.

»Das sind wahrhaft flotte Kerle«, sagte er. »Hu, ha, wie sie sich halten! Und fein in Zeug sind sie. Aber das wissen sie auch selber recht gut. – Ja, des Königs Soldat bin ich nie geworden. Ich stellte mich ja, weil ich jung war und Lust dazu hatte; ich war damals ein schneidiger Bursch, das kannst du mir glauben! Aber sie wollten mich nich haben, mein Körper taugte nich, sagten sie; ich hatte wohl schon als Kind zu viel gearbeitet. Das haben sie sich ja nu mal in den Kopf gesetzt, dass man so und so beschaffen sein soll. Ich denke mir, um den feinen Damen zu gefallen. Sonst könnte ich mein Land wohl verteidigen, ich auch.«

Am Börsengraben war das Pflaster aufgebrochen; eine Schar Erdarbeiter war im Begriff, die Gräben für eine Röhrenleitung auszuheben.

Lasse wurde ganz aufgeregt und eilte dahin. »Das wär so was für mich«, sagte er und verfiel in Träume, als er ihnen bei der Arbeit zusah. Jedes Mal, wenn die Arbeiter die Hacke schwangen, machte sein alter Kopf die Bewegung mit. Er rückte näher und näher. »Du«, sagte er zu einem der Arbeiter, der verschnaufte, »ob man hier wohl ankommen kann?«

Der Mann starrte ihn lange an. »Hier ankommen?«, rief er dann, mehr zu seinen Kameraden als zu Lasse gewandt. »Ja, das könnte dir so passen, was? Hier kommt ihr Ausländer von Fünen und Middelfart angerannt und wollt uns Eingeborenen das Brot vom Munde wegnehmen. Mach, dass du wegkommst, du jütisches Luder!« Lachend schwenkte er die Hacke über dem Kopf.

Lasse zog sich langsam zurück. »War der aber wütend!«, sagte er missmutig zu Marie.

Am Abend musste Pelle zu all seinen verschiedenen Pflichten, was es nun auch sein mochte. Viel zu tun hatte er, und so viel er auch wirkte, der Zustand blieb gleich schlecht. Es war wohl nicht so ganz leicht, den Bach des Elends einzudämmen!

»Geh dreist und besorge deine eigenen Angelegenheiten«, sagte Lasse. »Ich bleibe hier und schwatze ein wenig mit den Kindern – und dann geh ich zu Bett. Ich weiß nicht recht, mein Körper freut sich mehr und mehr auf das Bett, obwohl ich doch eigentlich nie für faul gegolten habe. Das muss das Grab sein, das ruft. Müßig herumgehen kann ich auch nich, mein Körper is ganz krank davon.« Lasse pflegte sonst nie vom Grab zu sprechen, aber jetzt sah er darin seinen Trost. »Die Stadt is auch so groß und so verworren«, sagte er zu den Kindern. »Das bisschen, was noch von einem übrig is, läuft einem hier durch die Finger weg.«

Den Kindern konnte er seine Sorgen weit besser anvertrauen. Pelle war so groß und ernsthaft geworden, dass er förmlich Respekt einflößte. Man scheute sich davor, ihn mit Kleinigkeiten zu belästigen.

Aber bei den Kindern fand er ohne weiteres den Ton. Die schlugen sich genau wie er mit kleinen Widerwärtigkeiten herum und konnten alle seine Sorgen verstehen. Sie gaben ihm praktische Ratschläge und zur Vergeltung sprach er greisenhafte Worte der Weisheit zu ihnen.

»Ich weiß nich, wie es zugeht«, sagte er, »aber die große Stadt macht mich ganz wirr und rappelig im Kopf. Schon allein, dass mich niemand hier kennt und nach mir hinsieht, wenn ich vorbeigehe, nimmt mir den Mut aus den Knien. Zu Hause gab es doch immer den einen oder anderen, der den Kopf wandte und zu sich selber sagte: ›Sieh, da geht der alte Lasse, der will wohl nach dem Hafen und Steine klopfen! Teufel auch, wie der sich hält!‹ Manch einer nickte mir auch zu und ich selbst kannte ja jeden zweiten Menschen. Hier läuft alles wie verrückt! Ich begreife nich, wie du hier Verdienst finden kannst, Karl.«

»Ach, das ist ganz leicht«, erwiderte der Junge. »Um sechs Uhr morgens mache ich, dass ich nach dem Gemüsemarkt komme; da ist immer was für die kleinen Händler fortzubringen, die können sich ja keinen Knecht halten. Wenn der Gemüsemarkt vorbei ist, trage ich für die Gärtner Blumen aus. Das ist ein sehr unsicheres Geschäft, denn da krieg ich nichts weiter als die Trinkgelder. Und außerdem lauf ich herum, wo ich denke, dass irgendwas ist. Nach Österbro und Frederiksberg hinaus! Und ich hab auch ein paar feste Stellen, wo ich jeden Nachmittag eine Stunde bin und Waren austrage. Irgendetwas gibt es immer, wenn man nur tüchtig rumläuft.«

»Und das wirft jeden Tag einen einigermaßen guten Verdienst ab?«, fragte Lasse verwundert. »Die Sache sieht mir doch ein wenig unsicher aus. Des Morgens kannst du doch nich wissen, ob du bis zum Abend was verdient hast.«

»Ach, Karl ist so flink«, sagte Marie anerkennend. »Wenn die Zeiten einigermaßen sind, kann er doch regelmäßig eine Krone am Tag verdienen.«

Und das konnte wirklich ein regelmäßiger Verdienst werden? Nein, das begriff Lasse nicht.

»Manchmal wird es ja auch Abend, ehe ich überhaupt was verdiene, aber dann muss man eben sehen, dass man sich beeilt, irgendwas ist da immer, wenn man es bloß zu finden versteht.«

»Was meinst du, wenn ich mit dir ginge?«, sagte Lasse sinnend.

»Das kannst du nicht, denn ich laufe die ganze Zeit. Da könntest du eigentlich viel besser einen Arm einstecken.«

»Einen Arm einstecken?«, fragte Lasse verwundert.

»Ja, den einen Arm unter die Jacke stecken und in die Häuser gehen und um was bitten. Das würde dir gar nicht so schwer fallen, du siehst ja aus wie ein Invalide.«

»So, sehe ich wirklich so aus?«, fragte Lasse und blinzelte mit den Augen. »Das hab ich noch nicht gewusst. Aber wenn das auch wirklich so wär, so möchte ich doch nicht an den Türen der Leute betteln. Dazu kriegt den alten Lasse wohl keiner.«

»Dann geh mal nach der Kalkbrennerei raus, da suchen sie zur Zeit Steinklopfer«, sagte der allwissende Junge.

»Ja, da sagst du was«, meinte Lasse. »Also da haben sie Steine? Ja, mein Steinhandwerkszeug hab ich mitgebracht, und wenn es was gibt, wonach ich mich auf Erden sehne, dann danach, dass ich wieder auf einen Stein losschlagen kann.«

15

Pelle war jetzt ein Mann; er konnte seine eigenen Angelegenheiten übersehen und noch ein wenig dazu und die Verhältnisse gegeneinander abwägen. Den Gram über Dues Schicksal hatte er beiseite geschoben und sah nun wieder heller in die Zukunft. Aber es saß noch in seinem Gemüt; es hatte sich da hineingefressen zu all dem vielen anderen und färbte alles mit einer warmen dunklen Farbe. Auf seiner Stirn brütete eine dunkle Wolke, von der er nichts wusste. Aber Ellen sah sie und strich mit ihrer weichen Hand darüber hin, um sie zu verscheuchen. Sie wirkte sonderbar über dem glatten, rotwangigen Gesicht, gleichsam wie eine Drohung an einem lichten Lenztag.

Er fing an das Vertrauen als eine tragende Kraft zu empfinden.

Nicht nur hier in der Arche vergötterten sie ihn; seine Kameraden sahen zu ihm auf; lag etwas Wichtiges vor, so suchten ihre Augen unwillkürlich ihn. Hatte er in etwas leichtsinniger Weise beinah die Organisation zerstört, um Meyer auf den Leib zu rücken, so hatte er das völlig wieder gutgemacht. Der Verband war jetzt stärker denn je und das war sein Verdienst. Da durfte er denn den Rücken strecken und sich um seine eigenen Angelegenheiten kümmern.

Er und Ellen sehnten sich glühend danach, ihr eigenes kleines Heim zu haben. Es konnten viele Einwände dagegen erhoben werden und er war nicht taub gegen sie. Pelle war ein tüchtiger Arbeiter, aber der Lohn war nicht so, dass man daraufhin eine Familie gründen konnte; es war eine unbestreitbare Tatsache, dass selbst ein tüchtiger Arbeiter Frau und Kinder nicht ordentlich versorgen konnte. Mit Kindern rechnete er wie mit etwas Selbstverständlichem und der Tag würde auch kommen, wo Vater Lasse nicht mehr selber sein tägliches Brot verdienen konnte. Aber das lag noch in weiter Zukunft und auf der anderen Seite war es nicht teurer, zu zweien zu leben als einzeln – wenn man eine gute und sparsame Frau bekam. Wollte man ein wenig teilhaben an den Freuden des Lebens, so musste man die Augen schließen und sich über alle Einwände hinwegsetzen, sein Vertrauen noch einmal auf die Ausnahme setzen.

»Es wird ja auch bald besser«, sagte Maurer Stolpe. »Noch sieht's für die meisten Berufe schlecht aus, aber sieh doch selber, wie sich alles zu einem großen Schlag zusammenzieht. Dann geben wir dem Fortschritt einen hinten drauf und bitten ihn sich ein wenig zu rappeln – und dann ist der Verdienst da. Man soll sich verheiraten, solange man jung ist; was soll das, herumzugehen und hinter dem andern herzuschielen?«

Frau Stolpe war wie immer seiner Ansicht. »Wir haben auch geheiratet und die Süßigkeit geschmeckt, solange das Blut noch jung war. Darum haben wir jetzt auch was, womit wir widerstehen können«, sagte sie und sah Pelle treuherzig an.

So wurde beschlossen die Hochzeit noch in diesem Frühling zu feiern. Im März hatte der jüngste Sohn Fredrik ausgelernt, dann konnten Hochzeit und Gesellenschmaus gleichzeitig abgemacht werden.

Am Kanal, gerade gegenüber dem Zuchthaus, stand eine kleine Zweizimmerwohnung frei; die mieteten sie. Maurer Stolpe wollte das junge Paar auf Nörrebro hinaushaben, »unter ordentlichen Menschen«, aber Pelle hatte sich in diesem Stadtteil eingelebt. Eine Menge Kunden hatte er hier draußen auch, die er als Rückhalt gut gebrauchen konnte – und hier waren die Kanäle. Für Pelle waren sie ein Ausguck, sie wirkten befreiend auf sein Gemüt; zwischen den geschlossenen Steinmauern Nörrebros fühlte er sich immer bedrückt. Ellen ließ ihn gewähren, ihr war es gleichgültig, wo sie wohnen würden. Mit ihm wäre sie auch bis ans Ende der Welt gegangen.

Sie hatte sich in ihren Stellungen ein wenig zusammengespart und Pelle hatte auch eine Kleinigkeit zurückgelegt, er war tüchtig hinterher und setzte alle Bedürfnisse noch einen Strich herunter. Wenn Ellen frei hatte, gingen sie umher und kauften für ihr Heim ein. Vieles kauften sie alt, weil es billig war; aber im Schlafzimmer sollte alles funkelnagelneu sein!

Es war eine herrliche Zeit, in der jede Stunde ausgefüllt war, wo keines grübelte oder den Sorgen Raum gab. Oft kam Ellen herbeigerannt und holte ihn mitten von der Arbeit weg; er musste mitkommen und irgendetwas ansehen, das man billig bekommen konnte – aber gleich, ehe es weg war. An ihren freien Sonntagen schafften sie Ordnung in dem kleinen Heim und spazierten hinterher Arm in Arm durch die Stadt zu den Alten hinaus.

Pelle hatte so viel zu tun gehabt mit den Angelegenheiten anderer und sich selbst keinen Gedanken geschenkt – es tat richtig gut, sich nun auch einmal mit sich selber zu befassen. Das Gewimmel da draußen rückte ihm fern; er sah es noch gerade, während er sein Nest baute; er dachte nicht mehr an die soziale Frage als die Vögel, die in der Frühlingszeit nisten.

Und eines Tages trug dann Pelle seine Habseligkeiten in die neue Wohnung hinüber und legte sich zum letzten Mal in der Arche zur Ruhe. Hier schuf sich niemand eine Zukunft, in diesen Mauern suchte nur der Schiffbrüchige bleibende Zuflucht und Pelle wollte weiter. Aber aus den Lumpen und aus dem Verhutzelten stieg doch eine Stimme auf, die man anderswo nicht hörte, ein sorgloses Gezwitscher wie von armen Vögeln, die dasitzen und sich zupfen, wo ein wenig Sonne sie bescheint. Mit Wehmut sah er auf die Zeit zurück, die er hier verbracht hatte.

In der Nacht vor der Hochzeit lag er da und warf sich unruhig hin und her, irgendetwas verfolgte ihn im Schlaf. Endlich erwachte er und vernahm ein unterdrücktes Ächzen, das mit langen Zwischenräumen kam und ging, als wenn die Arche selbst unter bösen Träumen stöhne. Schließlich stand er auf, zündete die Lampe an und begann seine Hochzeitsstiefel zu putzen, die noch auf den Leisten standen, um ihre schöne Form zu bewahren. Lasse schlief noch, und in dem langen Gang draußen lagerte der Schlaf.

Der Laut kam wieder, stärker und lang gezogener und etwas daran erinnerte ihn an den Steinhof und weckte das Grauen seiner Kindheit in ihm; er saß und schwitzte über der Arbeit. Plötzlich hörte er draußen jemand tastend über den Gang kommen und an seiner Tür pusseln; er sprang auf und öffnete, die Spannung lief wie ein kalter Schauer durch seinen Körper.

Draußen stand Hannes Mutter und zitterte in der Morgenkälte. »Pelle«, flüsterte sie ängstlich, »jetzt ist es so weit, würdest du wohl hinlaufen und Madame Blom aus der Torvegade holen? Ich kann Hanne nicht allein lassen. Und dann sollte ich dir auch von ihr Glück wünschen.«

Der Auftrag kam ihm nicht gelegen, aber er lief trotzdem. Und dann saß er da und lauschte hinüber, während er so still wie möglich arbeitete, um Vater Lasse nicht zu wecken. Aber dann war es Zeit für die Kinder, aufzustehen; zum letzten Mal pochte er an die Wand und hörte Maries schlaftrunkenes »Ja-a!«. Die nächtliche Stille war im selben Augenblick gebrochen, die Bewohner taumelten hinaus, rannten auf nackten Füßen zum Ausguss und knallten mit den Türen. »Die Prinzessin jammert«, sagten sie zueinander. »Sie weint, weil sie verloren hat, was sie nie wiederkriegt.« Dann steigerte sich das Jammern zu einem lauten Schrei und plötzlich wurde es still da drüben.

Die arme Hanne! Nun hatte sie einen Mund zu versorgen und wo war der Vater dazu? Sie ging einer harten Zeit entgegen.

Lasse ging heute nicht auf Arbeit, obwohl die Hochzeit erst am Nachmittag stattfinden sollte. Er war vom frühen Morgen an feierlich gestimmt und gab Acht auf Pelle, dass er nichts über Kreuz legte und dergleichen.

Pelle lachte jedes Mal.

»Ja, du lachst«, sagte Lasse, »aber dies ist ein wichtiger Tag – vielleicht der wichtigste in deinem Leben. Da muss man wohl aufpassen, dass einem nicht eine Kleinigkeit alles verdirbt.« Er ging umher und betrachtete alles als Vorbedeutung. Mit der Sonne war er zufrieden, sie ging aus einem Sack auf und wurde im Laufe des Tages immer heller. Es war nie gut, wenn der Tag zu strahlend begann.

Marie ging umher und betrachtete Pelle mit einem Ausdruck unterdrückten Kummers – wie eine Mutter, die ihr Kind fortschickt und sich Mühe gibt, froh zu erscheinen, dachte er. Ja, ja, sie hatte sich wie eine Mutter seiner angenommen, obwohl sie selbst noch ein Kind war; sie hatten ihn in ihr Nest aufgenommen wie einen verlassenen kleinen Vogel und mit Staunen gesehen, wie er über sie hinauswuchs. Er hatte ihnen heimlich geholfen, wo er konnte.

Aber was bedeutete das im Verhältnis zu der Ermunterung, die ihm seine Arbeit leicht machte, wenn er sah, wie die drei Verwaisten die Dinge nahmen, wie sie waren, und ihr Dasein in die eigene Hand nahmen. Wer sollte ihnen nun über die schwierigen Stellen hinweghelfen, ohne dass sie die Hilfe bemerkten? Er musste ein Auge auf sie haben.

Marie hatte hochrote Wangen und glänzende Augen, als er ihre raue Hand in der seinen hielt und ihr für gute Nachbarschaft dankte. Es kämpfte in ihrer schmalen Brust, ein Widerschein verborgener Schönheit lag über ihr. Pelle hatte das Blut gelehrt den Weg in ihr graues Antlitz zu finden; wenn er bei irgendetwas stark in den Vordergrund trat, glühten ihre Wangen und ein wenig von der Farbe blieb jedes Mal zurück. Es war, als ob die Säfte in ihr durch seine Gesundheit mitstiegen, und nun stand sie hier und suchte die verkrüppelte Schale zu zersprengen, vermochte es aber nicht. Plötzlich fiel sie ihm um den Hals. »Pelle, Pelle!«, sagte sie und presste ihr Antlitz an seine Brust. Und dann lief sie in ihre Stube.

Lasse und Pelle trugen die letzten Sachen in die Wohnung hinüber und setzten alles an Ort und Stelle; dann zogen sie ihren feinsten Staat an und gingen zu Stolpes. Pelle hatte zum ersten Mal in seinem Leben einen Zylinder auf und sah ordentlich stattlich aus. »Wie ein Großbürger«, sagte Lasse und konnte sich an ihm nicht satt sehen. »Aber was meinst du, was sie zu dem alten Lasse sagen? Es sind doch halbwegs feine Leute und ich verstehe ja gar nich mich fein zu benehmen. Wär es nich am Ende besser, wenn ich umkehre?«

»Ach, red doch nicht so, Vater«, sagte Pelle.

Lasse freute sich ungeheuer auf die Hochzeit, hatte aber doch allerlei Bedenken. Die letzten Jahre hatten ihn Fremden gegenüber scheu gemacht und er verkroch sich gern in die Ecken. Seine Feiertagskleider waren auch mit draufgegangen und sein heutiger Staat war zusammengesucht: Den langen Rock hatte er sich eigens zu diesem Zweck geliehen und der weiße Kragen und die Manschetten gehörten Peter. Er fühlte sich nicht wohl in seinen Kleidern und sah aus wie ein verlegener Konfirmand.

Bei Stolpes stand das ganze Haus Kopf. Die Gäste, die mit zur Kirche sollten, waren schon gekommen; sie gingen in der Wohnstube umher und pfiffen vor sich hin, sahen auf die Straße hinaus und langweilten sich. Stolpes Schreibtisch war in ein Büfett verwandelt und die Brüder öffneten Bierflaschen und nötigten gemütlich: »Ach, nehmen Sie doch noch ein kleines Stück Knäckebrot dazu! Man wird trocken im Hals, wenn man so lange dasteht und nichts sagt.«

In der guten Stube ging Stolpe auf und ab und brummte. Er war in Hosenträgern und wartete, dass die Reihe an ihn käme, die Schlafstube zu benutzen, wo Ellen und die Mutter sich eingeschlossen hatten. Von Zeit zu Zeit wurde die Tür ein klein wenig geöffnet und Ellens nackter weißer Arm kam zum Vorschein und warf dem Vater ein Kleidungsstück zu. Dann bekam Pelle Herzklopfen.

Auf dem Fensterbrett stand Frau Stolpes Myrte und war ganz geplündert.

Nun kam Stolpe herein und war fertig, Pelle musste ihm nur den Kragen zuknöpfen. Er reichte Lasse die Hand und holte dann den »Arbeiter«. »Hier sollen Sie mal hören, was sie von Ihrem Sohn schreiben«, sagte er und begann zu lesen:

»Unser junger Genosse Pelle feiert heute Hochzeit mit der Tochter eines der ältesten und verdientesten Männer unserer Partei, Maurer Stolpe. Der junge Mann, der schon gute Arbeit für unsere Sache geleistet hat, wurde gestern Abend einstimmig zum Vorsitzenden seiner Organisation vorgeschlagen. Wir geben dem jungen Paar unsere besten Wünsche mit auf den Weg!«

»Das lässt sich hören, was?« Stolpe reichte den Gästen das Blatt.

»Ja, weiß Gott, das ist gut«, sagten sie und ließen das Blatt von Hand zu Hand gehen.

Lasse bewegte die Lippen, als lese er auch die Notiz. »Ja, verteufelt, wie sie das zusammenstellen können«, sagte er entzückt.

»Aber was ist denn mit Petersen – will er abgehen?«, fragte Stolpe.

»Er ist doch krank«, erwiderte Pelle. »Ich bin übrigens gestern Abend nicht da gewesen, daher weiß ich von nichts.«

Stolpe sah ihn erstaunt an.

Frau Stolpe kam und zog Pelle in die Schlafstube hinein, wo Ellen als schneeweiße Offenbarung stand, mit langem Schleier und Myrtenkranz im Haar. »Eigentlich solltet ihr beide euch ja nicht sehen, aber ich finde, das ist unrecht«, sagte sie und schob sie mit einem liebevollen Blick einander in die Arme.

Fredrik, der sich aus dem Fenster gebeugt hatte, um nach dem Fuhrwerk zu sehen, kam und donnerte gegen die Tür. »Der Wagen ist da, Kinder!«, brüllte er unnötig laut. »Der Wagen ist da!«

Und so rollten sie denn die paar Schritte bis nach Sankt Hans hinüber. Pelle wusste kaum, was mit ihm geschah, ehe sie wieder im Wagen saßen; man musste ihn anstoßen, wenn er irgendetwas tun sollte, er sah nur Ellen. Sie war seine Sonne, alles andere ging ihn nichts an. Am Altar hatte er ihre Hand ergriffen und sie während der ganzen Handlung in der seinen behalten.

Fredrik war zu Hause geblieben, um Boten und Leute, die mit Glückwünschen kamen, zu empfangen. Als sie zurückkehrten, beugte er sich zum Fenster hinaus und warf Frösche und Knallerbsen vor die Pferde, als Salut für das Brautpaar.

Man trank ein Glas Wein, stieß mit dem jungen Paar an und besah die Hochzeitsgeschenke. Stolpe sah nach der Uhr, es war noch sehr früh. »Ihr müsst ein wenig spazieren gehen, Vater«, sagte Frau Stolpe. »In den nächsten zwei Stunden können wir noch nicht essen.« Da gingen die Männer nach Ventegodts Garten hinüber, um eine Partie Kegel zu schieben, während die Frauen das Essen zubereiteten.

Pelle wäre am liebsten bei Ellen zu Hause geblieben, aber er musste ja mit; er und Lasse gingen nebeneinander. Lasse hatte Pelle noch gar nicht richtig Glück gewünscht; er hatte sich das aufgespart, bis sie miteinander allein sein würden.

»Na, Glück und Segen, mein Junge«, sagte er bewegt und drückte Pelles Hand. »Nun bist du also ein Mann mit Familie und Verantwortung. Und vergiss nich, dass die Frauenzimmer wie die Kinder sind. In ernsten Sachen soll man nich zu viel Wesens mit ihnen machen, sondern kurz und bündig sagen: So soll es sein! Das passt ihnen am besten. Fängt man erst an allzu viel mit ihnen zu verhandeln, dann wissen sie nich, nach welcher Seite sie wollen. Sonst sind sie ganz gut und es is leicht, mit ihnen auszukommen – wenn man sie bloß gut behandelt. Mir is es nie schwer geworden, denn eine feste Hand mögen sie gern. – Mit deinen Schwiegereltern kannst du zufrieden sein; das sind prächtige Leute, wenn sie auch ein bisschen fachstolz sind. Und Ellen wird dir eine gute Frau werden – wenn ich mich auf die Weiber versteh. Sie passt auf ihre Sachen auf und wird alles gut zusammenhalten. Lang im Leib is sie wie das fruchtbare Vieh – an Kindern wird es euch nich fehlen.«

Im Wirtsgarten wurde schwedischer Punsch serviert und Lasses Laune stieg. Er versuchte eine Partie Kegel zu schieben – das hatte er noch nie getan und er bekam auch Mut, Witze zu machen. »Her mit dem Schotter, Vater«, sagte Pelle, als abgerechnet wurde. Der Alte hatte verloren.

»Ja, an Schotter is hier kein Mangel«, erwiderte Lasse munter, »ich habe seinerzeit viel Fuder Steine zu Schotter zerklopft.« Da lachten die anderen und Lasse richtete sich auf und kam aus seiner Schale heraus. »Prächtige Leute, die Kopenhagener«, flüsterte er Pelle zu, »'ne flotte Hand zum Spendieren haben sie und ein gescheites Wort halten sie für alles bereit.«

Ehe man sich's versah, war es dunkel geworden, nun musste man nach Hause.

Daheim waren die Tische gedeckt und die übrigen Gäste waren gekommen. Frau Stolpe war schon ganz nervös, dass sie so lange fortgeblieben waren. »Nu wollen wir mal alle 'n bisschen auf den Beinen schlingern«, flüsterte Stolpe draußen im Flur, »denn schilt meine Frau uns aus! – Na, Mutter, hast du das warme Essen fertig?«, fragte er und taumelte in die Stube.

»Ach, du Narr, glaubst du, dass ich dich nicht kenne?«, rief Frau Stolpe lachend. »Nee, meinen Mann braucht man nicht in den Wirtschaften zu suchen.«

Pelle ging gleich zu Ellen in die Küche und zog sie mit sich. Hand in Hand gingen sie herum und betrachteten die zuletzt angekommenen Geschenke. Da waren eine Tischlampe, eine Kuchenschüssel aus Neusilber und einige emaillierte Küchengeräte. Irgendjemand hatte ein kleines Wickelkind aus Porzellan geschenkt, aber vergessen sich zu nennen.

Ellen zog ihn in den Flur hinaus, um ihn zu umarmen, aber da stand Morten und legte ab. Da flüchteten sie in die Küche, aber dort regierte ja die Kochfrau; in der Schlafstube fanden sie endlich einen ungestörten Fleck. Ellen schlang die Arme um Pelles Hals und sah ihn stumm an, voller Glück und Sehnen. Und Pelle presste den schlanken, jungfräulichen Körper an sich und sah ihr tief in die Augen, die dunkel und schattenvoll waren wie Samt und sein Licht in sich einsogen. Das Herz schwoll ihm, er fühlte sich unsagbar glücklich – reicher als irgendjemand auf der Welt – durch den Schatz, den er in seinen Armen hielt. Im Stillen gelobte er sich sie zu schützen und zu hegen und keinen anderen Gedanken zu haben, als sie glücklich zu machen.

Aus den Stuben kam ungeduldiges Trampeln. »Das Brautpaar, das Brautpaar!«, wurde gerufen. Sie eilten hinein, jedes durch seine Tür. Man hatte sich am Tisch aufgestellt und wartete auf sie, um

Platz zu nehmen. »Na, es ist nicht schwer zu erraten, was ihr vorgehabt habt«, sagte Stolpe neckend. »Man braucht ja nur die Guckaugen der Göre anzusehen! Solch ein Paar glühende Kohlen.«

Otto Stolpe, der Schieferdecker, war Mundschenk und eröffnete die Mahlzeit, indem er Branntwein anbot. »Einen kleinen Schnaps«, sagte er zu jedem, »wir müssen doch feststellen, ob die Rinne Gefälle hat, sonst verstopft sich die Sache so leicht.«

»Na, schafft ihr was, Leute?«, fragte Stolpe vom Tischende her, wo er saß und Braten absäbelte. »Man immer drauflos mit den Bauklötzen.« Er hatte das junge Paar zur Rechten und den neu gebackenen Gesellen Fredrik zur Linken. Vor ihm auf dem Tisch stand ein neuer Nachttopf mit einem weißen Holzdeckel darüber; die Gäste sahen darauf und lachten einander zu.

»Was guckt ihr?«, fragte er ernsthaft. »Habt ihr was auf dem Herzen, denn man frei von der Leber weg!«

»Ach, es ist die Terrine da!«, antwortete sein Bruder, der Zimmermann, ohne eine Miene zu verziehen. »Meine Frau möchte sie gern mal 'nen Augenblick leihen, sagt sie.«

Seine Frau fuhr entsetzt auf und schlug ihm auf den Rücken. »Du Biest«, sagte sie und lachte halb beschämt. »Immer müssen einen die Männer zum Narren halten.«

Dann hieb man wieder ein und ließ sich für eine Weile vom Essen den Mund stopfen. Von Zeit zu Zeit wurde eine drollige Bemerkung gemacht. »Hier sitzt man und ruht sich aus, während andere sich abmühen«, sagte der Pardauzspringer, Ottos Arbeitskamerad. Das sollte heißen, dass er keinen Braten mehr hatte. »Lang ihm doch das Zahnfleisch mal hin, Mutter«, sagte Stolpe.

Als der Hunger gestillt war, ging es so recht los mit den Witzen. Mortens Geschenk war ein großer Bienenkorb. Es war ein wahres Kunstwerk; er hatte ihn in Pyramidenform gemacht. Auf der Spitze stand ein junges Paar aus Zucker und hielt einander umschlungen; hinter ihnen ging auf einem Lackbild die Sonne auf. Auf den Stufen der Pyramide krabbelten verschiedene Gestalten in die Höhe und streckten die Arme nach dem Gipfel aus. Zu dem Kuchen wurde Wein eingeschenkt und Morten hielt eine kleine Rede an Pelle; sie handelte von Treue gegen den neuen Kameraden, den er sich gewählt hatte. Scheinbar galt die Rede nur Ellen, aber Pelle verstand, dass seine Worte viel weiter ausgelegt werden sollten, sie hatten immer einen doppelten Boden.

»Hab Dank, Morten«, sagte er bewegt und stieß mit ihm an.

Dann hielt Stolpe eine Rede an die Neuvermählten. Die war voll der köstlichsten Einfälle und wurde mit Jubel aufgenommen.

»Ja, sieh mal einer, so kann Vater reden«, sagte Frau Stolpe. »Wenn es nich darauf ankommt, dann kann er.«

»Was sagst du da, Mutter?«, rief Stolpe erstaunt aus. Er war Kritik von ihrer Seite nicht gewöhnt. »Hört doch bloß mal, nun fängt schon die eigene Frau an einem das Gerüst unterm Leib wegzureißen!«

»Ja, das sag ich!«, entgegnete sie und sah ihn kühl an. Ihr Gesicht war ganz heiß von dem Wein geworden. »Steht wohl einer so im Vordergrund wie Vater? Er war der Erste und der Eifrigste ist er immer gewesen, er hat ein gut Stück Arbeit geleistet, mehr als die meisten anderen. Er hätte heut gut einer von den Führern sein und den Ton angeben können, wenn nich der verdammte Schluckauf wäre. Klug ist er und seine Kameraden haben auch Respekt vor ihm, aber was kann das alles nützen, wenn man schluckt? Jedes Mal, wenn er auf einer Rednertribüne steht, befällt ihn der Schluckauf.«

»Das wird doch woll nicht vom Branntwein kommen?«, fragte der kleine, dicke Pardauzspringer Albert Olsen.

»Ach nee, Vater hat nie Flaschenagitation betrieben«, antwortete Frau Stolpe.

»Das war 'ne schöne Rede, die Mutter mir da gehalten hat«, sagte Stolpe lachend, »und sie hat nicht geschluckt. Es is erstaunlich, dass es Menschen gibt, die was nicht können! Aber nun is die Reihe an dir, Fredrik. Nu bist du Geselle geworden und sollst selber die Verantwortung übernehmen, dass das Ding in Lot und Winkel kommt. Wir haben ja zusammen auf dem Gerüst gearbeitet und kennen uns ziemlich gut. Manchmal bist du ein Clown gewesen und manchmal ein Schafskopf und an Ohrfeigen von deinem Alten hat's auch nicht gefehlt. Aber das kam ja von den Flegeljahren! Wenn du bloß wolltest, dann war nichts an dir auszusetzen! Das will ich doch zu deinem Lob sagen, du verstehst deine Sache – du brauchst dich vor keinem zu schämen. Zeig, was du kannst, mein Junge! Halt deine Schicht ein, sodass dich die Kameraden nicht ins Schlepptau zu nehmen brauchen, und drück dich nicht, wenn die Reihe an dir is!«

»Betrüg auch den Biermann nicht um seine Flaschen«, warf Albert Olsen dazwischen. Otto puffte ihn in die Seite.

»Nein, auch das nicht«, sagte Stolpe und lachte. »Dann ist da noch zweierlei«, fügte er ernsthaft hinzu. »Vermeide, dass während der Arbeitszeit die Mädel unten am Gerüst herumlaufen – das sieht nicht gut aus, und halte stets die Kameradschaft hoch! Es gibt nichts Erbärmlicheres als einen Streikbrecher!«

»Hört, hört!«, rief man um den Tisch herum. »Der Hieb sitzt!«

Fredrik saß dabei und hörte mit verlegenem Lächeln zu. Er hatte einen neuen weißen Maureranzug an und auf seinem runden Kinn saßen ein paar dunkle Flaumhaare, an denen er jeden Augenblick zupfte. Er wartete gespannt darauf, dass der Alte fertig werden sollte, damit er Brüderschaft mit ihm trinken könnte.

»Und nun, mein Junge«, sagte Stolpe und nahm den Deckel von dem Topf, »nu bist du in die Zunft der Gesellen aufgenommen und sollst willkommen sein! Skaal, du!« Mit einem listigen, kleinen Augenzwinkern setzte er den Topf an den Mund und trank.

»Skaal, du!«, antwortete Fredrik mit leuchtenden Augen, als ihm der Vater das Trinkhorn reichte. Es ging weiter um den Tisch herum, die Frauen kreischten, ehe sie tranken. Es war voll von Bayrischem Bier und in der braunen Flüssigkeit schwammen kleine Bayrische Würste herum, und während das Trinkhorn seine lustige Runde um den Tisch machte, stimmte Stolpe das Maurerlied an, die anderen sangen den Kehrreim mit:

»Dass der Mann dort in weißer Mütze und Bluse
Ein Maurer ist, das weiß jeder Schuft,
Gebt ihm Stein und Kalk, und die schönsten Häuser,
Die baut er euch auf in der bloßen Luft!
Auf der Straße stehen Leute in dichter Schar:
  Ah, ah! Na, na!
Es schwankt das Gerüst, doch es fällt wohl nicht gar?

Der Maurer balanciert nicht gut auf der Straße
Und taumelt in jeden Keller hinein;
Seine Heimat, die ist hoch in den Wolken,
Wo ihn umschweben die Vögelein.
Da arbeitet er in Seelenruh:
  Ah, ah! Na, na!
Es schwankt das Gerüst, doch nur zu, nur zu!

Der Maurersmann, der weiß nichts von Schwindel,
Von selbst lässt er beim Bauen nicht nach.
Häuft Stein auf Stein bis in den Himmel,
Doch da kommt das Gesetz und sagt: Gemach!
Ihr seid wohl nicht klug, da wohnt doch der Herrgott!
  Ah, ah! Na, na!
Der hat 's Servitut – der duldet keinen Spott!

Eh er sich's versieht, ist die Woche herum,
Er misst alles aus und rechnet dann ab.
Den Wochenlohn in der Hosentasche,

Klettert mordsvorsichtig er nun hinab.
Na, was für Silber er bei sich trägt!
 Ah, ah! Na, na!
Das Gerüst bleibt stehen, wenn es sich auch bewegt.«

Der dicke, kleine Schieferdecker saß da, beide Arme auf dem Tisch, und starrte mit verschleierten Augen vor sich hin. Als das Lied zu Ende war, hob er den Kopf ein wenig. »Ja, das mag alles ganz richtig sein – was das anbetrifft. Aber der Dachdecker, der klettert doch noch höher als der Maurer.« Er war blaurot im Gesicht.

»Nee, Kamerad, lass gut sein«, sagte Stolpe gemütlich. »Es kommt ja heute Abend nicht darauf an, wer am höchsten klettert – sondern bloß, dass wir uns amüsieren.«

»Ja, das mag sein«, erwiderte Albert Olsen und ließ den Kopf wieder sinken. »Aber der Dachdecker, der klettert doch am höchsten.« Und dann saß er da und murmelte vor sich hin.

»Lasst ihn jetzt in Ruhe«, flüsterte Otto, »sonst kriegt er seine Berserkerwut. – Sei doch nicht so mürrisch, alter Bursch!«, sagte er und legte den Arm auf Olsens Schulter. »Kein Mensch kann es ja mit dir aufnehmen in der Kunst herunterzufallen.«

Der Pardauzspringer hatte seinen Namen bekommen, weil er, während er ganz ruhig auf dem Dach lag und arbeitete, plötzlich herunterzurutschen und in der Straßentiefe zu verschwinden pflegte. Er war ein paar Mal aus Haushöhe herabgefallen, ohne weiter zu Schaden zu kommen; einmal hatte er freilich beide Beine gebrochen und war infolgedessen ziemlich o-beinig geworden. Um ihn milder zu stimmen, erzählte Otto, der mit ihm in der Schicht war, wie er das letzte Mal heruntergefallen war.

»Wir liegen also auf dem Dach und arbeiten, er und ich, und hundekalt war es. Er hatte natürlich die Leine abgestreift, und wie wir ganz gemütlich daliegen und plaudern, ist er auf einmal weg. ›Den

Teufel auch‹, rufe ich den andern zu, ›nu ist der Pardauzspringer wieder runtergerutscht!‹ Und wir, so schnell wie wir können, die Treppe runter. Wir waren nicht zu Narrenpossen aufgelegt, das könnt ihr wohl begreifen. Aber da lag kein Albert Olsen auf dem Straßenpflaster. ›Verdammt und verflucht, wo ist der Pardauzspringer geblieben?‹, sagen wir und glotzen uns dumm an. Aber da sehe ich zufällig nach einer Kellerwirtschaft rüber und da sitzt er, weiß Gott, unten am Fenster und winkt so mit dem Zeigefinger, dass wir runterkommen und ein Glas Bier trinken sollen. ›Ich war so verteufelt durstig‹, sagte er bloß, ›ich wollte mir nicht die Zeit nehmen, die Treppen runterzugehn!‹«

Das Lachen der anderen versöhnte den Pardauzspringer wieder. »Wer spendiert 'n Glas Bier?«, sagte er und erhob sich schwerfällig.

Er bekam es und setzte sich in eine Ecke.

Stolpe spielte mit dem Kanarienvogel, der auch seinen Anteil an dem Fest haben sollte. Er saß auf seinem roten Ohr und kraute ihm im Haar, hüpfte dann auf seinem Arm entlang auf den Tisch hinab. Stolpe fragte jeden Augenblick: »Was möchtest du woll rauchen, Hänschen?« – »Piep!«, sagte der Kanarienvogel jedes Mal. Dann lachten sie alle.

»Hänschen will 'ne Pfeife! Nee, wie klug er is, dass er so antworten kann«, sagten die Frauen.

»Klug – nee, durchtrieben ist er! Einmal hatten wir ein Weibchen für ihn gekauft, Mutter hielt es für Unrecht, dass er nicht auch wissen sollte, was Liebe ist. Sie verheirateten sich denn auch sehr nett und das Weibchen legte zwei Eier. Aber als sie anfangen wollte, sie auszubrüten, da wurde Hänschen mürrisch; er rief sie, sie sollte gefälligst auf den Stock raufkommen. Das wollte sie nicht und eines schönen Tages, als sie auch mal 'n bisschen essen wollte, hüpfte er runter und wippte die Eier durch die Gitterstäbe. Er war eifersüchtig – der Racker! Ja, Tiere sind mächtig klug, kolossal, wie so ein kleines Ding sich das ausdenken kann! Nee, nee, seht mal das!«

Hänschen war auf den Tisch gehüpft und hatte sich über die Reste des Kuchens hergemacht. Er saß auf dem Rand der Schüssel und wippte wohlgemut mit dem Schwanz, während er einhieb; plötzlich ließ er etwas auf das Tischtuch fallen. »Herr du meines Lebens!«, rief Stolpe erschrocken. »Das hätte ich mal sein sollen! Dann hättet ihr mal hören können, wie Mutter den Mund gebraucht!«

Der alte Lasse war nahe daran, vor Lachen zu bersten; in so lustiger Gesellschaft war er noch nie gewesen. »Hier is es ja geradeso, als hätte man es mit einem Dutzend von Bruder Kalles Art zu tun«, flüsterte er Pelle zu.

Pelle lächelte bloß abwesend. Ellen hielt seine Hand auf ihrem Schoß und spielte mit seinen Fingern.

Es kam ein Glückwunschtelegramm von Pelles Gewerkschaft; das brachte das Gespräch wieder auf ernstere Dinge. Morten und Stolpe ließen sich auf einen Streit über die Bewegung ein; Morten meinte, sie beachteten den Einzelnen nicht genügend, sondern legten zu viel Gewicht auf die Menge der Stimmen. Er meinte, die Revolution müsse von innen kommen.

»Nein«, sagte Stolpe, »das führt zu nichts. Können wir aber unsere Genossen in den Reichstag hineinbringen und die Mehrheit bekommen, dann bilden wir den Staat nach unserem Programm um. Das ist durchaus gesetzmäßig!«

»Ja, aber es handelt sich um das tägliche Brot«, sagte Morten mit Nachdruck. »Hungrige Leute können nicht dasitzen und sich darin üben, Majorität zu werden; denn während das Gras wächst, stirbt die Kuh! Sie sollen selber zulangen. Tun sie das nicht, dann ist ihr Selbstgefühl nicht in Ordnung und dann muss man ihnen ihren eigenen Menschenwert bewusst machen. Wenn ein Gesetz käme, das dem armen Mann verböte die Luft einzuatmen, glauben Sie, dass er es dann unterließe? Er könnte es ganz einfach nicht! Es ist traurig, wenn er mit ansehen kann, wie andere essen, ohne selber zuzugreifen. Da hapert es mit seiner Lebenstüchtigkeit! Und das macht sich die Gesellschaft zu seinem Nachteil zunutze. – Was hat der arme Mann mit dem Gesetz zu schaffen? Er steht ja außerhalb des Ganzen! Ein Mann darf sein Pferd und seinen Hund nicht hungern lassen, aber der Staat, der ihm das verbietet, lässt selber seine Arbeiter hungern! Ich glaube, es rächt sich, wenn man den kleinen Leuten noch mehr Gehorsam gegen das Gesetz predigt; wir kriegen schlechtes Material für die neue Gesellschaftsordnung, die wir einmal errichten wollen.«

»Na ja, wir üben uns doch wohl nicht aus Respekt für die Gesetze der kapitalistischen Gesellschaft im Gehorsam gegen das Gesetz«, sagte Stolpe ein wenig unsicher, »sondern aus Rücksicht auf uns selber. Gott sei den Armen gnädig, die sich selbst ihr Recht verschaffen.«

»Die halten doch die Wunde frisch! Alle die andern, die im Stillen hungern, was richten die aus? Es sind nur leider zu wenige, sodass man Platz in den Gefängnissen für sie hat. Aber wenn jeder, der hungert, den Arm durchs Schaufenster stecken und sich selbst helfen wollte – dann würde die Ernährungsfrage bald gelöst sein; man steckt nicht die halbe Nation ins Gefängnis. Jetzt ist ja der Hunger noch eine menschliche Tugend mehr, die man so sehr übt, dass man oft daran stirbt – zum Vorteil für die, die das Geld ansammeln. Dem braven, armen Mann klopfen sie auf die Schulter, weil er dem Gesetz so gehorsam ist. – Was braucht er mehr?«

»Ja, zum Teufel auch, natürlich ist die Sache verkehrt!«, erwiderte Stolpe. »Aber das ist ja auch gerade der Grund, weshalb! Nee, Sie überreden mich nicht, mein junger Freund! Sie sind mir zu rot. Die Sache geht nicht! Nu bin ich vom ersten Tage an in der Bewegung und da soll keiner kommen und sagen, dass Stolpe bange ist seinen Pelz zu wagen; aber die Fasson passt mir nicht. Wir haben immer dieselbe Richtung innegehalten und alles, was wir erreicht haben, haben wir auf das Konto hingekriegt.«

»Ja, das ist wahr«, stimmte Frau Stolpe bei. »Wenn ich an die erste Zeit zurückdenke und denn an jetzt, so kann ich es selbst beinahe gar nich glauben. Damals konnten wir uns kaum irgendwo sehen lassen, nich mal unter Leuten von unserem eigenen Stand; sie schikanierten uns auf alle mögliche Weise und hassten Vater, weil er nich ebensolch ein Schaf war wie sie, sondern sich ihrer Sache annahm. Jedes Mal, wenn ich aus der Küchentür rauskam, hing da solch schmutziger Lappen von Scheuertuch über dem Türdrücker und noch viel schlimmere Dinge schmierten sie uns an die Tür – und wer tat das wohl? Ich habe es nie zu Vater gesagt, denn der wäre ja rasend geworden und hätte das ganze Haus abgerissen, um den Schuldigen zu finden. Nee, Vater, der hatte genug zu kämpfen. Aber jetzt: ›Ach, da kommt Stolpe – hurra! Stolpe soll leben! Vor dem muss man Respekt haben, der is ja Veteran!‹«

»Das mag alles ganz richtig sein«, murmelte Albert Olsen, »aber der Schieferdecker, der klettert doch am höchsten.« Er saß mit gesenktem Kopf da und starrte wütend vor sich hin.

»Freilich klettert der am höchsten«, sagten die Frauen, »es sagt ja auch niemand, dass er es nich tut.«

»Lasst ihn doch in Ruhe«, sagte Otto, »er hat einen sitzen!«

»Dann sollte er lieber einen Spaziergang in der frischen Luft machen und nich sitzen und eklig sein«, sagte Frau Stolpe sehr bestimmt.

Der Pardauzspringer erhob sich mit Anstrengung. »Sagten Sie, einen Spaziergang in der frischen Luft, Frau Stolpe? Ja, wenn einer in der Luft gehen kann, dann is es Albert Olsen. Die großschnäuzigen Maurer, was können denn die?«, er stand mit gesenktem Kopf da und brummte wütend vor sich hin. »Ja, ja, dann machen wir einen Spaziergang in der frischen Luft. Mir braucht ihr eure Narrenpossen nich vorzumachen!«, er schwankte zur Küchentür hinaus.

»Was will er denn da?«, rief Frau Stolpe erschrocken aus.

»Ach, er will bloß mal in den Hof und seine Gedärme umkrempeln«, sagte Otto. »Er ist ein großartiger Bursche, aber er kann nichts vertragen.«

Pelle hatte dagesessen und mit dem Bleistift auf einem Bogen Papier gezeichnet, während die anderen diskutierten. Ellen lehnte über seiner Schulter und sah ihm zu. Er fühlte ihren heißen Atem im Ohr und lächelte glücklich, während der Bleistift arbeitete. Ellen nahm die Zeichnung, als er fertig war, und schob sie über den Tisch den anderen hin. Es war ein dicker, schweißtriefender Mann, der seinen eigenen dicken Bauch auf einer Schubkarre vor sich herschob. »Der Kapitalismus – wenn wir anderen uns weigern, ihm länger Dienste zu leisten!«, stand darunter. Die Zeichnung fand großen Anklang. »Du bist ja ein verteufelter Bursch!«, sagte Stolpe. »Das schick ich ans Witzblatt – ich kenne den Redakteur.«

»Ja, Pelle!«, sagte Lasse stolz. »Es gibt nichts, was der nich kann; weiß der Teufel, wo er das herhat, denn vom Vater hat er das nich.« Und dann lachten sie.

Zimmermann Stolpes brave Frau saß da und betrachtete die Zeichnung ganz verwundert, sah dann Pelles Finger an und sah wieder auf das Bild. »Ich kann wohl verstehen, dass man mit dem Mund Ulkiges sagen kann«, sagte sie, »aber mit den Fingern, das begreife ich nich. Und der Ärmste, wie muss er an seinem Bauch schleppen! Das is beinah noch schlimmer als damals, als ich Viktor kriegen sollte.«

»Vetter Viktor, das is ihr Kleiner, der so verdammt klug is«, sagte Otto erklärend und blickte Pelle bedeutungsvoll an.

»Ja, wahrhaftig, der is klug, wenn er auch erst ein halbes Jahr alt is. Neulich nehm ich ihn mit runter, als ich Milch kaufen wollte. Seit der Zeit will er nich mehr die linke Brust nehmen. Der Bengel hatte gesehen, dass der Kutscher aus der linken Seite des Wagens Magermilch zapfte und aus der rechten Vollmilch. Und ein andermal . . .«

»So, Mutter, lass man genug sein!«, sagte Zimmermann Stolpe. »Siehst du denn nich, dass sie dasitzen und dich zum Narren haben? Dann sollte man wohl allmählich auch sehen, dass man nach Hause kommt.« Er sah ein wenig verletzt aus.

»Was, wollt ihr schon gehen?«, sagte Stolpe. »Ja, Tod und Teufel, es is ja auch schon spät geworden. Aber erst müssen wir noch ein Lied singen.«

»Schon dämmert in der Ferne«, schlug Frau Stolpe vor; sie war so müde, dass sie einnickte.

Als man den Sozialistenmarsch gesungen hatte, brach man auf. Lasse wurden die Taschen mit Süßigkeiten für die drei Waisen voll gestopft.

»Wo ist denn der Pardauzspringer geblieben?«, fragte Otto plötzlich.

»Der ist am Ende unten im Hof krank geworden«, sagte Stolpe. »Lauf runter und sieh mal nach, Fredrik!« Sie hatten ihn ganz vergessen.

Fredrik kam wieder herauf und meldete, Albert Olsen sei nicht im Hof und der Torweg sei abgeschlossen.

»Er wird doch wohl nicht aufs Dach gestiegen sein?«, sagte einer. Sie stiegen die Hintertreppe hinauf, die Tür zum Boden stand offen und das Dachfenster ebenfalls. Otto warf den Rock ab und schwang sich durchs Fenster. Ganz hinten auf dem Dachkamm saß der Pardauzspringer und schnarchte. Er lehnte an der Brandmauer, die eine halbe Elle aufragte, gleich hinter ihm war der jähe Abgrund.

»Ruf ihn nicht an«, sagte Mutter Stolpe gedämpft, »und fass ihn fest an, eh du ihn weckst.«

Aber Otto ging geradewegs auf seinen Kameraden los. »Hallo, Kamerad! Feierabend!«, rief er.

»Jawohl!«, sagte der Pardauzspringer und kam auf die Beine. Er stand einen Augenblick da und schwankte über dem Abgrund; dann folgte er Otto über das Dach und kroch durch das Fenster.

»Was, zum Teufel, hast du da eigentlich gemacht?«, fragte Stolpe lachend. »Bist du auf Arbeit gewesen?«

»Ich bin bloß da oben gewesen und hab ein bisschen frische Luft geschöpft. Habt ihr eine Flasche Bier? Aber was ist denn? Geht man schon nach Hause?«

»Ja, du hast zwei Stunden da oben gesessen und in die Sterne geguckt«, antwortete Otto.

Alle Gäste waren gegangen. Lasse und das junge Paar standen da und warteten, um sich zu verabschieden. Frau Stolpe standen die Tränen in den Augen, sie wickelte Ellen ein. »Gib gut Acht, die Nacht ist so kalt«, sagte sie mit erstickter Stimme und nickte ihnen mit tränenblinden Augen nach.

»Das ist doch nichts zum Weinen«, sagte Maurer Stolpe und führte sie hinein. »Mach du nu, dass du zu Bett kommst, ich will den Pardauzspringer schon in Schlaf lullen. Hab Dank für den heutigen Tag, Mutter!«

16

Pelle hatte seinen Arbeitstisch vor dem schmalen Pfeiler zwischen beiden Fenstern der Wohnstube aufgestellt. Man konnte sich gerade zwischen dem Ende des Arbeitstisches und dem runden Tisch, der mitten im Zimmer stand, hindurchdrücken. An der Hauptwand stand ein eichenes Büfett, das Ellens Stolz war, und gerade gegenüber an der Wand stand ihre Jungmädchenkommode mit dem Spiegel darüber und einer gestickten weißen Decke darauf. Auf der Kommode standen ein polierter Nähkasten, ein paar Fotografien und einige Nippesgegenstände; mit ihrer weißen Decke glich sie einem kleinen Altar.

Pelle war nur jeden zweiten Tag bei Meister Beck, die übrige Zeit saß er daheim und spielte den kleinen Meister. Er hatte viele

Bekannte hier draußen, lauter arme Leute, die ihr Schuhzeug bis auf die Strümpfe verschlissen, ehe sie es machen ließen, aber ein Tagelohn ließ sich doch damit verdienen. Von Ellens Familie und ihren Bekannten erhielt er auch Arbeit. Das war eine andere Art Leute; selbst wenn es ihnen schlecht ging, wahrten sie immer den Schein und traten mit einer gewissen Forschheit auf. Ihre Armut verbargen sie.

Er hätte sicherlich reichlich Gesellenarbeit finden können, zog aber diese Ordnung vor, die die Grundlage zu etwas Selbstständigem gab; das hatte mehr Zukunft. Die Arbeit im Heim verlieh dem Gemüt fruchtbare Wärme, man konnte den Blick ins Zimmer schweifen lassen, wo die vertrauten Dinge standen und Gemütlichkeit um sich verbreiteten, als hätten sie immer zusammengehört. Wenn die Morgensonne hereinfiel, lachte alles und mitten darin ging Ellen summend und geschäftig umher. Sie hatte das Bedürfnis, immer in seiner Nähe zu sein, und freute sich über jeden Tag, den er daheim verbrachte. Dann beeilte sie sich mit der Küchenarbeit, um bei ihm sitzen zu können. Er musste sie lehren Riester aufzusteppen und eine Sohle aufzunähen und sie half ihm bei der Arbeit.

»Nun bist du Meister und ich bin dein Geselle«, sagte sie froh. Sie verschaffte ihm auch Kunden; ihr Bestreben ging dahin, ihn immer zu Hause zu behalten. »Ich will dir schon helfen, soviel ich nur kann. Und eines schönen Tages hast du dann so viel Arbeit, dass du einen Lehrling annehmen musst – und später einen Gesellen.« Dann nahm er sie in die Arme und sie arbeiteten um die Wette und sangen Lieder.

Pelle war ganz glücklich und hatte alle Sorgen und Bürden abgeworfen. Dies war sein Nest, wo jedes Reis und jeder Strohhalm mehr wert waren als alles andere auf der Welt. Sie hatten genug zu tun, es zusammenzuhalten und ein wenig weich auszupolstern, und Pelle ging in dieser Arbeit auf, mit einer Freude, als habe er erst jetzt seine eigentliche Bestimmung gefunden. Hin und wieder trieben schwere Wogen aus der Bewegung der Masse zu ihm herein und versetzten sein Gemüt in starke Schwingungen. Dann redete er feurig in heftiger Empörung, oder sein Glück führte ihm lichte Bilder vor Augen, die er Ellen erklärte. Sie lauschte ihm stolz und unter ihren verliebten Augen erkühnte er sich zu stärkeren Ausdrücken und Bildern, als sie eigentlich für ihn natürlich waren. Wenn er dann endlich schwieg, ließ sie ihre dunklen Augen, die immer etwas in ihm zu sehen schienen, was er selbst nicht erkannte, unverwandt auf ihm ruhen.

»Woran denkst du jetzt?«, fragte Pelle, der gerne eine Unterhaltung über das anknüpfen wollte, was ihn beschäftigte. Es gab niemand weiter für ihn als Ellen. Er hatte das Bedürfnis, das Neue gerade mit ihr zu besprechen und das wunderbare Glück zu empfinden, auch das zu zweien zu durchleben.

»Ich denke daran, wie rot dein Mund ist, wenn du redest! Er sehnt sich gewiss nach einem Kuss«, antwortete sie und flog ihm um den Hals.

Die Geschehnisse ringsumher interessierten sie nicht, sie konnte nur von ihrer Liebe sprechen und von dem, was sie selbst betraf. Aber das heftige Starren in ihrem Blick verlieh dem Leben einen tiefen Hintergrund. Ganz rätselhaft konnte es auf ihn wirken, wie ein Locken, das den unbekannten Seiten seines Wesens galt. Der Pelle, den sie sieht, muss ein anderer sein als der, den ich kenne, dachte er glücklich. Etwas Schönes und Starkes musste es sein, das sie so festhielt, dass sie litt, wenn sie sich nur einen Augenblick von ihm entfernte. Wenn sie dann lange genug gestarrt hatte, presste sie sich verwirrt an ihn und verbarg ihr Antlitz.

Ohne dass er es bemerkte, leitete sie seine Kräfte wieder auf sein eigenes Gebiet hin. Er konnte für zwei arbeiten, wenn sie ihm gegenüber am Tisch saß und ihn unterhielt, während sie half. Pelle fand, dass ihr kleines Nest ganz gemütlich wäre, aber Ellen hatte den Kopf voller Pläne für Verbesserungen und Fortschritte auch dort. Zu einem Geschäft gehörte ein bürgerliches Heim mit weichen Möbeln und vielerlei Sachen, daran baute sie schon. Das Heim hier, das ihm wie ein liebes Gesicht war, das man sich überhaupt nicht anders denken konnte, war für sie nur etwas Vorläufiges – die Gegenstände sollten allmählich durch schönere und bessere ersetzt werden. Hinter ihrem traulichen Geplauder über alltägliche Kleinigkeiten eröffnete sich eine große Perspektive. Er musste sich anstrengen, sollte er all dem entsprechen, was sie von ihm erwartete!

Ellen versäumte ihre Häuslichkeit keineswegs, es lief ihr überhaupt nichts zwischen den Fingern weg. Wenn Pelle in der Werkstatt war, stellte sie alles auf den Kopf, scheuerte und schrubbte und hatte etwas Gutes für ihn zum Essen bereit. Des Abends war sie vor der Werkstatttür und wartete auf ihn. Dann machten sie einen Spaziergang den Kanal entlang und über den grünen Wall, wo die Kinder spielten. Ellen hing schwer an seinem Arm. »Nein, Pelle, wie ich mich heute nach dir gesehnt habe!«, sagte sie sinnend. »Jetzt habe ich dich doch, und trotzdem tut es mir ganz weh in meinen Brüsten; sie wissen noch nicht, dass du bei mir bist.«

»Wollen wir heute Abend nicht ein wenig arbeiten – nur eine Viertelstunde?«, pflegte sie zu sagen, wenn sie gegessen hatten. »Umso eher wirst du Meister und kannst es dir ein wenig gemütlicher machen.« Pelle hatte vielleicht mehr Lust, mit ihr einen Abendspaziergang durch die Stadt zu machen oder irgendwohin zu gehen und den Sonnenuntergang zu genießen, aber ihre dunklen Augen hielten ihn fest.

Sie war voller Tatkraft in all ihrer Liebe – und immer war er es, um den sich alles drehte. Es lag etwas in ihrem Wesen, das die Möglichkeit ausschloss, an sich selbst zu denken. Für sich allein war ihr alles gleichgültig, nur zusammen mit ihm wünschte sie – und für ihn! Sie war unberührt und mildtätig wie neue Erde; Pelle hatte die Liebe in ihr wachgerufen – als unaufhörliches Bedürfnis zu geben. Er fühlte demütig, dass sie alles, was sie hatte, ihm als Gabe brachte, und er tat alles, um ihre Freigebigkeit zu vergelten.

Er hatte es abgelehnt, die Leitung der Organisation zu übernehmen. Das Zusammenleben mit Ellen, die Aufrechterhaltung der neu gegründeten Häuslichkeit ließen ihm keine Zeit zu anstrengendem Wirken nach außen.

Ellen mischte sich da nicht hinein; aber wenn er nach Hause kam und den Abend in einer Versammlung verbracht hatte, sah sie verweint aus. Es war eine Schwäche, der er auf keine Weise zu begegnen verstand, und so blieb er denn bei ihr zu Hause. Und er entbehrte nichts. Ellen gab ihm reichlichen Ersatz. Sie verstand es, das kleine Heim um ihn zu schließen und es zu einer Welt voll reichem, innigem Leben zu machen. Ein größeres Glück gab es nicht, als sich ein festliches Ziel zu setzen – einen Blumentopf aus Porzellan, der mit der Aspidistra auf dem Fensterbrett stehen konnte. Dazu gehörte eine Woche Überlegen und Sparen, und wenn sie ihn dann hatten, gingen sie Arm in Arm auf die andere Seite des Kanals hinüber und guckten zu den Fenstern hinauf, um die Wirkung zu sehen. Und dann tauchte wieder etwas Neues auf: eine Brotmaschine, ein graviertes Türschild; jeder Sonnabendabend brachte eine kleine Neuerwerbung.

Der »Arbeiter« lag da und wurde nicht gelesen. Wenn Pelle seine Arbeit einen Augenblick weglegte, um hineinzugucken, war Ellen da und zwickte ihn mit ihren Lippen ins Ohr – seine freie Zeit gehörte ihr und es war eine herrliche Erholung von der Arbeit, sorglos zu spielen wie zwei junge Hunde, weit herrlicher, als die Last des Sklavendaseins der großen Menge zu tragen. Dann wurde das Blatt abbestellt, Ellen bekam das Geld jede Woche für ihre Sparbüchse. Sie hatte sich eine Ecke der Torvegade ausersehen, wo sie einen Laden mit Werkstatt und mit drei, vier Burschen einrichten wollte – dafür sparte sie. Pelle musste ihre Klugheit bewundern, denn das war eine gute Laufgegend.

Nach ihrer Verheiratung kamen sie nicht so oft zu den Schwiegereltern. Stolpe fand, dass Pelle im Begriff sei, abzukühlen, und zog ihn ein wenig auf, um wieder Schwung in ihn hineinzubringen. Aber da wurde Ellen böse und sie prallten hart aufeinander – sie duldete keine Kritik an Pelle. Sie ging nur zu ihren Eltern, wenn Pelle es vorschlug; sie selber schien kein Verlangen nach ihren Angehörigen zu haben, sondern blieb am liebsten zu Hause. Oft taten sie, als seien sie nicht daheim, wenn die Verwandten klingelten – um allein miteinander zu sein. Und des Sonntags gingen sie am liebsten allein aus, in den Dyrehave oder nach Lyngby.

Von Lasse sahen sie nicht viel. Ellen hatte ihn ein für alle Mal eingeladen, zu Abend bei ihnen zu essen. Aber wenn er von der Arbeit nach Hause kam, war er zu müde, um die Kleider zu wechseln und sich fein zu machen, und Ellen war eigen in ihrer kleinen Häuslichkeit. Er hatte großen Respekt vor ihr, fühlte sich aber nicht recht heimisch in ihren Stuben.

Er hatte Pelles alte Kammer behalten und aß bei den drei Waisen. Sie hielten große Stücke auf ihn, all ihre Fürsorge für das große Findelkind Pelle hatten sie auf den alten Mann übertragen. Und hier ernteten sie mehr Dankbarkeit. Lasse war im Begriff, wieder Kind zu werden, und hatte das Bedürfnis, ein wenig verhätschelt zu werden. Mit großer Andacht konnte er zuhören, wenn Marie von ihren kleinen Sorgen erzählte und die Knaben von dem, was sie erlebt hatten. Dafür erzählte er ihnen von den Erlebnissen seiner Knabenjahre oder vom Steinhauerplatz und prahlte gehörig, um nicht zurückzustehen. Wenn Pelle kam, um den Vater abzuholen, pflegten die vier dazusitzen und irgendein Kinderspiel zu spielen. Sie zankten sich, wie es am besten gemacht werden müsse, denn Lasse wollte ja der Klügste sein. Der Alte entschuldigte sich: »Du musst nicht böse sein, Junge, weil ich euch vernachlässige; aber abends bin ich müde und gehe früh zu Bett.«

»Dann komm doch am Sonntag – und frühstücke mit uns, hinterher gehen wir dann aus!«

»Nein, Sonntag habe ich was vor – ein Stelldichein, Pelle«, sagte Lasse schelmisch, um weiteren Fragen zu entgehen. »Genießt euer junges Glück, es dauert nicht ewig!« Hilfe wollte er niemals annehmen. »Ich verdiene, was ich zu meiner Ernährung und für das bisschen Kleidung brauche; viel brauch ich von beidem nich und ich bin ganz zufrieden. Du hast bestimmt selber genug zu tun!«, antwortete er beständig.

Lasse war immer sanft und freundlich und schien vergnügt, aber es lag ein Schleier über seinen Augen, als fräße eine Enttäuschung an seinem Herzen.

Und Pelle verstand das sehr wohl – es war immer die selbstverständlichste Sache von der Welt gewesen, dass Lasse seine alten Tage an seinem Herd verbringen sollte. In den Zukunftsträumen seiner Kinderjahre, so unterschiedlich sie auch sein mochten, war Vater Lasse immer mit dabei und genoss die Ruhe seines Alters, als Dank für das, was er getan hatte. So musste es sein, in jedem armen Heim da draußen auf dem Lande saß ein Greis in der Ofenecke – Kinder sind der einzige Trost des Alters für arme Leute.

Vorläufig ließ sich das nicht einrichten, in ihren zwei kleinen Stuben war kein Platz. Es fehlte Ellen sicher nicht an Herz, sie dachte oft bei diesem oder jenem an den Alten, aber ihre heftige Liebe gestattete keinem Dritten ihnen ganz nahe zu kommen. Es war ihr auch mit keinem Gedanken eingefallen und Pelle fühlte, es würde, wenn er sie überredete Vater Lasse ins Haus zu nehmen, das Wunderbare in ihrem Zusammenleben sterben. So reich, wie er und sie von Stunde zu Stunde lebten – das war ein heiliges Glück, das nicht geopfert werden durfte, sondern das selber alle

Opfer erforderte! Ihr Verhältnis war nicht das gewöhnliche praktische Sichliebhaben, sondern die große Liebe selber – die sonst nur in schönen tragischen Liedern von unglücklich Liebenden über den Alltag armer Leute dahinstrich. Zu ihnen kam sie selber – als leuchtendes Wunder!

Und nun sollte Ellen ein Kind bekommen. Ihre Gestalt wurde voller und weicher. Allen anderen gegenüber bewahrte sie das Fremde, Kalte in ihrem Wesen, aber Pelle gegenüber erschloss sie sich ganz. Die leise Zurückhaltung, die immer in ihr gewesen war, als sei da irgendetwas, das nicht einmal er erobern konnte, verschwand. Ihr Blick starrte nicht mehr forschend, sondern bettete sich hingebend in den seinen. Es kam ein wunderbares Gleichgewicht über sie – als habe sie jetzt all das Ihre in Besitz genommen, und sie wurde von Tag zu Tag schöner.

Pelle war stolz darüber, dass sie sich unter seinen Liebkosungen so reich entfaltete. Er hatte das Gefühl von unerschöpflicher Freigebigkeit, wie es ihm die Erde in seiner Kindheit plötzlich einflößen konnte; eine unendliche Zärtlichkeit erfüllte ihn. Es lag eine bestrickende Macht in Ellens verheißungsreicher Hilflosigkeit. Mit Freuden opferte er die ganze Welt, um ihr und dem zu dienen, was sie so wunderbar trug.

Er stand des Morgens zuerst auf, brachte die Stuben in Ordnung und machte Kaffee, ehe er an seine Arbeit ging. Wenn er zurückkam und Ellen im Haus gescheuert und geschrubbt hatte, wurde er böse. Er verdoppelte sich selbst, um sie zu schonen, knapste sich den Schlaf ab und war rastlos tätig. Sein Gesicht hatte einen glücklichen Ausdruck, der ihm ein Aussehen gab, als sei er beschränkt. Über die vier Wände gingen seine Gedanken nicht hinaus.

Die Neuanschaffungen hörten auf, stattdessen kaufte Ellen Leinwand, Flanell und Stoff zu Windeln ein und es fanden geheime Unterredungen zwischen ihr und der Mutter statt, von denen Pelle ausgeschlossen wurde; und wenn sie zu den Schwiegereltern hinauskamen, wühlte Frau Stolpe geschäftig in Schubladen herum und gab Ellen kleine Päckchen mit nach Haus.

Die Zeit verging nur zu schnell. So ausschließlich sie für ihre eigenen Angelegenheiten lebten, schienen sie doch nicht mit allem fertig werden zu können. Und eines Tages war es dann, als solle alles um sie her zusammenbrechen. Ellen lag im Bett, sie wand sich und schrie, als habe ein böser Geist Wohnung in ihr genommen. Pelle beugte sich mit einem hilflosen Ausdruck über sie und am Fußende des Bettes saß Madame Blom; sie saß und strickte und las in ihrer Zeitung, als sei nicht das Geringste los. »Schreien Sie man, kleine Frau«, sagte sie von Zeit zu Zeit, wenn es ihr zu still wurde, »das gehört mit dazu!« Ellen sah sie gehässig an und presste trotzig die Lippen zusammen, aber im nächsten Augenblick sperrte sie den Mund weit auf und brüllte wild. Am Fußende des Bettes war ein Strick befestigt, daran zog sie, während sie schrie. Dann fiel sie ermattet zusammen. »Du böser, böser Junge«, flüsterte sie mit einem schwachen Lächeln. Pelle beugte sich glücklich über sie, aber sie stieß ihn plötzlich fort; ihr schöner Körper verzerrte sich, der entsetzliche Kampf raste wieder in ihr. Auf einmal löste eine schwache Stimme die ihre ab und erfüllte das Heim mit einem neuen Ton. »Ein neuer Mund satt zu machen«, sagte Madame Blom und hielt das Neugeborene an einem Bein in die Höhe – es war ein Junge.

Mit rotem Kopf und ganz verwirrt ging Pelle umher, als sei ihm widerfahren, was noch kein anderer erlebt hatte. In der ersten Zeit nahm er Meister Becks Arbeit mit nach Hause und besorgte den Jungen nachts selber. Jeden Augenblick musste er die Arbeit hinwerfen und zu den beiden laufen. »Du bist doch eine großartige Frau, so ein Kind für einen Kuss zu geben«, sagte er strahlend, »und obendrein einen Jungen! Was für ein Mann wird es werden!«

»Nee, es is ein Junge!«, sagte die Verwandtschaft. »Seid ihr nich ganz weg?«

»Das fehlte noch!«, sagte Pelle überlegen.

Die weiblichen Mitglieder der Familie neckten ihn, weil er das Kind besorgte. »So ein Mann – er würde sich am Ende auch noch ins Wochenbett legen«, sagten sie foppend.

»Das ließe ich noch gelten«, brummte Stolpe. »Aber er ist drauf und dran, ein Idiot zu werden – und das ist viel schlimmer und es tut einem Leid, dass man es sagen muss, aber daran ist die Göre schuld! Nu hat sie doch ihr ganzes Leben lang nur gehört, was gut und recht ist. Aber Frauenzimmer sind wie die Katzen, an denen bleibt nichts hängen.«

Pelle lachte nur über ihre Sticheleien. Er war über alle Maßen glücklich.

Jetzt wusste Lasse übrigens den Weg zu ihnen zu finden! Kaum hatte er die Nachricht von dem Ereignis erhalten, als er sich schon einfand, so wie er ging und stand. Es war ein kühner Schwung über ihn gekommen. Er warf seine Mütze vor der Tür zu Boden und stürzte in das Schlafzimmer, als wolle ihn jemand zurückhalten. »Ach, das kleine Wesen! Hat man wohl je so einen Engel Gottes gesehen!«, rief er und fing an das Kind zu bewundern, dass Ellen ganz rot wurde vor Mutterstolz.

Seine Freude, Großvater geworden zu sein, kannte keine Grenzen. »Dann kam es also doch, dann kam es also doch!«, wiederholte er einmal über das andere. »Und mir war immer bange, dass ich ohne Stellvertreter in mein Grab gehen müsste! Ach, so ein kleiner, draller Deubel! Er hat was zuzusetzen, der! Er wird sicher ein Großbürger, Pelle! Sieh doch mal bloß, wie rundlich er is! Vielleicht Kaufmann oder Fabrikant oder so was Ähnliches! Wer ihn doch in seiner Macht und Größe sehen könnte – aber das is dem alten Vater Lasse nich vergönnt!« Lasse seufzte. »Ja, ja, jetzt is er also hier und wie sieht er einen schon an! Der Bengel denkt gewiss, was für ein runzeliger und schrumpeliger Mann is denn das, der da steht und mich in seinem alten Anzug begrüßt. Ja, das is Vater Lasse, nu sieh ihn dir man an, er is auf ehrliche Weise zu seinen Herrlichkeiten gekommen.«

Und dann ging er zu Pelle und tastete nach seiner Hand. »Na, du, das hab ich doch gar nich zu hoffen gewagt – wie schön er is, Junge! Wie er woll heißen soll?« Lasse kam ständig mit dieser Frage und sah den Sohn ängstlich dabei an. Sein alter Kopf wackelte jetzt ein wenig, wenn ihn irgendetwas bewegte.

»Er soll Lasse Fredrik heißen«, sagte Pelle eines Tages, »nach seinen beiden Großvätern.«

Da freute sich der Alte. Er ging und trank sich zur Feier des Tages einen kleinen Rausch an.

Jetzt kam er fast täglich. Sonntags vormittags machte er sich umständlich zurecht, putzte und bürstete sich, um einigermaßen präsentabel zu sein. Wenn er von der Arbeit kam, erschien er, um zu fragen, ob der kleine Lasse gut geschlafen habe. Er hielt Lobreden auf Ellen, die einen so schönen Jungen in die Welt setzen konnte, und sie gewann den alten Mann richtig lieb, weil er sich so über das Kind freute. Sie betraute ihn sogar damit, auf den Kleinen zu achten, und nie war er froher, als wenn sie ausgehen wollten und nach ihm schickten.

So brachte der kleine Lasse es gleich bei seinem Erscheinen fertig, Missverständnisse zu zerstreuen, und Pelle segnete ihn dafür. Er war doch schon ein verteufelter kleiner Bursche, trieb er nicht eines Tages Vater Lasse und Ellen einander geradewegs in die Arme! Pelle folgte dem Gang des kleinen Wesens in die Welt Schritt für Schritt. Er erlebte es, wie der Blick des Knaben zum ersten Mal wache Erkenntnis zeigte, indem er einem Gegenstand folgte – und wie die Hand zum ersten Mal nach etwas griff. »Ei, ei, sieh mal einer an! Jetzt will er schon seinen Anteil an den Sachen haben!«, rief Pelle entzückt. Es war sein blonder Schnurrbart, worauf der Knabe aus war – ja, er war früh entwickelt. Die kleine Hand hatte tüchtig zugefasst und war kaum wieder aufzukriegen; sie hatte kleine

Grübchen an den Fingern und tiefe Falten um das Handgelenk. Es war Kraft in Ellens Milch!

Von Morten sahen sie nichts mehr. Im Anfang besuchte er sie, kam dann aber nicht mehr. Sie waren damals so sehr voneinander in Anspruch genommen und Ellens kühles Wesen hatte ihn vielleicht abgeschreckt. Er konnte ja nicht wissen, dass das ihre Art allen gegenüber war! Pelle fand nie eine Stunde Zeit, ihn aufzusuchen, vermisste ihn aber oft. »Kannst du verstehen, was mit ihm los ist?«, fragte er Ellen verwundert. »Wir haben ja so viel Gemeinsames miteinander, er und ich. Ob ich mal kurzen Prozess mache und ihn aufsuche?«

Ellen antwortete nicht darauf, sondern küsste ihn nur. Sie wollte ihn ganz für sich haben und umgab ihn mit ihrer Liebe; ihr warmer Hauch machte ihn glücklich und weich. Ihr Herz umschloss ihn wie mit einer Mauer; er spürte es, rührte sich aber nicht. Er fühlte sich behaglich, wo er war.

Das Kind verursachte neue Ausgaben und Ellen hatte genug zu tun; es blieb nicht viel Zeit für sie, ihm zu helfen. Er musste gehörig hinter der Arbeit her sein, damit sie sich den Winter vom Leibe halten und behaglich in ihren vier Wänden sitzen konnten. Zeit zum Stillsitzen und Nachdenken gab es nicht. Es war eine Tatsache, dass kleine Leute reichlich damit zu tun hatten, ihre eigenen Angelegenheiten zu besorgen; das brauchte ihnen nicht einmal bewusst zu werden.

Keiner seiner Gedanken schweifte jetzt mehr nach draußen. Es war im Grunde nur eine alte Gewohnheit, wenn er während der Frühstückspause in der Werkstatt saß und in das Butterbrotpapier hineinsah – in alte Exemplare vom »Arbeiter«. Dann konnte es wohl sein, dass er etwas in der Luft über sich hinziehen fühlte, woran er keinen Anteil hatte, und mit einem lauschenden Ausdruck den Kopf hob. Aber Ellen kannte den fremden Ausdruck in seinem Blick und wusste ihn mit einer Liebkosung auszulöschen.

Eines Tages begegnete er Morten auf der Straße. Pelle freute sich, aber in Mortens Blick lag ein skeptischer Ausdruck. »Warum kommst du eigentlich nie mehr zu mir?«, fragte Pelle. »Ich sehne mich oft nach dir, aber ich kann ja nicht gut von zu Hause fort.«

»Ich habe mir eine Braut angeschafft – das nimmt einen ja ganz in Anspruch.«

»Du hast dir eine Braut angeschafft?«, sagte Pelle lebhaft. »Erzähl mir von ihr.«

»Ach, da ist nicht viel zu erzählen«, entgegnete Morten mit einem trüben Lächeln. »Sie ist so zerlumpt und verkommen, dass kein anderer sie haben wollte – da hab ich sie genommen.«

»Das sieht dir wahrhaftig ähnlich!« Pelle lachte. »Aber allen Ernstes, wer ist das Mädchen, wo wohnt sie?«

»Wo sie wohnt?« Morten starrte ihn einen Augenblick verständnislos an. »Ja, da hast du im Grunde Recht. Wenn man weiß, wo die Leute wohnen, weiß man über alles Bescheid. Die Polizei stellt auch immer diese Frage.«

Pelle wusste nicht, ob Morten im Spaß oder im Ernst sprach – heute war gar nicht aus ihm klug zu werden. Sein blasses Gesicht sah gequält aus, es lag ein sonderbarer Schimmer in seinen Augen. »Irgendwo muss man bei dieser Winterkälte ja wohnen«, sagte er.

»Ja, da hast du Recht! Und sie wohnt auf dem Gemeindeanger, wenn der Polizist sie da nicht fortjagt. Er ist der Vizewirt für die Unglücklichen, weißt du! Es ist ja neulich Volkszählung gewesen – hast du wohl gemerkt, wie man dabei vorgegangen ist? Alle sollten angeben, wo sie in einer bestimmten Nacht wohnten. Wurden aber den Obdachlosen auch die Volkszählungslisten vorgelegt? Nein, alle, die in Schuppen, auf dem Gemeindeanger und in den verschlossenen Mistgruben der Fuhrleute wohnen, die haben kein Heim und zählen folglich auch nicht mit. Das ist ganz schlau eingerichtet, weißt du, sie existieren überhaupt nicht. Sonst bekäme man ja eine hässliche Zahl mit auf die Liste – die Zahl der Obdachlosen. Nur einer in der Stadt hier hat Kenntnis davon, ein Straßenmissionar; und mit dem bin ich einige Nächte ausgegangen; es ist grauenvoll, was wir da gesehen haben! Überall, wo nur ein Spalt offen ist, drängen sie sich hinein, um Schutz zu suchen, unter den eisernen Treppen liegen sie und erfrieren. Wir fanden so einen einen alten Mann – und riefen einen Schutzmann herbei; der steckte seine rote Nase der Leiche gerade in den Mund und sagte: ›Am Suff gestorben.‹ Das steht da nun an der Stelle im Bericht, wo es heißen sollte: verhungert! Es darf ja nicht laut werden, dass in diesem Land jemand wirklich Not leidet, verstehst du. Hier friert niemand, der sich rühren will; hungert jemand, dann ist es seine eigene Schuld. So muss es notwendigerweise in einem der aufgeklärtesten Länder der Welt heißen – man ist zu kultiviert geworden, um die Not an seiner Seite frei dahingehen zu lassen; das würde einem den Genuss schmälern und die nächtliche Ruhe stören. Also muss man sie sich vom Leibe halten, sie abzuschaffen ist ein wenig umständlich; aber die Polizei ist ja darauf dressiert, sie in die Ecken und Winkel hineinzujagen. Geh nach dem Schauhaus und sieh dir an, was sie an einem einzigen Tag an Land bringen – von dir ist es ja nicht weit dahin! Unglücksfälle, nicht wahr! Der Boden ist ja glatt und die Leute kommen dem Kai zu nahe! – Neulich Abend brachte eine Frau bei zehn Grad Kälte in einem offenen Torweg in der Nörrebrogade ein Kind zur Welt. Leute, die vorüberkamen, waren empört; es sei unverantwortlich von ihr, in diesem Zustand auszugehen – sie könne sich doch zu Hause aufhalten. Es fiel ihnen nicht ein, dass sie kein Heim hatte. Nun ja, aber dann hätte sie sich an die Polizei wenden können, die muss sich doch der Leute annehmen. Im Gegenteil, als wir sie in die Droschke legten, schrie sie voller Schrecken: ›Nicht ins Entbindungshaus!‹ Sie war schon einmal da gewesen. Sie muss einen Grund gehabt haben, dem Torweg den Vorzug zu geben – ebenso wie die anderen, die die Kanäle dem Armenhaus vorziehen.«

Morten fuhr fort, rücksichtslos, als müsse er einer inneren Qual Luft machen. Pelle lauschte staunend diesem Ausbruch des Schmerzes, mit dem schamvollen Gefühl, dass er selbst eine Fettschicht um das Herz habe. Das Elend nahm bei Mortens Rede wieder einen lebendigen, grausamen Schimmer an.

»Warum erzählst du mir das alles, als gehörte ich zur Oberklasse?«, sagte er. »Ich kenne das ja ebenso gut wie du.«

»Und dabei haben wir nicht mal ein Notjahr«, fuhr Morten fort, »es sind normale Zustände, wie sie die Jahreszeit immer im Gefolge hat. Gestern stahl ein armer Mann bei uns ein Brot vom Ladentisch und lief damit weg; nun soll er für sein ganzes Leben gebrandmarkt werden. ›Mein Gott, dass er sich um so wenig zum Dieb machen konnte‹, sagte die Frau des Meisters, ›um ein Brot zu fünfunddreißig Öre. Ist das wohl zu begreifen – fürs ganze Leben gebrandmarkt wegen einem Brot!‹«

»Er hungerte doch«, sagte Pelle dumpf.

»Hungerte? Ja, natürlich hungerte er! Aber für mich ist es Wahnsinn, sage ich dir – ich fasse es nicht; und jeder andere meint, dass es so leicht zu verstehen wäre. Warum ich dir das erzähle, fragst du, du weißt das alles ja selbst. – Nein, aber du weißt es doch nicht richtig, sonst müsstest du dich verrückt grübeln über dem entsetzlichen Wahnsinn, dass die beiden Worte Brot und Verbrechen zusammengehören können! Ist es denn nicht verrückt, dass die beiden Enden sich gegeneinander biegen und den Ring um ein Menschenleben schließen? Dass man überhaupt Brot stehlen kann – Brot, verstehst du? Das sollte gar nicht gestohlen werden können; was hat das mit Diebstahl zu tun, dass sich einer satt isst? – Des Morgens, lange vor sechs, sammeln sich die Armen vor unserem Laden und stellen sich an, um als Erste zu dem alten Brot zu gelangen, das zum halben Preis verkauft wird. Die Polizei ordnet sie in Reihen, wie an der Billettkasse im Theater, und einige kommen schon um vier und stehen zwei Stunden in der Kälte.

Aber außer denen, die kaufen, finden sich immer eine Menge noch Ärmere ein; die haben nichts, wofür sie kaufen könnten, aber sie stehen doch da und starren, als interessiere es sie sehr, zu sehen, wie die anderen billig zu Brot kommen. Sie stehen da und warten auf das Wunder in Form einer Scheibe Brot. Man kann das an der Art und Weise sehen, wie ihre Augen jede Bewegung verfolgen, mit derselben verzweifelten Hoffnung, die im Blick der Hunde liegt, wenn sie an dem Schlachterwagen stehen und den Himmel anflehen, dass der Schlachter ein wenig fallen lassen möge. Sie begreifen nicht, dass sich nichts ihrer erbarmt: nicht wir Menschen – du solltest die Überraschung sehen, wenn wir ihnen etwas geben – und nicht der Zufall. Großer Gott, Brot ist so billig, das Billigste von allem Wichtigen auf dieser Erde und doch können sie nicht einmal davon genug bekommen! Heute Morgen steckte ich einer alten Frau ein Brot zu und sie küsste es und weinte vor Freude. – Findest du, dass das zum Aushalten ist?«, er starrte Pelle an, es lauerte Wahnsinn in seinem Blick.

»Du tust mir Unrecht, wenn du glaubst, dass ich das nicht auch fühle«, sagte Pelle still. »Aber wo führt ein schneller Weg aus diesem Übel heraus? Wir müssen Geduld haben und uns organisieren und auf die Zeit hoffen. Uns unser Recht zu nehmen, so wie sie das anderswo tun, dazu taugen wir nicht.«

»Nein, das ist es ja gerade! Man weiß, dass wir nicht dazu taugen – darum kann die Gerechtigkeit nicht gedeihen. Das Volk bekommt nur, was ihm zusteht, wenn die Herrschenden wissen, dass es sich das im schlimmsten Fall selber nimmt.«

»Ich glaube nicht, dass aus einem Aufruhr etwas Gutes entstehen kann«, sagte Pelle hell. Er fühlte die alte Kampfbereitschaft wieder in sich.

»Das verstehst du nicht, wenn du es nicht in dir gefühlt hast!«, antwortete Morten heftig. »Revolution ist Gottes Stimme, die Recht und Gerechtigkeit übt und über die sich nicht streiten lässt.

Wenn sich die Armen erhöben und sich ihr Recht verschafften, so wäre das Gottes Urteil und es würde wohl nicht umgestoßen werden. Die Zeit hat wohl das Recht, sich selber wieder einzuholen, wenn sie in einer so ernsten Sache in Rückstand geraten ist; und das geschieht nur durch einen Sprung vorwärts. Aber sie erheben sich nicht, sie sind wie feuchtes Pulver! Du bist sicher auch einmal im Keller des Eisenhändlers unter der Arche gewesen und hast sein Lager von Lumpen und Knochen und altem Gerümpel gesehen? Das ist lauter Abfall vom Müllplatz, Dinge, die die menschliche Gesellschaft einmal verbraucht und dann weggeworfen hat. Er holt es wieder herein und nun können die Armen es kaufen. Er kauft auch Brot von den Soldaten, wenn sie ausgehen wollen, und schmeißt es zu dem andern auf den Schmutzhaufen; es heißt, es sei Pferdefutter, aber die Armen kaufen es ihm ab und essen es. Der Müllplatz ist die Speisekammer der Armen – das heißt, wenn die Schweine genommen haben, was sie wollten. Die Amager Bauern mästen ihre Schweine dort und die Gesundheitskommission denkt daran, das zu verbieten; aber mit den Kopenhagener Armen hat niemand Mitleid.«

Pelle schauderte. Es lag etwas Dämonisches in Mortens schrecklichem Wissen – er wusste ja mehr von der Arche als Pelle selber. »Bist du denn auch in diesem widerlichen Lumpenkeller gewesen«, fragte er, »oder woher weißt du das sonst?«

»Nein, aber ich weiß es nun einmal – das ist ja mein Fluch! Frag selber nach, ob sie nicht aus den verfaulten Knochen von da draußen Suppe kochen. Und nicht einmal die Giftstoffe des Müllplatzes können sie abschrecken. Sie fressen sie auf und langen nach mehr. Ich ertrage es nicht, wenn nicht irgendetwas geschieht! Jetzt hast du dich aus dem Staube gemacht und so machen es alle, die etwas ausrichten sollten, einer nach dem anderen; weil sie zufrieden sind oder weil sie ihrem eigenen jämmerlichen Vorteil nachgehen. Die, die was taugen, kneifen aus und nur die Elenden bleiben übrig.«

»Ich hab euch nicht im Stich gelassen«, sagte Pelle warm. »Du sollst sehen, dass ich es nicht getan habe.«

»Es ist nicht zu verwundern, dass sie müde werden«, fuhr Morten fort. »Selbst Gott verliert die Geduld mit denen, die sich fortwährend niedertreten lassen. Über Nacht träumte mir, dass ich zu denen gehörte, die hungern. Ich ging die Straße hinab und war betrübt über meinen Zustand und da begegnete ich Gott. Er war gekleidet wie ein alter Kosakenoffizier und hatte die Knute um den Hals hängen.

›Hilf mir, lieber Gott!‹, rief ich und fiel vor ihm auf die Knie. ›Meine Brüder wollen mir nicht helfen!‹

›Was fehlt dir?‹, fragte er. ›Und wer bist du?‹

›Ich bin einer von deinem auserwählten Volk, von den Armen‹, antwortete ich. ›Ich hungere!‹

›Du hungerst und kommst und klagst deine Brüder an, die Esswaren im Überfluss für dich hingelegt haben?‹, sagte er ganz aufgebracht und zeigte auf alle die schönen Läden. ›Du gehörst nicht zu meinen Auserwählten – mach, dass du wegkommst!‹ Und dann schlug er mich mit der Knute über den Rücken.«

Morten ging trübselig dahin und sagte nichts weiter; es schien, als ob er weder sehe noch höre, er war ganz niedergeschlagen. Plötzlich bog er ab, ohne sich zu verabschieden.

Pelle ging nach Hause; er war ärgerlich über Mortens Heftigkeit, die, das fühlte er, ein Angriff auf ihn war. Er wusste, dass er nicht treulos war; das Glück, eine Familie zu gründen, sollte ihm niemand missgönnen. Er war ganz empört – zum ersten Mal nach langer Zeit. Hier kamen sie und stichelten ihn, der mehr für die Bewegung getan hatte als die meisten, nur deshalb, weil er sich für eine Weile mit seinen eigenen Angelegenheiten befasst hatte. In ihm regte sich etwas Unbändiges, er empfand plötzlich das Bedürfnis, um sich zu schlagen – einen harten Kampf auszufechten und die häusliche Wärme aus dem Körper zu schütteln.

Unten an den Kanälen war man im Begriff, das Eis aufzuhauen, um dem Wasser Luft zu verschaffen. Es war schon eine Frühlingsahnung darin, mit unglaublicher Langsamkeit führte es Eisstücke dem Meer zu. Das wäre eine Arbeit für dich, dachte er. Er fühlte, was eigentlich dahinter lag, ließ es aber nicht in sich aufkommen.

Sobald er in seinen vier Wänden war, beruhigte er sich wieder. Ellen saß am Ofen, mit dem kleinen Lasse beschäftigt, der auf ihrem Schoß auf dem Bauch lag und zappelte.

»Sieh doch bloß einmal, was für ein süßes, kleines Brötchen er hat«, sagte Ellen, »er ist nicht die Spur wund!«

17

Von seinem Platz am Fenster konnte Pelle über den Kanal mit der Zuchthausbrücke hinübersehen, wo die Gefangenen auf dem Holzfloß lagen und Wolle wuschen. Er erkannte Ferdinands große kräftige Gestalt. Kurz nach Weihnachten hatte man ihn in einer unterirdischen Grabkammer des Assistens-Friedhofs eingefangen, wo er sich eingerichtet hatte; der Schnee hatte sein Versteck verraten. Und nun saß er hier, so nahe der Arche und seiner Mutter! Von Zeit zu Zeit hob er den geschorenen Kopf und sah hinüber.

Jenseits der Brücke, nach dem Markt zu, lag der Töpfer mit seiner Schute; er hatte seine jütischen Töpferwaren auf dem Kai aufgestapelt und die Frauen von Christianshavn kamen und handelten mit ihm. Und dahinter ragte die Arche auf.

So ungeheuer sie auch war, so wirkte sie doch nicht wie eine Kaserne, sondern lag da, als habe man hundert Dörfer zu einem unentwirrbaren Haufen zusammengefegt. Ursprünglich war es wohl ein kleiner Fachwerkkasten mit einem großen Stockwerk und einem Dachgiebel gewesen. Dann hatte es angefangen, Großstadt zu zeugen, hatte Ausläufer nach allen Seiten angesetzt und sich kaleidoskopisch nach oben hin einen mächtigen Klumpen mit kleinen Stücken Fassade, einem Keil Dach, tiefen Winkeln und vornüberhängenden Giebeln in einem endlosen Wirrwarr zugelegt – ganz hinauf bis zu dem fünften Stockwerk über der Mitte. Da oben schwebte stets ein blauer Dunstkreis und zeigte den Schacht an, das gemeinsame Atemloch für das Gewimmel der Arche. Hier konnte man Frau Franzens Mansarde mit der Rauchmütze darüber erkennen und weiter hinab, in einer tiefen Gruft, die sich in die Mauermassen hineinschnitt, unterschied er Hannes Fenster. Sonst konnte er nicht viele der kleinen Fenster unterbringen. Sie starrten wie gebrochene Augen. Selbst der Kohlenmann, der ihr Portier war, wusste schlecht Bescheid in den Gängen und Winkeln der Arche.

Er sah die Bewohner der Arche sorglos und mit kurzem Ziel über die Brücke hin und her laufen; sie stürzten immer im letzten Augenblick den Gang entlang. Ihre Vergesslichkeit, die die Not hervorgerufen hatte, war rührend; in der Arche sorgte man erst für das Essen, wenn man sich zu Tisch gesetzt und entdeckt hatte, dass nichts da war.

Und zwischen ihnen wanderten Arbeiter in kleinen Gruppen über die Brücke ein und aus; der taktfeste Schritt Nörrebros war bis hierher vorgedrungen.

Es gärte nicht länger wild in den Massen – es war ein eiserner Wille im Werden. Aus der Verirrung und dem chaotischen Wirrwarr tauchten jetzt Linien auf, ein gemeinsames Bewusstsein entstand und gab dem Ganzen die Richtung. Auf eine seltsame Weise hatten sich die tausende beruhigt und schritten nun langsam und bedächtig voran, erfüllt vom Gedanken des Zusammenschlusses. Einer, der weniger scharf hörte, konnte den Eindruck haben, als wenn nichts vor sich gehe – als hätten sie sich wieder mit ihrem Schicksal abgefunden –, aber Pelle wusste, was sich da regte. Er hatte selber die Schulter dagegengestemmt und war heimlich wieder bei allem dabei.

Glücklich nahm er Ellens verdoppelte Liebe hin und alles, was er unternahm, tat er für sie und das Kind.

Aber in ihm hallten die Fußtritte wider und verstummten nicht; sie waren tiefer eingedrungen, als er selbst wusste. Es war, als sei plötzlich ein Schalldämpfer weggenommen worden; er mochte es wollen oder nicht, er hörte jeden Schritt des Zuges da draußen.

Die schlechten Zeiten veranlassten sie sich still zu verhalten, aber im Verborgenen arbeitete es. Die neuen Ideen breiteten sich aus, sie drangen mit der Zeitung in die Familien ein, sie ertönten von den Rednertribünen des Volkes und bei den Mahlzeiten auf den Arbeitsplätzen. Die Ansteckung drang über Treppengänge und ging von Tür zu Tür. Organisationen, die gegründet und mehrmals auseinander gegangen waren, wurden von neuem gegründet – und diesmal, um bestehen zu bleiben. Die Arbeitgeber bekämpften sie, konnten sie aber nicht niederschlagen; es war wie ein inneres Gesetz in der Masse, wonach sie sich zusammenschließen musste.

Man besteuerte sich selbst und sparte sich die Bissen vom Munde ab, um die Verbandskasse zu kräftigen, in der blinden Überzeugung, dass doch noch irgendetwas Wunderbares aus dem Ganzen herauskommen müsse. Die Armen brachten durch Hunger, Entbehrung und Tränen Vermögen zu Stande und hatten dafür die Befriedigung, dass sie reich waren durch ihre Organisation. Indem sich viele zusammenschlossen, schmeckten sie die Süße des Reichtums; und dankbar, wie sie waren, betrachteten sie schon das als ein Ergebnis. Das Gefühl des Wohlstands stellte sie über die Unorganisierten, in sozialer Beziehung fühlten sie sich ihnen überlegen. In die Gewerkschaft einzutreten bedeutete jetzt einen Aufstieg in der Gesellschaftsordnung. Das bewegte viele und andre wurden durch die starke Kontrolle der Hausbewohner in den

Verband getrieben. Die großen Arbeiterkasernen wurden allmählich von den Ideen durchsäuert; wer sich ihnen nicht anschließen wollte, musste ausziehen, wurde als eine Art Abschaum betrachtet und konnte sich nur in bestimmten Stadtvierteln aufhalten.

Jetzt schien es nicht mehr unmöglich, Festigkeit in die Organisation hineinzubringen und etwas für das Fach auszurichten – falls sich ein tüchtiger Mann an die Spitze stellte. Dass die meisten zu Hause in ihrem Logis arbeiteten, konnte sie nicht länger unsichtbar machen – die Bewegung hatte überall Augen. Pelle ertappte sich dabei, dass er dasaß und Pläne für den Fortgang der Bewegung schmiedete.

Er wies es von sich und richtete alle seine Gedanken auf Ellen und das Kind. Was hatte er mit fremder Not zu schaffen, wenn die beiden all seiner Fähigkeiten und Kräfte bedurften, um das Notwendige zu haben? Er hatte sich unter dem Druck des Elends genug gequält – zu keinem Nutzen! – und hatte seine Befreiung hier gefunden in einer gesegneten Tätigkeit, die zu bewältigen war, wenn er nichts versäumte. Was sollte dann dies Mahnen in seinem Innern, als versündige er sich gegen seine Pflicht?

Durch seine Freude über die beiden brachte er die innere Stimme zum Schweigen, aber sie kam hinterlistig wieder und beunruhigte ihn.

Zuweilen rief etwas, wenn er ruhig dasaß: »Pelle, Pelle!«, oder es klopfte mitten in der Nacht. Dann richtete er sich lauschend im Bett auf. Ellen und das Kind schliefen fest, er hörte die Atemzüge des kleinen Lasse. Er ging zur Tür, öffnete und schüttelte über sich selber den Kopf. Das war doch eine Mahnung: Jemand von denen, die ihm nahe standen, musste Not leiden!

In dieser Zeit stürzte er sich mit all seiner Heftigkeit in das Zusammenleben mit Ellen und dem Kind; er lebte so stark mit ihnen, als stünde er vor einem plötzlichen Aufbruch.

Sie hatten sich auf Abzahlung einen Kinderwagen angeschafft.

Jeden Sonntag packten sie Butterbrote hinein und wanderten dann hinaus nach dem Gemeindeanger oder kehrten in einem Wirtshausgarten in der Umgebung der Stadt ein, wo sie ihre mitgebrachten Vorräte verzehrten und Kaffee tranken. Oft zogen sie auch den Strandvej entlang und gingen bis in den Wald. Lasse Fredrik, wie Ellen ihn nannte, thronte in all seinem Staat im Wagen und glich einem kleinen Abgott und Pelle und Ellen fuhren ihn abwechselnd. Ellen wollte das nicht leiden. »Es ist nichts für einen Mann, den Kinderwagen zu schieben«, sagte sie, »du siehst auch nicht, dass andere es tun! Die lassen hübsch ihre Frauen den Rumpelkasten schieben.«

»Was gehen mich die anderen an«, erwiderte Pelle, »ich halte mir kein Pferd.«

Sie warf ihm einen dankbaren Blick zu – hatte es aber trotzdem nicht gern.

Da draußen verlebten sie herrliche Stunden. Der kleine Lasse durfte herumkrabbeln, so viel er wollte, und es war ganz wunderbar, wie er sich zu tummeln verstand; er war wie ein ausgelassener junger Bär. »Ich glaube, er kann die Erde unter sich spüren«, sagte Pelle, der seinen eigenen Kindheitsrausch wieder erkannte. »Es ist doch ein Jammer mit den Mietskasernen!« Ellen sah ihn verständnislos an.

Sie kamen nicht vom Fleck, es genügte ihnen aber, dazuliegen und sich über das Kind zu freuen, wenn sich der Kleine plötzlich auf den Hintern setzte und sie verwundert ansah, als entdecke er sie erst jetzt. »Nun fängt er an zu denken«, sagte Pelle lachend, »dann kannst du überzeugt sein, dass er hungrig ist.« Und Klein Lasse krabbelte ganz richtig zur Mutter hin, stieß mit dem Ballen der Hand an ihre Brust und sagte: »Mamm, Mamm!« Pelle musste sich mit dem Kinderwagen davorstellen, während der Kleine gefüttert wurde.

Wenn sie nach Hause kamen, war es Abend. War die Fußmatte

fortgerückt, so war jemand da gewesen, um sie zu besuchen; aus ihrer Lage konnte Ellen erkennen, wer es gewesen war. Einmal stand sie aufrecht an der Wand.

»Das ist dein Onkel Zimmermann«, sagte Pelle leise. Der kleine Lasse hing schlafend auf seinem Arm, den Kopf gegen seine Schulter gelegt.

»Nein, Kusine Anna ist es gewesen«, erwiderte Ellen und öffnete. »Gott sei Dank, dass wir nicht zu Hause waren, denn dann hätten wir sie den ganzen Abend auf dem Hals gehabt. Sie essen sonntags nie zu Hause, sondern trinken bloß einen Schluck Kaffee und dann gehen sie herum und fressen die Verwandten kahl.«

18

Pelle dachte oft mit Sorge an die drei Verwaisten in der Arche. Sie lernten nichts, was ihnen für die Zukunft zugute kommen konnte, sondern hatten genug damit zu tun, sich durchzuschlagen. Die schlechten Zeiten trafen auch sie, namentlich litt Karls Verdienst darunter; die Leute kargten mit den Trinkgeldern. In diesen Zeiten hatten sie kaum mehr als einen Tag Vorsprung vor dem Mangel, das geringste Unglück und sie bekamen ihn zu spüren. Aber sie ließen sich nichts anmerken, wurden nur ein wenig ernsthafter und stiller als sonst. Er hatte sich an verschiedenen Stellen erkundigt, um ihnen Hilfe zu verschaffen, aber es ließ sich nicht machen, ohne sie auseinander zu reißen. Alle, die im Stande waren, ihnen zu helfen, würden gegen diese kleine Häuslichkeit einschreiten; und das würde das Schlimmste sein, was den Kindern zustoßen konnte.

Wenn er zu ihnen kam, hatte Marie stets genug zu erzählen und zu fragen; er war immer noch ihr einziger Vertrauter und musste ihre häuslichen Sorgen anhören und ihr Ratschläge geben. Sie schoss jetzt in die Höhe und sah frischer aus als früher, seine Gegenwart brachte Freude in ihre Augen und machte ihr rote Wangen. Über Vater Lasse hielt sie in gerührtem Ton Lobreden, als sei er ein hilfloses kleines Kind; aber wenn sie nach Ellen fragte, blitzte ein wenig Schadenfreude in ihren Augen.

Eines Vormittags, als er daheim saß und arbeitete und Ellen mit dem Kind aus war, schellte es. Er ging hinaus und öffnete. In dem kleinen Briefkasten steckte eine Nummer des »Arbeiters« mit der Aufforderung, die Zeitung zu abonnieren. Er entfaltete die Zeitung, während er sich wieder an den Arbeitstisch setzte; ein merkwürdiger Drang in ihm veranlasste ihn zuallererst die Rubrik Unglücksfälle zu überfliegen.

Er zuckte zusammen. Einem vierzehnjährigen Jungen, der in einer Blechwarenfabrik arbeitete, waren die Finger der rechten Hand abgerissen worden. Eine Ahnung sagte ihm, dass dieses Unglück über seine kleinen Freunde hereingebrochen sei; er zog schnell eine Jacke an und lief in die Arche hinüber.

Marie kam ihm unruhig entgegen. »Kannst du begreifen, was mit Peter los ist? Er ist über Nacht nicht zu Hause gewesen!«, sagte sie bekümmert. »Viele Jungen streifen ja des Nachts auf den Straßen herum, aber das hat Peter bisher nie getan und ich habe sein Essen bis Mitternacht warm gehalten. Vielleicht ist er in schlechte Gesellschaft geraten, dachte ich.«

Pelle zeigte ihr den »Arbeiter«. Binnen kurzem würden die Bewohner der Arche die Notiz bemerken und dann damit hereingestürzt kommen. Da war es doch besser, er bereitete sie vor. »Aber es ist ja gar nicht sicher«, sagte er ermunternd. »Vielleicht ist er es überhaupt nicht.«

Marie brach in Tränen aus. »Ja, natürlich ist er es! Ich habe mir so oft Sorgen gemacht, wenn er von den scharfen Messern erzählte, die immer zwischen ihren Fingern herumlaufen. Und ordentlich in Acht nehmen können sie sich auch nicht, denn es muss alles schnell gehen, sonst werden sie entlassen. Ach, lieber, armer Peter!« Sie war auf dem Stuhl niedergesunken, saß da und wiegte sich hin und her wie eine unglückliche Mutter.

»Sei nun erwachsen und vernünftig«, sagte Pelle und legte ihr die Hand auf die Schulter. »Vielleicht ist es gar nicht so schlimm; die Zeitungen übertreiben immer. Nun will ich hinlaufen und sehen, dass ich ihn aufspüren kann.«

»Geh zuerst in die Fabrik«, rief Marie und erhob sich energisch, »da wissen sie es bestimmt am besten. Aber du darfst auf keinen Fall sagen, wo wir wohnen – hörst du! Denk daran, dass wir nicht zur Schule gegangen sind – und er ist auch nicht beim Pfarrer angemeldet, um konfirmiert zu werden. Wir können bestraft werden, wenn man das entdeckt.«

»Ich werde mich schon in Acht nehmen«, sagte Pelle und eilte davon.

In der Fabrik erhielt er den Bescheid, dass Peter im Hospital liege. Er lief dahin und kam gerade noch rechtzeitig zur Besuchszeit. Peter saß aufrecht im Bett, die Hand in einer Binde; sie sah wunderlich verkrüppelt in der Binde aus. Und in das Gesicht des Knaben hatte der Gram schon die tiefen, unauslöschlichen Spuren eingegraben, die die Invaliden der Arbeit kennzeichnen. Die fürchterliche Tragweite der Verstümmelung stand in seinem grübelnden Kinderblick geschrieben.

Er freute sich, als er Pelle sah und machte eine unwillkürliche Bewegung mit der rechten Hand; dann besann er sich und reichte ihm die linke. »Na ja, nun muss man ja die linke Flosse geben«, sagte er mit einem vergrämten Lächeln, »das wird mir noch komisch vorkommen. Wenn ich man überhaupt was tun kann, denn sonst . . .« Er machte eine drohende Bewegung mit dem Kopf. »Das will ich dir sagen, Marie und Karl werde ich nicht mein ganzes Leben lang zur Last fallen. Glaubst du, dass ich je wieder arbeiten kann?«

»Wir werden schon etwas für dich finden«, sagte Pelle, »es gibt auch gute Menschen. Vielleicht hilft dir irgendjemand, dass du studieren kannst!«, er wusste selber nicht, wieso ihm gerade dieser Gedanke kam; er selber hatte noch nie einen solchen Fall erlebt. Die Märchenträume seiner Kindheit erzeugten solche Vorstellungen, die durch die Anekdoten von armen Knaben aus den Lesebüchern genährt wurden. Er stand dem Unmöglichen gegenüber und griff ganz einfach nach dem Unmöglichen.

Peter hatte keine Lesebücher hinter sich. »Gute Leute!«, rief er höhnisch aus. »Die haben ja selber nichts und ich kann ja nicht einmal lesen – wie soll man da studieren? Karl kann lesen; er hat sich das aus den Schildern auf der Straße rausgetüftelt, wenn er Botengänge machte – er kann auch schreiben! Und Hanne hat Marie ein wenig unterrichtet. Aber ich bin ja mein Leben lang nur in der Fabrik gewesen.« Er starrte bitter vor sich hin; er war traurig, wie abgezehrt sein Gesicht war – ganz eingefallen!

»Mach dir trotzdem keine Sorgen!«, sagte Pelle zuversichtlich. »Wir finden schon etwas.«

»Aber verschon mich mit der Armenpflege! Lauf bloß nicht hin und bettele für mich«, erwiderte Peter zornig. »Und, Pelle«, er flüsterte, damit niemand im Zimmer es hören sollte, »hier ist es wirklich nicht angenehm. Über Nacht lag da ein alter Mann und starb dicht neben mir. Er starb am Krebs und sie stellten nicht einmal einen Bettschirm davor. Die ganze Zeit lag er da und starrte mich an! Aber in ein paar Tagen komme ich sicher raus. Dann muss ja bezahlt werden – sonst kommt die Sache an die Armenverwaltung und die fangen gleich an zu schnüffeln. Ich habe ihnen was aufgebunden, Pelle! Kannst du nicht kommen und mich auslösen? Marie hat Geld für die Miete liegen – das kannst du ja nehmen.«

Pelle versprach es und eilte heim an seine Arbeit. Ellen war zu Hause. Sie ging umher und sah verwundert aus. Er erzählte ihr von der Sache. »Ein ganz prächtiger Junge ist er«, sagte er fast weinend. »Etwas zu ernst von all der Arbeit – und jetzt ist er ein Krüppel. Noch ein Kind und schon Arbeitsinvalide; es ist schrecklich, sich das vorzustellen!«

Ellen trat an ihn heran und lehnte seinen Kopf an ihre Schulter. Beruhigend strich sie ihm über das Haar.

»Wir müssen etwas für ihn tun, Ellen«, sagte er dumpf.

»Du bist so gut, Pelle. Du würdest gern allen Menschen helfen; aber was können wir tun? Unsere Sparpfennige haben wir ja für das Wochenbett aufgebraucht.«

»Wir müssen irgendetwas von unseren Sachen verkaufen oder versetzen.«

Sie sah ihn entsetzt an. »Pelle, aus unserem Heim! Wir haben doch nur das Allernotwendigste. Und so wie du unsere armseligen Sachen liebst! Aber wenn du meinst, dann natürlich! Du tust ja doch schon was für ihn, indem du ihm deine Zeit opferst.«

Da schwieg er. Sie fing mehrmals von der Sache an als von etwas, das überlegt werden müsse, aber er antwortete nicht. Ihr Gerede peinigte ihn – entweder handelte man oder man schwieg.

Am Nachmittag hatte er in der Stadt zu tun und ging dann zur Fabrik. Er wandte sich an das Kontor und es gelang ihm, den Fabrikanten selber zu sprechen. Der Fabrikant war unangenehm berührt von dem Vorgefallenen, wusste aber geltend zu machen, dass der Unfall ausschließlich die Folge von Unvorsichtigkeit sei. Er riet Pelle eine Sammlung unter den Arbeitern der Fabrik vorzunehmen und spendete als Erster zwanzig Kronen. Außerdem stellte er in Aussicht, dass Peter, der ein zuverlässiger Junge sei, die Stelle als Bote und Einkassierer erhalten könne, wenn er genesen sei.

Peter war beliebt unter seinen Kameraden; es kam eine hübsche Summe zusammen. Pelle bezahlte seinen Hospitalaufenthalt und es blieb so viel übrig, dass Peter nach Hause gehen und unbekümmert ausruhen konnte, bis die Hand geheilt war und er den Platz als Bote in der Fabrik antreten konnte. Der kleine Invalide war richtig guter Laune, als er sein Auskommen gesichert wusste; er verbrachte die Zeit damit, in der Stadt herumzuschlendern, wo Musik war, und neue Melodien zu lernen. »Das sind die ersten Ferien, die ich gehabt habe, seit ich in die Fabrik kam«, sagte er zu Pelle.

Den Platz als Bote bekam er nicht – es war ihm ein anderer zuvorgekommen; aber er durfte wieder seine alte Arbeit verrichten! Mit den Überresten der rechten Hand konnte er die Blechplatte auf den Tisch niederdrücken, die linke musste sich darin üben, sie zwischen den drehenden Messern zu bewegen. Das erforderte Zeit und noch mehr Aufmerksamkeit.

Das Unglück brannte sich in Pelles Seele ein und weckte seinen schlummernden Gram. Der Zufall hatte ihm die drei Verwaisten zu Geschwistern gegeben und er fühlte Peters Schicksal so brennend, als habe es ihn selber getroffen. Eine Schande war es, dass Kinder sich ihren Unterhalt durch lebensgefährliche Arbeit verdienen mussten, um sich die abscheuliche Armenverwaltung vom Leibe zu halten. Was war das für eine Gesellschaftsordnung? Er empfand das Bedürfnis draufloszuschlagen.

Dues Schicksal bedrückte ihn von neuem, Ellens weiche Hände konnten es nicht wegwischen. »Sieh doch nicht immer so wütend aus – du machst dem Kind ja bange«, sagte sie und reichte ihm den kleinen Lasse hin. Und Pelle versuchte zu lachen. Aber es wurde nur ein grimmiges Lächeln.

Er empfand kein Bedürfnis, Ellen in seine blutende Seele hineinsehen zu lassen, und sprach mit ihr nur über gleichgültige Dinge. Sonst saß er da und schaute in die Ferne, wachsam nach jedem Zeichen spähend; das Gefühl, zu etwas Besonderem auserwählt zu sein, erfüllte ihn wieder. Er war sicher, dass eine Botschaft für ihn unterwegs war.

Und dann starb Schuster Petersen und er wurde wiederum aufgefordert die Leitung der Gewerkschaft zu übernehmen.

»Was sagst du dazu?«, fragte er Ellen, obwohl sein Beschluss unwiderruflich gefasst war.

»Das musst du ja selber wissen«, erwiderte sie zurückhaltend. »Wenn du Vergnügen daran hast, dann . . .«

»Ich tue es nicht um meiner selbst willen«, sagte Pelle finster. »Ich bin ja kein Frauenzimmer.«

Er bereute seine Worte sofort und küsste sie. Sie hatte Tränen in den Augen und sah ihn verwundert an.

19

Es gab genug zu tun. Die Abtrünnigen mussten der Organisation wieder zugeführt werden – zugeführt oder hineingezwungen! Pelle nahm die Willigsten zuerst und ließ auf die anderen die Zahl einwirken. Die ganz Störrischen ließ er einstweilen noch ihren eigenen Kurs segeln; wenn sie isoliert und gekennzeichnet waren, konnten sie keinen Schaden anrichten.

Er war ausgeruht und ging ganz methodisch zu Werke. Das Gefühl, Kräfte bis an das Ende des Weges zu haben, verlieh ihm eine Ruhe, die Vertrauen einflößte. Er übereilte sich nicht, sondern packte das Ganze von Grund auf an; die eigentlichen Probleme rührte er noch nicht an, bis die Bedingungen, sie zu lösen, vorhanden waren. Vom letzten Mal wusste er, dass man ohne festen Zusammenhalt nichts ausrichten konnte.

Damit ging der Rest des Sommers dahin. Dann stand die Organisation fertig da und es sah so aus, als könne sie einem Druck widerstehen. Die erste Frage war der Tarif. Der war veraltet und schlecht, fast in allen Punkten rückständig; das Fach seufzte unter den niedrigen Sätzen, die mit der Entwicklung und der Verteuerung aller Dinge nicht Schritt gehalten hatten. Aber Pelle ließ seinen praktischen Sinn sprechen. Der Zeitpunkt war nicht günstig für die Forderung nach Lohnerhöhung. Die Organisation konnte der Forderung nicht genug Nachdruck verleihen, man musste sich vorläufig damit begnügen, dem geltenden Tarif Achtung zu verschaffen. Mehrere von den größeren Meistern richteten sich nicht danach, obgleich sie ihn selber mit eingeführt hatten. Namentlich mit Hofschuhmachermeister Meyer sah es arg aus; er benutzte alle möglichen Auswege, um die Lohnsätze zu drücken.

Es liefen beständig Beschwerden ein und eines Tages ging Pelle zu ihm hin, um die Dinge mit ihm zu besprechen und zu einem Ergebnis zu gelangen. Er war bereit, um die Unantastbarkeit des Tarifs einen Kampf aufzunehmen; sonst konnte ja jeder große Versprechungen machen und sich nachher davor drücken. Er hatte eigentlich erwartet, dass der Hofschuhmacher ihm die Tür weisen würde; das geschah jedoch nicht, aber Meyer behandelte ihn mit einer Art höflicher Unverschämtheit. Der Hass gegen den alten Feind erwachte von neuem in Pelle; er hatte seine liebe Not, sich zu beherrschen. »Die Sperre wird über Sie verhängt werden, wenn Sie sich nicht innerhalb von acht Tagen mit Ihren Gesellen einigen«, sagte er drohend.

Meyer lachte spöttisch. »Was Sie sagen! Ja, Ihre Sperre, die kennen wir ja. Aber dann erklärt der Meisterverein Aussperrung für das ganze Fach – was meinen Sie dazu? Dann sind alle Hüte billig zu haben!«

Pelle schwieg und zog sich zurück; das war die einzige Art, wie er sich seine Kaltblütigkeit zu bewahren vermochte. Jetzt war gesagt, was gesagt werden musste, und er war kein Diplomat, der ruhig lächelnd mit einem Teufel vor Augen dastehen konnte.

Meyer geleitete ihn dienernd bis an die Tür. »Wenn ich Ihnen sonst mit etwas dienen kann – mit Arbeit zum Beispiel? Ich kann in dieser Zeit sehr gut einen Arbeiter für Kinderschuhzeug gebrauchen.«

Als Pelle auf die Straße trat, atmete er tief auf. Puh, ha, das war hart; ein paar Grobheiten und eins aufs Maul, das wäre die beste Antwort auf die Unverschämtheit des Mannes gewesen. Na, das war eine Probe für seinen hitzigen Sinn und jetzt war sie bestanden! Wenn er den Mund hielt, konnte er also die Situation meistern.

Nun verhängen wir also die Sperre über Meyer, dachte er, während er die Straße hinabging. Und was dann? Ja, dann schlägt er zurück und verhängt die Aussperrung. Können wir das aushaken? Nicht lange, aber die Meister können es auch nicht lange – ihre Geschäfte werden ruiniert. Aber dann lassen sie Gesellen aus dem Ausland kommen – oder, falls das nicht geht, lassen die Arbeit anderswo machen; sie führen in großen Mengen Fabrikware und Maschinen ein – womit sie ja schon so bei Kleinem angefangen haben!

Pelle blieb mitten auf der Straße stehen. Verdammt und verflucht, das ging nicht! Er musste Acht geben, dass er nicht die ganze Geschichte zu Rührei machte. Wenn sich diese Dinge erst einbürgerten, so wurden im selben Augenblick eine ganze Menge Menschen brotlos. Aber den Hofschuhmacher wollte er fassen; es musste ein Mittel geben, um dem Blutsauger eine Ohrfeige zu versetzen, dass er es an seinem Geldbeutel spürte. Am nächsten Morgen kam er wie gewöhnlich zu Meister Beck. Beck sah ihn von weitem über die Brille an. »Ich habe nichts mehr mit Ihnen zu schaffen, Pelle«, sagte er leise.

»Nanu!«, rief Pelle erschrocken aus. »Aber wir haben doch viel zu tun, Meister!«

»Ja, aber ich kann Sie nicht länger beschäftigen. Es geschieht gegen meinen Willen; ich bin immer sehr zufrieden mit Ihnen gewesen, aber die Verhältnisse sind nun einmal so. Es gibt so vieles, was man in Betracht ziehen muss; ohne Material kann ein Schuster nicht arbeiten und Kredit beim Lederhändler kann man auch schlecht entbehren.« Mehr wollte er nicht sagen.

Aber Pelle hatte auch so verstanden. Als Vorsitzender des Meistervereins hatte Meyer Beck gezwungen ihn zu verabschieden – durch die Drohung ihm seine Bezugsquellen zu verstopfen. Pelle wurde getroffen, weil er an der Spitze der Organisation stand – obwohl sie jetzt anerkannt war. Das war ein Eingriff in das Koalitionsrecht. Und doch war nichts dagegen zu machen; man hatte das Recht, einen Mann zu verabschieden, wenn man keine Verwendung mehr für ihn hatte. Meyer war ein pfiffiger Kerl!

Pelle trieb sich eine Weile mutlos umher. Er hatte keine Lust, mit der traurigen Nachricht zu Ellen zu kommen, und ging zu verschiedenen Meistern, um nach Arbeit zu fragen. Aber sobald sie hörten, wer er war, fiel ihnen ein, dass eigentlich doch nichts für ihn zu tun sei. Er merkte, dass man hinter seinen Namen ein Kreuz gesetzt hatte.

So musste er sich denn auf die Heimarbeit stützen und versuchen mehr Kunden unter den Bekannten seiner Bekannten zu gewinnen. Und im Übrigen musste er Tag und Nacht bereit sein, falls ein kleiner Meister, der ohne Hilfe herumpusselte, plötzlich mehr zu tun bekam, als er bewältigen konnte.

Ellen nahm die Dinge hin, wie sie waren, und beklagte sich nicht. Aber gegen die Ursache leistete sie stummen Widerstand. Pelle fand bei ihr keine Unterstützung in seinem Kampf; den musste er allein ausfechten. Er änderte seinen Kurs deshalb nicht, er wurde nur eigensinnig. Da war eine Seite an ihm, die Ellens Wesen nicht zu decken vermochte – nun ja, sie war doch ein Frauenzimmer, mit dem man Nachsicht haben musste! Er war gut zu ihr und stellte sie in seinen Gedanken immer mehr auf eine Stufe mit dem kleinen Lasse. Dadurch machte er sich von ihrer Ansicht über ernste Dinge frei – und fühlte sich mehr als Mann.

Dank dem kleinen Gehalt, das ihm sein Posten als Vorsitzender einbrachte, litten sie keine Not. Es war eigentlich nicht nach Pelles Sinn und er hatte große Lust, auf die paar hundert Kronen zu verzichten. Es floss kein Tropfen Beamtenblut in seinen Adern und er begriff nicht recht, dass man, wenn man etwas für den allgemeinen Nutzen tat, eine Vergütung dafür bekommen sollte. Aber nun kam ihm das Geld doch gelegen und er hatte andere Dinge zu tun, als von Kleinigkeiten Aufhebens zu machen. Die Sperre hatte er aufgegeben, aber sein Gehirn grübelte beständig nach Wegen, um den Hofschuhmacher zu fassen; das beschäftigte ihn Tag und Nacht.

Eines Tages kam ihm der Gedanke, Meyers eigene Taktik anzuwenden. Ganz unschuldig hatte man ihn aus der Arbeit hinausgedrängt – wie, wenn er es ebenso machte und ganz im Stillen dem Hofschuhmacher seine Leute wegnähme? Meyer war der böse Geist des Gewerbes. Kraft seiner Übermacht saß er wie ein Tyrann da und hielt alles nieder. Es musste möglich sein, als Vergeltung ein Kreuz hinter seinen Namen zu setzen! Und Pelle hatte nicht die Absicht, es mit den Mitteln so genau zu nehmen.

Er besprach die Sache mit dem Schwiegervater, der wieder Zutrauen zu ihm gefasst hatte. Stolpe, der ein gerissener alter Taktiker war, riet ihm, keine Versammlung wegen dieser Angelegenheit einzuberufen, sondern das Ganze mit jedem Einzelnen unter vier Augen zu ordnen, sodass man den Fachverein nicht fassen konnte. »Du hast ja jetzt Zeit genug«, sagte er. »Geh erst zu den zuverlässigen Leuten und mach ihnen begreiflich, was für ein Kerl Meyer ist, und nimm ihm zuallererst seine besten Leute weg; dass er die schlechten behält, kann ihm ja nicht viel nützen. Du verstehst es ja, den Kollegen die Hölle heiß zu machen, wenn du willst! Mach deine Sache so gut, dass niemand den Mut hat, an den Platz derer zu treten, die ihn verlassen. Er muss von Mann zu Mann als der gestempelt werden, der er ist.«

Pelle schonte sich nicht; er ging von einem Genossen zum anderen, stark und anfeuernd. Und was sich vor drei Jahren als unmöglich erwiesen hatte, ließ sich jetzt durchführen; der Groll gegen das Unrecht hatte sich in den Gemütern festgesetzt.

Meyer hatte die Manier gehabt, seine Arbeiter umsonst nach Arbeit rennen zu lassen – es sei nicht fertig zugerichtet, sie müssten wieder kommen! Und wenn ihnen die Arbeit dann ausgeliefert wurde, sollte sie gewöhnlich Hals über Kopf fertig gemacht werden. Es lag Absicht darin. Es machte die Leute demütig und fügsam.

Aber nun wurde der Spieß umgedreht. Die Arbeiter kamen nicht und lieferten die dringliche Arbeit nicht zum verabredeten Zeitpunkt ab; er musste danach schicken und erhielt seine eigenen Worte als Antwort: Sie sei noch nicht ganz fertig, aber sie wollten sehen, was sich machen ließe! Er musste seinen eigenen Arbeitern die Tür einrennen, um seine feine Kundschaft nicht vor den Kopf zu stoßen. Die ersten Fälle beantwortete er durch die Bank mit Verabschiedung. Aber das half nichts; es war ein Hochmutsteufel in die einfachen Schuhmachergesellen gefahren, es sah aus, als wenn sie die Begriffe Herr und Untergebener auf den Kopf stellten! Die harte Hand half nichts, er musste es mit guten Worten versuchen. Sein Geschäft hatte die ganze vornehme Welt zur Kundschaft und bedurfte ständig eines Stabes von Elitearbeitern. Aber nicht einmal Freundlichkeit half. Kaum hatte er einen guten Gesellen bekommen, so war der auch schon wieder weg, und fragte er nach dem Grund, so erhielt er immer dieselbe spöttische Antwort: Sie hätten keine Lust zu seiner Arbeit. Er bot hohen Arbeitslohn und holte sich mit hohen Unkosten tüchtige Leute von auswärts, aber Pelle war immer unterrichtet und suchte sie sofort auf. Wenn sie nur einige Tage unter seinem Einfluss gestanden hatten, reisten sie wieder ab oder gingen zu anderen Meistern, die jetzt, wo es mit Meyers Geschäft zurückging, mehr zu tun bekamen. Die Leute, die in seine Werkstatt kamen, erzählten, dass er oben umhergehe und wüte und die Unschuldigen ausschimpfe und auch fortjage.

Meyer fühlte eine Hand hinter diesem allem; er verlangte, dass der Meisterverein die Aussperrung erklären sollte. Aber die anderen Meister witterten darin einen Schachzug von seiner Seite. Sein eigenes Geschäft lag darnieder und da wollte er auch die ihren zum Stillstand bringen. Sie hatten vielleicht im Grunde nichts gegen den neuen Zustand einzuwenden; eine Veranlassung zu einer Aussperrung konnten sie jedenfalls nicht feststellen.

So bequemte er sich denn an Pelle zu schreiben und forderte ihn auf zu verhandeln – um die Unruhe im Fach zu beseitigen. Pelle, der noch keine Übung in der Verhandlungskunst besaß, antwortete Meyer so ungefähr, er solle ihm den Buckel runterrutschen. Er zeigte jedoch dem Schwiegervater seine Antwort, ehe er sie abschickte.

»Nein, zum Teufel, das geht nicht!«, sagte Stolpe. »Siehst du, mein Junge, auf den Ton kommt es an, wenn man Gewerkschaftspolitik betreiben will. Die Großen sehen auf die Verpackung! So war ich am Anfang auch – raus mit der Wahrheit und ihnen damit ins Gesicht gesprungen! Aber das ging nicht – man war zu ungehobelt, mit so einem konnten sie nicht verhandeln. So ein bisschen treuherzige Lügerei macht sich viel besser! Na ja, deshalb muss man Diplomat sein und einen Fuchs mit dem anderen Fuchs einfangen. Schreib mal auf, was ich dir sage. Ich will dir ein Muster geben. Also . . .«

Stolpe ging eine Weile im Zimmer auf und nieder und sah nachdenklich aus; er war in Hemdsärmeln und Pantoffeln und hatte die beiden Zeigefinger in die Westentaschen gesteckt. »Bist du so weit, Schwiegersohn? Na, denn man los!

An den Vorsitzenden des Meistervereins
der Schuhmacher,
Herrn Hofschuhmachermeister Meyer
Indem ich den Empfang Ihres sehr Geehrten vom gestrigen Datum bestätige, gestatte ich mir zu bemerken, dass, so weit mir bekannt

ist, zur Zeit überall im Fach völlige Ruhe und geordnete Verhältnis-se herrschen, sodass kein Grund zu einer Verhandlung besteht.
Im Auftrag der Gewerkschaft
Hochachtungsvoll
Pelle

So, das hat Hand und Fuß, was? Darunter hätte auch Napoleon seinen Namen setzen können, ohne sich zu genieren. Und boshaft genug ist es auch«, sagte Stolpe vergnügt. »Schreib das nur ein bisschen hübsch ab – und dann nimmst du einen großen Briefumschlag.«

Pelle fühlte sich ganz erhoben, als er den Text auf einen großen Bogen Papier abgeschrieben hatte; das Schreiben glich einem Tagesbefehl vom Amtmann oder Bürgermeister daheim. Nur in Bezug auf das Boshafte darin hegte er seine begründeten Zweifel.

Ein paar Tage später saß er vormittags zu Hause und arbeitete. Die dazwischen liegenden Tage hatte er Löscharbeit im Hafen annehmen müssen, jetzt saß er da und besohlte ein Paar Seestiefel für einen Matrosen auf dem Kohlenschiff. Auf der anderen Seite des Tisches saß der kleine Lasse und plauderte und ahmte seine Bewegungen nach und jedes Mal, wenn Pelle einen Pflock einschlug, klopfte der Junge mit der Klapper auf den Rand des Tisches. Pelle lachte ihm zu. Ellen ging zwischen der Küche und der Stube hin und her; sie war ernst und schweigsam.

Es schellte. Sie stürzte zum Ofen und riss die Kinderwäsche herunter, dann ging sie hinaus und öffnete.

Ein brünetter, korpulenter Herr im Gehpelz trat dienernd ein, den hohen Hut hielt er mit den Handschuhen und dem Stock vor sich hin. Pelle wollte seinen Augen nicht trauen – es war der Hofschuhmacher. Er kommt bestimmt, um mit dir abzurechnen!, dachte er und bereitete sich auf einen Kampf vor. Er bekam Herzklopfen; alte Untertänigkeit wollte wieder aufsteigen und sich seiner bemächtigen. Aber das währte nur einen Augenblick, dann hatte er sich gefasst. Ruhig bot er seinem Gast einen Stuhl an.

Meyer saß da und sah sich in dem einfachen, netten Stübchen um, als wolle er erst die Hilfsmittel seines Feindes mit seinen eigenen vergleichen, ehe er etwas unternahm. Pelle fing seinen wandernden Blick auf. Er sitzt ja geradezu da und guckt, ob nicht was aufs Leihhaus gewandert ist, dachte er empört.

»Hm, ich habe Ihr geehrtes Schreiben erhalten«, begann Meyer endlich. »Sie sind also der Ansicht, dass keine Veranlassung zu einer Erörterung des Zustandes vorliegt; aber – äh – ich meine doch . . .«

»Nein, das meine ich allerdings nicht«, erwiderte Pelle, der sich vorgenommen hatte am Ton des Schreibens festzuhalten. »Es herrscht ja überall völlige Ordnung. Überhaupt scheint es ja jetzt besser zu gehen, wo wir jeder unseren Verband haben und die Dinge auf gleicher Ebene regeln können.« Er sah Meyer unschuldig an.

»So, meinen Sie das? Es kann Ihnen doch nicht unbekannt sein, dass mich meine Arbeiter einer nach dem anderen verlassen – um nicht zu sagen, sie werden mir weggenommen. Ich kann Ihnen nicht den Gefallen tun, das geordnete Verhältnisse zu nennen.«

Pelle saß da und ärgerte sich über Meyers gezierten Ton. Zum Teufel auch, warum brauste er nicht auf wie ein ordentlicher Mensch, anstatt dazusitzen und Anspielungen zu machen! Aber wollte er Firlefanzereien haben, denn nur zu! »So – Ihre Leute laufen Ihnen weg?«, fragte er interessiert.

»Ja, das tun sie«, sagte Meyer und sah überrascht auf. Pelles Ton machte ihn unsicher. »Und sie schikanieren mich, halten ihre Termine nicht ein und lassen meine Boten vergebens laufen. Früher hat jeder seine Arbeit geholt und gebracht, jetzt muss ich dafür Boten halten; das kann das Geschäft nicht tragen.«

»Die Gesellen haben aber auch vergebens laufen müssen – ich

habe doch selber bei Ihnen gearbeitet«, erwiderte Pelle. »Sie sind also der Ansicht, dass wir den Zeitverlust besser tragen können?«

Meyer zuckte die Achseln. »Das gehört doch zu eurem Erwerb, die Verhältnisse basieren nun einmal auf dieser Ordnung. Aber wenn ich dann wenigstens sicher sein könnte, dass ich Leute habe. Das geht nicht so weiter, Mensch!«, schrie er plötzlich auf. »Verdammt und zugenäht, das geht nicht, das ist nicht ehrlich!«

Der kleine Lasse sprang auf und fing an zu brüllen. Ellen kam hastig herein und trug ihn ins Schlafzimmer.

Ein scharfer Zug grub sich um Pelles Mund. »Wenn Ihre Leute Sie verlassen, dann werden sie wohl Grund dazu haben«, erwiderte er; am liebsten aber hätte er Meyer direkt ins Gesicht gesagt, dass er ein Aussauger sei. »Die Gewerkschaft kann ihre Mitglieder nicht zwingen für einen Mann zu arbeiten, mit dem sie vielleicht nicht auskommen können. Ich habe eben selbst in einer Werkstatt den Abschied bekommen – aber deshalb kann man doch nicht die beiden Verbände alarmieren.« Er sah seinen Widersacher fest an, als er ihm diesen Hieb versetzte; sein Gesicht zitterte leicht.

»Aha«, erwiderte Meyer und rieb sich die Hände mit einem Ausdruck, der besagte, dass er nun endlich festen Boden unter seinen Füßen spürte. »Nun kommt es endlich heraus. Sie sind auch ein Diplomat, ein großer Diplomat! – Sie haben einen klugen Mann, kleine Frau!«, wandte er sich an Ellen, die sich am Büfett zu schaffen machte. »Hören Sie, Herr Pelle, Sie sind ein Mann für mich und wir müssen zu einem Ergebnis kommen. Wenn zwei tüchtige Leute miteinander reden, dann kommt auch etwas dabei heraus – das kann gar nicht anders sein! Ich habe Verwendung für einen intelligenten und tüchtigen Fachmann, der dem Maßnehmen und Zuschneiden vorstehen kann. Der Posten wird gut bezahlt und Sie können einen schriftlichen Kontrakt auf eine Reihe von Jahren bekommen. Was sagen Sie dazu?«

Pelle hob mit einem Ruck den Kopf. Ellens Augen sprühten Funken, sie wurden seltsam dunkel und richteten sich zwingend auf ihn – als wollten sie einen Willen in ihn hineinbrennen. Einen Augenblick starrte er verwirrt vor sich hin. Das Anerbieten kam ihm ganz überraschend; dann lächelte er. Ei, ei, sollte er jetzt als Handlanger des Aussaugers gekauft werden?

»Das ist nichts für mich«, antwortete er.

»Sie müssen sich mein Angebot natürlich überlegen«, antwortete Meyer und stand auf. »Sagen wir, drei Tage?«

Als der Hofschuhmacher gegangen war, kam Ellen langsam auf ihn zu und legte ihren Arm auf Pelles Schulter. »Was für ein kluger und tüchtiger Mann du doch bist«, sagte sie leise und spielte mit seinem Haar – in ihrem Wesen lag etwas, das einer Abbitte glich. Das Angebot erwähnte sie mit keinem Wort, sondern fing an bei ihrer Arbeit zu trällern. Es war lange her, dass Pelle sie hatte singen hören; und der Gesang gab ihm die Zuversicht, dass er diesmal siegen werde.

20

Pelle führte den Kampf unverdrossen weiter, schlug sich mit widrigen Verhältnissen und Abtrünnigen herum. Im Verlauf des Kampfes fand er sich immer wieder auf demselben Fleck. Meyer hatte neue Arbeiter aus dem Ausland geholt und Pelle musste wieder von vorn anfangen: sie bearbeiten, dass sie wieder abreisten, oder sie unter den Hausbewohnern unmöglich machen, sodass sie umziehen mussten. Der Nachwinter war hart und kam Meyer zu Hilfe. Er bezahlte seine Arbeiter jetzt gut und hatte eine Schar Unorganisierter zusammengebracht; eine Zeit lang sah es so aus, als könne er sein Geschäft wieder hochbringen. Aber Pelle hatte die Unorganisierten nur aus Zeitmangel in Ruhe gelassen; jetzt suchte er sie auf und kam mit mehr Autorität als das letzte Mal. Man sprach schon von seinem starken Willen, die meisten ergaben sich ihm sogleich. »Dem kann kein Teufel widerstehen«, sagten sie.

Er schwankte nicht in seinem Glauben an den Sieg, er philosophierte sich nicht auf die andere Seite des Resultats hinüber, sondern setzte alle Kräfte darein, es zu erreichen. Starke Mächte regten sich in ihm und führten ihn den geraden Weg. Die Verbandskollegen folgten ihm willig und nahmen die Entbehrungen, die die Entvölkerung der Werkstatt mit sich brachte, willig hin. Er besaß ihr Vertrauen und sie fanden, dass es im Grunde ein herrlicher Spaß wäre, den Spieß einmal umzudrehen. Sie hatten es ausgekostet, was es heißt, vergebens zu laufen, um Arbeit und um Lohn zu betteln und zu zanken – die Kleinen zu sein. Es machte Spaß, die Rollen zu vertauschen. Jetzt spielten die Mäuse mit der Katze und amüsierten sich gut dabei, obwohl sie hin und wieder deren Krallen zu spüren bekamen.

Pelle fühlte das Vertrauen von Mann zu Mann durch die Bereitwilligkeit, mit der sie ihm folgten, als sei er nur der Ausdruck ihres eigenen Wünschens und Wollens. Und wenn er auf den Generalversammlungen und Zusammenkünften aufstand, um Rechenschaft abzulegen oder zu agitieren, und ihm der Beifall der Kameraden entgegenschlug, spürte er, wie starke Kräfte in ihm zusammenströmten. Er war wie der Schnabel eines Schiffes, in ihm steckte die ganze Kraft vorn. Sein Selbstgefühl wuchs: Er war zu etwas ausersehen.

Der Pelle, der mit Meyer so klug und ruhig verhandelt und deutlich gemacht hatte, was er wollte, ohne auch nur ein böses Wort zu sagen, war nicht der gewöhnliche Pelle! Etwas Größeres arbeitete in ihm, mit mehr Verantwortung, als er selbst aufbrachte! Und er prüfte sich selbst, um sich dieses Größere bewusst anzueignen; er fühlte, dass dort Kräfte waren.

Dies Höhere stand in mystischem Zusammenhang mit so vielem; bis in seine früheste Kindheit konnte er es als eine reiche Verheißung zurückverfolgen. So viele auch hatten unwillkürlich etwas von ihm erwartet – er hatte ihnen nur verwundert gelauscht, jetzt aber wurde es zur Prophezeiung.

In seinem persönlichen Umgang achtete er genauer auf seine Worte, jetzt, wo sich ihm ihre unbegrenzte Tragweite offenbart hatte. Aber bei der Agitation waren ihm die stärksten Worte die natürlichsten; sie kamen wie ein Echo aus dem leeren grenzenlosen Raum, der hinter ihm lag. Er beschäftigte sich mit seiner Persönlichkeit. All das, dem er bisher sorglos Spielraum gegeben hatte, sollte nun eingespannt werden und einem Zweck dienen. Auch sein Verhältnis zu Ellen prüfte er, entschuldigte sie und gab sich Mühe, ihre Ansprüche an das Glück zu verstehen. Er war sanft und gut zu ihr – aber unbeugsam im Wesentlichen.

Wegen des Hofschuhmachers machte er sich keine Skrupel. Der hatte lange genug auf allen Gebieten seine Übermacht missbraucht; durch sein großes Geschäft hatte er die Zustände geschaffen und beherrscht, die schlechten Verhältnisse mussten auf ihn zurückgeführt werden. Es war jetzt Sommer und eine gute Zeit für die Arbeiter und sein Geschäft ging stark zurück. Pelle sah seinen Fall voraus und fühlte sich als gerechter Rächer.

Der jahrelange Kampf nahm seine ganze Kraft in Anspruch. Immer war er unterwegs, kam nach Hause gestürzt, ging an die Arbeit, die dalag und auf ihn wartete, schaffte sie beiseite wie ein Wütender und eilte wieder von dannen. Von Ellen und dem kleinen Lasse sah er in dieser Zeit nicht viel, sie lebten ihr Leben ohne ihn.

Die Tatsache, dass der Zusammenhalt jetzt fest war, beruhigte ihn nicht. Ständig war er unterwegs, um noch mehr zu stützen und zu untermauern; er wollte dem Unvorhergesehenen nicht zum Opfer fallen. Seine Unermüdlichkeit steckte die Kameraden an, sie wurden immer eifriger, je mehr sich der Kampf in die Länge zog. Er wuchs für sie durch die Opfer, die er forderte, und durch die Kraft des Widerstandes; Meyer wurde allmählich zu einem Koloss, den niederzuhauen jeder seine Wohlfahrt einsetzen musste. Familien gingen dabei zu Grunde; aber je mehr Opfer der Kampf forderte, umso unbekümmerter schienen sie drauflosszugehen. Und sie jubelten vor Freude an dem Tag, als der Koloss fiel – wenn er auch einige von ihnen unter sich begrub.

Pelle war unbestrittener Sieger: Der Schustergeselle hatte den größten Arbeitsherrn des Faches zu Fall gebracht! Sie fragten nicht, was es gekostet hatte, sondern triumphierten über seinen Sieg. Sie riefen Hurra, wenn er sich blicken ließ oder wenn sein Name genannt wurde. Früher wäre ihm das zu Kopf gestiegen, aber jetzt fand er den Ausgang ganz natürlich – als Ausdruck eines höheren Willens!

Schon ein paar Tage darauf berief er eine Versammlung der Gewerkschaft ein, legte den Entwurf zu einem neuen, zeitgemäßen Tarif vor und forderte sie auf den Kampf um diesen Tarif sogleich zu beginnen. »Die Gelegenheit kann nicht besser sein«, sagte er, »jetzt haben wir gesehen, wozu wir taugen! Mit der Tariffrage schlugen wir Meyer nieder, deshalb müssen wir das Eisen schmieden, solange es heiß ist!«

Er rechnete darauf, dass die Kameraden gerade jetzt in kämpferischer Stimmung waren, trotz all der Entbehrungen, die der Kampf von ihnen gefordert hatte – und er irrte sich nicht. Sein Vorschlag wurde einstimmig angenommen.

Ein Lohnkampf wurde es nicht. Meyer lief jetzt für eine Lederfirma mit einem Musterkoffer bei den Meistern herum, der Anblick des einst so mächtigen Mannes wirkte entmutigend. Der Meisterverein benannte ein paar Meister, die mit dem Fachverein über die Lohnerhöhung verhandeln sollten.

21

Es geschah oft, dass Pelle sich nach dem stillen, innigen Zusammenleben mit Ellen und dem kleinen Lasse zurücksehnte. Wehmütig fühlte er, dass sie in einer glücklichen Welt lebten und im Begriff waren, sich so einzurichten, dass sie ihn entbehren konnten. Wenn du jetzt dies von der Hand hast, wirst du wieder so recht gemütlich mit ihnen leben, dachte er.

Aber das eine hing unauflöslich mit dem anderen zusammen, aus der Lösung einer Frage entsprang die andere, die Welt des armen Mannes entpuppte sich als eine verwickelte Angelegenheit. Sein Ruf als Organisator verbreitete sich weiter, überall arbeitete man für den Gedanken des Zusammenschlusses und viele fingen an, die Augen erwartungsvoll auf ihn zu richten.

Häufig kamen Arbeiter zu ihm und baten ihn, ihnen behilflich zu sein, eine Organisation zu bilden – niemand könne das so gut wie er. Da beriefen sie denn eine Versammlung ein und Pelle legte ihnen die Sache vor.

Es war etwas von dem großen Schwung in seine Reden gekommen, aber sie verstanden ihn gut. »Er redet so, dass einem die Ohren jucken«, sagten sie zueinander. Es wurden Vertrauensmänner gewählt und Pelle weihte sie in die praktische Seite der Sache ein.

»Aber ihr müsst Geld opfern, damit ihr eine Kasse bekommt«, sagte er ständig, »ohne Geld vermögen wir nichts. Bedenkt, dass es das Kapital selber ist, gegen das wir kämpfen.«

»Sollen Büchsen im Kampf eingesetzt werden?«, fragte ein einfältiger Arbeiter einmal.

»Ja, Sparbüchsen«, antwortete Pelle schnell.

Da lachten sie und kehrten die Taschen um. Sie sahen ein wenig auf das Geld, ehe sie es hergaben. »Ach was, es verschlägt ja doch nichts«, sagten sie dann.

»Der Tag wird kommen, wo es doch verschlägt – wenn wir nur zusammenhalten«, sagte Pelle zuversichtlich.

Es war das Schmalz, das von ihrem Brot geschrapt wurde – das wusste er gut, aber es half nichts! Er war in dieser Zeit nicht besser gestellt als einer von ihnen.

Seine Tätigkeit brachte ihn mit immer mehr Menschen zusammen, bis er sich eines Tages mitten unter den Massen befand. Ihre Anzahl erstaunte ihn nicht, er hatte das eigentlich immer gewusst! Er wuchs mit der Masse und legte einen immer größeren Maßstab an die Bewegung und an sich selbst.

In dieser Zeit ging eine merkwürdige äußere Veränderung mit ihm vor. Seine Stirn hatte noch immer die tiefen Falten, die bei jungen Menschen auf eine ernste Kindheit zu deuten pflegen; sie waren das einzige bittere Zeugnis dessen, was er auf sich genommen hatte, und erinnerten an eine düstere Wolke. Sonst war er frisch genug, das schlechte Leben brachte ihn nicht herunter; er lebte in dem Gefühl der Gemeinschaft und war fast immer froh. Er bekam runde Wangen wie ein Hornbläser und geblähte Nasenlöcher, die das Feurige unterstrichen; er brauchte viel Luft und trug die Kleider immer über der Brust aufgeknöpft. Sein Gang war aufrecht und elastisch, seine ganze Erscheinung wirkte herausfordernd. Wenn er in Versammlungen redete, war Kraft in seinen Worten, er wurde dunkelrot und schwitzte. Etwas von der Röte blieb auf Antlitz und Hals zurück und es war beständig ein hitziger Klang in seiner Stimme. Wenn er dahergegangen kam, wirkte er wie der Vorbläser einer Kolonne.

Die vielen waren sein Element. Es war viel, was unter einen Hut gebracht werden musste. Noch fehlte den meisten das klare Verständnis, altes Misstrauen tauchte plötzlich auf, es liefen viele Zweifel unter den Massen um. Einige glaubten blindlings, andere sagten: »Egal, ob uns der eine oder der andere rupft!«, es geschah nichts, was einem jeden in die Augen fallen konnte; sie mussten sich auf den Mann verlassen wie der Blinde auf den Führer und verlangten jederzeit seine Stimme zu hören. Pelle wurde ihr Lieblingsredner. Er fühlte, wie ihr blindes Vertrauen ihn erhob, und sah für sie über allen Wirrwarr hinweg. Er hatte immer etwas mit dem Glück zu schaffen gehabt. Jetzt sah er es deutlich weit draußen auf dem Weg und er entflammte sie mit seiner unwiderstehlichen Begeisterung.

Eines Abends war er geholt worden ein flaues Fach aufzurütteln. Es waren die Aborträumer, und um ihr Selbstgefühl anzustacheln, zeigte er ihnen, welch ungeheure Macht sie bei ihrer verachteten Tätigkeit besaßen. Er machte das Gedankenexperiment, dass sie die Arbeit niederlegten, und malte mit viel Humor die Folgen aus, die dies für die feine Welt haben würde. Das übte eine überwältigende Wirkung auf die Versammlung aus. Man starrte einander an, als entdecke man erst jetzt sich selber, und brach in Lachen aus. Um die Wirkung auszunutzen, zeigte er, wie abhängig eine Wirksamkeit von der anderen ist, und ließ ein Fach das andere stützen, bis der Generalstreik seine lähmende Hand auf die Stadt legte. Das war eine Phantasie! Pelle kannte die Theorien der Bewegung nicht, aber er zeigte klar die äußersten Konsequenzen. Aufgerüttelt und erschrocken über die fürchterliche Macht, die sie in Händen hatten, gingen die Arbeiter nach Hause.

Es war etwas dabei, was ihn nicht befriedigte. Es lag in seiner Natur, aufzubauen – nicht zu zerstören! Wenn die Armen nur wollten, könnten sie sich des Ganzen bemächtigen, hatte Morten einmal gesagt und die Worte hatten nicht aufgehört in ihm zu spuken. Aber er konnte keine gewaltsamen Umwälzungen leiden und nun hatte er ja einen guten Ausweg gefunden! Er war überzeugt, dass der unverbrüchliche Zusammenhalt unwiderstehlich war und das Dasein auf friedliche Weise umwandeln würde.

Seine eigenen Fachgenossen hatte er so zusammengeschweißt, dass sie nun miteinander durch Dick und Dünn gingen. Er hatte ein wenig damit erreicht – sollte es aber ein wirkliches Ergebnis zeitigen, so mussten die Berufskollegen hier mit denen in allen anderen Orten des Landes zusammenarbeiten – und das war schon im Kleinen eingeleitet, sowohl in seinem Fach als auch in anderen Berufen. Aber alle diese lokalen Fachvereine mussten wiederum in einem mächtigen Ganzen aufgehen, sodass das ganze Land gleichsam ein Gedanke wurde! In anderen Ländern trug sich ja dasselbe zu wie hier, und warum denn nicht alle Länder zu einem großen Zusammenwirken sammeln?

Ehe Pelle es sich versah, hatte er die ganze Erde mit seiner Solidarität umspannt. Er wusste nun, dass das Elend international ist. Dass der arme Mann auf der ganzen Welt dasselbe fühlte, davon war er überzeugt.

Die Größe des Gedankens stieg ihm nicht zu Kopf, er war natürlich aus den Grenzen seiner eigenen Organisation herausgewachsen – es war eins wie das andere. Aber er fuhr fort sich damit zu beschäftigen, bis es feste Formen annahm. Und dann ging er mit dem Plan zu seinem Schwiegervater, der Mitglied des Parteivorstandes war, und wurde von ihm aufgefordert ihn dem Hauptvorstand vorzulegen.

Pelle hatte jetzt Übung im Reden und doch hatte er Lampenfieber, als er dem starken Herzen der Bewegung gegenüberstand. Seine Worte konnten die vielen hinreißen; würde es ihm aber gelingen, diese erfahrenen Männer zu gewinnen, die das Ganze leiteten, während sie ruhig ihrer Arbeit nachgingen? Er fühlte, dass es der bedeutungsvollste Tag in seinem Leben war.

Es waren Männer von ruhigerem Temperament als dem seinen. Sie saßen unbeweglich da und lauschten mit halb geschlossenen Augen; seine starken Worte riefen den Anflug eines Lächelns bei ihnen hervor – über solche Ideen waren sie längst hinaus! Es waren Handwerker und Arbeitsleute, die den ganzen Tag genau wie er selber hart um ihr Auskommen kämpften; aber mehrere von ihnen hatten ein intensives Selbststudium hinter sich und mussten gelehrte Leute genannt werden. Des Abends und am Sonntag arbeiteten sie für die Bewegung, schmiedeten politische Pläne und vertieften sich in das Rechnungswesen und in die ständig wachsende Verwaltungsarbeit. Sie waren schwerfällig geworden durch all das Ungewohnte, das bisher den anderen Gesellschaftsklassen vorbehalten war und das sie sich von Grund auf aneignen mussten; die Köpfe waren ergraut, die Gesichter faltig.

Pelle fühlte, dass er erst am Anfang stand. Diese Männer wirkten auf ihn wie ein mächtiger geheimer Rat. Draußen sahen sie aus wie alle anderen, aber hier saßen sie am grünen Tisch und schufen die ungeheure Organisation, in die er die Massen hineintrieb; die große Politik wurde hier gemacht. Es lag etwas Vermessenes darin – als ob man Ameisen Pläne machen sah, einen Berg zu versetzen; und hier musste er hinein, wenn er wirklich etwas ausrichten wollte! Aber hier verlangte man etwas anderes als starke Worte. Er dämpfte unwillkürlich seinen Ton und bemühte sich rein sachlich zu reden.

Es erscholl kein Beifall, als er schwieg; die Männer saßen da und sahen grübelnd vor sich hin. Das Schweigen wirkte auf ihn wie ein ungeheurer leerer Raum und machte ihn schwindlig. Alles in ihm lag nach außen gewendet und sog Stärke aus dem Widerhall von da draußen, von den vielen her, die ihn geschaffen hatten. Aber hier im entscheidenden Moment schwieg das Ganze und ließ ihn schweben – ohne Stützpunkt irgendwelcher Art. War der ganze gewaltige Plan des Zusammenwirkens nur eine Torheit oder war er zu ungeschickt ihn jetzt, wo es darauf ankam, richtig vorzulegen? Niemand antwortete. Die Führer fragten ihn ruhig nach den Einzelheiten seines Planes und nahmen ihn zur Erörterung an.

Pelle ging und war in entsetzlicher Spannung. Er fühlte, dass er an etwas gerührt hatte, das die große Entscheidung in sich trug, und bedurfte einer Bestätigung, dass er die Sache richtig angefasst hatte. In dieser Not wandte er sich an sich selbst. Es war nicht seine Art, nach innen hineinzufragen, aber hier wollte kein anderer antworten. Er musste die Anerkennung bei sich selbst suchen.

Es war das erste Mal, dass Pelle allen Ernstes zu seinem eigenen Ich Zuflucht nahm und erfuhr, dass man im entscheidenden Augenblick dort hinfliehen konnte. Aber ihm gefiel die Einsamkeit nicht und er tat es nur notgedrungen. Sein Herz hüpfte, als er die Mitteilung erhielt, dass sein Plan angenommen worden sei. Es wurde ein Ausschuss gewählt, um ihn auszuführen, und Pelle wurde Mitglied dieses Ausschusses.

Der Landeszusammenschluss schuf mit einem Schlag ein Heer aus den vielen Abteilungen und wirkte allein durch seine Masse anziehend. Es war eine große, anstrengende Arbeit, die Scharen zu ordnen, die herzuströmten, wie das Wasser dem Meer zuströmt – kraft eines Naturgesetzes. Es würde großes Feldherrntalent erfordern, sie zur entscheidenden Schlacht aufzustellen und ins Feuer zu führen.

Pelle rückte in die erste Reihe der Organisation; seine Arbeit war die bahnbrechende, agitatorische; niemand besaß wie er die Ohren der Menge. Er hatte feste Werkstattarbeit bei einem der größten Meister erhalten, darin lag eine Anerkennung der Organisation und die Lohnerhöhung bewirkte, dass er einigermaßen zurechtkam. Er hatte nichts dagegen, dass die Arbeit außer Hause getan werden musste. Der Ton daheim hatte den lichten Klang verloren. Ellen war liebevoll genug, aber sie verband immer eine Ansicht damit – und er ließ sich nicht wieder binden!

Wenn er nach Hause kam, so geschah es in der Regel, um eine Mahlzeit einzunehmen, sich fertig zu machen und wieder davonzustürzen – zu Versammlungen und Ausschussverhandlungen. Vater Lasse war in der Regel abends da und sah ihm sehnsüchtig nach, wenn er Frau und Kind verließ. Er begriff es nicht, wagte aber nicht, etwas zu sagen – er hatte großen Respekt vor den Unternehmungen des Jungen. Der Alte und Ellen hatten einander gefunden. Sie waren wie ein Paar Pferde in einem Gespann – es lag ein großer Trost darin.

Pelle ging dahin wie in einem Machtrausch, den ihm das Gefühl der immer größer werdenden Scharen einflößte. Er war gleichsam eine Verkörperung dieser Scharen und hörte ihren Fußtritt in seinen Schritten widerhallen; es war ganz natürlich, dass die Verhältnisse große Ausmaße annahmen. Er war ein Produkt alter Kultur, aber einer Kultur, die sich immer auf der Schattenseite gehalten hatte und auf schweren, knappen Sätzen aufgebaut war, deren jeder eine Lebenssumme bitterer Erfahrungen in sich schloss. Das Bedürfnis nach Sonne und Licht war ständig zurückgedrängt worden und lag nun seit undenkbaren Zeiten aufgehäuft da und hatte eine ungeheure Spannung erzeugt. Jetzt löste sie sich und er stieg schwindelnd auf. Sein Gehirn schwankte hoch oben in einem blendenden Lichtnebel.

Aber im Grunde war er weiterhin der handfeste Realist und stand mit den Füßen auf der Erde! Die Generationen, auf denen er fußte, hatte die Kälte in Zucht gehalten und gelehrt sich mit dem Nötigsten zu begnügen; das überlieferten sie ihm – einfach und geradezu, ohne Firlefanzereien. Die Vorgänge in seiner Welt wirkten unmittelbar. Die Wirkung kam in gerader Linie von der Ursache her – aber sie verhielten sich oft wie der große Brand und das Streichholz zueinander. Hierin lag die Stärke seiner Phantasie: kraft ihrer konnte er mit so einfacher Ausrüstung das Ganze umspannen.

Angst wegen des Schicksals dieser Masse fühlte er nicht; wo er nicht vorwärts sehen konnte, kam ihm der alte Fatalismus zu Hilfe. Sein Wort flammte gleich hoch auf und hielt die Hoffnung in vielen aufrecht, die selber nicht den Sinn des Ganzen verstanden und fanden, dass die Zahlen zwar größer und größer würden, dass man im

Übrigen aber noch immer nicht weiter wäre. Wo er selbst nichts sah, war er wie eine Linse, die das Halbdunkel sammelte und es als volles Licht zurückwarf.

Morten ging er am liebsten aus dem Wege. Pelle hatte allmählich alle Theorien der Bewegung aufgenommen, sie füllten ihn gut und behaglich an. Und was konnte man wohl mehr erreichen, als im Einklang mit dem Ganzen zu stehen? Morten hatte den unfruchtbaren Drang, das Gemüt aus seinem Gleichgewicht zu bringen; er holte die Worte immer von innen hervor, von Stellen, wo man noch nie gewesen war, sie waren wie die Gottesstimme in der Bibel, die die Leute immer in ihrem Vorhaben hemmen musste! Pelle hatte Ehrfurcht vor seinem eigenartigen Wesen, das nie mit der Masse ging – und drückte sich um ihn herum.

Aber seine Gedanken liefen oft zu ihm hin. Morten hatte das erste Licht in dem Chaos entzündet, in dem die Erfahrungen über Pelles Welt des armen Mannes darniederlagen, und wenn er etwas Entscheidendem gegenüberstand, fragte er sich unwillkürlich, wie Morten gehandelt haben würde.

Zuweilen trafen sie einander auf Versammlungen, die von den Arbeitern selber einberufen worden waren und wo sie beide mitwirkten. Morten hatte keinen Respekt vor den bestehenden Gesetzen und wohl auch nicht vor neuen. Er nahm nicht an der Parteibildung teil und wurde von den Führern ein wenig beiseite geschoben. Aber mit dem Mann auf der Straße hatte er engen Kontakt. Er wirkte auf eigene Faust, griff in einzelnen Fällen von Not und Unrecht ein wie kein anderer und arbeitete daran, das Volk selber denken zu lehren.

Und sie liebten ihn. Zu Pelle und den anderen sahen sie auf und machten ihnen mit leuchtenden Augen Platz; Morten stellten sie sich lächelnd in den Weg. Sie wollten ihm die Hand drücken – er konnte sich kaum zur Rednertribüne hindurcharbeiten. Sein bleiches Gesicht erfüllte die Gesichter der anderen mit Freude – Frauen und Kinder hingen an ihm. Wenn er in seinem einfachen Zeug durch die Straßen der Armenviertel ging, lächelten ihm die Frauen zu. »Das ist er, der Meistergesell, der so büchergelehrt und so gut ist«, sagten sie zueinander, »und jetzt hat er alle seine Bücher verkauft, um einem armen Kind zu helfen!« Und dann gaben sie ihren Kleinen einen Puff und die Kinder gingen hin, reichten ihm die Hand und folgten ihm bis ans Ende der Straße.

22

Wenn Pelle hin und wieder einmal drüben in der Arche war, um nach den drei Geschwistern zu sehen, verbreitete sich die Nachricht schnell wie ein Lauffeuer. »Pelle ist hier!«, ertönte es von Galerie zu Galerie und sie eilten auf die Treppe hinaus, um ihm zuzunicken und zu versuchen ihn mit einem Schluck Kaffee zu locken. Die alte Franzen war ausgezogen; sie verschwand, als Ferdinand damals aus dem Gefängnis kam – niemand wusste, wohin. Sonst gab es hier keine Veränderung. Einige Fabrikarbeiterinnen hatten sich zu nächtlicher Zeit um die Hausmiete gedrückt, andere waren an ihre Stelle getreten. Von Zeit zu Zeit hatte einer ausgedient und war aus den dunklen Gängen herausgeholt und auf einen Leichenwagen getragen worden – wie immer. In der Arche spürte man keine Veränderung.

Es geschah, dass Pelle bei der Witwe Johnsen vorsprach. Sie saß trübselig da und wendete alte Soldatenhosen, während sie Hannes Kleine wartete, die ein schönes Mädchen zu werden versprach. Alt war sie geworden und saß immer da und schalt über das Kind; wenn Pelle sie besuchte, kam ein frischer Hauch in ihr freudloses Dasein. Dann erinnerte sie sich des Ausflugs in den Wald und der gemütlichen Abende unter der Ampel und seufzte. Hanne sah gar nicht nach Pelle hin. Wenn sie aus der Fabrik nach

Hause gestürzt kam, hatte sie nur Augen für ihr kleines Mädchen, das sich ihr entgegenwarf und sofort spielen wollte. Die Öde des Tages saß der Kleinen in den Augen und die Mutter musste sie bei den Händen nehmen, so wie sie ging und stand, und mit ihr und der Puppe herumtraben.

»Ich ging wohl über den hohen Berg . . .«,

sang Hanne und die Kleine sang mit – sie konnte es schon! Hannes Augen ruhten still auf dem Kind, mit so zufriedenem Ausdruck, als habe sie wirklich das Glück eingefangen. Sie glich einer jungen Witwe, die ihren Anteil am Dasein erhalten hat; und in der Arche nannten sie alle die Witwe – Witwe Hanne. Das war eine Huldigung, die man ihrem Wesen darbrachte, sie warfen einen Witwenschleier über ihr Schicksal, weil sie es mit solcher Würde trug. Sie hatte so viel erwartet und nun übertrug sie alle ihre Erwartungen auf ihr Kind, als habe der Fremde ihr kein größeres Geschenk machen können!

Peters Unglück hatte dem kleinen Heim einen schweren Stoß versetzt. Sie hatten sich immer nur gerade so über Wasser gehalten und jetzt verdiente er weniger mit seiner verkrüppelten Hand. Karl wollte vorwärts und ging zum Konfirmandenunterricht – das kostete auch Zeit und Kleider. Den Rückgang in Peters Verdienst hatten sie dadurch ausgeglichen, dass sie Lasses Zimmer kündigten und sein Bett in ihre Stube hineinstellten. Aber sie wuchsen alle drei gut heran, es gehörte allerhand Essen und Kleidung dazu.

Peters Charakter hatte einen kleinen Knacks bekommen, er war nicht mehr so froh bei seiner Arbeit; oft drückte er sich davor und lungerte auf der Straße herum, anstatt in die Fabrik zu gehen. Zuweilen war er des Morgens nicht aus dem Bett herauszutreiben, sondern kroch unter das Federbett und versteckte sich. »Ich kann nicht mit meiner kranken Hand«, sagte er weinend, wenn Marie ihn herausziehen wollte, »jeden Augenblick sind die Messer dicht davor, mich zu schnappen.«

»Dann bleib zu Hause!«, sagte Marie schließlich. »Besorg du das Haus, dann werde ich sehen, dass ich ein wenig verdiene. Drüben in dem neuen Haus in der Torvegade kann ich rein machen.«

Aber dann stand er auf und schlich von dannen, er wollte nicht, dass ein Frauenzimmer das Essen für ihn verdiente.

Karl war ein frischer, munterer Strolch, auf den nichts Eindruck machte. Die Straße hatte ihn erzogen, hatte ihre Schlammschicht auf seinem Äußeren abgesetzt und den unauslöschlichen Funken in seinen Augen entzündet. Er glich den Spatzen der Hauptstadt, die rauchgeschwärzt, leuchtend vor städtischer Intelligenz, sich zwischen den schweren Wagenrädern tummeln und alles wissen. Er war jeden Tag irgendwo in der Klemme, kam aber immer mit heiler Haut davon. Das ständige Herumrennen saß ihm im Körper als ein nie ruhender Impuls. Viele Auswege fand er, um der Unsicherheit seines Erwerbs abzuhelfen; der kleine Hausstand ruhte hauptsächlich auf ihm. Aber jetzt hatte er es satt, seine Nahrung auf der Straße zu suchen, es war Trieb zum Vorwärtskommen in ihm, er wollte Kaufmann werden. Das Einzige, was ihn zurückhielt, war die Rücksicht auf das Heim.

Pelle sah ein, dass das kleine Heim jetzt aufgelöst werden musste. Marie entwickelte sich stark; es war nötig für sie, aus der Arche herauszukommen, und wenn Karl seiner Jugend nicht folgen durfte, sondern sich den Geschwistern opfern musste, würde er als Eckensteher enden. Kurz entschlossen auf eigene Faust handelnd, wie er es gewohnt war, verschaffte er Karl durch einen Unterstützungsverein die nötige Ausstattung und brachte ihn als Lehrling bei einem Kaufmann unter, für den der Junge Botendienste verrichtet hatte.

Eines Sonntagvormittags ging er mit einem großen Paket unter dem Arm in die Arche hinüber. Er hatte den kleinen Lasse an der

Hand, alle Augenblicke bückte sich der Junge umständlich, nahm einen kleinen Stein auf, zog den Vater an das Bollwerk und warf den Stein ins Wasser. Er schwatzte unablässig.

Pelle ließ sich mitziehen und antwortete mechanisch. Er dachte an das kleine Heim der Kinder, das sich ihm einmal so gastfrei geöffnet hatte und das nun aufgelöst werden sollte. Vielleicht würde das Karls und Maries Rettung sein; für sie lag draußen eine Zukunft bereit, frisch und mutig, wie sie beide waren. Und Vater Lasse konnte zu ihm ziehen; es ging wohl, dass man sein Bett des Nachts in der Wohnstube aufschlug und es am Tage beiseite räumte – Ellen war nicht mehr so eigen. Aber Peter – was sollte aus dem werden? Das Heim war das Einzige, was ihn noch hielt.

Als der kleine Lasse durch den Tonnengang in die Finsternis der Arche hineinsah, wollte er nicht mit. »Pfui, pfui«, sagte er und widersetzte sich energisch. Pelle musste ihn auf den Arm nehmen. »Lasse mag das nich!«, sagte er und stemmte die Hände gegen die Schulter seines Vaters. »Lasse will runter!«

»So«, sagte Pelle lachend, »mag Lasse die Arche nicht leiden? Vater findet es hier großartig!«

»Warum?«, fragte der Knabe schmollend.

Warum – ja, dafür konnte Pelle nicht einmal eine Erklärung geben. »Wohl weil ich hier einmal gewohnt hab!«, erwiderte er.

»Und wo war Lasse da?«

»Damals saßest du noch in Mutters Augen und lachtest Vater an.«

Da vergaß der Junge seine Angst vor der Dunkelheit und dem schweren Holzwerk. Er drückte seine Stupsnase gegen die des Vaters und guckte ihm in die Augen, um zu sehen, ob in denen auch ein kleiner Junge säße; und er lachte, als er sich selbst darin erblickte.

»Wer sitzt denn nu in Mutters Augen?«, fragte er.

»Nun sitzt eine kleine Schwester da und freut sich darauf, mit

Lasse zu spielen«, sagte Pelle. »Aber jetzt musst du selber gehen, es schickt sich nicht für einen Mann, auf dem Arm zu sitzen!«

Die drei Geschwister warteten schon gespannt; Karl hüpfte und sprang in der Luft herum, als er das Paket sah.

»Wo ist Vater Lasse?«, fragte Pelle.

»Er ist für die Trödlerin mit dem Ziehwagen weggefahren, er sollte ein Sofa holen«, erwiderte Marie. Sie hatte den kleinen Lasse auf den Schoß genommen und fraß ihn beinahe auf.

Karl zog die feinen Kleider an, sein frisches Gesicht leuchtete vor Freude. Die Hosen waren reichlich lang, aber es war ja gerade schick, mit aufgekrempelten Hosen zu gehen. Darüber kam man also leicht hinweg.

»Jetzt siehst du aus wie ein richtiger Heringsbändiger«, sagte Pelle lachend.

Karl lief auf den Gang hinaus und kam gleich wieder herein, mit klatschnassem Kopf, das Haar mitten über der Stirn gescheitelt.

»Ach, du Narr, willst du das wohl sein lassen!«, schrie ihn Marie an und fuhr ihm über den Kopf. Sie schlugen sich sogar. In einer Ecke saß Peter schweigend da und starrte vergrämt zum Fenster hinaus.

»Na, Peter, Kopf hoch!«, sagte Pelle und schlug ihm auf die Schulter. »Sobald wir den großen Zusammenschluss erreicht haben und die Sache richtig funktioniert, verschaffe ich dir auch etwas. Du kannst zum Beispiel Bote werden.«

Peter erwiderte nichts, sondern wandte den Kopf ab.

»So ist er immer – er ist so gnatzig! – Sei doch ein bisschen manierlich, Peter!«, sagte Marie tadelnd. Da nahm er seine Mütze und ging.

»Nun geht er nach Nörrebro zur Braut – und dann sehen wir ihn in den nächsten Tagen nicht wieder«, sagte Marie und sah ihm nach. »Sie ist eine Fabrikarbeiterin – sie hat ein Kind von einem, der sie hat sitzen lassen!«

»Er hat schon eine Braut?«, sagte Pelle.

»Ja, was ist denn dabei? Er ist doch schon siebzehn Jahr. Aber es ist nichts an ihr dran.«

»Sie hat rote Haare! Und dann schleift sie das eine Bein nach, als wollte sie die Pflastersteine mitnehmen«, sagte Karl. »Sie könnte gut seine Mutter sein.«

»Ich finde, ihr solltet nicht über ihn herziehen«, sagte Pelle ernst.

»Das tun wir auch nicht!«, sagte Marie. »Aber er macht sich gar nichts daraus, wenn wir gut zu ihm sind. Und er kann es nicht ausstehen, wenn wir vergnügt sind. Lasse sagt auch, es ist, wie wenn er verhext wäre.«

»Jetzt habe ich auch eine Stellung für dich, Marie«, sagte Pelle. »Bei Ellens alter Herrschaft in der Holbergsgade – da hast du es gut. Aber du musst schon am ersten Oktober antreten.«

»Das wird fein, dann gehen Karl und ich am selben Tag in Stellung!« Sie klatschte in die Hände. »Aber Peter!«, rief sie plötzlich. »Wer soll denn für ihn sorgen? Nein, das kann ich nicht, Pelle!«

»Wir müssen sehen, dass wir ein gutes Logis für ihn finden. In Stellung musst du – es geht nicht an, dass du länger hier bleibst.«

Vom Ende des langen Ganges drang ein wunderlicher Laut zu ihnen herein; es klang wie eine Mischung von Choralgesang und Weinen. Der kleine Lasse stand neben der geöffneten Tür und sagte: »S-s, singen, s-s!«

»Ja, das sind die Papparbeiterin und der große Jüte«, sagte Marie, »bei denen ist heute Beerdigung. Nun hat das kleine Wurm ausgelitten, Gott sei Dank!«

»Sind das neue Leute?«, fragte Pelle.

»Nein, sie sind im Frühling eingezogen. Er hat hier nicht gewohnt, aber jeden Samstagabend kam er und ließ sich ihren Wochenlohn geben. ›Du bist verrückt, dass du ihm den Wochenlohn gibst, wenn er nicht bei dir wohnt!‹, sagten wir zu ihr. Denn er hätte lieber Prügel haben sollen als Geld. ›Er ist ja doch der Vater des

Kindes!‹, antwortete sie und gab ihm das Geld doch. Und des Sonntags, wenn er es vertrunken hatte, bereute er es und dann kam er und prügelte sie, denn sie hätte es ihm ja nicht zu geben brauchen. Sie war wirklich verrückt, denn sie hätte ja bloß wegzugehen brauchen, wenn er kam. Aber sie hatte ihn lieb und machte sich nichts aus den paar Ohrfeigen – sie brachte dann das Kind so lange zu uns. Essen für das Wurm hatte sie auch nie und nu ist es ja tot.«

Die Tür da unten tat sich auf und der große Jüte kam mit einem kleinen Sarg unter dem Arm heraus. Er sang mit lallender Stimme Gesangbuchverse, während er dastand und wartete; im Seitenflügel hinter der Scheidewand äffte eine Knabenstimme den Gesang nach. Das Gesicht des Jüten war rot und geschwollen vom Weinen, der Rausch der Nacht saß ihm noch schwer in den Beinen. Hinter ihm kam die Mutter und nun gingen sie mit Grabesschritten den Gang entlang; ihr dünner schwarzer Schal hing trübselig um sie herum, sie hielt das Taschentuch vor den Mund und weinte still. Das leichenblasse Gesicht sah aus wie stockfleckig.

Pelle und der kleine Lasse mussten fort.

»Du hast jetzt immer solche Eile«, sagte Marie unzufrieden. »Ich wollte uns eben Kaffee kochen.«

»Ja, ich habe heute allerlei zu tun. Sonst bliebe ich gerne noch ein wenig bei dir!«

»Weißt du, dass du berühmt wirst?«, sagte Marie und sah ihn bewundernd an. »Die Leute reden beinahe ebenso viel von dir wie von dem starken Klempnermeister. Sie sagen, du hättest den größten Mann der Stadt zu Boden geschlagen.«

»Ja, sein Geschäft habe ich zerschlagen«, erwiderte Pelle lachend. »Aber wo ist denn unser Kaufmann geblieben?«

»Der ist wohl unten auf der Straße, um sich zu zeigen!«

Karl ging wirklich da unten umher und ließ sich von den Jungen und Mädchen bewundern. Eine ganze Schar hatte sich um ihn versammelt. »Du, dann kommen wir zu dir in den Laden, wenn der

Krämer nich da is, und dann spendierst du was!«, hörte Pelle einen von ihnen sagen.

»Fällt mir gar nicht ein. Wenn ihr euch untersteht, dann kriegt ihr eins aufs Maul!«, antwortete Karl. »Glaubt ihr, dass ich euch da herumlungern haben will?«

Oben am Ende der Straße schwankte der große Jüte dahin, den Sarg unter dem Arm, die Frau folgte ihm auf den Fersen und sie hielten sich mitten auf dem Fahrweg, als bildeten sie einen Leichenzug. Es war ein trübseliger Anblick. Die graue, öde Straße glich einem Gefängnis.

Alle Kellerfenster, ausgenommen das der Brotfrau, hatten geschlossene Läden. Oben an dem Eingang zu ihrem Laden stand eine Schar schmutziger Kinder und schmierte sich mit Näschereien ein; alle Augenblicke schlüpfte eins von ihnen in den Keller, um für eine Öre zu kaufen. Ein kleines, sonntäglich gekleidetes Mädchen mit stramm geflochtenem Zopf balancierte mit einer großen Tasse voll Sahne am Rinnstein entlang und drüben in einem Torweg standen ein paar Burschen und dachten an Schelmenstreiche.

»Wollen wir heute ausgehen?«, fragte Ellen, als Pelle und der kleine Lasse nach Hause kamen. »Die gute Jahreszeit ist bald vorbei.«

»Ich muss zur Ausschussversammlung«, erwiderte Pelle zögernd. Sie tat ihm Leid; sie sollte wieder ein Kind haben und ging so verlassen im Hause herum. Aber es war unmöglich, dass er daheim blieb.

»Wann, glaubst du, dass du wiederkommst?«

»Das weiß ich nicht, Ellen. Es kann sehr wohl den ganzen Tag dauern.«

Da schwieg sie und trug das Essen auf.

23

Dies Jahr war, wenn möglich, noch schlechter als die vorhergehenden. Schon im September standen die Arbeitslosen in langen Reihen mit nassen Füßen an den Kanälen und Marktplätzen. Die Knöchel an ihren Handgelenken waren dick und blau und deuteten auf strengen Winter, die Hühneraugen der alten Leute hatten ihn schon lange geweissagt und unter den Kesseln der armen Leute liefen Feuersterne hin. »Nun kommt der große Winter und schließt das Elend ab«, sagten die Leute. »Und dann bekommen wir gute Zeiten!«

Im Oktober meldete sich der Frost und fing an alles stillzulegen, was die schlechten Zeiten noch nicht stillgelegt hatten.

In der Stadt der Armen wird von der Hand in den Mund gelebt; schlägt heute etwas fehl, dann sieht man es morgen früh an den Tellern. In diesen zehntausend Häuslichkeiten liegt die Not immer zusammengerollt unter dem Tisch; wie ein Bär im Winterschlaf liegt sie den Sommer über da, entsetzlich eingefallen, und knurrt böse im Traum. Aber die Armen sind an ihre Gesellschaft gewöhnt und achten nicht darauf, solange sie nicht ihre schwere Pfote auf den Tisch legt. Einen Tag Krankheit oder Fehlschlag in der Arbeit – sofort ist sie da.

»Jetzt wäre es gut, wenn wir eine Pökeltonne hätten, in die wir greifen könnten«, sagten jene, die sich noch an das Leben auf dem Lande erinnern konnten. »Aber der liebe Gott hat uns unsere Pökeltonnen genommen und Pfandleiher daraus gemacht.« Und dann fingen sie an ihre Habseligkeiten zu versetzen.

Es war schlimm, wie die Leute zusammenkrochen! Die Stadt, die im Sommer so ausgedehnt war, verdichtete sich; die Obdachlosen kamen vom Gemeindeanger herein und die großen Gutsbesitzer erschienen und nahmen ihre Winterpaläste in Gebrauch. Madame Rasmussen aus der Mansarde konnte plötzlich mit einem Mann auftreten; Sauf-Walde war zurückgekommen, die Kälte trieb ihn ihr sozusagen in die Arme. Das erste Frühlingszeichen würde ihn wieder davontreiben, hinaus in die Arme seiner Sommerliebsten, der Frau Grasmaier. Aber solange er hier war, war er hier! Den ganzen Tag lungerte er im Torweg, die Daumen in dem struppigen Nackenhaar, das so trocken und wuschelig aussah, mit Strohhalmen aus dem Bett auf dem großen, flachen Rücken. Das Leder an seinen Holzschuhen war immer fein geputzt, das besorgte Madame Rasmussen, ehe sie am Morgen auf Arbeit ging. Und sie war doppelt hinterher, damit ihr großer, schöner Nichtsnutz Zeit hätte, dazustehen und sich zu jucken.

Die Kälte sperrte von Woche zu Woche immer mehr ab – sie sperrte die Erde ab, sodass die Erdarbeiter nicht hineinkommen konnten, sie sperrte den geringen Kredit der Armen. Ringsumher hatte sie schon alle Häfen geschlossen; der Fernverkehr hörte fast ganz auf, die Hafenarbeiter konnten nach Hause gehen. Sie schnürte die Gemüter zusammen – und die großen Geldbeutel, die alles in Gang hielten. Die festen Gewerbe fingen an mit verkürzter Arbeitszeit zu arbeiten und die losen hörten ganz auf. Die Unternehmungslust der Leute schwand, sie begannen nichts Neues und arbeiteten nicht auf Lager; es war ein Schrecken in sie gefahren. Alle, die ihre Fühlfäden ausgestreckt hatten, zogen sie ein – sie froren ihnen gleichsam ab. Die Erde hatte ihre Säfte in sich eingezogen und eine Eiskruste darüber gelegt und die Menschen taten das Gleiche. Die armen Leute zogen ihr bisschen Blut ins Herz zurück, um den Lebenskeim zu erhalten. Die Glieder waren kalt und blutlos, die Haut grau. Sie krochen in sich zusammen und in die finstersten Winkel, dicht nebeneinander. Sie verbrauchten nichts. Und viele von denen, die genug hatten, gönnten sich kaum die Nahrung; die Kälte fror ihre Bedürfnisse weg und setzte Angst an ihre Stelle. Der Verbrauch geriet ins Stocken.

Nach dem Thermometer konnte man sich nicht richten; danach

zu urteilen, hatte es früher viel ärger gefroren. »Was, schlimmer ist es nicht?«, sagten die Leute und stutzten. Aber sie fühlten sich deshalb nicht weniger verfroren und elend. Was versteht das Thermometer wohl von dem großen Winter? Der ist der Begleiter der schlechten Zeiten und geht seinen geraden Weg, es mag frieren oder tauen – und frieren tat es!

In den Armenvierteln lagen die Straßen wie entvölkert da. Ein Schneefall konnte die Bewohner aus ihrem Versteck herauslocken; er milderte die Kälte und mit Schneeschippen ließen sich ein paar Kronen verdienen. Dann verschwanden sie wieder, verfielen in eine Art Starre und fristeten ihr Leben von unsagbar wenig, von nichts. Nur morgens früh waren die Straßen belebt – wenn die Männer auszogen, um Arbeit zu suchen. Überall, wo Verwendung für einen Mann war, stellten sich hunderte ein und boten sich an. Bei Tagesanbruch sah man sie niedergeschlagen nach Hause schleichen und sich verkriechen; sie verschliefen die Zeit oder saßen den Tag über mit den Ellenbogen auf dem Tisch da und starrten vor sich hin, ohne ein Wort zu sagen.

Die Kälte, die alles andere erstarren ließ, hatte die entgegengesetzte Wirkung auf die Herzen; das Mitleid war groß. Viele, deren Verstand die Kälte ausgefroren hatte, sodass sie ihren Betrieb nicht in Gang zu halten wagten, hatten keinen Schaden am Herzen genommen und legten ihre Mittel in Mildtätigkeiten an. Gute Menschen riefen nach den Armen und machten sich daran, sie aufzusuchen; sie waren nicht leicht zu finden.

Aber der liebe Gott hat Wesen geschaffen, die auf der Erde leben, Wesen für die Luft und Wesen für das Wasser; selbst im Feuer leben Geschöpfe, die zeugen und sich vermehren. Und etwas entfaltet sich auch in der Kälte, eine ganze Schar von Wesen, die dicht an der Arbeit leben und davon schmarotzen. Die guten Zeiten sind ihre schlechten, dann magern sie ab und es ist nicht viel mit ihnen los. Aber sobald die Kälte und die Not da sind, kriechen sie hervor;

sie sind es, die die Mildtätigkeit wachrufen – und den besten Teil einkassieren. Sie wittern das Missjahr und überschwemmen den Stadtteil des Reichtums. »Nein, wie viele Arme dieses Jahr an unsere Tür kommen«, sagen die Leute und öffnen den Geldbeutel. »Es sind schwere Zeiten für die Armen.«

Im Herbst war Pelle nach Nörrebro hinausgezogen und wohnte nun in einer kleinen Zweizimmerwohnung auf dem Kapelvej. Er hatte jetzt seine Anknüpfungspunkte hier draußen und wollte auch Ellen gern in der Nähe ihrer Eltern wissen, da sie bald niederkommen sollte. Lasse wollte nicht mit, er zog es vor, in der Arche zu bleiben; jetzt hatte er sich mit den Bewohnern dort angefreundet und ernährte sich durch Gelegenheitsarbeit ringsum im Stadtviertel ganz ordentlich.

Pelle kämpfte tapfer, um sich und den Seinen den Winter vom Leibe zu halten. In der Werkstatt war nichts zu tun und er musste von früh bis spät auf dem Posten sein. Überall, wo es Arbeit gab, stellte er sich ein und drängte sich zwischen hundert Mann hindurch. Seine Kunden hatten jetzt mehr denn je Schuhzeug nötig, aber sie hatten nichts, um es zu bezahlen.

Er und Ellen kamen sich in dieser Zeit wieder näher und lernten sich von einer neuen Seite kennen. Die schwere Zeit führte sie zusammen und er hatte Gelegenheit, die Stärke ihres Charakters zu bewundern. Sie nahm die Verhältnisse mit einem wunderbaren Gleichmut auf und machte aus wenig viel. Nur mit dem Ofen konnte sie nicht fertig werden. »Er frisst alles auf, was wir zusammenkratzen«, sagte sie betrübt, »es pufft alles zum Schornstein hinaus und wärmt nicht. Heute habe ich einen Scheffel Kohlen in ihn hineingesteckt und es ist hier noch genauso kalt. Da, wo ich diente, konnten wir zwei große Stuben mit einem Eimer voll heizen! Ich muss ein Schaf sein; aber vielleicht siehst du einmal nach?« Sie war den Tränen nahe.

»Das musst du dir nicht so zu Herzen nehmen«, sagte Pelle düster, »so sind die Öfen armer Leute immer. Das sind alte, ausrangierte Dinger, die die Hausbesitzer als altes Eisen kaufen und sie dann in den Arbeiterwohnungen aufstellen. So geht es ja mit allem! Wir Armen bekommen das Schlechte und bezahlen es am teuersten – obwohl wir die Sachen herstellen. Armut ist ein Sieb.«

»Ja, es ist schrecklich«, antwortete Ellen und sah ihn leidend an. »Und ich kann dich jetzt so gut verstehen!«

Die drohende Not hatte sie unter seine Fittiche geführt. Sie wagte nicht mehr selber zu denken und nahm alles aus seiner Hand. Eines Tages, bald nach dem Wochenbett, forderte sie Pelle auf, nach Vater Lasse zu sehen. »Sieh zu, dass du ihn mitbekommst!«, sagte sie. »Er kann gut bei uns bleiben, wenn wir ein wenig zusammenkriechen. Ich fürchte, dass er Not leidet.«

Pelle freute sich über das Anerbieten und machte sich gleich auf den Weg. Es war großartig von Ellen, ihr Herz dem Alten zu erschließen, gerade jetzt, wo sie selbst kein sicheres Auskommen hatten.

Die Arche sah ganz verheert aus. Die Gardinen waren überall verschwunden, ausgenommen bei Olsens – zusammen mit der vergoldeten Leiste brachten sie immerhin fünfzig Öre; die Blumen an den Fenstern waren erfroren. Man konnte überall hineinsehen und drinnen war es auch leerer geworden. Er hatte etwas Schamloses, dieser Winter, der entkleidete, statt einzukleiden, und immer zuerst die schirmende Wand veräußerte. Die Aborte auf dem Hof hatten Türen und Deckel eingebüßt und Pelle hatte seine liebe Not, auf den Boden hinaufzugelangen. Das meiste von den Balustraden war verschwunden und jede zweite Stufe fehlte; die Arche half sich, so gut sie konnte. Bei Madame Johnsen fehlte der Kübel aus Eichenholz, der sonst immer in der Ecke auf der Galerie stand, wenn er nicht ausgeliehen war – die Arche hatte nur den einen. Und nun war er verbrannt oder verkauft. Pelle guckte zu ihr hinüber, hatte aber nicht den Mut, sie zu begrüßen; Hanne war arbeitslos, das wusste er.

Im dritten Stockwerk kam eine Frau herausgeschlichen und brach ein wenig von dem Holzwerk ab; sie nickte ihm zu. »Für einen Schluck Kaffee«, sagte sie, »Gott segne den Kaffee! Man kann ihn so dünn machen, wie man will, wenn er bloß richtig warm ist.«

Die Wohnung stand leer, Lasse war nicht da. Pelle erkundigte sich auf dem langen Gang. Er erfuhr, dass er im Keller bei der Trödlerin hause. Magere graue Gesichter kamen einen Augenblick in den Türen zum Vorschein und starrten ihn an, dann verschwanden sie lautlos.

Der Keller der Trödlerin war mit Gegenständen überhäuft, der Winter wehte die Habseligkeiten der Armen hier hinab. Lasse saß in einem Winkel und flickte an einer Matratze, er war allein hier unten. »Sie is ausgegangen, um sich was anzusehen«, sagte er, »in dieser Zeit hat ihr Geld viel zu tun! Nein, ich will nich mit dir gehen und euer Brot aufessen. Ich hab mein Essen und Trinken hier, dafür helfe ich ihr – wie viele andere können wohl sagen, dass sie in diesem Winter ihr Auskommen sicher haben? Und eine Ecke, wo ich liegen kann, hab ich auch. Aber kannst du mir nich sagen, was aus Peter geworden is? Eines Tages war er da oben aus dem Zimmer weg und seitdem habe ich nichts von ihm gesehen.«

»Dann ist er wohl mit seiner Braut zusammengezogen«, erwiderte Pelle. »Ich will mal sehen, ob ich es nicht erfahren kann.«

»Bitte, wenn du das wolltest. Es waren so gute Kinder, die drei, es wäre ein Jammer, wenn einem von ihnen was zustoßen sollte.«

Pelle wollte den Vater nicht aus seinem sicheren Verdienst herausreißen. »Wir wissen ja selbst nicht mal, was wir dir dafür bieten können. Vergiss aber nicht, dass du uns immer willkommen bist – Ellen hat mich selber hergeschickt.«

»Ja, ja, danke ihr vielmals dafür! Nu geh du jetzt man, ehe die Alte wiederkommt«, sagte Lasse ängstlich. »Sie mag es nich, wenn hier jemand is, ihr is bange für ihr Geld.«

Das Erste, was daran glauben musste, war Pelles Winterüberzieher. Er versetzte ihn eines Tages, ohne dass Ellen es wusste, und überraschte sie mit dem Geld, das er froh auf den Tisch warf, Krone für Krone. »Hör, wie das singt!«, sagte er zu Klein Lasse. Der Junge hüpfte und wollte das Geld zum Spielen.

»Was soll ich mit einem Winterüberzieher?«, entgegnete er auf Ellens freundliche Vorwürfe. »Mich friert nicht und er hängt hier ja nur herum. Nun habe ich mich den ganzen Sommer damit herumgeschlagen. – Ach, wie der wärmt!«, sagte er zu dem Jungen, als Ellen Feuerung geholt hatte. »Das war wirklich ein guter Winterüberzieher, den Vater gehabt hat! Der wärmt Mutter und Schwester und Klein Lasse obendrein.«

Der Junge legte die Hände auf seine Knie, guckte in das Feuer und suchte Vaters Überzieher. Das Feuer entzündete Flammen in seinen großen Kinderaugen und spielte auf den roten Wangen. »Schöner Überzieher!«, sagte er und lachte über das ganze Gesicht.

Von den Hausbewohnern sahen sie nicht viel und von der Verwandtschaft auch nicht. Die Leute lebten still und kämpften in ihren vier Wänden, jeder mit seiner eigenen Not. Des Sonntags gaben sie den Kleinen bei einem der Nachbarn ab, gingen in die Stadt, standen eine Stunde vor irgendeinem Konzertlokal, lauschten der Musik und froren. Dann gingen sie wieder nach Hause, saßen da und machten sich Gedanken, ohne Licht anzuzünden, beim Schein des Ofens.

Eines Sonntags sah es schlimm aus. »Die Kohlen reichen nur noch bis heute Mittag«, sagte Ellen, »wir müssen ausgehen. Essen haben wir auch nicht mehr. Aber vielleicht können wir zu den Alten gehen, dann laden sie uns am Ende zum Abendessen ein.«

Als sie gehen wollten, kam Ellens Bruder Otto mit seiner Frau und zwei Kindern zu ihnen zu Besuch. Ellen wechselte einen verzweifelten Blick mit Pelle. Der Winter hatte auch ihnen seine Spuren aufgedrückt; ihre Gesichter waren schmal und ernst, aber warme Kleider hatten sie noch. »Ihr müsst eure Mäntel anbehalten«, sagte Ellen, »denn ich habe keine Feuerung mehr; ich hatte gestern so viel zu tun und musste es bis heute aufschieben, welche zu besorgen, und da will es das Unglück, dass beim Kohlenhändler keiner zu Hause ist.«

»Wenn die Kleinen nur nicht frieren«, sagte Pelle, »wir Erwachsenen können uns schon warm halten.«

»Na, solange ihnen keine Eiszapfen unter der Nase hängen, schadet es ihnen nicht!«, sagte Otto Stolpe mit einem Anflug seines alten Humors.

Sie trippelten unruhig in der Stube hin und her und sprachen von den schlechten Zeiten und der wachsenden Not. »Ja, es ist schrecklich, dass es nicht genug für alle Menschen gibt«, sagte Ottos Frau. »Aber nun macht der strenge Winter der Not ein Ende – und dann wird es wieder gut!«

»Du meinst, dass uns der Winter den Garaus machen wird?«, sagte Otto und lachte verzweifelt.

»Nein, nicht uns – dem Elend natürlich. Ach, du weißt wohl recht gut, was ich meine. – Aber so ist er immer«, wandte sie sich an Pelle.

»Sonderbar, dass ihr Frauenzimmer noch immer mit dem alten frommen Glauben umhergeht, dass es nicht von allem genug gäbe«, sagte Pelle. »Der Hafen liegt doch voller Kohlen und in den Läden fehlt es nicht an Esswaren. Im Gegenteil, da ist viel mehr als sonst, weil so viele entbehren müssen – das kannst du auch daran sehen, dass in der Stadt jetzt alles billiger ist. Aber was kann das nützen, wenn man kein Geld hat? Mit der Verteilung ist es schlecht bestellt.«

»Ja, du hast Recht!«, sagte Otto Stolpe. »Es ist auch wirklich verteufelt, dass man nicht den Mut hat, zuzugreifen!«

Pelle hörte Ellen durch die Küchentür gehen und nach einer Weile kam sie mit Feuerung in der Schürze zurück – sie hatte sich welche geliehen. »Ich habe doch noch ein bisschen zusammengeschrapt«, sagte sie und legte sich vor dem Ofen auf die Knie. »Es ist auf alle Fälle genug, um eine Tasse Kaffee zu wärmen.«

Der Bruder und seine Frau baten sie eindringlich, sich doch keine Mühe zu machen; sie hatten eben Kaffee getrunken, ehe sie von zu Hause weggegangen waren – nach einem soliden Frühstück. »Sonntags essen wir immer ein solides Frühstück«, sagte die junge Madame Stolpe, »das tut so gut!« Während sie sprach, verfolgten ihre Augen mechanisch jede Bewegung Ellens, als rechnete sie nach, wie schnell der Kaffee wohl fertig werden könne.

Und Ellen redete, während sie heizte. Ja, natürlich, aber eine Tasse Kaffee sollten sie haben. Trocknen Mundes dürften sie nicht weggehen.

Pelle saß da und lauschte ihnen verwundert und traurig – ihre unschuldigen Prahlereien beleuchteten das Elend nur noch greller. Er konnte es Ellen ansehen, dass sie sich in einer schrecklichen Verlegenheit befand, und folgte ihr in die Küche.

»Pelle, Pelle!«, sagte sie ganz verzweifelt. »Sie haben darauf gerechnet, dass sie heute bei uns zu Abend essen können, und ich habe keinen Bissen; was sollen wir tun?«

»Sagen, wie es ist, natürlich!«

»Das kann man doch nicht! Und sie haben heute noch nichts gegessen – kannst du ihnen das nicht ansehen?« Sie brach in Tränen aus.

»Na, lass mich die Sache nur ordnen«, sagte er tröstend. »Aber was willst du uns denn zum Kaffee geben?«

»Das weiß ich nicht! Ich habe nichts als Schwarzbrot und etwas Butter!«

»Großer Gott! So ein kleines Schäfchen!«, sagte er lachend und nahm ihren Kopf in seine Hände. »Und dann stehst du da und jammerst? Willst du wohl machen, dass du Butterbrot streichst!«

Ellen machte sich zögernd an die Arbeit. Ehe sie aber die Schnitten hereintrug, hörten sie sie die Wohnungstür zuschlagen und die Treppen hinablaufen. Nach einer Weile kam sie wieder. »Nun hat der Bäcker weiß Gott alles Feinbrot ausverkauft«, sagte sie, »nun müsst ihr mit Butterbrot zum Kaffee vorlieb nehmen.«

»Oh, das ist doch großartig«, sagten sie, »Butterbrot schmeckt gerade am allerschönsten zum Kaffee. Es ist nur eine Schande, dass wir euch so viel Mühe machen!«

»Hört einmal«, sagte Pelle endlich, »es mag ja sein, dass es euch Spaß macht, Versteck miteinander zu spielen, mir aber nicht! – Ich will offen reden: Hier bei uns herrscht Schmalhans und bei euch wird es wohl auch nicht anders sein. Wie steht es eigentlich bei den Alten?«

»Die schlagen sich durch«, erwiderte Otto, »Kredit haben sie immer und ein wenig in der Hinterhand haben sie auch, glaube ich.«

»Wollen wir dann nicht hingehen und da zu Abend essen? Sonst fürchte ich, dass wir nichts bekommen.«

»Ja, tun wir das! Wir sind freilich erst vorgestern bei den Alten gewesen – aber was tut das, irgendwoher muss es ja kommen und in der Familie bleibt es auch!«

Die Kälte hatte keinen Einfluss auf Pelle, das Blut rollte rasch in seinen Adern. Ihm war immer warm. Die Not fasste er als Mahnung auf und fühlte sich nur stärker als bisher; er benutzte den unfreiwilligen Müßiggang, für die Sache zu arbeiten.

Es war nicht die Zeit für Volksversammlungen und tönende Worte – viele hatten nicht einmal Kleider, um die Versammlungen zu besuchen. In der Kälte hatte die Bewegung ihren Schwung verloren, man hatte genug zu tun, um zusammenzuhalten, was da war. Pelle hielt es für seine Aufgabe, die Hoffnung in den Verzagten aufrechtzuerhalten, und war viel unterwegs; er kam mit vielen Menschen in Berührung. Das Elend entwickelte seine Menschenkenntnis.

Überall, wo ein Beruf in Stillstand geriet und die Not Einkehr hielt, waren er und die anderen zur Hand, um der Demoralisation vorzubeugen und, von dem herrschenden Zustand ausgehend, zu agitieren. Er sah, wie sich die Not gleich der Pest verbreitete und allmählich das Ganze eroberte – es war eine harthändige Gemeinsamkeit in dem Schicksal der Massen. In acht, vierzehn Tagen konnte die Arbeitslosigkeit einem Heim alle Behaglichkeit nehmen, die durch viele Jahre zusammengeschrapt und -gespart war – so schreiend war das Missverhältnis. Hier war genug, um alle zu einer Auffassung zu bekehren, die niemals verging, und genug, um die Agitation zu fördern. Jeder, der nicht schlaff geworden war, konnte jetzt einsehen, was sie bezweckte.

Hier gab es Leute, die noch so waren wie die daheim! Die Not machte sie noch demütiger. Sie begriffen nicht, welche Art Gnade es war, dass man ihnen erlaubte, auf der Erde zu gehen und zu hungern. Mit denen war nichts zu machen. Sie waren geborene Sklaven und das Sklavenmal saß als jammervoller, hündischer Sinn tief in ihren Gemütern.

Das waren Leute, die über ein gewisses Alter hinaus waren, die einer älteren Generation als der seinen angehörten. Die Jüngeren waren aus ganz anderem, härterem Stoff, er war oft erstaunt zu hören, welche kraftvollen Gedanken in ihren Gemütern widerhallten. Sie waren bereit zu wagen und setzten Hart gegen Hart. Die musste man zurückhalten, damit sie der Bewegung nicht schadeten – denen ging es nie schnell genug vorwärts.

Sein Gehirn war frisch und aufnahmefähig und arbeitete gut in der Kälte; er verglich rastlos und lernte aus allem, womit er in Berührung kam. Und es schien, als wenn die Einzelnen sich selbst nicht viel regten. Die Agitation bestand hauptsächlich darin, das zu wecken, was einmal vorhanden gewesen war. Im Übrigen mussten sie so verbraucht werden, wie sie waren, und eine jüngere Generation musste an ihre Stelle treten, der die Forderung bereits auf der Zunge lag. So weit er die Entwicklung übersehen konnte, ging sie nicht durch Generationen vor sich, sondern wuchs auf seltsame Weise aus dem leeren Raum zwischen ihnen auf. So war die Jugend denn schon von Beginn an weiter als da, wo die Alten aufgehört hatten.

Das Schaffen des Geistes wirkte jetzt ebenso verborgen und mystisch auf ihn wie das des Blutes in seiner Kindheit. Ihn konnte ein geheimer Schauder über sich selbst befallen; er fing an zu begreifen, was Morten damit gemeint hatte, dass der Mensch heilig sei. Entsetzlich war es, dass der Mensch so viel Not leiden musste; und Pelles Groll vertiefte sich.

Durch seine Berührung mit so vielen Menschen erfuhr er nun, dass Morten nicht so ganz allein stand. Die Gemüter vieler klangen wider von derselben Ungeduld und begriffen nicht, dass die Hungernden sich damit beruhigen und begnügen sollten, dass man sie organisierte. Es lag etwas Umstürzlerisches in den Gemütern; ein harter Ton wurde laut, der anständige Leute veranlasste, im weiten Bogen um die Arbeitslosen herumzugehen, während alte Leute den Untergang der Welt prophezeiten. Den Ton, den die Verarmten sich jetzt aneigneten, hatte noch niemand gehört.

Eines Tages stand er in einem Torweg mit einigen anderen jungen Leuten zusammen und besprach die Lage der Dinge. Es war ein kalter Versammlungsort, aber sie hatten nicht die Mittel, in dem gewohnten Restaurant zusammenzukommen. Die Diskussion wurde in einem sehr gedämpften Ton geführt, die Stimmen hatten einen verbissenen Klang. Da ging ein gut gekleideter Herr vorüber. »Seht mal den schönen Überzieher«, rief einer, »so einen möcht ich auch wohl haben! Wollen wir uns den nich mal in den Torweg reinholen und ihm den Überzieher ausziehen?«, er sprach laut und wollte auf die Straße hinaustreten.

»Keine Dummheiten«, sagte Pelle finster und packte ihn beim

Arm, »wir schaden uns bloß selber damit! Bedenkt, die Obrigkeit hat ein wachsames Auge auf uns!«

»Ach was, 'n paar Wochen brummen, denn hat man doch wenigstens so lange Kost und Logis«, antwortete der Kamerad. In seinen sonst so ruhigen Augen blitzte es Unheil verkündend auf.

24

Es waren Gerüchte im Umlauf, dass die Stadtverwaltung einschreiten und der Arbeitslosigkeit abhelfen wollte, und kurz vor Weihnachten wurde auch mit umfangreicheren Erdarbeiten begonnen. Ein Stück von dem alten Wall sollte geschleift und dort Parks und Boulevards angelegt werden. Pelle meldete sich mit tausend anderen und hatte das Glück, angenommen zu werden; der Unternehmer nahm vorzugsweise junge Kräfte.

Jeden Morgen stellten sich die Arbeiter in Massen ein, die Poliere wählten sich die aus, für die sie Verwendung hatten, der Rest konnte wieder gehen. Daheim saßen Frau und Kinder und freuten sich und man hatte keine Lust, mit dem traurigen Bescheid nach Hause zu kommen; deswegen lungerte man auf dem Arbeitsplatz herum.

Sie stellten sich schon lange vor Tagesanbruch dort ein, um die Ersten zu sein, obgleich nicht viel Hoffnung war. Es war doch wenigstens ein Vorwand, das Bett zu verlassen, der Müßiggang brannte ihnen auf den Lenden wie Höllenfeuer. Wenn die Poliere kamen, drängten sie sich stumm, aber mit eindringlichen Augen vor. Da war eine Frau mit ihrem Mann gekommen, er ging bescheiden hinter ihr her und hielt die Augen unverwandt auf sie gerichtet. Ein großer, starker Kerl war er, aber er unternahm nichts auf eigene Hand – schnaubte sich nicht einmal die Nase, ohne dass sie ihn dazu puffte. »Komm her, Thorwald«, sagte sie und drängte sich vor, dass es wehtat. »Halt dich dicht hinter mir!« Sie sagte es mit harter Stimme in die Luft hinein, als wolle sie ihr Vorgehen den anderen gegenüber begründen, sah aber niemand an. »Er kann nämlich so schlecht für sich selber sprechen!«, sagte sie erklärend. Ihre gereizte Stimme ließ Pelle zusammenzucken – sie war aus Bornholm. Ach, die schneidigen jungen Mädchen daheim, sie waren die Rettung für den Mann! – »Und die Kinder müssen ja doch auch leben!«, fuhr sie fort. »Wir haben acht, ja, acht!«

»Dann ist er also doch zu was zu gebrauchen«, sagte ein verfrorener Arbeiter.

Die Frau arbeitete sich hindurch und es gelang ihr auch wirklich, ihren Mann anzubringen. »Und nun tust du hübsch, was sie dir sagen, und lässt dich nicht zu irgendwelchen Narrenstreichen verlocken!«, sagte sie und gab ihm einen Puff, der ihn nach der Arbeitsstelle hinüber in Gang setzte. Trotzig erhob sie den Kopf, als um sie her spöttisches Gelächter erklang.

Der Platz glich einem Sklavenmarkt. Die Poliere gingen umher und suchten sich die Kräftigsten aus, tasteten sie mit den Augen ab und wählten nach Muskeln und Rückenbreite. Der Unternehmer fuhr umher und erteilte Anordnungen. »Das ist einer von den Protzen«, sagten die Arbeiter knurrend, »hier muss die ganze Arbeitskraft der Stadt aufmarschieren, damit er sich die Besten raussuchen kann. Und dabei hat er den Tagelohn um fünfzig Öre heruntergesetzt. Er ist selbst Erdarbeiter gewesen, nu ist er aber ein Mann, der seine Hunderttausend das Jahr hat. Ein richtiger Blutsauger ist er!«

Die Massen lungerten weiter den ganzen Tag herum, in der Hoffnung, dass irgendjemand abfiele oder krank würde, sodass man seine Stelle einnehmen könnte. Es war ihnen unmöglich, sich loszureißen. Schon allein, dass hier gearbeitet wurde, fesselte sie. Sie sahen so aus, als wollten sie jederzeit den Arbeitsplatz stürmen, und die Polizei hatte einen Kordon darum gebildet. Sie standen da und drängten sich vor, geistesabwesend vor Verlangen nach Arbeit, mit krankhafter Sehnsucht in den Mienen. Wenn die Masse zu weit vorgedrungen war, ließ sie sich zögernd wieder zurücktreiben. Plötzlich konnte eine Lücke entstehen, ein Mann sprang über die Latten hinweg und griff nach einer Hacke. Ein paar Schutzleute entwanden das Gerät seiner Hand und führten ihn ab.

Wie sie so dastanden, stieg Trotz in ihnen auf, gegen die Not und gegen ihre ganze trostlose Lage; er äußerte sich in einem wütenden Knurren. Sie folgten dem Unternehmer mit brennenden Augen, als suchten sie etwas bei ihm, was ihnen nicht einfallen wollte.

In seinem Übermut über das Schwindel erregende Angebot von Arbeitskraft wollte er noch weitergehen und die Arbeitszeit um eine Stunde verlängern. Das wurde den Arbeitern eines Morgens, als sie gerade angefangen hatten, als Befehl mitgeteilt. Aber im selben Augenblick warfen vierhundert Mann bis auf zwei das Werkzeug hin und traten zu ihren Kameraden hinaus. Die Poliere kamen und riefen nach neuen Arbeitskräften, aber niemand meldete sich. Sie standen da und beredeten die Sache, blau in den Gesichtern vor Wut – jetzt sollte ihr Hunger dazu benutzt werden, den Unternehmer um weitere Hunderttausend zu bereichern! »Wir müssen uns an den Magistrat wenden!«, riefen sie. »Nein, an die Zeitung!«, erwiderten andere. »An die Zeitung! Die Zeitung ist besser!«

»Sich an den Magistrat wenden nützt nichts – solange wir nicht unsere eigenen Leute hineingewählt haben!«, rief Pelle. »Denkt daran bei den Wahlen, Kameraden! Wir müssen überall unsere eigenen Leute hineinwählen, eher haben ihre Übergriffe kein Ende. Und jetzt müssen wir zusammenstehen und durchhalten! Muss es sein, so ist es besser, auf einmal zu verhungern als langsam!«

Sie antworteten nicht, sondern scharten sich dicht um ihn und hörten schwerfällig zu. Mit höchster Aufmerksamkeit wurde hier gelauscht. Diese Männer hatten es mitten in der Not und dem Elend des Winters als ihren einzigen Ausweg betrachtet, den Streik zu erklären – woran sie wohl noch denken mochten? Pelle sah sich im Kreise um und erschrak über ihren stummen Mut. Dieses drohende Schweigen durfte nicht sein, wozu konnte es führen? Irgendetwas Überwältigendes, das sich nicht beherrschen ließ, schien ihrer steinharten Stummheit entspringen zu wollen! Er sprang auf einen Steinhaufen.

»Kameraden!«, rief er mit mächtiger Stimme. »Dies hier ist nur ein Übergang – wie der Fuchs sagte, als sie ihm den Pelz abzogen! Die Kleider haben sie uns genommen und auch das meiste vom Essen und Trinken und der häuslichen Gemütlichkeit, jetzt versuchen sie uns auch das Fell abzuziehen. Nun gilt es – vorwärts oder zurück! Die große Prüfungszeit ist vielleicht da, jetzt müssen wir für das einstehen, was wir gewollt haben! Haltet zusammen, Kameraden! Verlauft euch nicht und gebt nicht nach! Es ist hart genug, dies hier; bedenkt aber, wir stehen in dem großen Winter, der den Aufstieg verheißt! Die Nacht ist immer am schlimmsten, unmittelbar ehe der Tag graut! Und sollten wir uns davor fürchten, ein wenig zu leiden – wir, die wir seit Jahrhunderten gelitten und geduldet haben? Daheim sitzen unsere Frauen und grämen sich – vielleicht werden sie ärgerlich auf uns sein. Wir hätten doch wenigstens annehmen können, was sich uns bot, sagen sie. Aber wir können nicht weiter mit ansehen, dass unsere Lieben daheim trotz unserer anstrengenden Arbeit dahinwelken. Bisher ist die Arbeit des armen Mannes wie ein zweckloses Flehen zum Himmel gewesen: Verschone uns vor Hunger und Schmutz, vor Elend und Kälte, gib uns Brot und wiederum Brot! Erspare unseren Kindern unser Schicksal, lass ihre Glieder und ihren Geist nicht verkümmern! Das ist unser Gebet gewesen, aber es gibt nur ein Gebet, das taugt, und das ist, dem Bösen zu trotzen! Wir sind das auserwählte Volk und deswegen müssen wir Halt sagen! Wir wollen nicht länger mitmachen – um unserer Frauen und Kinder und deren Kinder willen! Ja, aber was geht uns die Nachwelt an? Freilich geht sie uns was an – gerade uns! Waren eure Eltern wie ihr? Nein, die wurden in Staub und Armut erdrückt und krochen demütig vor der Macht und den Großen. Woher haben wir denn alles das in uns, was uns so stark macht und uns veranlasst uns zusammenzuschließen? Die Zeit hat angehalten, Kameraden! Sie hat ihre Finger auf unsere Brust gesetzt und gesagt: Das sollt ihr tun! Hier, wo wir stehen, hört das Alte auf und das Neue beginnt; deshalb haben wir unsere Gerätschaften hingeworfen, mit der Not vor Augen – so etwas ist noch nie da gewesen! Wir wollen das Leben umkehren und es gut für den armen Mann machen, für alle Zeiten! Ihr, die ihr so oft Leben und Wohlfahrt für ein Zweikronenstück gewagt habt – jetzt haltet ihr die ganze Zukunft in eurer Hand. Haltet jetzt aus, ruhig und besonnen, und ihr werdet nie vergessen werden, solange es Arbeiter auf Erden gibt! Dieser Winter wird der letzte sein, wenn wir nur ausharren; dahinter liegt das Land, nach dem wir gewandert sind. Kameraden, durch uns wird es Tag!«

Pelle wusste selber nicht, welche Worte er sprach. Er fühlte nur, dass irgendetwas durch ihn redete – das Mächtigste, das niemals log. Es lag ein beschwörender, prophetischer Klang in seiner Stimme, der mit fortriss; sein Blick flammte. Vor ihren Augen erhob sich eine Gestalt aus dem erdrückenden Winter und ragte im Licht auf, eine Gestalt, die sie selber waren – und doch ein junger Gott. Er stieg neugeboren aus dem Elend selber auf, fegte die Ergebung in das Schicksal beiseite und schenkte ihnen dafür einen neuen Glauben, den lichten Glauben an die eigene Kraft! Sie schrien zu ihm empor, zuerst einzelne Stimmen, dann alle. Er sammelte ihre Schreie zu einem mächtigen Lebehoch auf die neue Zeit.

Jeden Tag stellten sie sich ein, nicht, um zu arbeiten, sondern um in stummem Protest dazustehen. Wenn die Poliere nach Arbeitern riefen, standen sie in stummen Gruppen da, drohend wie ein dunkler Felsen. Hin und wieder riefen sie denen einen Fluch zu, die sie im Stich gelassen hatten. Die Stadt unternahm nichts. Man hatte den Notleidenden eine helfende Hand gereicht und sie hatten danach geschlagen; jetzt mussten sie selber die Folgen tragen. Der Unternehmer hatte die Erlaubnis erhalten die Arbeit ganz einzustellen, hielt sie aber mit ein paar dutzend Streikbrechern in Gang, um die Arbeiter zu reizen.

Auf dem großen Terrain herrschte Todesruhe, außer an der Ecke, wo der kleine Trupp arbeitete, einen Schutzmann zur Seite, wie Zuchthausgefangene. Die Schubkarren lagen mit dem Boden nach oben da; es sah aus, als sei Pest oder Seuche über den Arbeitsplatz hingegangen.

Die Streikbrecher waren Leute aus allen Berufen, einige der Arbeitslosen schrieben ihre Namen und Adressen auf, um sie in den »Arbeiter« zu setzen. Einer von Stolpes Gewerkschaftskollegen war auch dabei; er war ein besonnener Familienvater und hatte seit den ersten Tagen an der Bewegung teilgenommen. »Es ist ein Jammer um ihn«, sagte Stolpe, »er ist ein alter Arbeitskamerad von mir und bisher immer ein guter Kamerad gewesen. Nun werden sie ihn hart anfassen im Blatt – wir sind dazu gezwungen. Es kann dem Stand nicht damit gedient sein, dass einer von seinen Vertretern hingeht und zum Verräter wird.«

Frau Stolpe war unglücklich. »Es ist solch eine ordentliche Familie«, sagte sie, »wir haben immer mit ihnen verkehrt – und ich weiß, dass sie lange gehungert haben; er hat eine junge Frau, Vater, da ist es nicht so leicht, zu widerstehen.«

»Mir tut es selber Leid«, erwiderte Stolpe. »Aber man ist dazu gezwungen, sonst wird man der Parteilichkeit beschuldigt. Und mir soll niemand kommen und sagen, dass bei mir das Ansehen der Person gilt.«

»Ich möchte wohl hingehen und mit ihm reden«, sagte Pelle; »vielleicht gibt er es dann auf.«

Er bekam die Adresse und ging nach Feierabend hin. Es war ein kahles, armseliges Heim mit vier kleinen Kindern; es roch stickig darin. Der Mann, der schon etwas bejahrt, aber noch kräftig war, saß vergrämt da und verzehrte sein Essen, während die Kinder das Kinn auf den Tischrand legten und aufmerksam mit den Augen jeden Bissen verfolgten, den er zu sich nahm. Die junge Frau ging hin und her; sie trug ihm das einfache Essen mit einer eigenen liebevollen Bewegung auf.

Pelle brachte die Frage aufs Tapet; es wurde ihm schwer diesem Veteranen gegenüber. Aber gesagt werden musste es nun einmal.

»Ich weiß es recht gut«, sagte der Mann und nickte vor sich hin; »du brauchst deine Lektion nicht aufzusagen, denn ich bin selbst vom ersten Tage an mit dabei gewesen und bisher habe ich meine Verpflichtungen erfüllt; nun hat es ein Ende. Was willst du hier, Junge? Hast du Frau und Kinder, die nach Brot schreien, dann denk an die!«

»Wir schreien nicht, Hans!«, sagte die Frau still.

»Nein, das tut ihr nicht, und das ist noch viel schlimmer! Kann ich es denn mit ansehen, dass ihr hier herumgeht und abmagert und friert? Zur Hölle mit den Kameraden und ihren großen Worten, wozu haben die geführt? Vorher haben wir ein klein wenig gehungert und jetzt hungern wir mächtig – das ist der Unterschied! Lasst mich in Ruhe, sag ich euch! Zum Teufel auch, warum will man mich nicht in Ruhe lassen?«

Er nahm einen Schluck Branntwein aus der Flasche. Die Frau schob ihm ein Glas hin, aber er stieß hart dagegen.

»Sie wollen dich morgen ins Blatt setzen«, sagte Pelle zögernd, »ich wollte dir das nur sagen!«

»Ja, und von mir schreiben, dass ich ein Schwein bin und ein schlechter Kamerad, was? Vielleicht auch, dass ich meine Frau prügele. Aber sie wissen ja selbst, dass das Lügen sind, was geht es mich also an? – Willst du einen Schluck haben?«

Nein, Pelle hatte kein Verlangen danach. »Na, denn tu ich es selbst«, sagte der Mann und lachte boshaft. »Jetzt kannst du ja bezeugen, dass ich ein Schwein bin – ich trink aus der Buddel! Und einen anderen Abend kannst du wiederkommen und am Schlüsselloch lauschen, vielleicht hörst du dann auch, dass ich meine Frau prügele.«

Die Frau fing an zu weinen.

»Ja, zum Teufel auch – sie können mich ja in Ruhe lassen!«, sagte der Mann trotzig.

Pelle musste unverrichteter Dinge gehen.

25

Die Arche lag da und fror im Nordwind; sie gab keine Lebensäußerungen mehr von sich. Der Lärm, der den Sommer hindurch aus der engen Hoftiefe aufbrodelte, war verstummt; das unaufhörliche Tropfen von hundert Abwaschröhren, das den Hof in einen schmalen Brunnen mit schleimigen grünen Wänden verwandelte, hatte aufgehört. Der Frost hatte einen Stopphahn davorgedreht, und wo die Kröten in den Mauerlöchern in phantastischen Grotten von grünem Moos und schleimigen Fasern gesessen und sich breitgemacht hatten, da hing jetzt eine Eiskruste herab – ein schmutziger Gletscher, der vom Boden bis auf den Grund des Hofes reichte.

Wo waren sie geblieben, die fröhlichen, schmutzigen Kinder? Und der Abendrausch des Leichenwagenkutschers, den die Frau ihm jetzt ausprügeln müsste? Und die nicht tot zu kriegende Frauenstimme, die plötzlich über dieses oder jenes Geländer hinüberbrüllen und den ganzen Hof durchhecheln konnte – scharf wie ein Rasiermesser?

Der Frost war noch strenger geworden! Er hatte alles weggefegt und es so gut verschlossen, wie es überhaupt möglich war. Der Leierkastenmann lag in seinem Keller und hatte den guten Freund des Nordwindes, die Gicht, zu Besuch; und unten in dem verlassenen Hof ging der Wind umher und schnüffelte an den feuchten Wänden entlang. Jedes Mal, wenn jemand den Tonnengang passierte, fasste er ihn mit seinen Eisfingern an die Knie, sodass es bis ans Herz hinauf wehtat.

Die alte Kaserne glotzte leer aus den schwarzen Fenstern. Die Kälte hatte die letzten geblümten Gardinen abgenommen und sie aufs Leihhaus gebracht; den Kanarienvogel hatte man für eine Stiege Brennholz veräußert und so war dem tagelangen, einsamen Weinen kleiner Kinder hinter den verschlossenen Türen Einhalt getan worden – dem Lobgesang an die Arbeit –, das sich erst am Abend gelegt hatte, wenn die Mutter aus der Fabrik nach Hause kam. Jetzt saß jede Mutter den ganzen Tag hindurch bei ihrem Kind und niemand anders als die Kälte hatte ihnen diese Freude verschafft. Sie und ihre Schwester Hunger kamen jeden Tag und sahen sich nach ihnen um.

Im dritten Stockwerk nach dem Hof hinaus saß die Witwe Johnsen in der Ecke am Ofen; Hannes kleines Mädchen lag zusammengekauert auf einem Fetzen Flickendecke an der Erde. Durch das kahle Fenster sah man nur Eis, als sei der ganze Weltenraum bis auf den Grund gefroren. Es waren Hauchflecke an den Fensterscheiben entstanden, jedes Mal, wenn die Kleine hinausgesehen hatte, aber sie hatten sich gleich wieder geschlossen. Die Alte saß da und starrte mit großen, runden Augen in die Stube hinein, ihr winziger Kopf wackelte fortwährend und sie glich einem Unheil verkündenden Vogel, der viel mehr weiß, als jemand zu hören aushalten kann.

»Nun frier ich wieder, Großmutter«, sagte die Kleine.

»Sieh nur zu, dass du zitterst«, sagte Madame Johnsen. »Dann wirst du warm.«

»Zitterst du denn?«

»Nein, ich bin zu alt und zu steif dazu – ich kann nicht mehr zittern. Aber die Kälte lässt meine Glieder absterben, sodass ich sie nicht fühle. Ich komme schon ganz gut durch, bloß der Rücken!«

»Du lehnst ja auch den Rücken an den kalten Ofen!«

»Ja, denn die Kälte gräbt so in meinen armen Rücken.«

»Aber das ist doch dumm, denn da ist ja gar nicht eingeheizt.«

»Aber wenn mir doch mein Rücken so friert«, sagte die Alte flehentlich.

Dann schwieg das Kind und wandte den Kopf nach der anderen Seite. Über die ganze Wand zerstreut, saßen kleine Kristalle und glitzerten. Hin und wieder raschelte es in der Tapete.

»Großmutter, was ist das für ein komisches Geräusch?«, fragte das Kind.

»Das sind Wanzen, die nach unten wandern«, erwiderte die Alte. »Es ist ihnen oben auf dem Boden zu kalt geworden und hier mögen sie nicht sein. Du sollst sehen, sie gehen zu Olsens mit der warmen Wand; da halten sie sich bei Kälte auf.«

»Ist denn die Wand bei Olsens immer warm?«

»Ja, wenn sie in der Dampfmühle Feuer unterm Kessel haben.«

Da schwieg die Kleine eine Weile und drehte langsam den Kopf von einer Seite zur anderen. Ihr Gesicht drückte einen schrecklichen Überdruss aus. »Mich friert«, jammerte sie nach einer Weile.

»Sieh zu, dass du zitterst!«

»Soll ich nicht lieber ein bisschen springen?«

»Nein, denn dann schluckst du bloß Kälte und die Luft wird auch wie Eis. Sei bloß still, du, jetzt kommt auch deine Mutter bald und bringt was!«

»Sie kriegt ja doch nichts«, sagte das Kind. »Wenn sie rankommt, dann ist es immer schon alle.«

»Das ist ja nicht wahr«, sagte Madame Johnsen hart. »In dem Wohltätigkeitskessel ist für alle Essen genug, die es bloß verstehen, sich ranzuhalten. Der Arme muss der Scham den Kopf abreißen – und heute bringt sie auch was mit!«

Die Kleine stand auf und hauchte ein Loch in das Eis der Fensterscheibe.

»Sieh mal nach, ob es nicht ein wenig schneien will, damit der arme Mann doch einen Tag Verdienst hat«, sagte die Alte.

Nein, der Wind wehte noch immer aus Norden, sonst pflegte er ja gewöhnlich an den Kanälen entlangzufegen, aber nun saß er Woche für Woche oben auf dem Nikolaiturm und blies die Flöte auf den hohlen Knochen der Armen. Die Kanäle waren mit Eis bedeckt und die Erde sah entsetzlich hart aus. Der nackte Frost jagte die Leute wie welke Blätter darüber hin. Mit einem dünnen Rascheln wurden sie über die Brücke gefegt und verschwanden.

Da kam ein großer gelber Wagen gefahren. Die mächtige Tür des Gefängnisses öffnete sich langsam und verschluckte ihn. Es war der Wagen mit Fleisch für die Gefangenen. Die Kleine verfolgte ihn mit einem verlorenen Ausdruck.

»Mutter kommt ja doch nicht«, sagte sie verzagt, »und ich bin so hungrig.«

»Sie wird schon kommen – warte nur! Und steh nicht da im Licht, sondern komm hierher in die Ecke! Das Licht schlägt die Kälte durch einen durch.«

»Ich finde aber, dass es im Dunkeln noch kälter ist.«

»Das kommt bloß davon, weil du noch nichts verstehst. Ich sehne mich nur noch nach dem großen Dunkel.«

»Und ich sehne mich nach der Sonne«, entgegnete die Kleine trotzig.

In dem Holzwerk auf dem Hof knirschte es. Das Kind lief hinaus und öffnete die Tür nach der Galerie. Es waren nur die Leute ihnen gegenüber, die sich daranmachten, eine Stufe loszubrechen.

Aber da kam die Mutter, mit einem blechernen Eimer in der Hand und einem Bündel unter dem Arm, und da war was im Eimer – er sah so schwer aus. Tralala! Und das Bündel, das Bündel! Was wohl darin war? »Mutter, Mutter!«, sang es schrill und die Kleine lehnte sich weit über das gebrechliche Geländer. Hanne kam schnell die Treppe hinauf, mit offenem Mund und roten Wangen; aus jedem kleinen Nest guckte ein Gesicht heraus. »Nu is Witwe Hanne ihren schwersten Gang gegangen«, sagte ein jeder zu den Seinen. Sie wussten, eine wie große Ehre sie dareingesetzt hatte, Mutter und Kind selber zu versorgen. Ein gutes Mädchen war sie.

Und Witwe Hanne nickte jedem von ihnen zu, als wollte sie sagen: Jetzt ist es getan – Gott sei Dank!

Dann stand sie über den Tisch gelehnt und hob den Deckel von dem Eimer. »Seht«, sagte sie und rührte mit einer Kelle in der Suppe herum, »da sind Graupen und auch Suppenkraut. Wenn wir jetzt bloß was hätten, womit wir es aufwärmen könnten.«

»Wir können ja auch ein bisschen von dem Holzwerk abbrechen, ebenso gut wie die anderen«, sagte die Mutter.

»Ja«, antwortete Hanne atemlos, »ja, warum auch nicht! Wenn man betteln kann, kann man das wohl auch!«

Sie lief auf die Galerie hinaus und brach einige Gitterstäbe los, sodass es im Hof widerhallte. Aus allen den dunklen Nestern sahen sie es. Nun hatte Witwe Hanne ihrem Stolz den Kopf abgerissen.

Und dann saßen sie über der Suppe, die Alte und das Kind.

»Esst«, sagte Hanne, sie stand da und sah ihnen mit glühenden Augen zu, ihre Wangen brannten. Sie war heute so schön.

»Du siehst aus wie eine Blume in der Kälte«, sagte die Mutter. »Iss doch selbst, du kommst ja sonst um.«

Nein, Hanne wollte nicht essen. »Ich fühle mich so leicht«, sagte sie, »ich habe kein Essen nötig.« Sie stand auf und fingerte an dem Bündel herum; ihre ganze Gestalt zuckte und der Mund ging ihr wie einer Fieberkranken.

»Was hast du da?«, fragte Madame Johnsen.

»Kleider für dich und die kleine Marie. Ihr friert ja so. Ich habe sie unten bei der Trödlerin gekauft, es war so billig.«

»Gekauft hast du sie, sagst du?«

»Ja, ich habe sie auf Pump gekriegt.«

»Na ja, wenn du dir bloß nicht zu viel auflädst. Aber es wird gut tun, etwas Warmes auf den Rücken zu kriegen!«

Hanne machte das Bündel auf, während die anderen gespannt zusahen. Ein leichtes Sommerkleid kam zum Vorschein, gekräuselt und ausgeschnitten – blau wie die Augen der kleinen Marie, und feine Damenwäsche und ein Paar dünne Ziegenlederschuhe. Das Kind und die Alte starrten den Staat verwundert an. »Nee, so was Feines«, sagten sie, sie hatten alles vergessen und bewunderten nur. Aber Hanne stand starr vor Entsetzen da, und plötzlich brach sie schluchzend zusammen.

»Na, na, Hanne«, sagte die Mutter und klopfte ihr auf den Rücken. »Du hast auch mal Staat für dich selbst gekauft, das ist doch nicht so schlimm. Die Jugend fordert doch auch ihr Recht!«

»Nein, Mutter, nein, ich habe es ja gar nicht gekauft! Ich fand, ihr beiden brauchtet etwas gegen die Kälte, und da ging ich in ein feines Haus und bat, ob sie nicht abgelegte Sachen hätten; und da war ein junges Fräulein, das hat mir dies gegeben, und sie war so lieb. Nein, ich wusste ja gar nicht, was in dem Bündel war – ich hab es wirklich nicht gewusst, liebe Mutter!«

»Na ja, ja, das ist schön genug, das schadet doch nichts«, sagte die Alte und breitete den Staat vor sich aus. »Es sind feine Sachen.« Aber Hanne legte das Ganze zusammen und warf es in die Ofenecke.

»Du bist krank«, sagte die Mutter und sah sie forschend an, »deine Augen brennen wie Kohlen.«

Die Dunkelheit brach herein und sie gingen zu Bett. Dann brannte man nicht unnütz Licht und im Bett war es schließlich noch am besten. Sie hatten das Federbett quer über sich gelegt, dann reichte es bequem über alle drei, und ihre täglichen Kleider lagen unten am Fußende. Die kleine Marie lag in der Mitte. Da konnte ihr nichts zustoßen und sie redeten ins Blaue hinein über irgendetwas Gleichgültiges. Hannes Stimme klang hoch und festlich in der Dunkelheit, als komme sie aus lichten Gefilden.

»Du bist so unruhig«, sagte die Mutter. »Willst du nicht versuchen ein wenig zu schlafen? Ich kann den Brand in dir bis hierher merken.«

»Mir ist so leicht«, erwiderte Hanne, »ich kann nicht stillliegen.«

Und dann lag sie doch still und starrte mit einem unhörbaren Summen vor sich hin, während das Fieber raste.

Nach einer Weile erwachte die Alte, weil sie fror. Hanne stand mit offenem Mund mitten im Zimmer und war im Begriff, beim Schein eines Lichtstummels die feine Wäsche anzuziehen. Ihr Atem kam in kurzen Stößen und lag weiß im Raum.

»Stehst du da nackend in der Kälte?«, sagte Madame Johnsen vorwurfsvoll. »Du solltest dich ein wenig in Acht nehmen.«

»Ach, Mutter, ich bin ja so warm! Denn es ist doch jetzt Sommer!«

»Was hast du vor, Kind?«

»Ich mache mich ja nur ein wenig fein, liebe Mutter!«

»Ja, ja – tanz, Püppchen, tanz! Das Beste von deiner Jugend hast du noch immer zugut, du Ärmste! Warum hast du dir nicht auch einen Mann gefangen, wo du das Kind fingst?«

Hanne summte nur vor sich hin und zog das hellblaue Sommerkleid an. Es war ein wenig weit über der Brust, aber der Ausschnitt saß gut über dem entblößten Busen. Eine leichte Wolke von Dampf entstieg ihrem Körper wie Sonnenrauch.

Die Mutter musste ihr das Kleid im Rücken zuhaken.

»Dass wir nur Marie nicht wecken!«, flüsterte sie, ganz erfüllt von der Pracht. »Und die feinen Spitzen an dem Hemd kannst du immer ein wenig hervorgucken lassen aus dem Kleid, das sieht so hübsch aus. Nu siehst du ja wirklich aus wie eine Sommerbraut!«

»Ich will mal runterlaufen und es Frau Olsen zeigen«, sagte Hanne und presste die Hand gegen die glühenden Wangen.

»Ja, tu du das – arme Freude will auch ihr Teil haben«, erwiderte die Alte und wandte sich nach der Wand um.

Hanne lief die Treppe hinab und weiter hinab über den Hof und auf die Straße hinaus. Die Erde lag hart und klirrend da unter dem nackten Frost; sie zerrte wütend an allem, Hanne aber brannte sie durch die dünnen Schuhe. Sie lief über den Markt, über die Brücke und hinüber nach dem lichten Stadtteil – Pelle gerade in die Arme, der sich nach Vater Lasse umsehen wollte.

Pelle war müde und abgestumpft von dem fortgesetzten Kampf mit der harten Wirklichkeit. Die Bodenlosigkeit des Elends begann an seinem Mut zu zehren. Nützte es denn wohl etwas, die vielen zusammenzuhalten? Das machte ja die Qual nur noch härter für sie. Aber im Augenblick sah er alles in hellen Farben, er war in einen Rausch geraten, wie so oft in dieser letzten Zeit. Mitten in der härtesten Wirklichkeit geschah es, dass seine Seele absprang und ihm die neue Zeit des Glücks vorzauberte; der entsetzliche Mangel warf ihn dem Überfluss in die Arme! Und in diesem Zustand befand er sich jetzt. Er spürte die Kälte nicht, die große Not existierte nicht; starke seelische Anspannung zusammen mit mangelnder Ernährung bewirkte, dass ihm das Blut ständig in den Ohren sang. Er vernahm es wie ein glückliches Summen aus einer zufriedenen Welt. Es wunderte ihn nicht, dass er Hanne, in Sommerkleidern und zum Ball geschmückt, begegnete.

»Pelle, mein Schatz«, sagte sie und griff nach seiner Hand, »willst du mit zum Tanz?«

Das ist ja die alte Hanne, dachte Pelle erfreut – die sorglose Prinzessin der Arche, und sie hat wie damals immer noch Fieber. Er hatte selbst Fieber. Wenn ihre Augen sich begegneten, schlugen sie seltsame kalte Funken. Er vergaß Vater Lasse und sein Vorhaben und ging mit ihr.

Der Eingang zum »Siebenten Himmel« lag in Licht gebadet da und dies Licht entblößte die Kälte der Straße. Drinnen in dem Lichtmeer drängten sich die Kinder des großen Winters zerzaust, verfroren zusammen. Sie standen da und klapperten mit den Zähnen, wühlten in den Taschen nach einem Fünförestück, und wenn sie eins fanden, schlichen sie durch den blutroten Tunnel in den Tanzsaal.

Aber da drinnen war es auch kalt, der Atem hing wie weißer Puder in der Luft und von dem gebohnerten Fußboden funkelten Eiskristalle auf. Wer hätte wohl daran gedacht, in einem Raum einzuheizen, wo die Lebensfreude mit tausend schwelenden Schnuppen brannte? Hier pflegte die Sorglosigkeit ihren Überfluss abzugeben, sodass der hohe Raum im Nebel dalag und die Musikanten schwitzten.

Jetzt hatte die Kälte diesen Überschuss weggenommen. An den Tischen lungerten die Arbeitslosen herum und mochten sich nicht rühren. Nicht einmal den Ärmsten hatte sie ein bisschen Leichtsinn übrig gelassen. Zerberus Olsen konnte sich die Mühe sparen, mit ausgebreiteten Riesenarmen herumzugehen und die zwei, drei Paare Tanzende mit ihren fünf Öre nach der Musik hinzutreiben, als sei es eine ganze Schar. Man glitt nur über die Bretter dahin, um hier bleiben zu dürfen. Mein Gott, einige von ihnen hatten ja eine Uhr und einen goldenen Ring und Zerberus hatte Bargeld. Was war da für Not? Hier saßen sie unter der Stuckdecke und den vergoldeten Spiegeln, die Männer über einem Glas Bier, und ließen die Mädchen frieren – selbst Elvira durfte still dasitzen. »Mazurka!«, brüllte Zerberus und ging drohend von Tisch zu Tisch. Sie schlenderten in den Saal wie verdrossene Hunde, tanzten missmutig einmal herum – und bezahlten.

Aber was ist denn das? Tritt da nicht der Sommer selbst in den Saal? Glühend und luftig gekleidet in Vergissmeinnichtblau, mit einer Rose im blonden Haar? Die Wärme spielt wie fliegender

Sommer über ihren nackten Schultern, obwohl sie geradeswegs aus dem großen Winter herauskommt, und die Beine setzt sie dreist vor sich hin wie ein Freudenmädchen. Wie stolz sie ihren Schoß trägt, als sei sie die Braut des Glückes selber – und wie sie brennt! Wer ist sie nur? Kennt sie denn niemand?

Aber, das ist doch Witwe Hanne, ein anständiges Mädchen, das sieben Jahre lang zur Fabrik und wieder zurück ihren treuen Gang gegangen ist, um ihre alte Mutter und ihr Kind zu versorgen!

Aber wie kommt es nur, dass sie den besonnenen Pelle am Arm hat? Ihn, der doch seine eigene Jugend an den Teufel verkauft hat, um das Elend zu mildern! – Was will er hier auf dem Tanzboden? Und Hanne, woher hat sie den Staat? Sie ist ja doch arbeitslos! Und wie in aller Welt ist sie nur so hübsch geworden? Sie flüstern hinter ihr drein, während sie dahingeht, und mitten im Saal bleibt sie stehen und lächelt. Ihre Augen sind wie ein Krater. Ein junger Mann taumelt vor und umfasst sie. Ein Tanz mit Hanne! Ein Tanz mit Hanne!

Hanne tanzt nach einem kleinen Zögern, als hole sie ihre Freude von weit her. Schwer und weich ruht sie in dem Arm ihres Tänzers und aus ihrem nackten Busen steigt die Wärme auf und vertreibt die Kälte des großen Winters. Ist es nicht, als brenne sie? Wer sich doch bei ihr wärmen könnte!

Jetzt spendet der Raum wieder Wärme. Hanne ist wie eine Feuerkugel, die darin kreist und alles entzündet; wo sie vorübergleitet, fängt es Feuer, jung rollt das Blut in allen. Sie stürzen die Stühle um, nur um mit ihr tanzen zu können. »Heda, Tanzmeister! Fünf Kronen auf meine Uhr. Aber sputen Sie sich!« – »Ach, Hanne, einen Tanz mit mir!« – »Weißt du noch, dass wir in der Fabrik zusammen gewesen sind?« – »Wir beide sind ja zusammen in die Schule gegangen!«

Hanne antwortet nicht, aber sie lässt Pelle los und legt ihren nackten Arm auf ihre Schultern, und wenn sie ihn mit der Wange berühren, so durchströmt sie Feuer. Sie wollen sie nicht wieder loslassen, sondern halten sie fest umschlungen und schleifen sie mit hin zur Musik, wo bezahlt werden muss. Es kommt kein Wort über ihre Lippen, aber der Brand in ihr ist ein Versprechen an einen jeden, das das Süßeste verheißt. »Darf ich dich heute Abend nach Hause bringen?«, flüstern sie und hängen an ihren stummen Lippen.

Aber mit Pelle spricht sie, während sie dahinfliegt.

»Pelle, wie bist du stark, warum hast du mich nicht genommen? Liebst du mich?« Sie hat die Hand in seine Schulter gekrallt und wirbelt mit ihm dahin. Ihr Atem brennt ihm ins Ohr.

»Ich weiß nicht!«, sagt er ängstlich. »Aber mach Schluss, du bist ja krank.«

»So halte mich an! Warum bist du nie stärker gewesen als ich? Willst du mich gern haben? Pelle, ich will die Deine sein!«

Pelle schüttelt den Kopf. »Nein, jetzt hab ich dich nur lieb wie eine Schwester!«

»Und ich liebe dich jetzt! Sieh, du bist mir so fremd – ich verstehe dich nicht! Und deine Hand ist so hart, als kämst du aus einer anderen Welt. Du wiegst viel, Pelle, du bist schwer! Hast du das Glück aus der Fremde mitgebracht?«

»Hanne, du bist krank! Hör auf und lass mich dich nach Hause bringen!«

»Pelle, du warst doch nicht der Richtige. Wo hast du das Fremde? Du hast es ja doch nicht! So lass mich doch in Ruhe – ich will auch mit den anderen tanzen!«

Hanne hat bisher ununterbrochen getanzt. Die Männer stehen da und warten; wenn einer sie loslässt, springen zehn herzu und Hanne will heute Abend mit ihnen allen tanzen. Jeder soll sich an ihr wärmen dürfen! Ihre Augen sind wie Funken in der Dunkelheit, ihr stummes Wesen regt sie auf, sie schwingen sie wilder und wilder. Wer nicht mit ihr tanzen kann, muss das Feuer in sich mit Getränken löschen. Der große Winter ist vertrieben, es ist warm hier wie in der Hölle. Das Blut steigt in die Köpfe und in das Weiße der Augen, es äußert sich in Unbändigkeit, in einem Bedürfnis, alles über den Haufen zu tanzen oder um sich zu schlagen.

Hanne ist heute Abend wild – sie hat wohl ihre zweite Jugend, sagen Elvira und die anderen Mädchen schadenfroh.

Haltet den Mund! Hannes Wesen soll niemand beflecken! Wunderlich ist es, sie anzufassen, als sei sie nicht aus Fleisch und Blut, sondern das Feuer des Himmels; es schmerzt, wenn man ihre Haut berührt. Sie sagen, dass sie seit acht Tagen keinen Bissen gegessen hat. Das Kind und die Alte haben alles bekommen, was da war. Und dabei brennt sie doch! Und seht, jetzt hat sie seit zwei Stunden ununterbrochen getanzt!

Ist das zu verstehen?

Hanne tanzt wie ein Bote aus einer anderen Welt, wo Feuer und nicht Kälte ihre Nahrung ist. Darum schleudert jeder seine Dame zur Seite, sobald sie frei ist. Wie leicht sie im Tanz ist! Es trägt einen empor, wenn man mit ihr tanzt – fort von der Kälte. Allen Jammer vergisst man in ihren Armen.

Bleicher und bleicher ist sie freilich geworden; sie tanzt sich den Brand weg, wo andere sich ihn antanzen. Jetzt ist sie ganz weiß und Olsens Elvira kommt hin und zupft sie am Kleid, mit Angst im Blick. »Hanne, aber Hanne!« Aber sie sieht sie nicht, sie sehnt sich nur nach den nächsten Armen – mit geschlossenen Augen. Was sie doch alles nachholen muss! Und die soll so rein sein? Sie merkt es ja nicht einmal, dass sie den anderen die Freude raubt. Ob sie wohl die Drehkrankheit gekriegt hat, den Veitstanz in ihrem Witwenstand?

Halt's Maul! Wie schön sie doch ist! Jetzt errötet sie wieder und öffnet die Augen. Flammen schlagen daraus hervor; sie hat Pelle aus seinem Winkel hervorgeholt und flüstert ihm errötend etwas zu – vielleicht das teure Versprechen, das sonst niemand ihr hat entlocken können. Immer muss auch Pelle der Glückliche sein.

»Pelle, warum willst du nicht mehr mit mir tanzen? Warum sitzt du da immer in der Ecke und schmollst? Bist du böse auf mich wie damals und warum bist du so hart und kalt? – Und deine Kleider sind ganz steif.«

»Ich komme von draußen her, aus dem großen Winter, Hanne! Die Kinder weinen nach Brot und die Frauen hungern sich tot. Die Männer gehen mit müßigen Händen und senken den Blick – sie schämen sich ihrer Beschäftigungslosigkeit!«

»Aber warum denn? Es ist doch Sommer. Sieh nur, wie froh sie alle sind! Nimm mich doch, Pelle!«

Hanne wird rot, röter als Blut, und lehnt ihren Kopf an seine Schulter. Seht nur, wie sie sich hingibt, selig in einem schamlosen Rausch! Sie hängt hintenüber in seinen Armen und zwischen ihren Lippen springt eine große Blutrose hervor und strömt herab über das sommerblaue Kleid.

Festgenagelt unter der entsetzlichen Last, steht Pelle da und kann keinen Fuß rühren. Er starrt Hanne nur an, bis Zerberus sie in seine Riesenarme nimmt und sie hinausträgt. Sie ist ja so leicht in ihrem Sommerstaat – wiegt ja nichts!

»Mazurka!«, brüllt er, als er zurückkehrt, und geht befehlend die Reihen entlang.

26

Ende Januar erhielt Pelle einen Platz als Arbeitsmann in der Maschinenfabrik »Dänemark«. Die Bezahlung war schlecht, aber Ellen freute sich doch. Mit nichts konnte man nur weinen – mit wenig wurde sie stark. Sie war noch ein wenig blass nach dem Wochenbett, sah aber mutig aus. Bei dem ersten Wort, dass Arbeit da sei, hatte sie den Kopf voll von Plänen. Sie machte sich gleich daran, versetzte Sachen einzulösen und kleine Schulden zu bezahlen; ein ganzes System arbeitete sie aus und führte es unweigerlich durch.

Die neue Schwester war etwas für den kleinen Lasse; er begriff sofort, dass das eine war, die er bekommen hatte, um sich mit ihr in seiner Einsamkeit zu unterhalten. Solange die Sache währte, war er drüben bei den Großeltern gewesen, damit der Storch ihn nicht mitnehmen sollte, wenn er mit der kleinen Schwester kam – denn lieb war er ja! Als er dann wieder nach Hause kam, lag sie in seiner Wiege und schlief. Er tippte sie gleich auf die Augenlider, um zu sehen, ob sie auch Augen habe, so wie er selbst. Da gab es eins auf die Finger und er konnte die spannende Frage an diesem Tage nicht lösen.

Aber Augen hatte die Schwester, große dunkle Augen, die ihn durch die Stube verfolgten, hinter das Kopfende und auf die andere Seite, immer mit aufmerksamem Ausdruck, während die runden Wangen aus- und eingingen wie ein Sauger. Und der kleine Lasse fühlte sehr wohl, dass es verpflichtete, wenn die Augen auf einem ruhten. Er war schon ein ganzer kleiner Mann mit dem Verlangen, sich bemerkbar zu machen, und so ging er denn hin und blies sich auf, rollte den Körper wie ein Clown und spielte mit dem Schemel den Starken – während ihm die Schwester mit den Augen folgte, ohne auch nur eine Miene zu verziehen. Er fand, sie hätte wohl ein wenig Beifall spenden können, wenn er sich doch so viel Mühe gab!

Eines Tages blies er eine Papiertüte auf und zerknallte sie vor ihrem Gesicht. Das half. Schwester vergaß ihre Unerschütterlichkeit, fuhr hoch und fing an zu brüllen. Es setzte Prügel dafür, aber dafür hatte er sie nun erworben. Es zuckte in ihrem kleinen Gesicht, wenn er nur hinkam, um ihr irgendetwas zu zeigen; oft brüllte sie schon, noch bevor er mit seinen Kunststücken anfing.

»Geh weg von Schwester, Lasse Fredrik!«, sagte die Mutter. »Du erschreckst sie ja!«

Aber nur einen Monat später war es wieder ganz anders. Da gab es niemand, der Lasses Unternehmungen besser verstand als

Schwester. Sie zwitscherte wie ein Star, wenn er seinen kleinen drallen Körper nur bewegte oder einen Laut von sich gab.

Ellens versteinerter Ausdruck war verschwunden, da sie jetzt wieder etwas hatte, was ihre Pflege verlangte. Die Kälte hatte ihr allerlei Ansprüche abgewöhnt, andere wurden durch die Kinder befriedigt. Die beiden Kleinen beschäftigten sie sehr; sie entbehrte Pelle nicht mehr. Sie hatte sich daran gewöhnt, dass er ständig von zu Hause fort war, und ihn auf ihre eigene Weise in ihre Gedanken aufgenommen. Während der Arbeit ging sie umher und plauderte inwendig mit ihm; es war ihr eine Freude, es ihm während der kurzen Zeit, wo er zu Hause war, gemütlich zu machen.

Pelle empfand das Heim als trauliche kleine Welt, wo er Zuflucht fand, wenn er müde war. Das dunkle Ziehen in Ellens Blick hatte er ausgelöst – in Gestalt von zwei lieben, kleinen Geschöpfen, die ihr genug zu tun gaben. Jetzt war es ihr Wesen selber, das ihm entgegenkam. Ihre Treue rührte ihn; sie schmollte nicht über den kleinen Verdienst und machte ihm keine Vorwürfe, weil er nur Arbeitsmann war.

Seine Stellung als Vorsitzender der Gewerkschaft hatte er wegen der neuen Tätigkeit aufgeben müssen. Es war auch keine Aussicht vorhanden, fürs Erste in seinen Beruf zurückzukehren – und die harte körperliche Arbeit sagte ihm zu.

Um dem kleinen Tagelohn aufzuhelfen, beschäftigte er sich abends mit Flickarbeit. Ellen half ihm und sie saßen da und plauderten drauflos. Über die Bewegung sprachen sie nicht, das interessierte Ellen nicht und er hatte nichts dagegen, für einen Augenblick Ruhe zu haben. Lasse saß am Tisch, er zeichnete und gab seinen Senf dazu. Oft, wenn Pelle die Arbeit hervorholte, hatte Ellen im Laufe des Tages das meiste ausgeführt und nur übrig gelassen, worauf sie sich nicht verstand. Dafür ersann er Kleinigkeiten, durch die er sie erfreuen konnte.

Im neuen Jahr war der Winter nicht mehr so schlimm. Schon der

Februar brachte die ersten Frühlingsverheißungen. Das spürte man an Ellen.

»Wollen wir nicht einen Esskorb packen und Sonntag zu einem der Wirtsgärten hinausfahren? Es tut den Kindern gut, an die Luft zu kommen«, konnte sie wohl sagen.

Pelle wollte gern. Aber Sonntag war Versammlung in der Parteileitung und Versammlung über Angelegenheiten der Fabrik – an beiden Stellen musste er zugegen sein. Am Abend hatte er versprochen in einem Verein zu sprechen.

»Dann fahren wir allein hinaus, die Kinder und ich!«, erwiderte Ellen ruhig. Sie kamen nach Hause und hatten sich prächtig amüsiert; Pelle war nicht mehr unentbehrlich.

Der strenge Winter war endlich vorüber. Es fror noch – namentlich des Nachts –, aber die Leute wussten es trotzdem. Und auch das Eis in den Kanälen wusste es. Es fing an überall Risse zu bekommen und hinauszuwandern. Auch die Häuser hatten Frühlingsgefühle und wurden heller und oben in der Luft schien die Sonne; wenn man hinaufsah, konnte man ihren Schimmer über den Dächern sehen. Auf den Gassen und in den brunnentiefen Höfen trabten die Kinder im Schneeschlamm umher und sangen der Sonne zu, die sie nicht sehen konnten.

Die Leute fingen an sich wieder aufzurichten nach dem langen Krummliegen im Winter. Jederzeit konnte die Kälte wiederkommen, aber alles war einig im Glauben an den Frühling. Die Stare fanden sich langsam ein, die Säfte der Erde stiegen wieder bis an die Oberfläche hinauf und brachten auf der harten Kruste dunkle Flecke hervor und das Neue wagte sich heraus. Es war ein sonderbarer, gleichartiger Wille, der das Ganze beherrschte. Unten in der Erde keimte es mitten in Frost und Schnee und kroch jung hervor, gleichsam von der Kälte selber geboren und in den Verfrorenen des Winters entfalteten sich die Verheißungen – trotz allem. Die

Arbeiterviertel begannen aufzuleben; jetzt konnte es wieder nützen, sich nach Arbeit umzusehen. Es tat gut, hinauszukommen und sich ein wenig im Licht zu bewegen. Es musste auch gut tun, sich jeden Tag wieder den Bauch zu füllen, die Habseligkeiten vom Pfandleiher zurückzuholen und sie ein wenig zu lüften, bis die Reihe von neuem an sie kam.

Aber es ging nicht so flott, wie es gehen sollte. Es sah aus, als habe die Kälte diejenigen, die den Betrieben vorstanden, völlig gelähmt. Der Frühling rückte näher, die Sonne stieg mit jedem Tag und bekam langsam Kraft. Aber die Geschäfte wollten nicht recht wieder in Gang kommen über das hinaus, was der Tag erforderte. Es war nicht der Schwung darin wie sonst! In dieser Jahreszeit pflegte man gern für das Lager zu arbeiten, um den Bedarf des Sommers decken zu können; was der Winter gehemmt hatte, pflegte man jetzt einzuholen – indem man alle Kräfte anspannte und Überstunden machte.

Viele bekümmerte Fragen gingen hin und her – was war hier los? Warum kamen die Dinge nicht in Gang? Der »Arbeiter« gab vorläufig keine Erklärung, sondern enthielt einige verblümte Warnungen an gewisse Leute, dass sie sich nicht mit der Not verbünden sollten.

Allmählich verdichteten sich die Vermutungen: Die Arbeitgeber bereiteten irgendetwas vor, deshalb setzten sie die Betriebe nicht voll in Gang. Die Arbeiter hatten trotz der Winternot wieder einige der Ihren in den Reichstag gebracht und nun bereiteten sie sich darauf vor, bei den städtischen Wahlen eine Schlacht zu schlagen. Das war es, was los war! Und in erster Linie wurde die ständig wachsende Organisation bekämpft, die jetzt als ein Ganzes alle Berufe und das ganze Land umspannte und verlangte über die Verhältnisse mitzubestimmen! Der arme Mann sollte fühlen, wie wenig er vermochte ohne die, die alles in Gang hielten.

In all dies hinein drangen Gerüchte, dass ein Aussetzen jeglicher

Wirksamkeit vorbereitet werde, um mit einem Schlage die Organisation zu zertrümmern; aber das war unvorstellbar. Man hatte nur kleinere Arbeitsstockungen erlebt, wo Uneinigkeit über einen bestimmten Punkt herrschte. Dass jemand daran denken konnte, die Winternot gegen den Willen der Natur fortzusetzen, wo ein jeder willig war, auf der Grundlage der geltenden Ordnung zu arbeiten – nein, der Gedanke war zu teuflisch!

Aber eine Linie war zu erkennen. Leuten, die sich besonders für die Bewegung ins Zeug gelegt hatten, wurde es schwerer als anderen, wieder Arbeit zu bekommen. Sie wurden zurückgesetzt oder waren ganz einfach durch andere ersetzt worden, wenn sie kamen und sich nach der Arbeitslosigkeit des Winters wieder meldeten. Unsicherheit herrschte namentlich in jenen Berufen, die am besten organisiert waren; man konnte nicht umhin, das als eine Verfolgung des Zusammenschlusses anzusehen. Daraus erwuchs Unsicherheit. Jeder fühlte, dass der Zustand unhaltbar war, und witterte irgendetwas Böses. Und namentlich innerhalb der Eisenindustrie waren die Verhältnisse gespannt. Die Eisenmänner hatten immer harte Hände gehabt; dort erkannte man zuerst, was im Werden war.

Pelle erkannte besorgt, was heraufzog. Wenn jetzt ein Kampf käme, würde er eine Niederlage für die Arbeiter bedeuten, die ohne Vorräte, bis auf die Haut entblößt, dastanden. Der Winter hatte ihr bisschen Festungswerk der Erde gleichgemacht; ein Sturmlauf gegen sie würde ihren Zusammenhalt wahrscheinlich sprengen. Er äußerte seine Sorgen ihnen gegenüber nicht. Sie waren im Grunde wie große Kinder; es nützte nichts, dass sie in zu großer Angst lebten. Aber in der Leitung bestand er darauf, dass man versuchen müsse den Kampf zu vermeiden, selbst wenn man Zugeständnisse machen müsse. Zum ersten Mal machte Pelle den Vorschlag, den Rückzug anzutreten.

Eine Woche folgte der anderen, die Spannung wuchs, es geschah aber nichts. Die Unternehmer fürchteten sich vor der öffentlichen Meinung. Der Winter hatte große Wunden geschlagen; sie wagten nicht, die Verantwortung für eine Kriegserklärung auf sich zu nehmen.

In der Maschinenfabrik »Dänemark« war die Spannung älteren Datums. Als damals die Landwirtschaft, von den Verhältnissen auf dem Weltmarkt gezwungen, vom Getreideanbau zur Milchwirtschaft überging, sah der Leiter der Fabrik voraus, dass hier die Zukunft läge, und er fing an Molkereimaschinen herzustellen. Es gelang der Fabrik, eine Zentrifuge zu konstruieren, die gut einschlug, und der neue Industriezweig beschäftigte nun eine ständig wachsende Zahl Arbeiter. Es waren die tüchtigsten Leute, die hierzu ausgewählt wurden; sie verbesserten ständig das Fabrikat und der Absatz wuchs im Inland wie im Ausland. Die Arbeiter wurden allmählich so geübt in der Herstellung, dass die Fabrik sich gezwungen sah den Akkord herabzusetzen – weil sie anders zu viel verdienten. Das war zweimal im Laufe der Jahre geschehen mit dem Hinweis darauf, dass man auf dem Weltmarkt konkurrieren müsse. Gleichzeitig stiegen aber die Zentrifugen der Fabrik auf Grund der großen Nachfrage ständig im Preis. Die Arbeiter hatten sich mit der Lohnkürzung als mit etwas Unvermeidlichem abgefunden und sich bemüht ihre Geschicklichkeit noch weiter zu steigern, sodass sie jetzt wieder einen einigermaßen guten Verdienst erreicht hatten.

Jetzt, gleich nach dem Winterschlaf, begannen Gerüchte umherzuschwirren, dass die Fabrik wiederum den Akkord herabsetzen wolle. Aber diesmal hatten sie nicht die Absicht, das hinzunehmen. Die Ungerechtigkeit dieses Vorgehens empörte sie, sie waren kurz davor, auf das bloße Gerücht hin zu demonstrieren. Pelle gelang es jedoch, sie zu der Einsicht zu bringen, dass nichts weiter vorlag als dummes Gerede, für das niemand verantwortlich sei. Hinterher, als der Schrecken überstanden war und alles wieder seinen täglichen Gang ging, kamen sie zu ihm und dankten ihm.

Aber am nächsten Zahltag kam der Bescheid vom Kontor, dass der geltende Tarif nicht zeitentsprechend sei – er solle verbessert werden. Das klang recht unschuldig, aber jeder wusste, was dahintersteckte.

Es war an einem der ersten Frühlingstage, die Sonne schien in den großen Fabrikraum und zog mächtige Lichtbalken hindurch und in diesem blauen Sonnennebel liefen die Riemen und Scheiben. Die Arbeiter standen da und pfiffen zu dem Ton der vielen Räder und des singenden Metalls. Der Lärm übertönte alles andere, aber man konnte sehen, dass sie pfiffen und sangen. Sie glichen einer Schar Vögel, die eben an bekannten Küsten gelandet sind und den Frühling begrüßen.

Pelle hatte Material geholt, als die Nachricht kam und alle Freude auslöschte. Sie wanderte auf einem Zettel von Mann zu Mann, kurz und bündig: die Fabrikleitung wollte nichts mit der Organisation zu schaffen haben, sondern umging sie schweigend. Jedermann hatte vierzehn Tage Frist, den neuerlich herabgesetzten Tarif anzunehmen. Keine Verhandlung, Unterschrift, bitte schön – oder fertig! Als der Zettel zu Pelle kam, waren alle Augen auf ihn gerichtet, als erwarte man ein Signal; das Werkzeug ruhte, die Maschinen liefen eine Weile leer. Pelle las den Zettel und beugte sich dann über seine Arbeit.

In der Mittagspause scharten sie sich um ihn. »Was nun?«, fragten sie und ihre Augen hingen an ihm, ihre Fäuste zitterten. »Sollen wir nicht zusammenpacken und sofort gehen? Denn nun wird es doch bald zu arg – jedes Mal, wenn wieder ein klein wenig Wolle auf uns gewachsen ist, scheren sie uns von neuem.«

»Abwarten!«, antwortete Pelle. »Wartet nur ab! Lasst die anderen es tun und sehen wir, wie weit sie gehen! Tut, als sei nichts vorgefallen, und verrichtet eure Arbeit. Ihr tragt Verantwortung für Frau und Kinder!«

Sie folgten murrend seinem Rat und gingen wieder an die Arbeit. Er wunderte sich nicht über sie; es hatte eine Zeit gegeben, in der auch er die Arbeit hinwarf, wenn man ihm zu nahe trat – selbst wenn alles zum Teufel gehen sollte. Aber jetzt trug er Verantwortung für viele – das sollte einem Mann wohl Besonnenheit verleihen. »Abwarten!«, sagte er immer wieder zu ihnen. »Morgen wissen wir mehr als heute! Es gehört Überblick dazu, ehe man handelt!«

So legten sie denn den neuen Tarif zur Seite und gingen an ihre Arbeit, als sei nichts geschehen. Die Leitung der Fabrik schien die Sache als geordnet zu betrachten, die Direktoren gingen umher und sahen vergnügt drein. Pelle bewunderte die Fassung der Kameraden; nach ein paar Tagen war derselbe Humor wieder da – sie trieben allerlei Kurzweil in den Essenspausen.

Sobald es zu Mittag pfiff, blieben die Maschinen stehen und alle Leute warfen das Werkzeug hin. Einige zogen schnell eine Jacke über und wollten nach Hause, um ein paar Löffel warmes Essen zu bekommen, Einzelne gingen in eine Kellerwirtschaft in der Nähe und aßen dort. Die einen weiten Heimweg hatten, ließen sich auf den Drehbänken nieder und nahmen da ihre Mahlzeit ein. Wenn das Essen verzehrt war, scharten sie sich in Haufen zusammen, plauderten und foppten bald diesen, bald jenen Kameraden. Pelle benutzte oft die Mittagspause, um in die Arche hinüberzugehen und Vater Lasse zu begrüßen, der Arbeit in einem Speicher bekommen hatte und sich ganz ordentlich durchschlug.

Eines Mittags zeichnete Pelle einen aufgeblasenen Werkmeister mit Kreide auf eine große Eisenplatte. Die Zeichnung erregte viel Heiterkeit. Ein paar Kameraden hatten sich währenddessen über den aufragenden Teil der Maschine in einem Taucherboot gezankt. Pelle wischte schnell seine Karikatur aus und entwarf schweigend eine Zeichnung der Maschine. Er hatte sie oft gesehen, wenn das Boot daheim im Hafen lag. Die anderen mussten zugeben, dass die Zeichnung stimmte.

Es trat eine plötzliche Stille ein, als einer der Ingenieure einen Augenblick durch die Halle ging. Er erblickte die Zeichnung und fragte, wer sie angefertigt habe.

Pelle musste mit aufs Kontor hinauf. Der Ingenieur fragte ihn nach allerlei aus und war erstaunt, dass er niemals Zeichenunterricht gehabt hatte. »Vielleicht können wir Sie hier oben gebrauchen«, sagte er. »Wollen Sie es versuchen?«

Es ging ein plötzliches Zucken durch Pelles Herz. Jetzt war das Glück da, das wahre, große Glück, das er des Fortschritts halber über Bord geworfen hatte – das seinen Mann nahm und ihn jäh in lichte Gefilde emporzog. »Ja«, stammelte er, »ja, vielen Dank!« Die Gemütsbewegung überwältigte ihn beinahe.

»Dann kommen Sie morgen um sieben Uhr ins Konstruktionsbüro«, sagte der Ingenieur. »Nein, was haben wir heute für einen Tag? Sonnabend, also Montagmorgen.« Und damit war die Sache abgemacht. Das war ein Mann nach Pelles Herzen!

Als er wieder herunterkam, scharten sie sich um ihn, um das Ergebnis zu erfahren. »Jetzt ist dein Glück gemacht«, sagten sie, »jetzt wirst du beim Zeichnen angestellt, und wenn du deine Sache verstehst, bekommst du selbstständige Aufgaben und wirst Konstrukteur. Den Weg ist Direktor Jeppesen gegangen, er hat hier unten bei den Sandformen angefangen, jetzt ist er Matador!« Ihre Gesichter leuchteten vor Freude über sein Glück. Er sah es ihnen an, dass sie ihn für fähig hielten, es zu allem Möglichen zu bringen.

Wie im Traum verbrachte er den Rest des Tages und eilte dann nach Hause, um Ellen die Neuigkeit mitzuteilen; er war ganz verwirrt, es kochte in seinen Ohren wie in der Kindheit, wenn ihm das Leben plötzlich eines seiner Wunder offenbarte. Ellen schlang vor Freude die Arme um ihn, sie wollte ihn nicht wieder loslassen, sondern hielt ihn fest und starrte ihn an, bewundernd wie in den ersten Zeiten. »Ich habe ja immer gewusst, dass du zu etwas bestimmt bist«, sagte sie und sah ihn stolz an. »Du gleichst keinem andern! Und sieh, jetzt . . .! Aber die Kinder, die sollen es auch wissen.« Und dann riss sie Schwesterchen aus dem Schlaf und erzählte ihr, was geschehen war. Die Kleine fing an zu weinen.

»Du erschreckst sie ja mit deiner Freude«, sagte Pelle und lachte selbst über das ganze Gesicht.

»Aber was nun – dann werden wir wohl mit feinen Leuten verkehren müssen?«, sagte Ellen plötzlich, während sie den Tisch deckte. »Wenn ich mich nur dazu eigne! Und der Junge soll in die höhere Schule gehen.«

Als Pelle gegessen hatte, wollte er sich an eine Flickarbeit setzen.

»Nein«, sagte Ellen bestimmt und nahm ihm die Arbeit weg, »das ist jetzt keine Arbeit mehr für dich!«

»Aber es muss doch fertig gemacht werden«, sagte Pelle, »wir können doch keine halbfertige Arbeit abliefern.«

»Das will ich schon fertig machen, zieh du jetzt nur deine guten Kleider an, du siehst ja aus wie ein . . .«

»Wie ein Arbeitsmann, nicht wahr?«, sagte Pelle lachend.

Pelle kleidete sich um und ging nach der Arche, um Lasse die Neuigkeit mitzuteilen; später wollte er dann die anderen bei Ellens Eltern treffen. Lasse war zu Hause und verzehrte gerade sein Abendbrot. Er hatte sich im Ofen ein Spiegelei gebraten und auf dem Tisch standen Bier und Branntwein. Er hatte sich auf dem langen Gang neben dem verrückten Vinzlev eine kleine Kammer gemietet; sie hatte kein Fenster, sondern nur eine Fensterscheibe über der Tür nach dem dunklen Gang hinaus. Der Kalk war von den Wänden abgefallen, sodass der Lehm in großen Flächen hervorsah.

»Ei, ei, sieh mal einer an«, sagte Lasse entzückt. »Nu is es also doch gekommen. Ich habe mich oft gewundert, wozu du die unnütze Gabe mitbekommen hast, so dazuliegen und Wände und Papier zu bemalen – du, ein armer Arbeiterjunge. Etwas muss wohl damit beabsichtigt sein, habe ich so zu mir gesagt, vielleicht is das die Gottesgabe, die ihn vorwärtsbringen soll! Und nu scheint es ja wirklich, als wenn sie von Nutzen sein soll.«

»Hier bei dir ist es nicht gemütlich, Vater!«, sagte Pelle. »Aber nun nehme ich dich bald von hier fort, du magst wollen oder nicht. Wenn wir jetzt unsere Schulden vom Winter her abgezahlt haben, dann ziehen wir in eine Dreizimmerwohnung und dann bekommst du eine eigene Stube; aber dann darfst du nicht mehr auf Arbeit gehen, darauf musst du dich gefasst machen.«

»Ja, ja, ich habe nichts dagegen, bei euch zu wohnen, wenn es erst so weit is, dass ich den anderen nich das Brot vom Munde wegnehme. Ach nein, Pelle, es wird mir nich schwer werden, mich von der Arbeit zurückzuziehen; ich habe mich abgeschuftet, seit ich kriechen konnte, fast siebzig Jahre hab ich mich um mein tägliches Brot abgemüht – und nu bin ich müde! Hab vielen Dank für deine gute Gesinnung. Ich will die Zeit schon mit den Kindern hinbringen. Schick du mir Bescheid, wenn du willst.«

Die Neuigkeit war in der Arche schon bekannt geworden und sie kamen heran und wünschten ihm Glück, als er ging. »Nu läufst du hier nicht mehr herum und plauderst mit uns, wenn du erst deine neue Stellung angetreten hast«, sagten sie, »das geht ja nicht an! Aber vergiss uns darum doch nicht ganz, weil wir arme Vögel sind.«

»Ach nee, Pelle hat so viele Hungerzeiten mit uns Armen durchgemacht; er ist keiner von denen, der alte Freundschaft vergisst!«, antworteten sie sich selbst.

Erst jetzt, wo er die Arche verließ, fiel ihm ein, dass auch er Abschied zu nehmen hatte. Es war die herzliche Gemeinschaft mit allen seinesgleichen, ihr Glaube an ihn und sein eigener Glaube an seine Aufgabe dort; es hatte eine eigene Freude in dieser halb verkümmerten Sorglosigkeit, in der Gemeinschaft und im Kampf gelegen. War er nicht gewissermaßen der Prinz der Armut, zu dem sie alle aufsahen und von dem sie erwarteten, dass er sie in das Neue hineinführen sollte? Und konnte er es verantworten, die vielen um seines eigenen Glückes willen im Stich zu lassen? Vielleicht war er wirklich dazu ausersehen, der Bewegung zum Sieg zu verhelfen, war er der Einzige, der es konnte?

Dieser Glaube hatte die ganze Zeit hindurch schwach in Pelle gedämmert, hatte hinter seiner Ausdauer im Kampf gestanden und hinter der Freude, mit der er die Entbehrungen trug. Jetzt, wo er sich bewusst formte, verwarf er ihn als Hochmut – nein, so aufgeblasen war er nicht! Da waren genug, die außer ihm die Sache durchführen konnten – und das Glück hatte bei ihm angepocht. Geh vorwärts, Pelle!, sagte es in ihm. Was ist da noch nachzudenken? Du hast nicht das Recht, das Glück von dir zu stoßen! Willst du dein eigenes Verderben, ohne den anderen zu nützen? Du bist ein guter Kamerad gewesen, aber hier trennen sich eure Wege. Gott selbst hat dir das Talent gegeben, schon als kleiner Junge übtest du es; niemand hat Nutzen davon, dass du im Elend bleibst. Wähle jetzt deinen eigenen Weg!

Ja, Pelle hatte bereits gewählt! Er wusste sehr wohl, dass er das Glück annahm, was auch die Welt dazu sagen mochte. Es tat ihm nur weh, die anderen da sitzen zu lassen! Er war viel zu fest mit der Armut verbunden, so stark solidarisch fühlte er sich, dass es schmerzte, sich loszureißen. Durch die gemeinsamen Sorgen war er Mensch geworden und der Kampf hatte ihm eine glückerfüllte Kraft gespendet. Nun ginge er also nicht mehr in die Versammlungen! Es war so sonderbar, dass er fortan dort nichts mehr zu schaffen hatte, sondern auf die andere Seite gehörte – er, Pelle, der eine helle Flamme gewesen war. Nun, sie im Stich lassen würde er nie, das wusste er; selbst wenn er hoch emporstieg – und in dieser Beziehung hegte er keinen Zweifel –, so würde er doch immer mit den alten Genossen fühlen und für ein gutes Verhältnis zwischen Arbeitern und Arbeitgebern sorgen.

Ellen spürte seinen Ernst – vielleicht ahnte sie auch seine Gewissensbisse; sie wollte ihm helfen sich darüber hinwegzusetzen. »Wollen wir deinen Vater nicht schon morgen zu uns nehmen?«, sagte sie. »Er kann ja im Wohnzimmer auf der Chaiselongue schlafen, bis wir die neue Wohnung bekommen. Es ist Unrecht, ihn da so herumgehen zu lassen, und in deiner neuen Stellung darfst du das auch gar nicht tun.«

27

Die Unruhe auf den Arbeitsplätzen nahm zu; niemand, der etwas in der Organisation zu schaffen hatte, fühlte sich so recht sicher. Es war offenbar die Absicht, die Arbeiter zum Äußersten zu treiben und sie dahin zu bringen, dass sie den Frieden brachen. »Sie wollen die Gewerkschaften zertrümmern, um uns von neuem die Butter vom Brot zu nehmen«, sagten die Arbeiter. »Sie meinen wohl, dass das jetzt leichter geht, da uns der Winter dankbar für eine trockene Kruste gemacht hat. Aber da sollen sie sich gründlich geirrt haben!«

Die Erbitterung brodelte stärker und stärker in den Massen; überall waren sie kampfbereit und wünschten nichts lieber, als loszuschlagen. Die Frauen weinten und ängstigten sich, die meisten begriffen nur, dass die Not des Winters wieder von vorn anfangen sollte. Sie unternahmen verzweifelte Schritte, um vorzubeugen, warfen ein Umschlagetuch um und rannten auf die Kontore, zu den Fabrikbesitzern, und flehten sie an das Unglück abzuwenden. Von der Leitung wurde beständig zur Ruhe und Vorsicht ermahnt. Alles hing davon ab, dass man der Öffentlichkeit gegenüber das Recht auf seiner Seite behielt.

Pelle wurde es nicht schwer, zu verfolgen, was vor sich ging, aber sonst stand er jetzt außerhalb des Ganzen. Er ging in seinem guten Anzug und in Gummizugstiefeln zur Arbeit, brauchte erst um sieben anzutreten, während die anderen schon um sechs da sein mussten – das verschob sofort den Gesichtspunkt.

Mit Zirkel und Lineal wurde er bald vertraut; vorläufig kopierte er Zeichnungen oder tuschte sie aus. Er befand sich in einer seltsam gehobenen Stimmung – wie in einem leichten Rausch; es war das erste Mal in seinem Leben, dass er eine Arbeit zu verrichten hatte, die reinlich war und ihm erlaubte gute Kleider anzuhaben. Wunderlich war es überhaupt, das Leben von hier aus zu sehen; eine neue Perspektive eröffnete sich ihm. Während die alte ein kümmerliches Alter in Aussicht stellte, zeigte diese einen Weg, der aufwärts führte. Hier konnte er alles erreichen, was er wollte, selbst die höchste Stellung! Wie, wenn er einmal an die Spitze des Ganzen gelangte und den Achtstundentag und einen guten Tagelohn durchsetzte? Dann wollte er ihnen zeigen, dass man sehr wohl von unten aufsteigen konnte, ohne seine Vergangenheit zu vergessen und ein Blutsauger zu werden. Sie sollten Pelle, den guten Kameraden, hochleben lassen – obwohl er ihre Reihen verließ.

Zu Hause war viel zu tun; sobald er die Schwelle überschritt, nahmen Ellens hundert Pläne ihn in Anspruch. Er musste einen neuen Anzug haben, einen grauen Kontoranzug, und mehr Wäsche; mindestens zweimal die Woche musste er zum Barbier gehen, er durfte nicht mehr dasitzen und sich selbst mit einem alten Rasiermesser im Gesicht herumkratzen. Pelle musste merken, dass es nicht so ganz leicht war, ein Oberklasser zu sein, wie er es nannte.

Und zu dem allem gehörte Geld. Es war dasselbe Jagen und Kopfzerbrechen, um die Schillinge zusammenzubringen, wie in der Not des Winters; aber diesmal war es ganz amüsant, denn es hatte einen lichten Zweck. Lasse sah so gemütlich aus; er hatte Pelles halbguten täglichen Anzug an, den Ellen aufgefrischt hatte, und eine schwarz wattierte Halsbinde mit weißem Gummistrich, auch blank gewichste Pantoffeln an den Füßen. Das waren die alten Schmierstiefel, mit denen Pelle vom Steinhof fortgezogen war – sie existierten noch; sie waren nun zu Hauspantoffeln geworden; die Schäfte waren abgeschnitten worden und saßen an einem Paar Holzschuhe.

Lasse hielt sich am liebsten bei den Kindern auf und glich ganz einem alten Großvater mit seinem welken Gesicht und dem guten Blick, der jetzt ein wenig schwachsichtig wurde. Wenn der kleine Lasse sich in der entgegengesetzten Ecke des Zimmers versteckte, konnte Vater Lasse ihn nicht sehen, und das machte sich der Bengel zunutze; er begriff niemals, dass Lasses Augen nicht weiter sehen konnten als quer über den Tisch, und fragte immer, warum.

»Das kommt, weil ich in meinem Leben in zu viel Elend hineingesehen habe«, antwortete der Alte immer.

Übrigens war er ganz glücklich und sein alter, ausgebrannter Körper zeigte Dankbarkeit, indem er wieder Fleisch ansetzte; er fing schnell an vollere Wangen zu bekommen. Er hatte ein Geschick darin, die Kinder zu hüten; Pelle und Ellen konnten sich ruhig ihren vielen Geschäften hingeben. Da war hunderterlei, was besorgt werden musste, ehe man in die neue Situation hineinpasste. Sie dachten auch daran, eine Anleihe von ein paar hundert Kronen aufzunehmen.

»Vater wird für uns bürgen«, sagte Ellen.

»Ja, dann hätte ich auch die Mittel, guten Unterricht im Zeichnen zu nehmen«, sagte Pelle, »ich habe es nötig, einen ordentlichen Grund zu legen.«

Am Sonnabend lief die Frist für die alten Tarife ab. Die Stimmung unter den Arbeitern war sehr gespannt, aber sie verrichteten ihre Arbeit und verhielten sich abwartend. Um Mittag gingen die Aufseher herum und forderten jedem Einzelnen seine Antwort ab. Sie erhielten der Verabredung gemäß keinen Bescheid; aber am Nachmittag gingen drei Arbeiter als Delegation auf das Kontor und baten mit dem Direktor sprechen zu dürfen. Als er hereinkam, trat Maschinenarbeiter Munk, der Wortführer, vor und sagte: »Wir kommen im Namen der Kollegen.« Mehr brachte er nicht heraus, denn der Direktor fuhr auf ihn los, zeigte auf die Treppe und rief: »Ich verhandle nicht mit meinen Leuten.«

Da kamen sie denn wieder hinunter. Die Arbeiter starrten zu ihnen auf – das ging ja schnell! Der dicke Munk bewegte die Lippen, als spräche er, aber niemand konnte etwas hören bei dem entsetzlichen Lärm der Maschinen. Festen Schrittes ging er durch die Halle, nahm einen Hammer und schlug drei Schläge auf die große Stahltrommel. Sie klangen wie Donnerschläge des Jüngsten Gerichts; in der ganzen Fabrik dröhnte es. Im selben Augenblick fuhren die nackten, geschwärzten Arme in die Höhe und schlugen die Riemen von den großen und kleinen Treibrädern; die Maschinen liefen aus, das ganze Gebrause stockte auf einmal; es wurde so still, als sei der Tod durch den Raum gegangen. Das dichte Netz der Treibriemen, das die Halle die Kreuz und die Quere überspannte, zitterte noch schwach; die Stille glotzte aus dem großen Raum hervor wie ein entsetztes Gaffen.

Die Meister liefen hin und her und wussten weder aus noch ein. Es wurde nach dem Fabrikleiter geschickt, während die Arbeiter zu ihren Eimern gingen und sich wuschen, still und schwerfällig, als hätten sie jemand das letzte Geleit gegeben. Ihre Mienen waren verschlossen. Ahnten sie wohl, dass die drei Schläge das Signal zu einem entsetzlichen Kampf waren? Oder folgten sie nur der ersten zornigen Eingebung? Sie wussten auf alle Fälle genug; ihre Gesichter zeigten das Wissen, dass dies das Schicksal war, das unvermeidliche. Sie hatten den Winter gerufen, weil man sie dazu getrieben hatte, und nun würde er zurückkehren, um sein Opfer noch einmal zu plündern.

Und so kamen sie denn wieder zum Vorschein, sauber gewaschen, mit ihrem Bündel unter dem Arm, und warteten schweigend, bis sie bei der Abrechnung an der Reihe waren. Die Meister liefen umher und maßen mit nervösen Händen aus, verglichen die Arbeitszettel und rechneten den Lohn eines jeden aus. Der Fabrikleiter kam aus seinem Kontor herab, groß und stolz, und schritt durch den Raum; die Arbeiter wichen vor ihm zur Seite. Er sah sich scharf um, als wolle er sich das Gesicht jedes Einzelnen einprägen, legte die Hand auf die Schulter eines Vorarbeiters und sagte laut, sodass alle es hörten: »Sie beeilen sich wohl, Jacobsen, dass wir diese Menschen hier schnell herausbekommen!« Die Arbeiter richteten langsam ihre ernsten Gesichter zu ihm empor und diese oder jene herabhängende Faust zuckte. Sie verließen die Fabrik einer nach dem anderen, sobald sie ihre Abrechnung bekommen hatten.

Draußen sammelten sie sich zu kleinen Haufen und machten sich Luft in verdutzten Ausrufen: »Habt ihr den Alten gesehen? Der war scharf; es wird wohl eine Weile dauern, ehe wir wieder dahin kommen!«

Pelle war wunderlich zu Mute; er wusste, dass jetzt der Krieg ausgebrochen war; es war ein Loch geschlagen und eine Sache würde die andere nach sich ziehen. Klein Lasse, der seine Schritte schon auf der Treppe erkannte, lief ihm in die Arme, als er nach Hause kam, aber er beachtete das Kind nicht.

»Du bist so ernst«, sagte Ellen, »ist irgendwas geschehen?« Er erzählte es ruhig.

»Großer Gott!«, rief sie fröstelnd. »Soll nun die Arbeitslosigkeit von neuem anfangen? Gott sei Dank, dass sie uns nicht berührt!« Pelle antwortete nicht. Er setzte sich schweigend an sein Essen; saß da und ließ den Kopf hängen, als schäme er sich über irgendetwas.

28

Es war eine bewegte Zeit, die jetzt folgte. Durch eine Reihe von Jahren hatte der Kampf sich sozusagen selber vorbereitet und die Arbeiter hatten sich dazu gerüstet, hatten sich danach gesehnt, hatten versucht ihn herbeizuführen, um einmal zu entscheiden, ob sie für ewige Zeiten ausersehen waren Sklaven zu sein oder ob es auch für sie eine Zukunft gab. Jetzt war der Kampf da – und kam ihnen allen überraschend; man hätte jetzt gern Frieden geschlossen.

Aber Aussicht auf eine friedliche Lösung gab es nicht. Die Arbeitgeber fanden den Zeitpunkt günstig, um aufzuräumen; jetzt sollte der Kampf stattfinden. Es war in den letzten Jahren allerlei durch die Organisationen durchgedrückt worden, das wurde nun hervorgeholt und auf den Tisch gelegt: Bitte schön, das alles gilt nicht mehr! Das war dasselbe als sie gehen heißen. Jeden Morgen kam Nachricht von neuen Arbeitern, die man auf die Straße gesetzt hatte oder die selber aufgehört hatten.

Eins griff ins andere. Die Eisenindustrie machte gemeinsame Sache mit der Fabrik »Dänemark« und sperrte die Maschinenschmiede aus; da hörten auch die Former und Modelltischler auf, andere Berufe traten gleichfalls in den Ausstand – alles hing zusammen.

Pelle konnte von seinem Standort aus das Ganze übersehen. Es stiegen alte Kampferinnerungen in ihm auf; sein Blut wurde heiß und er ertappte sich dabei, wie er oben im Konstruktionsbüro Pläne für den Feldzug der Arbeiter schmiedete. Er besaß das schnelle Kampfblut, den Mut zur Offensive – und er sah ihre Fehlgriffe: Sie traten nicht kräftig genug auf. Sie waren noch träge und konnten sich schwer damit aussöhnen, dass sie wieder spazieren gehen sollten. Dadurch fehlte es an Angriffen, die Schaden zufügten. Die Arbeitgeber, die unter der Führung der Eisenindustrie energisch zugriffen, hatten anfangs ein bedeutendes Übergewicht.

Die Fabrik »Dänemark« wurde in Gang gehalten, arbeitete aber wie in den letzten Zügen. Der Betrieb wurde mit Hilfe von einigen Streikbrechern aufrechterhalten und jeder Angestellte, der sich darauf verstand, wurde dort unten bei der Arbeit angestellt, selbst der Direktor der Maschinenabteilung hatte eine Bluse angezogen und bediente eine Drehbank. Es galt, den Streikenden den Mut zu nehmen, indem man ihnen zeigte, dass es auch ohne sie ging.

Im Zeichenbüro und in den Kontoren herrschte Verwirrung; die Streikbrecher mussten aus dem Ausland geholt werden; andere liefen davon und mussten durch neue ersetzt werden. Unter diesen Umständen durfte Pelle für sich selbst sorgen und sich aneignen, was er vermochte. Das war ihm nicht recht; es war weit bis zur höchsten Spitze und man konnte nicht schnell genug etwas lernen.

Eines Tages bekam er Anweisung, herunterzukommen und in der Zentrifugenabteilung mit Hand anzulegen; die Arbeiter hatten mit den Maschinenschmieden gemeinsame Sache gemacht. Die Anweisung traf ihn mitten in einem strahlenden Zukunftstraum. Er erwachte jäh. »Ich bin kein Streikbrecher!«, erwiderte er gekränkt.

Und dann kam der Ingenieur selbst. »Wissen Sie, dass Sie sich weigern, Ihre Schuldigkeit zu tun?«, sagte er.

»Ich kann die Arbeit meiner Kollegen nicht übernehmen«, erwiderte Pelle leise.

»Das mag sehr nobel von Ihnen gedacht sein, aber jetzt sind die da unten nicht mehr Ihre Kollegen. Sie sind jetzt Angestellter und als solcher müssen Sie der Firma dienen, wo es verlangt wird.«

»Aber das kann ich nicht! Ich kann den anderen nicht das Brot aus der Hand schlagen.«

»Es gilt Ihre Zukunft! Bedenken Sie das doch, Mensch! Es tut mir Leid um Sie – denn Sie könnten es zu etwas bringen, aber ich kann Sie nicht vor Ihrer eigenen Halsstarrigkeit retten; und hier verlangen wir absoluten Gehorsam.« Der Ingenieur stand eine Weile da und wartete auf Antwort, aber Pelle hatte nichts mehr zu sagen.

»Nun, ich will so weit gehen und Ihnen bis morgen Bedenkzeit lassen – obgleich das gegen die Grundsätze der Fabrik verstößt. Überlegen Sie sich die Sache gut und geben Sie sich keinen dummen Sentimentalitäten hin. Man muss wissen, wozu man gehört! Also bis morgen.«

Pelle ging. Er wollte nicht vor Feierabend daheim und Gegenstand unzeitiger Fragen sein; dies würde noch früh genug gesagt werden müssen. So schlenderte er denn über die Handelsplätze hin und starrte die Schiffe an. Da war also sein Glückstraum zerplatzt – kurz war er gewesen! Er sah Ellens enttäuschten Ausdruck, und ihm wurde ganz traurig zu Mute. Am meisten Leid tat es ihm für sie, seinetwegen war da eigentlich nichts zu sagen; es war Schicksal! Es fiel ihm auch nicht einen Augenblick ein, zwischen der Zukunft und der Kameradschaft zu schwanken; er hatte ganz vergessen, dass ihm der Ingenieur Bedenkzeit gegeben hatte.

Zur gewohnten Zeit schlenderte er nach Hause. Ellen empfing ihn leicht und fröhlich, sie ging umher in einem Zustand summender Freude; es war ganz rührend anzusehen, wie sie sich bemühte, sich in die andere Gesellschaftsschicht hineinzufinden. Ihre Bewegungen waren ganz allerliebst und um ihren Mund lag ein Zug, der Vornehmheit bedeuten sollte. Er kleidete sie entzückend und Pelle wandelte immer die Lust an, diesen Mund zu küssen und die vornehme Haltung zu zerstören; aber heute setzte er sich schweigend an sein Essen. Ellen hob ihm seinen Anteil vom Mittagessen auf und wärmte ihn, wenn er abends nach Hause kam; mittags aß er Butterbrot im Kontor.

»Wenn wir jetzt ordentlich im Gange sind, werden wir alle um sechs Uhr Mittag essen«, sagte sie, »das ist viel gemütlicher.«

»So machen es die feinen Leute, habe ich mir erzählen lassen«, sagte Lasse. »Es wird pläsierlich werden, das auch mal zu probieren.«

Lasse saß mit Klein Lasse auf den Knien da und erzählte spaßige Geschichten. Dann lachte Klein Lasse und jedes Mal schrie Schwester in der Wiege vor Freude auf, als verstehe sie alles. »Was soll es denn nun sein – die von dem alten Weib? Dann müsst ihr auch gut zuhören, sonst wachsen eure Ohren nicht! – Das alte Weib!«

»Weib!«, sagte Klein Lasse mit dem Ausdruck des Alten.

»Ja, das alte Weib!«, wiederholte Lasse und dann lachten alle drei.

»Was soll ich zuerst tun?, sagte das Weib, als sie auf Arbeit kam – essen oder schlafen? Ich glaube, ich esse erst. Was soll ich zuerst tun?, fragte das Weib, als sie gegessen hatte – schlafen oder arbeiten? Ich glaube, ich schlafe erst. Und dann schlief sie, bis es Abend war, und dann ging sie nach Hause und legte sich ins Bett.«

Ellen trat zu Pelle hin und legte den Arm um seine Schulter. »Ich bin bei meiner früheren Herrschaft gewesen, und die wird mir helfen mein Brautkleid in ein Gesellschaftskleid umzuändern«, sagte sie. »Dann brauchen wir dir nur einen Frack zu kaufen.«

Pelle sah langsam auf, seine Züge zitterten – die Ärmste! Sie dachte an Gesellschaften! – »Du kannst dir deine Sorgen sparen«, sagte er leise, »auf dem Kontor bin ich jetzt fertig. Sie verlangten von mir, dass ich Streikbrecher werden sollte, und da bin ich gegangen.«

»Ach, ach«, sagte Lasse und war nahe daran, den Jungen fallen zu lassen. Seine welken Hände zitterten. Ellen starrte Pelle versteinert an, sie wurde immer weißer, kein Laut kam über ihre Lippen. Sie sah aus, als wollte sie tot umfallen.

29

Pelle war wieder unter seinen eigenen Leuten; er bereute nicht, dass das Glück sein Versprechen zurückgenommen hatte, im Grunde war er froh. Hierher gehörte er doch! Er hatte seinen Anteil an dem mächtigen Aufbruch – sollte er da vom Kampf ausgeschlossen sein?

Unter den Führern war er willkommen, niemand trug so viel wie er, wenn es darauf ankam; seine Gestalt flößte Zuversicht ein und brachte die Leute zum Ausharren und zum unerschrockenen Drauflosgehen. Und er war geschickt im Pläneschmieden!

Jeden Morgen wanderte er in aller Frühe zum Streikbüro, von wo aus der ganze Kampf geleitet wurde; all die vielen Fäden liefen hier zusammen. Die Lage wurde bis zu diesem Augenblick untersucht, Männer, die genaue Kenntnis von den stärksten Stellungen des Feindes hatten, wurden zusammengerufen, um Aufschlüsse zu geben, und ein umfassender Kampfplan wurde entworfen. Auf geheimen Kontrollversammlungen, zu denen zuverlässige Genossen aus den verschiedenen Betrieben einberufen wurden, sammelte man Angriffsmaterial jeder Art – um die Unternehmer damit zu treffen und es für den Pressekampf zu verwerten. Es galt, neben den Blutsaugern jene zu treffen, die leicht im Sattel saßen! Es gab Betriebe, die die Unternehmer aus lokalen Gründen in Gang hielten; die mussten ausfindig gemacht und zum Stillstand gebracht werden, selbst wenn es die Arbeitslosigkeit vermehrte. Man rüstete sich energisch, es war nicht die Zeit, in seinen Waffen wählerisch zu sein. Pelle war in seinem Element. Dies war doch etwas anderes, als einen einzelnen Schuhmacher zu fällen, selbst wenn er der größte der Stadt war! Er war reich an Ideen und schwankte nie in der Ausführung. Kampf war Kampf!

Dies war die Angriffsseite; aber er sah klar, dass die Verteidigung nicht minder wichtig war. Voraussicht und genaue Verhaltungsmaßregeln waren nötig, falls die Massen den Kampf aushalten sollten; schließlich würde es eine Frage der Ausdauer werden! Ausländische Streikbrecher mussten fern gehalten werden durch schnelle Mitteilungen in den Parteiblättern der Länder und durch das Aufstellen von Posten an den Bahnhöfen und Dampfschiffen. Die Arbeiter nahmen den Telegrafen in ihren Dienst – zum ersten Mal. Die Zahl der einheimischen Streikbrecher musste mit allen Mitteln niedrig gehalten werden und in erster Linie mussten Vorräte beschafft werden, sodass sich die arbeitslosen Massen den Hunger vom Leibe halten konnten.

Pelle hatte in einer Vision die natürliche Solidarität der Arbeiter auf der ganzen Erde gesehen und das kam ihm jetzt zugute. Die Führer erließen einen Aufruf an die Arbeiter Dänemarks, zeigten noch einmal auf den Abgrund, aus dem sie aufgetaucht waren, und auf die Lichtzinnen, zu denen sie emporstrebten, und ermahnten sie in ergreifenden Worten zusammenzuhalten. Ein Bericht über die Ursache der Aussperrung und die Absicht, die dahinter lag, wurde gedruckt und über das ganze Land verbreitet mit der Aufforderung zur Unterstützung im Namen der Nation! Und in Aufrufen an die Arbeiterparteien des Auslands erinnerte man an die große Gemeinschaft. Es war ein ungeheurer Apparat, der in Gang gehalten werden musste; aus einem kleinen Werkstattverein hatte sich eine Organisation entwickelt, die das ganze Land umfasste, und jetzt versuchte man die Arbeiterbevölkerung der ganzen Welt als Bundesgenossen im Kampf zu werben. Aber diese Männer, die aus der Masse aufgetaucht waren und noch immer in den gleichen Verhältnissen wie diese lebten, die schafften es! Sie hatten mit dem starken Wachstum der Bewegung Schritt gehalten und wuchsen noch immer.

Das Gefühl, gut vorbereitet zu sein, erfüllte sie mit Mut und mit Hoffnung hinsichtlich des Ergebnisses. Beim Büro liefen von den Bauern täglich Stellenangebote an die Ausgesperrten ein, sie schickten auch Geld und Beiträge in Form von Nahrungsmitteln; und manche Familien auf dem Land erboten sich Kinder der Ausgesperrten zu sich zu nehmen. Vom Ausland kamen Geldsendungen und in den liberalen Kreisen der Hauptstadt sympathisierte man mit den Arbeitern; in den Arbeitervierteln der Stadt fingen die Kaufleute und Wirtshausbesitzer an für die Ausgesperrten zu sammeln.

Die Arbeiter bewiesen eine ungeheure Opferbereitschaft. Auf allen Arbeitsplätzen zirkulierten Kuponbücher, tausende von Arbeitern gaben jede Woche ein Viertel ihres knappen Wochenlohnes her. Die Ausgesperrten ertrugen die Arbeitslosigkeit mit großem Mut, die Gemeinschaft machte sie heroisch. So entblößt, wie sie nach dem harten Winter waren, einigten sie sich doch dahin, während der ersten beiden Wochen auf Unterstützung zu verzichten. Viele schonten die Kasse ganz und halfen sich, so gut sie konnten – suchten sich ein wenig Arbeit bei Privaten oder gingen aufs Land. Die jungen Unverheirateten gingen ins Ausland.

Die Unternehmer taten, was sie konnten, um all diese Auswege zu versperren. Sie verboten den Kaufleuten und Lieferanten den Ausgesperrten, die auf eigene Faust arbeiteten, Materialien zu liefern; Agenten wurden zu den kleinen Meistern und Bauern geschickt, um sie gegen die Ausgesperrten aufzuhetzen; über die Grenzen des Landes hinaus wurden sie mit Steckbriefen verfolgt.

Die Absicht war deutlich genug: Es sollte ein eiserner Ring um die Arbeiter geschlossen werden und darin sollten sie mit dem Hunger allein sein, bis sie mürbe wurden und nachgaben.

Ihr Widerstand wuchs durch diese Erkenntnis. Mager waren sie nach der endlosen Wüstenwanderung, aber sehr dazu aufgelegt, sich zu schlagen. Viel hatten sie bisher nicht von alledem verstanden; sie fühlten nur dumpf, dass jetzt Land nahe sei. Oft war es nur ein einziges Wort, das sich festgebissen hatte und dazu dienen musste, alles auszudrücken. Es konnte jemand kommen und es ihnen mit vernünftigen Gründen wegschlagen, dann zersplitterten die Worte, an die sie sich geklammert hatten, aber zurück blieben der Glaube und das große Verständnis, tief in ihren Seelen saß das dunkle, unerschütterliche Bewusstsein, dass sie ausersehen seien in die Glückszeit einzuziehen. Und nun klärte es sich allmählich für sie. Der Kampf warf Licht nach allen Seiten. Er veranschaulichte in all seiner Härte ihr ganzes Dasein. All diesem waren sie immer ausgesetzt gewesen, aber jetzt war es so schlimm, dass es jeder sehen konnte. Man hatte die vielen Peitschenenden zu einer großen Peitsche zusammengeflochten – zur Hungerpeitsche, um sie damit zurückzutreiben, wieder zurück in das Elend! Die Not wurde in ihrer kompaktesten Gestalt auf sie gehetzt! Es war das äußerste Mittel; es bestärkte sie in der Gewissheit, dass sie sich jetzt auf dem rechten Weg befanden und dem Ziel nahe waren. Immer war die Nacht am finstersten, wenn die Dämmerung begann!

Es gab auch allerlei, worüber man sich jetzt klar wurde. Da war man umhergegangen und hatte sich einreden lassen, die Deutschen seien der Erbfeind und das Vaterland stehe über allem. Aber jetzt riefen die Unternehmer ganz ruhig deutsche Söldnertruppen ins Land, um ihre eigenen Landsleute ins Elend zu treiben. Das mit dem Vaterlandsgefühl war nichts als Gerede; es gab nur zwei Nationen: die Unterdrücker und die Unterdrückten!

Ja, so verhielt es sich wohl, bei Licht besehen! Man sollte nicht zu treuherzig glauben, was einem von den Oberen erzählt wurde – und von daher kam doch aller Unterricht! Die Pfaffen waren so brav, sie wussten ganz genau, welchem Herrn sie zu dienen hatten! Nein, man hätte seine eigenen Schulen haben müssen, wo die Kinder anstatt in Religion und Patriotismus in dem neuen Geist unterwiesen würden. Dann wäre es längst vorbei gewesen mit dem Fluch der Armut! – So benutzten sie den Kampf und den erzwungenen Müßiggang, um über die Dinge nachzudenken und zu versuchen sich über dies und jenes klar zu werden.

Das Gespenst des Hungers begann alsbald von Haus zu Haus zu ziehen, aber die Wirkung war nicht die erwartete; es erweckte nur Hass und Trotz in ihnen. Gerade hier lag ihre Unüberwindlichkeit! Im Laufe der Zeit hatten sie gelernt zu leiden – hatten nichts weiter gelernt; und das kam ihnen jetzt zugute. Sie hatten unerschöpfliche Fonds, zu denen sie griffen und aus denen sie Kraft schöpfen konnten, sie waren nicht tot zu kriegen. Ob sie sich nicht bald ergeben würden? Nun, dann ein neues Tausend auf die Straße. Aber das Elend wurde dem Anschein nach nicht größer deswegen; sie hatten es gelernt, Entbehrungen in guter Haltung zu ertragen – das war ihr Anteil an der zunehmenden Kultur. Die Not wurde nicht sichtbar; sie fanden sich in den Winkeln damit ab und sahen mutig drein. Das schwächte den Glauben der Widersacher an die Unfehlbarkeit des Mittels.

Und sie nahmen selber den Hunger als Kampfmittel an, boykottierten die Unternehmer und ihre Angehörigen und schlugen den Feind, wo sie konnten. Manch eine Tür wurde von dem großen Arbeiterheer mit einem Kreuz gekennzeichnet und alle hinter ihr dem Untergang geweiht.

Es war, als ob der Mut der Massen umso kräftiger wüchse, je drohender ihnen die Not auf den Leib rückte. Niemand konnte wissen, wie lange dies währen würde, und man musste sich amüsieren, solange man noch lockiges Haar hatte. Noch waren die Kleider in Ordnung und man machte Ausflüge in den jungen Lenz, zog mit Fahnen an der Spitze singend aus und kehrte singend heim. Es war das erste Mal, dass man frei hatte, obwohl es Arbeit genug gab – die ersten Ferien also! Als seien sie Matadore der Kauftüchtigkeit, boykottierten sie alle Händler ihres Viertels, die nicht auf Seiten der Arbeiter standen. Der Hass war in ihnen erwacht, es hieß Für oder Wider, alle mussten Stellung nehmen. Die Krämer verbargen ihre Meinung, wenn sie überhaupt eine hatten, und wetteiferten in Freundlichkeit gegen die Arbeiter. Auf den Ladentischen lagen Kuponbücher für die Sammlung, einzelne gaben Prozente von ihrem Umsatz. Man hatte viel Zeit, seinen Leuten auf die Finger zu sehen, und der Hass wurde immer bitterer.

Die Führer mahnten zur Besonnenheit. Aber es lag etwas Berauschendes in diesem Kampf um die nackte Existenz und um das

Glück, etwas, das zu Kopf stieg und sie in Versuchung führte, Kopf oder Schrift zu spielen. Die Leitung hatte ihre Aufmerksamkeit darauf konzentriert, die Zahl der Arbeitslosen zu beschränken – es konnte schwer halten, ausreichende Mittel zu beschaffen. Aber die Arbeiter, die noch Arbeit hatten, verließen die Betriebe, um sich in blinder Solidarität ihren ausgesperrten Kameraden anzuschließen. Sie meinten, das gehöre mit dazu!

Eines Tages erhoben die Maurer unerwartet die Forderung, dass die Arbeitszeit um eine Stunde verkürzt werde. Sie wurde abgelehnt; aber am Abend hörten sie um sechs Uhr anstatt um sieben Uhr auf. Die Bevölkerung war außer sich: Mitten in der flauen Zeit nach einem harten Winter verlangte man kürzere Arbeitszeit!

Dieser Zug kam der Kampfleitung überraschend. Man fürchtete, dass die Arbeiter sich dadurch die allgemeine Sympathie verscherzen könnten. Es überraschte besonders, dass sich der erprobte, besonnene Maurerveteran Stolpe nicht dem Beschluss widersetzt hatte. Als langjähriger Vorsitzender der Organisation hatte er große Macht über die Leute; er musste zusehen, dass er sie bewegen konnte die Arbeit wieder aufzunehmen. Pelle verhandelte mit ihm.

»Das ist nicht meine Sache«, erwiderte Stolpe. »Ich habe die Arbeitsniederlegung nicht vorgeschlagen, aber auf der Generalversammlung war die Mehrheit dafür – und damit ist die Sache abgemacht. Ich gehe nicht gegen die Kameradschaft an.«

»Aber das ist verkehrt von euch«, sagte Pelle, »und du trägst doch die Verantwortung. Euer Fach hat auch die besten Arbeitsbedingungen – und ihr solltet an den Kampf denken, in dem wir stehen.«

»Ja, der Kampf! Natürlich haben wir an den gedacht. Und du hast Recht, ich habe ein gemütliches Heim, weil mein Fach gut gestellt ist, wir Maurer haben uns gute Bedingungen geschaffen und verdienen ordentlich. Aber sollten wir uns vielleicht gütlich tun und zusehen, wie die anderen um das trockene Brot kämpfen? Nein, wir gehören zu den anderen, wenn es losgeht!«

»Aber die Unterstützung von euch – das sind die Woche zehntausend Kronen und die müssen wir nun entbehren! Und eure Handlungsweise kann unabsehbare Folgen für uns haben. Du musst die Sache rückgängig machen, Schwiegervater! Sieh zu, dass die Majorität nicht anerkannt wird.«

»Das soll wohl Diplomatie sein, was? Heb du die lieber für unsere Gegner auf! Bei uns halten wir die Abstimmung in Ehren und die soll das Ganze reformieren. Fängt man erst an mit den Stimmzetteln zu manipulieren, dann . . .«

»Aber das ist ja gar nicht nötig! Die Leute sind sich doch nicht klar darüber, was sie tun, man kann von ihnen keinen Überblick verlangen. Darum könntest du eine neue Abstimmung vornehmen – nachdem ich vorher zu ihnen über den Kampf gesprochen habe!«

»So, du meinst, wir könnten nicht übersehen, was wir tun!«, erwiderte Stolpe beleidigt. »Aber die Folgen tragen, das können wir doch! Jawohl, du willst auf die Tribüne steigen und sie um die Ecke herumschwindeln und dann sollen sie für das Entgegengesetzte stimmen! Nein, keine Fixfaxereien hier. Sie haben gemäß ihrer Überzeugung gestimmt – und damit steht die Sache fest, mag sie richtig oder verkehrt sein. Daran wird nicht gerührt!«

Pelle musste es aufgeben, der Alte war nicht von seinem Standpunkt abzubringen. Die Maurer vermehrten die Spaziergänger um ein paar tausend Mann.

Die Unternehmer benutzten diese Entscheidung, die die öffentliche Meinung gegen die Arbeiter einnahm, um eine entscheidende Schlacht zu schlagen. Die Generalaussperrung wurde erklärt.

30

Bei Pelle zu Hause sah es ärmlich aus. Sie hatten den Winter noch nicht verwunden, als er in den Kampf hineingerissen wurde, und die Vorbereitungen für seine neue Stellung hatten sie in Schulden gestürzt. Pelle erhielt dieselbe Unterstützung wie die anderen Ausgesperrten – zehn, zwölf Kronen die Woche; dafür sollte Ellen Essen und Feuerung für sie alle beschaffen. Sie meinte, ihm als Führer stehe doch mehr zu, aber Pelle selbst wünschte keine anderen Bedingungen, als sie jedem anderen beschieden waren.

Wenn er nach Hause kam, ganz erschöpft nach einem anstrengenden Tag, begegneten ihm ihre fragenden Augen. Sie sagte nichts, aber die Augen wiederholten hartnäckig ihre Frage, Tag für Tag. Es war, als sagten sie: Nun, hast du denn Arbeit gefunden? Das reizte ihn, denn Ellen wusste ja recht gut, dass er keine Arbeit suchte und dass es überhaupt keine zu suchen gab. Sie kannte die Situation ebenso gut wie er, tat aber hartnäckig, als wisse sie nichts von allem, dem er und seine Kameraden ausgesetzt waren, und wenn er die Rede darauf brachte, schwieg sie störrisch; sie wollte nicht darüber Bescheid wissen.

Die Hitze des Kampfes erfüllte Pelle, mit niemand hätte er seine Stimmung und seine Feldzugspläne lieber geteilt als mit ihr. Ellen hatte ihn auf anderen Gebieten angespornt und er hatte es als eine Bereicherung empfunden, als eine Bestätigung seines Wesens; aber hier schwieg sie. Sie hatte ihn und ihr Heim und die Kinder, alles andere ging sie nichts an. Die Winternot hatte sie mit ihm geteilt und war doch froh gewesen; die war unverschuldet. Aber hier konnte er Arbeit bekommen, wenn er nur wollte. Sie hatte ihren stummen Widerstand wieder aufgenommen und das wirkte hemmend auf ihn, nahm ihm etwas von der Freude, im Feuer zu stehen.

Wenn er nach Hause kam und erzählte, was an dem Tag ausgerichtet worden und geschehen war, wendete er sich an Lasse. Ellen ging umher, als sei sie taub, und plötzlich unterbrach sie seinen Bericht, indem sie ihm erzählte, dass ihnen dies oder jenes fehle. Da gewöhnte er es sich ab, mitteilsam zu sein, und verlegte die ganze Arbeit außer Hause. War etwas zu schreiben oder sollte mit Leuten verhandelt werden, so wählte er irgendein Wirtshaus, um von ihrer hemmenden Gegenwart frei zu sein. Er vermied es, ihr von seinen Vertrauensposten zu erzählen; und obwohl sie von anderen davon erfuhr, tat sie doch, als wisse sie nichts. Für sie war er immer nur der Arbeiter Pelle, der Frau und Kinder nicht versorgte. Diese Auffassung quälte ihn; bitter, wie er war, legte er noch mehr Kräfte in den Kampf und bekam eine harte Hand.

Lasse ging umher und war unglücklich. Er wollte gern vermitteln, wusste aber nicht, wie er es anstellen sollte; er fühlte sich auch überflüssig. Jeden Tag zog er seine alten Kleider an und ging aus, um seine Arbeitskraft anzubieten, aber es gab freie Hände genug, die jünger waren als die seinen. Er hatte auch Angst, sich auf etwas einzulassen, wodurch er den anderen in die Quere kommen könnte. Auf den Kampf verstand er sich nicht, es wurde ihm schwer, zu entscheiden, was verbotenes Land war; aber vor Pelle hatte er unbedingten Respekt. Wenn der Junge so und so sagte, dann war das richtig, selbst wenn man dabei verhungern musste – der Junge war zu etwas ausersehen.

Eines Tages verließ er stillschweigend das Haus. Pelle merkte es kaum, so beschäftigt, wie er war. Er ist wohl wieder zu der Trödlerin nach der Arche gegangen, dachte er, hier ist es ja auch nicht schön.

Pelle hatte den Kampf nach außen unter sich; er verstand sich nicht auf Buchführung und Administration, er tummelte sich auf dem Felde herum. Schon als achtjähriges Kind hatte er sich gegen andere behaupten müssen, und er hatte es geschafft, und das kam ihm jetzt zugute. Er besaß das Vertrauen der Massen; seine Reden klangen ihnen natürlich, sodass sie an ihn glaubten, selbst wenn sie ihn nicht verstanden. Aber war da jemand, der den Weg nicht mitgehen wollte, den er führte, dann musste er trotzdem mit. Hier war keine Zeit zu langer Diskussion; wo gute Worte nicht halfen, fasste er hart zu.

Der Kampf bestand in erster Linie in einem Zusammenhalten der Massen und Pelle war beständig auf der Straße; überall, wo etwas los war, tauchte er auf. Er hatte eine großartige Parade organisiert: Jeden Morgen stellten sich alle ausgesperrten Arbeiter an verschiedenen Stellen der Stadt zur Zählung auf, ein jeder innerhalb seiner Organisation. Durch diese tägliche Riesenmusterung von nahezu vierzigtausend Mann war es möglich, festzustellen, wer als Streikbrecher abfiel. Es fehlten immer einige und die, die einen echten Grund dafür hatten, mussten dies nachweisen, um Unterstützung zu bekommen. Pelle war bald hier, bald dort, immer unerwartet, weil er impulsiv handelte. »Blitz« nannten sie ihn, wegen der Schnelligkeit, die ihm eigen war. Er handelte nicht auf Grund langer Überlegung, wurzelte aber doch tief in dem Ganzen; das eine wuchs aus dem anderen – zu größeren Dimensionen, als der Verstand überschauen konnte. Und Pelle wuchs mit und besaß Überblick, kraft seiner Intuition.

Es gab genug zu tun: Bei der Musterung mussten die Ausgebliebenen aufgeschrieben werden und jeder, der etwas über sie wusste, meldete es. Dieser war ins Ausland gegangen, jener in die Provinz, um Arbeit zu suchen – das war dann gut. Fiel jemand als Streikbrecher ab, so wurden gleich Maßregeln beschlossen, um ihn zu strafen. Auf diese Weise hielt Pelle die Reihen fest zusammen. Es waren viele unsichere Elemente dazwischen, unwissende Burschen, die sich der Tragweite der Sache nicht bewusst waren, aber die strenge Kontrolle und das Gericht machten es zu einer bedenklichen Sache für sie, auszubrechen.

Außerdem hatte er zusammen mit Stolpe einen großen Trupp der besten Leute als Streikwache organisiert. Es waren eifrige, fanatische Männer aus den verschiedenen Berufen, die an der Organisation ihrer Berufe teilgenommen hatten und jeden Einzelnen kannten. Sie stellten sich früh am Morgen auf den verschiedenen Arbeitsplätzen ein, notierten, wer zur Arbeit ging, und suchten diese Leute davon abzuhalten. Sie lagen im ständigen Kampf mit der Polizei, die ihnen alle möglichen Hindernisse in den Weg legte.

Mit Morten traf er häufig zusammen. Die Not hatte Morten aus seiner Zurückhaltung herausgeholt. Er glaubte nicht, dass der Kampf zu besseren Zuständen führen würde, und nahm deswegen nicht teil daran. Aber die Not kannte er wie kein anderer; sein Einblick war unheimlich groß; die Verteilung der Nahrungsmittel konnte in keine besseren Hände gelegt werden. Er stand der ganzen Austeilung vor, hätte aber am liebsten dagestanden und Speck für die Familien der Ausgesperrten ausgeteilt. Die Portionen waren genau abgemessen, aber die Frauen drängten sich trotzdem an ihn heran. Es lag Segen in seinem blassen Lächeln – seine Portionen wären die größten, meinten sie.

Morten und Pelle waren in fast allen Punkten uneinig. Selbst hier, wo alles von einem festen Zusammenhalt abhing, war Morten nicht mit harten Maßnahmen einverstanden. »Bedenke doch, dass sie unmündig sind«, sagte er ständig. Und es ließ sich nicht leugnen, dass viele darunter waren, die dem Ganzen fremd gegenüberstanden und nichts begriffen, obwohl sie sonst kluge, besonnene Menschen waren. Es waren meistens Leute, die in vorgeschrittenem Alter vom Lande in die Hauptstadt gezogen waren – einige waren kleine Meister. Die Gewerkschaft war für sie eine Art Hilfsverein; den Streik benutzten sie in aller Treuherzigkeit, sich gute Arbeit zu sichern. Wenn sie Streikbrecher geschimpft wurden, lächelten sie wie kleine Kinder, die man mit dem Revolver bedroht. Schwerfällig, wie sie waren, nahmen sie sich die Verfolgung zu Herzen, ohne den Grund einzusehen. Aber ran mussten sie!

Die Eisenindustrie setzte alles dran, einige Betriebe in Gang zu halten, wo man alle die Arbeiten ausführte, zu denen man kontraktmäßig verpflichtet war oder bei denen Gefahr bestand, dass sie sonst in ausländische Hände übergehen würden. Diese Betriebe mussten, wenn möglich, stillgelegt werden; die Streikposten waren aktiv und der »Arbeiter« veröffentlichte die Namen und Adressen der Streikbrecher. Wenn sie die Fabriken verließen, stand eine Volksmenge da und empfing sie mit Hohn und Spott; sie mussten von der Polizei eskortiert werden. Aber der Groll über ihre Treulosigkeit verfolgte sie bis in ihre Häuser. Die Frauen und Kinder der Ausgesperrten nahmen den Kampf auf und übertrugen ihn auf die Familien der Streikbrecher, sodass diese ausziehen mussten. Des Nachts sah man sie mit einem Ziehwagen fortschleichen, um sich im Schutz der Dunkelheit ein neues Heim zu suchen. Aber der Tag verriet sie und sie mussten wieder als Flüchtlinge von dannen, bis die Polizei sich ihrer annahm und ihnen Wohnung verschaffte.

Eines Tages wurde eine große Maschinenfabrik auf Nörrebro mit Hilfe von ausländischen Arbeitskräften und Streikbrechern wieder in Gang gesetzt. Pelle wollte den Arbeitern, wenn sie nach Hause gingen, einen heißen Empfang bereiten; aber im Verlauf des Tages erhielt er von einem Schutzmann, der es heimlich mit den Arbeitern hielt, einen Wink, dass zweihundert Schutzleute sich in einer nahe gelegenen Schule verborgen hielten, zum Eingreifen bereit.

Gegen Nachmittag sammelten sich Leute an, arbeitslose Männer, arme Frauen und Kinder. Sie kamen früh, denn es kam vor, dass man diese Arbeiter eine Stunde vor der Zeit entließ, um Zusammenstöße zu vermeiden, und sie hatten ja nichts zu versäumen, wenn sie warteten. Schließlich standen ein paar tausend Menschen vor dem Tor der Fabrik, die Polizei ging zwischen der Menge hin und her, mehrere Mann stark, musste es aber aufgeben, sie auseinander zu jagen. Die Straßenjungen begannen Lärm zu machen und steckten die Erwachsenen an; man hatte das Bedürfnis, sich ein wenig zu wärmen, und fing an, die Schutzleute aufzuziehen.

»Leute!«, rief plötzlich eine junge, mächtige Stimme. »Um die Ecke in der Schule liegen ein paar hundert Bullen und warten nur darauf, dass wir Krawall machen, damit sie Gelegenheit haben, ihre Knüppel gegen uns zu gebrauchen. Wollen wir sie nicht da lassen, wo sie sind? Es tut ihnen ganz gut, wenn sie ein wenig in die Schule gehen.«

»Hurra!«, ertönte es. »Hurra! ›Blitz‹ soll leben!« Es ging eine Bewegung durch die Menge. »Das ist Pelle!«, flüsterte es von Mund zu Mund; die Frauen stellten sich auf die Zehenspitzen, um ihn zu sehen.

Pelle und Stolpe standen drüben an einer Mauer, umgeben von ein paar dutzend Streikposten. Die Schutzleute gingen an ihnen vorüber und schielten zu ihnen hin. Sie hatten Befehl, die Streikposten am Patrouillieren zu hindern, hatten aber keine Lust, sich mit Pelle einzulassen. Sie waren in den Arbeitervierteln zu Hause und ein Wort von ihm konnte sie in der Stadt unmöglich machen.

Die Sache zog sich weit über den gewöhnlichen Feierabend hin und die Arbeiter wurden nicht aus der Fabrik herausgelassen. Die Menge hielt sich mit Witzen warm; Kalauer über die Streikbrecher und Kapitalisten schwirrten durch die Luft. Aber plötzlich entstand Unruhe. Die Straßenjungen, die immer alles zuerst wittern, pfiffen auf den Fingern und zogen eine Seitenstraße hinunter. Da geriet die Masse in Bewegung und die Polizei folgte in scharfem Marsch in der Mitte der Straße. Die Fabrik hatte die Arbeiter aus einer Hintertür hinausgelassen.

Ganz unten an der Guldbergsgade zogen sie dahin, niedergeschlagen, ohne sich umzusehen, begleitet von einer ganzen Eskorte von Schutzleuten. Sie wurden rasch eingeholt und nach

Hause gebracht, begleitet von einem unheimlichen Konzert, das hin und wieder von dem Ruf »Die Ehrenmänner sollen leben, hurra, hoch!« unterbrochen wurde.

Die Streikposten gingen in einer langen Reihe neben dem Zuge her, eifrig beschäftigt jeden Einzelnen festzustellen und Pelle ging mitten in der Menge und bemühte sich übereilte Handlungen zu verhindern. Es lag Grund vor, sich in Acht zu nehmen. Noch immer saßen mehrere Männer im Gefängnis, weil sie sich während des Streiks im Winter mit einigen Streikbrechern geprügelt hatten, und die Polizei hatte strengen Befehl von oben. Die Presse der besitzenden Klasse schrie jeden Tag nach scharfen Maßnahmen und verlangte, dass jede Ansammlung auf den Straßen und namentlich vor den Fabriken mit Hilfe der Polizeiknüppel zerstreut werde.

Hier und da trennte sich ein Streikbrecher von der Abteilung und lief schnell in eine Haustür hinein, von einem Pfeifkonzert begleitet.

In der Schar befand sich ein einsamer Mann, alternd, aber noch kräftig. Pelle kannte ihn. Er hielt sich ganz außen, als schäme er sich unter dem Schutz der Polizei zu stehen und ging gebeugt und schwerfällig auf dem Bürgersteig dicht an den Häusern dahin. Sein Haar war stark ergraut. Es war Maurer Hansen, Stolpes alter Arbeitskamerad und Fachgenosse, bei dem Pelle im Winter gewesen war, um ihn von der Streikbrecherarbeit zurückzuhalten. Dem geht es nicht gut, dachte Pelle und behielt ihn unwillkürlich im Auge.

Die Verfolgung hatte ihn mitgenommen.

An der St. Hansgade bog er um die Ecke, er winkte dem Schutzmann ab, der ihm folgen wollte, und ging allein die Straße hinab, ohne sich nach rechts oder links umzusehen, scheu und mit gesenktem Kopf. Jedes Mal, wenn eine Kinderstimme rief, zuckte er zusammen. Unten auf der Straße blieb er wie festgenagelt stehen: vor seiner Haustür lag ein Haufen ärmlicher Habseligkeiten im Rinnstein, eine Schar gaffender Jungen stand im Kreis um den Haufen herum, und mitten in der Gruppe standen eine jüngere Frau und vier Kinder und hielten weinend Wache bei dem Gerümpel. Der Mann drängte sich durch die Schar und wechselte ein paar Worte mit der Frau, dann ballte er die Hände und schüttelte sie drohend nach dem Hause hin.

Pelle trat an ihn heran. »Dir geht es nicht gut, Kamerad«, sagte er und legte ihm die Hand auf die Schulter. »Und du bist viel zu gut für das, worauf du dich eingelassen hast. Du solltest lieber mit mir kommen und wieder in die Organisation eintreten.«

Der Mann wandte langsam den Kopf. »Ach, du bist es!«, sagte er und schüttelte mit einem Ruck Pelles Hand ab. »Und du siehst noch immer so frisch und frech aus. Dich hat das Elend nicht mitgenommen. Es ist wohl kein schlechtes Geschäft, sich von Arbeitergroschen zu mästen, wie?«

Pelle wurde rot vor Zorn, aber er beherrschte sich. »Deine Grobheiten beleidigen mich nicht«, sagte er, »ich habe für die Sache gehungert, während du dich darum herumgedrückt hast. Aber es soll vergessen sein, wenn du mitkommst.«

Der Mann lachte bitter und zeigte zu dem Haus hinauf. »Geh du lieber mit der Medaille zu denen da oben. Drei Monate haben sie mich schikaniert und der Frau und den Kindern die Hölle heiß gemacht, um uns auszuräuchern. Und als das nicht half, liefen sie zum Wirt und zwangen ihn mir zu kündigen. Aber Hansen ist störrisch – der lässt sich nicht zur Tür hinaustreiben. Und jetzt haben sie mich durch den Gerichtsvollzieher raussetzen lassen, was?« Er lachte hohl. »Aber die paar Stücke, die kann man wohl wieder hinauftragen, zum Teufel auch – wollen wir damit anfangen, Mutter?«

»Ich will gern mit dem Wirt reden. Denk daran, dass du ein altes Gewerkschaftsmitglied bist.«

»Ein altes? Ja, ich bin von Anfang an mit dabei gewesen.« Der Mann richtete sich stolz auf. »Aber darum lass ich Frau und Kinder nicht verhungern. – Also du wolltest den Bettelgang für mich gehen? Willst du machen, dass du wegkommst! Scher dich zum Teufel oder ich schlage dir den Schädel ein!« Er griff nach einem Tischbein, seine Augen waren blutunterlaufen. Seine junge Frau ging auf ihn zu und nahm seine Hand. »Hansen!«, sagte sie still. Da ließ er die Waffe fallen.

Pelle fühlte die flehenden Augen der Frau auf sich gerichtet und ging.

31

Wenn sich Pelle abends todmüde auf den Heimweg machte, verließ ihn das Gefühl der Unbezwingbarkeit und dann wandten sich seine Gedanken Ellen zu.

Am Tage gab es weder Schwanken noch Unsicherheit bei ihm. Wenn er auftrat und eingriff, geschah es immer mit den tausenden der Masse im Rücken. Er fühlte das große Arbeiterheer hinter sich, wenn er offen zuschlug oder mit den Führern der Gegner verhandelte. Aber wenn er zu Ellen kam, konnte er sich nur auf sich selber stützen. Und um sie konnte er nicht herum. Wie mächtig es ihn draußen auch dahintrug – sie hielt das Geheimnis seines Lebens in den Händen. Sie war stark und ließ sich nicht beiseite fegen. Er *musste* über ihr Wesen nachgrübeln und zusehen eine Lösung zu finden.

Pelle hatte in unzähligen Familien zu tun, und was er sah, war nicht immer erbaulich. Das Heim war ein Begriff, der erst langsam aus dem Mittelstand herunterdrang. Selbst in normalen Zeiten verdienten die wenigsten genug, um Behaglichkeit schaffen zu können, und die Frauen verstanden sich auch nicht darauf. Der Mann konnte gut und sauber gekleidet sein, wenn man ihn auswärts traf. Kam man dann aber nach Hause, so wiederholte sich immer dasselbe: eine dunkle, schmutzige Wohnung und eine verbrauchte Frau, die umherging und zwischen einer Schar Kinder murrte. Der Verdienst gestattete nur einem ordentlich zu leben. Der Mann vertrat die Häuslichkeit nach außen hin. Er musste belegte Brote mit zur Arbeit nehmen, und auch wenn er nach Hause kam, musste etwas Ordentliches für ihn da sein. Die anderen schlugen sich mit ein wenig Kaffee und Brot durch, von gemütlichen Familienmahlzeiten konnte keine Rede sein. Kleidung musste er auch haben, er war die Fassade, er trug das Ganze. Mehr Verständnis brachten diese Frauen nicht auf, sie sahen nur, was auf der Hand lag, die Arbeitslosigkeit und den Mangel daheim, und trieben den Mann durch ihr mürrisches Wesen aus dem Hause. »Du mischst dich ja in alles Mögliche ein, was uns nichts angeht – Politik und große Worte –, anstatt deine Arbeit zu tun und die Dummen sich streiten zu lassen.« Dann gingen die Männer wieder und verrichteten ihre Arbeit für die Organisation in den Wirtshäusern. Mehrere von ihnen waren Vertrauensmänner und Pelle traf dort zu Verhandlungen mit ihnen zusammen. Sie waren missmutig, wenn sie kamen, und mussten erst aufgemuntert werden.

Auch ihnen kam Pelle mit seiner lichten Hoffnung entgegen. Wenn sie sich beklagten, gab er ihnen Anweisungen auf die Zukunft. »Unsere Frauen werden uns schon Recht geben. Der Tag wird bald kommen, wo wir mit einem ordentlichen Wochenlohn nach Hause kommen, der für alle daheim ausreicht.«

»Und wenn es nun nicht geschieht?«, fragten sie dann.

»Es wird geschehen – wenn wir nur aushalten!«, rief er und schlug auf den Tisch.

Ja, er konnte wohl hoffnungsvoll in die Zukunft sehen. Er hatte ja eine Frau, die ihm sein Heim rein und gemütlich hielt und es verstand, aus wenig viel zu machen, die Tochter eines alten Gewerkschaftsmitgliedes, die mitten in der Bewegung aufgewachsen war – eine Frau, die mit klugen Augen die Unternehmungen ihres Mannes betrachtete –, ja, er konnte wohl lachen. Zu dem Letzten musste Pelle schweigen.

In diesem Punkt hatte sie die Erbschaft und die Lehre nicht angenommen, sondern war die, die sie war, und würde nie anders werden, was auch über ihren Kopf hingehen mochte. Pelle opferte Frau und Kinder einer fixen Idee, um einige gleichgültige Kameraden nicht im Stich zu lassen! Der Streik und die harte Verdammung derer, die nicht mitmachten, war und blieb für sie Wirtshausfaselei; etwas, was sich die Arbeiter eingeredet hatten, als sie nicht mehr ganz nüchtern waren.

So war es und es erfüllte sie mit Schmerz und Zorn, sich und die Ihren zu Gunsten von Leuten, die Pelle gar nichts angingen, zurückgesetzt zu sehen. Es war ein Schmerz, der sie schön machte.

Sie klagte nicht mit Worten und sorgte immer dafür, ihm vorzusetzen, was sie nur vermochte. Immer traf er alles in Ordnung an und er begriff, welche Anstrengungen es sie kosten musste – bei den wenigen Mitteln, die sie zur Verfügung hatte. Es gab keinen Angriffspunkt bei ihr, und das machte den Zustand noch bedrückender; er konnte zu keinem Ausbruch gelangen, konnte keine Luft bekommen; es war nicht möglich, sich mit ihr zu zanken und dann wieder gut Freund zu werden.

Oft wünschte er, dass Ellen nachlässig werden möchte wie so viele andere. Aber sie hielt sich adrett; je mehr seine Angelegenheiten sich so gestalteten, dass sie sie verurteilen musste, umso korrekter wurde sie selber.

Wenn er sich ihr mangelndes Verständnis damit hätte erklären können, dass sie unfruchtbar und selbstsüchtig war! Einfach und unkompliziert war sie in seinen Augen gewesen und doch war ihm ihr Wesen ständig ein Rätsel. Sie war nicht übertrieben mildtätig und mitfühlend anderen gegenüber, das stimmte, aber sie forderte auch nichts für sich; für ihn und die Kinder dachte sie alle ihre Gedanken. Er musste zugeben, dass sie alles rückhaltlos für ihn geopfert hätte – das Heim, die ganze Welt, und dass sie ein Recht hatte, etwas dafür zu fordern.

Sie blieb immer unverändert. Sie selbst war sich gleichgültig; wenn nur er und die Kinder etwas hatten, genügte ihr das; sie brauchte selbst so wenig, schien davon satt zu werden, wenn sie sie essen sah. Pelle musste sich oft darüber wundern, dass sie ihr gesundes Aussehen bewahrte, obwohl die Nahrung, die sie zu sich nahm, so schlecht war. Sie konnte sich ja vielleicht im Geheimen gütlich tun – aber diesen Gedanken verjagte er beschämt. Es war ihr immer so völlig gleichgültig gewesen, was sie aß; sie achtete nicht darauf, was es war, sondern tischte ihm und den Kindern das Beste auf – namentlich ihm – und schien dabei zu gedeihen. Ja, noch immer tischte sie wirklich für ihn auf! Es war, als erfülle sie ein Gesetz, unabhängig von ihrem Verhältnis zueinander. Nichts konnte ihr Wesen verändern. Sie glich einer schönen, großen Hündin, die ruhig dasitzt und aufmerksam auf den Appetit der Jungen achtet; niemand kann ihr anmerken, dass ihre eigenen Gedärme vom Hunger zerrissen werden. Wenn sie nicht zulangten, so nötigte sie sie. »Ich habe gegessen«, sagte sie so ruhig, dass es ihr in der Regel gelang, sie zu täuschen. Ach, es war zum Verzweifeln, daran zu denken, und umso unerträglicher, je tiefer er in die Sache eindrang. Sie opferte sich für ihn und musste sein Tun und Treiben verdammen! Dem Hunger verstand sie zu trotzen, weit besser als er – und begriff nicht, warum sie hungern mussten!

Aus all diesem stieg sie immer stärker hervor, stärker und unfasslicher, schön in ihrer Eigenheit. Und er eilte nach Hause, voll brennender Sehnsucht und Hingabebereitschaft, ständig in der Hoffnung, dass sie ihm diesmal entgegenkommen würde, glühend vor Liebe, und ihr Gesicht an seiner Schulter verbergen würde. Die Enttäuschung zog ihn noch mehr in den Kampf hinein; die Sehnsucht des Herzens nach einer weichen, zärtlichen Hand machte seine eigene hart.

Immer wieder bemühte er sich Auswege zu finden, wie er Geld

schaffen könnte. Da es aber keine Auswege gab und er von dem Kampf stark in Anspruch genommen wurde, beschäftigten sich seine Gedanken schließlich nicht mehr damit. Es saß hinter seinem Bewusstsein wie ein wolllüstiger Wunsch, der nur das tägliche Dasein umfing; es war, als habe etwas in seiner Seele sein Zeichentalent in Besitz genommen, es saß da, zeichnete schönes Papiergeld und schob es ihm in der Phantasie hin.

Eines Tages, als er nach Hause kam, saß die Witwe Rasmussen da und hütete die Kinder, während sie Flickenschuhe nähte – Sauf-Walde war wieder davongeflogen, hinaus in den Frühling! Ellen war auf Arbeit gegangen. Es durchzuckte ihn wie ein Stich. Die Art und Weise, wie sie es getan hatte, ohne erst ein Wort zu sagen, wirkte auf ihn wie ein Schlag ins Gesicht und im ersten Augenblick wurde er wütend. Aber Selbstbetrug war seiner Natur fremd! Er musste erkennen, dass sie im Recht war, und damit war sein Zorn verflogen; zurück blieb eine verzweifelte Stimmung, etwas in ihm schwankte – dies war denn doch die umgekehrte Welt. Ich werde wohl lieber zu Hause bleiben und die Kinder hüten, dachte er bitter.

»Ich bleibe bei den Kindern, Madame Rasmussen!«, sagte er. Die Frau packte ihre Arbeit zusammen.

»Ja, Sie haben viel vor!«, sagte sie und blieb an der Tür stehen. »Ich verstehe mich ja nicht darauf, was es ist; aber man immer drauflos! Das is nu mal mein Wahlspruch. Denn schlimmer, als es is, kann es nie werden. ›Witwe‹ – hat sich was! Wir wollen uns doch nich aufspielen! Ein Mann kann sich ja kaum noch selbst versorgen, geschweige denn eine Familie in dieser verdammten Welt – und um Kinder zu kriegen, braucht man nicht Frau zu heißen. – Hier hab ich mich nu mein ganzes Leben abgerackert, mich um Glück und Gesundheit gebracht, und hab ich mit all meinem Schuften so viel verdient wie die Lumpen kosten, die ich dabei verschleiße? Nee, die hab ich mir noch hübsch bei den Herrschaften erbetteln müssen, für die ich die Wäsche wasche. Ja, die Haut ziehen sie einem über die Ohren, das hat Madame Rasmussen selber erfahren. Und darum sag ich, man immer drauflos! Heute kommt der Junge nach Haus: ›Mutter, nu haben sie wieder eine Öre auf zwei Dutzend Brennholz aufgeschlagen.‹ – ›Was geht das uns an, Jung, können wir vielleicht zwei Dutzend auf einmal kaufen?‹, sag ich. ›Ja, Mutter, aber dann kostet das eine Dutzend eine Öre mehr! Und die Eier, die kosten zwanzig Stück eine Krone zwanzig, wo die Wohlhabenden kaufen, aber hier!‹ – Nee, meine liebe Madame, wenn Sie zwei Eier nehmen, dann kriegen Sie sie für fünfzehn Öre. Das macht denn acht Öre für ein Ei, denn man muss ja das kleinste Maß nehmen, die Einnahmen sind ja nu mal nicht danach. Es ist hart, arm zu sein. Wenn es doch nie besser wird, denn soll der Teufel den holen, der das Ganze geschaffen hat! – Das war ein Fluch, der sich gewaschen hat!«

Pelle saß da und spielte mit Klein Lasse. Witwe Rasmussens Worte hatten etwas in ihm wieder wachgerufen. Das war die ewige Klage, die ewige Klage. Jedes Mal, wenn sie ertönte, wurde die Welt des armen Mannes noch deutlicher in ihren Grundfesten für ihn sichtbar – der doch das Ganze kennen sollte! Es war ein entsetzlicher Abgrund, in den er hinabsah, grundlos; niemals schien man bis auf den Boden hinabzugelangen und er hatte Recht, er hatte Recht!

Er saß da, zeichnete dem Knaben etwas auf ein Stück Papier und dachte an ganz andere Dinge; wie von selbst nahm die Zeichnung Form an. »Das ist ja Geld, das ist ja Geld!«, rief Klein Lasse und klatschte in die Hände. Erwachend betrachtete Pelle seine Zeichnung. Ja, freilich, das war in groben Strichen ein Zehnkronenschein. Es schmeichelte seinem Vaterherzen, dass der Junge es erkannt hatte; ihn wandelte die Lust an, zu sehen, wie ähnlich er sei. Aber wo in aller Welt sollte er einen Blauen hernehmen? Pelle, der in dieser Zeit die Einsammlung und Verteilung von Millionen leitete, besaß nicht einmal zehn Kronen. Die Pfeife! Die Pfeife! Daher hatte ja der Junge seine Vorstellung. Der Kopf seiner alten Weihnachtspfeife trug drolligerweise einen Zehnkronenschein – das war fast wie ein Gedanke! Er holte sie hervor und verglich; es war lange nicht daraus geraucht worden – dazu hatte es nicht gereicht. Eifrig setzte er sich hin, um die Zeichnung auszufüllen, während Klein Lasse dastand und sich über das Hüpfen des Bleistifts amüsierte. »Vater is klug, Vater kann!«, sagte er und wollte die Schwester wecken, damit sie auch an dem lustigen Spiel teilnähme.

Nein, es wollte nicht gut werden! Das Bild müsste in Holz geschnitten und mit Farbe gedruckt werden, damit die Ähnlichkeit zum Vorschein käme! Aber dann kam Ellen nach Hause und er versteckte es.

»Willst du es nicht aufgeben, auf Arbeit zu gehen?«, fragte er. »Ich werde schon das Notwendigste schaffen.«

»Warum?«, entgegnete sie verschlossen. »Ich bin doch wohl nicht zu gut, was zu tun?« Es war kein Klang in ihrer Stimme, aus dem man etwas hätte herauslesen können; so ging er denn zur Versammlung.

Jetzt, wo Ellen arbeitete, lief er, sooft er nur Zeit hatte, nach Hause, um nach den Kindern zu sehen. Er hatte sich ein Stück hartes Holz verschafft und einen Zehnkronenschein. Mit großer Sorgfalt übertrug er die Zeichnung auf das Holz und fing dann an sie auszuschneiden, während er dasaß und mit den Kindern plauderte. Diese Beschäftigung erweckte etwas Neues in ihm; die künstlerische Aufgabe nahm ihn gefangen und beschäftigte ihn, auch wenn er aus war. Die Arbeit erfüllte sein Gemüt mit einer eigenen Schönheit, solange sie dauerte. Eine warme, glückgesättigte Welt stieg aus diesem Zehnkronenscheingesicht empor, das immer deutlicher aus der Dunkelheit heraustrat und alle Entbehrungen beiseite stieß. Wenn Pelle bei dieser Arbeit saß, schwang sich seine Seele über all das Bedrückende empor, als sei er berauscht; es existierte gar nicht mehr für ihn. Er wurde optimistisch und machte Ellen in Gedanken reiche Versprechungen.

Alles war im Grunde so einfach! Es war ein Missverständnis – weiter nichts! Er musste mit ihr reden und sie würde sofort einsehen, welchem glücklichen Dasein sie entgegengingen – wenn sie nur ausharrten. Das Schweigen hatte sie mit Groll erfüllt. Das Glück, das Glück! Das war jetzt näher denn je, größer und herrlicher als die anderen Male, als es angepocht hatte! Warum – das wusste er nicht, machte es sich auch nicht klar!

Wenn er dann ihren Schritt auf der Treppe hörte, verblassten die Träume. Er erwachte und versteckte seine Beschäftigung, beschämt bei dem Gedanken, dass sie von der Arbeit nach Hause kommen und ihn beim Spiel ertappen sollte.

Zuweilen drückte ihn das Gefühl des Unüberbrückbaren in seinem Verhältnis zu Ellen nieder. Er konnte sich den Widerspruch zwischen dem beständigen Sehnen nach größeren und freieren Verhältnissen – vom Sieg zum Triumph – und der Ohnmacht daheim, wo sein Glück rückwärts ging, nicht erklären. Er wurde es müde, darüber nachzugrübeln, und ihn wandelte die Lust an, gleichgültig gegen das Ganze zu werden. Neigung, dem Trunk zu verfallen, hatte er nicht, aber trotzdem verfiel etwas in ihm: eine gewisse Gleichgültigkeit seiner eigenen Wohlfahrt gegenüber fraß sich auflösend in ihn ein und veranlasste ihn sich weit vorzuwagen, auch wenn er Dummheiten machte, die ihm schadeten. Aber dann schrie es laut in ihm, namentlich wenn er den bitteren Äußerungen der Not gegenüberstand. Das ist mein altes Leiden, dachte er und wurde aufmerksam. In der Kindheit war es eine Art Anfall gewesen, jetzt war es zu einer Stimme geworden.

32

An einem frühen Morgen wanderte Pelle in die Stadt. Er war vor Ellen aufgestanden, um der peinlichen Morgenmahlzeit zu entgehen. Ellen wandte alle möglichen Listen an, um ihm eine ordentliche Mahlzeit vorzusetzen, und der Magen war nicht schwer zu überreden; hinterher schämte er sich dann darüber, dass er sich auf Kosten der anderen satt gegessen hatte. So schlau er auch war, er konnte sich ihrer auf keine andere Weise erwehren, als indem er sich aus dem Staube machte, während sie noch schlief.

Sein Hunger ließ ihn die Stadt und das ganze Leben in einem eigentümlich durchsichtigen Schimmer sehen. Vor ihm lag ein langer Tag mit einer ungeheuren Arbeit und hinter sich hatte er den frischen Sieg von gestern. Es verhielt sich damit so, dass die Eisenindustriellen die schlaue Idee gehabt hatten, einen Spalterverband für Schmiede und Maschinenarbeiter zu stiften und ihm einen Namen zu geben, der große Ähnlichkeit mit dem ihrer Gewerkschaft hatte. Dann schickten sie Laufzettel an die Leute herum, dass die Arbeit am nächsten Tage wieder aufgenommen würde. Manche waren nicht geübt im Lesen und hielten es für eine Mitteilung von ihrem eigenen Fachverband, andere meinten, Fachverband sei Fachverband, und wieder andere ließen sich von den größeren Vorteilen verlocken, die der neue Verband bot. Es herrschte große Verwirrung unter den Arbeitern des Fachs! Sobald der Kniff entdeckt war, zog sich jeder redliche Mann aus der Geschichte zurück; aber ein Reinfall war es doch – und ein grässlich beschämendes Gefühl allen Kameraden gegenüber.

Pelle war wütend über diese Kriegslist, die im Grunde ihn als Leiter des offenen Kampfes traf; er hatte eine Niederlage erlitten und sann auf Rache. Trotz aller Anstrengungen der Streikposten war es nicht möglich, eine vollständige Liste der Streikbrecher zu bekommen; der Ärger darüber brannte in ihm wie ein beschämendes Gefühl von Ohnmacht, er war dafür bekannt, dass er bis auf den Grund ging, wenn er etwas unternahm! So beschloss er denn, List mit List zu beantworten. Er stellte den Gegnern eine Falle, sodass sie selbst die Streikbrecher auslieferten. Eines Morgens veröffentlichte er seine Liste im »Arbeiter« mit einem hochmütigen »Seht her, mehr haben die Gegner nicht!«. Waren nun die Unternehmer wirklich auf den Leim gegangen oder war ihnen das Schicksal der Streikbrecher im Grunde gleichgültig – am nächsten Morgen protestierte ihr Organ und gab auch Zahl und Namen der übrigen an.

Das war eine Ohrfeige, die es in sich hatte, und die mageren, stillen Gesichter erhellten sich. Das war die richtige Antwort auf die List von neulich! Dieser Pelle war doch ein verteufelter Kerl – hurra der »Blitz«!

Pelle war ein Teufelskerl, wie er so dahintrabte, frisch und voller Draufgängermut, und das Echo aus den Seitenstraßen und den großen Mietskasernen mit in seinen kräftigen Tritt hineinnahm. Straßen und Häuser lagen von dem Frost der Nacht reifbedeckt da, in der Luft spürte man das Glitzern, das nun einmal zur Stadt gehört, das Licht kam aus verborgenen Quellen. Alle Sorgen hatte er zu Hause gelassen, ringsumher grüßten ihn Arbeiter und sein Gegengruß war wie ein aufmunternder Gesang. Er kannte sie nicht, aber sie kannten ihn! Das Gefühl, dass seine Arbeit – so harte Spuren sie auch hinterließ – Dankbarkeit erweckte, wirkte erhebend auf ihn.

Es lag keine Morgenstimmung über der Stadt. Die Aussperrung lag lähmend auf allem, der Umsatz war gering und der Mittelstand seufzte. Aber Aussicht auf Friedensschluss bestand nicht, beide Teile waren unversöhnlich. Die Arbeiter hatten nichts durch die unüberlegte Arbeitsniederlegung der Maurer verloren – die Sympathie für die Unterklassen war politischen Ursprungs; vom Lande her strömten die Beiträge noch immer ein. Auch aus dem Ausland kamen bedeutende Summen. Der Kampf kostete die Arbeiter jetzt eine halbe Million die Woche und die Hilfe von außen war wie ein Tropfen im Meer. Aber sie wirkte als moralische Stütze, wirkte anspornend auf die Selbstbesteuerung, die das Ganze trug. Die hunderttausend Heimstätten der Armut opferten ihre letzten Habseligkeiten, um den Kampf durchzuhalten; jetzt wollten sie eine Entscheidung für die Zukunft erzwingen. Die Unternehmer versuchten die große Landessammlung zu verhindern, indem sie die Behörden auf eine uralte Verordnung über Bettelei aufmerksam machten; aber das erregte nur Heiterkeit. Ein wenig Lachen erlaubten die Mittel doch noch.

Die Arbeiter hatten sich mit dem Hunger eingerichtet. Sie zogen nicht mehr in den Wald, sondern schritten besonnen durch die Straßen wie Leute, die zu viel Zeit haben, und verliehen dem Gesicht der Stadt ein Gepräge ernster Nachdenklichkeit.

Ihre Schritte waren zu zögernd, um einen Widerhall zu erwecken, und in den Häusern war Ruhe zum Nachdenken. Die lärmenden, immer hungrigen Kinder waren über das ganze Land zerstreut – die hatten gutes Essen. Aber leer war es hier, wo sie fehlten!

Pelle begegnete den Arbeitern in Abteilungen; sie befanden sich auf dem Wege zu den verschiedenen Musterungen. Sie hoben den Kopf, als er vorüberging; seine Schritte gaben Widerhall für sie alle. Es waren vierzigtausend Mann, die da kamen; und Pelle war der Ausdruck ihrer Hoffnung, ihres Willens! Sie starrten seiner unüberwindlichen Gestalt nach und richteten sich auf. »Teufelskerl!«, sagten sie fröhlich zueinander. »Er sieht aus, als könne er alles niedertrampeln! Seht mal an, er weicht ja kaum dem großen Lastwagen aus! Wir wollen ihn hochleben lassen, Kameraden!«

Die Wirtshausbesitzer standen in ihren Kellereingängen und gähnten zu dem Morgenhimmel auf – es waren schlechte Zeiten für sie! In den Fenstern der Wirtschaften hingen Pappschilder mit der Aufschrift »Hier werden Spenden für die Ausgesperrten angenommen!«.

Auf der Dronning Louises Bro begegnete Pelle einem kleinen, bleichen, fetten Mann in einem schäbigen Rock; er hatte schlaffe Züge und eine große rote Nase. »Guten Morgen, Herr General!«, rief Pelle munter und der Mann machte eine herablassende Bewegung mit der Hand. Es war der Strohmann des »Arbeiters«, ein ehemaliger Kapitalist, der gegen eine kleine wöchentliche Bezahlung den Behörden gegenüber verantwortlicher Redakteur der Zeitung war. Er nahm die Gefängnisstrafen auf sich und saß – für eine weitere Zulage von fünf Kronen die Woche – die Strafen, die über das Blatt verhängt wurden, ab. Wenn er nicht im Gefängnis saß, hielt er sich durch Trinken aufrecht. Er litt an Größenwahn und bildete sich ein, dass er die ganze Arbeiterbewegung leite; deswegen konnte er Pelle nicht leiden.

Auf dem großen Hof des Arbeitergebäudes waren die Hafenarbeiter zur Zählung zusammengekommen. Der Vorsitzende kam Pelle im Torweg entgegen; es war derselbe Arbeiter, dessen sich Pelle und Heulpeter eines Abends im Hafen angenommen hatten – jetzt verstand er sich auf das Neue!

»Nun, wie geht's bei euch?«, fragte Pelle und drückte ihm die Hand.

»Großartig! Von tausend Mann fehlen nur sieben.«

»Aber wo ist der fröhliche Jakob? Ist er krank?«

»Der ist eingelocht«, erwiderte der Vorsitzende finster. »Er konnte es nicht mit ansehen, dass seine alten Eltern hungerten, da ist er bei einem Krämer eingebrochen, er und sein Bruder. Jetzt sitzen sie alle beide!«

Einen Augenblick wurden die Falten auf Pelles Stirn entsetzlich tief und grau; er stand da und starrte wie blind vor sich hin. Die Arbeiter starrten ihn an – stand er nicht da und schlief? Aber dann nahm er sich zusammen.

»Na, Kameraden, wird euch denn die Zeit nicht lang?«, fragte er munter.

»Ach, was das betrifft! Es ist ja das erste Mal, dass man Gelegenheit hat, Frau und Kinder ordentlich kennen zu lernen«, antworteten sie. »Aber deswegen machte es doch Spaß, bald wieder anzufangen.«

Es war ersichtlich, dass der Müßiggang jetzt anfing sie zu bedrücken; man sah den grüblerischen Zug in ihren stillen Zügen, die Augen richteten sich auf ihn mit einer stummen Frage. Sie verlangten, dass das, was er unternahm, die Sache so oder so entscheiden sollte. Weichlich waren sie nicht geworden, sie stimmten immer dafür, weiterzugehen, sie wollten den Kampf fortsetzen und sie spähten in Pelles Gesicht nach einem Zug, der das Glück bestätigen könnte.

Viele wunderliche Fragen musste er beantworten; es erwuchsen sonderbar phantastische Vorstellungen aus der Not und verrieten, dass ihr ruhiges, beherrschtes Auftreten das Ergebnis vieler wachsamer Kräfte war.

»Nehmen wir den Großen jetzt die ganze Macht und den Reichtum weg?«, fragte ein Arbeiter, nachdem er Pelle lange grübelnd angestarrt hatte. Der Kampf hatte sein Gesicht gezeichnet, dafür aber einen Funken in seinen Augen entzündet.

»Ja, jetzt nehmen wir uns unser Menschenrecht und fordern, dass der Arbeiter respektiert wird!«, antwortete Pelle. »Dann gibt es keine Herren und keine Sklaven mehr.«

»Aber wenn sie dann wieder in die Höhe wollen? Wir müssen ein schnelles Ende mit ihnen machen, damit sie nicht wieder heraufklettern und auf uns reiten können.«

»Du willst sie wohl auf den Anger hinaustreiben und sie alle totschießen? Aber das ist nicht nötig«, sagte der Nachbar. »Wenn dies hier überstanden ist, dann wagt kein Mensch mehr uns das Essen vom Munde zu nehmen.«

»Gibt es dann gar keine Armut mehr?«, wandte sich der Erste wieder an Pelle.

»Nein, wenn wir unsere Sache erst richtig in Gang haben, dann wird es in allen Häusern gut sein. Liest du denn deine Zeitung nicht?«

Wohl las er sie, aber es schadete nichts, das Große von Pelle selbst bestätigt zu hören. Und Pelle konnte es tun, weil er nie einen Zweifel hegte. Es war schwer für die Massen gewesen, sich zu der neuen Ansicht über die Dinge durchzuringen, so schwer, als drehe man einen Erdball! Deswegen musste etwas Großes geschehen.

Einige von ihnen hatten Butterbrot hervorgeholt und fingen an zu essen, während sie die Dinge besprachen. »Wohl bekomm's«, sagte Pelle und nickte ihnen zum Abschied zu. Das Wasser lief ihm im Munde zusammen, er dachte daran, dass er weder getrunken noch gegessen hatte. Aber er hatte keine Zeit, darüber nachzudenken; er musste zu Stolpe und wegen der Postierung der Streikposten Verabredungen treffen.

Da drüben stand Marie mit weißem Häubchen und einem Korb am Arm; sie nickte ihm zu, mit roten Wangen. Die Verpflanzung hatte ihr gut getan; von Mal zu Mal, wenn er sie sah, wurde sie gerader und schöner.

Bei den Schwiegereltern herrschte Schmalhans, allerlei Habseligkeiten waren aus dem sonst so behaglichen Heim fortgewandert; aber an guter Laune fehlte es nicht. Stolpe ging umher und wartete auf das Frühstück, auch er war schon früh unterwegs gewesen.

»Was macht die Göre?«, fragte er. »Wir sehen sie nicht oft.«

»Sie hat ja viel zu tun«, sagte Pelle entschuldigend. »Sie geht jetzt auch auf Arbeit.«

»Na ja, sie ist wohl auch nicht zu gut, unter diesen Verhältnissen mit Hand anzulegen. Aber wir wissen recht gut, was ihr fehlt – sie ist eine Protestnatur! Gottlob, dass sie kein Mann geworden ist, denn dann hätte sie Verwirrung in die Reihen gebracht.«

Das Frühstück bestand aus einer Portion Hafergrütze und Kaffee mit Butterbrot. Frau Stolpe konnte ihr hübsches neusilbernes Kaffeegeschirr, das sie von den Kindern zur silbernen Hochzeit bekommen hatte, nicht finden. »Ich muss es versetzt haben«, sagte sie.

»Na ja, das wird sich schon wieder finden, Mutter!«, sagte Stolpe. »Nun kriegen wir bald bessere Zeiten; dann kommen viele schöne Dinge wieder zum Vorschein, das sollst du sehen!«

»Bist du heute Morgen bei der Maschinenfabrik gewesen, Schwiegervater?«, fragte Pelle.

»Ja, ich bin da gewesen. Aber da ist nichts mehr für die Streikposten zu tun. Die Unternehmer haben alle Mann in der Fabrik einquartiert, da bekommen sie volle Verpflegung und alles. Es sollen eine Menge ausländische Streikbrecher darunter sein – die Arbeit ist in vollem Gang.«

Das war eine niederschmetternde Nachricht – die Eisenfabrikanten hatten den ersten Sieg errungen! Sehr schnell würde das deprimierend auf die Arbeiter wirken, wenn sie sahen, dass ihre Betriebe auch ohne sie in Gang gehalten werden konnten.

»Das muss aufhören«, sagte Pelle. »Sonst behalten sie ihren Kurs bei und alles löst sich auf. Wir müssen denen da drinnen eine Laus in den Pelz setzen.«

»Wie können wir das, wenn sie eingesperrt sind und die Polizei Tag und Nacht vor den Toren patrouilliert? Wir können ja nicht einmal mit ihnen reden.« Stolpe lachte verzweifelt.

»Dann muss sich ein Mann hineinschleichen und so tun, als wenn er Arbeit aufnähme!«

Stolpe zuckte zusammen. »Als Streikbrecher? – Dazu kriegst du einen anständigen Menschen nie im Leben, selbst wenn es nur zum Schein geschieht! Ich täte es selber auch nicht! Ein Streikbrecher ist ein Streikbrecher, man mag es drehen und wenden, wie man will!«

»Ein Streikbrecher ist doch wohl einer, der den Kameraden schadet? Wer seine Haut für sie wagt, verdient wohl einen anderen Namen.«

»Darauf will ich mich nicht einlassen«, sagte Stolpe. »Das ist mir ein wenig zu hoch und ich werde mich schön hüten mit dir zu diskutieren. Aber in meinem Katechismus steht, dass der ein Streikbrecher ist, der Arbeit annimmt, wo Zuzug verboten ist – und daran halte ich mich!«

Pelle konnte reden, so viel er wollte; der Alte ließ sich nicht überzeugen. »Aber eine andere Sache wäre es, wenn du selbst es ausführen wolltest«, sagte Stolpe. »Du hast ja keine Rechenschaft abzulegen, was du tust, sondern folgst deinem eigenen Kopf.«

»Ich habe der Bewegung Rechenschaft abzulegen«, erwiderte Pelle scharf, »und gerade darum will ich es selber tun!«

Stolpe saß da und beugte die Arme und streckte sie wieder aus. »Ach, es würde gut tun, wieder Arbeit zu haben!«, rief er plötzlich. »Der Müßiggang setzt sich einem wie Gift in die Glieder. Und nun ist die Miete fällig, Mutter – wo, zum Teufel, sollen wir die hernehmen? Sonnabend muss sie auf dem Tisch liegen, sonst werden wir rausgesetzt, hat der Wirt gesagt.«

»Das wird sich finden, Vater!«, sagte Frau Stolpe. »Verlier deshalb den Mut nicht!«

Stolpe sah sich in der Wohnung um. »Ja, ein bisschen ist da ja noch zu schrapen, sagte der Hunger und fing mit dem Darm an. Hör mal, Pelle, weißt du, was? Freilich bin ich dein Schwiegervater, aber eine Frau wie meine hast du denn doch nicht!«

»Ich bin mit Ellen zufrieden, so wie sie ist«, erwiderte Pelle.

Es schellte, es war Stolpes Bruder, der Zimmermann. Er sah mitgenommen aus, mager und ärmlich gekleidet; rings um die Augen hatte er rote Flecken. Er sah sie nicht an, als er ihnen die Hand gab.

»Setz dich, Bruder«, sagte Stolpe und schob ihm einen Stuhl hin.

»Danke, ich will gleich wieder gehen. Es war ... ich wollte ... dir nur was sagen, na ja.« Er starrte zum Fenster hinaus.

»Ist bei euch zu Hause irgendwas los?«

»Nein, nein, das gerade nicht. Ich wollte dir bloß sagen – dass –, ich melde meinen Austritt an!«, stieß er plötzlich hervor.

Stolpe sprang auf, er war kreideweiß geworden. »Bedenk doch, was du tust!«, sagte er drohend.

»Ich habe Zeit genug gehabt, mich zu bedenken. Sie hungern, du – und jetzt muss es ein Ende haben! Ich wollte es dir nur vorher gesagt haben, damit du es nicht von anderen hörst – du bist doch mein Bruder.«

»Dein Bruder – ich bin dein Bruder nicht mehr! Tust du das, dann sind wir beide miteinander fertig!«, brüllte Stolpe und schlug auf den Tisch. »Aber du tust es nicht, du tust es nicht! Gott strafe mich, wenn ich die Schande erleben sollte zu sehen, wie die Kameraden über meinen eigenen Bruder auf offener Straße Gericht halten! Dann hau ich mit! Ich will der Erste sein, der dir einen Fußtritt gibt, weil du mein Bruder bist!« Er war ganz außer sich.

»Na ja, darüber können wir ja immer noch reden«, sagte der Zimmermann still. »Nun weißt du es also. Ich wollte es nicht hinterrücks tun.« Und dann ging er.

Stolpe ging in der Stube auf und ab, von einem Gegenstand zum anderen. Er nahm ihn auf und stellte ihn wieder hin, ganz sinnlos. Seine Hände zitterten heftig und dann ging er in die andere Stube und schloss sich ein. Nach einer Weile kam seine Frau herein. »Du solltest lieber gehen, Pelle! Ich glaube nicht, dass Vater danach zu Mute ist, heute noch mit Menschen zusammen zu sein. Er liegt da und ist ganz grau im Gesicht – wenn er doch bloß weinen könnte! Ach, wie die beiden Brüder sonst immer zusammengehalten haben! Sie waren in allem so einig.«

Pelle ging; er war sehr bedrückt. Er sah voraus, dass Stolpe es in seiner Rechtschaffenheit für seine Pflicht halten würde, den Bruder härter zu verfolgen als andere, sosehr er ihn auch liebte, und vielleicht selber an den Orten Streikposten stehen würde, wo der Bruder arbeitete.

Bei den Seen begegnete er einer Abteilung Streikposten, die auf dem Wege zur Stadt waren; er gab ihnen eine Strecke das Geleit, um irgendetwas zu verabreden. Auf der anderen Seite der Straße kam ein junger Bursche aus einem Torweg heraus und schlich um die Ecke.

»Heda, stopp!«, rief einer der Kameraden. »Da ist er, dieser Ehrenmann!« Ein paar Arbeiter verfolgten ihn die Slotsgade hinab und kamen zurück, den Mann zwischen sich. Sie bildeten einen Kreis um ihn; die ganze Schar, Frauen und Kinder schlossen sich ihnen schnell an.

»Ihr dürft ihm nichts tun«, sagte Pelle bestimmt.

»Den mag auch keiner anrühren«, erwiderten sie. Eine Weile standen sie stumm da und sahen ihn an, als wögen sie ihn in Gedanken; dann spien sie ihn an, einer nach dem anderen, und gingen. Der Bursche ging stumm in einen Torweg hinein, dort stand er und wischte sich mit dem Ärmel die Spucke vom Gesicht. Pelle folgte ihm, um ihm ein gutes Wort zu sagen und ihn in die Organisation zurückzuführen. Der Bursche richtete sich hastig auf, als Pelle kam.

»Kommst du, um mich anzuspucken?«, fragte er höhnisch. »Du hast es vorhin vergessen – warum hast du mich nicht angespuckt?«

»Ich bespucke niemanden«, sagte Pelle, »aber deine Kollegen haben Recht, dich zu verachten. Du hast sie im Stich gelassen. Komm mit, dann will ich dich wieder in die Organisation aufnehmen und niemand soll dir etwas tun.«

»Dann soll ich da wohl als Sünder rumgehn und Sticheleien einstecken – nee, ich danke!«

»Willst du denn lieber deinen eigenen Kameraden schaden?«

»Ich will nichts weiter als meine alte Mutter versorgen. Ihr könnt euch zum Teufel scheren. Meine Mutter soll nicht auf dem Hof rumgehen und singen und die Kehrichthaufen durchwühlen, während der Sohn den großen Mann spielt. Das überlasse ich anderen Leuten!«

Pelle wurde blutrot; er fühlte, dass der Bursche auf Vater Lasse anspielte. Das verzweifelte Verhältnis zu dem Alten saß wie ein eingewachsener Gram in ihm und brach jetzt auf. »Wagst du deine Worte zu wiederholen?«, knurrte er und trat nahe an den Burschen heran.

»Und wenn ich verheiratet wäre, dann würde ich es nicht leiden, dass die Frau das tägliche Brot für mich verdiente, das würde ich den Luis überlassen!«

Ei, ei, das schmeckte nach Klatsch, der darauf abzielte, ihn hinterrücks anzuschwärzen! Sie waren offenbar im Begriff, allerlei lügenhafte Gerüchte über ihn zu verbreiten, während er alles, was er besaß, um ihretwillen zusetzte. Jetzt wurde Pelle wütend: Der Führer mochte zur Hölle fahren. Er versetzte dem Burschen ein paar kräftige Ohrfeigen und fragte ihn, was er lieber wolle – Maul halten oder mehr haben.

Morten kam in den Torweg hinaus – diese Szene spielte sich in dem Hause ab, in dem er arbeitete. »Dies hier geht nicht«, flüsterte er und zog Pelle mit sich fort. Pelle konnte nichts erwidern, sondern warf sich auf Mortens Bett. Sein Blick brannte noch vor Zorn über die Beleidigung und er keuchte.

»Es geht jetzt hart her«, sagte Morten und sah ihn mit einem eigenartigen Lächeln an.

»Ja, ich weiß recht gut, dass du es nicht leiden kannst – aber sie müssen doch zusammenhalten!«

»Und wenn sie es nun nicht besser wissen?«

»Dann müssen sie die Folgen tragen. Das ist doch wohl besser, als dass das Ganze zu Grunde geht!«

»Ist das das Neue? Die Folgen tragen, ich meine, das haben die

Unmündigen immer tun müssen. Und es hat auch nie an einem gefehlt, der sie angespuckt hätte«, sagte Morten betrübt.

»Hör mal!«, entgegnete Pelle und sprang auf. »Du willst mich doch nicht beschuldigen, dass ich jemand angespuckt habe – das haben die anderen getan.« Er war nahe daran, wieder wütend zu werden, aber er beherrschte sich.

»Die anderen – so was gibt es überhaupt nicht! Du warst es, der dem Ärmsten siebenmal ins Gesicht gespuckt hat – ich stand ja im Laden und habe es gesehen.«

Pelle starrte ihn sprachlos an. Der wahrheitsliebende Morten stand da und log?

»Du hast gesehen, sagst du, dass ich ihn angespuckt habe?«

Morten nickte. »Du willst am Ende die Hurras und die ganze Ehre für dich nehmen und dich um die Gemeinheiten und die zu Grunde gerichteten Existenzen herumdrücken? Du hast eine große Verantwortung auf dich genommen, Pelle! Sieh, wie blindlings sie dir folgen – auf dein glattes Gesicht hin, könnte ich mich versucht fühlen zu sagen. Denn ich bin mir nicht ganz sicher, ob du selbst genug dabei zusetzt. Es haftet Blut an deinen Händen; aber ist auch etwas von deinem eigenen Blut mit dabei?«

Pelle saß da und dachte nach. Mortens Worte zwangen seine Gedanken immer Wege zu beschreiten, die sie noch nie zuvor beschritten hatten. Aber jetzt verstand er ihn; es huschte ein finsterer Zug über sein Gesicht. »Diese Sache hat mich mein Heim gekostet«, sagte er still. »Ellen macht sich nichts mehr aus mir und meine Kinder werden vernachlässigt und entgleiten mir. Auf eine schöne Zukunftsstellung habe ich verzichtet, hungern tue ich jeden Tag und meinen alten Vater muss ich in Not und Elend sehen! So heimatlos und einsam und verlassen wie ich, glaube ich, kann sich kein anderer fühlen! Also setzte ich doch wohl auch etwas zu – da du mich zwingst es selber zu sagen.« Er lächelte zu ihm auf, hatte aber Tränen in den Augen.

»Verzeih, lieber Freund!«, sagte Morten. »Ich fürchtete, du wüsstest nicht, was du vorhast. Es liegen schon viele auf dem Kampfplatz, und das ist schwer mit anzusehen – namentlich wenn es doch zu nichts führen sollte.«

»Verurteilst du es denn? Aus dir werde ich ja niemals klug!«

»Nicht, wenn es zum Ziel führt! Ich habe selbst davon geträumt, sie dem Glück entgegenzuführen – auf meine eigene Weise; aber die Gemüter sind nicht danach. Du hast Macht über sie – dir folgen sie blindlings; führe du sie weiter! Aber jede Wunde, die sie im Kampf erhalten, muss auch dich treffen, sonst bist du doch nicht der Richtige. Und bist du des Zieles sicher?«

Ja, des Zieles war Pelle sicher. »Und wir erreichen es!«, rief er plötzlich begeistert. »Sieh nur, wie freudig sie sich in alles finden und immer drauflosgehen!«

»Aber Pelle«, sagte Morten mit einem bedeutsamen Lächeln und legte die Hand auf seine Schulter. »Ein Führer ist nicht zugleich der Henker! Außerdem bekämpft die Partei die Prügelstrafe!«

»Ach, denkst du an das von vorhin?«, sagte Pelle. »Das hat nichts mit der Bewegung zu tun. Er sagte, mein Vater ginge herum und sänge in den Höfen und fischte in den Kehrichteimern – da gab ich ihm ein paar aufs Maul. Ich habe doch wohl ebenso viel Recht wie jeder andere, eine Beleidigung zu rächen.« Die bösen Worte über Ellen erwähnte er nicht, er konnte sich nicht dazu überwinden.

»Aber es ist doch wahr«, sagte Morten still.

»Warum hast du es mir nicht gesagt?«, fragte Pelle bleich.

»Ich glaubte, du wüsstest es. Du hast ja auch genug, womit du dich herumschlagen musst, und hast dir nichts vorzuwerfen.«

»Weißt du, wo er sich herumtreibt?«, fragte Pelle leise.

»Er pflegt sich hier um den Blaagaardsplads herum aufzuhalten.«

Pelle ging. Ihm war trübe zu Mute. Der Tag hatte ununterbrochen daran gearbeitet, ihm Verantwortungen aufzubürden, die für einen zu schwer waren. Sollte er die Verantwortung für das übernehmen, was die Bewegung zu Grunde richtete, bloß weil er seine Kräfte und sein Glück geopfert hatte? Und da wühlte Vater Lasse in den Müllkästen herum! Er musste vor Scham über sich selbst erröten und hatte es doch nicht verhindern können. Sollte er die Verantwortung für die Verhältnisse tragen? Und nun bespien sie Ellen – zum Dank!

Er wusste nicht, wo er anfangen sollte zu suchen; er ging in die Höfe und fragte aufs Geratewohl. Auf einem Hof in der Blaagaardsgade strömten Menschen zusammen und Pelle gesellte sich zu ihnen. Es sprach ein Hofmissionar; er hatte den singenden Dialekt der Bornholmer und den eigentümlichen Ausdruck in den Augen, dessen sich Pelle aus seiner Kindheit entsann: Die »Heiligen« hatten den gleichen Ausdruck gehabt. Er predigte und sang abwechselnd. Pelle sah ihn mit einem Blick an, der von Erinnerungen verschleiert war, und in seiner verzweifelten Stimmung war er nahe daran, alles über Bord zu werfen und laut aufzubrüllen wie in den Knabenjahren, wenn sich ihm etwas schwer aufs Herz legte. Das war doch der Junge, der etwas Rohes über Vater Lasse gesagt hatte und dem er, so klein wie er war, einen Bruch getreten hatte. Damals konnte er seinen Vater noch verteidigen!

Er ging hin und reichte ihm die Hand. »Das ist doch Peter Küre – nicht wahr?«

Der Mann sah ihn mit einem Blick an, der aus einer anderen Welt zu kommen schien. »Ja, ich musste hier herüber, Pelle!«, sagte er bedeutsam. »Ich sah die Armen vom Lande nach der Stadt und dann hierher wandern; da ging ich ihnen nach, damit sie nicht zu Schaden kämen. Denn ihr Armen seid ja die Auserwählten Gottes, die wandern und wandern müssen, um das Reich zu finden. Jetzt hat das Meer euch Einhalt geboten und ihr könnt nicht weiter; da meint ihr, dass das Reich hier liegen müsse. Gott hat mich gesandt, um euch zu sagen, dass ihr irrt. – Und du, Pelle, willst du zu uns kommen?

Gott wartet mit Sehnsucht auf dich; er hat Verwendung für dich zum Besten aller dieser Kleinen.« Und er behielt Pelles Hand in der seinen und sah ihn eindringlich an – vielleicht glaubte er, dass Pelle gekommen war, um sich unter den Schutz seines Reiches zu stellen.

Hier war wieder einer, der Pläne hatte, die Armen dem Glücksland entgegenzuführen! Aber Pelle hatte die Armen selber. »Ich habe für sie getan, was ich vermochte«, sagte er mit Selbstbewusstsein.

»Ja, das weiß ich wohl, aber es ist nicht das Rechte, was du da vorhast! Du gibst ihnen nicht das Brot des Lebens!«

»Ich glaube, sie haben Schwarzbrot nötiger. Sieh sie dir an: meinst du, dass sie zu viel zu essen bekommen?«

»Und *kannst* du ihnen denn Essen geben? Ich kann ihnen Gottesfreude schenken, sodass sie ihren Hunger für eine Weile vergessen. Kannst du aber etwas anderes, als sie den Hunger noch stärker fühlen lassen?«

»Vielleicht kann ich es. Aber jetzt habe ich keine Zeit, darüber zu reden; ich bin ausgegangen, um meinen alten Vater zu suchen.«

»Deinen Vater habe ich vorhin in der Stengade getroffen, er hatte einen Sack auf dem Rücken – er sah nicht aus, als ob ihm ein zu sanftes Los beschieden sei. Ich bin ihm einmal bei Schuhmacher Sort begegnet; da wollte er hierher und seine alten Tage bei seinem Sohn verbringen.«

Pelle erwiderte nichts, sondern floh. Er ballte die Hände in ohnmächtiger Wut, während er von dannen stürzte. Hier gingen sie umher und stichelten auf ihn, der eine immer eifriger als der andere, während die nackte Wahrheit die war, dass er – jung und kräftig und tüchtig in seinem Beruf – Frau und Kinder und seinen alten Vater nicht versorgen *konnte,* selbst wenn er sichere Arbeit hatte. Ja, so verflucht waren die Verhältnisse, dass ein Mann im besten Alter nicht dem Gebot der Natur folgen und eine Familie gründen konnte, ohne dass die, die von ihm abhingen, in Not und Elend versanken! Zum Teufel auch, das ganze System musste niedergeschlagen werden! Besaß er Macht über die Arbeiter, dann wollte er sie auch zu ihrem Besten benutzen dürfen!

In der Stengade hörte er heiseren, zittrigen Gesang aus einem Hofschacht schallen. Es war Vater Lasse. Der Lumpensack stand neben ihm, der Haken war hineingehängt. Er umklammerte den Sack mit der einen Hand und gestikulierte mit der anderen zu den Fenstern hinauf, während er sang. Das Lied erregte Gelächter und er bemühte sich es durch lustige Gebärden, die zu seiner jämmerlichen Gestalt nicht passten, noch amüsanter zu machen.

Es schnitt Pelle ins Herz, diesen Jammer mit anzusehen; er versteckte sich im Torweg und wartete darauf, dass der Vater fertig würde. An einzelnen Stellen des Liedes nahm Lasse seine Mütze ab und schlug sich damit an den Kopf, während er das eine Bein in die Höhe hob. Er war nahe daran, das Gleichgewicht zu verlieren, und die Straßenjungen, die ihn umgaben, zerrten an seinen zerlumpten Rockschößen und schubsten einander gegen ihn. Dann hielt er inne, redete ihnen mit seiner zittrigen Stimme zu und sang weiter:

»Wollt ihr, liebe Leute, hören mein Malheur?
Ohne Vater bin ich auf die Welt gekommen,
Mutter stand im Zug in einer Tür –
Von der Straße hat sie mich mitgenommen.
Wenn die Welt auch ihre Schand vergessen,
Schmücke ich mein Lied jetzt damit auf,
Gute Leute, gebt mir was zu essen!
Bald zu Ende ist mein Lebenslauf.

In die Welt trat ein ich ohne Trug,
Darum seht ihr mich jetzt auch in Lumpen.
Einen Bruder hab ich, der ist reich genug,
Aber Lasse wagt es nicht, ihn anzupumpen.

Nie sind wir uns übern Weg gelaufen,
Arbeit ich, so sammelt er Geld ein!
Er hat Gold und Edelstein in Haufen,
Was er sich nur wünschen kann, ist sein.

In dem prächtigsten Palast mein Bruder wohnt.
Seine Pferde haben Silberschmuck am Zaume,
Zehn, zwölf Taler jede Stund ihn lohnt,
Wo auf weichem Pfühl er liegt und dreht die Daume.
Er hat so viel Reichtum, wie mir Dreck beschieden,
Wo er sich nur hindreht, da liegt Geld.
Ich soll ihn beerben einst hienieden,
Wenn er vor mir scheidet aus der Welt.

Einst wollte auch mir das Glück begegnen –
Als die Arbeit mir die Kraft genommen.
Gott ließ Milchsuppe vom Himmel regnen,
Leider war kein Löffel mitgekommen.
Mitleid hatte Gott mit mir gehabt,
Doch ich Ärmster wusst es nicht zu nützen,
Schnell hat sich der reiche Bruder dran gelabt,
Fraß zum Platzen dick sich an der Armut Grützen.

Wenn auch Schmalhans hier das Zepter führt,
Wenn das Leben schwer ist hier auf Erden,
Sagt doch Gott, der unsre Welt regiert,
Dass im Himmel es soll besser werden.
Darum, liebe Leute, ich euch bitt,
Gebt ein Scherflein für den Sarg des Armen,
Drin er seinen letzten Weg antritt.
Habt mit seiner letzten Stund Erbarmen!

Doch hat Gott mir einen Sohn geschenkt!
Kinder sind des Armen Reichtum ja hienieden.
Ob auch er an seinen alten Vater denkt,
Dem kein größrer Schatz als er beschieden?
Weit bin ich von ihm getrennt, bin müd,
Müd vom Lumpensammeln zu dem Klang der Lieder.
Lohnen wird's euch Gott, der alles sieht!
Werft in Lasses Mütz ein Scherflein nieder!«

Als Lasse mit seinem Gesang fertig war, klatschten sie und warfen in Papier gewickelte Geldmünzen herunter; er trabte herum und sammelte sie auf.

Dann nahm er seinen Sack auf den Nacken und stolperte vornübergebeugt durch den Torweg.

»Vater!«, rief Pelle verzweifelt. »Vater!«

Lasse richtete sich mit einem Ruck auf und ließ seine schwachen Augen durch den Torweg schweifen. »Bist du hier, Junge? Ach, es klang wie deine Kinderstimme, wenn jemand dir etwas tun wollte und du mich um Hilfe riefst.« Der Alte zitterte am ganzen Leib. »Und nun hast du wohl alles mit angehört und schämst dich über deinen alten Vater?« Er wagte nicht den Sohn anzusehen.

»Vater, jetzt musst du mit nach Hause kommen, hörst du?«, sagte Pelle, als sie auf die Straße hinaustraten.

»Nein, das kann ich nicht! Da ist nicht mal genug für deine eigenen Mäuler, nein, du musst mich meine eigenen Wege gehen und für mich selber sorgen lassen. Es geht mir ja gut!«

»Du musst mit nach Hause kommen – die Kinder entbehren dich und Ellen fragt jeden Tag nach dir.«

»Ja, das mag sein. Aber ich weiß, was sie fühlen muss, wenn ich ihren Kindern das Essen vom Munde wegnehme! Und jetzt obendrein – ein Lumpensammler! Nein, du darfst mich nicht in Versuchung führen.«

»Du *musst* jetzt mit mir kommen, was auch sein mag. Ich kann diese Qual nicht ertragen, Vater!«

»Na ja, dann in Gottes Namen, dann muss ich meine Schande vor dir offenbaren, Junge – wenn du mich sonst nicht lassen willst! Sieh, ich wohne mit einer zusammen – mit einem Frauenzimmer. Ich hab sie draußen auf dem Müllplatz getroffen, wo sie Abfall aufsammelte, genau wie ich. Ich hatte mir da draußen einen Winkel eingerichtet – für die Nacht, bis ich ein Logis gefunden hätte, und da sagte sie, ich sollte mit ihr nach Hause gehen – es wäre doch nicht so kalt, wenn man zu zweien wäre. Seitdem haben wir beiden Alten uns zusammengetan. Willst du nicht mit nach Hause gehen, wo wir uns doch getroffen haben? Dann kannst du es dir ansehen. Wir wohnen hier ganz in der Nähe.«

Sie bogen in eine enge Gasse ein und gingen in einen Torweg. Auf dem Hinterhof, in einem Schuppen, der Ähnlichkeit mit den Überresten eines alten Bauernhauses hatte, war Lasses Heim. Es sah aus, als sei es früher einmal ein Holzschuppen gewesen; da war ein gestampfter Lehmboden und lose Bretter bildeten die Decke. Unter der Decke waren Leinen gezogen, an denen Lumpen, Papier und andere Sachen aus dem Kehrichtkasten zum Trocknen hingen. In der einen Ecke stand auf einem sehr niedrigen eisernen Ofen der Kaffeekessel und summte und entsandte seinen lieblichen Duft in den muffigen Gestank des Abfalls. Lasse schüttelte sich vor Behagen.

»Ach, ich bin ganz steif«, sagte er, »und ein wenig verfroren. Hier siehst du also meine kleine Mutter – und dies ist mein Sohn Pelle.« Vergnügt streichelte er seiner neuen Lebensgefährtin die Wangen.

Es war ein altes, krumm gebogenes Frauenzimmer, schmutzig und zerlumpt; ihr Gesicht war voll von rotem Ausschlag, den sie sich wahrscheinlich auf dem Müllplatz geholt hatte. Aber es saßen ein Paar gute Augen darin und löschten alles andere aus.

»Also das ist Pelle!«, sagte sie und sah ihn an. »So also sieht er aus! Ja, seinen Namen hat man ja gehört; er gehört zu denen, die auffallen, obwohl er keine roten Haare hat.«

Pelle musste einen Schluck Kaffee mittrinken. »Du kriegst nur Butterbrot dazu, denn anderes Abendessen leisten wir Alten uns nicht«, sagte Lasse. »Wir gehen früh zu Bett, wir beide, und man schläft schlecht mit einem überfüllten Magen.

Nun, was sagst du denn zu unserer Wohnung?«, fragte Lasse weiter und sah sich stolz um. »Wir geben nur vier Kronen im Monat dafür und die ganze Einrichtung haben wir gratis; das haben Mutter und ich alles vom Müllplatz hergeschleppt, jedes Stück, selbst den Ofen. Sieh nur mal diese Heumatratze an, die ist doch wirklich nicht übel und die haben die guten Leute weggeworfen! Die eiserne Bettstelle haben wir auch da drüben gefunden, ich habe ein Bein darunter gebunden. Und gestern kam Mutter mit Gardinen angeschleppt. Gut, dass es Leute gibt, die so viel haben, dass sie es auf den Müllhaufen werfen müssen.«

Lasse war ganz aufgeräumt, es schien ihm gut zu gehen; das alte Frauenzimmer sorgte für ihn, als wäre er ihre Jugendliebe. Sie zog ihm die Stiefel aus und ein Paar Flickenschuhe an die Füße; dann holte sie eine lange Pfeife aus der Ecke und steckte sie ihm in den Mund. Er lachte und fühlte sich behaglich dabei.

»Siehst du die Pfeife, Pelle? Dazu hat Mutter gespart, ohne dass ich etwas davon ahnte – sie hat sie so lang genommen, damit ich sie nicht selber anstecken kann. Dann gleiche ich einem Pascha, sagt sie.« Lasse musste sich in den Stuhl zurücklehnen, während sie die Pfeife anzündete.

Als Pelle ging, begleitete ihn Lasse über den Hof.

»Nun, was sagst du dazu?«, fragte er.

»Ich muss mich ja freuen, dass es dir so gut geht«, erwiderte Pelle demütig.

Lasse drückte ihm die Hand. »Hab Dank dafür! Ich fürchtete ja, du würdest strenge sein. Als kleiner Junge nahmst du es verteufelt genau in dieser Beziehung. Und siehst du, wir könnten uns ja natürlich heiraten – es liegt für uns beide kein Hindernis vor. Aber das kostet Geld – und die Zeiten sind schlecht. Und dass Kinder kommen und die Forderung stellen könnten, anständig in die Welt gesetzt zu sein, das ist ja nicht zu befürchten.«

Pelle musste lächeln, so ernst ihm auch zu Mute war.

»Sieh bald wieder bei uns vorbei – du bist uns immer willkommen«, sagte Lasse. »Aber Ellen brauchst du nichts davon zu erzählen – sie ist so eigen in diesem Punkt.«

33

Nein, Pelle erzählte Ellen überhaupt nichts mehr. Sie war wie die Wintersonne: Die Seite, die von ihr abgewendet war, erhielt keinen Anteil an ihrer Wärme. Pelle hatte hier keine Ansprüche mehr zu stellen; er hatte sich längst damit abgefunden, dass sie das Stärkste in seinem Wesen nicht decken konnte – und sich an den Gedanken gewöhnt, es allein mit sich herumzutragen. Er war dadurch härter geworden, männlicher.

Zu Hause kränkelte der Junge – er bekam keine ausreichende Pflege und die Kleine war unruhig, namentlich des Nachts. Das Jammern der Kinder und das Husten machten das Heim ungemütlich. Ellen blieb stumm; gleich einem schicksalsschwangeren Rätsel ging sie umher und sorgte für die Kinder. Ihr ausdrucksvoller Blick begegnete niemals dem seinen, aber er fühlte ihn oft auf sich ruhen. Sie war in der letzten Zeit abgemagert, und das verlieh ihrer Schönheit eine phantastische Glut, einen Zusatz von Gift, meinte er zuweilen. Es gab Zeiten, wo er sein Leben gegeben hätte für ein aufrichtiges Liebeszeichen von dieser Frau.

Er verstand sie immer weniger und war oft von unerklärlicher

Angst um sie erfüllt. Sie litt entsetzlich unter dem Zustand der Kinder; und wenn sie sie mit blutendem Herzen beruhigte, konnten ihre Worte einen verhängnisvollen Klang annehmen, der ihn schaudern machte. Zuweilen jagte ihn der Gedanke nach Hause, dass sie sich an sich selbst und den Kindern vergriffen haben könnte.

Als er eines Tages in dieser Furcht nach Hause geeilt kam, trat sie ihm lächelnd entgegen und legte vor ihm fünfundzwanzig Kronen auf den Tisch.

»Was ist das?«, fragte Pelle erstaunt.

»Die hab ich in der Lotterie gewonnen«, sagte sie.

Also deswegen war ihr Benehmen in den letzten Tagen so wunderlich geheimnisvoll gewesen – als ob etwas wäre, was er um keinen Preis wissen dürfte. Sie hatte die letzten Schillinge gewagt und gefürchtet, dass er es entdecken könnte.

»Aber wo hattest du das Geld denn her?«, fragte er.

»Das hatte ich mir von meiner alten Freundin Anna geliehen – wir spielen zusammen. Nun können wir einen Doktor holen und Medizin für die Kinder kaufen und brauchen es uns an nichts fehlen zu lassen«, sagte sie.

Das Geld verwandelte sie und führte sie einander wieder zu. Ellen wurde zärtlicher gegen ihn denn je und verhätschelte ihn beständig. Es war etwas Neues über sie gekommen, eine Art Zerknirschung erfüllte sie, machte sie sanft und liebevoll. Jetzt beeilte sich Pelle wieder nach Hause zu kommen. Er nahm ihr Verhalten als Abbitte für ihr strenges Urteil; sie war auch darin anders geworden, fing an, sich für seine Arbeit, für die Sache zu interessieren, und forderte ihn durch Andeutungen auf, fortzufahren. Es zeigte sich, dass sie trotz ihrer scheinbaren Kälte gut Schritt gehalten hatte. Ihr Wesen machte eine wunderliche Verwandlung durch. Sie, die harte, sichere Ellen, wurde milde in ihrem Urteil und unsicher. Sie beobachtete nicht mehr den scharfen Abstand von den

Dingen und konnte den Kopf demütig beugen. Sie war nicht mehr selbstgerecht.

Eines Tages gegen Abend saß Pelle zu Hause vor dem Spiegel und rasierte sich: er hatte seinen schönen, großen Schnurrbart abgeschnitten und war jetzt im Begriff, die letzten Spuren abzurasieren.

Ellen amüsierte sich, wie das sein Gesicht veränderte. »Ich erkenne dich kaum wieder«, sagte sie. Er hatte geglaubt, sie würde sich widersetzen und seinen Schnurrbart verteidigen, aber sie tat es nicht. Er begriff die Veränderung nicht, die mit ihr vorgegangen war.

Als er fertig war, stand er auf und ging zu Klein Lasse, aber der Junge schrie vor Schrecken auf. Dann zog er seine alten Fabrikkleider an, schwärzte sich Gesicht und Kopf und ging nach der Maschinenfabrik hinüber. Der Betrieb wurde jetzt voll in Gang gehalten; man arbeitete in Schichten Tag und Nacht, und das mit Hilfe der internierten Streikbrecher, die der Volkswitz die »Eingesperrten« nannte.

Die Eisenindustriellen hatten ihren Sieg weiterverfolgt und begonnen noch einen Betrieb wieder in Gang zu setzen. Wenn es so weiterging, dann würde eines Tages die ganze Eisenindustrie ohne die Ausgesperrten fertig werden und sie konnten dann auf der Straße stehen und zusehen. Aber jetzt sollte eine Schlacht geschlagen werden! Mit Freude und Wärme von daheim kam Pelle an und war zu allem aufgelegt.

Unbemerkt schlüpfte er an den Streikposten vorbei bis an den Torweg. Sie schlafen, die Deubels!, dachte er wütend und war nahe daran, alles zu verderben, indem er ihnen einen Rüffel erteilte. Leise klopfte er an und wurde eingelassen. Der Pförtner führte ihn zu dem Werkführer, der glücklicherweise ein Deutscher war.

Pelle wurde für einen hohen Tagelohn in der Gießerei angenommen; außerdem versprach man ihm, dass er ein Trinkgeld von fünfundzwanzig Kronen erhalten sollte, wenn er eine gewisse Zeit ausgehalten hätte. »Das ist das Judasgeld«, sagte der Werkführer grinsend. »Und dann werden Sie, sobald die Aussperrung vorüber ist, natürlich in erster Linie bei der Arbeit berücksichtigt. Sie sind sich doch klar darüber, dass Sie vorerst hier nicht wieder herauskommen? Wollen Sie etwas an Ihre Frau schicken, dann besorgen wir das.« Und dann wurde Pelle ein Winkel angewiesen, wo ein Strohsack lag; das war die Wohnung und das Nachtlager.

In der Fabrik ging die Arbeit, so gut sie gehen wollte. Die Arbeiter stürzten sich wie in einem Raptus darüber und lungerten dann wieder herum oder standen in Gruppen zusammen und taten, was sie wollten. Die Vorarbeiter wagten nicht ihnen etwas zu sagen; machten sie eine Bemerkung, so wurde ihnen mit Grobheiten geantwortet. Die Arbeiter nutzten ihre Unentbehrlichkeit aus, sie benahmen sich wie die reinen Tyrannen und pochten ständig darauf, dass sie ja gehen könnten. Sie beherrschten die Situation.

Sie bekamen hohen Lohn und reichlich Essen und Trinken. Die Arbeitszeit war auch kürzer als sonst. Sie begriffen diesen Umschlag nicht recht und gingen umher und spielten die großen Herren. Aber ihre Gesichter hatten einen Ausdruck, als seien sie einander nicht sicher. Die einheimischen Arbeiter, die in der Minderheit waren, hielten sich für sich – als empfänden sie im Innersten Verachtung für diese Leute, die angereist kamen, um in ihrem Elend zu fischen.

Man arbeitete in drei Schichten, die einander nach je acht Stunden ablösten.

Ei, ei!, dachte Pelle. Das ist ja geradezu der Achtstundentag. Dies ist wahrhaftig der Zukunftsstaat! Als er kam, wurde gerade eine Schicht abgelöst; sie fingen sofort an einen Höllenspektakel zu machen, donnerten auf die Metallgegenstände los und schrien nach Essen und Branntwein. Dann wurde aufgetragen, große Kessel mit Rindfleisch und Kartoffeln. Pelle wurde einer Abteilung von zehn Mann zugeteilt.

»Iss, Kamerad«, sagten sie, »du bist wohl hungrig? Wie lange bist du arbeitslos gewesen, ehe du dich ergeben hast?«

»Fast drei Monate«, antwortete Pelle.

»Dann musst du wirklich hungrig sein. Her mit dem Fleisch! Mehr Fleisch her!«, riefen sie den Küchenburschen zu. »Die Kartoffeln könnt ihr gern behalten! Kartoffeln haben wir unser Leben lang genug gegessen! Hier ist, weiß Gott, das Schlaraffenland mit Buttersoße! Das haben die ja immer gesagt, dass es so werden würde: guter Lohn und wenig zu tun, eine Masse zu essen und Branntwein! Nun könnt ihr sehen, dass es gut war, dass wir ausgeharrt haben, als es darauf ankam – nun kommt der Lohn! Skaal, du! Zum Teufel auch, wie heißt du denn – du da!«

»Karlsen«, sagte Pelle.

»Skaal, Karlsen! Na, und wie sieht's denn da draußen aus? Hast du nicht meine Frau kürzlich gesehen? Die ist leicht zu kennen, das ist die mit den sieben Kindern, die nichts im Leibe haben! – Wie geht es denn mit dem Lohnkampf?«

Hinterher setzten sie sich hin, spielten Karten und tranken oder trieben sich herum und fingen Streit an. Es saß ein böser Stachel in ihnen, sie gingen herum und hatten ein giftiges Verlangen aufeinander zu sticheln. »Komm und mach ein Spiel mit uns, Kamerad – und trink einen Schnaps!«, sagten sie zu Pelle. »Zum Teufel auch, womit soll man denn in dieser Hölle die Zeit totschlagen! Sechzehn Stunden am Tag schlafen, das kann man auf die Dauer nicht!«

Es herrschte ein ohrenbetäubender Lärm wie in einem riesigen Wirtshaus. Es wurde gerufen und geschimpft; jeder trug zum Spektakel bei, als gelte es, irgendetwas zu übertönen. Sie konnten Getränke in der Fabrik kaufen, und was sie verdienten, versoffen sie. Das ist das Gewissen, dachte Pelle, im Grunde sind sie gute Kameraden. Sein kühnes Vorhaben schien gute Aussicht zu haben.

Eine Gruppe von Deutschen nahm nicht an der Orgie teil, sondern hatte sich in der entlegensten Ecke der großen Halle eine Sparkolonie eingerichtet. Sie waren hier, um Geld zu verdienen!

In einer der Gruppen entstand Streit beim Spiel; sie schimpften mit starken Ausdrücken und diese Schimpfwörter kulminierten in dem Ausdruck Streikbrecher. Das machte sie rasend. Es war, als ginge ein Geschwür auf; all ihr unterdrücktes Schamgefühl und ihre Wut über das schändliche Verhältnis brach los. Sie gebrauchten Messer und Werkzeug gegeneinander. Die Polizei, die Tag und Nacht Wache in der Fabrik hielt, wurde gerufen und stellte die Ordnung wieder her. Ein verwundeter Schmied wurde auf dem Kontor verbunden, aber es fanden keine Verhaftungen statt. Dann überkam sie plötzliche Schlaffheit.

Sie umschwärmten Pelle fortwährend. Er war ein neuer Mann und kam von draußen. »Wie geht es denn da?«, lautete die ständige Frage.

»Denen da draußen geht es ganz gut. Bei uns hier drinnen sieht es schlimmer aus«, sagte Pelle.

»Es geht ihnen gut, sagst du? Wir haben uns erzählen lassen, dass sie nahe daran sind, sich zu ergeben.«

»Woher habt ihr das?«

»Von den Leitern der Fabrik hier.«

»Dann haben sie euch einen Bären aufgebunden, um euch hier zu behalten.«

»Du lügst! Und was soll das heißen, dass es für uns hier schlechter aussieht? Heraus mit der Sprache!«

»Wir kommen nie wieder zu ordentlicher Arbeit. Und siegen die Kameraden, dann stellen sie vor der Arbeitsaufnahme die Forderung, dass wir anderen ausgeschlossen werden.«

»Den Teufel auch – und uns haben sie die beste Arbeit versprochen«, rief ein großer Schmied. »Aber du lügst! Ja, das tust du! Und warum kommst du hierher, wenn die da draußen nahe daran sind, zu siegen? – Antworte mir, zum Teufel auch! Man schleicht wohl nicht in diese Hölle, wenn man nicht dazu gezwungen ist!«

»Um die Kameraden zu verraten; das kannst du dir doch denken«, erwiderte Pelle hart. »Ich will probieren, wie es ist, wenn man den Hungernden das Brot vom Munde wegschlägt!«

»Das ist eine Lüge! So boshaft ist keiner! Du hast uns zum Besten, du Teufel!«

»Gebt ihm 'ne Tracht Prügel«, sagte ein anderer, »er spielt falsch. Bist du ein Spion oder was willst du hier? Du gehörst bestimmt zu den Idioten da draußen.«

Es war Pelles Absicht, gute Miene zum bösen Spiel zu machen und sich vorsichtig vorwärts zu tasten. Aber nun wurde er wütend.

»Du solltest dich in Acht nehmen, ehrliche Männer Idioten zu nennen«, erwiderte er aufgebracht. »Wisst ihr, was ihr seid? Schweine seid ihr! Ihr liegt hier und fresst euch voll und lebt flott von der Not der Kameraden! Ja, Schweine seid ihr – Judasse, die die gute Sache für dreckiges Geld verkaufen! Wie viel habt ihr gekriegt? Fünfundzwanzig Kronen, wie? Und da draußen gehen sie herum und hungern getreulich, damit wir alle – auch ihr – es in Zukunft ein wenig menschlicher haben.«

»Jetzt hältst du dein Maul!«, sagte der große Schmied. »Du hast keine Frau und keine Kinder, da kannst du leicht reden!«

»Bist du nicht der, der in der Jasgersborggade wohnt?«, fiel Pelle über ihn her. »Schickst du vielleicht an Frau und Kinder, was du verdienst? Warum leiden sie denn Not? Gestern sind sie vor die Tür gesetzt worden; die Organisation hat sich ihrer angenommen und ihnen ein Dach über dem Kopf verschafft, obgleich es eine Streikbrecherfamilie ist.« Pelle selbst hatte das durchgesetzt.

»Schicken – natürlich ist es meine Absicht, ihnen was zu schicken! Aber wenn man dies Höllenleben hier führt, denn geht das bisschen Geld für Fusel drauf. Und jetzt wirst du verprügelt!« Der Schmied streifte seine Hemdsärmel auf, sodass die mächtigen

Muskeln zum Vorschein kamen. Er war nicht mehr nüchtern und blickte drein wie ein toll gewordener Stier.

»Warte mal«, sagte ein älterer Mann und trat an Pelle heran. »Ich sollte meinen, ich hätte dich schon früher gesehen. Wie heißt du, mit Verlaub?«

»Wie ich heiße – das könnt ihr gern erfahren. Ich bin Pelle!«

Der Name wirkte wie eine Explosion; er schoss strahlend vor ihnen auf. Die Arme des Schmieds fielen schlaff herab, er wandte beschämt den Kopf ab. Pelle stand mitten unter ihnen! Sie hatten ihn im Stich gelassen und ihm den Rücken gekehrt und da stand er und lächelte und war nicht die Spur zornig. Kameraden nannte er sie, er verachtete sie nicht einmal! »Pelle ist hier«, sagten sie gedämpft. In der Halle entstand ein Murmeln. »Zum Teufel auch! Pelle ist gekommen!«, riefen sie und taumelten auf die Beine.

Pelle war auf einen großen Amboss gesprungen. »Ruhe!«, rief er mit Donnerstimme. »Ruhe!« Lautlose Stille entstand in dem Raum, man konnte ihre tiefen Atemzüge hören.

Die Meister kamen herbeigestürzt und wollten ihn herunterziehen. »Hier dürfen keine Reden gehalten werden!«, riefen sie.

»Lasst ihn reden!«, sagte der große Schmied drohend. »Um dem das Maul zu stopfen, dazu seid ihr viel zu klein!« Er packte einen großen Vorschlaghammer und stellte sich an den Fuß des Ambosses.

»Kameraden!«, begann Pelle in leichtem Ton. »Ich bin zu euch geschickt worden mit Grüßen von denen da draußen. Von den Kameraden, die neben euch arbeiteten, von euren Freunden und Gewerkschaftskollegen! Wo bleiben die alten Kameraden?, sagen sie. Wir haben doch so manchen Kampf miteinander ausgefochten und Gut und Böse miteinander geteilt. Sollen wir nun ohne sie zu dem Neuen eingehen? Und eure Frauen und Kinder fragen auch nach euch! Jetzt ist Frühling und sie begreifen nicht, warum sie nicht den Esskorb packen und mit Vater nach Söndermarken hinausziehen sollen.«

»Weil es keinen Futterkorb gibt!«, sagte eine schwere Stimme.

»Es sind immerhin fünfzigtausend Mann, die es hinnehmen, ohne zu murren«, erwiderte Pelle ernst. »Und die fragen nach euch und begreifen nicht, warum ihr mehr verlangt als sie. Habt ihr denn mehr für die Bewegung getan?, fragen sie. Oder seid ihr Grafensöhne, dass ihr nicht ordentlich in Reih und Glied mitgehen könnt? – Jetzt ist Frühling draußen!«, fuhr er munter fort. »Für den armen Mann ist der Winter vorüber, für ihn kommen nun die lichten Tage! Und da biegt ihr nach der verkehrten Seite ab und geht ins Gefängnis! Wisst ihr, wie die Ausgesperrten euch nennen? Die Eingesperrten nennen sie euch!«

Einige lachten gedämpft. »Das ist ein verdammt guter Witz!«, sagten sie zueinander. »Den hat er selber erfunden!«

»Sie haben auch noch andere Namen für uns!«, rief eine Stimme trotzig.

»Ja, das haben sie«, erwiderte Pelle lebhaft. »Aber das kommt daher, weil sie hungern! Dann wird man wild, das wisst ihr wohl – und missgönnt anderen das Essen!« Sie schoben und drängten sich noch näher an ihn heran. Seine Worte brannten in ihnen und taten ihnen doch wohl. Niemand konnte so nach einem auslangen wie Pelle und einem doch das Gefühl geben, dass man ein ordentlicher Mensch war. Um sie herum standen die fremden Arbeiter und lauschten angespannt, um auch ein wenig zu verstehen.

Auf einmal sprang Pelle mitten in die Not hinein, legte die jahrelange, endlose Verzweiflung der Familien bloß, sodass man alles sah, was man gelitten hatte – es erst wirklich sah. Sie wunderten sich, dass sie so viel ertragen hatten, wussten aber sehr wohl, dass es so war; ihr gewichtiges Kopfnicken bestätigte, dass es stimmte, Wort für Wort. Es waren Pelles eigene verzweifelte Kämpfe, die jetzt aus ihm sprachen. Er stand da, hell und siegesgewiss, und ragte unerschütterlich über sie alle empor.

Allmählich wurden seine Worte stark und scharf. Er warf ihnen ihre Treulosigkeit vor, erinnerte sie daran, wie teuer erkauft der Zusammenhalt war, und schilderte mit kurzen, treffenden Worten die Entwicklung der Bewegung, schlug Töne an, die einem jeden im Ohr schlummerten. Es war die wohlbekannte Melodie des Heims und der Arbeit. Pelle verlieh ihr neuen Klang. Sie hatten die Stimme ihrer Mutter vergessen wie jene Landflüchtigen – darum konnten sie nicht heimfinden; jetzt rief sie sie zurück in den alten Traum vom Land des Glücks. Er sah das in ihren Gesichtern und war mit einem Sprung über ihnen. »Kennt ihr etwas Schändlicheres, als sein Vaterland zu verkaufen? Das habt ihr getan, noch ehe ihr es betratet, verkauft mit Brüdern, Frauen und Kindern! Und ihr habt eurer Religion abgeschworen – dem Glauben an die große Bewegung! Die Gebote habt ihr verleugnet und euch selbst für elendes Judasgeld und für eine Runde Branntwein verkauft!«

Er stand da, die linke Hand auf der Schulter des großen Schmiedes, die rechte streckte er geballt nach ihnen aus. In der Hand hielt er sie; er fühlte das so stark, dass er nicht wagte sie sinken zu lassen, sondern sie weiter ausgestreckt hielt. Ein Murmeln ging durch die Reihen und pflanzte sich bis zu den ausländischen Arbeitern fort. Sie wurden von der Bewegung der anderen angesteckt und folgten gespannt, obwohl sie nicht viel von der Sprache verstanden. Bei jedem Ausfall nickten sie und stießen einander an und jetzt standen sie unbeweglich da, mit erwartungsvollen Gesichtern; auch sie wurden von der Kraft seiner Rede mitgerissen. Das war die Solidarität, die mächtige, erdumspannende Kraft!

Pelle erkannte ihr wunderbares Wesen, kalte Schauer liefen ihnen den Rücken hinunter. Er hielt sie alle in seiner Hand und jetzt sollte die Schlacht geschlagen werden, ehe sie Zeit hatten, sich die Sache zu überlegen, jetzt!

»Kameraden!«, rief er überlaut. »Zu denen da draußen habe ich gesagt, ihr wäret ehrliche Leute, die die Not in einem Augenblick des Unverstands in des Teufels Küche geführt hat. Und jetzt gehe ich hin und hole eure Freunde und Kameraden, sagte ich, sie sehnen sich danach, wieder zu euch in den Frühling zu kommen! – Habe ich gelogen, wenn ich für euch gutgesagt habe?«

»Nein, das hast du nicht!«, erwiderten sie wie aus einem Munde. »Pelle soll leben! Der ›Blitz‹ soll leben!«

»So kommt denn!« Schnell sprang er vom Amboss herunter und marschierte durch die Halle, den Sozialistenmarsch singend. Sie schlossen sich ihm an, ohne Überlegung, ohne Gewissensbisse, das Tempo riss sie fort. Es war, als wehe sie ein Frühlingswind in die freie Natur. Der Torweg wurde aufgeschlossen, die Angestellten der Fabrik wurden beiseite geschoben. Singend und in dröhnendem Gleichschritt zogen sie, Pelle an der Spitze, die Nörrebrogade hinunter zum Arbeiterheim.

34

Das war ein prächtiger Streich gewesen! Die Unternehmer gaben jeden weiteren Gedanken daran auf, die Betriebe ohne die Organisation wieder in Gang zu setzen. Der Sieg wurde dadurch vervollständigt, dass die Gewerkschaften den ausländischen Arbeitern Reisegeld gaben und sie fortschafften, ehe sie Zeit hatten, sich zu besinnen. Sie wurden an die Dampfer gebracht und mit einem kameradschaftlichen Hurra auf den Weg geschickt.

Pelle war der Held des Tages. Über seine Tat wurde in allen Blättern geredet, und selbst die Gegner senkten das Schwert vor ihm.

Er nahm das als etwas Selbstverständliches hin und arbeitete mit seiner ganzen Kraft auf ein neues Ziel hin. Es gab keinen Grund, sich in die Wolken zu erheben; die Aussperrung blieb schwer lastende Tatsache – jetzt fühlte er ihre ganze Bürde. Das Arbeiterheer ging in den Straßen spazieren, während die Nation sich verzehrte, und eine Aussicht auf eine baldige Lösung gab es noch immer nicht. Aber eines Tages würden die Quellen versiegen und was dann?

Er war zu tief vom Kampf gezeichnet, um von dem bisschen Weihrauch schwindlig zu werden; die Zurufe ließen ihn seine Verantwortung nur noch schwerer empfinden. Wenn dieser entsetzliche Kampf mit einer Niederlage endete, traf ihn die Schuld. Und er strengte sein Gehirn an, um ein Mittel zu finden, wie man den Widerstand des Feindes brechen könnte. Noch ertrugen die Massen den Zustand mit Geduld, aber wie lange würde das dauern? Gerüchte, die Böses verhießen, schwirrten bereits herum – eines Tages verlautete, dass einer der Führer, der die Einsammlungen unter sich gehabt hatte, mit der Kasse durchgebrannt sei; ein anderes Gerücht besagte, dass das ganze Arbeiterheer den Gegnern verkauft worden wäre. Es musste jetzt etwas geschehen! Aber was?

Eines Mittags kam er nach Hause, um sich, ehe er zu einer Versammlung ging, nach den Seinen umzusehen. Die Kinder waren allein daheim. »Wo ist Mutter?«, fragte er und nahm Klein Lasse aufs Knie; Schwester saß aufrecht in der Wiege und spielte.

»Mutter hat sich fein gemacht und ist in die Stadt gegangen«, erwiderte der Junge. »Mutter so fein!«

So? War sie das? Pelle ging ins Schlafzimmer und sah im Kleiderschrank nach. Das Brautkleid war nicht da.

Das ist doch sonderbar, dachte er und fing wieder an mit den Kindern zu spielen. Schwester streckte die Ärmchen nach ihm aus. Er musste sie auf den Schoß nehmen und saß nun da mit einem Kind auf jedem Knie. Die Kleine sah fortwährend nach seiner Oberlippe, als wollte sie etwas sagen. »Ja, Vaters Schnurrbart ist abgefallen, Schwester!«, sagte Klein Lasse erklärend.

»Ja, der ist weggeflogen«, sagte Pelle. »Da kam ein Wind, und hui – weg war er!« Er sah mit einer kleinen Grimasse in den Spiegel – der Bart war sein Stolz gewesen. Dann lachte er den Kindern zu.

Ellen kam nach Hause, atemlos, als sei sie gelaufen; eine zarte Röte lag auf ihrem Antlitz und Hals. Im Mantel ging sie ins Schlafzimmer. Pelle ging ihr nach. »Du hast ja dein Hochzeitskleid an«, sagte er verwundert.

»Ja, ich will es ändern lassen und war bei der Schneiderin, damit sie mich in dem Kleid sehen sollte. Aber geh jetzt hinein, ich komme gleich, ich will mir nur ein anderes Kleid anziehen.«

Pelle wollte bleiben, aber sie schob ihn zur Tür. »Geh jetzt hinein«, sagte sie und bedeckte ihren Busen mit dem Kleid. Die zarte Röte hatte sich über ihren ganzen Busen ausgebreitet – sie konnte so schön sein in ihrer Scham.

Nach einer Weile kam sie herein und legte einige Zehnkronenscheine vor ihn auf den Tisch.

»Was ist denn das wieder?«, rief er aus, halb bestürzt über so viel Geld.

»Ja, habe ich nicht ein merkwürdiges Glück? Ich habe wieder auf mein Los gewonnen! Hast du nicht eine tüchtige Frau?« Sie stand hinter ihm, den Arm auf seinem Rücken.

Pelle saß eine Weile vornübergebeugt da, als habe er einen Schlag auf den Kopf bekommen. Dann schob er ihren Arm beiseite und wandte sich um. »Du hast schon wieder gewonnen, sagst du? – Zweimal? In derselben Serie?« Er sprach langsam, tonlos, als müsse er sich jedes Wort einprägen.

»Ja, findest du nicht, dass ich sehr tüchtig bin?« Sie sah ihn unsicher an und versuchte zu lächeln.

»Aber das kann man ja gar nicht!«, sagte er schleppend. »Das kann man ja gar nicht!« Plötzlich sprang er auf und packte sie am Hals.

»Das sind Lügen! Du lügst!«, rief er rasend. »Willst du wohl heraus mit der Wahrheit? Willst du wohl heraus damit!« Er presste sie von hinten auf den Tisch nieder, als wollte er sie ermorden. Klein Lasse schrie.

Sie starrte ihn mit einem verwunderten Blick an, der immer angstvoller wurde. Da ließ er sie los und wandte das Gesicht ab, um die vom Tode gezeichneten Augen nicht zu sehen; aber sie richtete sich nicht auf, sondern starrte ihn nur unaufhaltsam an wie ein Tier, das geschlachtet werden soll und nichts begreift. Pelle hob sie auf; dann ging er still hin und versuchte den Jungen zu beruhigen. Er hatte ein ekelhaftes Gefühl in den Händen, ganz wie einmal in seiner Knabenzeit, als er einen jungen Vogel erdrosselt hatte. Sonst fühlte er nichts, alles war nur so ekelhaft. Es waren die Verhältnisse und nun wollte er gehen.

Es fiel ihm auf, während er seine Sachen zusammenpackte, dass sie am Tisch stand und leise weinte. Er hörte es plötzlich, aber ohne dass es ihn etwas anging. Als er fertig war und die Kinder geküsst hatte, ging ein Zucken durch ihren Körper; sie trat ihm auf ihre alte, energische Weise in den Weg.

»Geh nicht von mir – du darfst nicht gehen!«, sagte sie schluchzend. »Ach – ich wollte ja nur euer Bestes und du sorgtest ja für nichts! Nein, es ist kein Vorwurf! – Aber das tägliche Brot, Pelle! Die Kinder und du selbst! Ich konnte es nicht mehr mit ansehen, dass ihr alles entbehren musstet – hauptsächlich du – Pelle! So lieb, wie ich dich habe! – Aus Liebe zu dir – hauptsächlich aus Liebe zu dir!«

Es klang wie Gesang in seinen Ohren, wie ein wunderlich ferner Gesang; die Worte hörte er nicht. Er schob sie sanft zur Seite, küsste den Jungen noch einmal und streichelte ihn. Ellen stand wie tot da und starrte ihn an, mit verwirrt aufgerissenen Augen. Als er auf die Tür zuging, sank sie zusammen.

Pelle hatte seine Habseligkeiten unten bei der Rollfrau eingestellt und ging mechanisch der Stadt zu; kein Echo, kein Laut war um ihn her. Er ging und schlief. Die Füße trugen ihn nach dem

Volkshaus und die Treppe hinauf bis zu dem Zimmer, von dem aus der Kampf geleitet wurde. Er nahm seinen Platz zwischen den anderen ein, ohne es zu wissen, und saß da und starrte auf die grüne Tischdecke nieder.

Die Stimmung war schlecht. Man hatte schon lange auf den Boden der Kassen sehen können und die Selbstbesteuerung ergab immer weniger, je mehr allmählich auf die Straße gesetzt wurden. Die Opferwilligkeit von draußen begann auch nachzulassen. Die Öffentlichkeit hatte die Sache jetzt satt. Alles erschlaffte – jetzt musste man sehen, dass man einen Vergleich schloss! An die fünfzigtausend Mann lagen jetzt auf der Straße. Die Hungersnot fing an, ihren grinsenden Kopf zu erheben. Der Augenblick rückte heran, mit dem das Kapital rechnete, der Augenblick, da das Weinen der Kinder nach Brot zersetzend auf den Willen der Arbeiter wirken und sie veranlassen musste, Ehre und Selbstständigkeit zu opfern, um den Hunger der kleinen Wesen zu stillen. Und beim Feind war kein Anzeichen von Friedenswünschen zu spüren! Dieses Wissen lastete auf allen Mitgliedern des Kampfrats, während sie hier saßen und über das Wohl und Wehe von hunderttausenden zu entscheiden hatten. Niemand wagte, durch einen kräftigen Vorschlag nach der einen oder anderen Seite hin die Verantwortung auf sich zu nehmen. Gesetzt, man müsste in ein oder zwei Wochen den Kampf aufgeben, dann hatten ungefähr eine Viertelmillion Menschen nutzlos Qualen gelitten. Eine ungeheure Abgestumpftheit würde die Folge der Niederlage sein und sie um viele Jahre zurückwerfen. Und wenn die Arbeitgeber nicht mehr lange dem Druck widerstanden, den die Finanzwelt auf sie auszuüben begann, dann war der Sieg verloren, wenn man den Kampf jetzt aufgab.

Hier war alle kluge Berechnung vergebens. Das blinde Schicksal herrschte hier. Wer durfte sagen, dass er den Schleier der Zukunft lüften und den Weg zeigen konnte? Niemand! Und Pelle, der helle

Brand, der so rücksichtslos den Weg vorwärts wies, saß und schlief, als ginge ihn das alles nichts mehr an. Er war offenbar unter der ungeheuren Arbeitslast zusammengebrochen.

Der Sekretär kam mit einer rot angestrichenen Zeitung herein und reichte sie dem Vorsitzenden; der blickte kurz auf die unterstrichene Rubrik, dann erhob er sich und las sie vor; das Blatt tanzte in seinen Händen.

»Zirka dreißig Arbeitergattinnen – junge und schöne – können während der Aussperrung zu verschiedenen Junggesellen ins Haus kommen. Gute Behandlung zugesichert. Die Expedition des Blattes gibt Anweisung.«

Pelle sprang aus seinem Halbschlaf auf, sein ganzes entsetzliches Unglück stand plötzlich blendend klar vor ihm. »Ja, so muss es sein!«, rief er. »Jetzt hat das Kapital die Finger nach unseren Frauen ausgestreckt. Jetzt sollen sie zu Dirnen gemacht werden! Jetzt müssen wir sie schlagen, schlagen! Einen letzten Schlag müssen wir führen – und der muss hart sein!«

»Aber wie?«, fragten sie.

Pelle war weiß geworden vor Anstrengung. So scharf hatte sein Verstand noch nie gearbeitet. Jetzt sollte Ellen an denen gerächt werden, die alles nahmen, selbst das einzige Lamm des armen Mannes!

»Zuallererst müssen wir einen optimistischen Bericht ausgeben – noch heute!«, sagte er lächelnd. »Die Kasse ist beinahe leer, gut, dann teilen wir mit, dass die Arbeiter hinreichend Mittel haben, den Kampf, wenn es sein muss, noch ein Jahr fortzusetzen. Und dann schlagen wir los!« Eine alte Phantasie war als fester Plan in ihm aufgeschossen – vom Zorn geboren, hatte sie das Licht der Welt erblickt.

»Wir haben bisher passiv gekämpft«, fuhr er fort, »mit Geduld als Hauptwaffe! Wir haben unsere Lebensbedürfnisse dem Luxus der anderen entgegengestellt; wenn sie uns am Leib trafen, uns aushungerten und die letzten Habseligkeiten aus unseren Häusern nahmen, dann antworteten wir damit, dass wir die Arbeit, die zu ihrer Bequemlichkeit erforderlich ist, nicht verrichteten. Versuchen wir jetzt ihre Lebensbedürfnisse auch einmal zu treffen; schlagen wir dorthin, wohin sie gleich von Anfang an schlugen: in die Herzgrube! Dann werden sie vielleicht fügsam werden. Wir haben bisher die wichtigsten Arbeiter außerhalb des Kampfes gehalten, alle, von denen Gesundheit und Wohlfahrt abhängen, und wir selbst haben keinen Nutzen davon gehabt. Warum sollen wir ihr Brot backen? Wir, die wir nicht die Mittel haben, es zu essen! Warum sollen wir für ihre Reinlichkeit sorgen? Wir, die wir nicht die Mittel haben, reinlich zu sein! Lassen wir jetzt die Abortträumer und Müllkutscher ins Feuer rücken! Und ist das nicht genug, dann sperren wir ihnen Wasser und Gas ab. Wagen wir alles und führen wir den letzten Schlag!«

Pelles Vorschlag wurde angenommen und er ging sogleich nach Vesterbro hinaus, wo der Vorsitzende des Verbandes der Kloakenräumer wohnte. Der war gerade aufgestanden und saß bei seinem Mittagessen. Er war ein kleiner, gemütlicher Mann, der immer einen Schelm im Auge hatte; er war aus der Köhlergegend. Pelle hatte ihm seinerzeit geholfen die Organisation aufzubauen und er wusste, dass er mit ihm und seinen Leuten rechnen konnte.

»Weißt du noch, wie ich euch einmal gezeigt habe, dass ihr die wichtigsten Arbeiter in der Stadt seid, Lars Hansen?«, fragte er.

Der Vorsitzende nickte. »Ja, man müsste ja ein reines Rindvieh sein, wenn man das vergessen könnte! Nie, so lange ich lebe, werde ich die Wirkung vergessen, die deine Worte auf uns verachtete Arbeiter gehabt haben! Du warst es ja, der uns den Glauben an uns selbst schenkte und uns eine Organisation gab! Und selbst wenn wir nicht gerade die allerwichtigsten Arbeiter sind, so . . .«

»Aber das seid ihr ja gerade – und jetzt ist die Reihe an euch, das zu zeigen! Könnt ihr noch diese Nacht die Arbeit einstellen?«

Lars Hansen saß da und starrte grübelnd in die Lampe, während er kaute. »Wir haben ja eine Art Kontrakt mit der Stadt«, sagte er endlich langsam. »Sie können uns dafür strafen und uns zwingen die Arbeit wieder aufzunehmen. Aber wenn du willst, dann tun wir es natürlich. Darüber herrscht nur eine Ansicht unter den Kameraden! Was du dadurch erreichen kannst, musst du ja selber am besten wissen.«

»Danke!«, sagte Pelle und reichte ihm die Hand. »Das ist also abgemacht – es fährt kein Wagen mehr aus. Die Müllfahrer müssen wir auch dazu bringen, die Arbeit einzustellen.«

»Dann schieben die Fuhrleute andere Arbeiter ein; für diese Arbeit finden sich genug Hände.«

»Das werden sie nicht tun, denn dann legen wir ihnen ihr ganzes Gewerbe still!«

»Ja, das lässt sich hören! Es wird eine ziemlich eklige Sache für die Feinen werden! Den armen Leuten kann es ja einerlei sein, denn die haben nichts zu essen. Aber wenn nun das Militär dazu abkommandiert wird? Rein gemacht muss ja werden, wenn die Stadt nicht verpestet werden soll.«

Es blitzte in Pelles Antlitz auf. »Hör, Kamerad! Wenn ihr die Arbeit niederlegt, dann liefert ihr sofort alle Schlüssel ab, damit euch die Behörden nichts vorwerfen können. Packt sie in Säcke und schüttelt sie gut durcheinander.«

Lars Hansen brach in schallendes Gelächter aus. »Das wird ja eine verteufelte Komödie!«, stöhnte er und schlug sich auf die Schenkel. »Dann müssen sie zu uns kommen, denn kein anderer kann sich da so schnell zurechtfinden! Ich werde die Schlüssel selber hinfahren und mich da oben wie ein Idiot anstellen!«

Pelle dankte ihm noch einmal. »Ihr rettet das Ganze«, sagte er still. »Es ist das Brot und das Zukunftsglück von vielen tausenden, was ihr jetzt in euren Händen haltet!« Er lächelte und verabschiedete sich. Sobald er allein war, verschwand das Lächeln; er sah todmüde aus.

Pelle ging auf den Straßen umher, schlenderte hierhin und dorthin. Jetzt war alles geordnet. Es gab nichts mehr, wofür man sich ins Zeug legen musste. In ihm war alles zusammengebrochen; er hatte nicht einmal die Kraft zu einem Entschluss, was er mit sich selbst anfangen sollte. Er ging und ging und kam in die Hauptstraße und bog wieder in eine Seitenstraße ein. In einem Kolonialwarenladen stand Karl lächelnd und adrett hinter dem Ladentisch und bediente Kunden. Du solltest eigentlich hineingehen und dich erkundigen, wie es ihm geht, dachte Pelle, schlenderte aber weiter. Auf einmal blieb er vor einer Mietskaserne stehen und sah unwillkürlich hoch. Hier hatte er ja eben ausgerichtet, was er ausrichten wollte – hier wohnte ja der Vorsitzende der Abfuhrleute. Nein, jetzt war die Tagesarbeit getan, nun wollte er nach Hause zu Ellen und den Kindern!

Nach Hause? Er hatte ja keine Häuslichkeit mehr, er war verlassen und einsam! Und doch ging er nach Nörrebro hinüber; welchen Weg er eingeschlagen hatte, wusste er nicht, aber er blieb vor der Wohnungstür stehen und starrte auf den verrosteten, kleinen Briefkasten. Drinnen ertönten jammernde Laute, er hörte Ellen hin und her gehen; sie brachte die Kinder zu Bett. Dann ging er hinunter, eilte fort und atmete erst wieder auf, als er um die Straßenecke gebogen war.

Er ging von einer Seitenstraße in die andere. In seinem Kopf ging es wunderlich zu. Plötzlich war ihm, als ertönten bekannte, hastige Schritte hinter ihm – Ellen. Er wandte sich um: Da war niemand. Nun, dann war es also eine Einbildung! Aber die Schritte waren wieder da, sobald er ging. Es war, als wollten diese Schritte ihm etwas sagen; als wollten sie ihn an sich heranziehen. Er blieb stehen – es war niemand da und es kam auch niemand aus der Dunkelheit der Seitenstraße.

Lag denn dieses sonderbare Gehen nicht in ihm selber? Pelle fühlte das Unbegreifliche und bekam Herzklopfen, die entsetzliche Müdigkeit machte ihn wehrlos. Und Ellen – was hatte sie nur? Dies vorwurfsvolle Jammern, das in seinen Ohren klang! Verstehen – was sollte er denn verstehen? Sie hätte es aus Liebe getan, sagte sie. Ach was – weg damit! Er war zu müde, um ihr Vergehen auch noch zu verteidigen.

Aber was war das nur für ein Gehen? Nun fielen die Schritte mit den seinen zusammen, sie hatten einen doppelten Klang. Und wenn er dachte, sprach ein anderes Wesen in ihm – aus der innersten Tiefe. Es war so hartnäckig wie Mortens Einfluss; eine Stimme, die nicht zum Schweigen gebracht werden konnte. Was wollte sie von ihm – hatte er nicht treu genug gearbeitet? War er nicht Pelle, der den großen Kampf geführt hatte, der, zu dem alle aufsahen? Aber es lag keine Freude darin, die Schritte der fünfzigtausend Kameraden hallten nicht in seinen Schritten wider. Man hatte ihn im Stich gelassen, hatte ihn mit diesem verdammten Etwas hier in den öden Straßen allein gelassen – die Einsamkeit lag über ihm. Dir ist wohl vor dir selbst bange geworden, dachte er mit einem bitteren Lächeln.

Aber Pelle wollte nicht allein sein und horchte um sich. Alles, was er besessen hatte, war dahin, der Kampf hatte es verschlungen. Aber es gab die Gemeinschaft zwischen ihm und dem Elend um ihn her, so trübselig sie auch war. Was hatte er sich also zu beklagen?

Entsetzlich lag die Stadt der Armen mit Weinen und Nachtkälte und Not um ihn herum, verheert vom Kampf der Arbeitslosigkeit. Aus den Hinterhöfen drang das Weinen der Kinder – sie weinten um Brot, das wusste er; betrunkene Männer schwankten um die Ecken und in den Hinterstuben und auf den Höfen ertönte das Schreien von Frauen. Ach, dies war die Hölle! Gottlob, dass der Sieg nahe war.

Irgendwo hörte er deutliche Stimmen: Kinder, die weinten, und eine Frau, die im Zimmer hin und her ging, sie beschwichtigte und das Kleinste, das sie wohl auf dem Arm hatte, in den Schlaf lullte. Es klang so deutlich zu ihm herab, er sah hinauf. Es waren keine

Fenster in der Wohnung. Die sollen wohl durch Zug hinausgetrieben werden, dachte er empört und lief die Treppe hinauf; er war gewöhnt für die Unglücklichen einzuspringen.

In der Wohnung ging eine Frau mit einem kleinen Kind auf dem Arm auf und ab. Der Lichtschein aus der Stadt beleuchtete sie halb; den Rock hatte sie über den Kopf geschlagen, um auch das Kind zu bedecken, unten war sie nackt. Da war keine Spur von Hausrat. Die Kinder lagen in einer Ecke, mit den Überresten ihrer Kleidung zugedeckt.

»Der Wirt hat Türen und Fenster herausgenommen; er wollte uns auf die Straße setzen, aber wir gehen nicht, denn wo sollen wir hin? Da will er uns durch Zug vertreiben – wie die Wanzen! Meinen Mann haben sie in den Tod gejagt.«

Plötzlich erkannte sie Pelle. »Ach, du bist es, du verfluchter Teufel!«, schrie sie. »Du selbst hast ja damit angefangen, ihn zu hetzen! Weißt du wohl noch, wie er aus der Flasche trank? Früher hatte er sich immer so ordentlich gehalten. Du hast ja auch gesehen, wie wir aus der Hansgade hinausgeschmissen wurden – die Bewohner drängten uns –, hast du das nicht gesehen? Ach, ihr Henkersknechte! Überall habt ihr ihn verfolgt, ihn wie ein Tier gehetzt, ihn gestichelt und ihn zu Tode gequält! Wenn er in eine Wirtschaft ging, dann standen die anderen sofort auf und der Wirt musste ihn bitten zu verschwinden. Aber er hatte mehr Ehrgefühl als ihr! – ›Ich bin mit der Pest behaftet!‹, sagte er und eines Morgens hatte er sich aufgehängt. – Ach, wenn ich doch den lieben Gott bitten könnte, dass er dich treffen möchte!« Sie hatte keine Tränen, ihre Stimme war trocken und heiser.

»Das brauchst du nicht mehr zu tun«, sagte Pelle bitter, »er hat mich getroffen! Aber deinem Mann habe ich nichts Böses antun wollen, die beiden Male, wo ich ihn traf, wollte ich ihm helfen. Wir müssen ja zum Besten aller leiden – und mein eigenes Glück ist auch in Scherben gegangen.« Er brach plötzlich in linderndes Weinen aus.

»Das sollten sie nur sehen, die Arbeiter, dass Pelle weint; dann würden sie wohl nicht Hurra rufen, wenn er kommt!«, rief sie höhnisch.

»Ich habe noch zehn Kronen, willst du sie haben?«, fragte Pelle und reichte ihr das Geld.

Sie nahm es zögernd.

»Das solltest du wohl für Frau und Kinder verwenden – das ist ja deine Unterstützung aus der Kasse!«

»Ich habe keine Frau und Kinder mehr. Nimm es nur!«

»Großer Gott! Ist deine Häuslichkeit auch dabei draufgegangen? Konnte nicht einmal Pelle sie zusammenhalten? Ja, ja, es ist nur natürlich, dass der, der sät, auch erntet!«

Pelle ging seiner Wege, ohne zu antworten. Das ungerechte Urteil dieser Frau drückte ihn mehr, als ihn der Beifall der tausende erfreut hatte. Aber es rüttelte ihn auch zu starkem Protest auf. Da, wo sie hinschlug, konnte er nicht getroffen werden; er hatte nicht seine eigenen kleinen Angelegenheiten im Kopf gehabt, sondern ehrlich und redlich der großen Sache gedient und sie zum Siege geführt. Die Gefallenen und Verwundeten hatten kein Recht, ihn anzuklagen. Er hatte mehr verloren als irgendein anderer – alles hatte er verloren! Kummervoll, aber wunderbar ruhig ging er in die Nörrebrogade und mietete sich in einem billigen Logierhaus ein.

35

Die letzten Maßnahmen der Arbeiter versetzten die Stadt in gewaltige Empörung. Sie hatten mit einem Schlag die ganze Öffentlichkeit gegen sich; die Presse wütete und stieß Drohungen aus. Selbst die freisinnigen Blätter machten geltend, dass die Arbeiter die Gesetze der menschlichen Humanität übertreten hätten. Aber der »Arbeiter« machte kaltblütig darauf aufmerksam, dass es sich für die Unterklassen um Leben oder Tod handelte. Sie seien bereit, bis zum Äußersten zu gehen; sie hätten es noch in der Hand, Wasser und Gas abzusperren, den Verkehr und die Lebensmittelversorgung der Hauptstadt lahmzulegen.

Da wandte sich der Druck gegen die Arbeitgeber – irgendwo musste man sich ja Luft machen. Wofür wurde denn im Grunde gekämpft? Es ging um eine ganz einfache Machtfrage! Sie wollten allein bestimmen und Hand- und Halsrecht über ihre Arbeiter haben. Die Finanzleute, die hinter den großen Unternehmungen standen, hatten die Sache jetzt auch satt. Es wurde nachgerade eine teure Geschichte und der Vorteil, die Organisation der Arbeiter zerschlagen zu haben, war nicht groß, wenn gleichzeitig die Industrie vernichtet wurde.

Pelle sah, wie die Gärung wirkte, wenn er in den kleinen Straßen umherging und Vater Lasse suchte. Jetzt endlich vollzog sich die Sache von selbst und er konnte ausruhen. Eine unendliche Last war von seinen Schultern genommen und nun wollte er auch die Erlaubnis haben, die Überreste seines eigenen Glücks zu sammeln – und endlich einmal für den da zu sein, der sich immer für ihn geopfert hatte. Jetzt wollten er und Lasse zusammen eine Wohnung mieten und das alte Zusammenleben wieder aufnehmen; er freute sich darauf. Vater Lasse war doch der Einzige, dessen Liebe zu ihm jede Belastung aushielt, sie war wie die Liebe einer Mutter.

Lasse hauste nicht mehr in dem Schuppen auf dem Hinterhof der Bagergade. Das alte Frauenzimmer, mit dem er zusammengelebt hatte, war vor kurzem gestorben und seitdem war er verschwunden.

Pelle fragte weiter herum, und da er unter den Armen bekannt war, wurde es ihm nicht schwer, die Spur des Alten zu verfolgen, die nach Christianshavn hinauswies. Während seines Forschens stieß er auf viel Elend, das ihn aufhielt. Jetzt, da der Kampf dem Ende zuging, sprang ihm die Not in die Augen und das alte Mitleid stieg in ihm auf. Er half, wo er konnte, stampfte mit seiner gewohnten Energie Abhilfe aus dem Boden.

In der Arche war Lasse nicht gewesen, aber irgendjemand hatte ihn in schlimmer Verfassung auf der Straße gesehen; wo er sich aufhielt, wusste niemand. »Hast du schon in den Kellern des ›Handelshauses‹ da drüben nachgesehen?«, fragte der alte Nachtwächter. »Da hausen viele in diesen schlimmen Zeiten. Jeden Morgen um sechs Uhr schließe ich den Keller auf und dann rufe ich hinunter und warne sie, damit sie nicht gefasst werden. Wenn ich dann weit genug weg bin, kommen sie heraufgeschlichen. Mir ist, als hätte ich von einem alten Mann gehört, der da unten liegen soll, aber sicher bin ich nicht, denn ich habe ja Watte in den Ohren. Dazu bin ich in meinem Beruf gezwungen – um nicht allzu viel zu hören!« Er ging mit Pelle hinüber.

Das »Handelshaus«, das im achtzehnten Jahrhundert das Palais einer der großen Christianshavner Handelsfamilien gewesen war, wurde jetzt als Speicher benutzt; es lag nach einem der Kanäle hinaus. Die tiefen Keller, die sich unter dem Wasserspiegel des Kanals hinzogen, wurden nicht mehr benutzt. Es war stockdunkel und unwegsam da unten, die Luft erstickte die Stimme. Sie leuchteten zwischen den Pfeilern herum, hier und da fanden sie ein verlassenes Nachtlager aus Stroh. »Hier ist niemand«, sagte der Wächter. Pelle rief und hörte ein schwaches Räuspern; tief drinnen in einem der Mauerlöcher lag Vater Lasse auf einer Matratze. »Ja, hier liege ich und warte auf den Tod«, flüsterte er. »Jetzt währt es nicht mehr lange; die Ratten haben schon angefangen, an mir herumzuschnüffeln.« Die nass-kalte Luft hatte ihm die Stimme genommen.

Er war überhaupt in jammervoller Verfassung, aber Pelles Anblick belebte ihn so weit, dass er auf den Beinen stehen konnte. Sie brachten ihn nach der Arche hinüber, der alte Nachtwächter trat ihnen seine Stube ab und zog selbst zu der Witwe Johnsen hinauf. Da er des Tages schlief und des Nachts auf Arbeit war, ließ es sich einrichten, obwohl sie nur ein Bett hatte.

Als Lasse in das warme Bett gesteckt wurde, lag er da und zitterte; ganz klar im Kopf war er nicht. Pelle wärmte Bier, der Alte sollte eine Schwitzkur machen; von Zeit zu Zeit setzte er sich an das Bett und sah den Vater bekümmert an. Lasse klapperte mit den Zähnen, die Augen hielt er geschlossen; hin und wieder versuchte er zu sprechen, vermochte es aber nicht.

Der warme Trank half ihm ein wenig, das Blut strömte wieder in die eiskalten, abgestorbenen Hände und die Stimme bekam wieder Klang.

»Glaubst du, dass wir einen strengen Winter bekommen werden?«, fragte er plötzlich und drehte sich auf die Seite.

»Wir gehen jetzt dem Sommer entgegen, lieber Vater«, erwiderte Pelle. »Aber du musst nicht mit bloßem Rücken liegen.«

»Mich friert so schrecklich – beinah ebenso, wie ich im Winter gefroren habe; das möchte ich nicht gern noch mal durchmachen. Die Kälte beißt mich so ins Rückgrat – großer Gott, die armen Leute, die jetzt auf See sind!«

»Um die brauchst du nicht besorgt zu sein; sieh nur zu, dass du wieder gesund wirst – heute ist Sonnenschein und schönes Wetter auf See!«

»Dann lass doch ein wenig Sonnenschein herein«, sagte Lasse gereizt.

»Es ist eine große Brandmauer vor dem Fenster, Vater«, sagte Pelle und beugte sich über ihn.

»Na ja, ich werde wohl schon fertig werden, das bisschen Zeit, das ich noch übrig habe! Und dem Nachtwächter kann das ja egal sein; der wacht des Nachts und sieht die Sonne doch nicht. Das ist ein merkwürdiger Beruf! Aber gut ist es ja, dass jemand über uns wacht, wenn wir schlafen!« Lasse lag da und wackelte ungeduldig mit dem Kopf.

»Ja, sonst kämen sie wohl in der Dunkelheit der Nacht und nähmen uns unser Geld«, sagte Pelle scherzend.

»Ja, wahrhaftig!« Lasse versuchte zu lachen. »Wie steht es denn mit deinen Unternehmungen, Junge?«

»Die Verhandlungen sind im Gange; gestern hatten wir die erste Sitzung.«

Lasse lachte, dass es ihm im Halse brodelte. »Dann haben die Feinen den Most doch nicht länger vertragen können! Ja, ja, ich hab Bescheid gewusst, wenn ich auch da unten krank in der Dunkelheit lag. Des Nachts, wenn die anderen hereingeschlichen kamen, erzählten sie mir davon; dann haben wir ordentlich gelacht über deinen Einfall. Musst du nicht bei den Verhandlungen dabei sein?«

»Nein, ich habe das abgelehnt – ich habe keine Lust, mit dazusitzen und an einem Paragraphen zu zerren. Jetzt will ich bei dir sein und dann wollen wir beide es uns gemütlich machen.«

»Ich fürchte, dass wir nicht mehr viel Freude miteinander haben werden, Junge!«

»Du bist ja wieder ganz munter. Morgen wirst du sehen . . .«

»Ja – nein! Der Tod betrügt nicht. Ich habe den Keller nicht vertragen können.«

»Warum hast du das auch getan, Vater? Du wusstest doch, dass dein Platz zu Hause auf dich wartete.«

»Ja, du musst mir meinen Eigensinn vergeben, Pelle. Aber um beim Kampf zu helfen, dazu war ich zu alt und dann dachte ich: Du willst ihnen nicht zur Last fallen, solange die Sache dauert. Auf diese Weise habe ich auch mein Teil dazu beigetragen. – Und glaubst du wirklich, dass was dabei herauskommt?«

»Ja, jetzt siegen wir – und dann fängt die neue Zeit für den armen Mann an!«

»Ach ja, an dem Schönen habe ich keinen Anteil mehr. Dies Leben war so, als diene man bei dem bösen Troll, wo über der Tür steht: Heute arbeiten, morgen essen! Und morgen, das kam nie. Was mir an Gutem widerfahren ist, haben mir die Meinen geschenkt; ein armer Vogel zupft sich ja die Federn aus, um den anderen zu bedecken. Ich kann mich auch nicht beklagen; böse Tage habe ich gehabt, aber es gibt wohl Menschen, die es noch schlimmer gehabt haben. Und die Frauenzimmer sind immer gut zu mir gewesen. Bengta war ja ein Gnatzpott, aber sie meinte es nicht böse; Karna hat mir Geld und Gesundheit geopfert. Gott sei Dank, dass sie es nicht mehr erlebt hat, wie sie mir den Hof wegnahmen. Denn ich bin auch Hofbesitzer gewesen, das hätte ich beinah in all meinem Elend vergessen. Ja, und die alte Liese – die Bettelliese, wie sie sie nannten – hat Brot und Bett mit mir geteilt! Sie ist am Hunger gestorben, so flott, wie sie tat. Willst du das wohl glauben?, sagte sie, wir haben Essen genug! Und ich Teufel aß die letzte Kruste auf und ahnte nichts und am Morgen lag sie tot und kalt an meiner Seite; es war auch nicht eine Faser Fleisch an ihrem ganzen Körper, nur die Haut über den Knochen. Aber ein Engel Gottes war sie doch! Wir haben das Lied zusammen gemacht, sie und ich. – Ach ja, arme Leute essen einander das Brot vor dem Munde weg.«

Lasse lag eine Weile in Erinnerungen versunken da und dann fing er an zu singen – mit den Gebärden, die er auf den Höfen vollführt hatte. Pelle hielt ihn zurück und bemühte sich ihn zur Besinnung zu bringen, aber der Alte glaubte, dass er es mit den Straßenjungen zu tun habe. Als er an den Vers von seinem Sohn kam, weinte er.

»Wein doch nicht, Vater«, sagte Pelle ganz außer sich und legte seine schwere Stirn gegen die des Alten. »Ich bin ja wieder bei dir!«

Lasse lag eine Weile da und blinzelte mit den Augen, seine Hand tastete über den Kopf des Sohnes.

»Ja, du bist bei mir«, sagte er matt, »und ich glaubte, du wärst wieder fort. Weißt du, was, Pelle, du bist allezeit das Licht meines Lebens gewesen! Als du zur Welt kamst, war ich schon über meine besten Jahre hinaus; dann kamst du und es war, als wenn die Sonne von neuem aufging. Was er wohl mit sich bringt?, fragte ich mich und hob dich in die Höhe. Du warst nicht größer als eine

Dreiviertelliterflasche. Vielleicht wird er das Glück einfangen, dann fällt auch ein bisschen für dich ab, dachte ich und habe das immer geglaubt – jetzt muss ich es aufgeben. Aber dein Ansehen habe ich doch noch erlebt. Ein reicher Mann bist du nicht geworden, und das kann auch gleichgültig sein; die Armen sprechen gut von dir. Du hast den Kampf für sie ausgefochten, ohne etwas für deinen eigenen Mund zu nehmen! Jetzt verstehe ich es und mein altes Herz freut sich darüber, dass du mein Sohn bist!«

Als Lasse einschlummerte, legte sich Pelle ein wenig aufs Sofa. Aber viel Ruhe fand er nicht; der Alte schlief einen Vogelschlaf und schlug jeden Augenblick die Augen auf. Wenn er den Sohn nicht neben sich am Bett sah, lag er da, warf sich hin und her und jammerte im Halbschlaf. Mitten in der Nacht richtete er den Kopf auf und hielt ihn lauschend hoch. Pelle erwachte.

»Was willst du, Vater?«, fragte er und taumelte auf die Beine.

»Ach, ich kann etwas dahinziehen hören – weit da draußen, wo das Meer aufhört! Es ist, als wenn sich die Wasser in den Abgrund stürzten. Aber solltest du jetzt nicht zu Ellen nach Hause gehen? Ich werde über Nacht wohl allein fertig und sie sitzt und ängstigt sich vielleicht, wo du bleibst.«

»Ich habe zu Ellen geschickt und ihr sagen lassen, dass ich über Nacht nicht komme«, erwiderte Pelle.

Der Alte lag da und betrachtete den Sohn mit grübelndem Ausdruck. »Bist du auch glücklich?«, fragte er. »Es kommt mir vor, als wenn in deiner Ehe etwas nicht ist, wie es eigentlich sein sollte.«

»Doch, Vater, es geht ganz gut«, erwiderte Pelle mit halb erstickter Stimme.

»Nun, dann Gott sei Dank! Eine gute Frau hast du in Ellen bekommen und prächtige Kinder hat sie dir geschenkt – was macht der kleine Lasse? Ich möchte ihn gern sehen, ehe ich von dannen ziehe – er ist doch ein Lasse!«

»Morgen früh will ich ihn dir holen«, erwiderte Pelle. »Und nun sieh zu, dass du noch ein wenig schläfst, Vater, es ist rabenschwarze Nacht!«

Lasse drehte sich gehorsam nach der Wand. Einen Augenblick darauf wandte er vorsichtig den Kopf, um nachzusehen, ob Pelle schlief. Seine Augen konnten nicht so weit sehen, da versuchte er aus dem Bett herauszusteigen. Stöhnend fiel er wieder zurück.

»Was hast du, Vater?«, fragte Pelle erschreckt und war gleich wieder bei ihm.

»Ich wollte nur mal nachsehen, ob du dich bei dieser Kälte auch zugedeckt hast! Aber meine alten Glieder taugen nicht mehr«, sagte der Alte beschämt.

Gegen Morgen verfiel er in ruhigen Schlaf und Pelle bat Madame Johnsen sich zu ihm zu setzen, während er nach Hause ging, um Klein Lasse zu holen. Das war kein leichter Gang, aber der letzte Wille des Alten musste erfüllt werden. Und er wusste, dass Ellen das Kind nicht einem Fremden mitgeben würde. Ellens versteinertes Gesicht erhellte sich, als er kam: Sie hatte einen Freudenausruf auf den Lippen, aber bei seinem Ausdruck erstarb er. »Mein Vater liegt im Sterben«, sagte er finster, »er möchte gern den Jungen sehen.« Sie nickte und schickte sich still an Klein Lasse zurechtzumachen. Pelle stand am Fenster und sah so lange hinaus.

Ihm war wunderlich zu Mute; die Erinnerungen stiegen in ihm auf und machten ihn schwach. Schwester musste er doch wenigstens sehen! Ellen führte ihn schweigend in die Schlafkammer; die Kleine schlief ruhig in ihrer Wiege. Hier drinnen kam ihm Ellen gleichsam näher, er fühlte ihre starken Augen auf sich ruhen. Er riss sich zusammen und ging in die Stube – hier hatte er nichts mehr zu suchen. In diesem Heim war er ein Fremder! Ein Gedanke tauchte in ihm auf – ob sie wohl damit fortfuhr? Obwohl es ihn gar nichts anging, wollte die Frage doch nicht weichen; er sah sich nach einem Zeichen um, das darauf hindeuten könnte. Es war ärmlich hier, alles Überflüssige war verschwunden. Aber eine Schusternähmaschine war hinzugekommen und darauf lag Arbeit. Streikbrecherarbeit!, dachte Pelle ganz mechanisch. Aber nicht verurteilend – zum ersten Male war er froh Streikbrecherei konstatieren zu können. Sie hatte also angefangen zu nähen – und abgearbeitet sah sie aus, das tat ihm förmlich gut.

»Jetzt ist der Junge zum Ausgehen fertig«, sagte sie.

Pelle warf einen Abschiedsblick durch die Stube. »Hast du irgendetwas nötig?«, fragte er.

»Danke! Ich helfe mir selber!«, erwiderte sie stolz.

»Du hast das Geld nicht angenommen, das ich dir Sonnabend schickte.«

»Ich werde allein fertig – wenn ich nur den Jungen behalten kann. Vergiss nicht, dass du mir einmal gesagt hast, er sollte immer bei mir bleiben.«

»Er muss eine Mutter haben, die ihm frei in die Augen sehen kann – denke daran, Ellen!«

»Daran brauchst du mich nicht zu erinnern«, erwiderte sie bitter.

Lasse war erwacht, als sie kamen. »Ei, das ist doch ein echter Karlsson«, sagte er. »Der artet nach unserer Familie. Sieh doch mal, Pelle, mein Junge! Er hat dieselben Schlappohren, die du als Junge hattest, und den Kuhschleck auf der Stirn hat er auch. Der wird schon gut durch die Welt kommen. Ich muss die kleinen Hände küssen, denn die Hände, das ist unser Segen – das einzige Gut, das wir mitbekommen haben. Man sagt, die Welt werde von den Händen armer Leute in die Höhe gehalten; ich möchte wohl wissen, ob das stimmt. Ich möchte wohl wissen, ob das Neue jetzt schon kommt. Denn dann ist es doch ein Jammer, dass ich es nicht mehr erlebe!«

»Du kannst es noch sehr gut erleben, Vater!«, sagte Pelle, der unterwegs den »Arbeiter« gekauft hatte und nun eifrig darin las. »Sie verhandeln unablässig und in den allernächsten Tagen ist der Kampf vorbei. Dann wollen wir beide es uns gemütlich machen!«

»Nein, das erlebe ich nicht mehr! Der Tod hat mich gepackt, ich kann merken, dass er mich schon auseinander zupft. Aber wenn was dahintersteckt, dann wäre es ja schön, wenn ich da oben sitzen und sehen könnte, wie sich das Glück an euch vollzieht. Du bist den schweren Weg gewandert, Pelle – Lasse ist nicht dumm! Aber vielleicht bekommst du zur Belohnung einen guten Posten, wenn ihr nun selbst die Leitung übernehmt. Dann musst du auch daran denken, dass du die Armen nicht vergisst!«

»Das liegt noch in weiter Ferne, Vater! Und zu der Zeit gibt es keine Armen mehr!«

»Du sagst das so zuversichtlich, aber der Armut ist so nicht beizukommen – die hat sich zu tief hineingefressen! Klein Lasse kann vielleicht ein erwachsener Mann werden, ehe es geschieht. Aber nun solltest du den Jungen wegnehmen, es tut ihm nicht gut, zu sehen, wie das Alter stirbt. Er sieht so blass aus! Kommt er wohl ordentlich an die Sonne?«

»Die Sonne, die haben sich die Großen geliehen – und sie haben vergessen sie wieder zurückzugeben«, erwiderte Pelle bitter.

Lasse lag da und zog die Stirn hoch, als strenge ihn irgendetwas an. »Ja, ja! Es gehören gute Augen dazu, um in die Zukunft zu sehen, und meine wollen nicht mehr. Aber nun solltest du gehen und den Jungen mitnehmen. Du darfst deine Angelegenheiten nicht versäumen und den Tod kannst du doch nicht überlisten, so klug du auch bist.« Er legte seine welke Hand auf Klein Lasses Kopf und drehte sich nach der Wand um.

Pelle ließ Madame Johnsen den Jungen nach Nörrebro hinausbringen und blieb selbst bei dem Alten. Ihre Wege waren in den letzten Jahren so wenig zusammengelaufen, für immer sollten sie sich jetzt trennen und weit auseinander führen. Er hatte das Bedürfnis, im Abschied zu verweilen. Während er Feuer anmachte, Essen aufwärmte und für Vater Lasse alles so behaglich machte, wie er es nur vermochte, lauschte er der unzusammenhängenden

Rede des Alten und ließ sich zurückführen in die Sorglosigkeit der Kinderjahre. Wie ein tiefes, gutmütiges Weltgemurmel hatten Lasses Worte seine Kindheit ausgefüllt; und als er hinauszog, wurden sie zu dem nie verstummenden Gerede der vielen über die Verhältnisse des Lebens. Jetzt wurde er still den Weg wieder zurückgeführt, von den tausenden zu Vater Lasse, und sah, welch große Welt der gutmütige Greis getragen hatte. Alt und abgearbeitet war er immer gewesen, solange Pelle zurückdenken konnte. Die Arbeit raubte dem armen Mann schnell die Jugend und machte dafür sein Alter lang! Aber gerade dies Hinfällige verlieh ihm die übermenschlichen Züge des Vaters! Groß hatte er das Elend getragen, ohne schlecht, selbstsüchtig oder engherzig zu werden; immer das Herz voll von Opferfreudigkeit und Zärtlichkeit, stark selbst in seiner Ohnmacht! Wie die Alliebe selber hatte er Pelles ganzes Dasein mit seinem warmen Herzen umgeben, entsetzlich würde es werden, wenn sein gutmütiges Gerede nicht länger hinter allem klang.

Seine fliehende Seele kreiste über der Bahn, die er zurückgelegt hatte, in größeren und größeren Kreisen – wie die Tauben, wenn sie fortfliegen. Jedes Mal, wenn er ein wenig Kräfte gesammelt hatte, nahm er den Faden von neuem auf. »Etwas hat es ja immer gegeben, worüber man sich freuen konnte, weißt du, aber vieles ist nur ein zweckloser Kampf gewesen. Solange ich es nicht besser wusste, ging es ja ganz gut; aber von dem Augenblick an, wo du geboren wurdest, lehnte mein alternder Sinn sich gegen die Zustände auf und ich konnte keinen Frieden mehr finden. An dir war etwas wie eine Vorbedeutung und seither ist das immer in mir herumgewandert; mein Trachten ist so ruhelos gewesen wie das des Schuhmachers von Jerusalem. Es war, als habe irgendetwas mir armseligen Laus plötzlich die Verheißung auf ein schöneres Dasein gegeben, und die Erinnerung daran fuhr fort, in mir zu wandern und zu wandern. Ist es wohl die Sehnsucht nach dem Paradies, aus dem sie uns einstmals hinausgejagt haben?, dachte ich oft. Willst du es mir wohl glauben, ich armseliger Stümper habe großartige Träume geträumt von einem schönen und sorgenfreien Alter, wo mein Sohn mit Frau und Kindern zu mir kommen und mich in meiner traulichen Stube besuchen würde und wo ich sie ein wenig nett bewirten wollte. Ich habe das nicht einmal zuallerletzt aufgegeben. Ich ging umher und phantasierte von einem Schatz, den ich auf dem Müllplatz finden würde. Ach, ich wollte euch ja so gern etwas hinterlassen. Ich konnte dir so wenig sein.«

»Und das sagst du, der du Vater und Mutter für mich gewesen bist? Während meiner ganzen Kindheit standest du schützend hinter allem; wenn mir irgendetwas zustieß, dachte ich immer: Vater Lasse wird das in Ordnung bringen! Und als ich heranwuchs, merkte ich bei allem, was ich in mich aufnahm, dass du mir halfst. Es wäre mir alles sehr schwer gefallen, wenn du mir nicht ein so gutes Erbe gegeben hättest!«

»Meinst du das wirklich?«, rief Lasse stolz. »Sollte ich wirklich meinen Anteil an dem haben, was ihr für die Sache des armen Mannes getan habt? Ja, ja, schön hört es sich jedenfalls an! Nein, aber du bist mein Leben gewesen, Junge, und als schwacher, armer Mann, der ich war, musste ich mich wohl über meine Kräfte in dir wundern! Was ich kaum zu denken gewagt hatte, hast du machtvoll ausgeführt! – Und nun liege ich hier und habe nicht einmal so viel, dass ich dafür sterben kann. Du musst mir versprechen, dass du meinetwegen nichts auf dich lädst, was über deine Kräfte geht, sondern die Sache der Armenpflege überlässt. Bisher habe ich mich davon frei gehalten, aber das war nur ein dummer Stolz. Der arme Mann und die Armenpflege gehören nun einmal zusammen. Ich habe in der letzten Zeit gelernt vieles anders anzusehen und es ist gut, dass ich sterbe – sonst würde ich manches *wollen*, könnte es aber nicht vollbringen. Wenn mir diese Gedanken in der Kraft meiner Jugend gekommen wären, hätte ich vielleicht das eine oder andere Schlimme verübt. Ich hätte nicht deine besonnene Klugheit besessen, Eier in einem Hopfensack herumzutragen.«

Am Morgen des dritten Tages war Lasse verändert; es war nur nicht recht ersichtlich, worin die Veränderung bestand. Pelle saß am Bett und las in der letzten Nummer des »Arbeiters«, als er entdeckte, dass Lasse dalag und ihn ansah. »Gibt es was Neues?«, fragte er mit schwacher Stimme.

»Die Verhandlungen dauern an«, sagte Pelle, »aber es ist schwer, eine Grundlage zu legen. Es sah mehrmals so aus, als würden sie abgebrochen.«

»Es zieht sich in die Länge«, sagte Lasse missmutig, »und heute sterbe ich, Pelle! Da ist so was Ruheloses in mir, obgleich ich mich doch noch gern ein wenig ausruhen möchte. Es ist doch sonderbar mit diesem Wandern in einem, um etwas anderes zu erreichen, als was man hat. Als kleiner Junge pflegte ich daheim in Tommelilla um ein Wasserloch herumzulaufen; ich lief wie ein Besessener und glaubte, wenn ich nur ordentlich zuliefe, könnte ich mir selber auf die Hacken treten. Jetzt habe ich es erreicht, denn nun ist da dauernd jemand vor mir, sodass ich nicht vorwärts kommen kann, und das ist der alte Lasse, der vertritt mir den Weg! Ich meine immer, ich müsste ihn einholen; aber ich kann meine alten Anschauungen von der Welt auch nicht wieder finden, so haben sie sich verändert. An dem Abend, als die großen Herren die Aussperrung beschlossen, stand ich draußen zwischen den vielen anderen armen Leuten und lauschte. Sie feierten den Beschluss mit Hurra und Champagner und da haben sich meine Ansichten verschoben! Es geht doch wunderlich zu hier auf der Welt. Da unten im Speicherkeller lag ein Maurer, der an den feinsten Palästen der Stadt gebaut hat, und er hatte nicht einmal ein Dach über seinem Kopf.«

Ein scharfer Zug, wie er ihn nie gehabt hatte, hatte sich um seinen Mund gelegt. Es wurde ihm schwer, zu sprechen, aber er konnte es nicht lassen. »Worauf du dich auch einlässt, glaub niemals den Pfaffen«, fuhr er fort, als er ein wenig Kräfte gesammelt hatte. »Das ist mein Schaden gewesen – ich fing zu spät an selber über die Sachen nachzudenken. Wir müssen nicht murren, sagen sie, denn das Ganze ist natürlich gewachsen, aus Kleinem zu Größerem, und hängt nach Gottes Willen zusammen. Danach müssten ja aus unserem Ungeziefer die Vollblutpferde der feinen Leute geworden sein, und weiß Gott, ich glaube, das ist wahr! Sie haben damit angefangen, dass sie Blut aus dem Elend saugten, aber sieh an, wie sie vor der Kutsche springen! Ach ja – wie wird sich das Neue gestalten? Was meinst du?«

»Es wird für uns alle gut werden, Vater!«, antwortete Pelle mit Kummer in der Stimme. »Aber für mich wird es traurig sein, weil du keinen Teil mehr daran haben wirst. Eine schöne Ruhestätte sollst du aber haben und ich will dir einen großen Stein aus Bornholmer Granit setzen, mit einer schönen Inschrift.«

»Du kannst draufschreiben: ›Heute arbeiten, morgen essen!‹«, erwiderte Lasse bitter.

Den ganzen Tag lag er im Halbschlummer da. Aber in der Abenddämmerung hob er den Kopf. »Sind das die Engel, die ich singen höre?«, fragte er flüsternd. Seine Stimme hatte ihren Klang verloren.

»Nein, das sind die kleinen Kinder der Fabrikarbeiterinnen. Die Mütter kommen bald nach Hause und geben ihnen die Brust; dann hört das auf.«

Lasse seufzte. »Das wird dünne Nahrung geben, wenn sie den ganzen Tag auf Arbeit gehen müssen. Sie sagen, dass die großen Leute Wein zu zwölf und fünfzehn Kronen die Flasche trinken; das hört sich ja so an, als ob sie den kleinen Kindern die Milch wegnehmen und sie in kostbaren Spiritus umsetzen.«

Er lag da und flüsterte, Pelle musste den Kopf bis zu seinem Mund hinabbeugen. »Hand in Hand sind wir dahingewandert, Junge, und doch sind wir jeder seinen Weg gegangen. Du gingst mit der Jugend, und Lasse – aber Freude hast du mir doch geschenkt.«

Dann erlosch die liebevolle Flamme, die in allen Wechselfällen des Lebens immer gleich klar und ruhig für ihn gebrannt hatte. Es war, als wende die Vorsehung ihre Gedanken von ihm ab; das Dasein brach zusammen und versank und er saß allein auf einem Holzstuhl.

Die ganze Nacht saß er regungslos bei der Leiche und starrte mit leeren Augen vor sich hin, während seine Gedanken dem Toten zuflüsterten, was er ihm gewesen war. Er saß selbst da wie ein Toter, bis Madame Johnsen am Morgen kam, um sich zu erkundigen, wie es stand.

Da wachte er auf und ging hinaus, um das Notwendige zu erledigen.

36

Sonnabendmittag hieß es, dass der Friedensschluss endlich unterzeichnet sei, die große Arbeitsstockung war vorüber. Mit unglaublicher Schnelligkeit verbreitete sich das Gerücht in der Hauptstadt, überall drang es ein. »Haben Sie schon gehört? Haben Sie schon gehört? Jetzt ist Friede geschlossen!« Die Armen hatten so viele Besorgungen zu machen; sie blieben nicht länger zusammengerollt liegen, sondern kamen ans Tageslicht – Sonnenschein war in den mageren Gesichtern. Die Frauen holten die Körbe heraus und schickten die Kinder fort, um für den Sonntag Einkäufe zu machen – jetzt konnten die Krämer doch wohl ein wenig Kredit geben! Man lachte und plauderte drauflos und ließ sich einen Vorschuss auf das Glück geben. Der Sommer war schon da, eine Arbeit wartete auf sie – und nun wollten sie tüchtig zupacken. Von einer Küchentür zur anderen wurde die Neuigkeit gerufen, sie warfen alles hin, was sie in der Hand hatten, und rannten mit der Nachricht weiter. Niemandem fiel es ein, stehen zu bleiben und zu zweifeln; sie wollten so gern daran glauben.

Später am Nachmittag bestätigte ein Flugblatt des »Arbeiters« das Gerücht. Ja, diesmal war es wirklich wahr! Ein Sieg war es obendrein: Das Koalitionsrecht war behauptet und das Kapital hatte vor den Arbeitern als vor einem Faktor Respekt bekommen, man konnte sich nicht länger um sie herumdrücken! Im Übrigen war der Status quo bewahrt.

»Denkt, dass sie obendrein Respekt vor uns gekriegt haben – und dem Status quo haben sie nichts anhaben können!« Dann lachten sie über das ganze Gesicht vor Freude, dass der Status quo bewahrt war, obwohl niemand wusste, was das war.

Die Männer waren auf der Straße. Sie zogen in Scharen zu ihren Organisationen, um die Parole einzuholen und über die Einzelheiten des Sieges Gewissheit zu bekommen. Man konnte ihnen kaum ansehen, dass der Sieg errungen war; sie hatten sich in all das schwer hineingewöhnt und nun war es schwer, es wieder abzuschütteln.

Auf Höfen und Treppen ertönte fröhliches Gezwitscher. Die Arbeit sollte wieder beginnen – die schöne, prächtige Arbeit, die Essen und Trinken und ein wenig Kleider auf den Leib gab. Ja, und Hausfrieden! Nun sollte man sich nicht länger über einer leeren Krippe beißen; nun konnte man wieder mit etwas um sich werfen – oder es mühselig strecken, damit es langte. Vater sollte heute Abend ein Stück Butterbrot mit feinem Belag haben und vielleicht konnte man schon morgen mit dem Esskorb in den Wald ziehen! – Ja, ja, auf alle Fälle doch, sobald man das Sonntagszeug im Pfandhaus eingelöst hatte! Denn ein wenig ausgelüftet werden musste es ja, ehe der Winter kam und man es wieder verpfänden musste.

Sie waren so entzückt über den Frieden selbst, dass sie gar nicht daran dachten, für den Augenblick irgendetwas Neues zu fordern.

Pelle hatte an den abschließenden Verhandlungen teilgenommen; nach Vater Lasses Begräbnis war er wieder er selbst. Gegen Abend trieb er sich in den Armenvierteln der Stadt herum und freute sich über die Stimmung; zu stark hatte er den bitteren Kampf der Armen miterlebt, er hatte das Bedürfnis, auch ihre Freude mitzuerleben. Von Nörrebro ging er an den Seen entlang nach Vesterbro. Überall waren Unmengen von Menschen auf den Beinen. In den Seitenstraßen von Vesterbro waren die Familien aus den Wohnungen gekommen und hatten sich auf Treppen und Bürgersteigen niedergelassen; sie saßen barhäuptig in der Dämmerung, plauderten, rauchten und tranken dies oder jenes. Es war der erste warme Abend, der Himmel hatte einen tiefblauen Ton und vom Grunde der Straße stieg die Finsternis purpurgesättigt auf. Alle waren ausgelassen; die Freude ließ sie schwanken wie in einem leichten Rausch.

Jetzt konnten sie alle wieder zum Vorschein kommen, alle die Familien, die sich während der Not verborgen gehalten hatten; die Lumpen waren dieselben, aber jetzt machte das nichts aus. Sie strahlten vor Stolz, dass sie den Kampf bestanden hatten, ohne sich an irgendjemand um Hilfe zu wenden; die Kämpfe, die sie in der Finsternis ausgetragen hatten, waren vergessen.

Pelle war auf das offene Terrain am Gaswerkhafen gelangt, er wollte sich nach seinen alten Freunden in der Arche umsehen. Da drüben lag sie und ragte an dem tiefen östlichen Nachthimmel auf wie eine glühende Masse – die Röte des Sonnenuntergangs fiel darauf. Über dem Krater ganz oben brütete der Dunstkreis wie eine Schattierung am Nachthimmel. Er starrte während seiner Wanderung auf diesen Streifen; das war die dicke Ausatmung aller der Wesen da unten im Innern der Arche, der Dunst von ungesunden Stoffen und schlechter Verbrennung. Jetzt musste der Sieg unter anderem dazu ausgenutzt werden, in den Höhlen der Armut gründlich aufzuräumen. Ihm schwebten kleine, freundliche Arbeiterwohnungen vor, eine jede mit einem kleinen Garten mit geharkten Wegen. Das lohnte sich dann doch, nach Hause zu kommen, wenn man müde war von der Arbeit des Tages!

Es schien ihm, als werde die Dunstschicht da oben dichter und dichter. Ob wohl das, was seine Gedanken beschäftigte, seine Augen übertreiben ließ? Er stand still und starrte – dann fing er an zu rennen. Ein roter Schein schlug unter der Dunstschicht auf, betastete sie einen Augenblick und verschwand; eine neue Rauchmasse entrollte sich und blieb schwer da oben hängen.

Pelle stürzte davon, über die Stapelplätze nach der langen Brücke hin. Er kannte den fürchterlichen Bau der Arche nur zu gut, es gab keinen anderen Eingang als den Tonnengang! Und die Holztreppe, die den einzigen Zugang zu den oberen Etagen bildete! – Und die langen Gänge! Während er lief, sah er das Ganze klar vor Augen und sein Gehirn arbeitete, um Auswege zu finden. Die Feuerwehr war natürlich gleich alarmiert worden, aber es verging Zeit, bis sie anrückte, und hier ging es um Minuten! Wenn das Holzwerk niederfiel und den Tonnengang versperrte, waren alle Bewohner verloren; und die Arche besaß nicht einmal eine Brandleiter!

Vor der Arche stand ein ratloser Menschenhaufen und schrie durcheinander. »Da kommt Pelle!«, sagte einer. Sofort verstummten alle und wandten die Gesichter ihm zu. »Holt die Brandleiter aus dem Zuchthaus!«, sagte er im Vorüberlaufen zu ein paar Männern und rannte dem Tonnengang zu.

Aus den langen Gängen im Erdgeschoss kamen die Bewohner mit ihren kleinen Kindern im Arm herausgestürzt; einige schleppten wertlose Habseligkeiten – das erste Beste, was sie zu fassen bekommen hatten. Alles, was nach der Verwüstung des großen Winters noch an Holzwerk übrig war, stand in hellen Flammen. Pelle versuchte die brennende Treppe hinaufzulaufen, kam aber nicht durch. Die Bewohner hingen halb aus den Fenstern und starrten mit wahnsinnigen Augen hinunter; jeden Augenblick rannten sie auf die Plattform hinaus, um hinunterzugelangen, flohen aber schreiend wieder hinein.

An einem Fenster des dritten Stockwerks stand die Witwe Johnsen und jammerte, ihre Enkelin und den kleinen Paul der Fabrikarbeiterin im Arm. Hannes kleines Mädchen starrte schweigend hinaus, mit den tiefen verwunderten Augen der Mutter. »Habt keine Angst«, rief Pelle der Alten zu, »wir kommen und helfen euch!« Als der kleine Paul Pelle sah, riss er sich von Madame Johnsen los und lief auf die Galerie. Er sprang hinunter, lag einen Augenblick da und wälzte sich ganz verstört auf dem Pflaster, dann lief er wie ein Blitz an Pelle vorüber auf die Straße hinaus.

Pelle schickte einige von den Männern in den langen Gang, um nachzusehen, ob alle herausgekommen wären.

»Schlagt die abgeschlossenen Türen ein«, sagte er, »möglicherweise sind noch kleine Kinder oder Kranke darin.« Die Bewohner des ersten und zweiten Stockwerks hatten sich gerettet, ehe das Feuer noch das Holzwerk ergriffen hatte.

Pelle selbst lief die Haupttreppe hinauf bis unters Dach, um den Bewohnern des Hinterhauses über den Boden zu Hilfe zu kommen. Aber da oben kamen ihm die Bewohner aus dem langen Dachgang entgegen. »Du kommst nicht durch«, sagte der alte Lumpensammler, »Piepmanns ganze Mansarde brennt. Und hier oben bei uns ist niemand mehr. Gott im Himmel nehme die Armen da drüben gnädig auf!« Pelle versuchte trotzdem sich einen Weg über die Böden zu bahnen, musste aber umkehren.

Die Männer waren mit der Brandleiter gekommen, hatten sie in den engen Hof hineinbugsiert und sie ausgelegt. Das Holzwerk fing an herunterzufallen, brennende Balkenstücke lagen überall herum und jeden Augenblick konnte das Ganze zusammenkrachen. Aber es war keine Zeit, sich lange zu besinnen; aus Vinzlevs Gang quoll der Rauch heraus und füllte den Hof. Man musste sich beeilen.

»Der Verrückte hat natürlich das Feuer gelegt«, sagten die Männer, als sie Pelle die Leiter hielten.

Sie reichte nur bis zum zweiten Stockwerk, aber er warf Madame Johnsen einen Strick hinauf und die befestigte ihn am Fensterpfosten, sodass er hinaufklettern konnte. Mit dem Strick ließ er dann erst das Kind, darauf die Alte zu den Kameraden hinunter, die oben auf der Leiter standen und sie in Empfang nahmen. Der Rauch brannte ihm in den Augen und im Hals und hätte ihn fast erstickt; er konnte nichts sehen, ringsumher hörte er entsetzliche Schreie.

Gerade über ihm jammerte eine Frau. »Ach, Pelle, hilf mir!«, winselte sie halb erstickt. Das war die schüchterne Näherin, die hierher gezogen war; er erkannte ihre warme Stimme wieder. Sie liebt mich ja!, durchzuckte es ihn.

»Fang den Strick und befestige ihn gut am Fensterpfosten, dann komme ich hinauf und helfe dir«, sagte er und schleuderte das Ende des Stricks zum vierten Stockwerk hinauf. Aber im selben Augenblick ertönte ein wilder Schrei. Ein dunkler Körper flog über seinen Kopf weg und klatschte dumpf auf das Pflaster. Die Flammen schlugen fauchend zum Fenster heraus, als wollten sie nach ihr greifen – und zogen sich dann wieder zurück.

Einen Augenblick hing er betäubt über dem Fensterbrett; dies hier war etwas so Schweres, hörte er nicht ihre sanfte Singstimme? Dann stürzte das Holzwerk krachend zusammen, eine Wolke von heißer Asche stieg auf und legte sich wie Feuer auf die Lungen. »Mach, dass du runterkommst!«, riefen die Kameraden. »Die Leiter brennt!«

Ein langes, ohrenbetäubendes Geläute verkündete, dass die Feuerwehr im Herannahen war.

Aber Pelles Ohren hatten mitten in dem Lärm einen schwachen, erstickten Laut aufgefangen. Mit einem Sprung war er in Madame Johnsens Stube und lauschte. Von der anderen Seite der Wand, wo die Zimmer an dem inneren Gang lagen, drang Kinderweinen zu ihm. Das war entsetzlich anzuhören und hier stand er und konnte nichts ausrichten, eine Mauer lag dazwischen, und es war kein Durchgang nach dieser Seite. Sie riefen unten vom Hof seinen Namen. Ja, zum Teufel auch, er würde schon kommen, wenn er wollte. Er stand reglos da, festgehalten durch die klagende Kinderstimme; eine blinde Wut stieg in ihm auf, ingrimmig stieß er die Schulter gegen die verfluchte Wand, um sich einen Schmerz zuzufügen. Sie gab nach! Noch einmal stieß er mit fürchterlicher Kraft dagegen und ein Stück der Scheidewand fiel ein.

Erstickende Hitze und Rauch schlugen ihm entgegen, er musste den Atem anhalten und das Gesicht mit den Händen bedecken, während er vordrang. Da lag ein kleines Kind in einer Wiege, er strauchelte darüber und tastete sich nach der Mauer zurück. Das Feuer, das jetzt Luft bekommen hatte, schlug mit einem Knall, der ihn in die Knie zwang, um ihn hoch. Er hatte ein Gefühl, als wenn ein durstiges Vieh ihm die Wange leckte. Hinter ihm, ihm auf den Fersen, donnerte es wie ein Gewitter, aber das Donnern hörte auf, als er die Tür einschlug. Halb erstickt fand er den Weg zum Fenster und wollte hinunterrufen, hatte aber keine Stimme mehr; es wurde nur ein heiseres Flüstern.

Ja, nun stand er hier mit einem Kind im Arm und sollte sterben! Aber das machte nichts; er war ja durch die Wand gekommen. Hinter ihm rückte das Feuer vor; es hatte sich ein kleines Loch durch die Tür genagt und schuf sich selbst den nötigen Zug. Das Loch erweiterte sich, Funken stoben wie unter einem Blasebalg und trockene, beißende Hitze strömte durch die Öffnung herein. Kleine, fast unsichtbare Flammen hüpften auf den glatten Flächen dahin, binnen kurzem würde alles in hellen Flammen stehen. Seine Kleider rochen sengerig, die Hände waren so sonderbar trocken wie morsches Holz und es war ihm, als wenn sich ihm das Haar im Nacken lockte. Und da unten riefen sie seinen Namen! Aber das machte alles nichts; sein Kopf war nur von dem Rauch und der Hitze so schwer. Er hatte ein Gefühl, als sei er im Begriff, umzufallen. Ob das Kind wohl noch lebt?, dachte er, wagte aber nicht nachzusehen; er hatte ihm seine Jacke über das Gesicht gebreitet, um es zu beschützen.

Er klammerte sich an den Fensterpfosten und richtete seine Gedanken auf Ellen und die Kinder. Warum war er nicht bei ihnen? Was für ein Unsinn war es nur gewesen, der ihn dazu gebracht hatte, sie zu verlassen? Er konnte sich nicht mehr darauf besinnen und begriff sich selbst nicht; wenn er gekonnt hätte, wäre er jetzt nach Hause geeilt, um mit Klein Lasse zu spielen. Aber nun musste er sterben, in einem Augenblick würde er erstickt umfallen – noch ehe die Flammen ihn erreichten. Es lag eine kleine Befriedigung darin – als spiele er jemandem einen Streich.

Plötzlich schoss etwas vor seinem erlöschenden Blick auf und rief ihn zurück. Das Ende einer Rettungsleiter war es und ein Feuerwehrmann tauchte aus dem Rauch gerade vor seinem Gesicht auf, packte das Kind und reichte es hinunter. Pelle stand da und überlegte, dass er sich in Bewegung setzen müsse; aber ehe er mit diesem Gedanken fertig geworden war, hatte ein Feuerwehrmann ihn am Nacken gepackt und bugsierte ihn die Leiter hinab.

Die frische Luft weckte ihn, er sprang von der Trage, auf die ihn die Feuerwehrleute gelegt hatten, und sah sich empört um. Im selben Augenblick fingen die Leute ganz sinnlos an zu rufen und in die Hände zu klatschen und Madame Johnsen drängte sich durch die Absperrung und stürzte auf ihn zu. »Pelle!«, rief sie weinend. »Du lebst ja, Pelle!«

»Ja, natürlich lebe ich – aber das ist doch nicht zum Weinen!«

»Nein, aber wir glaubten doch, du wärest da drinnen geblieben. Wie siehst du aus, du armes Wurm!« Sie nahm ihn mit zu einer Arbeiterfamilie und war ihm behilflich sich in Stand zu setzen. Erst als er sich im Spiegel sah, begriff er das Ganze. Er war unkenntlich vor

Rauch und Asche, die hatte sich ihm in die Haut hineingebrannt und war nicht wieder zu entfernen. Unter dem Schmutz auf der einen Wange war eine Brandwunde. Er ging zu dem Sanitäter und ließ sich ein Pflaster auflegen.

»Ein Paar Augenbrauen hätten Sie auch nötig«, sagte der Sanitäter. »Sie sind wahrhaftig ordentlich im Feuer gewesen.«

»Warum hat es mit den Spritzen so lange gedauert?«, fragte Pelle.

»Lange gedauert? Die waren zehn Minuten, nachdem das Feuer gemeldet war, hier. Die Meldung bekamen wir um acht und jetzt ist es halb neun.«

Pelle schwieg verdutzt; er hatte ein Gefühl, als müsse die ganze Nacht vergangen sein, so viel war geschehen. Eine halbe Stunde – und in der Zeit hatte er geholfen einige Menschen dem Tode zu entreißen und hatte andere ihm zum Opfer fallen sehen. Nun ja, und er selbst war versengt von der nahen Berührung mit dem Tode! Wenn er die Hand ballte, bildete die Haut Risse und seine Kleider rochen wie verbranntes Horn.

Im Hof arbeiteten die Feuerwehrleute ohne Rast. Einige gossen von der Spitze ihrer Leitern Wasser in das Flammenmeer, andere drangen in die Häusermasse ein und suchten die Wohnungen ab; von Zeit zu Zeit kam ein Feuerwehrmann mit einer verkohlten Leiche zum Vorschein. Dann wurden die Bewohner der Arche in die Absperrung hineingerufen, damit sie die Leiche identifizierten. Sie liefen weinend zwischen den Zuschauern herum und suchten einander; es war der Polizei nicht möglich, sie zusammenzuhalten und festzustellen, wie viele da drinnen geblieben waren.

Plötzlich richteten sich aller Augen auf das Dach des Vorderhauses, dessen das Feuer noch nicht so recht Herr geworden war. Dort oben stand der tolle Vinzlev und blies auf seiner Flöte; wenn das Prasseln des Feuers einen Augenblick leiser wurde, hörte man seine verrückte Musik. »Hört, hört! Er spielt den Marsch!«, riefen sie. Ja, er spielte den Marsch in seinem Wahn – ganz sonderbar klang die bekannte Melodie auf Vinzlevs Flöte. Die Feuerwehrleute legten eine Leiter an und liefen auf das Dach hinauf, um ihn zu retten, aber er floh vor ihnen. Als er nicht mehr weiterkonnte, stürzte er sich in das Flammenmeer.

Der Marktplatz und die Ufer der Kanäle waren voll von Menschen; Kopf an Kopf standen sie da und betrachteten den Brand der Arche. Schmutz, Armut und die Dünste von Jahrhunderten gingen dort in Flammen auf. Wie es prasselte und knisterte und knackte! Die Menschenmenge war wegen des Sieges in bester Laune; diese Nacht war man noch nicht zum Schlafen aufgelegt und dies hier war ein Feuerwerk, das anhielt, eine großartige Illumination zu Ehren des Sieges der Armen. Man rief bewundernd Ah!, zischte, um den Laut der Raketen nachzuahmen, und klatschte in die Hände, wenn die Flammen aufstiegen oder ein Dach zusammenstürzte.

Pelle ging umher und sammelte die verstörten Bewohner der Arche an der Tür des Zuchthauses, sodass, wer zusammengehörte, sich finden konnte. Sie weinten und waren nicht zu trösten. Ach, jetzt brannte die Arche, die Zufluchtsstätte für so viel Verkommenheit. »Wie könnt ihr euch das zu Herzen nehmen!«, sagte Pelle tröstend. »Über Nacht werdet ihr von der Stadt untergebracht und nachher zieht ihr in ordentliche Wohnungen, wo alles neu und rein ist. Und um eure Habseligkeiten braucht ihr nicht zu weinen, ich werde eine Sammlung organisieren und dann bekommt ihr bessere Sachen, als ihr gehabt habt.«

Aber sie weinten trotzdem – wie heimatlose Tiere jammerten sie und streiften unruhig suchend umher; nun brannte das Waldesdickicht, ihr herrliches Versteck. Was ging die übrige Stadt sie an? Die war gar nicht da für sie; es war, als gäbe es für sie keinen Zufluchtsort mehr auf der Welt. Jeden Augenblick entfernten sich einige von ihnen und wollten wieder nach der Brandstätte hin – wie

Pferde, die in den brennenden Stall zurückzugelangen versuchen. Pelle konnte sich seine Trostworte sparen; sie waren ein Stamm für sich, eine andere Art Menschen. In dem düsteren, unergründlichen Bauch der Arche hatten sie sich eine Welt der Armut und des äußersten Elends eingerichtet und sie in ihrer Sorglosigkeit so phantastisch bunt gestaltet, als sei sie eine Welt des Reichtums und des Glücks. Und nun brannte ihnen alles ab!

Das Feuer war schonungslos, seinen reinigenden Flammen konnte nicht viel widerstehen. Die Flammen fegten ganze Packen alter Tapeten hinaus und warfen sie halb verkohlt auf die Straßen. Da waren viele Schichten übereinander gekleistert, viele Farben und bunte Muster wirbelten nun durcheinander und wurden zu wunderlichen Phantasiebildern. Und auf der Rückseite dieser Packen saß eine Schicht wie von geronnenem Blut; das waren die verkohlten Reste von der geheimen Welt der Alkoven, der Feuertiere, die den Schlaf der Kinder mit Träumen erfüllten und in ihren muschelförmigen, kleinen Körpern den verdichteten Duft von der Finsternis des armen Mannes umschlossen!

Und jetzt musste die Arche bis auf den Grund durchglüht sein, denn die Ratten begannen auszuwandern. Sie kamen in langen Reihen aus dem Tonnengang heraus und herauf aus den Kellern des Eisenhändlers und der Trödlerin, an der Spitze die alten räudigen Männchen, die mitten am Tage die Müllkästen heimzusuchen pflegten. Die Zuschauer jagten sie johlend wieder ins Feuer zurück.

Um zehn Uhr hörte die Feuersbrunst auf und die Aufräumungsarbeiten konnten beginnen. Die Volksmenge zerstreute sich, ein wenig enttäuscht, dass es so schnell vorüber war.

Die Arche war Pfuschwerk! Es war auch nicht eine Stiege ehrliches Anmacheholz an dem ganzen Trödel dran gewesen.

Pelle nahm Madame Johnsen und ihre kleine Enkelin mit in sein Logis. Die Alte hatte die ganze Zeit gejammert; sie fürchtete sich der öffentlichen Fürsorge übergeben zu werden. Als sie aber hörte, dass sie mit zu Pelle kommen sollte, beruhigte sie sich.

Auf dem Höjbroplatz begegneten sie dem ersten Räumwagen, der ausfuhr. Er war mit grünen Girlanden und kleinen Danebrogflaggen geschmückt.

37

Am nächsten Morgen herrschte helles Sonntagswetter. Etwas daran erinnerte an Ostern – an den Ostermorgen der Kirchenlieder mit der reinen Auferstehungsluft! Der »Arbeiter« läutete den Tag ein mit einem festlichen Leitartikel, einem Gruß an die Morgenröte, und forderte die unteren Klassen auf sich am Nachmittag zu einer Massenversammlung auf dem Gemeindeanger einzufinden. Da herrschte den ganzen Vormittag hindurch große Geschäftigkeit – die Garderobe musste nachgesehen, der Esskorb gepackt und Flascheninhalt beschafft werden. Man half einander quer über die Treppengänge hinweg, lieh und entlieh. Dies sollte nicht nur ein Fest des Sieges sein, es war auch als Demonstration gedacht – das war ganz klar: Die Welt sollte sehen, wie gut man nach diesen Wochen der Aussperrung noch zusammenhielt! Es galt, sich vollzählig einzufinden und sich so gut wie möglich zu präsentieren.

Am Nachmittag strömten die Leute von allen Seiten zum Volkshaus; es sah aus, als sei die ganze Stadt auf der Wanderung dorthin begriffen. In dem großen Hof und die breite Straße bis zur Hauptstraße hinauf scharten sich die Fachvereine um ihre Fahnen. Die Aufstellung war im Voraus genau festgelegt, alles ging wie am Schnürchen; man war gewohnt mit den Massen zu operieren. Es gab kein Herumrennen, jeder fand mit Leichtigkeit seinen Platz. Pelle und Stolpe, die den Plan entworfen hatten, gingen die Reihen entlang und erteilten Anweisungen.

Mit den Männern gab es keine Schwierigkeiten, aber die Frauen und Kinder hatten, wie gewöhnlich, die Anordnung missverstanden. Sie sollten geradewegs nach dem Anger hinauswandern, stellten sich aber samt ihrem Gepäck hier mit auf. Sie standen da und drängten sich auf beiden Bürgersteigen zusammen, und als sich der Zug in Bewegung setzte, brachen sie auf und schlossen sich dem Zug an den Seiten an. Sie hatten mitgekämpft und gehörten mit hierher. An Vaters Seite. Das wurde ein Fahnenzug mit doppeltem Docht – hatte man je so was erlebt!

Nein, so etwas von Volkszug hatte die Stadt noch nie gesehen! Gleich einer Riesenschlange fuhr er fort sich zu entrollen; als der Kopf am Ende der Stadt war, lag der größte Teil des Körpers noch zusammengerollt. Aber was war denn da vorne los? Der Kopf bog ja nach der verkehrten Seite um – nach der Stadt zu, statt den geraden Weg nach dem Anger zu nehmen, den die Polizei abgesteckt hatte! Das geht nicht an! Das führt zu einem Zusammenstoß mit der Polizei! Seht zu, dass ihr Pelle zu fassen kriegt, damit er den Strom wendet, ehe ein Unglück geschieht!

Pelle? Der geht ja doch an der Spitze! Er selbst hat sich in der Richtung geirrt. Ach, dann ist nichts dagegen zu machen. Was in aller Welt fällt ihm denn ein?

Pelle geht in der ersten Reihe neben dem Fahnenträger. Er sieht und hört nichts, schaut nur mit hellem Blick über die Menge hinweg. Seine Haut ist noch vom Brandrauch geschwärzt, sie schält sich von den Händen ab. Bart und Haar sehen sonderbar gestutzt aus, und die Brandwunde auf der Wange zieht die Haut zusammen. Es ist nur eins, was er fühlt: den Schritt von fünfzigtausend Mann! Als Kind hatte er das in Träumen erlebt, hatte es wie ein Brodeln von draußen gehört, wenn er den Kopf auf das Kissen legte. Das ist die große Völkerwanderung und nun führte er die Schar ins Land hinein! Wo sollte der Weg wohl hingehen, wenn nicht durch die Hauptstadt?

Am Nörrevold hielt die berittene Polizei und sperrte die innere Stadt ab. Sie hielt quer über dem Fahrweg und ließ die Pferde ihre Hinterteile dem Zug zuwenden, um sie zum Abbiegen zu zwingen. Aber sie wurden zur Seite gedrängt und der Strom glitt weiter; nichts konnte ihn aufhalten.

Er wälzt sich den Strög hinunter, schwer wie eine dickflüssige Masse, die sich mühsam den Weg bahnt und nicht zurückzuhalten ist. Eine friedliche Macht! Wer wagt es, die Verantwortung zu übernehmen und dazwischenzuprügeln? Polizisten folgen dem Zug wie wachsame Hunde und auf dem Bürgersteig stehen die Leute an die Mauern gedrückt; sie begrüßen oder verspotten die Prozession, je nachdem, ob es Freunde oder Feinde sind. Oben hinter den großen Spiegelscheiben stehen festlich gekleidete Herren und Damen und lorgnettieren den Zug mit einem halb spöttischen, halb unruhigen Lächeln. Was für eine wunderlich verhungerte, unsoignierte Welt ist das doch, die plötzlich aus der Unterwelt aufsteigt und den Strög in Besitz nimmt! Und die Fabrikanten stehen oben hinter den durchsichtigen Gardinen und murren: Was für eine neue Demonstration ist denn das? Nun hat man ihnen Pardon gegeben, und anstatt still an ihre Arbeit zu gehen und es sich zur Lehre dienen zu lassen, halten sie eine Parade ab, um zu zeigen, wie viele sie sind. Ja, und wie der Hunger sie mitgenommen hat!

Und eine wunderliche Parade ist es in jeder Hinsicht; wollten sie demonstrieren, wie hart man mit ihnen verfahren ist, so hätten sie es nicht besser machen können. Von der Schlacht gezeichnet sind sie alle – bleich, fahl, in schlechten Kleidern; das Beste von ihrem Staat hängt in dem großen, gemeinsamen Kleiderschrank, dies hier ist zusammengeflickt. Der Hunger hat ihre Gesichter geläutert; sie gleichen weit eher einem Zug von Seelen, die die schwere Erde von sich abgeschüttelt und sich nun daran gemacht haben, Besitz von der Welt des Geistes zu ergreifen, als Menschen, die für sich und ihre Nachkommen neues Land erobern. Wahrhaftig ein Zug von Eroberern! Sie hinken alle! Eine flügellahme Schar, die dennoch den Flug versuchen will. Und wohin wollen sie denn ziehen?

»Ins Land des Glückes wollen wir ziehen!«, stimmt einer der Chöre an.

Wo liegt denn dieses Land? Hat jemand von euch es in wachem Zustand gesehen oder war es nur im Traum, den der Hunger gezeugt hat? Esst euch ausnahmsweise einmal richtig satt, Leute – und lasst uns dann miteinander reden! Was ist denn überhaupt auf der anderen Seite? Die Leere, die euch gebar und noch wahnsinnig in eurem ausgehungerten Körper kocht? Oder das Land des Lebens? Beginnt jetzt eine neue Welt für euch? Oder ist der Fluch ewig, der euch zu Sklaven machte?

Es liegt ein fester Takt in ihrem Schritt, der alles übertönt: Wir sind reich, so arm wir auch aussehen! Vier Millionen Kronen haben wir gebraucht, um den Kampf zu führen, und zwanzig Millionen sind dabei draufgegangen, weil man unsere Hände zum Stillstand brachte! Wir kommen aus der Finsternis und gehen dem Licht entgegen; niemand kann uns zurückhalten! Hinter uns liegen Hunger und Elend, Unwissenheit und Sklaverei – vor uns liegt ein glückliches Leben, beschienen von der aufgehenden Sonne der Freiheit! Mit dem heutigen Tag ist eine neue Zeit geboren, wir sind ihre jungen Kräfte und fordern die Macht für zehntausend Familien! Die wenigen haben lange genug geherrscht!

Unerschütterlich marschieren sie dahin, trotz der Wunden, die noch schmerzen müssen, da sie ja hinken! Warum sollten sie wohl zweifeln?

Hört sie singen! Heiser tönt es aus den fünfzigtausend Kehlen, als seien die Töne festgerostet und müssten sich erst losreißen. Ein neues Instrument, das noch nicht vom Meister gestimmt ist – die ersten Töne sind Misstöne! Aber der Gesang läuft durch den

Zug in rhythmischen Wellen; das Ganze ist ein wandernder Körper; die Augen glühen und brennen von dem schwellenden Machtgefühl. Und der Ton wird mächtig dadurch, ein Gewitter, das sich bis zur Häuserhöhe erhebt: »Schon dämmert in der Ferne das Morgenrot . . .«

Rührt den Elendsten von ihnen jetzt nicht an! Die große, berauschende Macht ist über ihn gekommen; ein jeder ist über sich selbst hinausgewachsen und glaubt sich fähig Wunderwerke zu verrichten. Es sind keine losen Teilchen mehr, das Ganze ist ein einziger Bergrutsch. Rührt an einen von ihnen und die Kraft der Masse wird in ihn hineinströmen. Er wird die Folgen vergessen und handeln wie unter einem Schicksal, wo das Große, dem er angehört, die Verantwortung übernimmt und Gesetz ist!

Es ist ein Rausch, in den Reihen zu gehen und die Vereinsfahne tragen zu dürfen, aber schon allein das Mitdabeisein verleiht Stärke und Freude. Mutter und die Kleinen kommen gut mit, obwohl sie meistens im Rinnstein gehen müssen. Amüsant ist es, herauszutreten und das Ganze mächtig vorüberziehen zu lassen, und dann einen Richtweg einzuschlagen und sich wieder an die Spitze zu setzen. Stunden währt es, bis der Zug an einem vorübergezogen ist, wenn man sich an einer Straßenecke aufgestellt hat. Trapp, trapp! Trapp, trapp! Das geht ins Blut und bleibt da sitzen als ein ewiger Takt.

Eine Gewerkschaft zieht vorüber und eine andere zieht auf: die Maschinenarbeiter mit dem dicken Munk als Fahnenträger, demselben, der jene drei Schläge des Jüngsten Gerichts schlug, die die fünfundvierzigtausend Mann zum Kampf für das Koalitionsrecht zusammenriefen. Hurra! Hoch! Die Maler, die Drucker und die Handschuhmacher, die Klempner, die Korkschneider, die Weißgerber und eine Gruppe Seeleute mit X-Beinen. An ihrer Spitze schreitet Heulpeter, der verwandelte Hüne! Die Kupferschmiede, Kohlenarbeiter und Bautischler, die Bäckergesellen und Stellmacher! Das da, was ist das für eine sonderbare Prozession? Ach, das sind ja die Gürtler und da haben wir die Gipser und die Stukkateure und die Schlosser, selbst die Sandgräber sind mit dabei. Die Schneider und die Schuhmacher sind leicht zu erkennen. Und da sind, Herr du meines Lebens, die Pantoffelmacher, dicht auf ihren Fersen, sie wollen auch mit dabei sein! Die Vergolder, die Lohgerber, die Weber und die Tabakarbeiter! Die Schleifer, die Modelltischler, die Maurerhandlanger, die Böttcher, die Buchbinder, die Schiffs- und Hauszimmerleute. Nimmt das denn nie ein Ende? Die Glasergesellen, Platz da! Ja, die können lachen! Das sind alles Meistergesellen. Da kommen die Gas- und Wasserarbeiter und die Möbeltischler, die einwärts gehen wie die Grobschmiede und gerade vor ihnen hermarschieren, als sollten *die* von ihnen lernen! Da, da sind die geschickten Kunstdrechsler und die Bürstenbinder, mit Brillen auf der Nase und Borsten, die aus der Nase herauswachsen – das heißt, wenn sie alt sind. So, nun ist es also endlich vorbei. Den Schluss bildet eine Schar ausgelassener Jungen!

Aber das sind ja die Milchjungen, diese Strolche! Hinter ihnen kommen die Fabrikarbeiterinnen und dann fängt es wieder von vorne an: die Klavierbauer, die Müller, die Sattler und die Tapezierer – Fahnen, so weit man sehen kann. Wie groß und bunt doch die Welt ist! – Wie viel Gewerbe der Mensch doch hat, damit es ihm nicht an Arbeit fehle! Da sind die Maurer mit allen den Veteranen an der Spitze – die Leute, die von Anfang an mit dabei gewesen sind! Seht doch, wie sicher der alte Stolpe auf seinen Beinen geht! Und die Schieferdecker mit dem Pardauzspringer an der Spitze; die sehen aus, als sehnten sie sich gar nicht danach, auf ebener Erde zu gehen! Die Sägewerksarbeiter, die Brauereiarbeiter, die Stuhlmacher! Jahr für Jahr ist ihnen der Lohn herabgesetzt worden, sodass sie beim Beginn des Kampfes nur halb so viel verdienten wie vor zehn Jahren; aber seht nur, wie froh sie aussehen: jetzt wird wieder Essen in die Speisekammer kommen. Das sind die Weberinnen, die bleichen Frauen da! Eine Fahne haben sie nicht; acht Öre die Stunde reichten nicht aus, um damit zu flaggen. Und dann schließlich eine Hand voll Zeitungsfrauen vom »Arbeiter«. Herrgott, wie müde sie sind, die vielen Treppen sitzen ihnen wie Blei in den Beinen! Sie haben als Kennzeichen ein Bündel Zeitungen über dem Arm.

Trapp! Trapp!, geht es in langsamem, besonnenem Marsch – wohin? Dahin, wo Pelle will. »Schon dämmert in der Ferne . . .« Immer wieder beginnt es von vorn; wenn eine Abteilung mit dem Lied fertig ist, nimmt die nächste es auf. Die Seitenstraßen speien ihren Inhalt aus auf den Zug, eingeschrumpfte Wesen, die gegen ihren Willen vom Kampf versengt wurden und sich nicht wieder aufrichten können; sie folgen dem Zug mit großen Augen und geben fanatische Erklärungen ab.

Da steht ein junger Bursche auf dem Bürgersteig; er versteckt sich hinter einigen Frauen und macht einen langen Hals. Denn nun kommt sein Fach, dem er im Kampf untreu geworden ist; die Reue hat ihn hierher getrieben. Der Rhythmus reißt ihn mit fort, sodass er alles vergisst und dahinschreitet; er sieht sich wohl selbst in den Reihen, singend und stolz über den Sieg. Und plötzlich packen ihn ein paar Kameraden, ziehen ihn in den Zug und führen ihn mit sich fort. Hurra für so ein Wahrzeichen! Nur schade, dass er nicht auf eine Stange gesetzt und hoch in der Luft getragen werden kann.

Pelle schreitet immer noch an der Spitze des Zuges, den dicken Munk an der Seite. Ruhig und lächelnd geht er; in ihm aber rasen unbändige Kräfte, so stark hat er sich noch nie gefühlt. Auf den Bürgersteigen hält die Polizei Schritt mit ihm, schweigend und schicksalsschwanger. Er führt den Zug schräg über den Kongens Nytorv und plötzlich geht ein Schaudern durch die Massen: er will sein Heer auf Schloss Amalienborg vorstellen. Dass niemand das geahnt hat. Nun ist die Polizei aber doch klüger gewesen. Die Straßen, die nach Schloss Amalienborg führen, sind vom Militär abgesperrt.

Allmählich verbreitert sich der Fahnenzug und füllt den ganzen Markt. Anderthalbhundert Gewerkschaften, jede mit ihrem wehenden Abzeichen. Das ist ein gewaltiger Anblick! Jede Fahne hatte ihre Geschichte. Rot sind alle die Fahnen, die über Vereinen wehen, die in der sozialistischen Zeit gegründet wurden, und dazwischen sind Danebrogflaggen, alte Zunft- und Vereinsfahnen – blaue, rote und weiße. Sie gehören uralten Verbänden an, die sich allmählich der Bewegung angeschlossen haben. Über ihnen allen sieht man die Fahne der Müller, die ist eine Kleinigkeit von ein paar hundert Jahren alt! Es steht etwas Sonderbares darauf geschrieben: der Namenszug des ersten absoluten Königs.

Aber die richtige Fahne ist nicht hier, das rote Abzeichen der Internationale, das die Bewegung durch die ersten Jahre der Trübsal hindurchgetragen hat. Die Alten würden sie wohl wiedererkennen, und die Jugend hat so viel Legenden über sie gehört. Wenn sie überhaupt noch existiert, ist sie gut versteckt; sie würde die Obrigkeit zu heftig reizen, wie ein rotes Tuch den Stier.

Und wie sie dastehen und starren, steigt sie plötzlich hoch, zerfetzt und ausgefranst, aber Pelle steht auf dem Bock eines Fuhrwerks und hebt sie feierlich in die Höhe. Einen Augenblick kommt es ihnen allen überraschend, dann fangen sie an zu rufen und das Rufen wächst zu einem Orkan an. Sie grüßen die Verbrüderungsflagge, das rote Blutzeichen der Internationale – und grüßen Pelle, der sie mit seinen verbrannten Händen emporhebt, den guten Kameraden, der das Kind aus dem Feuer rettete und die Bewegung zum Siege führte!

Und Pelle steht da und lächelt ihnen offen zu, wie ein großes Kind. Hier wäre der Ort, ihnen allen ein gutes Wort zu sagen, aber seine mächtige Stimme ist noch nicht wiedergekommen. Da schwenkt er denn mit einer langsamen Drehung die Fahne rings über sie hin, als ob er ihnen einen Eid abnähme. Und er ist so still dabei. Dies ist ein alter Traum, der ihm eben in Erfüllung gegangen ist!

Die Polizei reitet in Haufen unter die Massen, aber die Fahne ist verschwunden; Munk steht mit einer leeren Stange da und ist im Begriff, das Vereinsbanner daran zu befestigen. »Sie müssen dafür sorgen, dass diese Menschen sich von hier entfernen, sonst machen wir Sie für die Folgen verantwortlich«, sagt der Polizeiinspektor mit einem Blick, der Unheil verkündet.

Pelle sieht ihm in die Augen. Er würde mich gern ins Gefängnis werfen, wenn er den Mut dazu hätte, denkt er und setzt sich an die Spitze des Zuges.

Auf dem Gemeindeanger wogte die Volksmenge auf und nieder in unruhigem Gewimmel; von außen gesehen glich sie einem empörten Meer. Um jede der zahlreichen Rednertribünen stand eine dicht gedrängte Menge und lauschte den Führern, die die große Bedeutung des Tages darlegten. Aber die meisten waren heute nicht dazu aufgelegt, um eine Rednertribüne geschart zu stehen. Man hatte das Bedürfnis, sich sorglos der Freude hinzugeben, nach all dem Schweren im Gras Kopf zu stehen und einen Augenblick Clown zu spielen. Auf dem großen Anger lag eine Gruppe neben der anderen, essend und spielend. Die Männer hatten den Rock abgeworfen und rangen miteinander oder vollführten Turnübungen aus ihrer Knabenzeit. Man lachte mehr, als man sprach; machte jemand eine ernste Bemerkung, so wurde sie gleich durch einen Kalauer aufgehoben. Heute war kein Ernst unter den Leuten!

Pelle ging langsam umher und freute sich über das Gewimmel, während er nach Madame Johnsen und dem Kind suchte; sie sollten hier draußen mit ihm zusammentreffen. In ihm saß hinter all dem anderen der Ernst und machte ihn still. Es müsste schön sein, hier so auf dem Bauch zu liegen, mitten in seiner eigenen Familie, und hart gekochte Eier und Butterbrot zu essen – oder mit Klein Lasse auf den Schultern herumzulaufen! Aber was nützte es, einer Sache nachzutrauern. – Mit Ellen konnte er ja nicht wieder anfangen, das Unmögliche stand zwischen ihnen. Klein Lasse aus seinen Gedanken zu verbannen wurde ihm am schwersten; er musste sehen ihn im Guten von Ellen zu bekommen. Die Gesetze in Anspruch nehmen, um das zu erreichen, das wollte er nicht.

Die ganze Familie Stolpe lag in einem großen Kreis da und hielt Mahlzeit; die Söhne waren mit ihren Frauen und Kindern da, nur Pelle und die Seinen fehlten.

»Komm und lang zu«, sagte Stolpe, »sonst wird es zu spät Feierabend!«

»Ach ja!«, rief Frau Stolpe. »Es ist so lange her, seit wir zusammen gewesen sind. Wir brauchen doch nicht zu entgelten, dass ihr euch nicht vertragen könnt.« Sie kannten den Grund des Bruches nicht – wenigstens nicht durch ihn –, waren aber trotzdem freundlich gegen ihn.

»Ich suche ja eigentlich nach meinem eigenen Esskorb«, sagte Pelle und ließ sich bei ihnen nieder.

»Hör mal, du bist ein Teufelskerl!«, sagte Stolpe plötzlich lachend. »Du wolltest wohl hin und Bruder Christian begrüßen, wie? Sehr klug war das nicht von dir, aber das ist egal! Was du heute getan hast, könnte dir kein anderer nachmachen. Das Ganze ging ja wie ein Tanz. Keine Spur von Schlingern in den Reihen! Du weißt wohl, dass man die Absicht hat, dich an die Spitze des Hauptverbandes zu stellen? – Dann hast du ja Gelegenheit, deine leichtsinnigen Ideen von einem Weltbund vorzubringen. Übrigens wird jetzt hier in der Heimat genug zu tun sein; wir müssen ja bei den nächsten Wahlen die Stadt erobern – und einen Teil vom Lande auch. Du lässt dich doch auch aufstellen?«

»Wenn ich meine Stimme wiederbekomme. Ich kann ja nicht mehr laut reden.«

»Versuch es mit einem rohen Eidotter jeden Abend«, sagte Frau Stolpe bekümmert, »und binde dir den linken Strumpf um den Hals, wenn du schläfst, das ist ein gutes Mittel. Aber es muss der linke sein.«

»Mutter ist rot, weißt du«, sagte Stolpe. »Und sobald ich an ihrer rechten Seite gehe, kennt sie mich nicht.«

Die Sonne musste untergegangen sein, es fing schon an zu dämmern. Drüben im Westen stiegen dunkle Wolken auf. Pelle war unruhig, weil er die Alte und ihre Enkelin noch immer nicht gefunden hatte, und begab sich von neuem auf die Suche.

Er ging umher und spähte; überall, wohin er kam, begrüßten ihn die Menschen und in ihren Augen blitzte es auf. Er bemerkte, dass ihm ein Schutzmann in einiger Entfernung folgte; es war einer der geheimen Anhänger der Partei – vielleicht hatte er ihm etwas mitzuteilen. Pelle legte sich ein wenig abseits ins Gras; der Schutzmann stand da und sah sich vorsichtig um.

Dann kam er heran. Bei Pelle angekommen, beugte er sich nieder, als wolle er etwas aufheben. »Man ist nach dir aus«, sagte er gedämpft, »heute Nachmittag ist Haussuchung bei dir gewesen; sobald du von hier fortgehst, sollst du verhaftet werden.« Dann ging er weiter.

Pelle lag noch eine Weile da, ehe er die Sache begriff. Haussuchung – was war denn bei ihm, was nicht jeder wissen konnte? Plötzlich fiel ihm der Holzstock und der Abdruck des Zehnkronenscheines ein. Man hatte nach irgendetwas gesucht, um ihn fassen zu können – und sein Spielzeug gefunden.

Er erhob sich schwerfällig und entfernte sich von der Menge. Auf dem Öster Faelled blieb er stehen und warf einen zögernden Blick hinab auf dies unruhige Meer von Menschen, das jetzt anfing aufzubrechen und bald in der Finsternis verschwinden würde. Nun war der Sieg errungen und das Land sollte in Besitz genommen werden und da musste er ins Gefängnis wandern – um eines Spiels willen, das der Hunger geschaffen hatte! Er hatte kein falsches Geld ausgegeben und auch nicht die Absicht gehabt, es zu tun. Aber was half das? Er sollte ja getroffen werden, er hatte das in den Augen des Polizeiinspektors gelesen. Zuchthaus – oder, im besten Falle, Gefängnis.

Er hatte das Bedürfnis, die Entscheidung noch ein wenig hinauszuschieben und nachzudenken. So ging er denn um Österbro herum der Stadt zu. Er hielt sich in den Seitenstraßen, um nicht gesehen zu werden, und schlug die Richtung nach dem Erlöserfriedhof ein; die meisten Schutzleute befanden sich glücklicherweise auf dem Gemeindeanger.

Die Schiffe im Hafen ließen einen Augenblick den Gedanken an Flucht in ihm aufsteigen. Aber wohin sollte er fliehen? Und da draußen friedlos umherschweifen, wo seine Aufgabe und sein ganzes Schicksal hier lagen – konnte er das? Er musste sein Geschick hinnehmen.

Der Friedhof war geschlossen, er musste über die Mauer klettern, um hineinzugelangen. Jemand hatte frische Blumen auf Vater Lasses Grab gelegt. Marie, dachte er. Ja, sie musste es gewesen sein! Hier war gut sein, er fühlte nicht mehr die entsetzliche Verlassenheit. Noch immer war es, als wenn Vater Lasses nie ermüdende Fürsorge sich beschützend um ihn legte.

Aber er musste weiter, die Verhaftung lag schon über ihm und machte ihn rastlos. Er wanderte durch die Stadt und hielt sich ständig in den engen Seitengassen, wo ihn die Dunkelheit verbarg. Dies war das Schlachtfeld – welche Ruhe lag darüber. Gottlob, dass sie ihn nicht verdammten. Nun gingen sie dem Glück entgegen – und er?

Vorsichtig näherte er sich seinem Logis – zwei Schutzleute in Zivil patrouillierten davor auf und ab. Da zog er sich wieder in die kleinen Seitenstraßen zurück. Ziellos trieb er sich herum, kämpfte mit dem Unversöhnlichen in sich und gab endlich nach.

Er wollte zu Ellen hinauf, wollte ihr ein gutes Wort sagen und die Kinder küssen. Aber auch dort war eine Wache aufgestellt – an allen Stellen wurde er in die Einsamkeit zurückgeschlagen, wohin er nicht gehörte. Das war das Entsetzliche. Wie sollte er allein mit sich selbst fertig werden, er, der nur in Gemeinschaft mit anderen atmete? Ellen war doch sein Leben, sosehr er es auch bestritt. Ihre fragenden Augen ruhten immer rätselhaft auf ihm, was er auch vorhaben mochte. Er fühlte es jetzt, dass sie sich die ganze Zeit hindurch bereitgehalten und ihn erwartet hatte. Wie würde sie dies nun hinnehmen?

Von der Slotsgade aus sah er Licht in Mortens Zimmer; er schlich sich in den Hof und dann hinauf. Morten saß da und las.

»Das ist ganz was Neues, dich zu sehen – Feuerwehrmann«, sagte er mit einem guten Lächeln.

»Ich komme, um dir Lebewohl zu sagen«, sagte Pelle leise.

Morten sah verwundert auf. »Willst du verreisen?«

»Ja, ich – ich wollte nur . . .«, sagte er und saß eine Weile da und starrte vor sich hin. »Was würdest du tun, wenn die Obrigkeit hinter dir her wäre?«, fragte er plötzlich.

Morten starrte ihn eine Weile an. Dann zog er die Schublade auf und nahm einen Revolver heraus. »Ich würde keine Gewaltmaßregeln über mich ergehen lassen«, sagte er finster. »Aber weshalb fragst du danach?«

»Ach, nur so. – Willst du mir einen Gefallen tun, Morten? Ich habe versprochen für die armen Vögel aus der Arche eine Sammlung zu organisieren, habe aber keine Zeit. Sie haben alle ihr Hab und Gut bei dem Brand verloren. Willst du mir die Sache abnehmen?«

»Das will ich gern. Aber ich verstehe nicht . . .«

»Ja, ich muss für eine Weile verreisen«, sagte Pelle mit einem Galgenlächeln. »Ich habe immer Lust gehabt, auf die Walze zu gehen, das weißt du ja. Jetzt ist die Gelegenheit da.«

»Dann Glück auf!«, sagte Morten und sah ihn seltsam an, während er ihm die Hand drückte. Wie viel er erraten hatte, wusste Pelle nicht. In Mortens Adern floss Bornholmer Blut, er mischte sich nicht in die Angelegenheiten anderer ein.

Und dann war er wieder auf der Straße. Nein, Mortens Ausweg war nichts für ihn – und nun wollte er hin und sich der Obrigkeit ausliefern! Er ging jetzt die Hauptstraße entlang; er hatte keinen Grund, sich länger zu verbergen.

Unten in der Nörregade stand eine Gestalt und machte sich verdächtig an einer Ladentür zu schaffen; sie drückte sich flach gegen die Tür, als Pelle vorbeikam. Pelle blieb auf dem Bürgersteig stehen, die Gestalt stand unbeweglich da und drückte sich noch eine Weile in die Finsternis, dann sprang sie mit einem wütenden Knurren vor, um ihn zu Boden zu schlagen. Im selben Augenblick erkannten sie einander – es war Ferdinand.

»Was, gehst du noch frei umher?«, rief er verwundert. »Ich glaubte, sie hätten dich gekriegt!«

»Woher weißt du das?«, fragte Pelle.

»Ach, so was weiß man ja, das gehört mit zum Handwerk. Du kriegst fünf bis sechs Jahre, Pelle, bis du steif bist; Gefängnis natürlich, nicht Zuchthaus.« Pelle schauderte.

»Du stehst da und frierst«, sagte Ferdinand mitleidsvoll. »Und ich kann mich sehr gut in dich hineinversetzen. Aber hör mal, Pelle, du bist so gut gewesen und hast mich retten wollen! Nächst Mutter bist du der einzige Mensch, aus dem ich mir etwas mache. Wenn du ausreißen möchtest, werde ich dich verstecken und für Reisegeld sorgen.«

»Wo willst du das hernehmen?«, fragte Pelle zögernd.

»Ach, ich praktiziere ja die Verteilung der Güter«, sagte Ferdinand mit einem breiten Lachen. »Der Polizeidirektor hat gerade fünfhundert Kronen in seinem Pult liegen; ich werde versuchen die für dich zu holen, wenn du es willst.«

»Nein«, sagte Pelle langsam, »ich will lieber meine Strafe hinnehmen. Aber hab Dank für deinen guten Willen – und grüß deine alte Mutter von mir. Wenn du mal etwas übrig hast, dann steck es der Witwe Johnsen zu. Sie und die Kleine hungern seit Hannes Tod.«

Und dann war nichts weiter, alles war vorbei. Er ging direkt über den Marktplatz nach dem Rat- und Gerichtshaus hin. Das sah so düster aus. Er schlenderte langsam weiter, nach dem Kanal hinunter, um sich noch ein wenig zu sammeln, ehe er hineinging. Er schritt am Bollwerk entlang und starrte in das Wasser hinab, wo die Boote und die großen Fischkästen gerade zu erkennen waren. An der Holmenskirche raffte er sich zusammen und kehrte um, jetzt musste es wohl sein. Er hob den Kopf mit einem raschen Entschluss und stand auf einmal von Angesicht zu Angesicht Marie gegenüber. Ihre Wangen glühten, als sie ihn erblickte.

»Pelle!«, sagte sie jubelnd. »Gehst du frei umher? Aber dann ist es ja gar nicht wahr! Ich bin im Versammlungslokal gewesen und da sagten sie, du wärst verhaftet. Ach, wir sind so unglücklich gewesen!«

»Ich soll auch verhaftet werden – ich bin jetzt auf dem Wege dahin.«

»Aber Pelle, lieber Pelle!« Sie sah ihn mit tränenerfüllten Augen an. Ach, noch war er ja das Findelkind, das ihrer Fürsorge bedurfte. Pelle traten selbst die Tränen in die Augen, ihm war so weich zu Mute! Hier war doch ein Menschenkind, dessen Herz für ihn pochte – und wie schön sie war in ihrem Kummer über sein Unglück!

Sie stand vor ihm, schlank und mit vollen Formen, das Haar, das einstmals so dünn und ungepflegt war, in reicher Fülle über der Stirn. Herrlich war sie aus der verkrüppelten Schale herausgewachsen. »Pelle«, sagte sie mit niedergeschlagenen Augen und ergriff seine beiden Hände, »geh über Nacht nicht dahin, warte bis morgen! Über Nacht freuen sich alle die anderen über den Sieg und da solltest du . . .! Komm mit in meine Kammer, Pelle, du bist ja so betrübt!« Sie kämpfte mit den Tränen, so kindlich wie jetzt hatte sie nie ausgesehen.

»Warum besinnst du dich? Komm mit hinauf. Bin ich denn nicht hübsch? Und all das habe ich für dich aufgespart! Seit ich dich zum ersten Mal sah, habe ich dich geliebt, Pelle; und da fing ich an zu wachsen, weil ich für dich schön sein wollte! Ich schulde niemand weiter etwas als dir; und wenn du dir nichts aus mir machst, dann will ich gar nicht leben!«

Nein, sie schuldete niemand etwas, dies Kind aus dem Nichts, sie war ganz und gar ihr eigenes Werk. Schön und unberührt kam sie zu ihm in seine Verlassenheit, als sei sie von den guten Gedanken der Armut ausgesandt, um sein Gemüt zu erquicken. Schön und mit reinem Herzen war sie aus dem Elend erwachsen wie die Glückszeit selber, und wo in der Welt sollte er wohl seinen todmüden Kopf ausruhen, wenn nicht am Herzen dieses Mädchens, das Kind und Mutter und Geliebte für ihn war?

»Weißt du, Pelle, nach der Versammlung auf dem Gemeindeanger wurde heute im Vereinshaus getanzt und wir jungen Mädchen hatten einen grünen Maienkranz gewunden – und den sollte ich dir aufsetzen, wenn du in den Saal kämest. Wir haben geweint, als einer kam und uns zurief, dass sie dich eingesperrt hätten. Aber jetzt hast du den Kranz doch bekommen – nicht wahr? Und nun sollst du süß schlafen und nicht an morgen denken!«

Und dann schlief Pelle ein, den Kopf auf ihrem Busen. Und während sie dalag und ihn mütterlich ansah, träumte er, dass Dänemarks hunderttausend Arbeiter im Begriff seien, ein herrliches Schloss aufzuführen und dass er der Baumeister sei. Als das Schloss fertig war, marschierte er an der Spitze des Arbeiterheeres hinein, singend zogen sie durch die langen Gänge, um die hellen Säle zu füllen. Aber es gab keine Säle, das Schloss war in ein Gefängnis verwandelt! Und sie gingen und konnten nicht wieder hinausfinden.

Viertes Buch
Morgendämmerung

1

Mitten in dem ebenen, fruchtbaren Land, wo der Pflug gerade dabei war, die schwarze Erde um die vielen freundlichen, kleinen Wohnungen aufzuwühlen, lag eine finstere Burg, die der lächelnden Welt nach allen Seiten öde Mauern entgegenstellte. Keine Fensterscheiben fingen die Morgen- und Abendröte auf und warfen ihren Schein zurück, drei Reihen eisenvergitterter Gucklöcher verschlangen unersättlich alles Licht des Tages. Immer gleich gierig sperrten sie die Mäuler auf, vor dem blauen Himmel wirkten sie wie Löcher, die in die ewige Finsternis führten. Erdrückend ragte der Steinkoloss über den vielen freundlichen Wohnungen auf, aber die friedliche Bevölkerung schien sich nicht bedrückt zu fühlen. Sie pflügte ihren Acker bis hart unter die öden Mauern; und soweit man die Burg sah, richteten sich die Augen mit einem Ausdruck darauf, der besagte, dass man sich gerade unter den starken Mauern hier sicher fühlte.

Gleich einem Wahrzeichen ragte das mächtige Gebäude über allem anderen auf; es erinnerte an einen Tempel, den eine dankbare Menschheit zu Gottes Ehre errichtet hatte – so imponierend war es. Aber das musste in einer fernen Vergangenheit geschehen sein! So barbarisch baute man jetzt keine Wohnungen mehr – nicht einmal für den lieben Gott –, als gelte es, Licht und Luft auszuschließen! Das schwere Mauerwerk war ganz durchdrungen von der nass-kalten Finsternis da drinnen, Jahrhunderte hatten die Oberfläche verwittern lassen und üppige Kulturen aus Schimmel und Schwämmen gebildet, aber es schien noch eine Ewigkeit stehen zu können. Das Gebäude war jedoch keine Festung, auch kein Tempel, in dessen Dunkel der unbekannte Gott wohnte. Näherte man sich dem großen, schweren Tor, das immer geschlossen war, so las man über der Wölbung das einzige Wort »Gefängnis«, mit großen eisernen Buchstaben gesetzt. Darunter stand ein einfältiger lateinischer Vers, der besagte:

»Bin aller Tugend und Weisheit Hort!
Gerechtigkeit gedeiht nur an diesem Ort.«

Eines Tages mitten im Frühling tat sich die kleine Tür im Gefängnisportal auf, ein großer Mann trat heraus und sah sich blinzelnd um. Das Tageslicht schlug ihm in das bleigraue Gesicht, sodass er zurücktaumelte und sich gegen die Mauer stützen musste; es sah aus, als wolle er wieder hineinflüchten. Er schöpfte Atem und wanderte dann in das offene Land hinaus.

Der Frühlingswind packte ihn mit einem gut gemeinten Griff, versuchte das zuchthäuslerisch geschnittene, grau gesprenkelte Haar aufzuwühlen, das lockig und blond gewesen war, als er zuletzt darin gezaust hatte, und schlich sich wohltuend wie eine weiche, ein wenig kühle Hand an den nackten Körper. »Willkommen hier draußen, Pelle!«, sagte die Sonne und sah ihm in die geweiteten Pupillen, wo das Zellendunkel saß und lauerte. Aber er verzog keine Miene, das Gesicht war wie in Stein gehauen. Nur die Hornhaut der Augen zog sich unter dem Einfluss des Lichts zusammen, dass es wehtat. Jedes Mal, wenn er einen Menschen erblickte, blieb er stehen und starrte ihn gespannt an – vielleicht in der Hoffnung, dass jemand kommen und ihn empfangen würde.

Als er auf die Landstraße einbog, wurde er angerufen. Er wandte sich in plötzlicher, hastiger Freude um, duckte dann den Kopf und setzte seinen Weg fort, ohne zu antworten – es war nur ein Strolch, der in einem Graben auf dem Feld stand und winkte. Er kam über den gepflügten Acker gelaufen und brüllte heiser: »So warte doch, zum Teufel! Hat man hier den ganzen Tag gelegen und auf Gesellschaft gelauert, dann kannst du wohl einen Augenblick warten!« Es war ein breitschultriger, ein wenig schwammiger Bursche mit flachem Rücken und einem dicken, steilen Nacken, der gerade in die Mütze hinaufstieg, ohne den Hinterkopf hervortreten zu lassen und einen unwillkürlich an das Schafott denken ließ. Das Nasenbein war in das blaurote Gesicht eingesunken und verlieh ihm eine bullenbeißerartige Mischung von Brutalität und dummer Neugier.

»Wie lange hast du gesessen?«, fragte er keuchend und blieb stehen. Er hatte böse Augen.

»Ich kam rein, als der liebe Gott noch ein kleiner Junge war – da kannst du es dir selber ausrechnen«, antwortete Pelle kurz angebunden.

»Verdammt und verflucht, das war 'ne gehörige Zeit. Und warum haben sie dich verdonnert?«

»Ach, es war gerade ein Platz frei. Da nahmen sie mich und steckten mich da hinein – damit er nicht leer bliebe!«

Der Strolch sah ihn schielend an. »Nee, das is zu dick aufgeschmiert – das glaubt dir doch keiner!«, sagte er unsicher. Plötzlich blieb er vor Pelle stehen und näherte ihm seine Stierstirn. »Nu will ich dir mal was sagen, mein Junge! Ich will ungern den ersten Tag, an dem ich frei bin, Hand an jemand legen, aber du solltest dich doch ein wenig in Acht nehmen und dich mit deiner verehrten Aufgeblasenheit an 'ne andere Adresse wenden, ja? Denn hier hab ich nu seit heut Morgen gelegen und auf Gesellschaft gelauert!«

»Ich habe nicht die Absicht, irgendeinen Menschen zu beleidigen«, sagte Pelle geistesabwesend. Er sah so aus, als sei er noch nicht in die Welt zurückgekehrt, und machte keine Miene, sich zu wehren.

»Na, also nich – das is ein Glück für dich. Sonst könnte es geschehen, dass man einen Farbenabdruck von deiner betrüblichen Fratze nähme – so ungern man es täte. Im Übrigen soll ich dich von Mutter grüßen.«

»Bist du Ferdinand?«, fragte Pelle und hob den Kopf.

»Stell dich man bloß nich an!« Ferdinand spie auf den Weg. »Man is wohl Großbürger vom Sitzen geworden, was?«

»Ich hatte dich nicht erkannt«, sagte Pelle eindringlich; er fühlte sich plötzlich ins Leben zurückgerufen.

»Na ja – wenn du es sagst. Da muss wohl die Schnauze schuld dran sein – die haben sie mir den Abend eingeschlagen, als ich Mutter unter die Erde brachte. Ich soll dich übrigens grüßen.«

»Danke!«, sagte Pelle warm. Alte Erinnerungen aus der Arche brachten sein Blut wieder in Wallung. »Ist es lange her, seit deine Mutter gestorben ist?«, fragte er teilnahmsvoll.

Ferdinand nickte. »Na ja, es war übrigens recht gut, denn nu is da niemand mehr, um dessentwillen man ein schlechtes Gewissen zu haben braucht. Ich hatte mir doch in den Kopf gesetzt, dass sie verdient hätte, es auf ihre alten Tage ein bisschen anständig zu haben – und ich war mörderlich vorsichtig. Aber dann wurde ich bei einem lumpigen Einbruch doch ertappt und kriegte acht Monate. Das war gleich, nachdem sie dich eingelocht hatten – aber das weißt du wohl?«

»Nein, woher sollte ich das wissen?«

»Ich habe es dir doch rübertelegrafiert. Ich saß dir gerade gegenüber – Flügel A, und als ich deine Zelle ausgerechnet hatte, bestellte ich einen Abend die ganze Linie und klopfte dir einen Gruß rüber. Aber da saß ein Mucker von einem Pfarrer an der Ecke von deinem Flügel – einer von diesen Sittlichkeitskerlen –, na, das weißt du auch nich? Ja, den hab ich die ganze Zeit in Verdacht gehabt, dass er meinen Bescheid nich weiterklopfte, obgleich 'ne schreckliche Menge Gelehrsamkeit auf solch Rindvieh verschwendet worden is. Als ich dann rausgekommen war, sagte ich mir, dass die Sache nu ein Ende haben müsste, denn Mutter hatte das fürchterlich mitgenommen. Ich versuchte in eine von den Straßen zu kommen, wo die anständigen Gauner wohnen, und wurde Kolporteur – und das ging sehr ordentlich. Denn es wäre doch 'ne infame Niedertracht gewesen, wenn sie vor Hunger krepiert wäre. Und wir hatten es sehr gut, 'n halbes Jahr lang. Aber da schrammte sie doch ab und darauf kannst du Gift nehmen, nie im Leben is Ferdinand in solcher Drecklaune gewesen wie den Tag, als er sie draußen auf dem Vestrefriedhof unter die Erde gebracht hat. Na, nu liegt Mutter da und riecht von unten an dem Unkraut und nu kannst du man gleich Schluss machen, sagte ich mir, denn nu hast du hier doch nichts mehr zu schaffen. Und ich ging ins Geschäft und verlangte sofortige Abrechnung. Und da beschupsten sie mich um fünfzig Abonnenten – die Spitzbuben.

Natürlich ging ich zur Polizei – ich war damals noch dumm genug dazu. Aber das is ja 'ne Bande, von Anfang bis zu Ende. Sie meinten ja, dem Ferdinand, dem dürfte man kein Wort glauben, und wollten mich am liebsten gleich wieder einsperren. Aber soviel sie auch schnüffelten, da war nichts, wo sie einhaken konnten. Verteufelt, wie gut er sich diesmal aus der Schlinge zu ziehen weiß, der Kerl!, sagten sie da und ließen mich laufen. Aber sie sollten bald ihren Willen kriegen, denn nu nahm ich die Sache selber in die Hand und du kannst mir glauben, das Geschäft zog den Kürzeren bei diesem Arrangement. Denn, siehst du, es gibt zwei Arten Leute: kleine Leute, die bloß dann als ehrlich gelten, wenn sie sich plündern lassen – und denn die anderen. Zum Teufel auch, wozu soll man wie 'n geschorenes Schaf rumlaufen und nich wieder plündern! Na, aber mal fällt man ja rein – drei Jahre, bitte schön! Das nächste Mal krieg ich Zuchthaus!«

»Das kommt doch ganz auf dich selber an«, sagte Pelle langsam.

»Na ja, etwas kann man natürlich dazu tun. Aber siehst du, die

Polizei wird immer durchtriebener und der Mann is wohl noch nich geboren, der nich früher oder später in die Falle geht.«

»Du solltest versuchen wieder eine anständige Beschäftigung zu bekommen. Du hast ja doch gesehen, dass es geht!«

Ferdinand pfiff. »Auf die lumpige Art und Weise! Besten Dank, sehr freundlich von dir, mir solche flotte Anweisung zu geben. Ich soll den Großbürgern ihre fetten Gänse hüten, was? Und denn auf der Treppe sitzen und trocken Brot zu dem Geruch von dem Braten essen? Nee, ich danke! Und selbst wenn man wollte, meinst du, dass es geht? Du kannst dich darauf verlassen, dass sie gut aufpassen; versucht man ein ehrliches Geschäft, denn dauert es nich zwei Tage, bis die Vergangenheit wieder da is. ›Was is das mit Ferdinand? Ich höre, er hat was auf dem Kerbholz. Es tut mir sehr Leid – denn er is sehr brauchbar gewesen, aber es is wohl das Beste, wenn er sich nach was anderem umsieht.‹ Siehst du, das sind die Anständigen, die anderen warten einfach, bis man seinen Arbeitslohn haben will, und denn knöpfen sie einem ganz einfach was davon ab – weil man einmal gesessen hat. Sie können ja nie wissen, ob man bei ihnen nich auch lange Finger gemacht hat – wie? Und darum is es wohl am besten, wenn sie sich beizeiten sichern! Macht man Schwierigkeiten, denn kriegt man den ›Dieb‹ direkt ins Gesicht geschleudert – du kannst mir glauben, Ferdinand hat das ausprobiert. Aber nu kannst du es ja selber mal versuchen.

Natürlich kommt man wieder dahin, wenn man erst einmal da gewesen is – und das nächste Mal krieg ich also Zuchthaus! Die Schweinerei is bloß, dass die Strafe mit jedem Mal schärfer wird; ein Kerl wie ich kann fünf Jahre für den Diebstahl von fünf Kronen kriegen – das is doch 'ne Gemeinheit. Dann soll man doch lieber gleich sehen, dass man was tut, was hinhaut. Ich pfeif auf alles, wenn man die ganze Blase nur mal ordentlich zu fassen kriegte! Siehst du, was schert mich das nu, seit Mutter krepiert is? Da weint ein Gör, aber den Deubel auch! Glaubst du, dass sich eine Menschenseele die Augen aus dem Kopf weinen wird, wenn Ferdinand seinen Kopf auf den Block legen müsste? Sie würden angerannt kommen und glotzen, das würden sie tun – und denn käme man doch wenigstens mal ordentlich in die Zeitung.

Schlecht – jawohl, ich bin schlecht! Manchmal kommt man sich vor wie ein großes, fressendes Geschwür – und kriegt Lust, ihnen die ganze Bescherung ins Gesicht zu spritzen. Helfende Hände gibt es nich – das sind ausgestunkene Lügen! Folglich schuldet man gottlob niemand was. Ich hab es mehrmals, während ich da in dem Kasten saß, darauf angelegt, den Aufseher totzuschlagen – bloß um auf etwas loszudreschen; denn er hatte mir ja nichts getan. Aber dann dachte ich, dass es doch dumm is. Soll Ferdinand den Kopf auf den Block legen, meinetwegen gern – es is doch immerhin amüsanter, als sein ganzes Leben lang zu sitzen. Aber dann will ich erst mal so ausholen, dass die ganze Bescherung ins Wackeln gerät! So, nu weißt du Bescheid mit mir!«

Sie trabten rasch dahin, die Augen auf den Rauchnebel der Stadt weit vor ihnen gerichtet. Ferdinand kaute im Gehen auf seinem Priem und spie alle Augenblicke einen großen Strahl auf den Weg; sein hartes Bullenbeißergesicht mit den blutunterlaufenen Augen drückte gar nichts aus, jetzt, wo er schwieg.

Ein Bauernbursche kam, aus vollem Halse singend, auf sie zu. Er mochte zwölf bis vierzehn Jahre alt sein.

»Warum bist du so vergnügt, Bengel?«, fragte Ferdinand und hielt ihn an.

»Ich hab eine Kuh in die Stadt getrieben und dafür hab ich zwei Kronen gekriegt«, antwortete der Junge und lachte über das ganze Gesicht.

»Denn bist du auch früh auf den Beinen gewesen, mein Freund«, sagte Pelle.

»Ja, ich bin die Nacht um drei von zu Hause fortgegangen. Aber nu hab ich auch meinen Tagelohn verdient und hab den ganzen übrigen Tag frei«, antwortete der Junge, warf das Zweikronenstück in die Luft und fing es wieder auf.

»Gib Acht, dass es dir nich wegkommt«, murmelte Ferdinand und folgte der Münze mit gierigen Augen.

»Ach was!« Der Junge lachte ausgelassen.

»Lass mal sehn, ob es auch echt is. Auf dem Viehmarkt gibt es ganz mörderliche Spitzbuben.«

Der Junge reichte ihm das Geldstück. »Ei, sieh doch, das is ja so eins, das man zerbrechen kann, sodass zwei daraus werden«, sagte Ferdinand und machte allerlei Taschenspielerkunststücke. »Das eine schenkst du mir doch wohl?« Sein Ausdruck war ganz lebhaft geworden, er blinzelte Pelle boshaft zu, stand da und spielte mit der Münze, sodass es aussah, als seien es zwei. »Hier, da hast du dein Zweikronenstück!«, sagte er und drückte das Geldstück fest in die Hand des Jungen. »Pass nur gut auf, sonst kriegst du Schelte von Muttern!«

Der Junge öffnete verwundert die leere Hand. »Gib mir meine zwei Kronen!«, sagte er und lächelte unsicher.

»Zum Teufel auch – die hast du ja schon gekriegt!« Ferdinand stieß ihn brutal von sich und ging weiter.

Der Junge folgte ihm und verlangte hartnäckig sein Geld. Dann fing er an zu weinen.

»Nu fängt die Geschichte an langweilig zu werden – gib ihm jetzt sein Geld!«, sagte Pelle finster.

»Langweilig?« Ferdinand blieb stehen und sah ihn an, wie aus den Wolken gefallen vor Verwunderung. »Meinst du, dass ich um Kleingeld spiele? Was geht mich der Bengel an, er soll sich trollen – ich bin doch nich sein Vater!«

Pelle sah ihn einen Augenblick an, ehe er begriff; dann zog er ein Papier mit etwas Silbergeld aus der Westentasche und gab dem Jungen zwei Kronen. Der Junge stand anfänglich wie aus den Wolken gefallen da, riss dann hastig das Geld an sich und lief davon, so rasch er konnte.

Ferdinand brummte wütend vor sich hin und zwinkerte mit den Augen. »Das will ich dir doch für die Zukunft sagen«, rief er plötzlich und blieb stehen, »wenn du es nich wärst und weil man sich nu mal nich gern diesen Tag ruinieren will, dann hätte ich dir den Schädel eingeschlagen. Denn so was hat mir weiß Gott noch keiner geboten. Hast du mich verstanden?« Er blieb von neuem stehen und schüttelte seine dicke Stirn dicht vor Pelles Gesicht.

Schnell wie der Blitz packte ihn Pelle am Kragen und an den Hosen und warf ihn auf einen Schotterhaufen. »Das ist heute das zweite Mal, dass du mir drohst mir den Schädel einzuschlagen«, sagte er bitter und drückte Ferdinands Kopf in die Steine nieder. Eine Weile hielt er ihn so fest, half ihm dann aber auf die Beine. Ferdinand war blaurot, er stand da und taumelte, bereit sich auf Pelle zu stürzen, während sein Blick auf der Suche nach einer Waffe umherschweifte. Dann zog er widerstrebend das Zweikronenstück aus der Tasche und lieferte es ab, zum Zeichen der Unterwerfung.

»Behalt es nur«, sagte Pelle.

Ferdinand steckte es schnell wieder in die Tasche und machte sich daran, sich den Schmutz abzuklopfen. »Die Graupensuppe da drinnen hat anscheinend nich weiter an deinen Kräften gezehrt«, sagte er und schüttelte sich, als sie weitergingen. »Dir sitzt noch 'ne niederträchtige Faust am Leibe. Ich begreif bloß nich, warum du dich für so einen flaumbärtigen Windhund ins Zeug legst – der kommt, weiß Gott, ohne uns durch die Welt.«

»Du legtest dich ja auch mal für einen kleinen Burschen ins Zeug, als man ihm sein Geld wegnehmen wollte. Nicht wahr?«

»Ach so, den kleinen Burschen aus der Arche meinst du, der Medizin für die Mutter holen sollte? Das is schon so lange her!«

»Du gerietest seinetwegen in Karambolage mit der Polizei! Das war das erste Mal, dass du mit der Obrigkeit in Berührung kamst, soviel ich weiß.«

»Ja, denn der Junge hatte ja nichts getan – ich hatte es selber gesehen. Da gab ich dem Bullen, der ihn abschleppen wollte, 'ne Kopfnuss. Na ja, seine Mutter war krank – und meine eigene Alte lebte noch. Und ich war damals noch ein großes Rindvieh! Du wirst auch noch sehen, dass du nich weit kommst mit übertriebener Barmherzigkeit. Schulden wir vielleicht den anderen was?«

»Ja, ich schulde ihnen was«, sagte Pelle und hob plötzlich das Gesicht zum Licht empor. »Aber du hast wohl keinem was zu verdanken?«

»Was für ein verdammter Blödsinn!«, rief Ferdinand und glotzte ihn an. »Sind sie gut gegen dich gewesen, wie? Auch als sie dich ins Gefängnis warfen? Du spielst wohl das feine Fräulein, was? Nee, das lass man sein. Damit musst du weiter aufs Land hinaus. Du hättest also deine Zeit Gefängnis verdient, während unsereins bloß dasaß und bitteres Unrecht litt? Unsinn! Sie wissen wohl, was sie tun, wenn sie Ferdinand die Haare kurz abscheren; aber dich hätten sie ruhig laufen lassen können. Du brachtest fünfzigtausend Mann auf die Beine und was habt ihr denn groß erreicht? Nich so viel Störung habt ihr verursacht, wie 'ne Maus in 'ner Damenhose! Die Großbürger haben viel mehr Angst vor Ferdinand als vor dir und all deinen Pappenheimern zusammen. Unrecht getan – nee, komm mir damit nich! Du hast ja noch Sabber auf deinem Latz, Krischan! Man gibt keinen Pardon – und darum nimmt man auch keinen an; das is das Ganze. Du könntest mir übrigens 'n Gefallen tun und deine zwei Kronen zurücknehmen. Ferdinand mag keinem was schuldig sein.«

»Dann kannst du sie dir ja leihen«, sagte Pelle. »Ganz ohne Geld kannst du doch nich in die Stadt kommen.«

»Nimm sie nur, so nimm sie doch!«, bettelte Ferdinand. »Du kriegst schwerer Arbeit als unsereins und die Art und Weise, wie ich sie von dir kriegte, war auch nich fein. Du hast dagesessen und sie zusammengeschabt, vier Öre pro Tag – und hast dir am Ende nich mal 'nen Priem gegönnt – und dann sollte Ferdinand sie dir wegnehmen? Pfui Deubel! Und Mutter hast du auch noch was zugesteckt – das hätte ich beinah vergessen. – Ich pfeif auf die paar Groschen; ich weiß 'ne Stelle, wo 'n guter Coup zu machen is.«

Eine Strecke oberhalb des Damhussö schlugen sie einen Richtweg ein, der nach Norden führte, um von Nörrebro her in die Stadt zu gelangen. Weit unten schwebte zur Rechten ein dichter Rauchnebel über der Erde; das war der Dunstkreis der Großstadt. Der Ostwind riss Fetzen davon ab und trieb sie bis hier hinaus. Da steckte Ferdinand seine Bullenbeißernase in die Luft und atmete tief. »Wer jetzt bei einem Pferdesteak mit Zwiebeln in der ›Bluttasse‹ säße!«, sagte er.

Es ging stark auf den Nachmittag. Sie brachen sich Stöcke von einer Hecke und schritten kräftig aus, an Dämmen und Grabenrändern entlang, so gut es ging. Über die Äcker hin schnitt der Pflug seinen Weg, hin und wieder zurück, und kehrte die fruchtbare schwarze Erde ans Tageslicht, während Saatkrähen und Seevögel in den frischen Furchen kämpften. Die Pflugführer hatten die Zügel um den Leib geschlungen; jedes Mal, wenn sie am Ende des Ackers waren und den Pflug herumgeworfen und eine neue Furche hatten, ließen sie die Gäule ein wenig verschnaufen und starrten lange den beiden sonderbaren Frühlingswanderern nach. Wie viel fremde Luft denen in den Kleidern hing! Das sind offenbar zwei von der Sorte, die auf ihren eigenen Füßen von Land zu Land wandern, dachten sie und riefen ihnen fremde Sprachbrocken nach, um auch nicht als dumm zu gelten. Ach ja, einigen war es ja beschieden, sich in der Welt umzusehen! Morgen waren die beiden vielleicht schon wieder im fremden Lande, während sie hier gingen und nie vom Fleck kamen.

Die beiden kamen an einem weißen Landhaus vorüber, das versteckt zwischen alten Bäumen lag; eine hohe, dichte Dornenhecke schloss den Garten nach dem Wege zu ab. Ferdinand warf einen hastigen Blick über die Pforte – vor allen Fenstern waren die Vorhänge herabgelassen! Er fing an unruhig zu werden; als sie ein wenig weitergekommen waren, warf er sich plötzlich hinter einen Zaun und wollte nicht weiter. »Ich hab keine Lust, mich mit leeren Händen da drinnen sehen zu lassen!«, sagte er. »Der Abend ist auch die beste Zeit, um einzusteigen. Lass uns hier warten, bis es dunkel geworden is; ich kann riechen, dass da in der Villa Silberzeug liegt.«

»Komm und lass den Unsinn«, sagte Pelle eindringlich. »Von heute an beginnt ein neues Leben! Ich werde versuchen dir zu einer anständigen Arbeit zu verhelfen.«

Ferdinand brach in schallendes Gelächter aus. »Herr du meines Lebens – du und anderen zugange helfen! Du hast es noch nich ausprobiert, was es heißt, aus dem Gefängnis zurückzukommen, Freundchen. Ein neues Leben, ha! Nee, bleib du man hier, denn machen wir ein feines Stück Arbeit zusammen, sobald es dunkel is. Die Villa sieht gar nich so übel aus. Und dann können wir heute Abend in die ›Bluttasse‹ gehen und einen mächtigen Heimkehrschmaus halten und die heimgekehrten Amerikaner spielen; es is auch nich gerade fein, nach Hause zu kommen, ohne was für die Familie mitzubringen. Bleib du man hier! Du solltest bloß ›Laura mit dem Arm‹ tanzen sehen. Das is mein Fressschatz, weißt du. Die kann auf 'm Tisch tanzen, der voll Bierflaschen steht, mit verbundenen Augen, ohne einen Tropfen zu verschütten. Da soll auch ein kleines Mädchen für dich abfallen. – Den Deubel auch, du bildest dir doch am Ende nich ein, dass du anderswo willkommen bist? Nee, du, da steht keiner und winkt dem Heimgekehrten. – Na, dann scher dich zur Hölle, du Rindvieh, und grüß deine Hebamme! Wenn du es satt hast, an den Brüsten des Familienlebens zu saugen, dann is meine Adresse die ›Bluttasse‹ – da kannst du nach mir fragen!« Die letzten Worte rief er mit der Hand vor dem Mund, seine heisere, hohle Stimme bildete einen Misston in der reinen Frühlingsluft.

Pelle schritt rasch dahin, als gelte es, etwas hinter sich zu bringen. Er hatte heimlich die wahnsinnige Hoffnung genährt, dass ihm ein freundlicher Empfang zuteil werde, wenn er herauskäme – singende Kameraden vielleicht oder eine Frau und zwei Kinder, die auf der weißen Landstraße standen und warteten! Und dann war da nur Ferdinand, der ihn in Empfang nahm! Na, das war eine kalte Dusche und nun schüttelte er die Enttäuschung ab und schritt aus, um vorwärts zu kommen; das schnelle Gehen brachte das Blut in belebende Bewegung. So wie heute hatte der Himmel noch nie geleuchtet, die Sonne schien ihm gerade ins Herz hinein. Es lag ein lächelnder Gruß in allem, in dem Wind, der sich ihm in die Arme warf, in der frischen schwarzen Erde und dem rinnenden Wasser der Gräben: Willkommen in der Freiheit, Pelle!

Wie weit und wie lieblich doch die Welt ist, wenn man Jahre zwischen vier kahlen Wänden verbracht hat! Unten im Süden glich der Wolkenhimmel der Brust eines großen, hellen Vogels, so wie sie jedes Jahr von weither kommen, den Sommer in ihrem starken Flügelschlag, und zu allen Seiten lagen offene weiße Wege voll lichter Verheißungen.

Zum vierten Mal zog er aus, um die Welt zu erobern, und diesmal war es bitterer Ernst. Bisher hatte sich immer wieder etwas dahinter gezeigt, aber nun fühlte er, dass die Wanderung entscheidend war; gewann er jetzt, so eroberte er die Ewigkeit. Diesmal ging es auf Biegen oder Brechen. Alles, was er hatte, führte er jetzt ins Feld – so gut war er noch nie zuvor gerüstet gewesen.

Weit hinter sich gewahrte er noch die Kuppel des Gefängnisses; gleich einer mächtigen Mühle lag es dort über dem Abstieg zur Unterwelt und mahlte das Elend zu Verbrechen – im Namen der Menschlichkeit. Jeden, den die Unsicherheit des Lebens zum

Straucheln gebracht hatte, sog es an sich; er hatte selber in dem Trichter über dem Mahlstein gehangen und den Sog des Wirbels gefühlt.

Aber Pelle war reich ausgestattet; bisher hatte er glücklich alles in Auftrieb umgesetzt und er nahm dies mit. Sein Haar war nicht mehr blond, dafür war sein Sinn magisch erfüllt von einem geheimen Wissen um das Wesen der Dinge. Er hatte ja an der Wurzel von allem gesessen und es sich aus der Einsamkeit herausgelauscht; in dem dunklen Berg hatte er gesessen und geträumt wie der Glücksprinz, während ihm die Ewigkeit von dem großen Rätsel vorsang. Die bösen Mächte hatten ihn in ihren Bann gezogen, das war das Ganze, und nun ließen sie ihn wieder in das Tageslicht hinaus, in dem Glauben, dass er ein Troll geworden wäre wie alle seine Vorgänger. Aber Pelle war nicht verhext! Er hatte schon viel zu seinem Wachstum verbraucht und nahm dies mit. Was bedeutete wohl ein wenig Eingesperrtsein im Verhältnis zu dem dumpfen Tropfenfall von Jahrhunderten – er war ja mit dem Siegerhemd geboren, das Stahl und Gift widerstand.

Er setzte sich auf einen Hügel, nahm die Mütze ab und ließ sich den frischen Wind um die Stirn streichen. Der war voll von reichen Verheißungen; auf seiner Frühlingswanderung über die Erde hatte er alles Erbauliche und Starke aufgenommen und warf es ihm in den Schoß. Sieh dich um, Pelle! Überall gingen sie und bestellten den Boden. Das Pfluggespann nickte über den weichen Hügelzug hinüber und verschwand nach der anderen Seite. Ein schwacher Duft entstieg der schwarzen Ackererde – es war die letzte Kälte, die in dem zu Ende gehenden Lenztag verdampfte. Ein Stück entfernt lachten ein paar kleine rote Häuser dem Sonnenuntergang zu und noch weiter draußen lag die Stadt mit ihrem ewigen Rauchnebel.

Wie würde sich seine Zukunft dort gestalten? Und wie standen die Angelegenheiten – hatte das Neue Fortschritte erzielt oder sollte er sich wieder einem Aussauger unterstellen, sich auspressen und den Hauptertrag seiner Arbeit in die Tasche eines anderen wandern sehen? Es waren viele neue Fabriken entstanden; sie bildeten jetzt einen Gürtel um die Stadt und streckten hunderte von Riesenschornsteinen zum Himmel empor.

Aber was konnte da los sein, da sie nicht rauchten? Lohnkampf?

Nun musste er also einen Plan für sein Leben machen, es wieder aufbauen auf dem festen Grund, der in der Einsamkeit gelegt war. Und hier saß er und wusste nicht das Allergeringste über den Zustand da unten! Nun, er hatte zehntausende Freunde, die Stadt lag ganz einfach da und wartete mit offenen Armen auf ihn – ihm noch mehr zugetan um dessentwillen, was er gelitten hatte! In seiner Unwissenheit hatte er doch vermocht sie eine Strecke Weges zu führen, die Entwicklung hatte ihn zu ihrem Werkzeug erkoren und es war gut gegangen. Aber nun wollte er sie ganz in das Land hineinführen, denn nun hatte er die Schwere des Lebens in sich.

Ach, saß er nun nicht hier und vergaß die Welt genau wie in alten Zeiten – vergaß alles, was ihn die Zelle so bitter gelehrt hatte! Das Wohlergehen der anderen – jawohl, er war umhergelaufen voller Sorgen für die tausenden von Familien und hatte nicht einmal vermocht sein eigenes Heim zu sichern. Unfug! Da unten saßen drei verschmähte Wesen und erhoben Anklage gegen ihn und was nützte es, dass er sich mit dem Wohlergehen der vielen verteidigte? Was half es, dass er mit den Lobreden von zehntausenden auftrat und die ganze Welt ihn Wohltäter nannte, wenn die drei, deren Wohl und Wehe ihm anvertraut war, ihn anklagten, dass er sie im Stich gelassen hatte. Er hatte oft genug versucht ihre Stimme zu übertönen, aber da drinnen ging es nicht an, etwas durch Lärmen zum Schweigen zu bringen.

Pelle zweifelte noch immer nicht daran, dass er ausersehen war etwas für die vielen auszurichten, aber das erschien so unwichtig demgegenüber, dass er sein Teil von dem, was einem jeden obliegt, vernachlässigt hatte. Er hatte Groß und Klein miteinander verwechselt und geglaubt, dass er, wenn er etwas ausrichtete, was kein anderer vermochte, sich dafür leicht über die gewöhnlichen Alltagspflichten hinwegsetzen dürfe. Aber das Leben legte verhängnisvollerweise seine Last gerade dahin, wo alle beteiligt waren. Und nun kam er wie ein elender Bettler, der alles erobert hatte, ausgenommen das Eigentliche, und deswegen nichts besaß – und musste um Gnade und Barmherzigkeit flehen. Als Verbrecher gestempelt, musste er nun wieder von vorn anfangen und das ausführen, was er in den Tagen seiner Macht nicht fertig gebracht hatte. Es würde sicher schwer werden, sein Heim unter diesen Verhältnissen aufzubauen – und wer sollte ihm dabei helfen? Die drei, die für ihn hätten gutsagen können, hatte er im Stich gelassen – zur Strafe für ein Vergehen, das, bei Licht betrachtet, sein eigenes war.

Nein, so arm war er noch nie ausgezogen. Er kam nicht einmal als einer, der etwas zu verzeihen hatte – nichts hatte ihm die Zelle gelassen. Er hatte da drinnen Zeit genug gehabt, alles zu durchdenken, und all das an Ellen, was er früher nicht beachtet hatte, weil er zu sehr in Anspruch genommen war, oder was er als stummen Kampf gegen seine Unternehmungen empfunden hatte, formte sich jetzt wider seinen Willen zum Bild einer Frau, die niemals an sich selbst dachte, sondern lauter Fürsorge für ihre kleine Welt war und nur verstand sich aufzuopfern. Er war nicht in der Lage, auf sein Recht in dieser Beziehung zu verzichten, und führte alle seine Anklagen gegen sie ins Feld, kam mit Sitte und Moral. Aber das alles vermochte ihrem Bild nichts anzuhaben, trug im Gegenteil nur dazu bei, die Stärke ihres Wesens zu unterstreichen. Sie hatte *alles* für ihn und die Kinder geopfert, war nur von dem Wunsch erfüllt gewesen, sie gedeihen zu sehen. Jeder seiner Angriffe spülte nur eine neue Schicht Schmutz weg und ließ das Opfer, das sie gebracht hatte, schärfer hervortreten. Gerade, weil sie so unsinnlich und keusch war, konnte sie handeln, wie sie getan hatte. Ach, sie hatte schwer für *sein* Versäumnis büßen müssen: Sie war die Mutter, die in der äußersten Not ihre Brut mit dem eigenen Körper ernährte.

Pelle wollte sich nicht ergeben, sondern kämpfte rasend dagegen an. Man hatte ihn der Freiheit und des Rechts beraubt, Mensch zu sein wie andere, jetzt wollte ihm die Einsamkeit das Letzte entreißen, was ihn noch aufrechthielt. Selbst wenn sich alles um ihn herum zusammenrottete: Er hatte nicht Unrecht, er *wollte* nicht Unrecht haben. Er hatte den großen Kampf auf Kosten der Seinen zu Ende geführt – und er hatte Ellen ertappt, als sie Hurerei beging. Seine Gedanken klammerten sich an dies Wort und schrien es heiser heraus: Hurerei! Hurerei! Hurerei – bis ins Unendliche. Er verband nichts damit, sondern wollte nur all das betäuben, was von allen Seiten an ihm zerrte, um ihn noch nackter, noch elender zu machen.

Im Anfang erhielt er hin und wieder Briefe – wahrscheinlich von alten Kampfgefährten, vielleicht auch von Ellen; er wusste es nicht, denn er weigerte sich sie anzunehmen. Er hasste Ellen, weil sie die Stärkere war, hasste aus ohnmächtigem Trotz alles und alle. Weder sie noch irgendjemand sonst sollten die Genugtuung haben, ihm zum Trost zu gereichen; hatte man ihn eingesperrt wie einen Unreinen, so war es auch am besten, wenn er sich ganz für sich hielt. Er wollte seine Strafe noch brutaler machen und mit unerbittlichem Willen vertiefte er seine Verlassenheit noch mehr, entfernte in Gedanken alles, was ihm nahe stand, und zog das Böse in den Vordergrund. Ellen hatte ihn natürlich über einem anderen vergessen – und vielleicht auch die Liebe der Kinder von ihm abgewandt; es war ihnen sicher verboten, das Wort »Vater« auszusprechen. Er konnte ganz deutlich die drei traulich um die Lampe sitzen sehen; und wenn dann eine Wendung im Gespräch den Gedanken an ihn wachrief, wurde es plötzlich kalt und totenstill in der

Stube. Er füllte sein ganzes Ich unbarmherzig mit durcheisender Erkenntnis und glaubte, dass er sich räche, indem er die todbringende Kälte einatmete.

In der Folge bekam er Wutanfälle, ging blindlings auf die Wände los und schrie, dass er hinauswolle. Zur Beruhigung wurde ihm die Zwangsjacke angelegt und man steckte ihn in ein stockfinsteres Loch. Er gehörte überhaupt zu den so genannten trotzigen Gefangenen, die eine Ehre dareinsetzten, wider den Stachel zu locken – und wurde dementsprechend behandelt.

Aber eines Nachts, als er dalag und nach einer Bestrafung wimmerte, erblickte er Gottes zorniges Antlitz im Dunkeln und wurde plötzlich still. »Bist du ein Mensch«, sagte es, »und kannst nicht einmal ertragen ein wenig zu leiden?« Pelle stutzte, er wusste nicht, dass es etwas so besonders Menschliches sei, zu leiden. Aber seit jener Nacht bewegte er sich still, mit einem lauschenden Ausdruck, als höre er etwas durch die Mauern hindurch. »Jetzt hat er sich beruhigt«, sagte der Schließer, der ihn durch das Guckloch beobachtete. »Er ist drauf und dran, blödsinnig zu werden.«

Aber Pelle war nur an der anderen Seite aufgetaucht; er ging umher und starrte tapfer in das Dunkel hinein, um Gottes Antlitz abermals, aber besänftigt zu sehen. Das Erste, was er erblickte, war wieder Ellen; sie saß da, schön und gerechtfertigt, begehrenswert aufsteigend aus allen seinen Anklagen. Wie groß und verhängnisvoll all das Kleinliche ihn hier heimsuchte! Was half es, sich zu wehren – sie war sein Schicksal und er musste sich auf Gnade und Ungnade ergeben. Er begriff sie noch immer nicht, aber er ahnte größere Gesetze des Lebens, Gesetze, die *sie* erhoben und ihn klein machten. Sie ging offenbar rein durchs Leben, wo er im Schmutz der Oberfläche stecken geblieben war!

Sie wuchs für ihn hier drinnen und führte seine Gedanken unter die Oberfläche, dahin, wo sie nie zuvor geweilt hatten. Ihr unerschütterliches Muttergefühl war wie ein Puls, der auf verborgene, mystische Kräfte hinwies, auf den fühlbaren Rhythmus eines mächtigen Herzens, das verborgen hinter allem pochte. Es lag in ihrer Fürsorge etwas, das an Gottvater selbst erinnerte; sie war den Quellen des Lebens näher als er.

Die Quellen des Lebens – durch sie wurde dieser Ausdruck zum ersten Mal für ihn lebendig. Es war, als schaffe sie ihn von neuem; indem er sich mit ihrem ständig gleich rätselhaften Wesen beschäftigte, wurden seine Gedanken tiefer und tiefer nach innen geführt. Er ahnte starke Ströme, die das Ganze trugen, und zuweilen war es ihm, als könne er in der Stille der Zelle das Dasein rinnen hören wie einen breiten Strom, es sich in ein Außen ergießen hören, wohin sich seine Gedanken nie gewagt hatten. Wo blieben wohl die Tage und die Jahre mit ihrem ganzen gelebten Inhalt? Ellen, die dem Unsichtbaren selbst nie einen Gedanken geschenkt hatte, war immer zugegen und stellte Pelle der Unendlichkeit gegenüber.

Während dies alles in ihm arbeitete, sangen sie eines Sonntags beim Gefängnisgottesdienst Grundvigs Kirchenlied »Verronnen sind die alten Tage«. Der Choral enthielt alles, was er selbst unklar gefühlt hatte, und ergriff ihn tief; die Verse kamen über ihn in seinem engen Stuhl wie Wogen eines mächtigen Ozeans, der unablässig Zeitalter an den Strand spülte. Er fühlte plötzlich den Gang der Geschlechter auf der Erde und erkühnte sich festzustellen, was er bisher nur verborgen geahnt hatte – seinen eigenen Zusammenhang mit all dem Übrigen, mit denen, die heute lebten, und all den vielen, die voraufgegangen waren. Wie klein war sein eigener Gedanke des Zusammenschlusses gewesen, wenn er ihn an dieser ungeheuren Gemeinschaft der Seelen maß – und welche Verantwortung zum Vorwärtsstreben jeder Einzelne mit sich herumschleppte! Jetzt begriff er, wie verhängnisvoll es war, rücksichtslos zu handeln und seiner Wege zu gehen. Man ging überhaupt von nichts weg; selbst das Geringste, um das man sich drückte, saß da und erwartete einen am nächsten Meilenstein als großes Schicksal. Und wer war wohl im Stande, eine Handlung zu übersehen? Man musste ständig nachsichtig sein und dann würde es sich schließlich zeigen, dass man Nachsicht mit sich selbst geübt hatte.

Pelle saß und sammelte Weisheit und sein eigenes Herz bestätigte sie. Ellen erfüllte sein Gemüt immer mehr, er hatte sie verscherzt – und konnte sie doch nicht aus seinem Dasein streichen! Liebte sie ihn noch? Das wurde eine immer brennendere Frage, die ihn Tag und Nacht verfolgte. Das Leben selbst hing davon ab. Er hatte ein Gefühl, als müsse er auf den Abfallhaufen geworfen werden, wenn er sie nicht wiedergewann, und starrte fragend in die Einsamkeit. Neue Welten wuchsen dort für ihn empor, er ahnte den großen Zusammenhang von allem und es war ihm, als könne er sehen, wie die Wurzeln des Lebens tief hinabreichten und Nahrung aus der Dunkelheit sogen, in der er sich bewegte. Aber hierauf erhielt er keine Antwort.

Ihr zu schreiben konnte ihm nicht in den Sinn kommen. Gottes Schickungen gingen ihren eigenen Weg, in den man nicht eingriff. Es musste auf demselben Wege kommen wie das andere und er wiegte sich in der törichten Hoffnung, dass Ellen kommen und ihn besuchen würde; jetzt war er ja in der rechten Stimmung, sie zu empfangen. Sonntags horchte er gespannt auf das schwere Dröhnen des Portals. Das war der Besuch für die Gefangenen, und wenn sich der Wächter da draußen auf der Galerie mit seinen Schlüsseln rasselnd näherte, hämmerte sein Herz und war nahe daran, ihn zu ersticken. Dies wiederholte sich eine Reihe von Sonntagen; dann sank er zusammen und ergab sich in sein Schicksal.

Aber schließlich erbarmte sich der Zufall seiner und sandte ihm einen Gruß.

Pelle nahm keinen persönlichen Anteil an dem Pochen, das jeden Abend, wenn das Licht ausgelöscht war, durch die ungeheure Anstalt schallte, als ob tausend Totenwürmer an der Arbeit seien.

Er hatte genug an seinen eigenen Angelegenheiten und klopfte nur die Telegramme weiter, die über seine Zelle gingen. Aber eines Tages rückte ein neuer Gefangener in die Zelle neben ihm ein, ein alter Stammgast, der sich gleich daranmachte, seine Ankunft nach allen Seiten zu verkünden; der weckte ihn. Es war Sauf-Walde, Witwe Rasmussens Nichtsnutz von Schatz, der den Winter hindurch daheim in der Haustür im Kapelvej zu stehen und über die Spitzen seiner blanken Holzschuhe hinwegzuspucken pflegte.

Ja, Walde kannte die Familie sehr gut, sein Schatz hatte ja die Kinder gehütet, als Ellen während des großen Kampfes auf Arbeit gegangen war. Ellen schlug sich tapfer durch, trug die Nase immer noch hoch; sie nähte Schuhblätter und hatte ein paar Lehrlinge zur Unterstützung, es ging gewiss gar nicht so übel. Mit jemand verkehren tat sie nicht, nicht einmal mit ihren Angehörigen; immer saß sie bei den Kindern.

Walde musste jeden Abend an die Wand kommen, selbst die unbedeutendste Einzelheit war von verhängnisvoller Bedeutung. Pelle sah Ellen leibhaftig vor sich, bleich, immer schwarz gekleidet, immer ernsthaft. Sie hatte mit den Eltern gebrochen, alles hatte sie ihm zum Opfer gebracht! Es wurde sogar daheim von ihm gesprochen, damit die Kinder ihn nicht vergessen sollten, bis er zurückkäme. »Sie glauben ja, dass du verreist bist, die kleinen Schafsköpfe«, sagte Walde.

So war denn alles glücklich und gut! Es wirkte wie Sonne ins Herz hinein, zu wissen, dass sie dasaß und treu auf ihn wartete, obwohl er sie verstoßen hatte. Alle Kälte musste schmelzen, er war ein reicher Mann trotz allem.

Trug sie denn noch seinen Namen?, fragte er gespannt. Das könnte ihr ähnlich sehen, so recht trotzig Pelle mit großen Buchstaben auf das Türschild zu setzen, unerschrocken, wie sie war.

Ja, natürlich – sie hatte nichts zu verstecken. Und wie die Gören wuchsen! Lasse Fredrik und Schwester waren jetzt groß und der kleine Svend Tröst war sehr entwickelt für sein Alter, ein richtiger Dicksack. Den musste man in seinem Kinderwagen sitzen und seine Rolle spielen sehen, wenn sie am Sonntag hinausschoben, das war ein Anblick für Götter!

Pelle stand wie von einem Keulenschlag getroffen im Dunkeln da. Svend Tröst – ein kleiner Junge, der im Kinderwagen saß? Und es war kein Pflegekind, Walde ging so selbstverständlich davon aus, dass es seines war. Ellen! Ellen!

Er ging nicht wieder an die Wand. Walde klopfte ohne Erfolg, sein halbes Jahr ging zu Ende, ohne dass Pelle es merkte. Diesmal lehnte er sich nicht auf, sondern duckte sich unter dem Gefühl, verflucht zu sein; die Vorsehung musste ihm ja feindlich sein, da traf derselbe Schlag zweimal. Am Tage suchte er Vergessen bei harter Arbeit und Lektüre, des Nachts lag er da und weinte auf seiner schmutzigen Matratze, die nach Schimmel und den geilen Entleerungen früherer Gefangener stank. Er bemühte sich nicht mehr Ellens Bild zu zertrümmern, das war ja hoffnungslos; tragisch überschattete sie noch immer das Ganze. Sie war sein Schicksal und beherrschte auch fernerhin seine Vorstellungen, aber nicht glanzvoll; etwas leuchtend Großes gab es überhaupt nicht mehr, nur die zwingende Notwendigkeit.

Und dann die Arbeit! Für einen Mann gab es immer Arbeit, zu der er seine Zuflucht nehmen konnte, wenn das Glück nicht hielt. Pelle arbeitete fleißig: der Beamte, der die Schuhmacherei der Anstalt unter sich hatte, hatte Freude an ihm, er schaffte viel mehr, als verlangt wurde. In seiner freien Zeit las er, beteiligte sich mit Eifer am Gefangenenunterricht und lernte Geschichte und Sprachen, der Gefängnisprediger und die Lehrer nahmen sich seiner an und verschafften ihm Werke, die sonst den Gefangenen nicht zugänglich waren.

Wenn er dann so richtig mürbe vor Müdigkeit war, ließ er die Gedanken Ruhe suchen, indem er sich mit seinem Heim beschäftigte. Die Müdigkeit breitete einen versöhnenden Schimmer über alles und er konnte auf seiner Pritsche liegen und sich ganz gemütlich mit den Kindern unterhalten – auch mit diesem Kuckucksjungen, das ihn immer mit einem wunderlich spottenden Ausdruck ansah. Nur Ellen kam er nicht nahe. So schön wie jetzt in ihrer Unnahbarkeit war sie nie gewesen, aber sie schwieg rätselhaft zu allen seinen Versicherungen, starrte ihn nur mit ihrem unergründlichen Blick an. Er hatte sie und das Heim im Stich gelassen – er wusste es ja selber recht gut; aber tat er denn nicht auch Abbitte? Es war doch *ihr* Kind, das er auf dem Schoß hielt, und er wollte das Ganze schon wieder aufbauen. Er hatte es satt, heimatlos zu sein, und sehnte sich nach einem Herzen, an dem er den müden Kopf ausruhen konnte.

Das alles waren Träume gewesen, aber nun war er auf dem Wege in die Stadt, um von neuem wieder anzufangen. Er hatte keinen großen Mut, die Ungewissheit umschloss so viele Möglichkeiten. Gediehen Ellen und die Kinder und warteten sie noch immer auf ihn? Und die Kameraden – wie würde sich sein Schicksal gestalten?

Der ungewohnte Aufenthalt in der frischen Luft nahm Pelle sehr mit, ganz gegen seinen Willen musste er sich hinsetzen und schlief ein, den Rücken gegen den Erdwall gelehnt. Die Sehnsucht, an des Weges Ende zu gelangen, ließ ihn träumen, dass er weiterwanderte und seinen Einzug in die Stadt hielt; er konnte sie nicht wieder erkennen, so verändert war alles. Die Leute gingen in ihren guten Kleidern spazieren, sie wollten in den Wald oder einen Vortrag hören.

»Arbeitet denn hier niemand?«, fragte er einen Mann, dem er begegnete.

»Arbeiten!«, rief der Mann verwundert. »Das tun doch natürlich die Maschinen! Wir haben jeder drei Stunden Tageswache dabei, aber die werden bald auf zwei herabgesetzt, denn die Maschinen werden immer klüger. Es ist herrlich, zu leben und zu wissen, dass es keinen anderen Sklaven gibt als die toten Maschinen, und das haben wir einem Mann zu verdanken, der Pelle heißt.«

»Das bin *ich* ja!«, rief Pelle und lachte vergnügt.

»Du? Bist du verrückt? Du bist ja ein junger Mann, und das ist schon viele Jahre her.«

»Ich bin es aber doch! Kannst du nicht sehen, dass ich graue Haare habe und dass meine Stirn gefurcht ist? Das hab ich im Kampf für euch bekommen. Kennt ihr mich denn nicht mehr?«

Aber die Leute lachten nur über ihn und er musste gehen.

Ich will zu Ellen gehen, dachte er niedergeschlagen. Sie muss für mich eintreten! Und im selben Augenblick stand er in ihrer Stube.

»Setzen Sie sich bitte«, sagte sie höflich. »Mein Mann wird gleich kommen.«

»Aber das bin ich doch!«, rief er, dem Weinen nahe. Sie aber starrte ihn kalt und fremd an und ging zur Tür.

»Ich bin ja Pelle«, sagte er und streckte flehend die Hand nach ihr aus. »Kennst du mich denn nicht mehr?«

Aber Ellen öffnete den Mund, um zu schreien, und im selben Augenblick stand der Mann drohend in der Tür. Hinter ihm guckten Lasse Fredrik und Schwester ängstlich hervor und Pelle stellte mit einer gewissen Befriedigung fest, dass nur die beiden da waren. Aber das Schlimme war, dass der Mann er selber war, der richtige Pelle mit einem flotten blonden Schnurrbart, dem Kuhschleck auf der Stirn und dem Ausdruck des Draufgängers. Als er das entdeckte, brach alles für ihn zusammen und er versank rettungslos.

Pelle erwachte mit einem Ruck, in Schweiß gebadet, und erblickte dankbar die Felder und die helle Luft – jedenfalls lebte er doch noch! Er stand auf und wanderte mit schweren Schritten weiter, während der Lenzwind kühlend seine Stirn trocknete.

Er gelangte an den Außenrand von Nörrebro; hinter ihm versank die Sonne, es musste jetzt Feierabend sein. Aber die Sirenen der zahlreichen Fabriken blieben stumm, kein schwarzer Menschenstrom wälzte sich aus den Seitengassen heran. In den kleinen Wirtshausgärten des Fredrikssundvejs saßen Arbeiterfamilien mit Kinderwagen und Esskorb; sie waren im Sonntagsstaat und genossen den Frühlingsabend. War doch etwas an seinem Traum dran gewesen? Dann war es schön, heimzukehren! Er fragte einige Leute, was hier vor sich gehe, und erfuhr, dass Wahltag sei. »Heute erobern wir die Hauptstadt!«, sagten sie und lachten siegesgewiss.

Am Rondell bog er auf den Assistens-Friedhof ein und ging die düstere Pappelallee nach dem Kapelvej entlang. Am Ende der Allee sah man die beiden kleinen Fenster im dritten Stock; in seiner heftigen Sehnsucht meinte er, Ellen stehe da oben und winke. Nun lief er, nahm die Treppe in Sprüngen.

Als er den Glockenzug ziehen wollte, hörte er fremde Stimmen drinnen und blieb wie gelähmt stehen. Die Tür sah kalt und gleichgültig aus, ein Namensschild war nicht da. Er ging langsam hinunter und erkundigte sich im Grünwarenkeller, ob nicht im dritten Stock links eine Frau wohnte, die nähe. Sie sei von ihrem Mann verlassen worden und habe zwei Kinder – drei, verbesserte er sich demütig. Wo sie denn geblieben wäre.

Der Hausmeister war neu im Hause und konnte keinen Bescheid geben. Dann stieg er wieder hinauf und fragte in jedem Stockwerk, aber ohne Ergebnis! Arme Leute pflegen nicht lange in demselben Haus zu wohnen.

Pelle schlenderte aufs Geratewohl die Straße entlang. Er dachte nicht daran, sich um Ellens Adresse zu bemühen, sondern sank nur mutlos in sich zusammen; in seinem schlimmen Zustand hatte er den Eindruck, dass man ihn mied, und das drückte ihn nieder. Seine Seele hungerte nach einem freundlichen Wort oder einer Liebkosung – und niemand nahm ihn in Empfang! Kein Auge leuchtete freundlich, weil er wieder frei war, und hier ging er und suchte vergeblich nach einem mitfühlenden Wesen. Da stieg ein plötzlicher Hass in ihm auf, eine böse Lust, auf das Ganze loszuschlagen und rücksichtslos seinen Weg zu gehen.

Es dämmerte. Unter der Kirchhofsmauer bei der Kreuzkirche spielten Botenjungen auf Fahrrädern Haschen. Sie tummelten ihre Maschinen wie Zirkuspferde und glichen kleinen Gauchos, warfen sich hintenüber, fuhren auf dem Hinterrad allein und setzten über Hindernisse. Die Taschen hatten sie auf den Rücken geschnallt, die blauen Mützenbänder klatschten ihnen wie Wimpel um die Ohren.

Pelle setzte sich auf eine Bank und verfolgte zerstreut ihr rücksichtsloses Spiel, während die Gedanken zu seiner eigenen Knabenzeit zurückschweiften. Ein Bursche von zehn, elf Jahren führte mit halsbrecherischen Kunststücken an, während er rief und kommandierte; er war der Führer der Bande und hielt seine Stellung mit harter Hand aufrecht. Das Gesicht mit der Stupsnase strahlte vor frischer Unverschämtheit, die Mütze ritt auf zwei abstehenden Ohren.

Die Jungen fingen an den Fremden zur Zielscheibe ihres Übermuts zu machen. Während sie vorübersausten, taten sie so, als verlören sie die Herrschaft über ihre Räder, sodass sie seinen Beinen einen Stoß versetzten, und plötzlich riss ihm der Anführer die Mütze vom Kopf. Pelle nahm sie ruhig wieder auf, aber als der Junge in vorsichtigen Windungen zurückgefahren kam, als sinne er auf einen neuen Streich, sprang er auf und packte ihn im Nacken.

»Jetzt kriegst du Hiebe, du Schlingel!«, sagte er und hob ihn vom Rad. »Aber es ist ja wohl ebenso gut, wenn deine Eltern das besorgen. Wie heißt dein Vater?«

»Er hat gar keinen Vater!«, schrien die anderen Jungen und schlossen drohend einen Kreis um sie. »Lass ihn gehen!«

Der Junge öffnete den Mund, um eine Flut von Schimpfworten zu entsenden, hielt aber inne und starrte Pelle entsetzt an. Die Angst leuchtete ihm aus den Augen; er wand sich wie ein Rasender, um freizukommen. Pelle ließ ihn verwundert los, er sah ihn taumelnd sein Rad besteigen und brüllend davonsausen. Die Kameraden jagten hinter ihm drein, sie glichen Schwalben auf der Flucht. »Warte doch, Lasse Fredrik!«, riefen sie. Er stand da und starrte ihnen nach, senkte dann den Kopf und schlenderte langsam in die Nörrebrogade hinein.

Es war sonderbar, wieder in dieser Straße zu gehen, die so kräftig in sein Dasein eingegriffen hatte. Der Verkehr vollzog sich hier langsamer als anderswo und das Pflaster dieser Straße war holperig; wo jeder Schritt mit dem Gewicht der Arbeit kam, war eine eigene, eisenharte Zuverlässigkeit eingeprägt.

Die Läden waren noch dieselben, er erkannte auch mehrere der Kaufleute wieder. Er suchte sich in den Strom einzugliedern, spähte in die Gesichter der Leute und sann darüber nach, ob wohl jemand ihn wieder erkennen würde; er wünschte und fürchtete es zugleich. Aber die eilten vorüber, der eine oder der andere stutzte nur ein wenig über seine fremdartige Erscheinung. Er selbst erkannte die meisten, leibhaftig, als sei es gestern gewesen, dass er mit den zehntausenden zu tun hatte – die dazwischen liegenden Jahre hatten keine neuen Gesichter zwischen ihn und die alten geschoben! Da gingen einige von seinen Leuten auf dem Bürgersteig mit Mutter am Arm, andere standen als Fahrer und Schaffner auf der Straßenbahn. Schlappe Kerle und schneidige Burschen – das war sein Heer. Er konnte sie bei Namen nennen und kannte ihre Familienverhältnisse. Nun, es war seitdem eine Menge Wasser ins Meer geflossen.

Er ging in ein kleines Wirtshaus für reisende Handwerksburschen und bestellte ein Logis.

»Ja, dir kann man ansehen, dass du einen Tag oder zwei außer Landes gewesen bist«, sagte der Wirt. »Bist du weit herumgekommen, Kamerad?«

Ach ja – ein wenig von der Welt hatte Pelle wohl gesehen. Und hier in der Heimat hatte sich ja auch allerlei verändert – wie ging es mit der Bewegung?

»Großartig, Kamerad – gewaltig gut! Die Partei hat mächtige Fortschritte gemacht – heute erobern wir die Stadt!«

»Dann kommt wohl jetzt ein anderer Zug in das Ganze?«

»Na – das will ich gerade nicht behaupten. Die Arbeitslosigkeit nimmt ja mit jedem Jahr zu und es ist eigentlich ganz egal, wer in der Bürgervertretung und im Reichstag sitzt. Aber wir haben ja große Fortschritte gemacht – mit dem Tarif.«

»Sagen Sie mal – vor einigen Jahren nahm ein Mann an der Bewegung teil, der Pelle hieß! Was ist eigentlich aus dem geworden?«

Der Wirt kraute sich den Scheitel. »Pelle – Pelle? Ja, das stimmt! Was war doch mit ihm – hat er nicht falsches Geld gemacht oder aus der Kasse gestohlen? Mir ist beinah so, als wenn er im Zuchthaus oder Arbeitshaus geendet wäre. Ja, schlechte Elemente gibt's bei jeder Bewegung.«

Einige Arbeiter, die dasaßen und gebratene Leber aßen, mischten sich in die Unterhaltung. »Vor fünf, sechs Jahren«, sagte einer von ihnen kauend, »war er sehr populär. Aber es war nichts Rechtes dahinter, er hatte zu viel Phantasie!«

»Ein verdammt gutes Mundwerk hatte er nu aber doch«, sagte der andere. »Ich erinnere mich noch ganz genau an ihn, von der großen Aussperrung her; er konnte einem weiß Gott einreden, dass man ein verteufelter Kerl wäre. Ja, das war damals! Prost, Kamerad, und wohl bekomm's!«

Pelle erhob sich schweigend und ging. Er war vergessen; er hatte keine Spuren hinterlassen, obwohl er so viel gekämpft und gelitten hatte. Es war wohl seither so viel anderes über ihre Köpfe hingegangen und da hatten sie ihn eben ausgeschwitzt.

Er ging dahin und wusste nicht, was er mit sich anfangen sollte, heimatloser hier in dieser Straße, die mehr als jede andere die seine sein sollte, als irgendwo sonst. Sie war schwarz von Menschen, aber der Strom riss ihn nicht mit sich fort, er war wie einer der Gegenstände, die zur Seite geschleudert werden und liegen bleiben.

Alle waren in ihren guten Kleidern. Die Arbeiter kamen in Scharen, sie waren im Wahllokal gewesen, um ihre Stimme abzugeben, oder sie wollten dorthin. Einige wurden auf der Straße angehalten und von eifrigen Kameraden an die Wahlurne geleitet. Man rief einander von Bürgersteig zu Bürgersteig zu, die Hand wie ein Schallrohr vor dem Mund: »Heda, Petersen! Du hast doch schon gewählt?« Überall herrschte Spannung und gehobene Stimmung – die Stadt sollte erobert werden!

Er folgte dem Strom über die Dronning Louises Bro und in die Stadt. Hier war die Stimmung eine andere, die Ansichten waren geteilt, die Leute hatten grobe Worte füreinander. Vor den Zeitungsredaktionen stand die Volksmenge dicht gedrängt, sperrte den Wagenverkehr und wartete geduldig auf die Ergebnisse, die im Fenster ausgehängt wurden. Jedes Mal, wenn ein Wahlergebnis im Fenster erschien, ging eine wogende Bewegung durch die Menge und steigerte sich zu einem mächtigen Brausen, wenn ein Sieg errungen war. Es ging verhältnismäßig friedlich zu, die Leute scharten sich vor den Redaktionen der Blätter, die ihre Parteifarbe trugen. Nur die Händelsuchenden stellten sich bei den Gegnern ein, um eins auf den Hut zu kriegen. In den Redaktionsbüros jagten die Mitarbeiter hin und her, hängten die Ergebnisse heraus und änderten die Zahlen.

In den Kaffeestuben und Restaurants wimmelte es von Gästen. Das Telefon klingelte unablässig. Boten kamen mit Listen von den Telegrafenbüros. Man kämpfte um die Ereignisse vor dem schwarzen Brett, erwog die Chancen an den Tischen, trieb Kannegießerei.

Pelle hatte die Stadt noch nie in einer solchen Erregung gesehen, nicht einmal während der großen Aussperrung. Wie geballte Fäuste standen die einzelnen Stände einander gegenüber, die Arbeiter noch eifriger als die Oberklasse – sie waren Politiker geworden, die sich sehen lassen konnten. Er begriff, dass die Bewegung den Schwerpunkt hierher gelegt hatte; es galt, Mandate zu erobern; heute erwartete man, in der Stadt den Sieg zu erringen und auf dem Lande festen Fuß zu fassen. Mehrere von den alten Führern saßen schon in der Volksvertretung und warfen bei den Debatten ihre praktischen Erfahrungen in die Waagschale; jetzt galt es, kein geringeres Ziel als die politische Macht zu erobern. Dies war kühn genug – sie mussten doch Erfolg gehabt haben! Er hatte noch sein altes, feines Ohr für das, was als gesammelte Kraft aus dem Ganzen aufstieg, und spürte eine Veränderung des Tones. Er war demokratischer geworden. Selbst die Oberklasse beugte sich jetzt vor der Wahlurne und ließ sich somit herab, um die Stimmenmehrheit zu kämpfen.

Aber er vermisste einen Platz für sich selbst in diesem Kampf. »He, du da – du hast doch wohl gewählt?«, rief man ihm im Vorübergehen zu. Gewählt? Er besaß ja nicht einmal das Stimmrecht! An dem Kampf, der jetzt gekämpft wurde, durfte der alte Führer nicht einmal als Gemeiner teilnehmen.

Aus dem Wege! Sie kamen in kleinen, taktfesten Gruppen, auf dem Weg zur Wahlurne oder dem Versammlungshaus, und füllten den ganzen Bürgersteig aus und Pelle machte ihnen willig Platz. Diesmal kam er nicht wie ein Königssohn, zu dessen Empfang alle Welt am Strand versammelt war.

Ein Ausgestoßener war er – weder mehr noch weniger –, einer, der beiseite geschoben und vergessen worden war. Und wenn er sich in Erinnerung brachte, so erreichte er nur, dass man die Geschichte von einem Verbrecher hervorholte. Da war das Haus, wo Stolpes gewohnt hatten; vielleicht kannten sie Ellens Wohnung? Aber was ging ihn die übrigens an? Er hatte Lasse Fredriks entsetztes Gesicht nicht vergessen. Und da war ja das Eckhaus, in dem Morten das Geschäft geleitet hatte – ja, es war lange her, seit sich ihre Wege trennten! Morten hatte ihn in Wirklichkeit immer beneidet, er hatte sein kolossales Glück nicht ertragen können. Jetzt konnte er ja frohlocken!

Er war verstimmt, verwirrt, bitter. Es legte sich wie ein Nebel über sein Gehirn, die Gedanken schwankten aus der Feindseligkeit hervor wie kopflose Händelsucher. Jahre hindurch war das Bedürfnis, mit Menschen zu verkehren, immer mehr in ihm angewachsen; nun stürzte das alles zusammen. Er hätte über jeden beliebigen herfallen und Streit anfangen können, nur um nicht hier umherzugehen und sich aller Welt gegenüber gleichgültig zu verhalten. – Warum ging er nicht in die »Bluttasse«? Da wurde er jedenfalls erwartet.

Vor der Griffenfeldtsgade war ein Menschenauflauf. Man hatte einen Kreis um einen Kohlenarbeiter gebildet, der dastand und einen Laternenpfahl mit den Spitzen seiner Holzschuhe misshandelte, während er lallend sein Mundwerk gebrauchte. Er war gegen den Pfahl gerannt und hatte sich ein Loch in die Stirn geschlagen. Die Leute amüsierten sich über ihn.

Als der Laternenschein auf das kohlenbestaubte Antlitz des Betrunkenen fiel, erkannte Pelle ihn; es war der fröhliche Jakob! Wütend drängte er sich vor und packte ihn bei den Schultern.

»Was ist mit dir, Jakob, bist du ein Jammerlappen geworden?«, fragte er empört. »Was soll das?«

»Keiner soll kommen und sich gegen einen organisierten Arbeiter was rausnehmen«, lallte Jakob und stieß mit dem Fuß in die Luft, zum großen Ergötzen der Zuschauer, die ihn ermunterten nur immer draufloszuhauen. »Ich bin Mitglied meiner Organisation und schulde nichts – da könnt ihr selber sehen!« Er zerrte ein kleines Buch in schwarzem Lederfutteral aus der Brusttasche und blätterte darin herum. »Seht doch selbst nach, Kollegen, Mitgliedsbeitrag bezahlt, was? Streikbeitrag bezahlt, was? Am Eingang vorgezeigt, was? – Kommt mir bloß nicht damit! Nehmt es doch und lasst es bei den Leuten rumgehen, wir müssen die Papiere in Ordnung haben. – Ihr stützt doch den Wahlfonds, Leute? Hin an die Urne und stimmt ab! Zum Teufel auch! Wer sein Scherflein nicht hergibt, is ein jämmerlicher Kamerad. – Wer sagt Dieb? Hier is keiner, der stiehlt, verstanden! Der fröhliche Jakob is ein redlicher, organisierter . . .« Plötzlich fing er an zu schluchzen, der Speichel floss ihm aus dem Mund herab auf die Jacke, das fuselumnebelte Gesicht schnitt grässliche Fratzen.

Pelle führte ihn auf einen Hof und wusch ihm die Wunde unter dem Wasserhahn ab. Das kalte Wasser ließ ihn erzittern, sein Kopf hing schlaff herab. »So ein Streikbrecher«, murmelte er. »Ich will dem Vorsteher sagen, dass er ihm im Blatt ordentlich eins auswischt!«

Plötzlich erkannte er Pelle. Ein Zucken durchlief seinen Körper. »Nee, bist du das, Großmeister?«, sagte er beschämt und griff nach Pelles Hand. »Also bist du zurückgekommen? Du findest wohl, dass ich ein Schwein bin, aber was zum Teufel!«

»Komm jetzt«, sagte Pelle hart; er liebte nicht die vielen Zuschauer.

Sie gingen die Meinungsgade hinab. Jakob stolperte schweigend dahin und schielte zu seinem alten Anführer hinüber. Er bewegte sich unbeholfen, aber das kam von der Überarbeitung; das Zusammentreffen mit Pelle hatte ihn fast nüchtern gemacht.

»Du findest gewiss, dass ich ein Schwein bin«, wiederholte er endlich in kläglichem Ton. »Aber wenn da nu doch keiner is, der einen ein bisschen aufrichten kann!«

»Das ist eine Schweinerei mit dem Branntwein!«, sagte Pelle kurz.

»Ja, das stimmt wohl! Aber man hat hin und wieder auch ein gutes Wort nötig und dann muss man es nehmen, wo man es kriegen kann. Die Kollegen sehen auf einen runter, will ich dir sagen, und wollen einen nicht unter sich dulden.«

»Was ist denn da los?«, fragte Pelle.

»Was da los is? Da sind die fünfmal sechs Tage, weil man seinen alten Vater damals während der Aussperrung nich hungern lassen wollte. Damals war ja alles schön und gut: Jakob war ein guter Sohn! Sie pfiffen auf die schmierigen Geldbeutel der Großen und auf das bisschen Wasser und Brot – und den Teufel und seine Großmutter. Aber nu geht's nach 'ner andern Melodie: Der da, der hat ja wegen Diebstahl gesessen! – Und damit basta! Warum, da fragt keiner nach – man is ja Großbürger geworden, verstehst du! In alten Zeiten hieß ich immer der fröhliche Jakob und die Kameraden mochten gern mit mir zusammenarbeiten. Weißt du, wie ich nu heiße? Stehl-Jakob. Sie sagen es ja nich geradeheraus, denn dann könnten sie wohl darauf gefasst sein, dass ihnen einer den Schädel einbaut, aber es is doch mein Name. Na, sagt man sich, damals hast du die Geschichte wohl verkehrt beurteilt; am Ende bist du doch nichts als ein gemeiner Dieb! Und dann muss ich trinken, um wieder ein ehrlicher Mann zu werden.«

»Und gegen die Laternenpfähle zu wüten! Solltest du nicht lieber nach denen auslangen, die dir was tun?«

Jakob schwieg und senkte den Kopf; der starke, unverzagte Bursche war ein Hund geworden, den jeder mit Füßen treten konnte. War es so schlimm, mit den fünfmal sechs Tagen unter seinesgleichen herumzugehen – was sollte Pelle dann sagen? »Was macht dein Bruder?«, fragte er, um Jakobs Gedanken auf etwas Lichteres hinzulenken. »Er war ein Prachtkerl!«

»Er hat sich aufgehängt«, erwiderte Jakob finster, »er konnte es nich aushalten. Wir verübten den Einbruch ja zusammen, damit der eine dem anderen nichts vorzuwerfen hätte; und der Krämer schuldete meinem Alten doch Geld. Er hatte Arbeit dafür geleistet und sollte darum betrogen werden, das war die Absicht. Und da saßen die beiden Alten und hungerten – frieren taten sie auch! Da schafften wir ihnen ihr Recht, und das war ja so über alle Maßen großartig gemacht. Aber hinterher, wenn da auf dem Arbeitsplatz etwas im Gange war, Agitations- und Wahlspektakel und dergleichen neue Einrichtungen, dann gingen sie ganz zierlich um ihn und mich herum. Wir gehörten nich mit dazu, verstehst du – wir hatten ja kein Stimmrecht. Er konnte auf keine andere Fasson damit fertig werden, als dass er 'n Strick um den Lampenhaken schlang. Ich habe die Sache hin und her gedreht, aber da is nich klug draus zu werden! – Willst du das Ganze nu ordentlich in Schwung bringen? Hier is ein gutes Wort nötig.«

Pelle antwortete nicht; dies legte sich zu schwer auf ihn. Er hörte die Frage gar nicht.

»Deine Worte waren ja hauptsächlich schuld daran, dass wir an eine neue Zeit glaubten«, fuhr Jakob hartnäckig fort. »Sonst hätten mein Bruder und ich es am Ende anders angefangen und dann wäre es uns beiden besser gegangen. Na, du hast ja natürlich auch selber daran geglaubt! Aber was sagst du nu – glaubst du noch an dieses Neue? Denn man möchte ja gern wieder ein ehrlicher Mensch sein.«

Natürlich glaubte Pelle noch daran.

»Ja, da sind nämlich nich mehr viele, die noch einen roten Heller für die Sache geben. Aber wenn du es sagst, zu dir hab ich immer noch Fiduz. Man selbst hat ja nich Grips genug, um was auszutüfteln; und für uns kleinen Leute is es, ich möchte sagen, so gewesen, als wenn der Pfropfen abging, als du damals wegkamst. Das Ganze wurde zu abgestandenem Fusel. Geschehen tut nichts, was wir armen Deubels sehen können, und jedes Mal, wenn man anfängt zu jammern, wird einem gleich ein Stimmzettel in die Faust gedrückt: Geh hin und stimm ab, Kamerad, dann wird es schon anders werden. Aber, zum Teufel auch, das kann nich zünden bei einem Burschen, der von klein auf nichts gelernt hat. Für mich hatten sie nu mörderlich fein gesorgt mit Wiederherstellung meiner Ehre, damit ich mein Stimmrecht wieder gebrauchen könnte! Aber mich zu einem machen, auf den keiner herabsieht, das können sie nich. Und darum bedank ich mich auch dafür! Aber wenn du noch daran glaubst, dann tu ich es auch, verdammt und verflucht, denn zu dir hab ich nu mal Fiduz. Hier hast du meine Hand drauf.«

Jakob war noch derselbe einfältige, gutmütige Bursche wie in alten Zeiten, als er auf dem Boden der Arche hauste. Ein wenig mehr Böses hätte immerhin in ihm sein können! Aber seine Worte wärmten Pelle das Herz: Hier war doch ein Mensch, der seiner bedurfte und der noch an ihn glaubte, obwohl er im Kampf zum Krüppel geschlagen worden war! Dies war der erste Invalide; Pelle war darauf vorbereitet, mehr zu treffen und ihre Anklage hinzunehmen. Allerlei würde sich gegen ihn wenden, gerade jetzt, wo er machtlos dastand – aber er musste das hinnehmen! Es war ihm, als habe er jetzt die Kraft dazu.

Pelle ging wieder auf die Straße; er überließ den Füßen die Richtung und dachte an Vergangenheit und Zukunft. Sie waren so fest überzeugt gewesen, dass sogleich eine neue Zeit für sie anbrechen würde! Die neue große Wahrheit war so einleuchtend gewesen, dass man meinte, das Alte müsste vor ihr fallen wie vor einem Zauberwort – und nun hatte der Alltag auch ihr den Glanz genommen! Soweit er sehen konnte, war nichts Wesentliches geschehen, und was sollte wohl auch geschehen sein? Es war nicht so leicht, Systeme zu stürzen. Aus dem Urteil des fröhlichen Jakob konnte er sich sein eigenes bilden, aber er war nicht mehr verzagt. Mochte jetzt kommen, was kommen wollte! Er hatte nichts dagegen, die alten Kameraden sogleich herauszufordern und seine Stellung zu klären.

Er war durch mehrere Seitengassen gekommen und stand plötzlich vor einem großen, erleuchteten Gebäude; die breite Treppe strömten Leute hinauf. Es war eins der Arbeiterversammlungshäuser; man feierte ein Fest wegen des Wahltages. Aus alter Gewohnheit folgte Pelle dem Strom.

Er hielt sich im Hintergrund des Saales und gebrauchte seine Augen, als sei er eben von einem anderen Planeten heruntergefallen; wunderliche Gefühle stiegen in ihm auf, als er wieder mit den vielen zusammen war. Einen Augenblick empfand er das heftige Verlangen, zu rufen: »Hier bin ich wieder!«, und die Arme nach ihnen auszustrecken. Aber er bezwang diese Regung schnell, sein Gesicht zeigte wieder die gleiche steinerne Ruhe wie vorher.

Das also war sein Heer aus den Kampftagen. Sie waren beträchtlich besser gekleidet als an jenem Tage, da er sie im Triumph in die Stadt geführt hatte als deren wahre Bürger; sie trugen den Kopf höher, verkrochen sich nicht hintereinander, sondern forderten Platz. Sie hatten jetzt mehr zu essen, das konnte er sehen, die Gesichter waren blanker davon geworden. Aber die Augen waren träge im Ausdruck geworden, sie spähten nicht mehr hungrig ins Ungewisse, sondern glitten ruhig von einem Punkt zum anderen. Man hatte sich offenbar wieder auf einen langen Marsch eingerichtet und vielleicht war das gut; große Dinge vollzogen sich nicht im Handumdrehen.

Er wurde dadurch aus seinen Gedanken gerissen, dass die Nächsten sich umwandten und ihn anstarrten. Immer mehr Gesichter drehten sich nach ihm um. Pelle ist hier!, ging es wie ein Murmeln durch die Versammlung. Hunderte von Augen waren auf ihn gerichtet, fragend und forschend, einige in offener Erwartung, als müsse gleich etwas Ungewöhnliches geschehen.

Die Bewegung wuchs zu einer Welle, die ihn widerstandslos in den Vordergrund des Saales und auf die Rednertribüne hinauftrug. Ein mächtiges Brausen stieg um ihn auf wie eine Brandung und betäubte sein empfindliches Gehirn, wo die Stille saß und ununterbrochen eine feine, neue Welt zusammenfügte, von der niemand sonst wusste. Und auf einmal wurde es still, so still, dass er wieder die Einsamkeit in seinem Ohr kochen hörte.

Pelle sprach ruhig und vertraulich. Seine Worte waren ein Gruß an sie aus einer Welt, die sie noch nicht kannten, aus der großen Einsamkeit, wo ein Mann seinen Weg allein gehen muss – ohne Kameraden, die ihm Mut einflößen – und sich vorwärts lauschen muss, bis er sein eigenes Herz schlagen hört. Er sitzt wieder in einer Zelle wie der erste, ursprüngliche Lebenskeim, allein und verlassen, über ihm zieht eine Spinne ihr kunstfertiges Netz. Im Anfang ist er böse auf das geschäftige Tier und zerreißt das Netz, aber das Tier fängt unverdrossen wieder von vorne an. Und dies wird plötzlich eine trostreiche Lehre für ihn, niemals seine Sache aufzugeben; er gewinnt schließlich dies kleine, aufmerksame Wesen lieb, das sein Gewebe so kunstfertig anlegt, als trage es eine große Verantwortung – und er fragt sich, ob er überhaupt für die Spinne existiert. Hat sie vielleicht Mitleid mit ihm in seiner Verlassenheit, da sie sich nicht an einen anderen Ort begibt, sondern nachsichtig ihr Gewebe von neuem spinnt, feiner und feiner – als sei es nur heruntergerissen worden, weil es nicht gut genug ausgeführt wurde? Er bereut bitter sein Vorgehen und würde viel geben für ein Zeichen, dass ihm das kleine Tier nicht zürnt, denn niemand ist so gestellt, dass er den anderen von sich stoßen kann – selbst das kleinste Gewürm hat eine verhängnisvolle Bedeutung für dich! In der Einsamkeit der Zelle lernt man die Solidarität. Und eines Tages, als er dasitzt und liest und die Spinne eifrig beschäftigt ist, einen Faden dicht an ihm vorüberzuführen, lässt sie sich vertraulich herab und benutzt seine Schulter als zeitweiligen Stützpunkt. Nie zuvor war ihm ein solches Vertrauen bewiesen worden, trotz allem; das kleine Tier wusste, wie ein verhärteter Gefangener behandelt werden musste. Es lehrte ihn, dass er ein Herz und auch eine Seele hatte, auf die er Acht geben musste! Ein Gruß an die Genossen aus der großen Stille, die darauf wartete, mit ihnen zu reden, mit einem nach dem anderen.

Er sprach mit tiefem Ernst und sah die Verwunderung in ihren Gesichtern. Zum Kuckuck auch, wollte er sie nun alle zusammen ins Zuchthaus haben, bloß weil er selbst da gesessen hatte? Und waren das die Überreste von dem alten Pelle, von dem »Blitz«, wie er damals genannt wurde? Er war verdammt lahm geworden, dem hatte man den Kamm gründlich geschoren! Ihre Aufmerksamkeit ließ schnell nach; sie fingen an halblaut miteinander zu reden; nur hier und da ertönte aus den Ecken Klatschen.

Pelle empfand die Enttäuschung und die Gleichgültigkeit, er lächelte; er bedurfte nicht mehr des orkanartigen Beifalls, jetzt lauschte er auf die innere Stimme. So viel hatte er begriffen, während er da oben stand, dass er mit denen da unten noch nicht fertig war – jetzt erst sollte das Eigentliche beginnen. Sein Werk war zertrümmert, wohlan, dann baute er ein neues, das besser war; er hatte in der Zelle gesessen und Langmut gelernt.

Er saß unterhalb der Rednertribüne zwischen den Leitern der Versammlung und fühlte, dass er hier eigentlich fehl am Platze war. Aus Mitleid hatte man ihn zu dem Fest hinzugezogen; er las in ihren Augen, dass die getane Arbeit ohne ihn ausgeführt worden war und dass er ungelegen kam. Sollten sie nun wieder anfangen mit ihm, dem Phantasten, zu rechnen oder war es seine Absicht, auszuwandern? – Ach, er brachte gewiss kein übereiltes Tempo in die Bewegung; sie sollten nur wissen, wie er in seiner Zelle gesessen und Besonnenheit angesammelt hatte!

Er sprach nicht, sondern saß geistesabwesend da und versuchte durch den Lärm hindurch ein wenig von einem ewigen Ton aufzufangen. Sie lachten, stießen miteinander an und hielten Reden, auch auf ihn; aber das alles war ja gar nicht nötig! Sicher waren sie geworden, sie redeten offen heraus – als Masse wirkten sie gut. Aber das Wunder? Das Unfassliche? Er vermisste ein wenig Angst hinter dem Wohlsein, etwas von dem tiefen, stummen Wägen, das verraten sollte, dass sie in eine neue Welt geblickt hatten. Hörten sie denn den Ton nicht, da sie so viel lärmten? Den ewigen, leisen Rhythmus, der ihm selbst ständig im Ohr klang und das Ganze in sich schloss? Die Stille der Zelle hatte sein Ohr empfindlich gemacht. Er litt bei diesem lauten Lachen, mit dem sie ihrer Lebensfreude Ausdruck verliehen.

Oben an einer großen Tafel stand einer der Führer und rechnete unter dem Jubel der Versammlung die Siege des Tages auf. Pelle schlich unbemerkt hinaus. Er stand auf der Treppe und atmete die Nachtluft in tiefen Zügen ein, als ein junger Mann kam und die Hand nach ihm ausstreckte; es war sein Schwager Fredrik Stolpe.

»Ich wollte dich nur willkommen heißen bei uns; hab auch Dank für deine Worte da drinnen«, sagte er.

»Wie geht es Ellen?«, fragte Pelle mit leiser Stimme.

»Das ist wohl soso. Sie wohnt Viktoriagade zwanzig und wäscht; ich glaube, sie würde sich freuen dich zu sehen.« Er sah Pelle prüfend an. »Wenn du es wünschst, will ich gern dafür sorgen, dass ihr euch bei mir trefft.«

»Danke«, sagte Pelle, »aber ich gehe morgen früh zu ihr!« Er bedurfte keiner Umwege mehr.

2

Pelle erwachte von einem fernen, donnerähnlichen Geräusch, das in die Nacht hinauswuchs und gerade auf das Gefängnis zukam. Er lag still und lauschte voll Grauen, in der Hoffnung, die beruhigenden Schritte des Wärters an der Tür vorübergehen zu hören; in seinem schweren Kopf jagten die Vorstellungen verwirrt umher wie herrenlose Pferde. Der dumpfe, drohende Laut kam beständig näher, wuchs verhängnisvoll und ging plötzlich in ein donnerndes Getöse über, das alles zusammenstürzen ließ. Es war, als tue sich ein ungeheurer Schlund auf und verschlinge das Ganze.

Er stürzte zum Fenster, sein Herz klopfte wie rasend. Dann wurde er verlegen. Er hatte denselben Weltuntergang wieder erlebt wie in den Tagen der Kindheit, wenn der Blitz zwischen den Felsklippen krachte, und dann war es nichts weiter als das Lärmen der ersten Bauernwagen des Tages, wenn sie an der Landstraße auf das Steinpflaster überwechselten. Es war die Einsamkeit, die in seiner Phantasie brütete und die angsterfüllt vor jedem Laut aufbäumen machte. Aber das gab sich wohl.

Er reckte sich plötzlich und schüttelte den bösen Alpdruck der Nacht ab. Frei! Kein Schließer kam wie ein böser Teufel und zersprengte den glücklichen Traum der Nacht von Freiheit – er *war* frei! Die Pritsche brauchte nicht bis zum bestimmten Glockenschlag an der Wand festgeschnallt zu werden; er konnte liegen bleiben, so lange er wollte, den ganzen Tag, wenn er Lust hatte! Aber jetzt hatte er wichtigere Dinge vor – das Leben wartete. Hastig kleidete er sich an.

Unten auf der Straße ging der Laternenanzünder und löschte jede zweite Laterne, in einer endlosen Reihe rollten die Wagen vom Lande herein, um die Stadt zu versorgen. Pelle öffnete das Fenster und atmete die erwachende Stadt ein, während er sich ankleidete. Er war gewohnt in einer Stille zu schlafen, die nur unterbrochen wurde durch das Piepsen der Mäuse unter dem Heizungsrost, und der Nachtlärm der Stadt – das Dröhnen der Elektrischen, die Rufe später Nachtwanderer –, all das Ungewohnte, das so grell aus der Dunkelheit herausdrang, hatte seinen Schlaf mit Fieber und sein Hirn mit einer Reihe hässlicher, missgestalteter Bilder erfüllt.

Aber nun fühlte er sich gründlich ausgeruht und begrüßte die Stadt mit wahrer Freude. Der Lärm rief, er musste hinab und mit Hand anlegen, um dies alles in Gang zu halten! Jahre hindurch hatte er nichts weiter getan, als zu Haufen zu sammeln, jetzt sollte wieder zugegriffen werden mit Kräften und fröhlicher Laune. Sobald er in den Kleidern war, ging er hinaus; um Ellen aufzusuchen, war es noch zu früh, aber er konnte es nicht ertragen, länger im Zimmer zu bleiben.

Es war früh am Morgen. Jetzt kam die erste Morgenstraßenbahn von draußen herein, gedrängt voll von Arbeitern; sie hingen buchstäblich von den Stufen herab, auf dem Hauptwagen wie auf beiden Anhängern. Und da war der erste Bauer mit Milch; im Milchladen waren sie noch nicht einmal auf! Alle Viertelstunden kamen Straßenbahnzüge mit Arbeitern und die Marktwagen rollten unaufhörlich vom Lande herein, hoch beladen mit Gemüse, Korn oder geschlachteten Schweinen. Die Straße war gleichsam eine Futterpumpe, die der Stadt fortwährend Nahrung zuleitete.

Auf den hoch beladenen Strohfudern saßen seeländische Bauern und schlummerten; sie kamen aus der Gegend von Frederikssund und waren die ganze Nacht gefahren. Hin und wieder kam ein Treiber mit einer Viehherde, die nach dem Viehmarkt sollte. Den Tieren sagte die Stadt nicht zu, sie gerieten alle Augenblicke in die Klemme, blieben mit ihren Stricken an den Laternenpfählen hängen oder kamen der Elektrischen in die Quere. Zeitungsfrauen trabten von Haustür zu Haustür, ihr schweres Tuch voll von Morgenzeitungen; er hörte, wie sie sich die Treppen hinaufschleppten, als hätten sie Blei in den Beinen. Und während alledem ertönte das endlose Trapptrapp von Arbeitern, die an ihr Tagewerk eilten.

Der eigenartig anheimelnde Klang dieser Fußtritte erinnerte ihn plötzlich daran, dass er nicht mehr zu dieser Schar gehörte, sondern auf seiner eigenen Bahn dahinschritt. Warum war er nicht mehr ein unpersönlicher, kleiner Bruchteil in diesem schweren Strom, der jeden Tag mechanisch dieselbe Runde in der Mühle machte? Die Einsamkeit hatte seinen Blick für die Menschen staunend und neu gemacht, jetzt suchte er in jedem fremden Gesicht unwillkürlich nach etwas von dem, was den Einzelnen zu einer Welt für sich macht. Aber diese Menschen glichen einander alle, fand er; sie hasteten aus der Dunkelheit der Seitenstraßen und wurden erst richtig wach und sicher auf den Beinen, wenn sie sich dem Zug der Menge anschlossen. Aber dann gingen sie auch verdammt gut. Er erkannte den festen Takt wieder – er selber hatte sie ihn gelehrt.

Der Tag sickerte auf Vesterbro herab, grau und schwer von Lenzfeuchtigkeit und Großstadtrauch. Dieser Stadtteil war anscheinend noch nicht so recht aufgewacht, das Tempo der Hauptstraße hatten nur die verspäteten Nachtwanderer. Er bog in die Viktoriagade ein und sah sich staunend um – hier war er noch nie gewesen. Er las die Schilder: Artistenbüro, Artistenheim, Logis für Artisten, Massage und Hühneraugenoperateur, Kostüme zu vermieten. Die meisten Schilder waren in fremden Sprachen, hier war auch ein »Gymnasium für Equilibristen« und ein »Konservatorium für Gesang und Musik, Tanz und Plastik«. Und Mangel an Pfandleihern und Trödlern herrschte hier auch nicht. Wie war Ellen nur in diese sonderbare Atmosphäre von Parfüm, alten Kleidern und fremden Ländern hineingeraten? Hinter den Fenstern der niedrigen Erdgeschosse sah er wunderliche Kleidungsstücke über Stühle gebreitet, Burnusse und rote Türkenmützen; eine dunkle, kleine Gestalt mit langem Zopf und bloßen Füßen in gelben Pantoffeln glitt lautlos an ihm vorüber in die altmodisch palastartige Haustür von Nummer zwanzig.

Pochenden Herzens stieg er die Treppe hinauf. Die Stufen waren ausgetreten und seufzten, wenn man sie betrat. Die Tür zu der Wohnung stand nur angelehnt. Er hörte in dem vordersten Zimmer jemand fegen und weiter hinten plauderte ein Kind mit sich selbst oder mit seiner Puppe. Er musste ein wenig auf dem Absatz stehen bleiben, um Atem zu schöpfen und sich zu beruhigen.

Ellen stand da und fegte mit sicheren Bewegungen unter dem Sofa. Sie richtete sich auf und starrte ihn verwirrt an, dann entfiel der Besen ihrer Hand, sie schwankte. Pelle fing sie auf, willenlos sank sie zu ihm hinüber und blieb lange so stehen, weiß und mit geschlossenen Augen. Als er endlich ihr erloschenes Gesicht zu sich drehte und es küsste, brach sie in Tränen aus.

Er sprach ihr leise und beruhigend zu wie einem Kind. Die Augen hielt sie geschlossen, wie immer, wenn etwas sie überwältigte; in jedem Auge stand ein klarer See. Sie lag in seinem Arm und er spürte, wie der Klang seiner Stimme ihren Körper erzittern ließ. Das Weinen löste die Starrheit, sanft sank sie an seine Brust; an diesem Sinken merkte er, wie steif sie sich gehalten haben musste, und Glück erfüllte ihn. Alles war also um seinetwillen geschehen. Mit einer ungeheuren Willensanstrengung hatte sie dem Schicksal Trotz geboten, bis er kam. Und nun legte sie das Ganze ihm zu Füßen und sank zusammen. Wie müde musste sie sein! Aber jetzt sollten sie es gut haben, sie und die Kinder! Jetzt wollte er für sie leben!

Er hatte sie auf das Sofa gelegt, saß über sie gebeugt da und erzählte ruhig, wie er bereut und sich gesehnt und es sich hatte leid sein lassen. Sie antwortete nicht, sondern hielt seine Hand krampfhaft fest, von Zeit zu Zeit öffnete sie die Augen und betrachtete ihn verstohlen. Plötzlich entdeckte sie, wie verheert und voller Furchen sein Gesicht war, sie ließ die Hand darüber hingleiten, wie um seine Züge weich zu machen, und brach in heftiges Weinen aus.

»Du hast es so schwer gehabt, Pelle!«, sagte sie ungestüm und ließ ihre zitternden Finger durch sein grau gesprenkeltes Haar gleiten. »Ich kann es deinem armen Kopf anfühlen, wie schlecht sie gegen dich gewesen sind. Und ich war nicht einmal bei dir! Wenn ich dir doch nur etwas zuliebe tun könnte, damit du wieder froh wirst!«

Sie riss ihre Taille auf, legte seinen Kopf an ihren Busen und lullte ihn ein mit dem Ausdruck einer Mutter, die ihr Kind säugt. Und Pelles Antlitz veränderte sich leise – wie das des Kindes, wenn es an die Brust gelegt wird. Es war, als ergösse sich der Quell des Lebens in ihn, das Verhärtete wich aus seinen Zügen, Leben und Wärme kehrten in sie zurück.

»Ich glaubte ja nicht, dass du zu uns zurückkehren würdest«, sagte Ellen und presste heftig ihre Brust gegen seinen Mund. »Von dem Augenblick an, wo dich Lasse Fredrik gestern traf, hab ich dagesessen und gewartet, dass du kommen würdest.«

Pelle entdeckte plötzlich, wie übernächtig sie aussah. »Du bist über Nacht gar nicht zu Bett gewesen?«, sagte er.

Sie schüttelte lächelnd den Kopf. »Ich musste ja aufpassen, dass die Haustür nicht abgeschlossen wurde. Jedes Mal, wenn jemand nach Hause kam, lief ich hinunter und schloss wieder auf. – Du musst dem Jungen nicht böse sein, weil ihm bange vor dir war. Hinterher bereute er es und lief den ganzen Abend in der Stadt herum, um dich zu suchen.«

Aus der Schlafkammer rief eine helle Kinderstimme immer lauter: »Manne! Guten Tag, Manne!«

Da drinnen saß Schwester aufrecht in Ellens Bett und spielte mit einer Feder, die sie aus dem Zipfel des Oberbettes gezupft hatte. Sie ließ sich willig küssen und saß da mit ihrem Trotzmäulchen und der drolligsten krausen Nase. »Du bist Mann!«, sagte sie einschmeichelnd.

»Ja, das stimmt«, entgegnete Pelle lachend, »aber was für ein Mann?«

»Mann!«, wiederholte sie und nickte ungeheuer ernsthaft.

Schwester teilte jetzt das Bett mit Ellen. Am Fußende des großen Bettes stand ihr eigenes kleines Kinderbett, das einstmals auch Lasse Fredriks Bett gewesen war, und darin lag nun . . . Pelle wandte sich nach der anderen Wand um, wo Lasse Fredrik in dem einschläfrigen Bett lag und atmete, den Arm unterm Kopf. Er hatte das Oberbett weggestrampelt und lag auf dem Bauch, in tiefe Ruhe versunken, die drallen Glieder ausgestreckt. Er war gut gebaut, der Bursche!

»Na, Faulpelz, wirst du wohl machen, dass du auf die Beine kommst?«, rief Pelle und zerrte ihn an dem einen Fuß.

Der Junge wandte sich langsam um. Als er den Vater erblickte, war er plötzlich ganz wach und hob den Ellbogen schützend über den Kopf.

»Es hängen keine Ohrfeigen in der Luft, mein Junge«, sagte Pelle lachend. »Das Spiel fängt heute erst an!«

Lasse Fredrik fuhr eigensinnig fort sich mit dem Arm zu decken. Er lag da und starrte gleichgültig in die Stube, als ahne er nicht, worauf der Vater anspielte. Aber er hatte einen dunkelroten Kopf.

»Sagst du deinem Vater nicht einmal ordentlich Guten Tag?«, fragte Ellen.

Da streckte er widerstrebend die Hand aus und wandte sich dann nach der Wand um. Er lag da und ärgerte sich über die Heldentaten des gestrigen Tages, vielleicht erwartete er auch eine Strafe. An dem Nagel über dem Bett hingen seine Kittelschürze und seine Mütze.

»Lasse Fredrik ist wohl auch Milchjunge?«, fragte Pelle.

»Ja«, erwiderte Ellen, »und er ist ganz brauchbar für diese Arbeit. Die Kutscher loben ihn.«

»Muss er denn nicht aufstehen und gehen? Ich bin schon verschiedenen Milchwagen begegnet.«

»Nein, denn wir streiken ja«, murmelte der Junge, der Wand zugewendet.

»Diese Bengels – ihr streikt also! Was ist denn los, handelt es sich um den Lohn?«, fragte Pelle interessiert.

Der Junge musste erzählen. Er drehte dem Vater das Gesicht zu, sah ihn aber nicht an.

Ellen stand in der Tür und hörte ihnen lächelnd zu, sie sah schwach aus. »Lasse Fredrik ist der Führer«, sagte sie leise.

»Und dann liegt er hier, anstatt draußen zu sein und auf die

Streikbrecher Acht zu geben!«, rief Pelle ganz erregt. »Du scheinst mir ein netter Führer zu sein!«

»Glaubst du, dass ein Junge so gemein is, den Streikbrecher zu machen?«, sagte Lasse Fredrik. »Nein, die Leute holen sich ganz einfach die Milch selbst vom Wagen.«

»Dann müsst ihr die Kutscher dazu kriegen, dass sie gemeinsame Sache mit euch machen!«

»Nee, wir sind ja keine richtige Organisation. Darum wolln sie uns nich unterstützen.«

»Dann bildet doch 'ne Organisation, zum Teufel auch! Willst du mal machen, dass du rauskommst, Junge; lieg doch nicht da und schnarch, wenn du so was vorhast! Glaubst du vielleicht, dass man sich hier in dieser Welt etwas erschläft?«

Der Junge rührte sich nicht, er fand offenbar nicht, dass ein Grund vorlag, den Vater besonders ernst zu nehmen. Aber da traf ihn ein vorwurfsvoller Blick Ellens. Und eins, zwei, drei war er aus den Federn und in den Kleidern. Während sie in der Stube saßen und Kaffee tranken, gab ihm Pelle allerlei Winke, wie er die Sache anpacken müsse. Er war sehr interessiert und ging gleich mit Leib und Seele in der Frage auf; es war, als habe er erst gestern mit den Massen zu tun gehabt. So viele gute Kampferinnerungen drangen auf ihn ein. Jetzt wusste also jedes Kind, dass es das Gemeinste von allem war, Dienste als Streikbrecher zu leisten! – Und wie hatte er kämpfen müssen, um selbst die besten Kameraden dahin zu bringen, dass sie die Sache verstanden! Ganz komisch war es, zu denken, dass der Streik – der die Arbeiter mit Schaudern erfüllte, als er ihn zum ersten Mal anwendete – jetzt etwas war, womit sich bereits die Kinder abgaben. Die Zeit schien mit schnellen Schritten zu gehen! Wollte man Anteil am Gewinn haben, so musste man sich tummeln.

Als der Junge zur Tür hinaus war, trat Ellen zu ihm und strich ihm über das Haar. »Willkommen daheim!«, sagte sie still und küsste ihn auf die gefurchte Stirn.

Er drückte ihre Hand. »Hab Dank, dass du ein Heim für mich hast«, erwiderte er und sah ihr in die Augen, »sonst, glaub ich, wäre ich vor die Hunde gegangen.«

»Du kannst mir glauben, daran hat der Junge seinen großen Anteil! Er greift tüchtig zu – sonst hätte es manches Mal schlimm für mich ausgesehen. Du musst nicht böse auf ihn sein, Pelle, wenn er auch manchmal ein bisschen kurz angebunden gegen dich ist. Bedenke, er hat sich so viel von den anderen Jungen gefallen lassen müssen. Manchmal ist er ganz verprügelt nach Hause gekommen.«

»Um meinetwillen?«, fragte Pelle kleinlaut.

»Ja, denn er konnte ja nicht dulden, dass sie was Schlechtes über dich sagten. Eine Zeit lang war er dauernd in Prügeleien verwickelt – jetzt glaub ich übrigens, dass er Ruhe hat; denn er gibt nicht nach. Aber es mag ja was bei ihm hängen geblieben sein.«

Sie stand zögernd neben ihm. Da war irgendetwas, was sie ihm sagen wollte, was sie aber nicht über die Lippen bringen konnte.

»Was hast du?«, fragte er, um ihr die Sache zu erleichtern, und bekam plötzlich heftiges Herzklopfen. Er hätte am liebsten gesehen, wenn sie ohne Worte darüber hinweggekommen wären.

Aber sie zog ihn sanft mit sich in die Schlafkammer und an das Kinderbett. »Du hast Svend Tröst noch nicht begrüßt«, sagte sie.

Er beugte sich verlegen über den kleinen Jungen, der dalag und ihn mit großen, ernsten Augen anstarrte.

»Wenn du mir nur ein wenig Zeit lassen willst«, sagte er.

»Es ist der Junge der kleinen Marie«, sagte Ellen mit einer eigentümlichen Betonung.

Er richtete sich hastig auf und sah sie verstört an. Es dauerte eine Weile, ehe er begriff.

»Wo ist Marie?«, brachte er mühsam hervor.

»Sie ist tot, Pelle«, antwortete Ellen und kam ihm zu Hilfe, indem sie ihm die Hand gab. »Sie ist im Wochenbett gestorben.«

Es huschte ein grauer Zug über Pelles Gesicht.

3

Das Haus, in dem Pelles wohnten – das »Palais« nannten es die Bewohner der Straße –, war ein altes, verfallenes, dreistöckiges Gebäude mit Mansarden. In der Mitte der Fassade liefen die Überreste einiger kannelierter Pilaster durch die beiden oberen Stockwerke hinauf und rahmten die schmalen Fenster vornehm ein. Der Name des Hauses war nicht ganz aus der Luft gegriffen, die alte Eisenkrämerin im Hintergebäude konnte sich noch entsinnen, dass es in ihrer Kindheit das Landhaus eines Generals gewesen war und ganz frei gelegen hatte. Damals reichte der Strand bis da hinauf, wo jetzt die Istedgade verläuft, und die Stachelbeerbüsche wuchsen bis an den Rathausplatz. Zwischen vielen Hintergebäuden eingeklemmt, standen da noch zwei uralte, krebskranke Apfelbäume aus jener Zeit.

Die Stadt hatte seither die Obstgärten eine halbe Meile weiter zurückgeschoben, die fröhliche Sommergegend Vesterbro legte sich im Laufe der Zeit Seitengassen zu, enge Armeleutestraßen, die sich um die verstreut liegenden Landhäuser schlossen und dem Licht den Zutritt verwehrten. Arme Leute, Artisten und Dirnen vertrieben die Herrschaften und verwandelten den üppigen Sommerbezirk in einen bunten Stadtteil, wo die gestiefelte Armut und die sohlenlose Intelligenz sich ein Stelldichein gaben.

Das Palais war die letzte Erinnerung an eine entschwundene Zeit. Noch sah man die Reste der ehemaligen Vornehmheit an dem verräucherten Stuck der Decken und an den tiefen Fenstern; aber die großen Zimmer hatte man in Kleineleutewohnungen von einer oder zwei Stuben zerstückelt und die Hälfte des breiten Aufgangs war durch Bretter in Feuerungsgelasse abgeteilt.

Aus Pelles kleiner Zweizimmerwohnung führten eine Treppe und ein paar Stufen in einen großen Raum hinab, der das obere Stockwerk des ganzen Seitengebäudes ausfüllte und sehr wohl der ehemalige Festsaal gewesen sein konnte. Die hohe, rauchgeschwärzte Decke war einstmals dekoriert gewesen; jetzt waren die meisten Felder heruntergefallen und die Balken drohten hinterdreinzukommen.

Der mächtige Raum war im Laufe der Zeiten als Brauerei und als Lager benutzt worden, aber noch immer trug er das Gepräge vergangener Herrlichkeit. Die Kinder des Hauses fanden auf alle Fälle, dass es hier großartig wäre, sie bröckelten die letzten Paneelreste zu Brennholz ab und saßen stundenlang auf den hohen Absätzen über den Mauerpfeilern, wo einstmals Büsten von berühmten Männern gestanden hatten, und riefen einander laut zu.

Von Zeit zu Zeit mietete sich hier eine russische oder polnische Auswandererschar ein und nahm den Saal für einige Nächte in Besitz. Sie lagen und schliefen auf dem bloßen Fußboden, ein jeder auf seinem Bündel, und am Morgen klopften sie an die Tür von Ellens Stube und baten mit Gebärden, die Waschgelegenheit benützen zu dürfen. Im Anfang fürchtete sie sich vor ihnen und versperrte die Tür mit ihrem Kleiderschrank, aber der Gedanke an Pelle im Gefängnis machte sie weich und hilfsbereit. Es waren arme, verkommene Wesen, die Elend und Unglück aus der Heimat fortgetrieben hatten. Sie konnten keine Sprache außer ihrer eigenen und wussten nichts von der Welt, aber gleich den Zugvögeln schienen sie den Weg zu ahnen. In ihrem blinden Streben ins Weite fanden sie von selbst zum Palais, um auszuruhen.

Sonst lag der große Raum unbenutzt da. Der Saal, der durch zwei Stockwerke ging, hätte in verschiedene kleine Wohnungen aufgeteilt werden können, aber der Besitzer des Ganzen – ein alter Bauer aus Glostrup – war so geizig, dass er es nicht übers Herz brachte, Geld auszugeben, wenn auch die Vorteile noch so einleuchtend waren. Und Ellen hatte nichts dagegen, dass alles so blieb, wie es jetzt war. Sie trocknete ihre große Wäsche hier und brauchte weder vor Schmutz noch vor Kohlenstaub Angst zu haben.

Der Zufall, der so oft an die Stelle der Vorsehung treten muss, wo es sich um den armen Mann handelt, hatte sie und die Kinder hier hineingespült, als sie draußen am Kapelvej gescheitert waren. Ellen hatte nach angestrengter Arbeit endlich ihre Steppstube in Gang gebracht und hielt sich zwei Schülerinnen zur Hilfe, als ein langwieriger Streik kam und ihr alles über den Haufen warf. Sie wehrte sich, so gut sie konnte, aber eines Tages kamen sie doch und trugen ihre Habseligkeiten hinunter auf die Straße; es war die alte Geschichte, Pelle hatte sie schon etliche Male gehört. Da standen sie und die Kinder und hielten Wache bei den Habseligkeiten, bis es dunkel wurde; der Regen strömte und sie wussten weder aus noch ein. Leute blieben stehen, stellten ein paar Fragen und hasteten weiter; hin und wieder erteilte ihnen jemand den Rat, sich an die Obdachlosenabteilung zu wenden. Aber dazu waren Ellen und Lasse Fredrik zu stolz; sie brachten die Kleinen bei der Rollfrau im Keller unter und hielten Wache bei den Habseligkeiten, in der dumpfen Hoffnung, dass doch etwas geschehen würde – eine Hoffnung, die alle Erfahrung bei den Armen nie ganz auszulöschen vermag.

Und als sie hinreichend lange dagestanden hatten, geschah auch wirklich etwas. Von der Nörrebrogade kamen zwei Kerle mit einem vierrädrigen Ziehwagen dahergejagt, wie ihn die armen Leute Kopenhagens benutzen, wenn sie – in der Regel des Nachts – aus einer Wohnung in die andere ziehen. Der eine zog an der Deichsel, während der andere hinten schob und sich, wenn die Karre ordentlich in Fahrt war, bäuchlings über das Fuhrwerk warf und mit den Holzschuhen auf dem Pflaster bremste, sodass der Wagen in den Rinnstein lief. Auf dem leeren Wagen saß ein ältliches Frauenzimmer und trällerte, ihre Beine baumelten über die Seiten herunter; sie war korpulent und hatte einen mächtigen Hut mit großen, nickenden Blumen auf dem Kopf, einen echten »Herrenwinker«. Es ging mit einem gewaltigen Hallo von dem einen Rinnstein in den anderen und jedes Mal kreischte die Dame.

»Das wäre ja ein Möbelwagen!«, sagte Lasse Fredrik und im selben Augenblick bremste der Wagen gerade vor ihnen und lief in den Rinnstein.

»Was is denn mit dir, Thorvald?«, sagte der eine der Kerle und glotzte Ellen gerade ins Gesicht. »Hast dir das Auge gestoßen, was?«

Das Frauenzimmer war vom Wagen heruntergehüpft. »Zum Kuckuck mit dir, du Rindvieh«, sagte sie und puffte ihn beiseite, »du kannst doch wohl sehen, dass die da rausgesetzt sind! Hat dein Mann dich rausgeschmissen?«, fragte sie und beugte sich teilnahmsvoll über Ellen.

»Nein, der Wirt hat uns rausgesetzt«, sagte Lasse Fredrik.

»So ein Scheißkerl und nu habt ihr keine Stelle, wo ihr über Nacht bleiben könnt, was? Ach, Krischan, lad den Trödel da auf den Wagen, das kann über Nacht bei uns im Torweg stehen bleiben. Die Sachen werden ja ganz ruiniert durch den Regen.«

»Ja, die Stuhlbeine haben schon angefangen Wurzeln zu schlagen«, entgegnete Krischan. Die beiden Burschen waren in übermütiger Laune.

»Nu kommt man ganz einfach mit«, sagte das Frauenzimmer, als die Sachen aufgeladen waren, »dann will ich euch schon Unterkunft für die Nacht verschaffen. Und morgen is der liebe Gott wohl selbst zu Hause!«

»Das is 'ne Schneppe!«, flüsterte Lasse Fredrik Ellen zu und zerrte an ihrem Kleid. Aber ihr war das jetzt einerlei, wenn sie nur nicht ins Armenhaus kamen. Sie trug die Nase nicht mehr hoch.

Es war »Königin Therese« in höchsteigener Person, die sie getroffen hatten, und damit war gewissermaßen ihr Glück gemacht. Sie verhalf Ellen zu der kleinen Wohnung und verschaffte ihr die Feinwäsche der Dirnen dieses Stadtteils. Es war nicht viel daran, die Mädchen von Vesterbro trugen den feinen Staat, solange sie konnten; aber es warf doch das tägliche Brot ab.

Pelle wollte nicht, dass Ellen noch ferner mit all dem Schmutz zu schaffen haben sollte; er wollte allein für das Auskommen der Familie sorgen. Ellen hatte außerdem ihr Teil Arbeit getan, sie sah so müde aus und hatte es nötig, sich ein wenig auszuruhen. Es war gleichsam, als falle sie zusammen, jetzt, wo er dastand und die Verantwortung wieder übernehmen konnte. Aber dass sie die Wäsche aufgeben sollte, davon wollte sie nichts hören. »Es ist nie gut, das schmutzige Wasser auszugießen, ehe man reines hat«, sagte sie.

Jeden Morgen machte er sich auf den Weg, mit einem funkelnagelneuen Gewerkschaftsbuch ausgerüstet, und ging von Werkstatt zu Werkstatt. Es waren keine guten Zeiten für das Fach, viele seiner alten Arbeitskameraden waren in andere Erwerbszweige abgedrängt worden, er traf sie als Schaffner, Laternenanzünder und dergleichen wieder; die Maschinen hätten sie überflüssig gemacht, sagten sie. Es waren die Nachwehen der großen Aussperrung – die hatte die kleinen selbstständigen Meister totgeschlagen, die ehedem mit einem Gesellen oder auch zweien arbeiteten, und der Großindustrie die Segel gebläht. Die wenigen, die es hatten aushalten können, hatten sich Maschinen angeschafft und waren Fabrikanten geworden, der Rest war hinausgedrängt worden und saß nun in armseligen Kellerwohnungen und ernährte sich durch Flickarbeit.

Am allerwenigsten hatte er sich gedacht, dass er wieder unter den alten Bedingungen auf Arbeit gehen müsse. Und nun ging er hin und bot sich an, war willig, wieder in die Lehre zu gehen, um die Maschinen seines neuen Herrn zu bedienen, und lieferte sich der ärgsten Ausbeutung aus. Und die Fabrikanten hatten nicht einmal Verwendung für ihn – sie erinnerten sich seiner noch zu gut. »Sie sind zu lange vom Fach fort gewesen«, sagte dieser oder jener zweideutig.

Nun, das war ja nur ein wohlgemeinter Dank für alte Zeiten.

Aber er fühlte bitter, wie sich die Vergangenheit selber wider ihn erhob. Da hatte er gekämpft und alles geopfert, um die Berufsverhältnisse zu verbessern – und die Maschinen waren die niederdrückende Antwort der Entwicklung an ihn und seinesgleichen.

Er war nicht der Einzige, der in dieser guten Frühlingszeit umherging und vergeblich nach Arbeit suchte; eine Menge andere Berufe hatte dasselbe Schicksal gehabt wie der seine. Jeder neue Morgen führte ihn in einen ganzen Zug von Menschen, die dazu verdammt schienen, in hoffnungslosem Suchen nach Arbeit das Pflaster zu treten, Leute, die von den Maschinen hinausgedrängt worden waren und nichts wieder fanden. Mit denen muss etwas nicht in Ordnung sein, dachte er, während er dastand und beständig derselben Geschichte lauschte, wie sie plötzlich abgehängt waren und das Ganze davondampfen sahen. Es musste ihre eigene Schuld sein, wenn nicht ein neuer Zug kam und sie ankoppelte, vielleicht waren sie träge oder Trunkenbolde. Aber allmählich sah er solide, erprobte Leute in den Reihen stehen und ihre Arbeitskraft Morgen für Morgen vergeblich anbieten; und er ahnte fröstelnd, dass die Zeiten im Begriff waren, sich zu ändern.

Er hätte sich schon durchgeschlagen, wenn es nur Arbeit gegeben hätte. Der Tarif war ganz gut – er hatte nur den verhängnisvollen Fehler, dass er nicht gegessen werden konnte. Alles in allem schien sich eine Verschiebung zum Nachteil des Handwerks vollzogen zu haben – und um es noch unheimlicher zu machen, hatten ihm die Großbetriebe den Ausweg versperrt, sich niederzulassen und selbstständig zu werden. Es war nicht einmal diese kleine Hintertür mehr offen; Pelle konnte es sich ebenso gut jetzt wie später aus dem Kopf schlagen; um jetzt Meister zu werden, hatte man Kapital und Kredit nötig. Das Beste, was die Zukunft nun in ihrem Schoß barg, war eine endlose und aussichtslose Wanderung nach der Fabrik und wieder zurück von der Fabrik.

Er stand nun wieder vor dem alten Problem; der ganze Zustand entrollte sich von selber vor ihm, es nützte nichts, die Augen zu schließen. Er hatte den besten Willen, sich nur seiner eigenen Angelegenheiten anzunehmen, und kümmerte sich um nichts weiter. Aber das eine brachte das andere mit sich und er mochte wollen oder nicht, allmählich gewann er einen Überblick über den Zustand.

Der Zusammenschluss hatte nach außen hin die Probe bestanden, die Arbeiter waren gut organisiert und hatten ihr Koalitionsrecht behauptet, man konnte ihre Organisationen nicht mehr umgehen. Die Löhne waren auch beträchtlich gestiegen und der Sinn für das Heim hatte bei den Arbeitern zugenommen; viele von ihnen waren aus ihren Höhlen in neue Zwei- und Dreizimmerwohnungen gezogen und hatten hübsche Möbel gekauft. Ihre Ansprüche an das Dasein waren gestiegen, aber es war auch alles teurer geworden und das Leben war ständig das Gleiche, von der Hand in den Mund. Er konnte sehen, dass die soziale Entwicklung nicht mit der mechanischen Schritt gehalten hatte; die Maschinen drängten sich stumm, aber unerbittlich zwischen die Arbeiter und die Arbeit und warfen immer mehr Männer auf die Straße. Die Arbeitszeit war nicht wesentlich verkürzt, der Staat schien kein besonderes Interesse daran zu haben, die Arbeitenden zu schützen. Aber er nahm sich jetzt der Invaliden der Arbeit mehr an als früher; in die Armenversorgung war Schwung gekommen. Pelle konnte kein Gesetz entdecken, das regulierend eingriff, hingegen eine ganze Reihe von Gesetzen, die den Zuständen ein Pflaster auflegten. Es wurde eine Menge verschiedener Unterstützungen ausgeteilt, alle hart an der Hungergrenze; immer mehr mussten ihre Zuflucht dazu nehmen. Das beraubte sie nicht ihrer bürgerlichen Rechte, machte sie aber zu einer Art politisch ausgehaltenem Proletariat.

So sah die Märchenwelt aus, an deren Eroberung Pelle teilgenommen hatte, als er zurückgekehrt war und sie mit neuen Augen ansah. Die Welt war nicht neu geschaffen worden, etwas Starkes, menschlich Tragendes schien die Bewegung nicht hervorgebracht zu haben. Es sah so aus, als ob die Arbeiter bereit waren, ruhig aus dem Spiel auszuscheiden, sofern sie nur ihr Geld zum Spazierengehen erhielten. Wo war ihr alter Stolz geblieben? Sie hatten sich offenbar die bürgerliche Moral zugelegt, da sie sich gutwillig aufs Altenteil setzen ließen. An Macht fehlte es ihnen nicht, die ganze Welt konnten sie dahin bringen, dass sie hinwelkte und hinstarb, ohne dass sie einen Blutstropfen zu vergießen brauchten – nur durch ihren Zusammenschluss. Was ihnen fehlte, war Verantwortung. Die tragende Idee der Bewegung hatte offenbar keinen Eindruck auf sie gemacht.

Pelle grübelte darüber nach, während er auf seiner vergeblichen Suche die Pflastersteine trat. Der Überblick kam ihm von selber und es waren Kräfte in ihm und von außen her, die darauf hinarbeiteten, ihn in die Bewegung zu ziehen und vorwärts in die Führerstellung. Aber er schob das von sich – jetzt wollte er für seine Familie arbeiten.

Er verschaffte sich Reparaturen von den Nachbarn und half im Übrigen Ellen Wäsche aufhängen und die Rolle drehen; man musste die Ehre beiseite setzen und froh sein, dass *sie* etwas hatte. Sie freute sich über die Hilfeleistung, konnte es aber nicht leiden, dass jemand sah, wie er sich mit Frauenarbeit befasste.

»Das ist nichts für einen Mann«, sagte sie und sah ihn mit Augen an, die besagten, wie glücklich sie über seine Gesellschaft war.

Sie liebten es, zusammen zu sein, genossen es auf eine eigene, stille Weise, ohne viel Worte. Es war viel geschehen, aber Pelle wie auch Ellen ließen sich Zeit. Keins von beiden war schnell mit Worten, aber sie tasteten sich durch Pausen zum Verständnis und rückten einander während des Schweigens näher. Jeder wusste, was der andere gelitten hatte, ohne dass es gesagt zu werden brauchte; die Zeit hatte an ihnen beiden gearbeitet.

Über ihrem neuen Zusammenleben wehte kein Sturm. Die Tage glitten still dahin, beschwert von den verflossenen Jahren. Ellen äußerte weder Jubel noch Vorwürfe. Sie war ihm gegenüber vorsichtig, fast scheu wie das erste Mal, als sie einander begegneten; über all ihrer Güte und Fürsorge lag derselbe Schimmer jungfräulicher Unnahbarkeit wie damals. Sie nahm seine Liebkosungen still hin; selbst gab sie hauptsächlich, indem sie etwas für ihn tat. Er merkte, wie jede kleine häusliche Arbeit, die sie für ihn verrichtete, aus ihr herauswuchs gleich einer mütterlichen Liebkosung. Er war dankbar dafür, aber das war es nicht, dessen er am meisten bedurfte.

Wenn sie in der Dämmerung zusammen saßen und die Kinder im Zimmer umherkrochen und spielten, schwieg sie am liebsten und beobachtete ihn verstohlen; sobald er das bemerkte, verkroch sich das Tiefe in den Augen. Forschte sie wieder nach seinem verborgenen Wesen, wie in ihrer ersten Zeit? Es war, als rufe sie nach etwas in ihm, wolle sich selbst aber nicht zu erkennen geben. So konnte eine Mutter auch dasitzen und in die Zukunft ihres Kindes starren. Liebte sie ihn denn nicht? Sie hatte ihm alles gegeben, ihm Kinder geboren und treulich dagesessen und auf ihn gewartet, als sich die ganze übrige Welt von ihm abgewandt hatte, und doch war er nicht sicher, ob sie ihn jemals geliebt hatte.

Pelle war der Liebe nicht als etwas Unbändigem begegnet – die Bewegung hatte die überschüssigen Kräfte seiner Jugend aufgezehrt. Aber nun stand er hier, gleichsam mit dem Frühling von neuem geboren, und empfand plötzlich seine Kraft. Jetzt wollten er und Ellen anfangen – denn jetzt war sie alles! Das Leben hatte ihn Ernst gelehrt und das war nur gut. Er entsetzte sich darüber, wie leichtsinnig er Ellen zu sich genommen und sie zur Mutter gemacht hatte, ohne sie zuvor zur Braut zu machen. Das Frauenherz musste grundlos sein, da sie darüber nicht zerbrochen war, sondern beständig dastand und noch immer ebenso unberührt darauf wartete, dass er sie gewinnen würde. Sie hatte sich darüber hinweggeholfen, indem sie Mutter war!

Aber würde er sie jemals gewinnen? Wartete sie wirklich noch – oder hatte sie sich beruhigt?

Er liebte sie so heftig, dass ihm alles an ihr verklärt erschien; er war glücklich in dem Bewusstsein, dass sie sein Schicksal war. Jedes Band, jede dünn geschlissene baumwollene Schürze, jeder kleine Gegenstand, der zu ihr gehörte, nahm eine wunderlich warme Farbe an, erfüllte den Sinn mit Süße. Ein Blick oder eine kleine Berührung machte ihn schwindlig vor Glück und ließ seine Sinne in Wogen von heftiger Wärme gegen sie anstürmen. Sie lächelte ruhig und drückte freundlich seine Hand – es zündete nicht. Sie hatte ihn lieb und versagte ihm nichts, aber er hatte trotz alledem ein Gefühl, als wenn sie ihm ihr innerstes Wesen vorenthalte. Wenn er da hineinsehen wollte, verschloss sie sich mit Freundlichkeit.

4

Pelle war wie jemand, der nach jahrelanger Verbannung heimkehrt und versuchen muss, sich wieder in dem Ganzen zurechtzufinden. Die Amnestie galt nur bis an die Türschwelle, für das Eigentliche musste er selber sorgen. Das Land, das er bestellt hatte, war in anderen Händen, er besaß dort kein Recht mehr. Aber er hatte doch gepflanzt; er musste wissen, wie es gewachsen war und wie es gepflegt wurde.

Der große Vormarsch war ins Politische hinübergeschwenkt. Die Bewegung hatte vorläufig die Ansprüche der Armen auf Brot fallen lassen, hatte sie geopfert, wie man Ballast opfert, um leichter aufsteigen zu können. Man wollte die Institutionen selber erobern – und dann natürlich zum Ausgangspunkt zurückkehren und das Ganze umkrempeln. Es mochte ja ganz bequem sein, die abzuladen, die am hinderlichsten für das Vorrücken waren, aber ließ sich der Sieg auf dieser Grundlage erringen? Um sie drehte sich doch alles! Pelle hatte gründlich gelernt, dass, wer anderen eine Grube gräbt, selbst hineinfällt. Er hatte kein Vertrauen zu denen, die über den Zaun zu gelangen suchten, wo er am niedrigsten war.

Die neue Taktik datierte von dem Sieg nach dem großen Kampf; er selbst hatte ja die Massen im Triumph durch die Hauptstadt geführt. Und wenn er nicht eingesperrt worden wäre, säße er wohl jetzt als einer der parlamentarischen Vertreter der Arbeiter und als Symbol des Fortschritts in der Bürgerschaft. Aber nun stand er außerhalb der Bewegung und musste eine Stellung zu dem Bestehenden beziehen; er hatte der Welt der Ausgestoßenen angehört und der Unversöhnlichkeit in die Augen gesehen – er war nicht sicher, dass die Erhebung des armen Mannes in der Verlängerung der bestehenden Gesellschaftsmoral lag. Er selber war ja noch immer ein Geächteter und brachte es wohl auch zu nichts mehr. Es war schwer, sich unter dem Türrahmen zu ducken, durch den man einmal hinausgeschmissen worden war – und es war wohl auch schwer, hineinzuschlüpfen. Er beabsichtigte nicht irgendetwas zu tun, um wieder in die Reihen der geachteten Männer aufgenommen zu werden – er war stark genug, um sich jetzt nur auf sich selber zu stützen.

Vielleicht erwartete Ellen etwas in dieser Richtung, als Genugtuung für all das Unglück, das sie erlitten hatte. Sie musste sich gedulden! Pelle hatte sich gelobt sie und die Kinder glücklich zu machen und er tröstete sich damit, dass er das am besten erreichte, wenn er seinem eigenen Kopf folgte.

Eigentlich glücklich war er nicht. Der Verdienst war schlecht; trotz seines Grübelns sah die Zukunft immer gleich unsicher aus. Er hatte den Ehrgeiz der Mann, der Versorger zu sein, sodass Ellen bei ihm Sicherheit und Schutz suchen, sorglos und unbekümmert aus seiner Hand essen und sich rückhaltlos hingeben könnte.

Er war nicht ihre Vorsehung – hier war der wunde Punkt, meinte er. Auf alle Fälle konnte man es Lasse Fredrik anmerken. Der Bursche hatte Schneid, wenn der auch ein wenig nach der Straße schmeckte; er besaß Ausdauer, war hell und unerschrocken, mit einem wachen Sinn für alles, was nach Heldentaten aussah. Pelle erkannte sich selbst in ihm wieder und war stolz auf ihn, aber der Junge seinerseits nahm ihn nicht unbedingt für voll. Er war tüchtig und willig, aber nichts darüber hinaus, und verhielt sich abwartend, als wolle er erst sehen, wie sich dies oder jenes entwickelte, ehe er den Vater anerkannte.

Pelle litt unter diesem unausgesprochenen Misstrauen, das ihn auf die gleiche Stufe mit dem »neuen Vater« mancher Kinder stellte, und hatte das peinliche Gefühl, dass er zur Probe angenommen war. In alten Zeiten wäre das mit einer gehörigen Ohrfeige abgetan gewesen, aber jetzt mussten die Dinge so geordnet werden, dass sie hielten; er kaufte nicht mehr billig. Wenn er dem Jungen bei der Organisation der Milchjungen behilflich war, demütigte er sich und erzählte von dem großen Kampf, um zu zeigen, dass auch er zu etwas taugte. Er konnte dem Ausdruck des Jungen ansehen, dass er nicht viel davon hielt und es sich vorbehielt, die Sache genauer zu untersuchen. Das verletzte seinen empfindlichen Sinn und drängte ihn in sich selbst zurück.

Aber eines Tages, als er über der Arbeit saß, kam Lasse Fredrik hereingestürmt. »Erzähl mir mal, wie du es angestellt hast, die ›Eingesperrten‹ aus der Fabrik rauszuführen, Vater!«, rief er atemlos.

»Du glaubst es ja doch nicht«, erwiderte Pelle vorwurfsvoll.

»Sie nannten dich den ›Blitz‹!«, rief der Junge voller Bewunderung. »Und sie mussten dich ins Zuchthaus stecken, um dich loszuwerden; der Milchkutscher hat mir alles erzählt!«

Seit diesem Tag waren sie Freunde. – Pelle war mit einem Schlag der Held im Leben des Jungen geworden. Er hatte seinen Bart abgenommen, hatte sich das Gesicht geschwärzt und war geradewegs in die Höhle des Gegners hineinspaziert, besser konnte es nicht sein. Er musste sich förmlich wehren, um nicht zu einem richtigen Räuberhauptmann mit Schlapphut und hohen Stiefeln zu werden; Lasse Fredrik hatte eine lebhafte Phantasie.

Pelle hatte diesen Sieg nötig. Er musste zuerst und vor allen Dingen die Seinen sicher im Rücken haben – und dann seine Rechnung mit der Vergangenheit abschließen. Aber das war nicht leicht, der kleine Svend Tröst stolperte ja überall herum, tastete sich an den Möbeln entlang zu ihm hin, die ernsthaften Augen starr auf ihn gerichtet – und krabbelte das letzte Ende. Sobald der Kleine losgelassen wurde, kam er sofort zu Pelle; von der Küche her kam er hereingekrochen, bis er aufrecht am Bein des Vaters stand und zu ihm aufblickte. »Sieh, wie lieb er dich schon hat«, sagte Ellen zärtlich und ließ den Kleinen vorsichtig auf dem Fußboden los, »nimm ihn doch hoch!« Er gehorchte mechanisch, ein persönliches Verhältnis zu diesem Kind hatte er nicht, es war ja die Anklage einer Erwachsenen, die da auf ihn zugekrabbelt kam. Und da stand Ellen und sah Svend Tröst so zärtlich an, als sei er ihr eigenes Kind! Pelle begriff nicht, dass sie ihn nicht verachtete; er schämte sich jedes Mal, wenn er an seine Versuche dachte, sich mit diesem »Kuckucksjungen« abzufinden. Es war nur ein Glück, dass er sich nachsichtig gezeigt hatte!

Es quälte ihn, dass er nicht ebenso gut gegen den Kleinen sein konnte wie sie. Und wenn sie Svend Tröst am Sonnabend gebadet hatte und hinterher mit ihm auf dem Schoß dasaß und ihm reine Unterwäsche anzog, konnte es Pelle vor Selbstvorwürfen schwarz vor den Augen werden. Gedankenlos hatte er die kleine Marie aus der Arche niedergetreten; und diese hier, die er verstoßen hatte, als sie seiner am allermeisten bedurfte, strich ihrerseits mit ihrer segnenden Hand über seine Schuld hin. Und als merke sie seine schwarzen Gedanken, kam sie zu ihm hin und legte ihm den warmen, nackten Kleinen in die Arme. »Ist er nicht lieb?«, sagte sie mit einem guten Lächeln. Ihr Herz war so groß, dass es ihn fast ängstigte; sie nahm sich ja dieses Kindes mehr an als ihrer eigenen.

»Ich bin ja seine Mutter!«, sagte sie. »Sollte er vielleicht keine rechte Mutter haben?«

Maries Schicksal lastete wie ein Verhängnis auf seinem Gemüt, er musste mit Ellen darüber reden, ihr die Sache zu erklären versuchen. Aber sie sah nicht den verhängnisvollen Zusammenhang, sie nahm es als etwas hin, was so sein musste. »Du wurdest damals gejagt und verfolgt«, sagte sie ruhig, »und hattest niemand, an den du dich halten konntest. Da musste es ja so gehen! Marie hat mir alles erzählt. Dafür kann doch niemand etwas, dass sie nicht kräftig genug war zu gebären. Der Arzt sagte, sie war inwendig verwachsen.« – Ach, Ellen hatte keine Ahnung davon, für wie viel ein Mensch etwas kann und sie selbst lud sich viel mehr auf, als nötig war!

Diese nüchternen Aufklärungen wirkten doch mildernd, obwohl sie nichts über das Eigentliche aussagten. Es ist auch auf die Dauer unerträglich, die Last von etwas zu tragen, was nicht wieder gutzumachen ist, und Pelle freute sich darüber, dass Ellen so natürlich und selbstverständlich bei Maries Schicksal verweilte; das machte es auch für ihn leichter. Marie hatte Zuflucht bei ihr gesucht, als sie ihren Zustand nicht länger verbergen konnte, und Ellen nahm sie zu sich und behielt sie bei sich, bis sie in die Entbindungsanstalt kam. Sie wusste selbst ganz genau, dass sie sterben musste, sie fühlte es und sie saß da und redete mit Ellen davon, während sie ihr bei der Arbeit half. Alles bereitete sie so vernünftig vor wie eine erfahrene Mutter.

»Wie altklug sie war – und doch so kindlich dabei!«, konnte Ellen bewegt ausrufen.

Ja, Pelle musste an sein Leben in der Arche denken, damals, als die kleine Marie Hausmütterchen für ihn und ihre beiden Brüder war – ein bekümmertes Hausmütterchen von elf Jahren! Verkrüppelt war sie und trug doch alle reichen Möglichkeiten in sich; sie erinnerte an die Armut selber. Angesteckt von seiner jungen Kraft, war sie in die Höhe geschossen und hatte sich zu einem anmutigen jungen Mädchen entwickelt, nach dem sich die jungen Lebemänner umdrehten, wenn sie über die Straße ging, um ihre Einkäufe zu machen. Er war besorgt um sie gewesen, allein und unbeschützt, wie sie war – und dann war er selbst es gewesen, der die Arme und Wehrlose plünderte! Warum trug er sein Kreuz damals nicht allein, sondern nahm die Liebe eines Wesens an, das sich ihm hingab aus Dankbarkeit dafür, dass er ihr des Lebens Freude geschenkt hatte? Warum musste er in einem schweren Augenblick sein Geschenk zurücknehmen? Svend Tröst hatte sie in ihrer naiven Herzensgüte den Jungen genannt, damit sich Pelle so recht über ihn freuen sollte. Aber es war ein teurer Trost, der mit dem Leben eines Menschen erkauft werden musste! Für Pelle war das Kind im Grunde eine Anklage.

Es war viel, womit abgerechnet werden musste, und eine Menge, was sich nicht in Ordnung bringen ließ. Pelle fand zuweilen, dass es eine hinreichende Last war, die Verantwortung für sich selbst zu übernehmen.

In dieser Zeit kam ihm oft Morten in den Sinn. Morten hat mich auf alle Fälle im Stich gelassen, dachte er, er konnte meinen Erfolg nicht ertragen! Hier war wenigstens *eine* Sache, wo Pelle das Recht auf seiner Seite hatte! Morten musste zu ihm kommen, wenn sie wieder etwas miteinander zu schaffen haben sollten. Pelle trug ihm nichts nach, aber es war natürlich und gerecht, dass der, der obenauf war, zuerst die Hand ausstreckte.

So glaubte er, sich vor dieser Frage Ruhe verschafft zu haben, aber sie kam wieder. Er hatte jetzt selbst die Verantwortung übernommen – und wollte damit anfangen, dass er seinen einzigen Freund einer Etikettefrage opferte! Er musste zu ihm gehen und ihm die Hand zur Versöhnung reichen!

Das war doch endlich einmal groß gedacht!

Aber Pelle sollte nicht einmal in diesem Punkt das Recht haben, mit sich zufrieden zu sein. Er litt unter derselben peinigenden Unruhe wie in der Zelle, wenn er sich von seiner Arbeit wegstahl und heimlich las; er hatte ein Gefühl, als sei ständig ein Auge am Guckloch, das alles sah, was er tat. Er musste sich noch einmal mit der Frage beschäftigen.

Der uneigennützige Morten missgünstig? Ja, er hatte doch nicht eingestimmt in den Tusch bei Pelles Siegen, sondern hatte es vorgezogen, sein böses Gewissen zu sein! Da trat wohl endlich der wahre Grund zu Tage? Er hatte sich an dem Lärm berauscht und musste etwas finden, um Mortens stille, warnende Stimme zu übertönen, und da lag die Beschuldigung klar auf der Hand – Missgunst! Wahrscheinlich war er es selber, der treulos gewesen war.

Eines Tages suchte er ihn auf. Mortens Wohnung zu erfragen war nicht schwer, er hatte sich als Schriftsteller einen guten Namen gemacht und wurde in den Zeitungen oft in Verbindung mit der Unterklasse genannt. Er wohnte draußen auf dem Söndre Boulevard, unterm Dach wie immer, mit der Aussicht über den Kalvebodstrand und Amager.

»Nein, bist du da!«, sagte er und ergriff Pelles Hände. Er blieb lange stehen und starrte in das strenge, gefurchte Gesicht, bis ihm Tränen in die Augen traten. »Pelle, wie hast du dich verändert!«, flüsterte er endlich halb entsetzt und führte ihn in die Stube.

»Freilich hab ich mich verändert«, erwiderte Pelle finster, »ich hab auf alle Fälle Grund dazu gehabt. Aber du, wie ist es dir ergangen? Bist du verheiratet?«

»Nein, ich bin einsam wie immer. Die, die ich haben will, macht sich noch immer nichts aus mir, und mit den anderen kann *ich* nicht. Ich glaubte, du hättest dich auch von mir abgewandt, aber nun bist du also doch gekommen.«

»Ich hatte viel Erfolg und dann wird man selbstgerecht.«

»Na ja, damals! Aber warum hast du im Gefängnis meine Briefe zurückgeschickt? Das war fast zu hart.«

Pelle sah überrascht auf. »Es kam dem Zuchthäusler bestimmt nicht in den Sinn, dass er jemand verletzen könnte – da tust du mir Unrecht«, sagte er. »Mich selbst wollte ich damit strafen!«

»Dann bist du krank gewesen, Pelle!«

»Ja, krank! Du solltest wissen, wie man wird, wenn sie das Menschenrecht vergewaltigen und einen zwischen vier kahle Wände einsperren. Eine Zeit lang war es so, dass ich alle Welt hasste; das Gehirn drehte sich mir im Kopf herum, denn ich wollte eine richtig boshafte Rache ersinnen, und da ich andere nicht treffen konnte, half ich mir damit, dass ich die Strafe an mir selbst vollzog. Es lag doch immerhin eine Befriedigung darin, dass, je mehr ich litt, die anderen umso größere Teufel waren. Und ich traf sie wirklich, sie hassten mich eine Zeit lang aufrichtig.«

»War denn niemand da, der dich trösten und beruhigen konnte? Der Pfarrer, der Lehrer?«

Pelle lächelte bitter. »Doch, die Prügel! Der Schließer vermochte mich nicht unter die Disziplin zu zwingen – ich war ein so genannter schwieriger Gefangener. Nicht dass ich nicht gewollt hätte, aber ich war vollständig aus dem Gleichgewicht geraten; man hätte ebenso gut von jemand verlangen können, dass er ruhig gehen soll, wenn alles um ihn herumwirbelt. Sie sahen wohl ein, dass ich nicht selbst damit fertig werden konnte, denn eines Tages banden sie mich an einen Pfahl, zogen mir das Hemd über den Kopf und prügelten mich. Es klingt sonderbar, wenn ich das sage, aber es half; das Verfahren war so brutal, dass alles in mir verstummte. Wenn das geschehen konnte, gab es nichts mehr, wogegen man protestieren musste. Ich wurde in ein nasses Laken geschlagen und auf meine Pritsche gelegt – und damit war die Sache abgetan. Acht Tage musste ich auf dem Bauch liegen und konnte mich nicht rühren vor Schmerzen, die geringste Bewegung ließ mich knurren wie ein Tier. Die Schläge waren quer durch mich hindurchgegangen, man konnte sie auf meiner Brust zählen und da lag ich wie ein bleischweres Bündel, in stumpfsinnigem Staunen zu Boden geschlagen. So gehen sie mit Menschen um, stöhnte es in mir – so gehen sie mit Menschen um! Ich begriff nichts mehr.«

Pelle war bleigrau im Gesicht geworden, alles Blut war daraus entwichen, sodass die Knochen scharf hervortraten. Er saß da und schluckte, um Herr seiner Stimme zu werden.

»Begreifst du, was es heißt, Prügel zu bekommen?«, sagte er heiser. »Feuer ist nichts, ich möchte lieber lebendig verbrannt werden, als das noch einmal durchmachen. Der Stockmeister schlägt nicht – er ist nicht die Spur böse; niemand ist böse auf einen, sie sind alle so würdig betrübt um einen. Er legt die Schläge so sorgfältig auf unseren Rücken nieder, als wiege er Essen aus; es ist beinahe, als liebkose er einen. Aber die Lungen spritzen unter dem Schlag und das Herz krampft sich zusammen, es ist, als wenn tausend Zangen alle Fibern und Nerven auf einmal auseinander reißen. Mein ganzes Inneres presste sich zusammen vor Entsetzen und wollte mir durch die Kehle entfliehen, jedes Mal, wenn ein Schlag herbeigeschlichen kam. Noch brennen meine Lungen, wenn ich daran denke, und mein Herz kann sich zusammenkrampfen und das Blut droht aus meinem Hals zu spritzen. – Weißt du, was das Teuflische bei Körperstrafen ist? Es ist kein körperlicher Schmerz, den man dem Menschen zufügen will – man prügelt sein Inneres, seine Seele. Während ich dalag und brütete, mir selbst überlassen, dass ich meine Wunden lecken konnte wie ein einsames Tier, da begriff ich, dass ich es mit dem bösen Gewissen der menschlichen Gesellschaft zu tun gehabt hatte, mit ihrem Hass gegen jene, so da leiden.«

»Entsinnst du dich noch, was die Veranlassung zu der Strafe gewesen war?«, fragte Morten und trocknete sich den Schweiß von der Stirn.

»Es war irgendetwas ganz Gleichgültiges – ich hatte wohl geschrien. Die Einsamkeit und die schreckliche Stille bedrückten mich, da hab ich wohl geschrien, um ein wenig Leben in die schreckliche Leere hineinzubringen. Das alles steht mir nicht mehr klar in der Erinnerung, aber ich glaube wohl, dass die *das* Verbrechen war!«

»Du hättest trotzdem Verwendung für ein gutes Wort von einem Freund gehabt.« Morten dachte noch immer an seine verschmähten Briefe.

»Ja, aber die Zellenluft ist nun einmal nicht gut für ein freundschaftliches Verhältnis mit der Außenwelt; man wird gehässig gegen alle, die frei sind – auch gegen die, die es am besten mit einem meinen –, und schneidet selbst das bisschen Ast ab, worauf man sitzt. Ich wäre vielleicht nie wieder in ein Verhältnis zum Leben gekommen, wenn nicht Mäuse in meiner Zelle gewesen wären. Ich pflegte ihnen Brot unter den Rost zu bröckeln, und als ich dann halb tot dalag und brütete, da kamen sie herauf und liefen piepsend über meine Hand. Das war doch eine Liebkosung – wenn auch nicht von Mitmenschen.«

Morten bewohnte eine kleine Zweizimmerwohnung unter dem Dach. Während sie dasaßen und sprachen, hörten sie hin und wieder Laute aus der anderen Stube; dann zuckte es nervös in seinem Gesicht und er starrte ärgerlich auf die geschlossene Tür. Er wurde allmählich sichtbar unruhig und war beständig mit einem Ohr da drinnen. Pelle wunderte sich darüber, wollte aber nicht fragen.

Plötzlich klang es, als wenn ein Stuhl umgeworfen würde. Morten erhob sich hastig und ging ins Nebenzimmer, die Tür zog er sorgfältig hinter sich zu.

Pelle hörte flüsternde Stimmen, die ermahnende Mortens und die dünne, aufsässige Stimme einer Frau. Er hat ein Mädchen da drinnen versteckt, dachte Pelle, ich sollte lieber machen, dass ich fortkomme.

Er stand auf, um zu gehen, und warf einen Blick durch das große Mansardenfenster. Wie verändert war das Ganze, seit er zuerst in die Hauptstadt gekommen war und von Mortens alter Bude aus über sie hinsah. Damals hatte er davon geträumt, die Stadt zu erobern, und hatte es ja auch ausgeführt und nun konnte er wieder von vorn anfangen! Eine ganz neue Stadt lag unter ihm ausgebreitet. Wo er seinerzeit zwischen Kais und Kohlenhaufen Heulpeter in die Arme gelaufen war, erhob sich jetzt eine Reihe palastähnlicher Gebäude um einen schönen Boulevard. Und alles da draußen war neu; ein großes Arbeiterviertel war aufgeschossen, wo Holzlager und Wasser gewesen waren. Unter ihm arbeiteten Lokomotiven und schleppten Reihen von Kippwagen mit Schutt über das Terrain für den neuen Güterbahnhof und auf der gegenüberliegenden Seite des Hafens wuchs auf der Islandbrücke ein neues Herrschafts- und Geschäftsviertel auf. Und hinter dem Ganzen breitete sich das Wasser und das grüne Amager aus. Morten verstand es, sich einen hohen Zweig zu wählen, so wie die Nachtigallen.

Eine Menge Bücher hatte er wieder zusammengebracht und auf seinem Schreibtisch standen die Fotografien bekannter Männer mit ihren Namenszügen. Er schien überhaupt gut vorwärts gekommen zu sein in der Welt der Bücher. Pelle suchte Mortens eigene Arbeiten heraus und blätterte interessiert darin herum; es war ihm, als könne er hinter den Worten Mortens eindringliche Stimme hören. Jetzt wollte er ihn lesen!

Morten kam herein. »Du willst doch nicht gehen?«, fragte er und strich sich über die Stirn. »Bleib noch ein wenig und lass uns gemütlich miteinander plaudern. Ich habe dich entbehrt, das kannst du mir glauben.« Er sah müde aus.

»Ich freue mich riesig darauf, deine Bücher zu lesen«, sagte Pelle begeistert. »Was für eine Menge du geschrieben hast – du bist nicht faul gewesen.«

»Die Einsamkeit hat vielleicht auch dich gelehrt die Bücher zu lieben?«, fragte Morten und sah ihn an. »Dann hast du dir gute Bundesgenossen erworben, Pelle! – An dem allen ist aber nicht viel dran, das sind nur Vorarbeiten. Unsere Welt ist eine neue Welt, das darfst du nicht vergessen!«

»Ich finde, der Arbeiter macht sich nicht sonderlich viel aus dir!«

»Nein, nicht sonderlich viel«, entgegnete Morten leise.

»Du schreibst nur in den bürgerlichen Blättern, sagt man.«

»Anders würde ich bestimmt verhungern – die gönnen mir wenigstens das tägliche Brot! Unsere eigene Presse hat noch immer keine Verwendung für unsichere Kantonisten, sondern nur für Leute, die nach der Parole marschieren!«

»Und dir wird es schwer, dich unterzuordnen«, sagte Pelle lächelnd.

»Ich trage Verantwortung«, erwiderte Morten stolz. »Wenn ich der Führer der Blinden in die Zukunft bin, darf ich mich nicht von ihnen leiten lassen. Hin und wieder stiehlt der ›Arbeiter‹ einen meiner Beiträge aus der bürgerlichen Presse – das ist die ganze Verbindung, die ich mit meinen Leuten habe. Meine Nahrung muss ich mir jenseits der Grenzscheide holen und auch meine Eier muss ich da legen – das sind im Grunde harte Bedingungen; du kannst mir glauben, es hat mich oft gewurmt, dass ich nur auf Umwegen zu meinen Leuten reden kann. Nun, ich hab ja Zeit, zu warten; um den Sohn der *Kraft* führt doch kein Weg herum. Vorläufig verrichte ich also meine Arbeit in der Oberklasse; ich halte den Gutgestellten das Elend vor Augen und störe sie bei ihrem ruhigen Genuss. Die Umwälzung muss auch von oben her vorbereitet werden.«

»Können die denn deine Schilderungen vertragen?«, fragte Pelle verwundert.

»Ja, die Oberklasse ist ebenso tolerant wie das Volk, ehe es sich erhob – das ist ein Ausdruck von Kultur. Zuweilen ist sie fast zu tolerant: Man kann nicht recht dazu kommen, für seine Worte einzustehen. Gibt es Dinge, die ihnen nicht gefallen, dann bleibt ihnen stets der Ausweg, die Sache vom künstlerischen Gesichtspunkt zu betrachten.«

»Wieso?«

»Als Leistung, als trete man nur auf, um sie zu unterhalten. Das ist großartig gemacht – heißt es, wenn man ein Stück des grundlosen Elends bloßgelegt hat, das ist ganz russisch. Natürlich hat es nichts mit der Wirklichkeit zu tun, jedenfalls nichts mit der hiesigen. Aber diesen oder jenen trifft man doch und allmählich, glaube ich, wird ihnen der Speichel bitter im Munde. Eines Tages gelingt es mir vielleicht auch, so über die Armen zu schreiben, dass niemand darum herumkommt. Aber du selber – wie stehst du zu der Sache? Bist du enttäuscht?«

»Da drinnen ließ ich in meiner Not die Glückszeit sich an euch andern erfüllen – nun ja! Es ist trotzdem eine große Veränderung vor sich gegangen.«

»Und du freust dich darüber?«

»Alles ist teurer geworden«, sagte Pelle langsam, »und die Arbeitslosigkeit scheint permanent zu werden.«

Morten nickte. »Das ist die Antwort des Kapitals; die multipliziert jede Lohnerhöhung mit zwei und schiebt sie wieder auf die Arbeiter ab. Der kleine Mann verträgt nicht viele solche Siege.«

»Das Schlimmste ist beinahe die spießbürgerliche Entwicklung. Mir scheint, unsere Unterklasse ist im Begriff, sich zu spalten: in die Eliteberufe, die ins Bürgertum aufrücken, und das Proletariat, das verraten zurückbleibt. Das Ganze ist zu klein angelegt gewesen, um weit tragen zu können.«

»Du bist draußen gewesen und hast größere Verhältnisse gesehen, Pelle«, sagte Morten bedeutungsvoll. »Nun musst du uns andere lehren!«

»Ich bin mir selber nicht im Klaren«, antwortete Pelle ausweichend, »und ich bin vorbestraft! Aber du!«

»Ich tauge nicht zum Fahnenträger; du hast es ja selber gesehen, sie machen sich nichts aus mir. Ich bin dem großen Tross zu weit vorausgeeilt und habe keine rechte Verbindung zu ihm – im Grunde bin ich entsetzlich einsam, du! Aber vielleicht bin ich dazu ausersehen, die Höhen vor euch anderen zu erreichen, und dann will ich versuchen da droben ein Feuer für euch anzuzünden.«

Morten saß eine Weile schweigend da, plötzlich hob er den Kopf.

»Aber du musst, Pelle! Du bist nicht der Rechte, sagst du – es gibt aber keinen anderen als dich. Hast du vergessen, dass du der helle Brand der Bewegung warst, ihr naiver Glaube? Sie glaubten ja blindlings und kindlich an dich, alle, und vermochten nichts mehr, als du abfielst. Nicht du, sondern die anderen – die ganze Bewegung hat im Gefängnis gesessen! Und wie es mich freut, dass du wiedergekommen bist, voll Kraft von da draußen her. Du bist größer als früher, Pelle, und es ist trotzdem etwas geschehen. Jetzt muss dir das Große gelingen.«

Pelle saß da und lauschte hinaus in die sich herabsenkende Dämmerung, verwundert, froh und befangen. Morten sprach damit seine Ernennung aus, der strenge und unbestechliche Morten, der ihn bisher immer verfolgt hatte wie ein schlechtes Gewissen.

»Nein, jetzt werde ich vorsichtig sein«, sagte er, »und das ist deine Schuld, Morten. Du hast meine Seele aufgestachelt und nun ist sie wach; ich gehe nicht mehr blind drauflos. Ich hab es im Gefühl, dass das, woran wir beide beteiligt sind, das Größte ist, was die Welt bisher gesehen hat. Es greift weiter in die Zukunft hinein, als ich selber sehen kann, und darum arbeite ich an mir selber. Ich studiere die Bücher – damit habe ich im Gefängnis angefangen –, ich muss versuchen einen Überblick über die Welt zu gewinnen. Es ist auch etwas Sonderbares mit mir vorgegangen – jetzt begreife ich, was du damit meintest, dass der Mensch heilig ist! Ich bin nicht mehr damit zufrieden, ein kleiner Teil des Ganzen zu sein, sondern ich finde, dass ich versuchen muss selbst eine ganze Welt zu werden. Das hört sich töricht an, aber ich habe das Gefühl, als befände ich mich auf der einen Waagschale und die ganze übrige Welt auf der anderen. Und ehe ich nicht in die Höhe wippen kann, darf ich nicht daran denken, mich an die Spitze der vielen zu stellen.«

Es war Abend geworden, ehe sie es merkten. Das elektrische Licht warf vom Bahnhofsgelände her seinen Schein an die Decke des Mansardenstübchens und von dort hinab auf die beiden Männer, die vornübergebeugt im Halbdunkel saßen und ruhig miteinander sprachen. Keiner von ihnen bemerkte, dass sich die Tür zu dem anderen Zimmer auftat; ein hoch aufgeschossenes Mädchen, knochig wie ein Skelett, stand auf der Schwelle und starrte sie mit großen schwarzen Pupillen an. Sie war im bloßen Hemd, das von der einen mageren Schulter heruntergerutscht war, und barfuß, das Hemd reichte nicht bis an die Knie und ließ ein Paar traurig dünne Beine sehen. Ihr Atem ging pfeifend durch den Raum.

Pelle hob den Kopf, um etwas zu sagen, schwieg aber beim Anblick der weißen, knochenmageren Gestalt, die dort stand und ihn mit großen Augen betrachtete, die die Dunkelheit in sich einzusaugen schienen. Die Begegnung mit Morten hatte ihn in eine erwartungsvolle Stimmung versetzt. Ihm tönte noch Mortens Aufforderung hell im Ohr und er starrte entsetzt das gespensterhafte Wesen an. Die feinen, von der Not gezeichneten Züge, der Ausdruck der Augen voll grauenvollen Kinderwissens von der Finsternis, dies ganze Doppelbild todgezeichneter Fahlheit und uneingelöster Schönheit – war das nicht das Gespenst der Armut, all das Beeinträchtigte und Unterdrückte, das gequält spukte, um ihn zu mahnen? Hatte er einen Rückfall erlitten? Waren die grauenvollen Erscheinungen der Zelle im Begriff, wiederzukehren?

»Morten!«, flüsterte er und berührte seinen Arm.

Morten sprang auf. »Aber Johanne, schämst du dich denn nicht!«, rief er vorwurfsvoll. Er wollte das Mädchen in das andere Zimmer zurückschieben und die Tür schließen. Aber sie drängte sich an ihm vorbei in die Stube rein.

»Ich *will* ihn sehen«, sagte sie erregt, »wenn du ihn mich nicht sehen lässt, dann lauf ich weg! – Er hat meine Kleider versteckt« – sie starrte Pelle mit ihren tief liegenden Augen an –, »aber ich kann sehr gut im bloßen Hemd ausreißen. Was mach ich mir daraus?« Ihre Stimme war heiser und rau von der nass-kalten Luft des Hinterhofs.

»Geh zu Bett, Johanne«, sagte Morten milder, »denk daran, was der Doktor gesagt hat. Du wirst dich erkälten und dann ist alles umsonst gewesen!«

»Was schert mich das!«, erwiderte sie und stimmte ein rohes Gelächter an. »Du brauchst ja nichts für mich zu spendieren – ich hab doch keine Kinder mit dir!« Sie zitterte vor Kälte, blieb aber hartnäckig stehen; Mortens Vorhaltungen beantwortete sie mit einem Strom von Schimpfworten. Schließlich gab er es auf und sank müde auf einen Stuhl. Die beiden Männer saßen da und sahen sie schweigend an.

Das Mädchen litt sichtbar darunter, auf keinen Widerstand mehr zu stoßen, und wurde verwirrt unter ihren stummen Blicken. Sie warf den Kopf in den Nacken und sah herausfordernd von einem zum andern; ihre Augen brannten unnatürlich. Plötzlich warf sie sich auf den Fußboden und fing an zu kreischen.

»Aber das geht doch nicht!«, sagte Pelle ernst.

»Ich kann nicht mit ihr fertig werden«, entgegnete Morten hoffnungslos. »Aber du hast ja Kräfte!«

Pelle beugte sich nieder und nahm sie in seine Arme. Sie stieß mit den Füßen und biss.

»Sie hat Krämpfe«, sagte er zu Morten, »wir müssen sie unter den Wasserhahn halten.« Da wurde sie auf einmal still und ließ sich ins Bett tragen. Das Fieber raste in ihr, er merkte, wie das Leben in ihrem kranken Körper kämpfte, wenn sie Atem holte; es klang wie eine rostige Pumpe.

Als Morten sie mit ein paar freundlichen Worten zudeckte, brach sie in krampfhaftes Weinen aus; sie drehte sich nach der Wand um und biss in das Oberbett, um es zu verbergen. Allmählich wurde sie ruhiger und endlich schlief sie ein. Die Männer schlichen in die Stube und zogen die Tür hinter sich zu.

Morten sah todmüde aus, er war offenbar noch immer nicht gesund. »Ich habe mich auf was eingelassen, womit ich nicht fertig werde«, sagte er missmutig.

»Was für ein armes Kind ist das denn?«, fragte Pelle leise.

»Ich weiß es nicht. Sie kam diesen Frühling zu mir, sinnlos betrunken und schrecklich zugerichtet; am nächsten Tag war es ihr leid und sie lief davon, aber ich hab sie doch wieder eingefangen. Sie ist eines dieser armen Wesen, die kein anderes Heim haben als die großen Holzlager; da hat sie ihr Leben gefristet, indem sie zwischen den großen Jungen von Hand zu Hand gegangen ist. Es ist nichts aus ihr herauszukriegen, aber ich habe von anderer Seite erfahren, dass sie mindestens ein paar Jahre zwischen Bretterstapeln und in Kellern gehaust hat. Die Jungen lockten Lebemänner da hinaus und verschacherten sie; das meiste Geld nahmen sie selbst und gaben ihr Spirituosen, um sie aufzumuntern. Soweit ich es verstehe, gibt es ganze organisierte Banden, die die perversen Lebemänner der Stadt mit Knaben und Mädchen versorgen – es schwindelt einen, wenn man daran denkt! Das Kind ist offenbar elternlos, will aber, wie gesagt, keine Aufschlüsse geben! Ein paar Mal hab ich sie im Schlaf von Großmutter reden hören, aber wenn ich darauf anspiele, wird sie böse und verstummt.«

»Trinkt sie?«, fragte Pelle. Morten nickte.

»Ich habe deswegen schlimme Kämpfe mit ihr gehabt, sie ist unglaublich erfinderisch, wenn es sich darum handelt, sich Trinkbares zu verschaffen. Anfangs konnte sie gar kein warmes Essen vertragen, so ruiniert war sie. Sie ist überhaupt schrecklich zugerichtet an Leib und Seele und macht mir viele Schwierigkeiten.«

»Warum bringst du sie nicht beim Kinderschutz unter?«

»Unsere öffentliche Kinderfürsorge ist nicht geeignet, so eine niedergetretene Pflanze wieder aufzurichten, und Johanne kann nicht in summarische Behandlung und Strafe genommen werden. Sie ist zeitweise ganz abnorm trotzig und widerspenstig und kann mich oft zur Verzweiflung bringen; und wenn ich es dann nicht sehe, liegt sie da und weint über sich selbst. Es ist viel von einem guten Kind in ihr, trotz allem, aber sie kann es nicht herausbringen. Ich habe versucht sie in einer Familie unterzubringen, wo ich wusste, dass sie es gut haben würde; aber nach wenigen Tagen kamen sie und meldeten, dass sie weggelaufen sei. Ein paar Wochen stromerte sie herum, dann suchte sie doch wieder Zuflucht bei mir; eines Abends, als ich spät nach Hause kam, saß sie nass und zitternd in der dunklen Ecke vor meiner Tür. Ich war ganz gerührt darüber. Aber sie wurde wütend, als ich sie sah, und biss und stieß mit den Füßen wie vorhin – ich musste sie mit Gewalt hineintragen. Die bösen Verhältnisse haben sie ganz aus dem Gleichgewicht gebracht – ich jedenfalls kann nicht klug aus ihr werden. Ja, so stehen also die Dinge! Ich schlafe hier drinnen auf dem Sofa, aber du verstehst wohl – eine Junggesellenwohnung ist nicht recht dazu eingerichtet. Im Haus läuft ja auch der Klatsch.«

»Kümmerst du dich darum?«, fragte Pelle verwundert.

»Nein, aber das Kind. Sie ist unglücklicherweise mit dergleichen nur zu vertraut! Und sie selber begreift das Verhältnis auch nicht, sie ist erst zehn oder zwölf Jahre alt und bereits gewöhnt jede Freundlichkeit mit ihrem kranken Kinderkörper zu bezahlen. Begreifst du, wie entsetzlich es ist, in ihre erstaunten Augen zu sehen? Der Arzt sagt, sie hat inwendig Schaden genommen – und wahrscheinlich trägt sie auch eine Tuberkulose mit sich herum; er glaubt nicht, dass sie sich jemals wieder erholen wird. Und ihre

Seele – wie schreckliche Erlebnisse hat dieses Kind gehabt! Ein einziges solches Kinderschicksal ist schon zu viel und wie viele ähnliche gibt es in der Hölle, in der wir leben!«

Sie saßen eine Weile schweigend da. »Und nun musst du verzeihen, wenn ich dich zu gehen bitte«, sagte Morten endlich und erhob sich, »aber ich muss jetzt arbeiten. Da ist etwas, was ich heute Abend noch fertig machen muss. Du bist mir nicht böse, wie? Lass dich wieder sehen, sobald du kannst – und hab Dank, dass du gekommen bist!« Er drückte Pelle die Hand.

»Tu mir den Gefallen und mach deine Augen auf«, sagte er, indem er ihn hinausließ, »vielleicht könntest du mir behilflich sein Klarheit in die Geschichte der Ärmsten zu bringen. Du kennst ja so viele kleine Leute und du musst auf irgendeine Weise in Johannes Leben eingegriffen haben, ich kann es ihr anmerken. Hast du nicht gemerkt, wie erpicht sie darauf war, dich zu sehen? Versuch die Sache ausfindig zu machen, Pelle!«

Pelle versprach es. Aber das war leichter gesagt als getan. In der ausgedehnten Welt der Armen, mit der er während der Aussperrung in enge Berührung gekommen war, gab es hunderte von Kindern, die Johannes Schicksal erduldet haben konnten.

5

Pelle hatte sein altes Werkzeug hervorgesucht und arbeitete nun für die Bewohner der Straße. Er lief nicht mehr herum und suchte und Ellen wollte es scheinen, als habe er die Hoffnung aufgegeben. Aber er wartete nur und rüstete sich; er war lebhaft wie je, die große Verheißung lebte immer noch uneingelöst in seinem Innern. Es war kein Platz für ihn in der engen Wohnung, wo Ellen ihre Wäsche besorgte, und so mietete er sich in dem hohen Keller einen Raum und hängte ein großes Schild ins Fenster. Er malte die Buchstaben selbst auf ein Stück Pappe, auf diese Weise sparte er das Geld. *Kommt mit eurem Schuhzeug zu mir, dann helfen wir einander auf die Beine!*, stand da. Wenn Lasse Fredrik nicht auf Arbeit oder in der Schule war, hielt er sich fast immer unten beim Vater auf; er war ein geschickter Junge und konnte manche Handreichung tun. Während sie arbeiteten, plauderten sie über alles Mögliche. Der Junge erzählte seinem Vater alles, was er erlebte.

Er veränderte sich jetzt rasch und redete äußerst vernünftig über alles. Pelle war besorgt, dass er nicht genug von seiner Kindheit hätte. »Willst du nicht hinauf und spielen?«, fragte er, wenn die Jungen der Umgegend an dem Kellerfenster vorbeiliefen. Aber Lasse Fredrik schüttelte den Kopf. Im Spiel war er alles gewesen, vom Verbrecher bis zum König, da war nichts mehr zu erreichen. Nun wollte er gern etwas Richtiges anfangen und träumte davon, zur See zu gehen.

Obwohl sie alle drei arbeiteten, reichte es gerade nur zum nackten Leben; es blieb nie etwas übrig, um es sich etwas behaglicher zu machen. Das war vor allem Ellens Kummer. Pelle schien das nicht zu bekümmern. Wenn man ihm nur etwas Essbares vorsetzte, war er zufrieden und sah nicht darauf, was es war.

Es war Ellens Traum, dass sie sich noch einmal durch Arbeit von früh bis spät – in die Höhe arbeiten und in eine andere Gesellschaftsschicht hinaufgelangen könnten. Aber Pelle wurde ärgerlich, wenn sie sich noch am Feierabend abmühte; sie wollten lieber ärmlich leben und es sich dann erlauben können, Menschen zu sein, sagte er. Ellen verstand das nicht, aber sie sah, dass seine Interessen jetzt in eine andere Richtung gingen: er, der früher stets über den Büchern einschlief, konnte sich jetzt so darin vertiefen, dass er das Lärmen der Kinder um sich herum nicht hörte. Sie musste ihn geradezu wecken, wenn sie irgendetwas wollte – und sie ängstigte sich vor dieser neuen Macht, die an die Stelle der alten getreten war. Es war fast wie ein Fluch, dass immer irgendetwas Neues auftauchte, das ihn über sie hinauszuführen drohte. Und sich dagegen aufzulehnen, wagte sie nicht; sie hatte früher dabei bittere Erfahrungen gemacht.

»Was suchst du in deinen Büchern?«, fragte sie und setzte sich zu ihm. Pelle sah geistesabwesend auf, seine Gedanken kamen aus fernen Gegenden, wo sie nicht mit dabei gewesen war. Was suchte er? Er tastete sich vorwärts, konnte sich aber nicht klar darüber werden. »Ich suche mich selber!«, sagte er plötzlich. Ellen starrte ihn erstaunt und enttäuscht an.

Aber sie kam wieder – diesmal sollte sich nichts zwischen sie stellen und ihre Welt zerstören. Sie stellte sich ihm nicht mehr in den Weg, sondern nun wollte sie ihm folgen und da sein, wo er war. »Erkläre mir, was du vorhast, und nimm mich mit«, sagte sie.

Pelle hatte sich im Grunde darauf eingerichtet, allein in diese Sache hineinzugehen, und war froh überrascht auch bei ihr den Trieb zur Entwicklung zu finden. Vorläufig glich die Welt des Geistes noch einer Wildnis und es war viel angenehmer, zu zweien einen Weg darin zu suchen.

Er machte sie mit den Gedanken vertraut, die ihn beschäftigten, und er erwog sie mit ihr; und Ellen sah staunend, dass dies alles Dinge waren, die nichts mit ihrem privaten kleinen Wohlergehen zu schaffen hatten. Sie gab sich viele Mühe, diese Flucht fort von dem, was doch das Wesentliche war, zu begreifen; das war ja ganz so wie mit Kindern, die immer am liebsten das wollten, was sie nicht sollten.

Am Abend, wenn Svend Tröst und Schwester zu Bett gebracht worden waren, nahm Pelle ein Buch zur Hand, um vorzulesen. Ellen beschäftigte sich mit irgendeiner Flickarbeit und Lasse Fredrik hing über einer Stuhllehne, die Augen starr auf den Vater gerichtet, mit abstehenden Ohren. Obwohl er nicht die Hälfte verstand, folgte er gespannt – bis die Natur ihr Recht geltend machte und er einschlief.

Ellen konnte das so gut verstehen; sie hatte selber ihre liebe Not, die Augen offen zu halten – es waren keine Unterhaltungsbücher, die Pelle las. Zuweilen hielt er inne, um etwas aufzuschreiben oder irgendeine Frage zu erörtern. Er konnte die sonderbarsten Einfälle haben und einen Zusammenhang zwischen Dingen sehen, von denen Ellen fand, dass sie nichts miteinander zu tun hatten; sie musste im Stillen denken, ob er nicht sehr gut hätte Pastor studieren können. Übrigens kleidete es ihn; seine Augen wurden ganz schwarz, wenn er im Begriff war, irgendetwas zu erklären, und seinen Mund umspielte ein eigentümlicher Zug, sodass sie, wie sie dasaß, Lust bekam, ihn zu küssen. Sie musste in ihrem stillen Sinn einräumen, dass es auf alle Fälle eine sehr unschädliche Feierabendbeschäftigung war, und sie freute sich, dass das, was ihn diesmal so einnahm, ihn doch wenigstens ans Haus fesselte.

Eines Tages wurde es Pelle klar, dass sie doch nicht bei ihm war. Sie glaubte nicht einmal an das, was er vorhatte – sie hatte nie blindlings an ihn geglaubt. Sie hat mich wohl auch nie richtig geliebt, das ist der Grund, dachte er missmutig. Vielleicht war das die Erklärung dafür, dass sie Svend Tröst so ruhig hinnahm, als sei er ihr eigenes Kind – sie war nicht eifersüchtig. Pelle hätte sich gern mit Vorwürfen überschütten lassen, um hinterher einen Kuss, von brennenden Tränen genetzt, zu bekommen. Aber Ellen geriet nicht aus dem Gleichgewicht.

So behaglich sie miteinander lebten – er merkte doch, dass sie bis zu einem gewissen Grad ihre Rechnung ohne ihn machte, als habe er eine Schwäche, mit der zu rechnen immer geraten war. Die alten Erfahrungen saßen tief in ihr.

Ellen hatte ihre eigenen Pläne mit dem alten Saal und den zwei kleinen Anrichtezimmern, die sich daran anschlossen; sie hatte das Waschen satt, es warf einen elenden Verdienst ab, brachte viel Arbeit und geringes Ansehen. Jetzt wollte sie ein Artistenlogis einrichten: Es gab mehr als eine in der Straße, die anständig davon lebte, dass sie an Artisten vermietete. »Hätte ich nur ein paar hundert Kronen, um in Gang zu kommen, dann würde die Sache schon gehen«, sagte sie.

»Und dann hättest du mehr Zeit und Ruhe für deine Bücher«, fügte sie schmeichelnd hinzu.

Pelle riet davon ab. Die guten Artisten mieteten sich in den Artistenhotels ein und die Leute, auf die man rechnen konnte, hatten nicht viel zum Bezahlen. Er hatte allerlei Beobachtungen von seinem Kellerfenster aus gemacht und für einige von ihnen Schuhe geflickt – es war ein ziemlich sohlenloses Volk. Dann schwieg sie, aber er konnte merken, dass sie nicht überzeugt war. Sie ließ die Sache nur fallen, weil er dagegen war und er doch das Geld beschaffen sollte.

Dieser Gedanke war ihm peinlich – er war vorsichtig geworden, wenn es sich darum handelte, über andere zu bestimmen. Das Geld musste beschafft werden, wenn nicht auf andere Weise, dann dadurch, dass man Mobiliar und Werkzeug in Pfand gab. Ging die Sache schief, dann war es der sichere Ruin. Aber Ellen dachte vielleicht, dass er als tote Hand über ihrer Zukunft ruhte.

Eines Abends warf er das Schurzfell hin und ging aus, um das Geld zu beschaffen. Es wurde spät, ehe er nach Hause kam. Ellen stand in der Tür und erwartete ihn mit erstauntem Gesicht.

»Sieh, hier ist Geld, mein Kind – was gibst du mir dafür?«, sagte er munter und zählte einhundertachtzig Kronen in Scheinen vor ihr auf. Ellen starrte überrascht auf das Geld; ein so großes Kapital hatte sie noch nie in Händen gehabt.

»Wo hast du das her?«, fragte sie endlich.

»Ich bin den ganzen Tag von einem zum anderen gerannt«, sagte Pelle vergnügt, »aber schließlich wurde ich an einen Mann in der Blaagaardsgade gewiesen. Der gab mir zweihundert Kronen gegen Pfand auf das Mobiliar.«

»Aber es sind doch nur einhundertachtzig Kronen.«

»Na ja, er zog gleich zwanzig ab. Das Darlehen soll in fünfzehn Monatsraten zu je zwanzig Kronen abgezahlt werden. Ich musste unterschreiben, dass ich dreihundert Kronen geliehen habe, aber dafür brauchen wir auch keine Zinsen zu bezahlen.«

Ellen starrte ihn wie vom Blitz getroffen an. »Dreihundert Kronen und wir haben nur einhundertachtzig bekommen, Pelle!« Aber plötzlich schlang sie die Arme um seinen Hals und küsste ihn heftig. »Hab Dank!«, flüsterte sie. Er war ganz verwirrt – es sah ihr gar nicht ähnlich, so ungestüm zu sein.

Sie mietete den Saal und machte sich geschäftig daran, ihn in Stand setzen zu lassen; die losen Balken mussten befestigt und die Wände ausgebessert und ein wenig getüncht werden. Der alte Bauer war gern bereit zu vermieten, aber von Unkosten wollte er nichts hören; und schließlich bekam Ellen ihn doch dahin, dass er die Hälfte der Instandsetzung bezahlte, wohingegen sie auf ein Jahr mieten und im Voraus bezahlen musste. »Wir können meinen Bruder Fredrik bitten, dass er sonntags vormittags renoviert«, sagte sie zu Pelle, »dann kommen wir selbst am Ende gratis dazu.« Sie war überhaupt sehr auf ihren Profit aus.

Aber das tat auch not, die Miete verschlang die hundert Kronen, und dann waren allerlei Anschaffungen nötig. Sie kauften viele Ellen billigen Kattun und brachten Vorhänge so an, dass eine Reihe kleiner Kojen längs der einen Seite des Saales entstand; in jede Koje kamen ein gebrauchtes Bett mit einer Heumatratze und ein Waschständer. »Artisten nehmen es nicht so genau«, sagte sie. »Und ich glaube wirklich, dass ihnen der Saal für ihre Übungen sehr willkommen sein wird!« Endlich waren da die beiden kleinen Anrichtezimmer, die für besonders anspruchsvolle Artisten hübsch ausgestattet werden sollten. Das Geld reichte nicht annähernd, man musste eine Menge auf Kredit kaufen.

Aber dann war auch alles bereit, die freien Vögel aufzunehmen, und in Anbetracht der geringen Mittel sah es sehr anheimelnd aus. Pelle musste Ellens Geschicklichkeit bewundern, aus wenig viel zu machen. Jetzt galt es nur, die Vögel einzufangen. Aber hier versagte Ellens praktischer Sinn. »Wir müssen inserieren«, sagte sie und zählte ihre Schillinge nach.

Pelle lachte sie aus. Inserieren, um Leute einzufangen, die sich der Teufel weiß wo auf Eisenbahnen und Dampfern befanden, wie konnte das etwas nützen! »Was machen wir denn nur?«, sagte sie und sah ihn Hilfe suchend an. Jetzt war er doch der Mann, der für das Ganze einstehen musste.

Ja, zuallererst musste ein deutsches Schild an der Haustür angebracht werden und dann musste man das Logis bekannt machen. Pelle hatte im Gefängnis sowohl Deutsch als auch Englisch gelernt und schrieb das Schild selber. Er ließ Karten drucken, die er in die Artistenkneipen oben an der Ecke der Vesterbrogade legte, ging auch selbst ein paar Mal nach Mitternacht hin, wenn sich die Artisten nach beendeter Arbeit dort versammelten, und stellte sich an den Hintertüren der Varietes auf. Das wurde wie alles, womit er sich beschäftigte, bald zu einer Aufgabe, die erfolgreich gelöst werden musste.

Ellen sah verwundert und hilflos zu. Ihr war auf einmal ganz bange geworden und sie verfolgte mit gespannter Aufmerksamkeit jeden seiner Schritte.

Aber bald begann die Sache zu florieren. Die Mädchen, für die Ellen gewaschen hatte, interessierten sich für das Unternehmen und schickten ihr Logiergäste; und Lasse Fredrik, der in den Zirkusställen verkehrte, kam häufig mit irgendeinem russischen Stallknecht an, der als Bauerntänzer oder Kosakenreiter auftrat. Es kam vor, dass Leute von der entgegengesetzten Seite des Erdballs bei ihr wohnten, da, wo sie mit dem Kopf nach unten gehen: Fakire und Zauberkünstler aus Indien und Japan, Schlangenbändiger aus Tetuan, Leute mit kahl geschorenen Schädeln oder mit einem langen schwarzen Zopf, mit schrägen, melancholischen Augen, beweglichen Hüften und einer Haut, die Ähnlichkeit mit dem grünlichen Leder hatte, das Pelle zu Damenstiefeln verwendete. Schwester war bange vor ihnen, aber für Lasse Fredrik war das ein Herrenleben. Es kamen auch dicke Tirolermädchen, immer zu dreien, die in den Tingeltangeln jodelten und den ganzen Tag schrecklich aussahen. Die brachten Ellen zur Verzweiflung. Und hin und wieder kamen ganze Trupps. Dann knarrten Trapeze und Ringe in dem großen Saal, spanische Tänzer trainierten und der Jongleur übte neue Tricks ein.

Es waren alles Leute, die man außerhalb der Bühne am liebsten nicht gesehen hätte. Ellen kam jetzt oft in den Zirkus und in die Varietes, konnte aber nie so recht begreifen, dass die Auftretenden dieselben waren, die daheim in Schmutz und Unordnung herumgingen und ärger aussahen als das Unglück. Die meisten stellten keine Ansprüche, sondern wollten nur alles billig haben; sie beköstigten sich selbst und lebten zuweilen Gott weiß wovon. Einige zündeten ganz einfach auf einer eisernen Platte auf dem Fußboden ein Feuer an und manschten sich etwas zusammen, Reis oder dergleichen. Sie könnten das dänische Essen nicht vertragen, sagte Pelle.

Zuweilen machten sie sich aus dem Staube, ohne zu bezahlen; es geschah auch wohl, dass sie etwas mitnahmen, und sie ruinierten die Sachen fürchterlich. Seide war nicht dabei zu spinnen, aber Ellen war vorläufig zufrieden, wenn sie die Miete herausschlug und das Geld für die Abzahlungen und ein wenig für ihre Mühe. Es war ihr stolzer Plan, die schlechten Elemente auszuschalten und das Ganze ein wenig vornehmer anzulegen, sobald die Sache gut in Schwung gekommen war.

»Nun könntest du recht gut die schlechteste Arbeit ablehnen und dich ein wenig schonen«, sagte sie zu Pelle, wenn er dasaß und sich mit abgetragenem Fabrikschuhzeug abmühte, das kaum noch Sohlen und Oberleder aufwies. Das meiste Schuhzeug hatte anderswo Dienste geleistet, ehe es hier strandete, und wenn Pelle es in die Hände bekam, war nicht mehr viel davon übrig. »Sag doch Nein«, meinte Ellen, »das ist ein viel zu saurer Verdienst für dich! Und nun können wir uns ja durchschlagen, ohne alles annehmen zu müssen!« In ihrer Herzensgüte fand sie, dass er Zeit haben müsse, sich seinen Büchern zu widmen, da das ja nun einmal seine schwache Seite wäre.

Sie meinte es gut genug mit ihm, aber Pelle wollte kein ästhetischer Tagedieb sein, der Mann der Hebamme, der sich von seiner Frau ernähren ließ und den Gelehrten spielte. Von der Art gab es hier in der Gegend genug und die Bewohner des Viertels sahen bewundernd zu ihnen auf, aber sie waren nicht angenehm. Sie waren im Grunde eine andere Art von Trunkenbolden.

Für ihn waren die Bücher eine neue Kraft, die er im Gefängnis entdeckt hatte. Er hatte da drinnen einsam mit seiner Arbeit gesessen, darauf angewiesen, sich mit sich selbst zu beschäftigen, und hatte sein Wesen gründlich erforscht. Es war ja fast, als bekäme man Gesellschaft, wenn er das Neue und Fremde in sich an den Tag brachte; und eines Tages stieß er auf den Nebel seines eigenen Wesens und entdeckte, dass der aus Erfahrungen bestand, die andere vor ihm gemacht hatten. Die Bibel, die ständig zur Gesellschaft auf dem Tisch des Gefangenen lag, half ihm; ihre Rede klang wie eine vertraute Stimme, die in vielem an Vater Lasses Stimme aus seiner Kindheit erinnerte. Von der Bibel ging er weiter und entdeckte, dass die ernsten Bücher wie er selbst in der Einsamkeit saßen – und nach außen hinausredeten.

War denn die Einsamkeit so entsetzlich, wenn man solche Gesellschaft hatte? Pelle begriff seine eigene Angst davor nicht mehr. In seiner Kindheit hatte ihm alles Gesellschaft geleistet – er konnte sich mit Bäumen, Tieren und Steinen unterhalten. Diese Fäden rissen einmal ab und führten ihm keine Nahrung mehr zu, aber dann wurde er eins mit den Massen und fühlte und dachte genau wie sie. Jetzt war auch das im Begriff zu zerbröckeln; er wurde deutlich Glied für Glied isoliert und es ergötzte ihn, darin einen Plan zu entdecken. Er hatte sich die Natur schon als Kind untertan gemacht – und dann die Massen erobert! Jetzt eroberte er die Einsamkeit und bewegte sich groß und wunderlich darin. Sie war bereits dabei, unauslöschliche Spuren in seinem Gemüt zu hinterlassen, obwohl er noch nichts von ihr gespürt hatte. Ihm war sonderbar zu Mute – ungefähr wie damals, als er in seiner Kindheit zusammen mit seinem Vater auf Bornholm anlangte und nichts sehen konnte, aber wimmelndes Leben sich hinter dem Nebel regen hörte. Eine neue, unbekannte Welt voller Wunder pochte ihm von drinnen entgegen.

Pelle handelte nicht aus einem Willensakt heraus; er hätte ebenso gut versuchen können, sich selbst an den Haaren in die Höhe zu ziehen, als zu beschließen, dass er jetzt ein Mensch für sich selber sein wollte. Dies war ein Erwachen neuer Fähigkeiten! Er ließ nicht mehr Sonne und Regen über sich hingehen, es geschah das Wunderbare mit ihm, dass er alles staunend betrachtete, was bisher als alltäglich an ihm vorübergeglitten war, und alles in neuem, strahlendem Licht erblickte. Er musste alles von vorn erforschen, jede Einzelheit betrachten – war es nicht wunderbar, wie sich alles miteinander verband, Kummer und Freude und scheinbare Kleinigkeiten, bis er es selber wurde, Pelle, der über hunderttausende geherrscht hatte und doch ins Gefängnis musste, um sich reich zu fühlen? Es war etwas in ihm entzündet, was nie erlöschen konnte, ein heiliges Feuer, dem alles als Nahrung diente, es mochte wollen oder nicht. Jetzt konnte er nicht besiegt werden; er sog Kräfte aus der Unendlichkeit selbst.

Die kahle Zelle, drei Schritt nach der einen Seite und sechs nach der andern, mit ihrer Luftklappe, ihrem süßlichen Abortgestank und dem mystischen Guckloch in der Tür, das wie ein Auge war, das ständig über einem wachte – wie viel hatte sie nicht in sich eingeschlossen! Es war zu allen Zeiten das Los des armen Mannes gewesen, sich aus der Leere Welten zu schaffen, schöne Fata Morganas, die plötzlich verschwanden und ihn noch ärmer und leerer zurückließen. Aber dies hielt; in der kahlen Zelle schienen sich alle Lebensströme zu vereinen, sie war wie der dunkle, unterirdische Raum in mächtigen Gebäuden, wo der Mechanismus versteckt ist, der das Licht und die Wärme in den ganzen Komplex ein- und herauslässt. Da drinnen entdeckte er, wie reich und mannigfaltig das Leben ist.

Pelle ging in einer sonderbar gehobenen Stimmung umher. Er hatte das Empfinden, als habe etwas, das größer und schöner war als er selbst, Sitz in ihm genommen und müsse sich in ihm vollenden. In ihm wuchs ein neues Wesen, das dennoch er selber war, ruhte dort und sog Nahrung aus allem, was er unternahm.

Er bewegte sich behutsam und still mit einem grübelnden Ausdruck, als wäge er alles ab; es gab so viel, was man nicht tun durfte, weil es *diesem* schaden konnte! Sie waren jetzt immer zwei – Pelle und dies wunderliche, ungesehene Ich, das sicher und schwer in ihm ruhte, wie eine Leibesfrucht, mit ihrer Wurzel im Dunkeln.

Pelle wollte aus den Büchern Klarheit über die Welt gewinnen. Den Werken der Dichter gegenüber war er ein wenig misstrauisch; ihr Inhalt erschloss sich einem zu leicht, damit konnte es nicht die richtige Bewandtnis haben. Sie waren ja übrigens auch erfunden! Er aber hatte das Bedürfnis nach Tatsachen; es gab mächtige Räume in seinem Gehirn, die danach hungerten, mit sicherem Wissen von den Dingen angefüllt zu werden. Er gab geschichtlichen Werken den Vorzug, namentlich sozialhistorischen, und las bis auf weiteres alles, was ihm in die Hände fiel, roh und ungesüßt. Es war ein Hunger, der nie befriedigt worden war und unersättlich schien.

Aber seine Arbeit verrichtete er pedantisch. Er hatte es sich zum Grundsatz gemacht, niemals ein Buch anzurühren, solange Arbeit auf dem Fußboden lag und wartete. Er hatte im Gefängnis von einem vernünftigen Arbeitstag von acht Stunden geträumt, sodass einem Zeit und Kraft blieben, sich mit geistigen Dingen zu beschäftigen; jetzt stahl er sich die Zeit vom nächtlichen Schlaf. Hier war auf alle Fälle ein Gebiet, wo man es wohl unterlassen sollte, ihn auszuschließen, er wollte seinen Anteil am Wissen der Zeit haben. Er fühlte, dass hier Waffen lagen, lange genug hatte sich der arme Mann aus Mangel an Aufklärung gutwillig in die Ecke gestellt; jedes Mal, wenn er den Kopf hervorsteckte, bog man ihn wieder zurück. Warum nahm sich der arme Tropf nicht ganz einfach das Vorrecht der Oberklassen? Es kostete ja nur Mühe und mit *der* Münze zu bezahlen war er gewöhnt! An Fähigkeiten fehlte es ihm kaum; soweit Pelle vorläufig feststellte, kamen fast alle Bahnbrecher für das Neue von unten.

Er entdeckte zu seiner Freude, dass sein Suchen ihn nicht von der Welt wegführte; dort, tief da drinnen, tauchte er ja wieder ins Licht hinauf. Ja, ins Licht! Er folgte den geheimen Gesetzen seines innersten Wesens – und vor ihm stand wieder die Frage nach dem Wohlergehen der vielen. Sein praktischer Sinn bedurfte dieser Bestätigung des Zusammenhangs. Das zeitigte auch praktische Ergebnisse: Schon jetzt konnte die Geschichte nicht länger benutzt werden, um ihn und seine Ideen ins Unrecht zu setzen – er wusste zu viel. Und sein Blick wuchs von Tag zu Tag und umspannte einen immer größeren Horizont. Eines Tages würde er den Trollen einfach die Zauberformel rauben und damit den Kampf entfachen!

Er war von unermüdlicher Ausdauer und meist voller Zuversicht. Wenn die letzten Artisten aus dem Artistencafé nach Hause kamen, brannte in der Regel seine Schusterlampe noch und er saß da und arbeitete. Dann blieben sie vor dem geöffneten Kellerfenster stehen und hielten in ihrem gebrochenen Dänisch einen Schwatz mit ihm.

Es ging knapp her im Hause, die Abzahlungen der Anleihe und die Schulden von der Einrichtung her verschlangen noch immer alles, was sie zusammenscharren konnten, und Pelle hatte keine Aussicht auf bessere Arbeit. Aber die Arbeit selbst trägt den Glauben in sich; er vertraute blind darauf, dass sich ihm schon ein Ausweg erschließen würde, wenn er nur unverdrossen seine Pflicht tat.

Ellens stilles Misstrauen seinem Vorhaben gegenüber ertrug er mit Ruhe. Er fühlte sich in dieser Beziehung größer als sie, sie gelangte nicht dahin, wo er sein Haupt trug!

6

Schon um vier Uhr erwachte Pelle, obwohl er spät zu Bett gegangen war. Er schlief in dieser Zeit einen Hühnerschlaf, die Sommernacht lag wie eine lichte Mahnung über seinen Augenlidern. Er schlich in die Küche und wusch sich – und ging dann hinunter an seine Arbeit. Der weißgraue Atem der Nacht hing noch sichtbar in der Straße, aber hoch über den Dächern lag bereits ein rötlicher Schimmer. Nun geht die Sonne über dem Land auf, dachte er und erinnerte sich der Morgen seiner Kindheit: der Felder mit dem silbergrauen Taugespinst und der Sonne, die plötzlich kam und es in Millionen strahlender Diamanten verwandelte. Ach, könnte man wieder einmal barfuß hinauslaufen in das taufeuchte Gras und unverzagt dem dämmernden Tag entgegenrufen: »Auf mit dir, Sonne, Pelle ist schon hier!«

Der Nachtwächter kam auf seinem Weg nach Hause schlurfend an dem geöffneten Fenster vorüber. »Schon auf?«, sagte er nachtheiser und nickte hinunter. »Ja, Morgenstunde hat Gold im Munde – du wirst noch mal reich, Schuster!« Pelle lachte, er *war* reich!

Er dachte an Frau und Kinder, während er arbeitete. Der Gedanke hatte etwas Trauliches, dass sie dalagen und ruhig schliefen, während er hier saß und sich abmühte; das zeigte, dass er ihr Versorger war. Aus jedem Hammerschlag wuchs das Heim auf, darum hieb er so munter drauflos. Arm waren sie, aber das war gleichgültig, wenn man bedachte, dass, wenn er jetzt fortgenommen würde, vieles zu Grunde gehen müsste. Für die Kinder war er bereits die Vorsehung; bei allem hieß es: Vater soll, oder: Vater hat selbst gesagt! – In ihren Augen war er die Unfehlbarkeit selber. Und Ellen fing an, mit ihren Sorgen zu ihm zu kommen, sie ging nicht mehr stumm mit ihren Angelegenheiten herum, sondern erkannte, dass er stärkere Schultern hatte.

Es kam im Grunde so unverdient, als wenn gute Kräfte für ihn arbeiteten. So beschämend es war, dass die Frau für den Unterhalt der Familie mitarbeiten musste – er war nicht im Stande gewesen, sie davon zu befreien, und was war er für die Kinder gewesen? Es war nicht leicht, alles auf einmal auf kahlem Boden aufzubauen, und die Versuchung lag nahe, etwas beiseite zu lassen und das Übrige umso schneller durchzuführen. So, wie er jetzt war, war er im Grunde nichts! Nicht der alte Pelle und nicht der neue, sondern etwas Unbestimmbares, das sich auf dem Weg befand und in hohem Maße der Nachsicht bedurfte! Ein Haufen Hausgerät auf einem Möbelwagen, unterwegs zu der neuen Wohnung.

Von außen bekam er das zu fühlen; alte Freunde wie auch alte Feinde betrachteten ihn wie jemand, mit dem es sehr zurückgegangen war. Ist das von dem alten Pelle übrig geblieben?, fragte ihr Blick. Aber die Seinen waren dafür nachsichtig. »Vater hat keine Zeit«, sagte Schwester erklärend, wenn sie um ihn herumpusselte, »aber er hat wohl bald Zeit!« Und dann malte sie sich all das Herrliche aus, das dann geschehen sollte. Pelle wurde sonderbar zu Mute – er musste zusehen, dass er rasch fertig wurde.

Es war ein finsterer und unwegsamer Weltteil, in den er sich hinausgewagt hatte, aber jetzt fing er an sich zu orientieren. Da waren Höhenzüge, die ständig wiederkehrten, und einzelne Berggipfel, die man jedes Mal erreichte, wenn man aus dem dichten Gewölk herauskam. Und eine reiche Gegend war es, vielleicht war dies das Land, das er und die anderen gesucht hatten. Wenn er hindurchgekommen war, wollte er es ihnen doch zeigen.

Pelle hatte ein gutes Gedächtnis und erinnerte sich an alles, was er gelesen hatte. Vieles davon konnte er wortgetreu zitieren und des Morgens, ehe die Straße erwacht war, pflegte er alles noch einmal in Gedanken durchzugehen, während er arbeitete. Es wunderte ihn, wie wenig sich die Weltgeschichte mit seinen Standesgenossen beschäftigt hatte, erst in der allerletzten Zeit hatte man sie darin aufgenommen. Nun, er war nicht ungehalten darüber, die Bewegung war also wirklich etwas Neues und nicht eine von den ewigen Wiederholungen der Geschichte. Nun hatte er das Verlangen ihre Idee schwarz auf weiß vor sich zu sehen und eines Tages saß er feierlich mit Marx und Henry George in der Bibliothek. Pelle war nicht ganz unwissend auf diesem Gebiet, aber dies war doch, als ziehe er ein großes Zugnetz aus der Tiefe – eine strahlende Wunderwelt kam herauf. Hier waren unumstößliche logische Beweise dafür, dass er auf dem richtigen Wege war, obwohl er aufs Geratewohl zugegriffen hatte. Das Glücksland war groß genug für alle; je mehr dort einrückten, umso größer wurde es. Er saß da und bekam Lust, wieder auszuholen, eine neue Schlacht für das Glück zu schlagen.

Plötzlich ging es wie ein Bergrutsch durch das Haus, von oben bis unten, ein kurzes, ohrenbetäubendes Gewitter, das ihn wieder zu seinem Heim zurückführte. Es war nur Lasse Fredrik, der den Tag einleitete. Er nahm mit jedem Sprung einen Absatz, sandte dem Vater einen Gruß hinab und stürzte davon, an die Arbeit. Die letzte Hosenträgerstrippe knöpfte er, während er lief. Bald darauf kam Ellen mit dem Morgenkaffee herunter.

»Warum hast du mich nicht geweckt, als du aufstandest?«, fragte sie schmollend. »Es ist nicht gesund, so lange zu sitzen und zu arbeiten, ohne etwas im Leibe zu haben.«

Pelle lachte und küsste sie zum Gutenmorgen. »Die feinen Damen stehen erst lange nach ihren Männern auf«, sagte er scherzend.

Aber Ellen ließ sich nicht mit Scherzen abspeisen. Eine ordentliche Frau sei vor ihrem Mann auf und habe etwas für ihn bereit. »Ich *will*, dass du mich weckst«, sagte sie bestimmt mit dunkelroten Wangen. Es kleidete sie, sich einmal zu ereifern.

Während er Kaffee trank, saß sie da und unterhielt sich mit ihm über ihre Angelegenheiten und sie besprachen den Tagesplan miteinander. Dann ging sie hinauf, um den Kindern in die Kleider zu helfen.

Am späten Vormittag legte Pelle die Arbeit beiseite, er machte sich fertig und ging fort, um sie abzuliefern. Gleichzeitig wollte er in die Bibliothek, um in dem großen Lexikon etwas nachzuschlagen.

Die Straße lebte in der Nähe des großen Verkehrs ihr eigenes stilles Leben – eintönig tagaus, tagein. Der dicke jüdische Altwarenhändler stand auf der Treppe und paffte aus seiner Holzpfeife. »Guten Morgen, Schuster«, grüßte er. Ein schiefäugiger gelber Morgenländer in Pantoffeln und langem schwarzem Kaftan balancierte die Treppe des Milchkellers hinauf, eine Schüssel Sahne in der einen Hand und ein Brot in der anderen. Und gegenüber auf dem Bürgersteig gingen ein paar Jungen und spielten Klink, gerade unter der großen roten Laterne, die die ganze Nacht hindurch ihr »Hühneraugenoperateur« in die Straße leuchtete. Zwei Mädchen im Radlerkostüm kamen mit ihren Rädern aus einem Torweg heraus, sie wollten in den Wald. »Guten Morgen, Pelle! Wie geht es mit Ellens Geschäft?«, fragten sie vertraulich. Es waren Mädchen, für die Ellen gewaschen hatte.

Pelle liebte diesen bunten Stadtteil, wo neue Läden mit großen Spiegelscheiben sich mit niedrigen Erdgeschossen abwechselten, in denen man hinter gewöhnlichen Fenstern mit Goldlack und Georginen Kleinhandel trieb, ganz wie daheim in der Provinz, und nur eine Schnur mit einem Brief Sicherheitsnadeln und einem Bund Schnürbänder daran über die Blumentöpfe gezogen hatte. Hier wohnten arme Leute genug, aber das Leben war doch nicht so hart wie draußen auf Nörrebro. Die Leute nahmen das Leben leichter, es erschien ihm weniger geradlinig, aber auch weniger selbstgerecht. Es war, als hätten sie ein leichteres Temperament mitbekommen, sie gingen nicht so gut abgerichtet ihrer täglichen Arbeit nach, fanden aber dafür mehr Wege, wenn es galt, sich das tägliche Brot zu verschaffen.

Es lag etwas wie Aufbruch über dem allem, was seinem eigenen Zustand sehr entsprach; die Unsicherheit des Lebens legte eine hoch gespannte Stimmung über alles. Die Armut kam nicht in dichten Arbeiterkolonnen anmarschiert; sie hatte eine große bunte Garderobe, konnte in den letzten Gamaschenstiefeln aus den herrschaftlichen Häusern des alten Kopenhagen auftreten oder mit goldener Brille und Zylinder. Er glaubte, dass er alle Berufe kenne, aber hier waren hunderte von Erwerbszweigen, die sich nicht organisieren ließen; jeden Tag entdeckte er neue und sonderbare Gewerbe. Er entsann sich, wie schwer es gewesen war, hier draußen zu organisieren: Das Leben war zu unübersichtlich.

Hier war Platz für alles; Tür an Tür wohnten Leute, die die Bewegung noch nicht aufgenommen hatte, und Leute, die in starrem Trotz über sie hinausgeschossen waren. Hier war auch für ihn Platz; der Schatten, vor dem er sich gegraut hatte, folgte ihm nicht. Man hatte zu viel vom Leben gesehen, um sich in die Angelegenheiten anderer einzumischen; die Spießbürgerlichkeit war nicht im Stande gewesen, sich des kleinen Mannes zu bemächtigen. Dieser Stadtteil hatte etwas von der Arche, nur nicht ihre Hoffnungslosigkeit; im Gegenteil, alle Möglichkeiten schlummerten hier. Der arme Mann hatte dies Terrain von der reichen Bürgerschaft erobert und es schien ihm, als wenn die Richtung der Entwicklung davon beeinflusst worden sei. Hier war es das Proletariat, das nach oben drängte und sozusagen alles durchsäuerte. In den langen Seitenstraßen, in denen es von Trödlern und Pfandleihern wimmelte, hatte sich das Dasein nicht in seine verschiedenen Bestandteile aufgespalten. Dirnen und Glücksspieler wohnten Tür an Tür mit friedlichen alten Bürgersleuten, die ehrbar von ihren Zinsen lebten und jeden Sonntag mit dem Gesangbuch in der Hand zur Kirche gingen. Der Eisenkrämer hatte zwischen dem alten Gerümpel goldene Uhren und Antiquitäten in seinem Keller.

Pelle ging die Vesterbrogade hinab nach der Stadt zu. Die Sommerferien waren gerade zu Ende, der Bürgersteig auf der Figaro-Seite war voll von sonnengebräunten Menschen – Geschäftsleuten, Studenten, jungen Mädchen –, die durch ihre muntere Laune das Gewimmel erhellten. Sie waren eben in die Stadt zurückgekehrt und rochen nach frischem Wind und Seestrand – es war fast so gut wie ein Ausflug aufs Land. Und wollte er weiter in die Welt hinaus, dann konnte er auch das. Vesterbro hatte Gestalten genug, die seine Phantasie fesselten. Es war wie ein Kai, wo sich alle Welt ein Stelldichein gab, Artisten und Seeleute und internationale Agenten. Seltsame Frauen kamen durch die Menge gesegelt, groß, exotisch, saftvoll wie Treibhausfrüchte; er erkannte sie nach dem Bilde von der Tochter der Trödlerin in der Arche und wusste, dass sie zu dem internationalen Vergnügungschor gehörten! Sie gingen in tigergestreiften Straßenkostümen, das champagnergefärbte Haar duftete nach fremden Gegenden, nach vielen Häfen und Routen – wie das Innere der Dampfer; die starren, vollen Gesichter waren geschwellt von Massage und erinnerten an einen gepuderten rosigen Kinderarsch. Sie segelten majestätisch wie ein Schiff mit vollen Segeln den Strom hinab. In ihrem Kielwasser tummelten sich energische kleine Wesen, die auch zu dem Zug gehörten und sich wie Kinder ausstaffiert hatten – mit Puffärmeln, kurzen Kleidern und Babyhaar. Zitternde Greise, die die Sonne hinausgelockt hatte, blieben stehen und folgten den schönen Kindern mit den Augen.

Pelle empfand ein eigentümliches Wohlbehagen, wenn er mit diesem Strom dahinglitt, der breit und ruhig flutete wie das Leben selbst. Die Welt war größer, als er gedacht hatte, und er nahm nicht Partei für oder gegen etwas, sondern wunderte sich nur über die Mannigfaltigkeit des Lebens.

Gegen zwei Uhr kam er mit einem großen statistischen Werk unter dem Arm aus der Bibliothek nach Hause. Ellen nahm ihn mit roten Augen in Empfang.

»Haben dir deine Logiergäste das Leben wieder sauer gemacht?«, fragte er und sah ihr ins Gesicht. Sie wandte den Kopf ab.

»Hast du für die Arbeit Geld bekommen?«, fragte sie, anstatt zu antworten.

»Nein, der Mann war nicht im Laden. Sie wollen das Geld bringen.«

»Dann haben wir keinen roten Heller – und ich habe kein Mittagessen für dich!« Sie versuchte zu lächeln, als sie das sagte, aber ihre dichten Wimpern zitterten.

»Weiter nichts?«, sagte Pelle und schlang den Arm um sie. »Warum hast du mir nicht Hafergrütze gekocht? Ich hatte mich auf eine gewaltige Portion gefreut.«

»Hafergrütze hab ich – aber du kriegst ja beinahe nichts anderes mehr. Das ist doch kein Essen für einen Mann!«

Er fasste sie mit beiden Händen um die Hüfte, hob sie empor und setzte sie zart und behutsam auf den Küchentisch. »Das kommt von der Hafergrütze, mein Schatz«, sagte er ausgelassen. »Ich kann fast nicht gehen vor lauter Kraft.«

Aber Ellen war kein Lächeln abzuzwingen; es war etwas anderes nicht in Ordnung, aber sie wollte nicht mit der Sprache heraus. Endlich entlockte er ihr die Wahrheit – die beiden Musicalclowns waren ausgerissen, ohne die Miete zu bezahlen. Ihre gute Bettwäsche hatten sie ruiniert, mit Kleidern darin gelegen und sie so eingeferkelt, dass sie nicht mehr zu retten war. Sie wollte es ungern zugeben, da er ihr seinerzeit davon abgeraten hatte. Aber dann auf einmal brach sie gänzlich zusammen. »Du musst mich nicht auslachen«, schluchzte sie und drückte das Gesicht an seine Schulter.

Pelle versuchte sie zu trösten, aber das war nicht so leicht. Es war nicht dies eine Unglück, sondern das ganze Fiasko, über dem sie zusammenbrach – sie hatte sich so viel von ihrem großen Plan versprochen. »Es lässt sich gewiss noch retten«, sagte er, um sie zu trösten. »Wir legen uns gehörig ins Geschirr, dann wird es doch noch, du sollst sehen.«

Aber Ellen ließ sich keinen Sand in die Augen streuen. »Du glaubst ja nicht daran«, sagte sie heftig, »du sagst es nur mir zuliebe! Und der Altwarenhändler hat auch heute Vormittag geschickt und hat sagen lassen, wenn er nicht bald den Rest von seinem Geld kriegt, lässt er den ganzen Kram wieder abholen.«

»Soll er ihn holen – dann sind wir den Krempel los.«

»Aber dann verlieren wir alles, was wir angezahlt haben!«, rief sie heftig und trocknete sich die Augen.

Pelle zuckte die Achseln. »Da ist nichts zu machen.«

»Sollten wir dann nicht lieber versuchen die Sachen nach und nach zu verkaufen? Wir schulden nur noch ein Drittel.«

»Das dürfen wir nicht – das ist strafbar. Wir haben einen Leihkontrakt auf die Ausstattung des Logis, und solange wir dem Händler noch eine Öre davon schulden, gehört ihm alles. – Nun, wir sind ja alle munter und gesund, was ist da für Not?«

»Das kannst du wohl sagen«, entgegnete Ellen und versuchte zu lächeln. »Aber je munterer wir sind, umso mehr Essen brauchen wir.«

Da kam ein Mädchen mit einem Paar Stiefel gerannt, die ganz schnell besohlt werden sollten; sie gehörten Königin Therese, die wollte sie noch heute Abend anziehen. »Dann bekommen wir doch wenigstens ein paar Öre in die Hand«, sagte Ellen neu belebt. »Ich helfe dir, dann sind sie schnell fertig.«

Sie setzten sich jedes an seine Seite des Tisches und machten sich an die Arbeit. Es erinnerte an die allererste Zeit ihrer Ehe; ab und zu hielten sie inne und lachten, wenn Ellen irgendeinen Griff vergessen hatte. In anderthalb Stunden waren die Stiefel fertig und Pelle wollte sie selbst fortbringen, um das Geld ganz sicher zu bekommen.

»Du triffst sie am sichersten in der Kneipe«, sagte Ellen. »Um diese Zeit essen die Artisten zu Mittag, dann pflegt sie da zu sein.«

In der Artistenkneipe herrschte reges Leben. An den kleinen Tischen saßen knochige, kurz geschorene Männer von rötlichem Typus zusammen mit Mädchen aus dem Viertel und aßen. Es waren Akrobaten, Clowns oder Ringkämpfer – in groß karierte Stoffe gekleidet, mit mächtigen, bis auf die Fingernägel herabfallenden Manschetten und förmlich gepanzerten Stiefelspitzen. Sie kauten ausgiebig und starrten zu dem Spektakel der Mädchen stumpfsinnig in die Luft, trugen eine eisenharte, brutale Maske statt des Gesichts und große Diamantringe an den Fingern. Einige von ihnen sahen aus, als hätten sie den Unterkiefer absichtlich entwickelt, damit er Boxerschläge auffinge, so kräftig war er. In dem anstoßenden Zimmer gingen ein paar schlanke junge Burschen umher und spielten Billard, während sie verstohlen beobachteten, was an den Tischen vor sich ging. Sie trugen Stirnlocken und Lackschuhe.

Königin Therese war nicht da. Also ging er in die Dannebrogsgade, wo sie wohnte. Aber sie war nicht zu Hause, er musste die Stiefel beim Nachbarn abliefern und mit leeren Händen nach Hause gehen.

Nun, das hatte man erwarten können! Wenn die Not am größten war, spielte der Zufall mit einem wie die Katze mit der Maus! Pelle war nicht halb so zuversichtlich, wie er tat, wenn er Ellen gegenüberstand. Die Wirklichkeit fing an, ihn niederzudrücken. Er schlenderte zu Morten hinaus, aber ohne Hoffnung auf Erfolg; Morten hatte viele Löcher für das, was er verdiente.

»Du kommst im rechten Augenblick«, sagte Morten und fächelte mit zwei Zehnkronenscheinen. »Ich habe vom ›Arbeiter‹ eben zwanzig Kronen bekommen, die können wir teilen. Das ist mein erstes Geld von dieser Seite, da kannst du begreifen, dass ich dreimal draufgespuckt habe!«

»Dann haben sie also doch den Weg zu dir gefunden!«, rief Pelle erfreut.

Morten lachte. »Ich hatte es satt, meine Arbeiten in der Zeitung nachgedruckt zu sehen, wenn man sich da oben nicht zu mir bekennen wollte. Deshalb ging ich zur Redaktion und machte sie aufmerksam auf den Paragraphen, der vom Nachdruck handelt. Du hättest das Gesicht sehen sollen, das sie aufsetzten! Zum Teufel, es ist kein Vergnügen, sozusagen mit dem Elend sein Brot zu verdienen! Und noch peinlicher wird es, wenn man hinterher noch seine sauren Schillinge erbetteln muss. Du kannst mir glauben, unter anderen Verhältnissen täte ich es auch nicht – lieber würde ich hungern. Aber ich will mich auf alle Fälle nicht von meinen eigenen Leuten ausbeuten lassen. Es ist lange her, seit du hier warst.«

»Ich habe so viel zu tun gehabt. – Wie geht es Johanne?«

Das Letztere sagte er flüsternd.

»Augenblicklich nicht gut – sie liegt im Bett. Sie fragt dauernd nach dir.«

»Ich bin in letzter Zeit sehr beschäftigt gewesen! Leider ist es mir immer noch nicht gelungen, etwas über sie in Erfahrung zu bringen. Ist sie noch immer so aufsässig?«

»Wenn sie ihre boshafte Laune hat, lässt sie durchblicken, dass sie uns wohl auf die Spur helfen könnte, wenn sie nur wollte. Ich glaube, es macht ihr Spaß uns zum Narren zu halten.«

»So raffiniert kann ein Kind nicht sein!«

»Sag das nicht. Du musst bedenken, dass sie kein Kind ist – sie hat zu fürchterliche Erfahrungen gemacht. Ich habe eigentlich den Eindruck, dass sie mich hasst und darauf aus ist, mir zu schaden. Du ahnst nicht, wie voller Hass ihr Gemüt sein kann; es ist, als wenn die Dünste von da unten sich bei ihr in lebendiges Gift verwandelt hätten. Kommt jemand, von dem sie weiß, dass ich ihn gern habe, so stichelt sie auf ihn, sobald er gegangen ist – sagt irgendetwas Giftiges, um mich zu verletzen. Du bist der Einzige, den sie verschont, deswegen glaube ich, dass irgendein geheimes Band zwischen euch besteht. Versuch doch noch mal ihr auf den Zahn zu fühlen.«

Sie gingen zu ihr hinein. Als sie die Tür öffneten, schlüpfte sie schnell unter das Deckbett – sie hatte an der Tür gelauscht. Sie tat so, als schlafe sie ganz fest. Morten ging wieder in sein Zimmer, um zu arbeiten, und zog die Tür hinter sich zu.

»Nun, Johanne«, sagte Pelle und setzte sich auf den Rand ihres Bettes, »ich habe einen Gruß für dich. Kannst du wohl raten, von wem?«

»Von Großmutter!«, rief sie und richtete sich lebhaft auf. Dann schämte sie sich, dass sie sich hatte überlisten lassen, und kroch unter das Oberbett. Sie lag da und schielte misstrauisch zu ihm auf, mit zusammengepressten Lippen. In dem Blick und der Kopfhaltung war etwas, das versunkene Erinnerungen in ihm wachrief, aber er konnte es nicht festhalten.

»Nein, nicht von Großmutter. Wo ist die übrigens jetzt? Ich

möchte gern mit ihr sprechen. Könntest du nicht mit mir zu ihr gehen, wenn du erst wieder gesund bist?«

Sie lag da und betrachtete ihn mit schimmernden Augen und einem spöttischen Ausdruck. »Ja, das möchtest du wohl, mein Junge!«, erwiderte sie mit dem Refrain eines Gassenhauers.

»Sag mir jetzt, wo sie wohnt, Johanne«, fuhr Pelle fort und nahm ihre magere Hand zwischen seine Hände. »Dann bist du ein gutes Mädchen.«

»Ja, des Nachts!«

Pelle runzelte die Stirn. »Du musst sehr herzlos sein, wenn du deine alte Großmutter verlassen kannst und es ihr nicht einmal gönnst, dass andere ihr helfen. Ich bin überzeugt, sie sitzt irgendwo und leidet Not.«

Johanne sah ihn erbittert an. »Ich habe sie auch geprügelt!«, rief sie gehässig aus.

Sie brach über Pelles Gesicht in Gelächter aus. »Nein, das hab ich denn doch nicht getan«, sagte sie beruhigend, »ich hab ihr bloß den Stock weggenommen und die Brille versteckt, sodass sie nicht auf die Straße gehen und Sahne holen konnte. Da musste sie mich schicken und da trank ich alle Sahne aus und goss Wasser in den Topf. Sie konnte es nicht sehen und da schimpfte sie auf das Milchgeschäft, weil die mogelten.«

»Jetzt dichtest du gewiss«, sagte Pelle unsicher.

»Ich hab auch die Krumen aus dem Brot gepult und ließ sie die Rinden essen«, fuhr Johanne fort und nickte.

»Hör jetzt auf damit«, sagte Pelle und strich ihr über die schweißbedeckte Stirn, »ich weiß ja, dass ich dich verletzt habe.«

Sie schob wütend die Hand zur Seite. »Weißt du, was ich wohl möchte?«, sagte sie plötzlich. »Ich wollte, dass du mein Vater wärst!«

»Würde dich das freuen?«

»Ja, denn wenn du dann so recht krank und arm wärst, würde ich dich geradeso gut behandeln, wie ich Großmutter behandelt habe.« Sie lachte klanglos.

»Ich bin überzeugt, dass du immer nur gut zu Großmutter gewesen bist«, sagte Pelle ernst.

Sie sah ihn starr an, um zu sehen, ob er das wirklich meinte. Dann wandte sie sich nach der Wand um. Er konnte es ihrem gekrümmten Körper ansehen, dass sie mit dem Weinen kämpfte, und versuchte sie zu sich herumzudrehen. Aber sie machte sich steif.

»Ich will nicht mit Großmutter leben«, flüsterte sie verbissen, »ich will nicht.«

»Aber du hast sie doch lieb!«

»Nein, ich hab sie nicht lieb – ich kann sie nicht ausstehen! Sie hat zu der Nachbarin gesagt, ich wäre ihr bloß im Wege! Diese verdammte Göre wäre schuld daran, dass sie nicht ins Heim kommen könnte, sagte sie – ich habe es selbst gehört. Und ich lief doch rum und bettelte alles Essen für sie zusammen. Aber da lief ich weg!« Sie stieß die Sätze heraus und ballte das Laken krampfhaft zusammen; ihre Stimme war ganz heiser.

»Aber du musst mir doch erzählen, wo sie ist!«, sagte Pelle eindringlich. »Ich verspreche dir auch, dass du nicht zu ihr hinsollst, wenn du es nicht selber willst.«

Das Kind schwieg eigensinnig, es glaubte nicht an Versprechungen.

»Ja, dann muss ich also zur Polizei gehen, um sie zu finden; gern tue ich das nicht.«

»Nein, denn du hast ja gesessen!«, rief sie mit einem kurzen Lachen aus.

Es huschte ein gequälter Zug über Pelles Gesicht.

»Findest du das so lustig?«, fragte er und blinzelte mit den Augen. »Ich bin überzeugt, Großmutter hat nicht darüber gelacht.«

Johanne drehte sich halb um. »Nein, sie hat geweint! Nun hatte sie ja keinen, der uns Essen gab – darum hat sie geweint.«

Es dämmerte ihm. »Wo seid ihr beide eigentlich an dem Tag auf dem Gemeindeanger hingegangen? Wir wollten doch zusammen essen«, sagte er.

»Als sie dich einsteckten? Ach, wir konnten dich nicht finden und da gingen wir nach Hause.« Sie hatte ihm ihr Gesicht zugewendet und betrachtete ihn mit ihren großen grauen Augen. Es war Hannes Blick, dahinter stand dasselbe Staunen über das Dasein; aber hier war ein schreckliches Wissen hinzugekommen. Auf einmal zuckte es in ihrem Gesicht; sie entdeckte, dass sie überlistet worden war, und sah ihn mit einem stechenden Blick an.

»Ist es wahr, dass ihr Liebesleute gewesen seid, du und Mutter?«, fragte sie plötzlich schadenfroh.

Pelle errötete ein wenig. Die Frage überrumpelte ihn völlig. »Ich will dir gern alles über deine Mutter erzählen, wenn du mir dann auch alles erzählen willst, was du weißt«, sagte er und sah sie aufrichtig an.

»Was willst du denn wissen?« Sie sprach in einem examinierenden Ton. »Willst du in den Zeitungen über mich schreiben?«

»Liebes Kind – wir müssen doch deine Großmutter finden. Es kann ja doch sein, dass sie Hunger leidet.«

»Ich glaube, sie ist im Altersheim«, sagte das Kind leise. »Ich ging donnerstags hin, wenn die Alten ausgehen und sich ein bisschen zum Kaffee zusammenbetteln durften, und da hab ich sie einmal gesehen.«

»Gingst du denn nicht zu ihr?«

»Nein, ich mochte ihr Gejammer nicht mehr länger mit anhören!«

Johanne war nicht mehr starr und trotzig. Sie lag mit abgemagertem Gesicht da und antwortete ein wenig widerwillig auf Pelles Fragen, während sie verlegen mit seinen Fingern spielte. Die knappen Antworten wurden für ihn zu einer zusammenhängenden, traurigen Geschichte.

Die Witwe Johnsen war nicht mehr viel wert, nachdem die Arche abgebrannt war; sie fühlte sich alt und hilflos, und als Pelle festgenommen wurde, brach sie ganz zusammen. Sie und die Kleine litten Not, und als Johanne merkte, dass sie im Wege war, lief sie fort – dahin, wo sie es gut haben konnte. Die Alte war ihr wohl auch im Wege gewesen; sie hatte dasselbe leichtsinnige Traumgemüt wie die Mutter und nun sagte sie sich von allem los und lief dem Wunderbaren entgegen. Ein älterer Spielkamerad vergewaltigte sie und führte sie den Jungen im Holzlager zu. Dort führte sie ein Vagabundenleben, schlief häufig unter offenem Himmel und machte hin und wieder lange Finger, lernte aber bald Geld auf eigene Faust zu verdienen. Wenn es kalt wurde, ging sie als Aufwaschmädchen in die Wirtshäuser oder verrichtete Laufmädchendienste für die Dirnen in der Dannebrogsgade; wunderbarerweise entging sie der Polizei. In der ersten Zeit war sie ein paar Mal im Begriff zur Großmutter zurückzukehren, war aber nicht weitergekommen als bis an die Treppe; sie fürchtete sich vor Strafe und konnte es auch nicht ertragen, dazusitzen und die wimmernden Klagen der Alten anzuhören. Allmählich fand sie sich mit ihrer neuen Lebensweise ab und empfand kein Bedürfnis mehr, aus diesen Zuständen herauszukommen – wahrscheinlich, weil sie anfing, sich dem Trunk zu ergeben. Von Zeit zu Zeit schlich sie doch in das Altersheim und fing einen Schimmer von der Großmutter auf; sie konnte sich nicht erklären, warum sie das tat, und hielt an der Behauptung fest, dass sie sie nicht ausstehen könne. Die ungerechte Klage der Alten, dass sie ihr zur Last falle, hatte sich tief in das Gemüt des Kindes eingefressen. Im letzten Jahr hatte sie eine Zeit lang in einer Seemannskneipe am Nyhavn bei einem Wirtshaushalter Elleby aufgewartet – bei demselben Bauernfänger, der Pelle bei seiner Ankunft in Kopenhagen das Fell über die Ohren gezogen hatte. Elleby pflegte unkonfirmierte Mädchen zu adoptieren, um auf diese Weise das Gesetz zu umgehen und für die Seeleute weibliche Bedienung zu haben; sie pflegten nach Verlauf von einem oder zwei Jahren zu sterben – er ging dauernd mit einem schwarzen Flor um den Arm herum. Johanne sollte auch adoptiert werden, rannte aber rechtzeitig weg.

Langsam gestand sie ihm alles, roh und grauenvoll, wie es war, mit der instinktiven Vertraulichkeit, die die Geschöpfe der Arche zu ihm gehabt hatten und die von Mutter und Großmutter als Erbe auf sie übergegangen war. Welch ein Abgrund von Schrecken! Hier war er seiner Wege gegangen und hatte gemeint, es habe keine Eile, das Leben sei reicher, als man glaube! Aber die Kinder, die Kinder! Sollten die auch warten, während er sich einen Überblick über die Mannigfaltigkeit des Daseins verschaffte? Warten und zu Grunde gehen? Bedurfte es überhaupt besonderer Kenntnisse und eines weiten Blicks, um für gerechtere Zustände zu kämpfen? Tat da etwas anderes Not, als dass man gut war? Während er dasaß und Bücher las, wurden vielleicht Kinder zu tausenden niedergetreten. Gehörte das auch mit zum Leben und erforderte das Geduld? Zum ersten Mal zweifelte er an sich selber.

»Jetzt musst du dich hinlegen und schlafen«, sagte er sanft und strich ihr über die Stirn. Sie war brennend heiß, es pochte darin. Erschreckt fühlte er ihren Puls. Die Hand fiel mager und gleichsam ausgebrannt in die seine und der Puls hüpfte. Ach, Hannes Fieber raste in ihr.

Sie hielt seine Hand fest, als er aufstehen wollte, um zu gehen. »Hatten Mutter und du denn eine Liebschaft?«, fragte sie flüsternd und hielt die glänzenden Augen erwartungsvoll auf ihn gerichtet. Und plötzlich verstand er dies zudringliche Fragen – und ihre sonderbare Umgänglichkeit ihm gegenüber.

Einen Augenblick sah er zögernd in ihre erwartungsvollen Augen, dann nickte er langsam. »Ja, Johanne, du bist meine kleine Tochter!«, sagte er und beugte sich über sie. Sie verzog das leichenblasse Gesicht zu einem schwachen Lächeln und berührte geniert sein Kinn mit den Bartstoppeln. Dann wandte sie sich ab, um einzuschlafen.

Pelle machte Morten mit wenigen Worten mit der Vorgeschichte des Kindes vertraut: Frau Johnsens und ihres Mannes vergeblicher Kampf, voranzukommen, sein unheimlicher Tod in der Kloake und Hannes Heranwachsen über dieser Kloake als gefeierte Prinzessin der Arche – Hanne, die das Glück einfangen wollte und stattdessen dies arme Kind fing!

»Du hast mir nie von Hanne erzählt«, sagte Morten und sah ihn an. »Nein«, entgegnete Pelle langsam. »Sie stand vor mir selber so sonderbar unwirklich da – wie ein zu holder Traum. Sie tanzte sich zu Tode! Aber du kannst dem Kind gegenüber gern so tun, als ob ich sein Vater wäre.«

Morten nickte. »Du könntest für mich nach dem Altersheim gehen und dich nach der Großmutter erkundigen – es ist unrecht, dass sie ihre alten Tage da zubringen soll!« Er sah sich in der Stube um.

»Hier kannst du sie ja doch nicht haben«, sagte Pelle.

»Es ließe sich vielleicht einrichten. Sie und das Kind gehören doch zusammen.«

Pelle ging erst mit dem Geld nach Hause zu Ellen und eilte dann zu dem Altersheim.

Frau Johnsen lag im Krankenzimmer und hatte nicht mehr viele Tage zu leben. Es währte eine ganze Weile, bis sie ihn erkannte. Die Vergangenheit schien sie vergessen zu haben. Es machte gar keinen Eindruck auf sie, als er ihr erzählte, dass ihre Enkelin gefunden sei. Sie lag fast immer da und wimmerte unverständlich vor sich hin; sie jammerte um ihr täglich Brot, sie lebte noch immer in dem Wahn, dass sie Hausmiete und Essen und Trinken für sich und die Kleine beschaffen müsse. Die Sorgen des Alters hatten sich unauslöschlich in sie eingefressen.

»Sie hat gar keine Freude daran, dass sie hier liegt und es gut hat«, sagte eine alte Frau, die im Bett neben ihr lag, »sie kämpft die ganze Zeit, um das Nötige zu beschaffen. Und wenn sie einen hellen Augenblick hat, reist sie nach Jütland.«

Beim Klang dieses Wortes richtete Frau Johnsen ihre Augen auf Pelle. »Ich möchte so gern Jütland wieder sehen, ehe ich sterbe«, sagte sie. »Seit ich in meinen jungen Jahren hier herüberkam, hab ich immer bei mir gedacht, das erste Geld, das ich übrig hab, will ich zu einer Reise nach Hause verwenden. Aber es kam nie dazu. Hannes Kleine will ja auch leben – sie essen tüchtig in dem Alter!« Und damit fing die Sache wieder von vorn an.

Die Krankenpflegerin kam und sagte Pelle, jetzt müsse er gehen. Er erhob sich und beugte sich über die Alte, um ihr Lebewohl zu sagen, sonderbar bewegt von dem Gedanken, dass sie so viel für ihn gewesen war und ihn jetzt kaum erkannte. Sie lag da und griff tastend mit beiden Händen um seine Rechte, wie ein Blinder, der wieder erkennt, dann sah sie ihn mit ihren ausdruckslosen Augen an, die schon fleckig vom Tode waren. »Deine Hand ist noch gut«, sagte sie langsam mit der fern klingenden Stimme des Alters. »Hanne hätte dich nehmen sollen, dann wäre jetzt vieles anders.«

7

In der Bibliothek wunderten sie sich über den ernsten, stummen Arbeiter, der die Bücher anfasste, als seien es Mauersteine. Sie hatten ihn gern und halfen ihm, das zu finden, was er brauchte.

Unter dem Personal war ein alter Bibliothekar, der häufig kam und fragte, ob er Pelle bei irgendetwas behilflich sein könne. Es war ein kleiner, dürrer Herr mit einer goldenen Brille und dünnem weißem Haar und Bart, was seinem bleichen Antlitz ein freundliches Aussehen verlieh. Er hatte ein ganzes Menschenalter zwischen den Bücherstapeln gelebt; der Bücherstaub hatte sich ihm auf die Brust gelegt; jeden Augenblick bellte sein trockener Husten durch den Raum.

Bibliothekar Brun war Junggeselle und es hieß, dass er sehr reich sei. Elegant und sorgfältig, was sein Äußeres betraf, war er gerade nicht, aber seine Erscheinung hatte etwas Unberührtes, als sei er niemals den Püffen des Lebens ausgesetzt gewesen. In seinen Schriften vertrat er fanatisch den Ich-Kult und behauptete, das Gesetz des Gewissens sei das einzige, dem sich ein Mensch zu beugen habe. Er war verschlossen und menschenscheu, aber es zog ihn zu Pelle, von dem er wusste, dass er einmal die Seele der Erhebung der Massen gewesen war. Er verfolgte staunend und neugierig die Entwicklung des modernen Arbeiters; von Zeit zu Zeit kam er mit einer seiner Abhandlungen und bat Pelle sie zu lesen. Sie handelten in der Regel vom Wesen der Persönlichkeit, nahmen ihren Ausgangspunkt von dem Ich bei irgendeinem Philosophen oder in dieser oder jener Religion und versuchten in die Probleme des Tages einzudringen. Flüsternd unterhielten sie sich über den Inhalt; der alte, schwer zugängliche Philosoph, der nur von sehr wenigen gelesen wurde, hegte eine unglückliche Liebe zu dem großen Publikum und lauschte gespannt, was wohl ein Arbeiter seinen Werken entnehmen konnte. So still und fast schüchtern, wie sein Wesen war, so schroff war er in seinen Anschauungen, und er wich nicht zurück vor dem Gedanken, Gewalt anzuwenden. Aber er verhielt sich skeptisch in Bezug auf die Erhebung der Unterklasse. »Die Leute können ja nicht lesen«, sagte er, »der kleine Mann rührt ja nie ein Buch an.« Er hatte so lange zwischen den Büchern gelebt, dass er meinte, dort sei die Wahrheit des Lebens verborgen.

Allmählich lernten sie einander gut kennen. Brun war der letzte Nachkomme einer alten Familie, die durch mehrere Generationen hindurch reich gewesen war. Er verachtete das Geld und zählte es nicht zu den Gütern des Lebens; da er niemals Entbehrungen gekannt hatte, stellte er geringe Ansprüche und entbehrte gern, um anderen zu helfen. Man sagte, er lebe sehr spartanisch und verwende seine ganzen Zinsen, um den Armen zu helfen. In vielen Punkten stimmte er mit der Unterklasse überein, nicht allein theoretisch, sondern auch rein organisch, und Pelle sah zu seiner Verwunderung, dass die Auflösung des Bestehenden auch von den oberen Schichten der Gesellschaft ausgehen konnte. Vielleicht breitete sich die Zukunft von beiden Endpunkten aus.

Eines Tages brachte Brun die Unterhaltung vorsichtig auf Pelles private Angelegenheiten hin; es schien, als wisse er Bescheid. »Gibt es nichts, womit Sie in Gang kommen möchten?«, fragte er. »Es würde mich sehr freuen, wenn ich Ihnen behilflich sein könnte.«

Pelle war sich noch nicht klar darüber, wie die Zukunft angepackt werden sollte. »Vorläufig liegt alles wie ein Chaos vor mir«, sagte er.

»Aber Sie müssen doch leben! Tun Sie mir den Gefallen, wenigstens auf alle Fälle ein Darlehen anzunehmen, während Sie versuchen sich zurechtzufinden.

Es gehört Geld dazu, sich frei zu machen«, fuhr er fort, als Pelle sich weigerte, »das ist gemein, aber so ist es nun einmal. Sie nehmen sich ja nicht, was Sie brauchen, also müssen Sie das Geld entweder auf die Weise annehmen, wie es sich Ihnen bietet, oder Sie müssen entbehren.«

»Dann entbehre ich«, sagte Pelle.

»Ich sollte meinen, das haben Sie und die Ihren zu allen Zeiten getan – und damit glühende Kohlen auf das Haupt der Gesellschaft gesammelt. Ihr überschätzt das Geld, der kleine Mann hat zu große Ehrfurcht vor dem Eigentum anderer. Ja, das ist, Gott helfe mir, wahr! Der gute, arme Mann früherer Zeiten wagte ja nicht einmal, etwas in seinen eigenen elenden Mund zu stecken – jeden guten

Bissen musste der König haben. Darum wird er auch von unserer Seite als verloren beweint – es war so leicht, Reichtümer aus ihm zu schlagen. Seine Nachkommen schleppen sich noch mit vielen solchen Vorstellungen herum.«

»Geld macht abhängig«, wandte Pelle ein.

»Nicht immer«, erwiderte Brun lachend. »In meiner Welt leiht und nimmt man auf Kredit, ohne mit der Wimper zu zucken, je mehr Schulden, umso besser; man behandelt einen Menschen niemals schlechter, als wenn man ihm Geld schuldet. In der Beziehung sind wir sehr viel freier als ihr, das ist überhaupt der Punkt, wo sich die Grenze zwischen der Oberklasse und dem Volk bemerkbar macht. Diese Angst, irgendjemand etwas zu schulden, und das Bestreben, immer zwei Dienste für einen zu leisten, mag in eurer Welt sehr schön und fruchtbar sein, aber von uns werdet ihr damit unter die Füße getreten. Wir kennen das gar nicht – wie sollte es sonst den Menschen ergehen, die sich von der Wiege bis zum Grabe helfen lassen müssen und ausschließlich davon leben, Gefälligkeiten anzunehmen?«

Pelle sah ihn verwirrt an. »Arme Leute haben nichts weiter als ihr Ehrgefühl, darum wachen sie darüber«, sagte er.

»Und Sie haben wirklich niemals über dieses Ehrgefühl nachgedacht, das so vortrefflich zu unseren Gunsten wirkt?«, fragte Brun verwundert. »Untersuchen Sie einmal die bestehende Moral und Sie werden entdecken, dass sie von uns erfunden sein muss – zu eurer Verwendung. Ja, es wundert Sie mich das sagen zu hören! Aber ich bin auch ein Degenerierter der Oberklasse – einer von denen, die entarten und von dem Herkömmlichen abweichen. Ich sah ja Ihre Bestürzung, als ich Ihnen vorhin nicht auf die Schulter klopfte und sagte: ›Arm, aber stolz, fahren Sie so fort, junger Mann!‹ Sie dürfen jedoch nicht zu weitgehende Schlüsse daraus ziehen – ich gehöre, wie gesagt, nicht zu der Art. Darf ich Ihnen nicht doch helfen?«

Nein, jetzt wollte Pelle erst recht nicht. In ihm war etwas zusammengebrochen und die Erkenntnis machte ihn eigensinnig.

»Sie sind ein verstockter Mann aus dem Volk«, sagte Brun halb ärgerlich.

Auf dem Wege nach Hause dachte Pelle weiter darüber nach. Natürlich war er sich immer klar darüber gewesen, dass das Ganze wie ein Herrschaftsfuhrwerk gewesen war, vor dem er und seinesgleichen die Zugpferde spielen mussten; die Gesetze waren die Zügel und das Geschirr, das sie vor der Kalesche gehen machte. Das war nur von der anderen Seite stets bestritten worden, er gab sich ja mit Geschichte und Statistik ab, um einmal den unumstößlichen Beweis dafür liefern zu können. Aber nun kam da einer, der selbst in der Equipage saß, und bezeugte, dass die Sache stimmte. Und es war kein Buch, sondern ein lebender Mensch, dem er von Angesicht zu Angesicht gegenüberstand. Das stärkte seinen Glauben gewaltig.

Und das tat auch Not, denn daheim sah es schlimm aus. Mit dem Logis war es ganz zu Ende, Ellen verkaufte nach und nach die ganze Ausstattung. »Ich pfeife auf das Gesetz!«, antwortete sie auf Pelles Warnungen. »Wir werden doch nicht dem Möbelhändler schenken, was wir abgezahlt haben – nur weil er einen Fetzen Papier von uns hat. Wenn die Möbel verkauft sind, wird er schon den Rest seines Guthabens kriegen.«

Das Ganze bekam er freilich nicht, denn vor allen Dingen mussten sie doch leben. Der Restbetrag der Schuld hing wie ein Damoklesschwert über ihnen; entdeckte er, dass die Möbel verkauft waren, so konnte das eine schlimme Geschichte werden.

»Bedenke, ich bin vorbestraft«, sagte Pelle.

»Sie können dich doch nicht für das bestrafen, was ich getan habe!«, sagte Ellen und starrte ihn entsetzt an. »Pelle, Pelle, was hab ich getan, warum bin ich dir nicht gefolgt!« Sie brach ganz zusammen.

»Dann müssen wir sehen, dass wir es rasch bezahlen«, sagte sie plötzlich und erhob sich energisch. »Die zwanzig Kronen müssen doch zu beschaffen sein!« Sie eilte in die Wohnung hinauf und kam gleich darauf mit Hut und Mantel zurück.

»Was willst du tun?«, fragte Pelle bestürzt.

»Was ich tun will? Ich will zu Königin Therese gehen. Sie kann mir helfen!« Sie beugte sich nieder und küsste ihn. »Dir braucht nicht bange zu sein!« Nach einer Weile kam sie mit dem Geld zurück. »Ich kann dafür waschen«, sagte sie froh.

Damit war das erledigt, wären sie mit der Anleihe nur ebenso weit gewesen! Aber die Sache kam nicht von der Stelle, die Abzahlungen fraßen sich auf eine sonderbare Weise selber auf. Ein paar Mal hatten sie um Frist bitten müssen und jedes Mal erhöhte der Wucherer die Restsumme um den Betrag der Abzahlung; er nannte das Strafzinsen.

Pelle las nur noch selten in einem Buch, er hatte keine Lust; früh und spät war er aus, um zu verdienen. Er holte und brachte für die Trödler mit einem Ziehwagen Möbel in die Stadt und nahm jede Arbeit an, die sich bot.

Eines Abends kam Ellen mit einem Zeitungsausschnitt, den Königin Therese ihnen hinübergeschickt hatte; es war eine Annonce, in der einem gelernten Schuster eine gut bezahlte Stellung angeboten wurde. »Sie ist von heute Morgen«, sagte Ellen gespannt, »wenn es nur nicht schon zu spät ist. Du musst gleich hin.« Sie holte in aller Eile Pelles Sonntagsanzug heraus und half ihm beim Anziehen. Es war in einer Schuhfabrik in der Borgergade. Pelle fuhr mit der Straßenbahn, um rasch zur Stelle zu sein, machte sich aber nicht viel Hoffnung den Platz zu bekommen. Der Fabrikant war in der Zeit, als er das Fach organisierte, unter den Arbeitgebern einer seiner erbittertsten Gegner gewesen – ein jüngerer Meister, der es verstanden hatte, mit der Entwicklung Schritt zu halten und den Sprung zum Fabrikanten zu tun.

»Ach, Sie sind es!«, sagte der Fabrikant. »Nun ja, alter Streit soll uns nicht trennen, wenn wir sonst einig werden können. Ich habe Verwendung für einen Mann, der sich ein wenig um alles kümmert – so eine Art rechte Hand, jemand, der auch das Ganze beaufsichtigt, wenn ich auf Reisen bin. Ich glaube, Sie werden sich vorzüglich dazu eignen, Sie sind ja ein Mann mit Einfluss in Arbeiterkreisen; ich möchte gern, dass es ein bisschen nett und glatt mit den Leuten geht – ohne zu viel Unkosten, verstehen Sie. Man kann im Guten genauso weit kommen, das kostet nach meiner Erfahrung keinen Pfennig mehr. Und außerdem gehört man ja selber zur Partei.«

»Sie?«, fragte Pelle. Er wollte seinen Ohren nicht trauen.

»Ja – warum soll ein Arbeitgeber nicht in der Partei sein? Wollen Sie mir das sagen? Sie hat nichts Fürchterliches, wenn man erst hinter die Kulissen geguckt hat – und es hat ja seine Vorteile. In zehn Jahren ist jeder vernünftige Mensch Sozialdemokrat.«

»Ja, das kann wohl sein«, sagte Pelle und lachte.

»Ja, nicht wahr! Also eines Abends sag ich zu meiner Frau: ›Du, man muss sich eigentlich genieren, dass man nicht zur Partei gehört; in anderen Ländern sind schon Millionäre und Grafen und Barone in der Partei.‹ Erst wollte ihr das nicht einleuchten, aber jetzt ist sie sehr damit zufrieden; es sind ja lauter nette Menschen, wie sie neulich Abend sagte, sogar Standespersonen sind darunter. Na, zu Anfang war es ja keine Überzeugung, was einen dazu trieb, aber jetzt stimme ich weiß Gott mit ihnen überein, denn das, was sie sagen, ist doch sehr vernünftig. Und dabei ist es, verdammt und verflucht, die einzige Partei, die den Herren Anarchisten ordentlich eins auf den Buckel gibt – darin werden Sie mir doch Recht geben! Meiner Ansicht nach sollten sich alle vereinigen, um die zu bekämpfen – und das wird auch mal das Ende von der Sache werden. Ich hab eine Menge über Politik nachgedacht und bin zu dem Resultat gelangt, dass wir Arbeitgeber uns von Anfang an ochsenmäßig dumm benommen haben; wir hätten die Bewegung nicht bekämpfen sollen, das hat sie nur zu Extremen getrieben. Sehen Sie doch selbst, wie umgänglich sie nun wieder geworden ist, seit man angefangen hat den Hut vor ihr abzunehmen! Man ist so, wie man behandelt wird, will ich Ihnen sagen. Sie wären auch nicht so schroff vorgegangen, wenn wir euch ein bisschen sanfter angefasst hätten! Das werden Sie doch einräumen? Ihr seid, weiß Gott, genau wie alle anderen, ihr wollt gutes Essen und ordentliche Kleider haben und für ordentliche Menschen gelten! Darum war es klug, das unterste Ende abzuschneiden; man kann nicht in die Höhe steigen, wenn man zu viel Gerümpel als Ballast hat. Diese Kerle, die das Pflaster aufbrechen und drauflosprügeln wollen, sind keine Gesellschaft für mich. Man muss Geduld haben und warten, bis unsere Partei an der Reihe ist, sich an die Schüssel zu setzen – das ist meine Politik. Und was meinen Sie dazu?«

»Ich verstehe mich nicht auf Maschinen«, sagte Pelle.

»Das haben Sie bald raus. Aber darauf kommt es eigentlich auch gar nicht an, wenn Sie sonst nur verstehen die Arbeiter zu behandeln – und das haben Sie ja gezeigt. Ich zahle Ihnen 35 Kronen Wochenlohn – das ist ein guter Lohn, das weiß ich, dafür müssen Sie natürlich auf meinen Vorteil sehen. Man ist ja nicht in die Partei eingetreten, um zu bluten – Sie verstehen, was ich meine? Dann bekommen Sie freie Wohnung, im Vorderhaus natürlich, um für das Hinterhaus hier eine Art Hausverwalter zu sein; es sind drei Aufgänge mit Einzimmerwohnungen. Ich mag mich selber nicht damit befassen, es gibt zu viel Schererei mit dem Pack. Sie ruinieren alles und bezahlen nur notgedrungen, und fasst man sie ein wenig fest an, dann laufen sie zur Redaktion des ›Arbeiters‹ und schikanieren einen. Na, das riskier ich natürlich, aber trotzdem, ich habe es gern, wenn die Sachen glatt gehen, auch aus dem Grunde, weil ich gern Mitglied der Hauptleitung werden will! – Sie kriegen also 1800 Kronen im Jahr und eine Wohnung zu 400 Kronen, das macht 2200 Kronen; ein anständiger Lohn, wenn ich es selber sagen darf. Aber wer gut schmiert, der gut fährt! Nun, schlagen Sie ein?«

Pelle wollte bis zum nächsten Tag Bedenkzeit haben.

»Was wollen Sie denn bedenken? Man soll sich nicht zu viel bedenken – unsere Zeit erfordert schnelles Handeln. Das Berufliche ist ja, wie gesagt, nicht die Hauptsache, ich brauche vor allem Ihre Autorität. Sie werden, mit anderen Worten, mein Vertrauensmann. – Also gut, dann kriege ich morgen Ihre Antwort.«

Pelle ging langsam nach Hause. Er wusste nicht, warum er Bedenkzeit verlangt hatte – die Sache war ja abgemacht. Wollte man sein Heim gemütlich haben, musste man auch die Voraussetzungen hinnehmen und durfte nicht kneifen, wenn sich zum ersten Mal eine Aussicht bot, es Frau und Kindern ein wenig behaglich zu machen. – Jetzt war er also Hofhund für seine Genossen.

Er ging über Kongens Nytorv und den Strög. Hier drinnen war es hell und festlich, die Bogenlampen hingen wie eine Reihe spähender Lichtvögel über dem Asphalt; von Zeit zu Zeit schlugen sie mit den Flügeln, um sich im Schweben zu halten. Es war, als fegten sie die Finsternis der Nacht hernieder; große Schatten flatterten durch die Straßen und verschwanden. In den engen Seitengassen stand die Dunkelheit und sah mit offenem Mund und weit aufgerissenen Augen in den Lichtglanz. Aufdringliche Laute drangen von dort heraus: Dirnenlachen, das einsame Weinen eines Kindes, das endlose Keifen eines unterdrückten Weibes. Aber die Leute lustwandelten ruhig plaudernd zu zweien über den Asphalt und hörten nichts; sie hatten die Winterpelze herausgeholt und genossen die beginnende Kälte.

Aus den großen Cafés schallte Musik, sie waren überfüllt; die Leute saßen dicht zusammen, jeder in seinem geschlossenen, kleinen Kreis, und sahen aufgeräumt und gemütlich aus. Auf dem Tisch zwischen ihnen stand der Kühler mit der Champagnerflasche, die schräg nach oben zeigte, als wolle sie ihnen selbst den Himmel herabschießen. Wie sie ihres Daseins sicher schienen! Ahnten sie nicht, dass sie auf einer dünnen Kruste saßen – die Hölle der Armut dicht unter sich? Oder war das vielleicht der Grund, weshalb sie so leichtsinnig waren? Heute dir, morgen mir! Sie hatten sich wohl damit ausgesöhnt und nahmen, was sie kriegten – ohne allzu aufmerksam dem heiseren Protest der Hinterstraßen zu lauschen.

Auf dem Rathausplatz stand unter einem der elektrischen Lampenpfosten ein Mann und verkaufte Zeitungen. »Fünf Öre, wenn Sie's übrig haben – sonst kostet es nichts!«, sagte er und steckte Pelle eine Zeitung zu. Er war bleich, hatte einen dunklen Vollbart und tiefe Schatten unter den Augen; es sah aus, als trage er ein inneres Leiden mit sich herum, das ihn langsam verzehrte. Pelle starrte ihn an – das war ja Peter Drejer, sein Lehrkamerad von daheim!

»Gehst du hier herum und verkaufst Zeitungen?«, rief er verwundert und reichte ihm die Hand.

Peter Drejer grüßte still wieder. Er hatte denselben schwermütigen, nach innen gewendeten Ausdruck wie damals, als ihn Pelle in der Mansarde in der Jaegergade aufsuchte, sah aber noch versonnener aus.

»Ja, ich bin Zeitungsmann geworden«, sagte er, »aber nur nach Feierabend. Es ist ein kleines Blatt, das ich selber schreibe und drucke; vielleicht tut es dir gut, es zu lesen.«

»Worüber schreibst du denn?«

»Über dich und mich.«

»Es ist wohl anarchistisch?«, sagte Pelle und betrachtete den Titel des Blattes. »Du warst so sonderbar, als ich dich das letzte Mal traf.«

»Nun, du kannst es ja lesen. – Bitte schön, fünf Öre, wenn Sie's übrig haben – sonst gratis!«, rief er und steckte den Vorübergehenden ein Exemplar zu. In einiger Entfernung stand ein Schutzmann und beobachtete ihn, er näherte sich Schritt für Schritt.

»Du stehst anscheinend unter Aufsicht«, sagte Pelle und machte ihn auf den Schutzmann aufmerksam.

»Daran bin ich gewöhnt! Ein paar Mal haben sie mein harmloses kleines Blatt mit Beschlag belegt.«

»Na, dann wird es wohl nicht so ganz harmlos gewesen sein?«, meinte Pelle lächelnd.

»Ich rate den Leuten nichts weiter, als selbstständig zu denken.«

»Der Rat kann gefährlich genug sein, wenn er befolgt wird.«

»Ach ja. Das Gemeine ist, dass mich die Polizei wirtschaftlich schädigt. Sobald ich bei einem Meister Arbeit bekommen habe, kommt sofort ein Schutzmann und stellt ihm anheim mich zu entlassen. Nun, das ist ja die gewöhnliche Taktik! Man führt den Schlag gegen den Magen, da pflegt bei unsereinem nämlich das Herz zu sitzen.«

»Dann wird es dir wohl schwer, dich durchzuschlagen?«, meinte Pelle teilnahmsvoll.

»Ach, es geht. Von Zeit zu Zeit steckt man mich auch einmal ein, ohne gesetzliche Begründung; und wenn einige Zeit vergangen ist, lassen sie mich wieder los – das eine ebenso unmotiviert wie das andere. Man hat den Kopf verloren – das gereicht einer Maschinerie, die doch ausschließlich in Gang gehalten wird, um uns hier unten zu knechten, nicht zum Ruhm. Ich habe das Gefühl, dass man mich gern aus dem Wege räumen würde, wenn sich das machen ließe; aber das Land ist ja nicht groß genug, um jemand darin verschwinden zu lassen. Aber jetzt will ich nicht länger das gejagte Tier spielen. Obwohl ich unsere Gesetze verachte, die nichts weiter sind als eine Maskierung brutaler Macht, gebe ich sehr sorgfältig acht auf der rechten Seite zu stehen. Und wenn man trotzdem wieder Gewalt gegen mich anwendet, so werde ich das nicht widerstandslos hinnehmen.«

»Das Verhältnis ist so ungleich«, sagte Pelle und sah ihn ernst an.

»Niemand braucht mehr einzunehmen, als er selber will! Aber hier bei uns zu Lande fehlt etwas – die äußerste Konsequenz, die Selbstachtung. Darum schikanieren sie uns nach Gutdünken.«

Sie gingen zusammen zur Stadt hinaus. Auf dem Bürgersteig vor einem der großen Cafés stand ein blutarmes Weib mit einem kleinen Kind auf dem Arm, sie bot ein paar jammervolle Stängel feil, die Blumen vorstellen sollten. Peter Drejer machte eine stumme Bewegung von ihr zu dem Publikum des Cafés hinüber; sein Gesicht verzerrte sich.

»Ich habe nichts dagegen, dass Menschen ihr Dasein genießen«, sagte Pelle. »Im Gegenteil, es freut mich, zu sehen, dass immerhin einige glücklich sind. Ich hasse das System, nicht aber die Menschen. Ich hasse nur die, die uns allen nichts gönnen und erst so recht bei dem Gedanken genießen, dass andere Mangel leiden.«

»Und meinst du, dass jemand da drinnen sitzt, der anderen allen Ernstes etwas gönnt? Glaubst du, dass einer von ihnen sagt: Ich bin so glücklich gestellt im Jahr 25 000 Kronen zu verdienen, mehr als 5 000 will ich nicht verbrauchen, der Rest kommt den Armen zu? Nein, sie sitzen da und schimpfen auf den armen Mann, während sie verprassen, was er schafft. Die Männer machen die Arbeiter schlecht und die Frauen die Dienstmädchen – jetzt geht's aus einem überfüllten Magen über sie her. Geh mal hinein und lausche zwischen den Tischen: Die Armen sind dreckig, unzuverlässig, undankbar, trotz allem, was man für sie tut – selbst schuld an ihrem Elend. Das würzt wohl einigen das Fest, andere betäuben ihr schlechtes Gewissen damit. Und alles, was sie genießen, hat der arme Mann hergestellt, selbst das ausgesuchteste Raffinement hat seine schmutzigen Hände passieren müssen und schmeckt pikant nach Schweiß und Hunger. Sie nehmen es als etwas ganz Selbstverständliches hin, dass es so ist, es wundert sie nicht einmal, dass nie etwas geschieht zum Dank für gute Behandlung – eine kleine, herbe gesegnete Mahlzeit, eine Vergiftung zum Beispiel. Stell dir nur vor, dass tagtäglich Millionen Hände damit beschäftigt sind, Leckerbissen für die Reichen herzustellen – und niemals fällt es einem von ihnen ein, sich zu rächen; so gutmütig sind sie! Das Kapital schläft buchstäblich mit dem Kopf in unserem Schoß – und schmäht uns im Schlaf. Und wir schneiden ihm nicht die Kehle durch!«

An der Viktoriagade blieben sie stehen. Der Schutzmann war ihnen gefolgt und blieb nun auf der anderen Seite der Straße stehen. Pelle machte seinen Begleiter darauf aufmerksam.

Peter sah gleichgültig hinüber. »Er gleicht einem englischen Bluthund«, sagte er ruhig, »ein gieriges Gebiss und kein Gehirn! Was mich am meisten quält, ist, dass wir selber die Hunde liefern, die uns jagen. Aber jetzt fangen wir bald an unter dem Militär zu agitieren.« Er sagte Gute Nacht und ging nach dem Enghavevej hinaus, wo er wohnte.

Ellen nahm Pelle oben an der Straße in Empfang. »Nun, wie ging es?«, fragte sie gespannt. »Hast du die Stelle gekriegt?«

Er machte sie ruhig mit dem Sachverhalt bekannt.

Sie hatte den Arm um ihn geschlungen. »Du großer Mann«, sagte sie und sah glücklich zu ihm auf, »wenn du wüsstest, wie stolz ich auf dich bin. Jetzt sind wir reich, Pelle – fünfunddreißig Kronen die Woche! Freust du dich nicht auch?«

»Ja, ich freue mich, dass ihr, du und die Kinder, es einmal ein bisschen gut haben werdet.«

»Aber du selbst, Pelle – ich finde, du bist gar nicht so entzückt. Es ist doch eine angesehene Stellung, die du bekommst!«

»Eine leichte Stellung wird es nicht für mich; aber ich muss sehen, dass ich das Bestmögliche daraus mache«, erwiderte er.

»Das verstehe ich nicht. Du sollst auf Seiten des Fabrikanten stehen, aber das ist die natürliche Folge einer solchen Stellung. Es ist doch auch sein gutes Recht, zu verlangen, dass seine Angelegenheiten beaufsichtigt werden.«

Ellen trug ihm das Abendbrot auf, das sie im Ofen warm gehalten hatte. Von Zeit zu Zeit sah sie ihn verwundert an. Heute war etwas an ihm, was sie nicht begriff. Er war im Gefängnis überhaupt ein wenig sonderbar geworden in seiner Beurteilung der Dinge – aber darüber brauchte man sich ja nicht zu wundern. Sie trat zu ihm und strich ihm über das Haar.

»Du sollst sehen, du selber wirst auch noch ganz zufrieden damit werden«, sagte sie. »Welch Glück für uns, dass er seinen Betrieb nicht selbst beaufsichtigen mag!«

»Er gibt sich ja mit Politik ab«, entgegnete Pelle zerstreut. »Vorläufig legt er es wohl darauf an, mit Hilfe der Arbeiterstimmen in die Bürgervertretung zu kommen.«

»Dann ist es wirklich sehr klug von ihm, dich anzustellen«, sagte Ellen lebhaft. »Du bist doch mit den Dingen vertraut und kannst ihm helfen! Wenn wir sparsam sind, können wir vielleicht einmal so viel erübrigen, dass wir ihm das Geschäft abkaufen können.«

Sie sah so glücklich aus und bemühte sich ihn zu verwöhnen, bald auf diese, bald auf jene Weise. Die Freude machte sie noch schöner, und wenn er sie so sah, war es ihm unmöglich, irgendetwas zu bereuen. Sie hatte ihm alles geopfert und es gab keinen Weg um sie herum. Er musste sie sich einmal in vollem Glück hingeben sehen, mochte es kosten, was es wollte – ihr schuldete er doch alles. Wie schön war sie in ihrer Unberührtheit. Noch hatte sie eine Neigung, sich schwarz zu kleiden; und mit dem dunklen Haar, das das bleiche Gesicht umrahmte, glich sie einer jener »Schwestern«, die viel durchgemacht haben und alles aus Barmherzigkeit tun.

Es fiel ihm auf, dass er sie nie richtig hatte lachen hören – sie lächelte nur. Das Stärkste hatte er noch nicht in ihr ausgelöst; er hatte es noch nicht vermocht, sie glücklich zu machen. Sie hatte Bett und Tisch mit ihm geteilt und dennoch das Schönste für sich behalten – wie eine trotzige Jungfrau. Aber jetzt färbten sich ihre Wangen in glücklicher Erwartung und ihre Augen ruhten voller Spannung auf ihm; er war nicht mehr der graue Alltag für sie, er war das Märchen, das Wunder, das kam, wenn die Not am größten war. Und diese Verwandlung konnte er nicht zu teuer erkaufen. Frauen waren nicht für Unglück und Einsamkeit geboren, sie waren Blumen, die sich erst ganz erschlossen, wenn das Glück sie küsste. Ellen sollte die Verantwortung auf ihn abladen dürfen.

Am nächsten Tag kleidete er sich sorgfältig an. Er wollte zu dem Fabrikanten gehen und endgültig mit ihm abschließen. Ellen war ihm behilflich seinen Kragen im Nacken zuzuknöpfen und ihn abzubürsten; währenddessen plauderte sie über die Zukunft, es klang wie sorgloses Vogelgezwitscher. »Was tun wir dann? Wir müssen sehen, dass wir die Wohnung hier loswerden und an das andere Ende der Stadt ziehen«, sagte sie, »sonst hast du einen zu weiten Weg.«

»Ich habe ganz vergessen, dir zu erzählen, dass wir da draußen wohnen sollen. Er hat drei Aufgänge mit Einzimmerwohnungen, für die sollen wir Hausverwalter sein. Er selbst kann nicht recht mit den Bewohnern fertig werden.« Pelle hatte das nicht vergessen, sich aber nicht überwinden können ihr zu erzählen, dass er Hofhund sein sollte.

Ellen sah ihn versteinert an. »Gehört das mit zu der Stellung?«, fragte sie und rang nach Atem.

Pelle nickte.

Plötzlich sprang sie auf ihn zu. »Du tust es nicht!«, schrie sie und packte ihn beim Arm. »Hörst du, Pelle, du tust es nicht!«

Sie war ganz außer sich und starrte ihn flehend an. »Ich begreife dich nicht.«

Er sah sie verwirrt an und murmelte etwas zu seiner Verteidigung.

»Siehst du denn nicht, dass er dich nur ausnutzen will?«, fuhr sie heftig fort. »Das ist ein Judasposten, den er dir angeboten hat – aber wir wollen unser Brot nicht verdienen, indem wir arme Leute auf die Straße schmeißen. Ich habe es selbst erlebt, wie es ist, seine Habseligkeiten im Rinnstein treiben zu sehen. Ach, wenn du dich darauf eingelassen hättest!« Sie starrte schaudernd vor sich hin. »Ich begreife wirklich nicht, wo du deinen Verstand gehabt hast – du, der du sonst so vernünftig bist«, sagte sie, als sie sich wieder beruhigt hatte, und sah ihn vorwurfsvoll an. Aber auf einmal verstand sie alles und brach zusammen.

»Ach, Pelle, Pelle!«, schluchzte sie und verbarg ihr Gesicht.

8

Pelle las nicht mehr und ging auch nicht mehr in die Bibliothek, er hatte genug zu tun, um für den Lebensunterhalt zu sorgen. Jetzt konnte auch keine Rede mehr davon sein, eine Stellung zu suchen; der Winter stand vor der Tür, das Heer der Arbeitslosen wuchs mit jedem Tag. Er hielt sich zu Hause, arbeitete, wenn er Arbeit hatte, und gab, wenn Ellen wusch, auf die Kinder Acht.

Mit Lasse Fredrik redete er wie mit einem Kameraden, aber es war auch ergötzlich, sich mit den Kleinen abzugeben. Sie waren dankbar dafür und er entdeckte, dass er hier viel zugute hatte. Svend Tröst liebte er jetzt sehr, es quälte ihn nur, dass der Junge noch nicht sprechen konnte. Seine Stummheit war wie eine stille Anklage.

»Warum holst du dir keine Bücher mehr?«, fragte Ellen manchmal, wenn sie aus dem Waschkeller heraufkam, um nach ihnen zu sehen, mit bloßen Armen und feinen Tropfen im Haar. »Du hast doch jetzt Zeit dazu!«

Nein, was sollte er mit den Büchern? Sie erweiterten vielleicht seinen Horizont ein wenig, aber das, was dahinter lag, wurde wieder um so viele Male größer – er selbst wurde nur kleiner vom Lesen. Einen wirklichen Überblick zu gewinnen war ihm auf alle Fälle nicht möglich; die Welt ging aller Weisheit zum Trotz ihren eigenen schiefen Gang. Es war ein zweifelhaftes Glück, Weisheit über Dinge einzusammeln, die man nicht ändern konnte; arme Leute waren am besten abgestumpft.

Er und Morten hatten eben der alten Frau Johnsen das Geleit zum Grab gegeben – es war ihr nicht mehr vergönnt gewesen, Jütland wieder zu sehen! Nach einem ganzen arbeitsreichen Leben waren nicht einmal zehn Kronen Überschuss geblieben für eine Fahrkarte in die Heimat und die Züge fuhren tagaus, tagein mit hunderten von leeren Plätzen. Mit eisiger Pünktlichkeit rollten sie auf den Glockenschlag genau dahin, von Station zu Station; weiß Gott, mit wie vielen tausend leeren Plätzen die Züge nach Jütland gefahren waren während all der Jahre, in denen die Alte dasaß und sich vor Heimweh grämte! Und wäre sie nach dem Bahnhof gehumpelt und in den Zug gestiegen, so würden pflichteifrige Hände sie schonungslos auf der ersten Station hinausgesetzt haben. Was ging sie Jütland an? Freilich, sie hatte Heimweh – aber sie hatte kein Geld!

War das Bosheit oder herzlose Gleichgültigkeit? Einen teuflischeren Sport konnte man auf alle Fälle nicht ersinnen als dies Fahren mit leeren Plätzen. Sie machten die Fahrt so grauenvoll lebendig – als sei der Teufel selbst vorgespannt und schleppe den Zug keuchend vor Übermut durch das Land dahin, wohin sich die Leute sehnten! Ein entsetzliches Los, Schaffner zu sein und vor diesen leeren Plätzen die Namen der Stationen auszurufen!

Und hier ging Schwester bleich und dünn in der Stube herum! Es war keine rechte Kraft in ihrem blonden Haar, und wenn sie eifrig wurde, pfiff es in ihrer Luftröhre mit diesem qualvollen Laut, der mit den Kindern des Armenviertels untrennbar verbunden ist. Das war die verdorbene Luft der Hinterhöfe – der Gedanke war niederdrückend wie fast alles, was seine Erkenntnis ihm zuführte. Ihr fehlte nur Sonne – und den ganzen Sommer lang hatte die liebe Sonne in übermäßiger Freigebigkeit ihr Licht und ihre Wärme verschwendet, nur dass sie über die Köpfe der armen Leute hinweggegangen war – wie so vieles andere. Es war ein ungewöhnlich gutes Erdbeerjahr gewesen, aber die großen Gärtner hatten sich dahin geeinigt, die Hälfte der Früchte an den Pflanzen verfaulen zu lassen, um die hohen Preise zu halten und das Geld für das Pflücken zu sparen. Und hier gingen die Kinder und hungerten nach Obst, schmachteten, weil sie nichts davon abbekamen. Warum? Ja, eine menschliche Antwort gab es nicht darauf.

Überall dasselbe! Jedes Mal, wenn er in Gedanken irgendeine Gesellschaftsformation untersuchte, offenbarte sich dasselbe Trübselige: ein ungeheures rollendes Material, das nur für einige wenige berechnet war und im Wesentlichen leer dahinlief. Aber von den leeren Plätzen starrten einen anklagende Augen an, krank und traurig vor Hunger und Sehnsucht und enttäuschter Hoffnung. Hatte man sie erst einmal gesehen, so konnte man den Blick nicht wieder von ihnen abwenden.

Zuweilen überschlug sich seine Phantasie und er ertappte sich dabei, dass er dasaß und baute: Reiche, in denen man die Eisenbahn je nach Bedarf und nicht nach dem Geldbeutel benutzte, in denen alle, die hungrig waren, essen konnten, was sie wollten, und die einzigen Armen diejenigen waren, die anderen nichts gönnten. Aber er bremste sogleich scharf, das war zu unsinnig! Eine Stimme aus dem Unsichtbaren hatte ihn und die Seinen in den Tag gerufen – und dann geschah nichts! Es war nur, um sie zu foppen.

Brun kam oft zu ihm in den Keller und sah nach ihm; der alte Bibliothekar entbehrte seinen jungen Freund.

»Warum kommen Sie nie mehr zu uns?«, fragte er.

»Was soll ich da?«, erwiderte Pelle kurz angebunden. »Ein armer Mann hat keine Verwendung für Kenntnisse – er ist ewig verdammt.«

Er hatte mit alledem gebrochen und machte sich auch nichts mehr aus den Besuchen des Bibliothekars; es war am besten, dass sich jeder für sich hielt; die Großen waren ja doch keine Gesellschaft für einen wie ihn. Er gab sich keine Mühe, das zu verbergen. Aber Brun tat, als merke er es nicht; er war im Herbst in die Frederiksbergallee gezogen und sah fast jeden Nachmittag auf seinem Heimweg von der Bibliothek herein. Die Kinder gaben Acht, dass sie um die Zeit unten im Keller waren, er brachte immer etwas für sie mit.

Weder Pelle noch Ellen stellten noch große Ansprüche an das Dasein. Sie hatten sich beruhigt und gingen resigniert Seite an Seite wie ein Paar Arbeitspferde, die gewohnt sind, die Krippe und die Mühseligkeiten zu teilen. Jetzt wäre es eine große Sache gewesen, wenn man mit dem verfluchten Darlehen fertig gewesen wäre, sodass man nicht beständig um sein Leben zu zittern brauchte; aber selbst das war eine unerfüllbare Forderung. Alles, was man zusammenkratzen konnte, wanderte jeden Monat zu dem Wucherer und man kam nie weiter. Von den 180 Kronen, die Pelle bekommen hatte, waren jetzt alles in allem 120 abgezahlt und trotzdem schuldeten sie noch immer 240. Das waren die Strafzinsen, die jedes Mal, wenn sie nur einen oder zwei Tage zu spät mit den Abzahlungen kamen, hinzugeschrieben wurden – der Kuckuck mochte wissen, was es eigentlich war! Eine Schraube ohne Ende war es auf alle Fälle, die ihr ganzes Leben lang alles, was sie beschaffen konnten, in die Tasche des Wucherers pumpen würde.

Aber nun sagte Pelle stopp. Er hatte die letzten Zahlungstermine nicht innegehalten und wollte auch nicht mehr abzahlen, mochte es gehen, wie es wollte. »Du solltest Herrn Brun um ein Darlehen bitten und den Wucherer bezahlen«, sagte Ellen, »sonst fällt er über uns her und nimmt uns unsere letzten Habseligkeiten.«

Aber Pelle war eigensinnig und wollte nichts davon hören. Das Bewusstsein, dass sich trotz seines Widerstandes ein Schmarotzer gemütlich auf ihm niedergelassen hatte und ihn aussog, brachte ihn außer sich. Sie sollten es nur versuchen an sein Heim zu rühren!

Als der Wucherer kam, um seine Abzahlung zu holen, warf er ihn zur Tür hinaus. Sonst nahm er alles ruhig hin, aber sobald die Rede hierauf kam, fuhr er auf und wurde wild. Ellen musste schweigen und der Sache ihren Lauf lassen.

Eines Nachmittags saß er auf seinem Platz unter dem Kellerfenster und arbeitete. Der Bibliothekar saß auf dem Stuhl neben der Tür, auf jedem Knie eins der Kinder, die er mit Datteln fütterte. Pelle hielt sich für sich und beugte sich nur stumm über seine Arbeit, mit dem Ausdruck eines Geisteskranken, der Furcht hat, dass ihn jemand anredet; mit seiner Arbeit kam er nicht recht voran. Wenn er ein Stück Werkzeug nicht gleich finden konnte, wurde er heftig und warf die Sachen herum.

Brun saß da und beobachtete ihn besorgt, gab sich aber den Anschein, als sei er von den Kindern in Anspruch genommen; eine bedauernde Miene würde bei Pelle eine Explosion hervorgerufen haben. Er erriet, dass es schlecht mit den Geldangelegenheiten stand, wagte aber nicht seine Hilfe anzubieten; jedes Mal, wenn er versuchte, mit Pelle darüber zu reden, wies ihn Pelle mit einem Ausdruck zurück, der besagte: Du schnüffelst hier bloß herum, um eine Gelegenheit zu finden, mir dein Geld zuzustecken; aber daraus wird nichts! – Irgendetwas war eingeschnappt, aber das würde schon wieder in Ordnung kommen.

Vor der Tür hielt eine Droschke, drei Männer stiegen heraus und traten in das Haus. Nach einer Weile kam Ellen in die Werkstatt gestürzt. »Pelle, sie sind hier, um unsere Sachen abzuholen!«, rief sie weinend, ohne auf Brun zu achten. Die Kinder stimmten ein Gebrüll an, als sie die Mutter weinen sahen.

Pelle stand auf und griff nach dem Hammer. »Die will ich bald hinausjagen!«, sagte er mit leiser, verbissener Stimme und ging auf die Tür zu. Er beeilte sich nicht, ging mit gesenkter Stirn und sah keinen Menschen an.

Brun packte ihn am Arm und hielt ihn zurück.

»Sie vergessen, dass es etwas gibt, das Zuchthaus heißt!«, sagte er mit einer besonderen Betonung.

Pelle sah ihn überrascht an – einen Augenblick hatte es fast den Anschein, als wenn er den alten Bibliothekar totschlagen wollte. Dann fiel ihm der Hammer aus der Hand und er brach zusammen.

9

Es geschah wohl, dass der eine oder andere von den Kameraden aus der guten alten Zeit vorsprach und Pelle zu einer Versammlung abholen wollte. Dann erwachten alte Kampferinnerungen in ihm – vielleicht glimmte der Funke immer noch. Er warf das Schurzfell ab und ging mit; Ellens Augen folgten ihm bis zur Tür, voller Verwunderung, dass er sich noch immer damit befassen mochte – nach allem, was er davon gehabt hatte.

Aber auch dort fand er nicht, was er suchte! Er entsann sich der mächtigen Gärung der Gemüter in der Kampfzeit der Bewegung und fand, dass die Spannung nachgelassen hatte. Nur vor den Wahlen waren die Leute noch in Erregung, sonst beschäftigte sich jeder mit seinen Angelegenheiten, als hätte es nie eine große, verbindende Idee gegeben. Organisiert waren sie alle, aber es lag nichts Neues und Starkes in dieser Tatsache; sie waren sozusagen in die Organisation hineingeboren und verbanden nichts Großes und Erhebendes damit. Die alten Genossen waren merkwürdig abgekühlt – sie hatten wohl entdeckt, dass das Glück weder so märchenhaft noch so schnell erreichbar war. Es war nicht damit getan, dass man die Pforte zu dem Glücksland aufstieß und da hineinströmte, es lag ein langer und mühevoller Weg vor einem. So richteten sie sich denn nach ihrem eigenen Gutdünken ein und vertauschten eine zweifelhafte Zukunft gegen kleine Vorteile, die das Bestehende sogleich verschlang.

Die Bewegung hatte nicht bis auf den Grund gegriffen; es lag eine Anklage gegen ihn selbst darin, sie war nicht breit genug angelegt gewesen, schon damals war sie den Bewohnern der Arche über die Köpfe hingegangen und nun war ein großes Proletariat mit seinen eigenen Erwartungen an die Zukunft zurückgeblieben. Das gute alte »Volk« hatte sich in ein Kleinbürgertum gespalten, das nur davon in Anspruch genommen schien, sich einzurichten, und in dieses Proletariat.

Aber es lag nichts Neues darin. Eine Schicht rückte auf und hatte eine neue unter sich – so war es in der Geschichte immer gewesen. Musste es denn in alle Ewigkeit so sein, dass auf dem Grunde des Daseins eine immer gleich riesige Schar Ausgestoßener hockte, die die Last des Ganzen trug – die große Hungerreserve? War es nur dann möglich, gut zu leben, wenn man es verstand, die Schwierigkeiten nach unten abzuschieben – wie man die Falten in einem Stoff verschieben konnte, bis sie sich schließlich an einer Stelle häuften? Ja, das war wieder die alte Frage. Früher hatte er seinen festen Glauben gehabt, mit dem er den Zweifel niederschlug, aber jetzt konnte er sich nicht mehr mit der blinden Hoffnung begnügen – er verlangte, dass ihm ein Ausweg gezeigt werde. War die Bewegung im Sande verlaufen, weil sie falsch angelegt gewesen war, dann hatte man es ja mit handgreiflichen Gründen zu tun und das Ganze ließ sich wieder gutmachen!

Auch andere waren damit beschäftigt, das Ganze von Grund auf zu ändern. Durch Peter Drejer kam er mit jungen Leuten eines ganz neuen Typs zusammen. Das war die Jugend, die aus der Bewegung aufgetaucht, überraschend aus ihrer Tiefe erwachsen war – und nun kam und neue, weitgehende Forderungen an das Dasein stellte. Auf unbekannten Wegen waren sie an demselben Punkt angelangt wie er selber und beanspruchten in erster Linie Menschen zu sein. Sie waren von der Heiligkeit des Ichs durchdrungen und voller Empörung über jegliches Joch; sie fingen damit an, es von innen abzuwerfen, rauchten und tranken nicht, wollten keine Sklaven von irgendetwas sein. Sie hielten sich der Bewegung fern und hatten ihre eigenen Versammlungsorte in der Nähe des Söndre-Boulevards, wo sie lasen und neue Gesellschaftsordnungen entwarfen. Es waren aufgeklärte, gut bezahlte Arbeiter, die hartnäckig die Verhältnisse des Proletariats teilten; fanatische Gläubige, die ihren Wochenlohn verschenkten, wenn sie einem begegneten, der ärmer war als sie; Hitzköpfe, die auf die Revolution warteten. Mehrere von ihnen hatten wegen aufrührerischer Umtriebe gegen die Staatsordnung im Gefängnis gesessen. Es waren auch Leute vom Lande darunter, Söhne von denen, die da draußen in Gräben und Torfmooren standen. »Die Kinder des kleinen Mannes« nannte Morten sie.

Hier war endlich der Nachwuchs derer, die die Bewegung mitgemacht hatten – so musste sie verlaufen. Ihre Genügsamkeit machte sie unabhängig von den Verlockungen des Kapitals, sie verachteten den kleinbürgerlichen Hang zum Wohlleben und waren immer zum Handeln bereit.

Sie wollten Pelle für sich gewinnen. »Komm zu uns!«, sagte Peter Drejer oft.

Aber Pelle war nicht leicht herauszulocken, er hatte sein Heim, darin verbarg er sich wie eine Schnecke in ihrem Haus. Für diese kleine Welt von fünf Menschen trug er die Verantwortung – und nicht einmal das hatte er vermocht. Seine Kräfte und sein Fleiß reichten nicht aus, um das kleine Heim über Wasser zu halten, es bedurfte eines Wohltäters dazu! Dies war nicht die Zeit, seinen eigenen Ehrgeiz zu pflegen, da es sich um Frau und Kinder handelte, und jetzt, wo der Wucherer bezahlt war, war er dem alten Bibliothekar von Herzen dankbar. Aber eine beschämende Tatsache war es trotzdem, die nicht dazu aufforderte, sich mit den Angelegenheiten der tausende zu beschäftigen.

Die aufrührerischen Worte der Jungen schreckten ihn ab. Er trug den Aufbruch in sich, so wie sie, hatte aber andere Erfahrungen aufzuweisen. Seit er kriechen konnte, hatte er mit sich selbst gerungen, um sich in den großen Zusammenhang einzufügen; nicht einmal das Gefängnisleben hatte ihn davon ausgeschlossen, sondern ihn nur noch fester in das Ganze eingefügt. Er hatte nicht den Willen, den Knoten zu durchhauen, sondern verlangte eigensinnig, dass er aufgeknüpft werde.

»Mit dir ist es nichts, denn du kannst nicht hassen«, sagten Morten und die anderen, wenn sie auf ihn stichelten. Nein, die Kälte in seinem Gemüt war wie Nachtfrost, der vor dem ersten Sonnenstrahl schmolz. Wenn er zurücksah, gab es versöhnende Bande, die das Ganze trotz allem Bösen zusammenhielten; und jetzt, ganz kürzlich, hatte er ja durch den alten Bibliothekar Fühlung mit dem Guten jenseits der Kluft gewonnen. Er hatte sich wieder auf seinem Schusterstuhl zur Ruhe gesetzt und ließ sich nicht von der Ungeduld der anderen aufjagen, sondern tat, als habe er eine ganze Ewigkeit vor sich, in der er seine Angelegenheiten abwickeln konnte.

Schwester pflegte unten bei ihm herumzupusseln und die Werkstatt mit ihrem Geplapper zu erfüllen.

Gegen acht Uhr, wenn es zu tagen begann, hörte er ihre stolpernden Schritte auf der Treppe und dann blieb sie bei ihm, bis Ellen sie gegen Abend mit Gewalt heraufholte, um sie in ihr Bett zu legen. Sie schleppte alles Werkzeug zusammen und stapelte es vor ihm auf dem Tisch auf, sodass er sich nicht rühren konnte; das nannte sie ihm helfen. Hinterher ruhte sie sich aus, stemmte die Hände auf den Rand des Tisches und unterhielt ihn. »Schwester ist lieb«, sagte sie und zeigte befriedigt auf ihr Werk. »Großes Mädchen.« Und wenn er nicht antwortete, wiederholte sie es; sie ruhte nicht, bis er sie gelobt hatte.

»Ja, lieb bist du!«, sagte Pelle. »Aber kannst du die Sachen nun auch wieder an ihren Ort stellen?«

Das kleine Mädchen schüttelte den Kopf. »Schwester ist müde«, erklärte sie bestimmt. Gleich darauf kam sie mit noch einem Stück und legte es langsam auf den Haufen, während sie sein Gesicht beobachtete, um zu sehen, ob es auch anging. »Schwester hilft«, wiederholte sie erklärend, »ja, das tut sie.« Pelle tat, als höre er es nicht.

Nun hatte er eine Weile Ruhe vor ihr, aber dann kam sie, die ganze Schürze voll ausrangiertem Schuhzeug, das sie hinter dem Ofen hervorgeholt hatte. Er versuchte wütend auszusehen, musste sich aber über seine Arbeit beugen. Das machte die Kleine unsicher, sie leerte die Schürze auf das Fensterbrett und kauerte nieder, die Hände auf den kleinen Knien, um seinen Ausdruck aufzufangen. Der war nicht befriedigend; da erhob sie sich und legte die Hände auf seine Knie. »Vater, du bist tüchtig«, sagte sie und sah ihm schmeichelnd ins Gesicht. »Du kannst alles, du bist der Tüchtigste in der ganzen Welt.« Und nach einer kleinen Pause: »Wir beide sind gleich tüchtig, nich, Vater?«

»Na, willst du darauf hinaus?«, rief Pelle. »Ich glaube, eines von uns beiden ist ein eingebildetes kleines Ding!«

»Ich nich«, sagte die Kleine sehr bestimmt und schüttelte den Kopf.

»Ihr amüsiert euch gut miteinander«, sagte Ellen, wenn sie mit Svend Tröst auf dem Arm herunterkam, um Anna zu holen. Das Kind wollte nicht mit hinauf, es lief in die Ecke hinter Pelles Stuhl und versteckte sich dort; und Svend Tröst strampelte mit den Beinen, um auf den Fußboden zu kommen und mit den Leisten zu spielen. »Ja, dann bleiben wir alle hier«, sagte Ellen und setzte sich.

Sie sah still und resigniert aus, die Niederlage hatte sie mitgenommen. Sie sprach nicht mehr von der Zukunft, sondern freute sich nur, dass sie den Klauen des Wucherers entkommen waren; der Gedanke daran erfüllte sie mit einem stillen, ein wenig gedrückten Glück. Sie träumte von nichts Besserem mehr, ging umher und war dankbar und Pelle war es, als stürbe etwas in ihr, zusammen mit der Unzufriedenheit. Es war, als habe sie nun all das Ihre gegeben, die Übergabe an den grauen Alltag machte sie glanzlos und alltäglich. Sie braucht die Sonne, dachte er.

Und dann wanderten die Gedanken wieder im Kreise herum in ihrem Suchen nach einem Weg, der in die Zukunft führte, in derselben Spur, die sie hunderte von Malen gewandert waren. Er war nicht einmal recht bei der Sache; er erkannte nur, dass sie unentwegt leeres Stroh droschen. Innerhalb des Berufs gab es keinen Ausweg; da war nur Platz für Ausbeuter und Ausgebeutete und er eignete sich zu keinem von beiden. Aber wenn er andere Möglichkeiten in Erwägung zog, kehrten die Gedanken von selbst zu dem Schusterschemel zurück – wie ein streunender Hund, der immer wiederkehrt und dieselbe Spur beschnüffelt. In ihm war ein fatalistischer Eigensinn, der ihn an sein Fach band – trotz aller Hoffnungslosigkeit; da hatte er seine Leistung vollbracht und da musste die Frage gelöst werden. Hinter dem Fatalismus des kleinen Mannes liegt die Erkenntnis, dass auch in seinem Leben ein Plan und eine Perspektive vorhanden sind – das und das ist so, weil es so sein muss. Und diese Erkenntnis aufzugeben, hatte Pelle keinen Grund.

Er wurde ganz verwirrt, weil sich seine Gedanken ständig um dasselbe drehten, aber das hielt an, als sei er behext, fuhr sinnlos mit ihm herum, wenn er schlief, und packte ihn, sobald er erwachte. Es gab einen alten Traum, der ihn in dieser Zeit hartnäckig verfolgte, eine jugendliche, vergessene Idee aus seiner allerersten Zeit in der Bewegung: der Entwurf zu einer Genossenschaftswerkstatt, die den Hofschuhmachermeister überflüssig machen sollte.

Damals wurde der Plan als unmöglich beiseite gelegt, aber jetzt beschäftigte er sich von neuem damit. Er konnte sicher einige tüchtige und zuverlässige Fachgenossen finden, die das Risiko der Arbeit und des Ertrages mit ihm teilen würden; und die Disziplin würde keine Schwierigkeiten verursachen, die Arbeiter hatten in den vergangenen Jahren gelernt sich ihresgleichen unterzuordnen. Hier war ein Ausweg für den kleinen Mann, sich wieder in seinem Beruf zur Geltung zu bringen und an der Entwicklung teilzunehmen; was einer nicht vermochte, gelang, wenn sich mehrere zusammenschlössen: die moderne Technik auszunutzen und die Arbeit aufzuteilen.

Er dachte das Ganze sorgfältig durch, immer wieder, um sich zu vergewissern, dass jede Einzelheit stimmte. Wenn er schlief, träumte er von seiner Genossenschaft und endlich war sie eine Tatsache geworden. Er stand in einem hellen Raum und arbeitete zwischen lauter Kameraden, keiner war Herr und keiner Diener, die Maschinen schnurrten und die Kameraden sangen und pfiffen, während sie sie bedienten. Sie hatten eine kurze Arbeitszeit und glückliche Häuslichkeiten, die auf sie warteten.

Es war hart, zu erwachen und der Wirklichkeit ins Auge zu sehen. Ach, die fleißigsten und tüchtigsten Hände der Welt vermochten nichts in ihrem eigenen Beruf – nicht einen Stich vermochten sie zu nähen –, ehe das Kapital sie in Gang setzte. Wenn das seine Zustimmung versagte, konnten sie nicht das Geringste ausrichten, sondern waren wie abgeschnittene Äste auf einem Haufen.

Die Maschinen kosteten Geld. Pelle konnte es von Brun erhalten, der Alte hatte ihm oft genug Kapital angeboten, um dieses oder jenes anzufangen. Aber er schuldete ihm bereits Geld, und wenn nun das Kapital sein Unternehmen zu Boden schlug? Es war auf dem Posten und duldete dergleichen nicht. Es war eine Unsicherheit über ihn gekommen, er hatte nicht den Mut, den Einsatz zu wagen.

Der alte Philosoph kam fast täglich; Pelle war ein Teil seines Lebens geworden und er sah mit Sorge den Zustand seines jungen Freundes. Hatte das Gefängnis – oder vielleicht die Bücher – diesen jungen Mann, der einstmals rücksichtslos wie ein Sturmwind drauflosgegangen war, in einen Zauderer verwandelt, der keine Wahl zu treffen vermochte? Eine Persönlichkeit war von zweifelhaftem Wert, wenn sie auf Kosten der Tatkraft wuchs! Der Alte hatte gerade gehofft, dass Pelle größere Energie entfalten würde, wenn er in neues, unberührtes Erdreich verpflanzt wurde, und er kam mit allerlei Sticheleien, um Pelle aus seinem schlafartigen Zustand herauszureißen.

Dann schüttelte sich Pelle ungeduldig. Von allen Seiten stichelten sie auf ihn ein und wollten, dass er eine Wahl träfe – und er konnte seinen Weg nicht erkennen! Ja, er lag im Schlummer – er merkte es selber recht gut. Er fühlte sich wie jemand, der sich häutet, und verlangte Ruhe – sein Wesen arbeitete im Ungewissen.

»Ich weiß ja nichts«, sagte er gereizt, »was kann es da nützen? Ich glaubte, die Bücher würden mich irgendwo hinführen, von wo aus ich das Ganze sammeln könnte, aber nun habe ich mich bloß verfahren. Ich bin zu klug geworden, um blindlings draufloszugehen, und nicht klug genug, um den Punkt zu finden, um den sich alles dreht. Einerlei, woran ich rühre, stets löst es sich in etwas dafür und etwas dawider auf.« Er lachte verzweifelt.

Eines Tages gab ihm Brun ein Buch. »Dieses Werk hat viele befriedigt, die die Wahrheit suchten«, sagte er mit einem eigentümlichen Lächeln. »Lassen Sie uns sehen, ob es auch Sie befriedigen wird.« Es war Darwins »Kampf ums Dasein«.

Pelle las wie in einem Rausch. Hier war ja der Punkt, das Ganze mächtig zusammengefasst in einem einzigen Satz. Es kochte in seinem Gehirn, er konnte das Buch nicht wieder weglegen, sondern las die ganze Nacht darin, verzaubert und entsetzt über diese unbarmherzige Aussicht. Als Ellen verwundert mit dem Morgenkaffee herunterkam, war er mit dem Buch fertig; er antwortete nicht auf ihre freundlichen Vorwürfe, sondern trank den Kaffee schweigend. Dann nahm er seinen Hut und ging hinaus in die morgentrüben, öden Straßen, um seinen heißen Kopf zu kühlen.

Es war noch früh, die Arbeiter waren noch nicht auf dem Weg zur Arbeit; die Frühwirtshäuser waren dabei, die Läden von den Fenstern zu nehmen. Warm gekleidete Straßenbahner trabten auf ihren Holzsohlenstiefeln durch die Straßen; schmuddelige, verfrorene Frauen jagten in strauchelndem Lauf dahin zu ihrer Beschäftigung, winselnd vor Kälte und Lebensüberdruß. Sie waren müde, ehe sie noch ihren Tag begonnen hatten. Hier und da eilte eine verspätete Frau die Straße entlang, einen Wäschekorb vor sich – eine Mutter, die ihr Kind in die Krippe brachte, ehe sie zur Arbeit ging.

Und plötzlich kam die Empörung über ihn, heftig wie ein Erstickungsanfall. Diese grauenhafte, kalte Lehre von dem Recht des Stärkeren, die ihm die Wahl ließ, brutal zu werden oder zu Grunde zu gehen – das also war der Schlüssel zum Verständnis des Lebens? Die fällte ja von vornherein das Todesurteil über ihn und seinesgleichen – über die ganze große Welt des armen Mannes. Von diesem Standpunkt aus gesehen war der bestehende Zustand ja der einzig Mögliche – er war ganz einfach ideal; der Ausbeuter und der Wucherer, die er hasste, befanden sich in der allerharmonischsten Übereinstimmung mit dem Grundgesetz des Lebens! Und das Entsetzliche war, dass die Gesellschaftsordnung von diesem Gesichtspunkt aus hell beleuchtet dalag – das ließ sich nicht leugnen. Wer es am besten verstand, sich dem Bestehenden anzupassen, der siegte, gleichgültig, wie gemein das Bestehende war.

Das Buch warf mit einem Schlage helles Licht auf die Gesellschaftsordnung; aber wo blieben seine Kameraden in dieser Lehre, all die Kleinen? Die wurden gar nicht mitgerechnet! Die menschliche Gesellschaft bestand also in Wirklichkeit nur aus den Besitzenden und hier hatte er ihre Religion, die moralische Berechtigung der rücksichtslosen Ausbeutung. Es war ihm immer schwer gefallen, zu verstehen, wieso die Menschen einander missbrauchten; aber hier war es ja eine heilige Pflicht, Steine für Brot zu geben. Der rücksichtsloseste Kämpfer stand im Grunde dem heiligen Mutterherzen des Lebens am nächsten, der war ausersehen die Entwicklung voranzutreiben.

Die Armen hatten keinen Anteil an dieser Lehre. Wenn in einer Gruppe ein schlechter Arbeiter war, dann sorgten die anderen nicht dafür, dass er zu Grunde gehen musste – nicht einmal, wenn er an seinem Unvermögen selber schuld war. Sie schleppten ihn mit, legten Steine für ihn und halfen ihm weiter – die Armen ließen den Schwachen nicht fallen. Sie stellten sich außerhalb des Gesetzes und verzichteten auf jegliche Chance: Mit einem verwundeten Kameraden auf dem Rücken siegte man nicht im Wettlauf. Aber hierin lag die Erkenntnis, dass sie nicht mit zu dem Bestehenden gehörten, sondern Recht hatten, ihre eigene Glückszeit zu fordern. Es musste eine neue Zeit kommen, wo alles das, was für sie erforderlich war, Herzensgüte und Solidarität, ans Ruder gelangte. Der große Zusammenschluss, für den er gekämpft hatte, wies also doch in die richtige Richtung. Er war das Gegenteil von »Einer gegen alle« – er beruhte auf dem Gesetz gegenseitiger Hilfeleistung.

Der arme Mann war bestimmt kein elender Wicht, der von der Entwicklung dazu verurteilt war, zu Grunde zu gehen; er war kein Phantast, der infolge eines leeren Magens Utopien erträumte. Pelle hatte seine Kindheit draußen in der Natur verlebt und sich in jedem möglichen Wetter in der Natur herumgetummelt. Er hatte die kleinen Singvögel sich dem Habicht in ganzen Schwärmen entgegenwerfen sehen, wenn er einen von ihnen geraubt hatte – er hatte sie ihn verfolgen sehen, bis er verwirrt seine Beute freigab. Wenn er eine Ameise in einem gespaltenen Strohhalm fing, stürzten sich die anderen Ameisen auf den Strohhalm und nagten den Kameraden frei; sie waren nicht zu verscheuchen. Schlug er nach ihnen, dann spritzten sie ihr Gift nach seiner Hand und arbeiteten weiter. Ihre Tapferkeit ergötzte ihn, die Gifttropfen waren so winzig klein, dass er sie nicht sehen konnte; führte er aber die Hand an die Nase, so fing er einen säuerlich stechenden Geruch ein. Warum ließen sie den Kameraden nicht im Stich, sie, die ihrer so viele waren und es so eilig hatten? Sie fraßen nicht einmal, ehe sie ihn befreit hatten.

Der arme Mann musste an dem Gedanken des Zusammenschlusses festhalten, er hatte damals den rechten Griff getan! Und nun auf einmal wusste Pelle, wo der Weg lag. Standen sie außerhalb des Bestehenden und seiner Gesetze, warum sich ihre eigene Welt nicht nach den Gesetzen einrichten, die nun einmal ihre eigenen waren? Durch die Organisation waren sie dazu erzogen, sich selber zu regieren, es war bald an der Zeit, dass sie ihr eigenes Dasein in die Hand nahmen.

Die jungen Aufrührer hielten sich frei von der Macht des Geldes, indem sie entbehrten, aber das war nicht der richtige Weg: Das Kapital predigte den Armen immer Genügsamkeit. Er wollte den anderen Weg einschlagen und durch ein großes Umgehungsmanöver die Produktion erobern.

Jetzt hatte er keine Furcht mehr, das Geld des Bibliothekars anzunehmen; es gab keinen Zweifel mehr in ihm. Er sah eine weltumspannende, friedliche Revolution voraus, die alle bestehenden Werte auf den Kopf stellen sollte. Pelle wusste, dass die Armut von keinem Vaterland begrenzt ist; er hatte schon früher einmal einer unbezwinglichen Idee Geltung verschafft. Sein Genossenschaftsunternehmen musste der Ausgangspunkt für einen Weltkampf zwischen Arbeit und Kapital werden!

10

Zwei Tage später gingen Pelle und der Bibliothekar in die Frederikborggade und besahen ein Geschäft, das verkauft werden sollte. Es war eine kleine Bude mit einem Dutzend Arbeitern, mit elektrischer Werkstatt im Keller und einem Laden darüber. Das Ganze war gegen Übernahme des Lagers und der Maschinen zum Schätzwert zu haben. Die Miete war ziemlich hoch, im Übrigen aber waren es günstige Bedingungen.

»Ich meine, wir ordnen es so, dass das Anschaffungs- und Betriebskapital wie eine vierprozentige Kreditvereinsanleihe verzinst und amortisiert wird«, sagte Brun.

»Das ist billiges Geld«, entgegnete Pelle. »Ein gutes Ergebnis kann ja nicht zu Gunsten der Verhältnisse sprechen, wenn wir nicht die gleichen Bedingungen wie andere Unternehmen haben.«

»Nicht besonders billig! Zu dem Preis kann man gegen gute Sicherheit so viel Geld kriegen, wie man will – und den Arbeiter muss man doch wohl als beste Sicherheit in einem Unternehmen betrachten, das auf Arbeit gegründet ist«, sagte der Alte lächelnd. »Es wird einen großen Diskontfall geben, wenn Sie zur Macht gelangen, Pelle! Übrigens ist das nackte Kapital auch nicht mehr wert – wenn nicht darauf schmarotzt wird. Und den Schmarotzern wollen wir ja gerade zu Leibe.«

Ja, Pelle hatte nichts gegen das billige Geld einzuwenden, der Kampf würde ohnedies hart genug werden. Kam Schwung in die Sache, dann würde es nicht lange dauern, bis ihm die Privatspekulation den Krieg erklärte.

Sie waren sich darin einig, dass sie mit Agenten und Ausverkäufen nichts zu tun haben wollten; das Unternehmen sollte von niemand abhängig sein und in direkter Verbindung mit den Konsumenten stehen. Was in der Werkstatt angefertigt wurde, sollte nur die Unkosten für den Laden decken; der Rest des Überschusses sollte unter die Arbeiter verteilt werden.

»Nach welchen Regeln?«, fragte Brun und sah Pelle forschend an.

»Zu gleichen Teilen«, antwortete Pelle, ohne sich zu besinnen; »wir wollen überhaupt nichts mit Akkord zu tun haben. Es war ein großer Missgriff, dass wir damals, als wir die Bewegung in Schwung brachten, dem Akkordsystem das Wort redeten, anstatt es abzuschaffen. Das hat der Ungleichheit Vorschub geleistet. Jeder, der arbeitet, hat das Recht, zu leben.«

»Glauben Sie, dass der tüchtige Arbeiter sich dareinfinden wird, gleichmäßig mit dem zu teilen, der weniger tüchtig ist?«, fragte Brun bedenklich.

»Das wird er lernen!«, entgegnete Pelle bestimmt. »Wie kann er sonst behaupten, dass alle Arbeit gleich wertvoll ist?«

»Glauben Sie das denn selbst?«

»Absolut. Ich sehe keinen Grund, etwa zwischen dem Arzt und dem Kloakenreiniger einen Unterschied zu machen! Wer von den beiden von größerem Nutzen für die Gesundheit ist, ist unmöglich zu sagen – das Entscheidende muss sein, dass jeder tut, was er kann.«

»Ausgezeichnet!«, rief Brun. »Ausgezeichnet!« Der alte Philosoph war so recht in Laune. Pelle hatte ihn für ungewandt und weltfremd gehalten und war erstaunt, welch praktischen Blick er für viele Dinge hatte.

»Das kommt daher, weil dies etwas Neues ist«, sagte der Alte und rieb sich die Hände. »Mit dem Alten war ich fertig, ehe ich zur Welt kam; da war nichts mehr, was mich reizte – ich sei degeneriert, hieß es. Ja, freilich! Nun wird der alte Bücherwurm seinen Ahnen doch noch zeigen, dass kräftiges Blut in seinen Adern fließt. Jetzt haben wir beide die Stelle gefunden, von wo aus die Welt aus den Angeln zu heben ist, mein lieber Pelle – ich glaube, wir haben sie gefunden! Und nun arbeiten wir drauflos.«

Ja, es gab genug zum Zugreifen. Aber jetzt waren es Realitäten und Pelle hatte das angenehme Gefühl wieder Boden unter den Füßen zu haben. Dies war doch etwas anderes, als einsam auf seinen eigenen Gedanken durch den Raum zu reiten, ständig in Gefahr, herunterzufallen; hier bahnte er sich einen Weg sozusagen mit den Händen.

Man hatte sich so geeinigt, dass der bisherige Besitzer des Geschäfts es noch eine Weile behielt, während sich Pelle mit dem Betrieb, den Maschinen und der Buchführung vertraut machte. Er war ununterbrochen auf den Beinen, nutzte seinen Tag und schlief des Nachts wie ein Stein. Das Gehirn klapperte nicht mehr fortwährend wie ein Kessel, der beständig kocht, der Schlaf löschte auch darunter das Feuer.

Es handelte sich darum, eine Mannschaft zusammenzubringen, die sich aufeinander verlassen konnte, und Pelle kündigte unerschrocken allen Kameraden, die sich nicht dazu eigneten, unter neuen Bedingungen zu arbeiten, und stellte andere ein.

Der Erste, an den er sich wandte, war Peter Drejer. Ellen riet davon ab. »Du weißt ja, dass er mit der Polizei nicht gut steht«, sagte sie, »du wirst sowieso Ärger genug bekommen.« Aber Pelle hatte das Bedürfnis, jemand an seiner Seite zu sehen, der im Stande war, die Dinge von einem neuen Gesichtspunkt aus zu betrachten, und volles Verständnis für das hatte, was er anstrebte. Egoisten taugten dafür nicht. Und dies musste gerade für den etwas sein, der mit dem Bestehenden auf Kriegsfuß stand.

Er war im Buchführungskursus gewesen und kam nach Hause, um zu essen. Ellen und Svend Tröst waren in der Stadt, aber sie hatte ihm Essen warm gestellt. Er aß der Einfachheit halber in der Küche, saß am Küchentisch und las dabei ein Werk über Buchführung.

In der Stube saß Lasse Fredrik und lernte seine Schulaufgaben, beide Hände vor den Ohren, um die Welt gründlich auszuschließen. Aber das war nicht so leicht, denn Schwester hatte einen losen Zahn und es juckte ihn in den Fingern, damit in Berührung zu kommen. Jeden Augenblick unterbrach er seine Arbeit und versprach ihr irgendetwas, wenn er ihn ausziehen dürfe; seine Beine unter dem Tisch standen keinen Augenblick still, er war ganz krank. Aber die Kleine antwortete fortwährend:

»Nein, Vater soll!«

Da gab er es auf, ehrlich vorzugehen, und versuchte mit List zum Ziel zu kommen. Und endlich hatte er sie so weit, dass sie sich einen Faden um den Zahn binden und ihn am Türdrücker befestigen ließ. »So, nun wird der Faden nur durchgebrannt«, sagte er und zündete einen Lichtstummel an, »sonst kriegt Vater den Zahn nie heraus. Das löst gewaltig!« Er redete über alles Mögliche, um ihre Aufmerksamkeit abzulenken, ganz wie ein Taschenspieler, und hielt ihr dann plötzlich das Licht dicht vor die Nase, sodass sie schleunigst den Kopf zurückziehen musste. »Hier ist der Zahn!«, rief er triumphierend und zeigte ihn der Schwester. Aber sie brüllte aus vollem Halse.

Pelle saß da und hörte alles mit an, aß aber ruhig weiter; sie mussten allein miteinander fertig werden. Nach einer Weile war Lasse Fredrik bemüht seine Tat wieder gutzumachen; er tröstete Anna und gab ihr Spielzeug, um sie wieder in gute Laune zu versetzen. Als Pelle hereinkam, lagen sie auf dem Bauch, die Köpfe unterm Bett. Sie hatten den Zahn ganz hinten an die Wand geworfen und riefen im Chor:

»Maus, Maus!
Schenk mir einen goldnen Zahn
Für meinen Knochenzahn!«

»Was musst du jetzt tun, Vater?«, fragte die Kleine und kam auf ihn zu.

Ja, Pelle hatte dies und jenes vor.

»Du hast immer so viel zu tun«, sagte sie verdrießlich. »Bleibt das dein ganzes Leben so?«

Das gab Pelle einen Stich. »Nein, ich hab gar nicht so viel zu tun«, sagte er hastig, »ich kann gut ein bisschen bei euch bleiben. Nun, was wollen wir anfangen?«

Die kleine Anna holte ihre große Flickenpuppe hervor und fing an Stühle zusammenzustellen.

»Nein, das ist nichts«, sagte Lasse Fredrik. »Erzähl lieber von damals, als du Kühe gehütet hast, Vater – und von dem großen, bösen Stier!«

Und dann erzählte Pelle von seiner Kindheit, von dem Stier und von Vater Lasse, von dem großen Bauern auf dem Steinhof und von Oheim Kalle mit den dreizehn Kindern und dem fröhlichen Sinn. Der große Hof, das Landleben, der Steinbruch und das Meer – das war wie ein Märchenbuch für die beiden Kinder, die auf dem Straßenpflaster groß geworden waren; der Kampf des kleinen Pelle mit den großen Ochsen um die Herrschaft, seine wunderbare Eroberung der fünfundzwanzig Öre – eine Geschichte war immer spannender als die andere. Und am spannendsten von allem war die Erzählung von dem Hünen Erik, der zum Idioten geschlagen wurde. »Ja, das war damals«, sagte Pelle und nickte. »Jetzt geht es wohl nicht mehr so zu.«

»Wie viel du erlebt hast«, sagte Ellen, die währenddessen nach Hause gekommen war und dabeisaß und strickte. »Es ist beinahe nicht zu verstehen, wie du damit fertig geworden bist, so klein, wie du warst. Wie gern hätte ich dich sehen mögen!«

»Vater, der ist groß!«, rief Schwester anerkennend aus.

Aber Lasse Fredrik war etwas zurückhaltender. Es war so langweilig, immer stillschweigen zu müssen, und er hätte so gern eine Zwischenbemerkung über seine eigenen Heldentaten gemacht. »Weißt du, was? Im Torweg beim Fuhrmann liegt ein großes Fuder Korn«, sagte er, um zu beweisen, dass auch er das Landleben kenne.

»Das ist kein Korn«, sagte Pelle, »das ist Heu – Kleeheu. Kennst du denn nicht mal Korn?«

»Wir nennen es aber Korn!«, sagte der Junge selbstbewusst. »Und es ist ja auch Korn, denn es hat solche Büschel an den Enden.«

»Ähren meinst du! Aber die hat das grobe Gras auch und das Korn stammt übrigens von dem Gras ab. Bist du nie auf dem Lande gewesen?«

»Nein. Wir sollten ja 'ne ganze Woche aufs Land, aber da kam das Pech mit Mutters Arbeit. – Aber im Tiergarten bin ich gewesen.«

Auf einmal wurde es Pelle klar, wie viel den Kindern dadurch entging, dass sie ihr Leben hier in der Stadt auf dem Straßenpflaster verbringen mussten. »Ob wir uns nicht außerhalb der Stadt eine Wohnung suchen sollten?«, sagte er am Abend, als er und Ellen allein waren.

»Wenn du meinst«, erwiderte Ellen. Sie selbst hatte kein Verlangen nach dem Land, sie hatte eine instinktive Angst davor, dort zu wohnen. Das mit den Kindern begriff sie auch nicht; es gab doch so viele Kinder, die hier in der Stadt vorzüglich gediehen, und dass sie dumme Bauern werden sollten, wollte er doch wohl nicht. Aber wenn er es meinte, war es wohl das Richtige – er pflegte ja Recht zu haben.

Dann war es aber wahrhaftig an der Zeit, dass sie kündigten – es war nur noch ein guter Monat zum April-Umzugstag.

Sonntags packten sie den Kasten des Kinderwagens und machten Ausflüge in die Umgebung der Stadt, ganz wie in alten Zeiten, als Lasse Fredrik noch der Einzige war und in seinem Fuhrwerk saß wie ein kleiner Thronfolger. Jetzt half er tüchtig den Wagen schieben, in dem Svend Tröst saß und sich breitmachte; wenn Schwester müde war, wurde sie auf das Schutzleder gesetzt. Sie suchten jedes Mal eine andere Gegend auf und kamen an Orte, die nicht einmal Lasse Fredrik kannte. Am Rande der Stadt lagen trauliche alte Obstgärten mit einem niedrigen, strohgedeckten Gebäude mitten darin, das offensichtlich einstmals das Wohnhaus eines Bauernhofs gewesen war. Man kam zufällig aus irgendeinem Seitenweg in die Gärten und entdeckte, dass rund um das kleine Idyll Mietskasernen wuchsen. Wenn Sonnenschein war, ließen sie sich auf einem Erdwall nieder und aßen; Pelle und Lasse Fredrik vollführten in dem welken Gras Kraftkunststücke und Ellen suchte nach Winterzweigen, um ihr Heim damit zu schmücken.

Auf einem ihrer Ausflüge kamen sie in ein sumpfiges Gelände, wo Weidengestrüpp wuchs; dahinter erstreckte sich Ackerland. Sie folgten den Feldwegen aufs Geratewohl und kamen zu einem unbewohnten, etwas verfallenen Haus, das mit Aussicht über Kopenhagen hin auf einer Anhöhe lag. Es war von einem großen, verwilderten Garten umgeben. Auf einem alten, morschen Brett stand: »Zu vermieten!« Aber an wen man sich zu wenden hatte, stand nicht dabei.

»So ein Haus wünschst du dir ja«, sagte Ellen. Pelle war stehen geblieben.

»Ich würde es gern von innen sehen«, sagte er. »Den Schlüssel kriegt man sicher dort oben im Gehöft.«

Lasse Fredrik lief zu dem alten Bauernhof, der ein wenig mehr landeinwärts oben auf einem Hügel lag, um zu fragen. Nach einer Weile kam er in Begleitung des Hofbesitzers zurück. Es war ein bleicher, übernächtiger junger Mann, der einen hohen Kragen trug und eine Zigarre rauchte.

Das Haus gehörte zum Bakkehof und war als Altenteilerwohnung für die Eltern des jetzigen Besitzers gebaut worden. Die alten Leute hatten den putzigen Einfall gehabt, es »Morgendämmerung« zu nennen; der Name war mit großen Buchstaben an den östlichen Giebel gemalt. Das Haus hatte leer gestanden, seit sie vor einigen Jahren gestorben waren, und sah merkwürdig entseelt aus. Die Fensterscheiben waren eingeschlagen und glichen gebrochenen Augen, die Fußböden waren völlig verschmutzt.

»Nein, das mag ich nicht«, sagte Ellen.

Aber Pelle zeigte ihr, dass das Haus gut genug war. Türen und Fenster schlossen fest, es bedurfte nur alles einer gründlichen Ausbesserung. Es hatte vier Zimmer und eine Küche im Erdgeschoss und einige Zimmer oben, von denen das eine ein großes Mansardenzimmer nach Süden hinaus war. Der Garten war eine Tonne Land groß und auf dem Hof war ein Schuppen, der für Hühner und Kaninchen eingerichtet war. Die Miete betrug vierhundert Kronen.

Pelle und Lasse Fredrik trabten eifrig immer wieder durch das ganze Haus und machten die seltsamsten Entdeckungen. Aber als Pelle den Preis hörte, wurde er nüchtern. »Dann können wir es gleich aufgeben«, sagte er.

Ellen antwortete nichts, aber auf dem Heimweg rechnete sie im Stillen nach – sie konnte ihm ansehen, wie enttäuscht er war. »Das wären im Monat fünfzehn Kronen mehr, als wir jetzt zahlen«, sagte sie plötzlich. »Aber wenn der Garten was abwirft – und wenn wir Hühner halten! Vielleicht könnten wir auch die oberen Zimmer möbliert vermieten.«

Pelle sah sie dankbar an. »Ich will mich verpflichten ein paar hundert Kronen aus dem Garten herauszuwirtschaften«, sagte er.

Ellen hatte Furcht, dass sich da draußen Gesindel herumtrieb und dass deswegen das Haus nicht vermietet werden konnte.

»Denen geben wir eins aufs Maul, dass sie den Hügel hinunterkollern«, sagte Lasse Fredrik. »Oder wir bitten Königin Therese, dass sie ihnen sagt, sie sollen sich um ihre eigenen Angelegenheiten kümmern – vor der haben sie Respekt.«

Sie waren gehörig müde, als sie nach Hause kamen, es war doch ein gutes Stück Weg bis dort hinaus. »Es ist weitab von allem – du müsstest sehen, dass du ein gebrauchtes Fahrrad bekämst«, sagte Ellen. Pelle hörte plötzlich aus dem Klang ihrer Stimme heraus, dass sie sich da draußen einsam fühlen würde.

»Es wird wohl am besten sein, wenn wir uns die Geschichte aus dem Kopf schlagen und sehen, dass wir hier in der Stadt eine Dreizimmerwohnung finden«, sagte er. »Das andere ist doch ziemlich unpraktisch.«

Als er am Abend des nächsten Tages von der Werkstatt nach Hause kam, hatte Ellen eine Überraschung für ihn. »Ich bin draußen gewesen und habe das Haus gemietet«, sagte sie. »Es ist gar nicht so weit bis zur Straßenbahn, und im ersten Jahr kriegen wir es für dreihundert Kronen. Der Mann hat versprochen, zum Umzugstag alles gut in Stand zu setzen. Freust du dich nicht?«

»Ja, wenn du dich nur dort wohl fühlst«, sagte Pelle und schloss sie in die Arme.

Die Kinder waren begeistert. Sie sollten da draußen in der hellen Welt wohnen, in die man sonst nur bei festlichen Gelegenheiten hineinguckte, sollten sich dort tagtäglich herumtummeln und immer mitgenommenes Butterbrot im Grünen essen können.

Acht Tage später zogen sie hinaus. Pelle meinte, dass ihre Mittel ihnen nicht erlaubten für den Umzug Leute zu nehmen. Er lieh sich einen vierrädrigen Ziehwagen – denselben, der Ellens Habseligkeiten vom Kapelvej hierher gebracht hatte –, und am Sonnabendabend und Sonntagmorgen fuhren er und Lasse Fredrik die Sachen hinaus. Königin Therese war Ellen beim Einpacken behilflich. Mit der letzten Fuhre ging es Hals über Kopf, man musste vor der Kirchzeit zur Stadt hinaus sein. Sie rannten fast; Svend Tröst saß oben auf der Fuhre, Ellen folgte mit der kleinen Anna hinterdrein und den Beschluss bildete die dicke Königin Therese mit einigen Topfpflanzen, die sorgfältig behandelt werden mussten – es war ein ganzer Aufzug.

Der Tag verging mit fürchterlichem Herumwirtschaften. Es war schlecht rein gemacht, Ellen und Königin Therese mussten alles noch einmal vornehmen. Nun, darauf war man ja gefasst gewesen! Wenn man umzog, musste man stets zwei Wohnungen rein machen, die, die man verließ, und die, in die man einzog. Mit den Ausbesserungen war es auch nicht weit her und auch daran war man gewöhnt; die Hauswirte waren sich auf der ganzen Welt gleich. Sich zu beklagen konnte nur wenig nützen, jetzt war man einmal da und der Kontrakt war unterschrieben. Pelle musste sehen, dass er etwas ausrichtete.

Gegen Abend war das Haus so weit in Ordnung, dass man darin schlafen konnte. »Heute tun wir nichts mehr«, sagte Ellen, »man muss doch auch merken, dass Sonntag ist.« Sie stellten Stühle vor die Gartenstubentür und aßen im Freien. Pelle hatte über eine Tonne eine alte Tür gelegt, das war der Tisch. Jedes Mal, wenn sich Königin Therese mit den Ellenbogen auf den Tisch stützte, drohte das Ganze umzukippen und dann kreischte sie. Sie stammte von einem Pfarrhof und wurde ganz wehmütig. »So habe ich nicht vor einer Gartentür gesessen und gegessen, seit ich als fünfzehnjährige Göre von zu Hause weggelaufen bin«, sagte sie und trocknete sich die Augen.

»Die Ärmste«, sagte Ellen, als sie sie an die Straßenbahn gebracht hatten, »sie hat wirklich allerhand mitgemacht. Kein Mensch außer uns macht sich was aus ihr.«

»Ist sie wirklich eine Pfarrerstochter?«, fragte Pelle. »Frauenzimmer von ihrer Art geben sich immer für was Feines aus, das ins Unglück gekommen ist.«

»Nein, aber mit ihr ist es wirklich so. Sie lief von zu Hause weg, weil es da nicht zum Aushalten war – sie durfte nicht lachen, sondern sollte immerzu beten und an den lieben Gott denken. Ihre Eltern haben sie verflucht.«

Sie machten einen kleinen Spaziergang um den Hof herum und betrachteten den Abendhimmel. Ellen redete drauflos, schon jetzt hatte sie tausend Pläne. Sie wollte viele Beerensträucher pflanzen und einen Küchengarten anlegen. Viele Hühner und Kaninchen wollten sie haben und zum nächsten Sommer wollte sie Frühgemüse ziehen, das in der Stadt verkauft werden sollte.

Pelle ging neben ihr und hörte mit halbem Ohr zu, während er in den weiß glühenden Abendhimmel hineinstarrte, der mit seinen laufenden Feuerlinien einem fernen Steppenbrand gleichen mochte. Es herrschte friedliche Stille um ihn her und in ihm selbst; er war feierlich gestimmt und hatte ein Gefühl, als betrete er nach einer Abwesenheit von Jahren zum ersten Mal wieder das Land seiner Kindheit. Die schwarze Erde schmiegte sich so weich und vertraut an seine Füße; es war wie eine Liebkosung, die Kräfte in ihm wachrief und das Leben neu machte. Hier draußen – mit den Füßen in der schwarzen Erde – fühlte er sich unüberwindlich.

»Du bist so still«, sagte Ellen und nahm seinen Arm, um neben ihm auf dem Erdwall zu gehen.

»Mir ist zu Mute, als hätte ich dich eben erst zur Braut bekommen«, sagte er und schlang die Arme um sie.

11

Jeden Morgen kam Brun und sah sich in dem Betrieb um, ehe er in die Bibliothek ging; er interessierte sich für jede Einzelheit und sein Aussehen verjüngte sich. Immer drängte er und kam mit Vorschlägen. »Wenn du Geld nötig hast, dann sag es nur«, meinte er. Er war begierig die Wirkung dieses Neuen zu sehen, und fragte Pelle fortwährend, ob er etwas bemerke. Als er hörte, dass die Schuhfabrikanten eine Versammlung abgehalten hatten, um Stellung zu dem Betrieb zu nehmen, lachte er und wollte, dass noch mehr Dampf gemacht würde –, einerlei, was es kostete. Der alte Philosoph war ungeduldig wie ein Kind geworden; sein Greisendasein hatte einen Inhalt bekommen und nun fürchtete er, dass er die Vollendung nicht mehr erleben werde. »Du kannst dir wohl

Zeit lassen«, sagte er, »bedenke aber, dass ich alt und obendrein nicht kräftig bin.« Er behandelte Pelle wie einen Sohn und sagte in der Regel du zu ihm.

Pelle hielt sich zurück. Es hing so viel davon ab, dass dies gelang, und er gab gespannt Acht – es war, als sei er dazu ausersehen, die Zukunft auszuprobieren. Innerhalb der Bewegung verfolgte man sein Unternehmen mit Aufmerksamkeit, die Arbeiterzeitungen schrieben darüber, verhielten sich aber abwartend; die Meinungen waren geteilt.

Er wollte gern eine gute Antwort und traf seine Maßnahmen mit großer Sorgfalt. Die Arbeiter, die nicht in das Unternehmen passten, verabschiedete er. Das machte böses Blut, aber es ließ sich nicht ändern. Er war überall zugegen, und wo er nicht selbst war, da war Lasse Fredrik; der Junge hatte seine anderen Beschäftigungen aufgegeben, er half im Laden und machte Botengänge. Ellen wollte auch gern helfen. »Wir können ja ein Mädchen nehmen, dann lerne ich Buchführung und mache das Kontor und besorge den Laden«, sagte sie.

Aber das wollte Pelle nicht. Jetzt sollte es ein Ende haben mit ihrer Mitarbeit – eine Frau gehörte zu ihren Kindern!

»Heutzutage nehmen die Frauen doch an aller Arbeit teil«, wandte Ellen ein.

Ja, das sei einerlei, er hatte seine eigene Ansicht über die Sache. Es genüge, wenn die Männer arbeiteten.

Sollten sie am Ende längs der Bürgersteige stehen und zusehen, wie die Frauen alle Arbeit verrichteten? Es mochte gern sein, dass das nicht fortschrittlich klang, das war ihm gleich. Frauen glichen holden Blumen, wie sehr man sie auch zu Gleichberechtigten des Mannes machen wollte. Sie brachten keine Freude, wenn sie fürs tägliche Brot arbeiten mussten – so viel hatte er gemerkt.

Es wurde ihr schwer, untätig zuzusehen, während die beiden

Männer sich abarbeiteten; da warf sie sich denn auf den Garten. Sie säte Gemüse und pflanzte Kohl, die Beete lagen wie dicke Federkissen auf der Erde, und wenn die Pflanzen gediehen, war sie glücklich. Sie hatte sich ein Gartenbuch gekauft und lernte die verschiedenen Sorten und ihre Behandlung unterscheiden. Nach Feierabend kam ihr Pelle zu Hilfe und unter seiner Hand wuchs es. Ellen schmollte ein wenig darüber; sie machte es genauso wie er, aber es war, als wenn die Pflanzen einen Unterschied machten. »Ich hab 'ne Bauernhand«, sagte er lachend.

Am Sonntag ging es geschäftig her. Dann war die ganze Familie im Garten; Lasse Fredrik grub, Pelle beschnitt das verfallene Spalier um die Gartentür und Ellen band auf. Die Kinder gingen herum und wollten überall helfen, vorläufig richteten sie hauptsächlich Schaden an. Jeden Augenblick machte eins von ihnen Unsinn, sie traten auf die Beete und rissen Pflanzen heraus. Sonderbar dumm waren sie, richtige Stadtgören! Sie verstanden nicht einmal eine Warnung; Pelle begriff das nicht und war oft nahe daran, aus der Haut zu fahren.

Als eines Tages die kleine Anna treuherzig ankam und ihm einen blühenden Apfelzweig zeigte, den sie abgebrochen hatte, wurde er zornig und packte sie hart beim Arm. Als er ihren angstvollen Ausdruck sah, musste er an den Mann mit den wunderlichen Augen denken, der ihn in seiner Kindheit gelehrt hatte, mit den bloßen Händen zu hüten – und er schämte sich. Er nahm die Kleinen bei der Hand, ging mit ihnen im Garten herum und erzählte ihnen von den Bäumen und den Büschen, die lebendig seien, ebenso wie sie selbst, und gab sich Mühe, es ihnen verständlich zu machen. Die Zweige, das seien die Arme und Beine, und da könnten sie sich wohl selber vorstellen, wie entsetzlich es sei, sie abzureißen. Schwester wurde ganz bleich und sagte nichts, aber Svend Tröst, der sich endlich entschlossen hatte, den Mund aufzutun, und eine richtige Plaudertasche geworden war, schwatzte mit und streckte den Bauch vor wie ein Trommelschläger. Er war ein kräftiger, kleiner Bursche und Ellens Augen verfolgten ihn mit Stolz durch den ganzen Garten.

Es machte einen merkwürdigen Eindruck auf die beiden Kinder, zu wissen, dass alles lebendig war. Sie bewegten sich immer Hand in Hand und hielten sich vorsichtig auf den Pfaden. Ringsumher brach die Erde auf und sonderbare Wesen kamen daraus hervor: Die Bohnen hatten einen Kübel über dem Kopf, der sie beschützte, und der Salat schob die gefalteten Hände vor sich in die Höhe, als wolle er um gutes Wetter bitten. Jeden Morgen, wenn sie ihre Runde durch den Garten machten, waren neue Wesen aufgetaucht. »Sche, sche!«, rief Svend Tröst mit einer Stimme, die noch vom Speichel verschleiert war, und stieß mit dem rundlichen Bauch nach den Beeten; auf sie zu zeigen, wagte er nicht. Sie standen in gebührender Entfernung und unterhielten sich über die neuen Merkwürdigkeiten, vornübergebeugt und die Hände auf dem Rücken versteckt – als sei ihnen bange, dass das Neue sie in die Finger beißen würde. Es geschah wohl, dass Svend Trösts rundliche Patschhand sich öffnete und zupacken wollte, aber dann zog er sie erschreckt zurück, als habe er sich verbrannt, und sagte: »Au!« Und dann stürzten die beiden Kinder in wilder Hast dem Hause zu.

Für die beiden war der Garten eine Wunderwelt voller Herrlichkeiten – und voller Grausen. Sie wurden bald auf eigene Faust mit seinen Gewächsen vertraut und traten in eine Art mystischen Verhältnisses zu ihnen, begegneten ihnen freundlich und tauschten Ansichten mit ihnen aus – wie Wesen aus zwei verschiedenen Welten, die sich auf der Schwelle treffen. Es lag beständig etwas Rätselhaftes über den neuen Freunden, das sie in gebührendem Abstand hielt – sie gaben keine rechte Auskunft über sich. Wenn man sie fragte: »Wer hat euch gerufen?«, so antworteten sie: »Das hat Mutter Ellen getan!« – Fragte man sie aber, wie es unten in der Erde aussah, so schwiegen sie still. Für die beiden blieb der Garten eine unerschöpfliche Welt, so viel sie auch darin herumtollten. Jeden Tag unternahmen sie neue Entdeckungsreisen unter Wacholder- und Dornenbüsche; es gab Stellen, wohin sie einfach noch nicht gelangt waren, und andere, wohin sie sich nicht wagten. Unzählige Male am Tage mussten sie ganz dicht dort heran und über die Stachelbeerbüsche hinweg in das grauenvolle Dunkel spähen, das wie ein böses Wesen da drinnen saß und keinen Namen hatte. Sie standen in dem strahlenden Sonnenschein auf dem Gartenweg und forderten es heraus; Schwester spuckte, dass es an ihrer Schürze herabfloss, und Svend Tröst sammelte mühsam Steine auf und warf sie dahinein; er konnte sich nicht bücken, so dick war er, sondern musste sich jedes Mal, wenn er etwas aufnehmen wollte, in die Hocke setzen. Und plötzlich stürzten sie davon, dem Hause zu, in panischem Schrecken.

Man brauchte kein Kind zu sein, um das Leben des Gartens zu verfolgen. Überall ging etwas heimlich vor sich, des Nachts krachte und pusselte es da draußen im Mondschein, die Zweige streckten sich in neuem Wachstum, die Säfte drängten und brachen durch die alt gewordene Rinde als Obstblüten und neue »Augen« hindurch. Es war, als wenn Pelles und Ellens glücklicher Eifer ansteckend wirkte; die abgestorbenen Obstbäume, die seit vielen Jahren nicht mehr getragen hatten, lebten wieder auf und antworteten auf die munteren Stimmen, indem sie üppig blühten. Es wurde ein richtiger Wettstreit zwischen Menschen und Pflanzen, wer es am festlichsten machen könnte. »Der Frühling überschüttet uns förmlich mit Blumen und mit Grün«, sagte Pelle. Er hatte nie ein Heim gesehen, das so schön war wie das seine – jetzt hatte er doch endlich ein Heim geschaffen!

Traulich war es hier, wilder Wein und blaue Klematis bedeckten die ganze Fassade und hingen vor der Gartentür dicht herunter. Dort pflegte Ellen mit ihrer Handarbeit zu sitzen und die Kleinen zu beobachten, die sich auf dem Rasen tummelten; und da wollte sie mit Pelle des Sonntags am liebsten sitzen, wenn die Kopenhagener Familien auf ihren kleinen Landausflügen vorüberkamen.

Die blieben dann draußen vor dem Dornenstrauch stehen und riefen: »Nein, welch ein reizendes Haus!«

In Pelles Werkstatt begann die Arbeit um sechs Uhr früh, aber schon um vier Uhr machte man Feierabend, sodass alle noch etwas von ihrem Tag hatten. Er hatte die Arbeitszeit auf neun Stunden herabgesetzt, weiter durfte er sich vorläufig nicht wagen.

Einige Arbeiter freuten sich über diese Einteilung und benutzten den Nachmittag, um mit der Familie auszugehen, andere aber wollten morgens lieber eine Stunde länger schlafen. Eines Tages kamen die Letzteren und erklärten, sie seien in der Mehrzahl und sie wollten die Stunde umgelegt haben.

»Darauf lasse ich mich nicht ein«, sagte Pelle. »Es ist das Vorrecht der Arbeiter, früh auf zu sein, und das opfere ich nicht.«

»Aber wenn wir doch darüber abgestimmt haben«, sagten sie. »Das ist doch eine demokratische Einrichtung!«

»Ich habe mich nicht verpflichtet der Stimmenmehrheit zu gehorchen«, sagte Pelle ruhig. »Vorläufig regiere ich, und wer sich in die Verhältnisse hier nicht fügen kann, muss sich anderswo nach Arbeit umsehen.«

Dergleichen kam häufiger vor, aber er legte dem keine größere Bedeutung bei, als es hatte. Sie waren sich ihrer Macht bewusst geworden, aber die meisten von ihnen hatten noch nicht gelernt sie zu gebrauchen. Sie gebrauchten sie blind – in kindlicher Freude, sie entfaltet zu sehen, wie die Knaben, die ihre Fahne entrollen –, tyrannisierten zur Abwechslung ein wenig und rächten sich für die Unterjochung alter Zeiten, indem sie systematisch das Gegenteil von dem verlangten, was war. Sie schwankten ein wenig – die Mirakel des Stimmzettels waren ihnen zu Kopf gestiegen. Nun, das war ein begreiflicher Übergang; das Gefühl der Verantwortung würde schon noch kommen.

Eines Tages kamen die beiden tüchtigsten Arbeiter und verlangten, dass der Akkord wieder eingeführt werde. »Wir wollen nicht dastehen und für die Kameraden das Geld mitverdienen«, sagten sie.

»Vertrödeln sie die Zeit?«, fragte Pelle.

»Nein, aber wir sind schneller als sie.«

»Dafür sind sie gründlicher, das eine wiegt in der Regel das andere auf.«

»Ja, aber das nützt uns ja nich!«

»Das kommt den Verbrauchern zugute – und unter den neuen Verhältnissen bleibt sich das gleich! Wir müssen darauf bestehen, dass ein jeder, der seine Pflicht tut, gleich gut ist; das ist in unserem eigenen Interesse.«

Damit beruhigten sie sich für diesmal; es waren zwei tüchtige Burschen, sie hatten das Neue an der Ordnung nur nicht erfasst.

Auf diese Weise gab es allerlei Scherereien; die Arbeiter waren kurzsichtig und sahen nur von der Hand bis zu ihrem eigenen Mund. Die Ungeduld trug auch schuld daran! Sie hatten eine kürzere Arbeitszeit und bekamen einen höheren Lohn, maßen aber das Unternehmen nicht an anderen Arbeitsstätten. Es war ja das Neue und musste ihren Träumen entsprechen – und dies hier konnte, wie Pelle es betrieb, nicht zu goldenen Bergen führen. Er war ein wenig zu gewissenhaft, mehr als nötig war, wenn man von allen Seiten von einer unfairen Konkurrenz bedrängt wurde.

Es gab zum Beispiel noch viele Menschen, die an dem guten, alten, mit der Hand genähten Schuhzeug festhielten und gern einhalbmal mehr dafür bezahlten. Das machten sich verschiedene kleine Meister zunutze; sie versprachen in Annoncen mit der Hand genähtes Schuhzeug und lieferten die Maße dann an eine Fabrik. Das war ein gutes Geschäft für die Fabrik wie für die Meister, aber

Pelle wollte mit diesen Geschäften nichts zu tun haben. Er schlug sein Fabrikzeichen auf alles, was aus der Werkstatt hervorging.

Pelle nahm das alles mit überlegener Ruhe hin. Mit welchem Recht konnte er Überblick von diesen Menschen verlangen? Es war seine Sache, sie dazu zu erziehen. Wenn sie nur willig waren, dann war er zufrieden. Einmal bekam er sie wohl so weit, dass sie den Betrieb in Gemeinschaft übernehmen oder zu einer Stiftung machen konnten; bis dahin hatten sie sich seinen Plänen unterzuordnen.

Ein Stück von einem großen Traum war trotzdem im Begriff, sich in seinem Unternehmen zu verwirklichen, so bescheiden es bis auf weiteres war; gelang es, so war der Weg zu einer neuen Zeit für den kleinen Mann gewiesen! Und was noch mehr bedeutete – sein eigenes Heim wuchs aus dieser Tätigkeit heraus. Er hatte den Punkt gefunden, wo das Glück der vielen in der Verlängerung seines eigenen lag – jetzt hatte er das Richtige erfasst! Zuweilen fühlte er sich am Abend nach einem anstrengenden Tag ein wenig müde von all den Schwierigkeiten, aber wenn er am frühen Morgen zur Stadt radelte, während der Brodem der Nacht über den Feldern dahinzog und die Lerche über seinem Kopfe sang, war er immer guter Laune. Dann verfolgte er die Ergebnisse seiner Arbeit in die Zukunft hinein, die guten Grundsätze gingen ihren siegreichen Gang, und das Unternehmen erweiterte sich. Schwesterunternehmungen schossen in den anderen Stadtteilen und auch in anderen Städten auf. In weiter Ferne sah er, wie alle Unternehmen in den Händen der Arbeiter lagen.

Peter Drejer stützte ihn als guter Kamerad und nahm allerlei Unannehmlichkeiten auf sich. Uneigennützig spannte er alle Kräfte an, teilte aber nicht Pelles Glauben an die gewaltigen Resultate ihrer Arbeit. »Mein Gott, dies hier ist doch auch kapitalistisch«, sagte er, »sozialistischer Kapitalismus! Sieh doch mal da zum Bürgersteig hinauf, da geht einer, der keine Sohlen unter den Schuhen hat! Er hat nasse Füße, kommt aber trotzdem nicht hier herunter und holt sich ganzes Schuhzeug. Denn wir wollen ja Geld dafür haben, so wie alle anderen; und der, der unsere Arbeit am meisten nötig hat, der hat einfach kein Geld. – Die da wirft zehn Mann auf die Straße – das ist die ganze Geschichte.« Er stieß mit dem Fuß gegen eine der Maschinen.

Pelle verteidigte seine Maschinen, aber Peter beharrte bei seiner Ansicht. »Erst hätte das Ganze umkalfatert werden müssen; so wie es jetzt ist, ist es eine Erfindung des Teufels!«, sagte er heftig. »Die Maschinen sind einen Tag oder auch zwei zu früh gekommen und wenden uns die Mündung zu – wie eroberte Kanonen!«

»Die Maschinen machen Schuhzeug für zehnmal so viel Menschen, wie wir mit unseren Händen versorgen könnten – das ist doch wohl kein Unglück«, sagte Pelle. »Nur mit der Verteilung sieht es schlecht aus.«

Peter Drejer zuckte die Achseln – er hatte keine Lust mehr, über die Verteilung nachzugrübeln. Wollte man etwas tun, um sie anders einzurichten, so war er mit dabei. Es war genug darüber salbadert worden. Wer Geld hatte, konnte alles kaufen, was sie herstellten, während der Barfüßige es nicht konnte – das stand fest. Großer Gott, würde das die Welt auf den Kopf stellen, dass jedermann den vollen Ertrag seiner Arbeit erhielt? Das bedeutete ja nur Gerechtigkeit innerhalb der Grenzen des Bestehenden.

»Ich sehe nicht ein, dass die, die zufälligerweise Arbeit haben, mehr Recht haben, zu leben, als die, die nicht unterkommen«, sagte er bebend. »Oder kennst du etwa nicht den Fluch der Arbeitslosigkeit? Dann sieh doch, wie sie zu tausenden dahinwandern, Sommer und Winter, ein ganzes Schattenheer. Der Staat erhält sie, sodass sie gerade noch am Leben bleiben – Gott bewahre, das ist keine Armenunterstützung, alle Achtung vor dem redlichen Arbeiter! Er soll, weiß Gott, sein Stimmrecht behalten, da es ihm nun einmal Vergnügen macht – es ist ein unschuldiges

Vergnügen. Stellt euch vor, wenn er stattdessen ordentliches Essen verlangte!«

Ja, Pelle kannte sehr wohl die große Hungerreserve; fast hätte er selber zu ihr gehört. Aber hier sah er dennoch Grund; in dem, was er vorhatte, lag eine friedliche Macht, die sie ein großes Stück vorwärts bringen konnte. Peter Drejer erkannte das ja selber an, indem er so getreulich mitarbeitete. Er wollte es nur nicht zugeben!

Im Anfang gerieten sie häufig aneinander; aber Pelle lernte bald, das zu vermeiden. Peter, der sonst so gut und fügsam war, schlug einen heftigen Ton an, sobald die Rede auf die sozialen Zustände kam; es war gleichsam, als sei seine Geduld erschöpft. Obwohl er gut verdiente, ging er schlecht gekleidet und sah so aus, als bekomme er nicht genug zu essen; das Frühstück, das er in der Werkstatt in Gesellschaft der anderen einnahm, bestand in der Regel aus Brot mit Margarine, seinen Durst löschte er am Wasserhahn. Die erste Zeit zogen ihn die anderen wegen seiner Gefangenenkost auf, aber er lehrte sie bald sich um ihre eigenen Angelegenheiten zu kümmern; es war nicht gut Kirschen essen mit ihm. Einen Teil seines Verdienstes brauchte er für die Agitation; die Kameraden erzählten auch, dass er mit einem buckeligen Frauenzimmer und dessen Mutter zusammenlebe. Er selbst sprach mit keinem Menschen von seinen Angelegenheiten, sondern wurde immer verschlossener. Pelle wusste, dass er in einer der Hintergassen Vesterbros wohnte, hatte aber nicht einmal seine Adresse. Wenn er stumm seine Arbeit verrichtete, wurde sein Ausdruck immer finster, zuweilen entsetzlich traurig; es war, als trage er ständig einen schweren Kummer mit sich herum.

Die Polizei verfolgte ihn fortwährend mit ihren Schikanen. Pelle hatte wiederholt einen Wink bekommen, ihn nicht zu beschäftigen, aber jede Einmischung in seine Angelegenheiten entschieden zurückgewiesen; dann kam man auf den Einfall, dass sich Peter Drejer jede Woche zur Kontrolle melden solle.

»Das tue ich nie im Leben«, sagte er, »das ist ganz ungesetzmäßig. Ich bin nur für politische Vergehen bestraft worden. Ich habe aufgepasst, dass sie mir nicht wegen eines Formfehlers beikommen können, und nun sollen sie diesen Triumph haben? Nie im Leben!« Er sprach gedämpft und beherrscht, aber seine Hände zitterten.

Pelle versuchte an seine Selbstlosigkeit zu appellieren. »Dann tu es um meinetwillen«, sagte er. »Sonst sperren sie dich ein und du weißt, dass ich dich nicht entbehren kann.«

»Würdest du denn zur Kontrolle gehen, wenn du eine Vorladung bekämst?«, fragte Peter.

»Ja, denn es ist keine Schande, sich der brutalen Übermacht zu beugen.«

Da ging er. Aber es kostete ihn unendliche Überwindung und an diesem Tag der Woche ließ man ihn am besten ganz in Ruhe.

12

Maries Schicksal lastete nicht mehr schwer auf Pelle; die Zeit hatte das Bittere verwischt. Er konnte ohne Gewissensbisse an sein Zusammenleben mit den drei Geschwistern in der Arche denken und fragte sich oft, wie es den beiden Brüdern wohl ergangen sein mochte. Niemand konnte ihm Aufschluss darüber geben.

Eines Tages radelte er während der Mittagspause zu Morten hinaus, um ihm etwas von Ellen zu bestellen. In Mortens Wohnzimmer saß eine zusammengesunkene Gestalt, den Rücken dem Fenster zugewandt, und starrte zu Boden. Die Kleider schlotterten ihm um die Glieder, das dünne Haar war farblos, langsam wandte er sein schrecklich verwüstetes Gesicht der Tür zu. Aber Pelle hatte ihn schon erkannt – an der verstümmelten rechten Hand, die nur den Daumen und ein Glied des Zeigefingers hatte.

Er versteckte sie nicht mehr, sondern ließ sie auf dem dünnen Bein ruhen.

»Guten Tag, Peter!«, rief Pelle überrascht und streckte die Hand nach seiner Linken aus. Peter zog die Hand aus der Tasche und reichte sie ihm; es war ein toter, verstümmelter Klumpen mit einigen kleinen, knollenähnlichen Vorsprüngen, den Pelle zwischen den Fingern hielt. Peter sah ihm ins Gesicht, ohne eine Miene zu verziehen; es blitzte nur ein wenig in seinen Augen auf, als Pelle zusammenzuckte.

»Zum Teufel auch, warum stellst du dich so an?«, sagte er trocken. »Das konnte sich doch jeder sagen, dass das auf die Dauer nicht ging, eine Schneidemaschine mit einer Hand zu bedienen. Ich habe das ebenso gut gewusst wie jeder andere in der Fabrik und wartete jeden Tag darauf – schließlich musste ich die Augen zumachen. Verdammt und verflucht, dachte ich, hat das denn nicht bald ein Ende – und dann eines schönen Tages war es da!«

Pelle durchschauerte es eiskalt. »Kriegtest du denn keine Unfallentschädigung?«, fragte er, um doch etwas zu sagen.

»Natürlich bekam ich die! Der ganze Rat war zu Ehren meiner Wenigkeit versammelt, mir wurden dreitausend Kronen zuerkannt, als Vollinvaliden. Na, der Meister hatte versäumt mich zu versichern, da blieb es auf dem Papier. Aber ein großer Fortschritt seit dem letzten Mal ist es doch – nicht wahr, Kamerad? Etwas hat die Partei also doch ausgerichtet!« Er sah Pelle spöttisch an. »Du solltest ein Hurra auf die Papierreform ausbringen.«

Peter war Bote und eine Art Sekretär in einem revolutionären Jugendverband, er hatte lesen gelernt und studierte mit anderen jungen Leuten zusammen die anarchistische Literatur. Die anderen sorgten kameradschaftlich für ihn; ein Wunder war es, dass er nicht zu Grunde gegangen war. Er hatte nur noch Haut über den nackten Knochen und glich einem verbissenen Fanatiker, der von seinem eigenen Feuer verzehrt wird. Mit seinem Verstand war es nie weit her gewesen, aber das Problem, vor das ihn das Leben gestellt hatte, gab einem auch nicht viele Nüsse zu knacken. Er hasste mit einer Logik, die vernichtend war. Die mächtige Gesellschaftsordnung hatte ein Scheingesetz angenommen – sie haftete nicht einmal für die Verpflichtungen, die sie ihm gegenüber zu haben selber eingestand. Jetzt war er mit ihr fertig und gehörte zu den Umstürzlern.

Er war bei Morten, um ihn aufzufordern im Klub vorzulesen. »Nicht dass wir die Schriftsteller anerkennen – das darfst du dir nicht einbilden«, sagte er mit seinem finsteren Ausdruck. »Sie leben von uns anderen und genießen dafür ein unverdientes Ansehen. Nur die körperliche Arbeit verdient geehrt zu werden – alle anderen sind bloße Schmarotzer. Ich will das nur gesagt haben, damit du nicht mit einer verkehrten Einstellung kommst.«

»Danke sehr«, sagte Morten lächelnd. »Es ist immer gut, wenn man weiß, wie hoch man veranschlagt wird. Ihr meint aber doch, dass ihr mich gebrauchen könnt?«

»Ja, du gehörst ja zu den verhältnismäßig Anständigen unter denen, die sich damit beschäftigen, die Kapitalisten zu unterhalten. Aber wir im Klub sind uns darüber einig geworden, dass du kein richtiger Proletarierdichter bist – du bist allzu geleckt. Proletarierdichter hat es noch nie gegeben, und das ist auch gleichgültig, denn man soll aus dem Elend keine Unterhaltung machen. Es kann sein, dass du das alles bei uns zu hören kriegst.«

»Es ist gut – ich werde schon kommen«, erwiderte Morten.

»Und wenn du uns für unser Stiftungsfest eine Kantate schreiben wolltest – es ist der Tag vor dem großen russischen Massaker –, dann werde ich dafür sorgen, dass sie angenommen wird. Aber es darf nicht das gewöhnliche Halleluja sein.

Nett, dass ich dich hier getroffen habe«, sagte er zu Pelle mit seinem unverändert finsteren Ausdruck. »Hast du Karl gesehen?«

»Nein, wo ist er denn?«, fragte Pelle eifrig.

»Der ist jetzt Großbürger – er hat ein Geschäft in der Adelgade. Aber daran wird er nicht lange Freude haben.«

»Warum denn nicht? Steht es nicht gut mit ihm?«

»Ja, aber eines schönen Tages reißen wir euch den ganzen Krempel über dem Kopf zusammen – wir sind jetzt bald 'ne Menge. – Hör mal, du könntest mal einen Abend in unserm Verein reden und uns ein bisschen von deinem Aufenthalt im Gefängnis erzählen; ich glaube, das würde interessieren. Wir laden sonst nie Außenstehende ein, sondern reden selber. Aber dich einzuführen, das würde, glaub ich, keine großen Schwierigkeiten machen.«

Pelle versprach zu kommen.

»Der ist eingebildet, was?«, sagte Morten, als er die Tür hinter Peter geschlossen hatte. »Dumm ist er aber nicht. Hast du gemerkt, dass er um nichts bat? Das tun sie nie. Wenn sie hungrig sind, gehen sie zu dem ersten Besten hin und sagen: Gib mir was zu essen! Es ist ihnen einerlei, was in sie hineingestopft wird, wenn es bloß satt macht – und sie danken nie. Nichts macht Eindruck auf sie, sie sind Leute, die den Dieb über den Bettler stellen. Im Grunde kann ich das wohl leiden – es ist ein neuer Ton darin. Vielleicht ist unser braver Wiederkäuer im Begriff, den einen Magen abzuschaffen und das frei gewordene Material in Zähne und Klauen umzusetzen.«

»Wenn sie nur hervortreten und auch ein Stück Arbeit verrichten wollten«, sagte Pelle. »Die großen Worte nützen so wenig.«

»Wie geht es mit deiner friedlichen Revolution?«, fragte Morten mit einem leisen Aufblitzen im Auge. »Siehst du einen Fortgang in der Arbeit?«

»Ach ja, es geht langsam, aber sicher, die Welt wurde ja nicht in einem Tag erschaffen. Ich dachte übrigens nicht, dass du dich dafür interessiertest.«

»Ich glaube, du packst die Sache richtig an, Pelle«, erwiderte Morten ernst. »Lass aber nur die Jugend unterheizen – um so schneller geht es. Es schadet nichts, dass hier zu Lande neue Eventualitäten aufsprossen; die Leitenden sollen spüren, dass Pulver unter den Ministersesseln liegt. Das wird ihr Verantwortungsgefühl gewaltig stärken! – Willst du nicht Johanne Guten Tag sagen? Sie hat sich sehr nach dir gesehnt. Leider geht es ihr wieder gar nicht gut.«

»Ellen hat mich geschickt, um dir den Vorschlag zu machen, dass sie zu uns aufs Land kommt. Sie glaubt, dass dir das Kind eine große Last ist – und dass sie hier auch nicht die rechte Pflege hat.«

»Das ist liebenswürdig von deiner Frau. Hat sie aber nicht schon ohnedies genug um die Ohren?«

»Ach, Ellen schafft viel«, sagte Pelle warm. »Du würdest ihr eine Freude damit machen.«

»Dann nehme ich das Anerbieten mit Dank an«, erwiderte Morten. »Das wird eine große Erleichterung für mich sein – wenn sie nur den Umzug aushält! Nicht dass sie mir noch Sorge macht, wir leben vorzüglich miteinander. Johanne ist gut und fügsam, wirklich ein prächtiges Kind, so mitgenommen sie auch ist, ihr werdet keine Schwierigkeiten mit ihr haben. Und ich meine, es wird ihr gut tun, von mir wegzukommen, dahin, wo eine Hausfrau ist – und wo Kinder sind. Mit der Pflege ist es bei mir ja auch nur soso.«

Sie gingen zu ihr hinein. Johanne lag da und schlief; auf ihrem bleichen Gesicht perlten große Schweißtropfen. »Das ist die Erschöpfung«, flüsterte Morten, »sie ist noch sehr schwach.«

Ihre Anwesenheit machte ihren Schlaf unruhig. Sie warf sich hin und her, plötzlich schlug sie die Augen auf und blickte mit einem Ausdruck wahnsinniger Angst um sich. Dann erkannte sie sie und lächelte. Sie richtete sich ein wenig auf und reichte Pelle mit kindlicher Koketterie ihre beiden Hände.

»Erzähl mir was von dem Haus und von Svend Tröst«, sagte sie und machte ihm Platz auf dem Rand des Bettes. »Ich liege hier und langweile mich und Herr Morten ist so ernst.« Sie sah ihn herausfordernd an.

»Ist der so ernst?«, sagte Pelle. »Das kommt wohl daher, dass er Bücher schreibt.«

»Nein, aber man muss ein bisschen auf Würde halten«, sagte Morten und setzte ein drolliges Schulmeistergesicht auf. »Das kleine Fräulein fängt an reichlich keck zu werden.«

Johanne lag da voll inneren Lächelns und ließ die Augen von einem zum andern wandern. »Er sollte eine Brille auf der Nase tragen, dann sieht er wahrhaftig so aus«, sagte sie. Sie sprach halb flüsternd, weiter reichten ihre Kräfte nicht; aber ihre Stimme war warm vor Übermut.

»Du solltest lieber zu uns kommen«, sagte Pelle, »wenn es so schlimm ist. Dann kannst du mit den Kindern spielen und im Garten im Sonnenschein liegen. Du kannst mir glauben, da ist es jetzt schön! – Ja, es ist wirklich mein Ernst«, fuhr er fort, als sie noch immer lächelte. »Ellen hat mich hierher geschickt, um es dir zu sagen.«

Sie wurde plötzlich ernst und sah eine Weile bald Pelle, bald Morten an. Dann schlug sie die dunklen Augen nieder.

»Geht Morten auch mit?«, fragte sie mit abgewandtem Gesicht.

»Nein, ich muss hier bleiben, Johanne. Aber ich komme hinaus und sehe nach dir.«

»Jeden Tag?« Sie lag der Wand zugekehrt und kratzte mit den Nägeln an der Tapete.

»Ich werde bestimmt nach meiner kleinen Liebsten sehen, sooft ich kann«, sagte Morten und strich ihr über das Haar.

Sie errötete bis über den Hals, die dunkle Blutwelle wurde unmerklich von der bleichen Haut aufgesogen. So war auch Hanne bei einem guten Wort errötet; die Tochter hatte die Schämigkeit der Mutter geerbt – und ihren unsagbaren Liebreiz. Und auch ihren launenhaften Eigensinn.

Sie lag stumm da, ihnen den Rücken zuwendend, und antwortete nicht auf ihre Vorstellungen. Es war nicht sicher, ob sie ihnen überhaupt zuhörte. Aber plötzlich wandte sie sich mit einem gehässigen Ausdruck Morten zu.

»Du brauchst dir nicht so viel Mühe zu geben, du wirst mich schon los«, sagte sie. Ihre Augen brannten.

Morten sah sie nur betrübt an, aber Pelle wurde böse. »Du solltest dich schämen, es so aufzufassen«, sagte er. »Das ist nun dein Dank für Morten! Das will ich dir doch sagen – du bist wirklich eine undankbare Seele!«

Johanne lag da und nahm die Schelte hin, ohne eine Miene zu verziehen. Als er schwieg, nahm sie stumm seine Hand und legte sie über ihr feines, spitzes Gesicht. Sie lag da und lugte zu ihm und Morten hinüber, durch die Finger hindurch, mit einem wunderlich resignierenden Ausdruck, der schelmisch sein sollte. »Ich weiß recht gut, dass es hässlich war«, sagte sie tonlos und führte Pelles Mittelfinger vor ihren Augen hin und her, sodass sie schielen musste, »aber ich will schon tun, was ihr sagt, Elle – Pelle, Morten – Porten – ich kann die P-Sprache sprechen!« Sie lachte krampfhaft.

»Du sollst sehen, du wirst viel gesünder und fröhlicher werden, wenn du zu Pelles hinauskommst«, sagte Morten.

»Ich kann sehr gut aufstehen und die Hausarbeit tun, sodass du die Frau sparst«, flüsterte sie und richtete die großen Augen hastig auf ihn. »Ich bin jetzt gesund genug!«

»Aber liebes Kind, so ist es ja gar nicht gemeint! Es geschieht ausschließlich um deiner selbst willen – begreifst du denn das nicht?«, sagte Morten eindringlich und beugte sich über sie.

Aber Johanne ließ ihren Blick hoffnungslos umherschweifen, als habe sie es aufgegeben, je wieder verstanden zu werden.

»Ich glaube, wir dürfen sie nicht gegen ihren Willen verpflanzen«, sagte Morten, als er Pelle hinausbegleitete. »Sie ist so unberechenbar mit ihren Launen. Ich glaube übrigens, ich würde sie auch entbehren, sie ist eine gute, kleine Seele. Wenn sie auf ist, schleicht sie in den Zimmern umher und kann ganz rührend sein in ihrem Bestreben, es mir gemütlich zu machen. Und dann plötzlich können Erinnerungen von früher in ihr auftauchen und ihr Gemüt verdunkeln; sie ist noch sehr misstrauisch und hat Angst, jemand zur Last zu fallen. Aber sie hat weiblichen Verkehr nötig, jemand, dem gegenüber sie sich aussprechen kann. Sie hat zu viel mit sich herumzutragen.«

»Könnt ihr nicht beide zu uns hinausziehen? Ihr könnt die beiden Zimmer oben bekommen.«

»Das wäre eine Idee! Darf ich mir die Sache noch ein paar Tage überlegen? Grüß Ellen und die Kinder!«

13

Wenn die Werkstatt geschlossen war, arbeitete Pelle in der Regel noch ein oder zwei Stunden im Laden, brachte die Bücher in Ordnung und richtete die Arbeit für den nächsten Tag ein, während er zwischendurch Kunden bediente. Kurz vor sechs schloss er den Laden und sprang aufs Rad; er sehnte sich nach Hause, nach seinem Nest, und trat kräftig die Pedale.

Und alle anderen schienen ebenso zu denken wie er. Alle hatten das Bestreben, schnell nach Hause zu gelangen. Die Radler umschlossen ihn in ganzen Schwärmen, sie jagten in Scharen vor der Elektrischen her. Es sah aus, als schiebe sie sie von den Schienen weg, indem sie mit ohrenbetäubendem, ununterbrochenem Geklingel vorwärts stampfte, stark schaukelnd unter dem Gewicht der überfüllten Perrons.

Scharen von Männern und Frauen eilten aus der Stadt hinaus und begegneten anderen Scharen, die ihr Heim am entgegengesetzten Ende der Stadt hatten. Da draußen krähten die Fabrikpfeifen wie ein Chor von Riesenhähnen – eine begann zu heulen und plötzlich fielen alle ein. Rußige Arbeiter ergossen sich aus den Torwegen,

Bierflaschen in den Rocktaschen, das Essentuch über einem Finger. Frauen, die von der Arbeit kamen oder einkaufen gewesen waren, standen mit dem Korb am Arm an der Straßenecke und erwarteten ihre Männer. Kleine, rotznäsige Gören trippelten Hand in Hand dahin, erblickten plötzlich mitten im Gewimmel einen Mann und fingen an zu laufen, um ihm um die Beine zu fallen.

Schwester lief in der Regel über die Felder, um den Vater zu empfangen, und an der Gartenpforte der »Morgendämmerung« stand Ellen und wartete. »Guten Tag, Herr Fabrikant!«, rief sie ihm entgegen; sie fand jetzt Genugtuung für so vieles und glühte vor Gesundheit und Glück. Es nützte nichts, dass Pelle protestierte und geltend machte, dass es in seiner Welt nur Arbeiter gäbe, sie hielt fest an ihrer Bezeichnung. Er war es doch, der alles leitete, die Genossenschaft war ihr einerlei. Sie war stolz auf ihn, da konnte er sich ihretwegen Laufjunge nennen, wenn es ihm Vergnügen machte. Die Männer mussten nun einmal irgendeine fixe Idee in die Arbeit hineinlegen, sonst machte es ihnen keinen Spaß. Die Ordnung, den Verdienst gleichmäßig unter alle zu verteilen, war ihr unfasslich, sie war fest davon überzeugt, dass ihrem großen, tüchtigen Mann doppelt so viel zustand wie den anderen. Aber sie zerbrach sich nicht den Kopf deswegen, sie lebte ihr eigenes Leben und war zufrieden und glücklich.

Pelle hatte gefürchtet, dass das Land sie langweilen würde, und offensichtlich bekam sie auch kein echtes Verhältnis zu ihm. Sie arbeitete im Garten, fleißig und tatkräftig, wie sie war, und bekam allmählich einen guten Griff dafür; aber im Grunde gab es ihr nichts. Es freute sie nicht, die Hände in die schwarze Gartenerde zu stecken. Pelle und die Kinder gediehen hier draußen, selber Wurzeln schlagen tat sie nicht. Sie konnte überall in der Welt gedeihen, wenn nur sie da waren, ihr Wohl und Wehe war auch das ihre. Sie wuchs aus ihnen heraus und hatte ihr eigenes wunderbares Wachstum nach innen.

In ihrem Gemüt gab es starke verborgene Kräfte; sie befasste sich weder mit Lehrsätzen noch mit Systemen, sondern brachte die Wärme hervor, die das Ganze trug. Pelle hatte kein Verlangen mehr, herrschend in ihr Inneres einzudringen; was machte er sich aus der geistigen Gemeinschaft zwischen Mann und Weib – von ihrem Herzen wollte er umstrahlt sein! Er forderte Verständnis von guten Freunden; die tiefe Befriedigung, die ihm zum Beispiel das Zusammensein mit Morten gewährte, rührte daher, dass man in gutem Einvernehmen bis zu einem bestimmten Punkt weiterredete. Und schwieg man still, so liefen die Gedanken von selbst in der gleichen Richtung weiter – und waren nebeneinander, wenn man sie wieder aufnahm. Aber selbst wenn er und Ellen von demselben Punkt ausgingen, so genügte die geringste Pause, um ihre Gedanken in verschiedene Richtungen zu lenken; er wusste nie, an welchem Punkt die ihren wieder auftauchen würden. So gut er sie allmählich zu kennen glaubte, so überraschte sie ihn doch immer wieder. Und war das nicht gerade das, was er liebte? Wozu also eine armselige Logik von ihr fordern?

Sie blieb immer gleich unergründlich, wie viel er sich auch von ihr anzueignen glaubte. Sie wurde größer und größer dadurch, eine neue, fremde Welt trug sie in ihn hinein – das Rätselhafte, Unbekannte, womit er sonst immer kämpfen musste, kam und ließ sich in die Arme schließen. Ganz verlangte er sie nicht mehr – im innersten Innern war doch jeder Mensch einsam. Er ahnte, dass sie ihre eigene Entwicklung durchmachte, und war gespannt, wohin diese führen würde.

Früher hatte es ihn gequält, dass sie nicht an der Bewegung teilnahm – sie interessierte sich nicht für politische Fragen und das Wahlrecht. Jetzt begriff er dunkel, dass gerade das ihre Stärke war – er wünschte sie sich jedenfalls nicht anders. Sie mischte sich selten in das, was er vorhatte, und wozu sollte sie das auch? Sie übte ja ihren stummen Einfluss auf alles aus, was er unternahm, gab einem jeden seiner Gedanken das Gepräge von dem Augenblick an, wo er zu keimen begann. Weil sie nicht zu diskutieren verstand, konnte sie auch nicht widerlegt werden; was für ihn tötende Logik war, wirkte überhaupt nicht auf sie. Er erhielt seine eigenen Gedanken nicht abgenutzt aus ihrem Munde zurück – und wünschte es auch gar nicht; ihre wunderbare Macht über ihn beruhte gerade darauf, dass sie so sicher in sich ruhte und die erdrückendsten Beweisführungen mit einem Lächeln beantwortete. Pelle war nahe daran, in Zweifel über die Überlegenheit des Verstandes zu geraten. Der Verstand schien die Alleinherrschaft über die Jetztzeit zu haben, richtete aber nichts übermäßig Gutes aus. Ellens Wesen gegenüber erschien er ihm armselig. Die Wärme, die in einem Kuss lag, überzeugte sie mehr als tausend Vernunftgründe, und doch griff sie selten fehl.

Und sie spendete selbst Wärme – bei ihr suchten sie in ihren Nöten Zuflucht, er und die Kinder. Sie machte nicht viel Worte, aber sie wärmte. Noch immer war sie für ihn wie ein Puls, der ruhig aus dem Unsichtbaren hervorpochte. Wenn er müde war und ihm allerlei Widerwärtigkeiten den Kopf heiß machten, gab es nichts Herrlicheres, als an ihrem weichen Busen auszuruhen und halb schlummernd zu lauschen, wie es da drinnen strömte – mit einem dunklen, beruhigenden Murmeln, so wie die Quellen der Erde, wenn er in seiner Kindheit die Wange ins Gras legte.

Der Frühling war herrlich und sie waren viel im Freien; wenn niemand sie sah, gingen sie Hand in Hand wie ein junges Liebespaar an den Erdwällen entlang. Dann sprach Pelle und zeigte: Da wuchs dies auf diese Weise hervor und dort auf eine andere – war das nicht sonderbar? Er durchlebte die Frühlingsspannung seiner Kindheit von neuem. Ellen hörte ihm lächelnd zu; sie geriet nicht in Verwunderung über etwas so Natürliches wie das Wachstum der Pflanzen – es ging nur eine Verwandlung vor. Die Erde trieb ganz einfach ihre Säfte auch in ihr empor.

Die frische Luft und die Arbeit im Garten bräunten ihre nackten Arme und machten ihre Gestalt kräftiger und feiner, die guten Lebensbedingungen machten sie sorglos. Eines Tages tauchte ein neues Wesen in ihren Augen auf und sah Pelle neugierig an wie ein junges Zicklein: »Wollen wir miteinander spielen?«, sagte es. War es der Frühling oder war er es, der die Glut in ihr entfachte? Einerlei, die Freude war sein! Er wurde durchsonnt bis in den innersten Winkel der Seele, wo noch Schimmel aus der Zeit der Zellenfinsternis saß, er erholte sich ganz, wurde angesteckt von ihrer Sorglosigkeit und war vollkommen glücklich. Und das alles bewirkte Ellen; endlich übernahm sie es, Bote zwischen der Freude und ihm zu sein!

Sie wurde mit jedem Tag weicher und üppiger. Die Sonne und der Wind und das freie Land riefen etwas in ihr wach, was nie zuvor da gewesen war, eine unschuldige Freude an ihrem eigenen Körper und einen sinnlichen Appetit, der ihre Zähne frisch und blank machte. Sie strahlte vor Freude, wenn ihr Pelle Kleinigkeiten mitbrachte, die ihr zum Schmuck dienten – jetzt verwendete sie sie nicht mehr für die Kinder! »Sieh nur«, sagte sie und hielt ein Stück dunklen Samt gegen ihre Haut, die des Abends die Sonnenwärme wieder ausatmete wie durchsonntes Heu, »so ein Kleid sollst du mir schenken, wenn wir wohlhabend sind.« Und dann schimmerten ihre Augen voll von Verheißung. Er hatte geglaubt, dass er zur Erde gehörte, und nun kam sie ihm erst durch Ellen richtig entgegen! Es lag eine förmliche Naturanbetung in der Begierde, mit der sie in die ersten Radieschen hineinbiss und sich über ihre saftige Frische freute. Und wenn er des Abends von seinem Rad sprang und sie in die Arme schloss, duftete sie selbst frisch nach Frühlingstag – nach dem Wind und der starken treibenden Kraft der schwarzen Erde. Ihr Atem konnte ihm entgegenschlagen wie der Duft des wilden Honigs, zusammengesetzt aus dem Staub und dem Nektar der Blumen des Feldes; und dann schloss sie die Augen, als sei sie selbst berauscht davon.

Ihre erwachende Liebe wurde hier draußen zu einer heftigen ersten Verliebtheit. Ellen stand immer an der Gartenpforte und wartete. Sobald Pelle gegessen hatte, zerrten ihn die Kinder im Garten umher; sie wollten ihm zeigen, was im Laufe des Tages geschehen war, und hielten ihn bei der Hand. Ellen musste für sich gehen. Er und sie hatten ein unersättliches Bedürfnis, einander zu berühren, aber die Kleinen ließen sich nicht beiseite schieben. »Das ist unser Vati!«, sagten sie. Dann waren Ellen und Pelle wie zwei Junge, die ein unbarmherziges Schicksal grausam getrennt hat; und sie suchten einander mit den Augen, die schwer von Begierde waren.

Wenn die Kleinen zu Bett waren, stahlen sie sich von allem weg – Lasse Fredrik gab Acht auf das Haus. Er hatte einen Maler an der Hecke sitzen und die rauchdiesige Hauptstadt im Frühlingslicht malen sehen und hatte sich einen Malkasten angeschafft; nun saß er jeden Abend da draußen und schmierte drauflos. Jetzt wollte er kein Seemann mehr werden.

Sie wanderten an dem Gehöft vorüber und weiter, der Abendsonne zu, gingen in dem betauten Gras Hand in Hand und starrten schweigend in die Ferne. Die Abendröte färbte ihre Gesichter und ließ die Augen glühen; Ellens Lippen waren schwer und dunkel von sehnsuchtsvollem Blut. Eine Strecke landeinwärts lag ein kleiner Hain, dahin flohen sie gern, um der ganzen Welt fern zu sein. Dicht aneinander geschmiegt wanderten sie in der tiefen Dämmerung und flüsterten miteinander; Pelle hatte seinen Arm um Ellens Hals gelegt, seine Hand hatte sie an ihrer Brust geborgen. Von Zeit zu Zeit beugte sie sich hintenüber, damit er sie küsse; dann geschah es wohl, dass ein unsichtbarer Strahl ihr Auge traf und sich als regenbogenfarbener Stern in der Dunkelheit brach.

Den Rand des Waldes lief ein aus Grassoden errichteter hoher

Erdwall entlang, über den Haselstauden und junge Buchen tief herabhingen. Unter diesen Zweigen gab es kleine Grotten, in denen sie sich versteckten; die welken Blätter waren unterhalb des Erdwalls zu einem Haufen zusammengeweht und bildeten ein weiches Lager. Vögel piepten im Schlaf über ihren Häuptern, wandten sich auf dem Zweig um und gurrten sanft, als träumten sie die Melodien des Tages noch einmal; zuweilen kam der Mond und guckte mit einem großen Lächeln zu ihnen hinein. Der schwere Nachthauch des Laubes schläferte sie ein und es geschah wohl, dass sie erst wieder von dem Schaudern geweckt wurden, das alles durchrieselt, wenn die Sonne aufgeht. Dann fror Pelle, aber Ellens Körper war immer warm, obwohl sie einige Kleidungsstücke ausgezogen hatte, um sie unter die Köpfe zu legen. Es war, als durchströme sie eine verborgene Kraft, und wenn er den Mund an ihre Brust legte, so war es ihm, als sauge er an den Brüsten der Erde selbst.

Mütterlich war sie nach wie vor, die Hingabe rief nur ein neues Aufopferungsbedürfnis in ihr wach. Wie war sie reich in ihrer Fürsorge! Sie verlangte nur die harte Erde und konnte sich selbst nicht weich genug machen – alles war für ihn da! Und so unfasslich weich konnte sie sich machen! Die Vorsehung hatte all ihren Reichtum und all ihre Wärme in ihren Schoß geworfen; es wunderte ihn nicht, dass das Leben wie das Glück ihren Brutplatz dort hatten.

Ihre Liebe nahm mit der Sonne um die Wette an Kraft und Glut zu und machte alles leicht und gut, es blieb kein Platz für Dunkles. Pelle nahm allen Verdruss mit einem großen Lächeln hin, er ging in einem Zustand halber Betäubung umher, selbst die ernstesten Geschäfte konnten Ellens Bild nicht aus seinem Sinn verdrängen. Ihr heißer Atem ließ den Tag hindurch die Luft um ihn erglühen und veranlasste ihn heimwärts zu eilen. Und daheim bei Tisch hatten sie geheime Zeichen, die sich auf ihre versteckte Welt bezogen; sie durchlebten die erste Liebe der Jugend mit ihrer süßen Geheimnisfülle und lachten einander zu in verstohlenem Verständnis, als überwache sie die ganze Welt und dürfe nichts wissen. Wenn sich ihre Füße unter dem Tisch berührten, begegneten sich ihre Augen und Ellen errötete wie ein junges Mädchen. Ihre Hingebung war so stark, dass sie kein Mitwissen duldete – nicht einmal zwischen ihnen selber. Es lag eine rote Flamme über ihrem Antlitz und die Augen waren verschleiert, als bewahre sie die unsagbare Süße des Stelldicheins von einem Mal zum anderen. Sie sprach nur ungern, antwortete am liebsten mit einem Lächeln, ging summend umher und trug ihr junges Glück.

Als er eines Nachmittags nach Hause geradelt kam, nahm ihn Ellen nicht in Empfang, wie sie es zu tun pflegte; eine Angst überkam ihn und er eilte hinein. Das Sofa war in ein Bett umgewandelt, Ellen stand davor und beugte sich über Johanne, die dalag, von Fieber geschüttelt. Sie richtete sich nicht auf und machte ihm ein Zeichen leise zu sein.

Die Kinder saßen in einer Ecke und starrten ängstlich die Kranke an, die mit geschlossenen Augen dalag und leise jammerte.

»Sie kam heute Nachmittag hier herausgerannt«, flüsterte Ellen und sah ihn verstört an, »ich ahne nicht, weswegen. Sie ist schrecklich krank. Ich habe Lasse Fredrik zu Morten geschickt, damit er weiß, dass sie bei uns ist!«

»Habt ihr zum Arzt geschickt?«, fragte Pelle und beugte sich über Johanne.

»Ja, Lasse Fredrik sagt Morten, dass er seinen Arzt mitbringen soll – der kennt sie ja am besten. Ich denke, sie sind bald hier.«

Johanne wurde von heftigen Kälteschauern geschüttelt. Sie lag da und presste die Zunge gegen den trockenen Gaumen, stieß hin und wieder eine Reihe unzusammenhängender Worte aus und warf sich hin und her. Plötzlich richtete sie sich erschreckt auf, ihre weit geöffneten Augen starrten Pelle an, aber sie erkannte ihn nicht. »Geh weg – ich will nicht!«, schrie sie und stieß ihn vor die

Brust. Seine tiefe Stimme beruhigte sie jedoch wieder, sie ließ sich hinlegen und lag mit geschlossenen Augen still da. Und dann fing es wieder von vorne an.

»Jemand hat sie verfolgt«, sagte Ellen weinend. »Was kann es nur gewesen sein?«

»Es sind die Erlebnisse der Vergangenheit, die sie verfolgen«, flüsterte Pelle erschüttert. »Morten sagt, dass sie immer wieder hochkommen. Nimm du die Kinder in den Garten hinaus, Ellen – ich will bei ihr bleiben.«

Ellen ging mit den Kleinen, sie waren kaum aus ihrer Ecke herauszubringen. Aber nach einer Weile hörte man ihre munteren Stimmen draußen auf dem Rasenplatz.

Pelle saß da, die Hand auf Johannes Stirn, und starrte vor sich hin – brutal erweckt zu des Lebens Grauen. Ihre gequälte Kinderstirn zuckte krampfhaft, es war, als halte er eine flatternde Seele in seiner Hand, die rohe Absätze in den Kot getreten hatten. Ein armes, zertretenes Vögelchen, das weder fliegen noch sterben konnte.

Ein Wagen, der an der Gartenpforte vorfuhr, weckte ihn und er ging hinaus, um die Männer zu begrüßen.

Der Arzt war sehr besorgt. »Ich fürchte, die Anfälle werden immer schlimmer«, sagte er flüsternd. »Am besten wäre es, wenn sie ins Krankenhaus käme – wenn sie übergeführt werden kann.«

»Würde das für sie das Beste sein?«, fragte Ellen.

»Nein, nicht gerade für sie selber, aber – sie wird eine schwierige Patientin werden, Frau Pelle.«

»Dann bleibt sie hier«, sagte Ellen. »Sie soll es gut haben.«

Lasse Fredrik wurde mit dem Rad zur Apotheke geschickt. Gleich darauf fuhr der Arzt wieder fort.

Sie saßen vor der Gartentür, sodass sie die Kranke hören konnten, und sprachen leise miteinander. Es war ein Jammer, Morten zu sehen. Johannes Flucht vor ihm war ihm sehr zu Herzen gegangen.

»Warum sie es wohl getan hat?«, fragte Pelle.

»Sie ist seit dem Tage, als du bei mir warst und den Vorschlag machtest, dass sie zu euch hinaus sollte, so sonderbar gewesen«, sagte Morten bedrückt. »Sie hat es sich in den Kopf gesetzt, dass sie mir zur Last fällt und dass ich sie am liebsten loswerden möchte. Vor ein paar Tagen, während ich aus war, stand sie auf und fing an im Hause zu arbeiten – wahrscheinlich als Vergütung für ihren Aufenthalt. Sie ist ja krankhaft ehrliebend. Als ich ihr das untersagte, erklärte sie, dass sie mir nichts schulden wolle und ihrer Wege gehen würde. Ich wusste, dass ihr das zuzutrauen war, obwohl sie krank war, und blieb zu Hause. Heute Mittag ging ich nur hinunter, um Milch zu holen, und als ich wieder heraufkam, war sie verschwunden. Ein Glück, dass sie hier herausgeflohen ist; ich glaube, sie kann auf die unglaublichsten Einfälle kommen, wenn sich der Gedanke, dass sie einem zur Last fällt, erst bei ihr festgesetzt hat.«

»Sie liebt Sie gewiss sehr«, sagte Ellen und sah ihn an.

»Das glaube ich kaum«, erwiderte Morten mit einem verzweifelten Lächeln, »wenn es der Fall ist, so hat sie es wenigstens gut zu verbergen gewusst. Ich habe eigentlich den Eindruck, dass sie mich hasst, seit dem Tage, an dem wir davon sprachen, dass sie hier heraussollte. – Darf ich diese Nacht hier bleiben?«

»Wenn Sie vorlieb nehmen wollen«, sagte Ellen. »Ein Luxusbett können wir Ihnen nicht bieten, aber ein Lager sollen Sie haben.«

Aber Morten wollte nicht schlafen. »Ich bleibe auf und wache bei Johanne«, sagte er.

14

So war denn ihr Heim in ein Krankenhaus verwandelt worden. Es war zu Ende mit ihrer Sorglosigkeit, aber sie nahmen es in Kauf; keiner von ihnen verlangte vom Dasein mehr, als es bieten konnte.

Ellen war Tag und Nacht um die Kranke, bis das Schlimmste überstanden war; sie vernachlässigte Pelle und die Kinder, um sich um Johanne zu kümmern.

»Du hast zu viel zu tun«, sagte Pelle bedrückt, »es endet noch damit, dass du mir krank wirst. Wir wollen eine Hilfe nehmen.« Und da Ellen nichts davon wissen wollte, nahm er die Sache selber in die Hand und bat Königin Therese den Tag über bei ihnen zu sein.

In wenigen Tagen ordnete Morten seine Angelegenheiten, gab seine Wohnung auf und zog zu ihnen hinaus. »Das soll dir nicht gelingen, so von mir wegzulaufen!«, sagte er zu Johanne, die aufrecht im Bett saß und lauschte, wie seine Sachen nach oben geschafft wurden. »Wenn du wieder gesund bist, ziehst du in die große Mansardenstube hinauf und dann wohnen wir beide dort oben wieder gemütlich beisammen. Nicht wahr?«

Sie antwortete nicht, wurde aber dunkelrot vor Freude.

Ellen erhielt von Morten die Summe, die er im Monat für Wohnung und Haushalt auszugeben pflegte. Sie war ganz bestürzt – was sollte sie mit all dem Geld? Das war viel zu viel! Jetzt brauchten sie wahrlich nicht mehr in Sorge um die Hausmiete zu sein.

Johanne erholte sich bald so weit, dass sie ein wenig aufstehen konnte; die Luft hier draußen hatte einen günstigen Einfluss auf ihre Nerven und Ellen verstand es, sie in gute Stimmung zu versetzen. Der alte Brun schenkte ihr einen prächtigen Liegestuhl aus geflochtenem Stroh, und wenn die Sonne schien, wurde sie auf den Rasen hinausgetragen. Sie lag da und sah dem Spiel der Kinder zu, zuweilen spielte sie auch von ihrem Stuhl aus mit und kommandierte die beiden nach allen Himmelsrichtungen hin. Svend

Tröst ließ sich gutmütig von ihr jagen, aber Schwester war etwas zurückhaltender. Sie konnte es nicht leiden, dass das fremde Mädchen Pelle Vater nannte, und manchmal stellte sie sich in einiger Entfernung auf und rief ein Mal über das andere: »Das ist gar nicht dein Vater, denn es ist mein Vater!« Dann musste Ellen sie schelten.

In der Regel aber lag Johanne da und starrte mit einem Blick voll entsetzlichen Überdrusses in die Luft. Eine kurze Weile ließ sie sich von etwas Neuem fesseln, aber das währte nur einen Augenblick, dann glitt ihr Blick wieder fort. Gesund genug zum Umhergehen war sie niemals, denn selbst wenn sie sich wohl fühlte, wollten die Beine sie nicht tragen. Brun kam jeden Nachmittag in die »Morgendämmerung«, um nach ihr zu sehen; der alte Mann war tief ergriffen von ihrem traurigen Schicksal und hatte seine gewohnte Ferienreise aufgegeben, um ihren Zustand verfolgen zu können. »Wir müssen etwas für sie tun«, sagte er zu dem Arzt, der sich auf seine Veranlassung täglich einstellte, »ist denn da gar nichts zu machen?«

Der Arzt schüttelte den Kopf. »Sie kann es nicht besser haben, als sie es hier hat«, sagte er.

Alle hatten sie lieb und taten, was sie konnten, um sie zu erfreuen. Brun brachte ihr immer etwas mit und kaufte kostbare Sachen für sie, schöne seidene Decken, die über sie ausgebreitet wurden, wenn sie im Garten lag, und ein prachtvolles Korallenhalsband. Alles, was sie sich seiner Vorstellung nach nur wünschen konnte, schenkte er ihr. Ihre Augen strahlten jedes Mal, wenn sie etwas Neues bekam. »Nun bin ich eine Prinzessin in ihrem Schmuck«, flüsterte sie und lächelte ihm zu – um im nächsten Augenblick alles zu vergessen. Sie liebte den alten Mann sehr, verlangte, dass er bei ihr sitze, und nannte ihn mit einem traurigen Anlauf zur Schelmerei Großvater. Aber sie hörte nicht zu, wenn er ihr etwas erzählte; er konnte ruhig gehen, wenn die Kleinen angelaufen kamen und ihn zum Spielen mit aufs Feld hinaushaben wollten – sie bemerkte es nicht einmal.

Ach, nichts vermochte ihre Kinderseele mit ihrem armen, geschändeten Leib zu versöhnen, weder Liebe noch Schmuck. Es war, als ekle es sie vor ihrer Hülle, als stünde sie da und grüble ins Blaue hinein, an einen dünnen Faden gebunden, der nur durchgerissen zu werden brauchte. Sie wurde mit jedem Tag durchsichtiger, das sah man jetzt deutlich, wo sie die anderen Kinder neben sich hatte. Die aßen und gediehen für sie mit! Wenn Ellen nicht Acht gab, kam Svend Tröst angetrippelt und aß Johannes Krankenkost auf, obwohl er wahrhaftig nicht zu hungern brauchte! Johanne selbst sah ruhig zu – alles war ihr so gleichgültig.

Es war ein ungewöhnlich schöner Sommer, trocken und sonnig; man konnte fast immer im Garten sein. Am Nachmittag pflegten sie sich dort zu versammeln; Ellen und Königin Therese waren dann mit dem Haus fertig und setzten sich mit ihrer Handarbeit zu Johanne und Brun saß da und unterhielt sie, während Johanne im Halbschlummer lag, das Gesicht der Gartenpforte zugewendet. Sie lachten und scherzten mit ihr, um sie in gute Laune zu versetzen. Brun hatte ihr eine Reise nach dem Süden versprochen, wenn sie sich beeilte wieder auf die Beine zu kommen; er erzählte ihr von der Sonne dort unten und von den herrlichen Trauben und Apfelsinen, die sie selbst pflücken dürfe. Sie antwortete mit ihrem trüben Lächeln, als wisse sie nur zu gut, was ihrer harre. Das dunkle, schwere Haar wurde zu einem immer größeren Schatten um ihr bleiches, spitzes Gesicht; es war, als lege sich die Nacht über sie. Sie schien langsam aus dem Leben hinauszuschlummern, die schwarzen Augen auf die Gartenpforte gerichtet.

Morten war oft auf Vortragsreisen, zuweilen mehrere Tage hintereinander. Aber wenn er dann endlich durch die Pforte kam, flammte das Leben in ihrem Gesicht auf. Er war der Einzige, der ihre Seele zurückrufen konnte, es war, als verweile sie nur noch um seinetwillen. Sie war nicht mehr launenhaft gegen ihn; wenn ihre Kräfte ausreichten, richtete sie sich auf und warf ihre Arme um seinen Hals. Dann liefen die Tränen still über ihr kleines Gesicht und ihre Sehnsucht bekam Luft. Ellen verstand, was in dem Kind vor sich ging, und machte den anderen ein Zeichen – die beiden sollten allein sein! Dann konnte Morten stundenlang über sie gebeugt dasitzen und erzählen, was er erlebt hatte; sie schien nicht müde zu werden, sondern lag da und hörte ihm mit glänzenden Augen zu, die durchsichtige Hand auf seinem Arm. Jeder seiner Schritte interessierte sie; zuweilen trat ein seltsamer Ausdruck in ihre Augen und sie verbiss sich misstrauisch in irgendeine Einzelheit. Sie hatte krankhaft scharfe Sinne, der Geruch von fremden Menschen an ihm brachte sie auf.

»Das arme, arme Kind – sie liebt ihn ja!«, sagte Ellen eines Tages zu Pelle und brach plötzlich in Tränen aus. »Und da liegt sie und muss sterben!« Ihr eigenes Glück gab ihr ein so bedrückendes Wissen in Bezug auf den Zustand des Kindes.

»Aber liebste Ellen!«, sagte Pelle verweisend.

»Meinst du, dass ich das nicht sehe? Darum ist sie ja immer so sonderbar gegen ihn gewesen. Wie traurig das doch ist!«

Das trübe Schicksal des Kindes warf Schatten! Aber die Sonne wanderte hoch am Himmel und war noch stärker. »Pelle«, sagte Ellen und strich ihm durch das graugesprenkelte Haar, »die hellen Nächte können bald vorüber sein!«

Morten beharrte eigensinnig in dem Glauben, dass die kleine Johanne sich schon erholen werde, aber jeder andere konnte deutlich sehen, dass das nicht der Fall sein würde. Ihr Leben sickerte mit dem schwindenden Sommer dahin. Sie wurde mit jedem Tag sanfter und umgänglicher, der Hass war in ihr erloschen, mit einem müden Lächeln nahm sie alle Güte entgegen, die man ihr erwies. Durch ihr geschändetes Wesen hindurch strahlte ein eigenartiger, vom Tode gezeichneter Liebreiz, der sich zu entfalten schien, je mehr sie sich dem Grabe näherte.

Als der Herbst kam, veränderte sich ihr Wesen. Wenn Pelle oder Morten sich ihr näherten, konnte plötzlich ein Grauen in ihre Augen kommen und sie öffnete den Mund, um zu schreien; wenn sie sie dann erkannte, warf sie sich an Mortens Brust und weinte trostlos. Sie konnte nicht mehr in den Garten, sondern lag jetzt ständig im Bett. Das Lärmen der Kinder konnte sie nicht ertragen, es regte sie auf und führte sie in die Hintergassen zurück; sie mussten sich den ganzen Tag im Freien aufhalten. Immer häufiger ging das Fieber in Phantasien über und ihre schwache, ersterbende Stimme wurde wieder rau und heiser. Sie lag da und kämpfte mit Jungen und mit Strolchen und Zylinderhüten, wehrte sich mit Spottnamen und Schimpfworten und hieb wütend nach allen Seiten um sich, bis sie sich schließlich ergab, Branntwein forderte und leise vor sich hin schluchzte. Der alte Brun wagte gar nicht sich am Bett blicken zu lassen; sie hielt ihn für einen alten Kammerherrn, den die Straßenjungen auf sie gehetzt hatten, und empfing ihn mit rohen Aufforderungen.

Dieser Einblick in das entsetzliche Dasein des Kindes hinter den Holzlagern erschütterte sie alle. Es war, als wenn die Roheit des Lebens dies unschuldige Opfer nicht loslassen wollte, sondern sie gehässig bis in den Tod verfolgte und alle ihre Liebe zunichte machte. Morten blieb während der Tage und Nächte, die ihr Todeskampf währte, bei ihr, er saß in einer Ecke und starrte; nur wenn sie schlummerte, wagte er sich hervor. Ellen war die Einzige, die die Kraft hatte, diesem Jammer entgegenzutreten. Sie war Tag und Nacht um Johanne; bleich und ruhig, war sie bemüht ihr den Tod durch unermüdliche Fürsorge zu erleichtern; wenn das Entsetzliche über Johanne kam, schlang sie die Arme schützend um sie und versuchte es durch die Liebe einer Mutter zu bezwingen.

Sie war noch nie mit dem Tod in einem Zimmer gewesen, sah ihm aber fest in die Augen. An ihrer Brust litt das Kind aus.

Johannes Tod hatte Morten völlig gelähmt. So lange wie möglich hatte er sich an dem Glauben festgeklammert, dass ihr Leben zu retten sein müsse – es war sonst so sinnlos ungerecht; und als ihm klar wurde, dass es hoffnungslos um sie stand, brach er zusammen. Er unternahm nichts, sondern trieb in einem apathischen Zustand herum, sprach nicht und aß kaum. Es war, als habe ihn eine schwere Hand auf den Kopf geschlagen.

Nach dem Begräbnis gingen er und Pelle zusammen zu Fuß nach Hause, während die anderen fuhren. Pelle sprach von gleichgültigen Dingen, um Mortens Gedanken von dem Kind abzulenken, der aber hörte gar nicht hin.

»Lieber Freund, du wirst doch nicht so fortfahren«, sagte Pelle plötzlich und schob seinen Arm unter Mortens Arm. »Nun hast du dem armen Kinde so lange das Geleit gegeben, wie du vermochtest – die Lebenden haben auch Anspruch auf dich!«

Morten hob den Kopf. »Ist es nicht ganz gleichgültig, ob ich ein paar Seiten mehr oder weniger schreibe?«, sagte er müde.

»Du hast deine Gabe erhalten, um die Wehrlosen damit zu verteidigen – und du hast nicht das Recht, das aufzugeben«, sagte Pelle.

Morten lachte bitter. »Habe ich nicht die Sache der Kinder nach Kräften geführt – bin ich nicht naiv genug gewesen zu glauben, dass man wenigstens hierin den Leuten nur die Augen zu öffnen brauche, um sie auch beim Herzen zu packen? Man vermehrt die so genannte Literatur um einen Band – wenn's hoch kommt. Die Menschen sind praktische Wesen, man kann sie mit der größten Leichtigkeit dazu bringen, dass sie Theatertränen vergießen; sie sitzen gern im Parkett und weinen mit dem Unglücklichen. Aber wehe ihm, wenn sie ihm auf der Straße wiederbegegnen. Die wärmsten Worte über das Ergreifende in meinen Kinderschilderungen hat mir ein alter Herr gespendet, von dem es sich schließlich herausstellte, dass er kleinen Mädchen nachstellte.«

»Aber was dann?«, sagte Pelle und starrte ihn entsetzt an.

»Ja, was dann! Willst du mir das sagen? Du hast Recht, mir vorzuwerfen, dass ich gleichgültig bin; kann man aber weiter an einem Kampf teilnehmen, der nicht einmal die Kinder verschont? Erinnerst du dich noch meiner kleinen Schwester Karen, die ins Wasser gehen musste? Wie viele tausend Kinder stehen hinter ihr und Johanne! Man nennt unsere Zeit das Jahrhundert des Kindes – und dabei schreit das Blut der Kinder aus der Erde! Und sie sind noch glücklich zu nennen, wenn sie sich aus dem Staube machen können; stell dir vor, wenn Johanne mit ihrem Schicksal weitergelebt hätte! Die Schatten der Kindheit fallen über das ganze Leben!«

»Ja, und ebenso der Sonnenschein der Kindheit!«, rief Pelle warm. »Gerade darum dürfen wir die Kinder der Armen nicht im Stich lassen. Wir werden Verwendung für eine Generation mit warmen Herzen haben.«

»Ich habe ebenso gedacht«, sagte Morten bedrückt. »Weißt du, Pelle – ich habe das Kind geliebt, das von ganz unten her zu mir kam; sie umschloss für mich das Ganze. Nie ist mir das Elend so grausam klar geworden. Es war für mich ein schöner Traum – ein törichter Traum –, dass sie leben würde. Ich wollte durch Zärtlichkeit wieder Leben und Glück in ihr wachrufen und dann wollte ich ein Buch darüber schreiben. Ich weiß nicht, ob du mich verstehst – über das Elend, das gesund und glücklich wird unter der Sonne des Guten. Sie war ja das Ganze, tiefer hinab kann das Leben wohl nicht steigen! Und hast du bemerkt, wie viel Leben und Feinheit bei ihr trotz alledem unter dem Kloakenschlamm lebendig war? Ich hatte mich darauf gefreut, es hervorzulocken, losgelöst von aller Not und Hässlichkeit – und dann der Welt zu zeigen, dass wir hienieden so schön sind, wenn man uns den Schmutz abschabt.

Vielleicht würde es sie gelockt haben, Gerechtigkeit zu üben. So habe ich geträumt; aber es ist hart, wenn einem die Unglückliche zur Geliebten ausersehen ist. Meine einzige Liebe ist unwiederbringlich tot und jetzt kann ich über nichts schreiben, das siegt. Was soll ich da noch?«

»Ich glaube, Victor Hugo sagt irgendwo, das Herz sei der einzige Vogel, der sein Bauer mit sich trägt«, sagte Pelle. »Aber dein Herz weigert sich wohl zuzugreifen, wenn am dringendsten Verwendung dafür ist.«

»Nein«, sagte Morten ein wenig eifriger, »ich werfe weiß Gott nicht die Flinte ins Korn. Aber dies ist ein zu harter Schlag für mich gewesen – wenn ich nur ein wenig mehr von deinem Glauben hätte! Nun, ich muss ja glücklich sein, dass ich dich habe!« Er reichte Pelle mit einem guten Lächeln die Hand.

Der Bibliothekar kam ihnen über die Felder entgegen. »Das hat lange gedauert mit euch beiden Dioskuren«, sagte er und sah sie aufmerksam an, »Ellen wartet mit dem Essen.«

Die drei Männer gingen über das kahle Stoppelfeld dem Hause zu. »Jetzt ist das Beste vom Sommer vorüber«, sagte Brun und sah sich mit einem Seufzer um. »Nun hat sich das Rad noch eine Speiche weiter gedreht.«

»Der Tod ist nicht das Schlimmste, was einen treffen kann«, entgegnete Morten, der noch in seiner trüben Stimmung war.

»So etwas sagt man, solange man jung und reich ist – und meint es nicht einmal im Ernst. Morgen hat das Leben Sie und Ihren Kummer wieder in seinen Dienst genommen. Aber ich bin nie jung gewesen, ehe ich euch beide kennen lernte; darum zähle ich geizig jede flüchtige Stunde. Und ich beneide euch, die ihr so schnell gehen könnt«, fügte der Alte lächelnd hinzu.

Sie gingen langsamer hinauf, an der Hecke entlang, dem Hause zu; drinnen aus dem Garten vernahmen sie ein leises Jammern. In einem leeren Beet saß Svend Tröst in einem Loch, das die beiden

Kleinen mit ihren Spaten gegraben hatten; Schwester war im Begriff Erde auf ihn zu schaufeln, sie reichte ihm schon bis an den Hals. Er leistete keinen Widerstand, sondern wimmerte nur leise, als die Erde anfing, sich seinem Mund zu nähern.

Pelle sprang über die Hecke, im selben Augenblick kam Ellen herbeigestürzt. »Da hättest du beinahe Brüderchen erstickt«, sagte sie entsetzt und nahm den Kleinen auf den Arm.

»Ich pflanze ihn ja nur ein«, sagte Anna ganz beleidigt, dass man ihr Werk zerstörte, »er wollte es selber gern. Und im Frühling kommt er ja wieder heraus!« Die beiden Kinder wollten gern einen kleinen Bruder haben und hatten sich dahin geeinigt, dass sich Svend Tröst opfern müsste.

»Auf solche Einfälle dürft ihr nie wieder kommen«, sagte Ellen still, »und einen kleinen Bruder kriegt ihr sowieso zum Frühling.« Sie sah Pelle mit einem warmen, beredten Blick an.

15

In dem Genossenschaftsunternehmen ging dic Arbeit ihren ruhigen Gang. Aufhebens wurde nicht davon gemacht, in der Bewegung war man nahe daran zu vergessen, dass es überhaupt existierte. Es war ein langer und mühseliger Weg, den Pelle betreten hatte, aber er war sicher, dass er zum Ziel führte, und ging besonnen zu Werke. Nie war sein Atem so lang gewesen.

Vorläufig sammelte er Erfahrungen. Er und Peter Drejer hatten einen Stab von soliden Arbeitern erzogen, die wussten, um was es sich handelte, und sich nicht aus der Bahn drängen ließen, selbst wenn einmal ein fremdes Element hineinkam. Der Umfang des Geschäfts wuchs beständig und forderte Neueinstellungen, aber die neuen Kräfte machten keine Schwierigkeiten; das Unternehmen war so stark, dass es sie verschlang und umbildete.

Den Fabrikanten jedenfalls war bewusst, dass Pelles Unternehmen existierte, und sie schadeten ihm, wo immer sie konnten.

Das freute ihn, weil es ein Beweis war, dass er ihnen gefährlich wurde. Durch ihre Verbindungen sperrten sie ihm den Kredit, und als das zu nichts führte, da er Bruns Vermögen im Rücken hatte, versuchten sie es mit dem Material, indem sie die Lederhändler zwangen ihm nicht zu verkaufen. Er musste also seinen Bedarf aus dem Ausland beziehen, was mit einigen Schwierigkeiten verbunden war. Jetzt galt es, die Dinge beisammen zu haben, damit man nicht plötzlich ohne das Erforderliche dastand.

Eines Tages war eine neue Sendung unvollständig und die Arbeit wäre beinahe ins Stocken geraten. Es gelang ihm durch eine Kriegslist, das Erforderliche zu beschaffen, aber er war ärgerlich. »Ich hätte wohl Lust, den Lederhändlern eins zu versetzen«, sagte er zu Brun, »man muss sich das Notwendige erschleichen, wenn einem zufällig etwas fehlt. Wollen wir nicht den Laden nebenan mieten und einen Lederhandel anfangen? Das wäre eine Ohrfeige für die anderen und wir selbst hätten immer, was wir brauchen. Wir wollen ja keine Krösusse bei der Geschichte werden, deswegen glaube ich, dass sich die vielen kleinen Meister hier herum über uns freuen würden.«

Ja, Brun hatte nichts dagegen, dass der Krieg bis aufs Messer geführt wurde. Ihm geschah überhaupt nicht genug!

Im Oktober wurde das neue Geschäft eröffnet. Pelle wollte, dass Peter Drejer es führen sollte, aber der weigerte sich. »Ich eigne mich bestimmt nicht dazu, zu kaufen und zu verkaufen«, sagte er finster. Da nahm Pelle einen der jungen Arbeiter aus der Werkstatt in das Geschäft und überwachte das Ganze selber.

Hierdurch nahm das Unternehmen einen tüchtigen Aufschwung; es gab Arbeit genug. Die Werkstatt lieferte jetzt weit mehr, als im Laden abgesetzt werden konnte, und Pelles Ledergeschäft machte die kleinen Meister vom Privatkapital unabhängig. Viele von ihnen betrieben einen Kleinhandel mit Fabrikschuhzeug neben der Reparaturwerkstatt und bezogen nun ihre Waren von ihm. In der Provinz hatte sich sein Schuhzeug schon an verschiedenen Orten eingebürgert. Das war ganz von selbst gekommen. Die Fabrikanten verfolgten sie da draußen auch – wo sie nur konnten. Die Folge davon war, dass sich die Arbeiter der Sache annahmen und den Geschäften, in denen sie kauften, Pelles Schuhwaren aufzwangen. Und nun begann der Kampf.

Aber Pelle wusste, dass das nur der Anfang war. Es musste zu einem großen Zusammenstoß kommen und war er darauf hinreichend vorbereitet? Die Fabrikanten waren im Begriff, ihm gegenüber einen Laden einzurichten, wo billig verkauft werden sollte, um sein Ladengeschäft zu Grunde zu richten, und eines Tages würden sie sicher die Preise stark herabsetzen, um ihn zur Strecke zu bringen.

»Lass sie!«, sagte Brun. »Dann kommen die Leute billig zu ihrem Schuhzeug!« Aber Pelle sah mit Sorge dem neuen Angriff entgegen. Selbst wenn sie ihn aushielten, konnte er sehr wohl ihre wirtschaftlichen Kräfte erschöpfen.

Sie waren zu sehr isoliert, das war das Unglück. Noch waren sie wie jemand, der auf offenem Strand ans Ufer gespült wird: Sie hatten nichts hinter sich. Die Arbeitgeber hatten längst entdeckt, dass sie ebenso international waren wie die Arbeiter, und hatten Pelles alten organisatorischen Gedanken aufgenommen. Es ging nicht immer glatt mit der Beschaffung des Materials aus dem Ausland, er spürte den Zusammenhang! Solange er nicht die Gerber auch dahin gebracht hatte, ein Genossenschaftsunternehmen zu errichten, konnte er jeden Augenblick riskieren, dass ihm die Beine unter dem Leib weggeschlagen wurden. Und vor allen Dingen musste er das große Arbeiterheer auf seiner Seite haben.

Eines Tages stand er nach vielen Jahren zum ersten Mal wieder auf der Rednertribüne und hielt seinen ersten Vortrag über Kooperation. Es war ganz sonderbar, seinen eigenen Leuten wieder gegenüberzustehen und alle die Gesichter auf sich gerichtet zu sehen. Vorläufig betrachteten sie ihn wie jemand, der mit neuen Ideen aus der Fremde heimgekehrt ist – oder vielleicht nur mit neuen Vorstellungen; aber er würde sie schon gewinnen! Gerade ihre Trägheit war viel versprechend, wenn sie erst überwunden war; sie waren schwer in Gang zu bringen – und fast nicht wieder anzuhalten. Wenn seine Idee diese Leute mit ihren mächtigen Organisationen und ihrer unerschütterlichen Disziplin erst richtig gepackt hatte, war sie unüberwindlich. Er stürzte sich mit ganzer Kraft in die Agitation und hielt jede Woche in einem politischen oder einem Fachverein einen Vortrag.

»Pelle, was du doch alles zu tun hast!«, sagte Ellen, wenn er nach Hause kam. Ihr Zustand erfüllte ihn mit Glück, es war gleichsam eine Besiegelung ihrer neuen Vereinigung. Sie hatte sich ein wenig mehr in sich selbst zurückgezogen, über ihr Gesicht und ihre Gestalt legte sich ein Schimmer träumerischer Weichheit; ein wenig hilflos und abwesend nahm sie ihn jetzt an der Pforte in Empfang – eine junge Mutter, die man mit vorsichtigen Händen anfassen muss! Er sah sie von Tag zu Tag gedeihen und tragen – freigebig, wie der Garten die letzten schweren Blüten trug, und er hatte das glückliche Gefühl, dass es für ihn an allen Ecken und Enden wuchs.

Von Morten sahen sie nicht viel, er befand sich in einer Krisis und war am liebsten allein. Er klagte ständig, dass es mit seiner Arbeit nicht vorwärts gehen wolle; bei allem, was er in Angriff nahm, fahre er sich fest.

»Das kommt daher, weil du nicht mehr daran glaubst«, sagte Pelle. »Wer an seiner Arbeit zweifelt, sägt den Ast ab, auf dem er sitzt.«

Morten hörte ihm mit einem müden Ausdruck zu. »Es ist noch viel schlimmer – denn ich zweifle ja an den Menschen selber. Ich ging umher und mich fror und ich konnte nicht ergründen, weswegen; aber jetzt weiß ich es – das kommt daher, weil die Menschen kein Herz haben. Alles Wachstum beruht auf Wärme, aber unsere ganze Kultur ist auf Kälte aufgebaut; daher ist es hier so kalt, wie es ist.«

»Die Kleinen haben aber doch ein Herz«, sagte Pelle, »das und nicht der Verstand hält sie aufrecht, sonst wären sie schon längst zu Grunde gegangen – wären ganz einfach zu Tieren geworden. Warum sind sie es nicht, trotz ihres Elends? Warum bringt selbst die Kloake leuchtende Wesen hervor?«

»Ja, die Armen wärmen einander – aber blau gefroren sind sie darum doch! Und sollte man ihnen nicht lieber wünschen, dass sie kein Herz hätten – inmitten einer bis auf den Grund vereisten Gesellschaftsordnung? Ich beneide alle, die das Elend vom historischen Standpunkt aus betrachten und sich mit der Zukunft trösten können. Ich glaube ja auch selbst, dass das Gute einmal siegen wird, aber dass in dem Kampf gegen die Dummheit noch Millionen glücklos ins Grab sinken sollen, erscheint mir trotzdem als eine schreckliche Ungerechtigkeit. Ich bin ein Unversöhnlicher, das ist die Sache; mein Sinn ist auf andere Zustände eingestellt, darum leide ich unter dem Bestehenden. Allein eine so selbstverständliche Sache wie Geldeinnehmen verursacht mir Qual. Das Geld gehört mir, aber ich kann es nicht ertragen, den Gedanken in umgekehrter Richtung zu verfolgen: Welche Entbehrungen ruft es hervor, indem es in meine Hände übergeht? Wie viel Not und Tränen kleben daran? Und wenn ich es wieder ausgebe, so nagt beständig der Gedanke an mir, dass die, die mir geholfen haben, zu wenig bekommen – meine Waschfrau und die anderen. Sie können ja kaum leben und die Schuld trifft unter anderen auch mich! Dann muss ich an die Entbehrungen der anderen denken und ich finde keinen Frieden; jedes Mal, wenn ich einen Bissen in den Mund stecke oder die Auslagen in den Schaufenstern sehe, muss ich an die denken, die hungern. Ich leide entsetzlich darunter, dass ich diese Zustände, deren Widersinn doch so offensichtlich ist, nicht ändern kann. Und es nützt nichts, dass ich es mir als krankhaft aus dem Sinn schlagen will, das ist nämlich nicht krankhaft – ich greife nur vor! Wir müssen alle zusammen einmal dahin – falls sich nicht die Unterdrückten vorher erheben und die Ordnung umkehren. Du siehst, ich bin dazu verurteilt, das Elend aller anderen mitzuerleben – und mein eigenes Leben ist auch nicht reich an Sonnenschein gewesen. Denk doch an meine Kindheit, wie freudlos die gewesen ist! Ich habe nicht deinen Fonds, aus dem ich schöpfen kann, das musst du bedenken, Pelle!«

Nein, viel Sonnenschein war nicht auf Mortens Weg gefallen; jetzt kroch er zusammen und fror.

Aber eines Abends kam er zu ihnen in die Stube gestürmt und winkte mit einem Papier. »Ich habe ein Legat bekommen!«, sagte er. »Morgen früh reise ich nach dem Süden!«

»Du musst doch erst deine Angelegenheiten ordnen«, sagte Pelle.

»Ordnen?« Morten lachte. »Nein, Pelle, zum Reisen ist man immer bereit. Mein ganzes Leben bin ich immer zu einer Reise um die Welt mit einer Stunde Frist bereit gewesen!« Er ging auf und ab und rieb sich die Hände. »Ach, nun werde ich nach dem Süden kommen und in Sonne schwelgen, Pelle – ordentlich durchschmoren lassen will ich mich! Ich glaube, es wird meiner Brust gut tun, einmal einen Winter zu überschlagen.«

»Wie weit hinunter wollen Sie denn?«, fragte Ellen mit leuchtenden Augen.

»Nach Süditalien und Spanien. Ich will irgendwohin, wo die Kälte nicht tausenden den Rock auszieht, indem sie einem in den Pelz hilft. Und dann will ich Menschen sehen, die nicht der Segnungen der Zivilisation teilhaftig sind, die aber dafür die Sonne beschienen hat, Sonnenmenschen wie die kleine Johanne und ihre Mutter und Großmutter – die aber das Recht haben, zu leben! Ach, es wird herrlich sein, einmal arme Leute zu sehen, die nicht frieren.«

»Lass ihn nur so schnell wie möglich wegfahren«, sagte Ellen, als Morten hinaufgegangen war, um seinen Koffer zu packen. »Denn wenn ihm erst die Armen in den Sinn kommen, wird nichts aus der Reise. – Ich muss ihm wohl einige Paar von deinen Strümpfen und ein bisschen von deiner Unterwäsche in den Koffer stecken – er hat nichts zum Wechseln. Wenn er nur dafür sorgen wollte, dass er die Sachen zur Wäsche gibt – und wenn sie ihm nur nicht alles mit Chlor ruinieren!«

»Solltest du nicht ein wenig nach ihm sehen, während er packt?«, fragte Pelle. »Sonst fürchte ich, dass er das, was er nötig hat, nicht einpackt. Morten vergisst manchmal seinen Kopf in der Nachtmütze.«

Ellen ging mit den Sachen, die sie herausgesucht hatte, hinauf. Es war ein Glück, dass sie kam. Morten hatte seinen Koffer mit Büchern voll gepackt und die notwendigsten Sachen vergessen. Er stand da und war ganz unglücklich, als sie alles wieder aus dem Koffer herausnahm und neu zu packen anfing; er hatte alles so hübsch geordnet, die Gedichte für sich und die Proletarierschilderungen für sich – er brauchte nur die Hand hineinzustecken, um herauszuholen, was er wünschte.

Aber Ellen kannte keine Schonung; alles musste auf den Fußboden gelegt werden, und alle Kleidungsstücke, die er besaß, musste er auf Stühle legen. Das Notwendigste wurde herausgesucht. Bei jedem Stück, das in den Koffer kam, erhob Morten Einspruch – es lohnte sich wirklich nicht, Strümpfe oder Wäsche zum Wechseln mitzuschleppen; so etwas kaufte man sich ganz einfach, wenn man es nötig hatte. So? Das lohnte sich nicht? Aber einen großen Koffer voll nutzloser Bücher mit sich herumschleppen wie ein Kolporteur – das lohnte sich vielleicht!

Ellen lag vor dem Koffer auf den Knien und bahnte sich einen

Weg. Ihr Eifer lockte Pelle herauf, er stand an den Türrahmen gelehnt und sah ihnen zu. »Das ist recht, schimpf ihn mal ordentlich aus, das hält dann vor, bis er wieder nach Hause kommt«, sagte er lachend. »Er hat es sehr nötig.«

Morten saß auf einem Stuhl und sah niedergeschlagen aus. »Ein Glück, dass man nicht verheiratet ist«, sagte er. »Ich fange wirklich an Mitleid mit dir zu haben, Pelle.« Man konnte es ihm ansehen, wie wohl ihm die Fürsorge tat.

»Ja, nun kannst du sehen, was für ein Hauskreuz ich bekommen habe«, entgegnete Pelle ernsthaft. »Bisher hast du es niemals glauben wollen.«

Ellen ließ sie ruhig schwatzen; jetzt war der Koffer bis an den Rand gefüllt und jetzt wusste sie wenigstens, dass er nicht wie ein Landstreicher herumziehen würde. Nun handelte es sich nur noch um die Toilettengegenstände – nicht einmal dafür hatte er gesorgt. Sie zog aus der Toilettentasche der inneren Seite des Kofferdeckels ein gewaltiges großes Buch, um Platz für Kämme, Bürsten und Seife zu machen, aber da griff Morten ein. »Das muss mit – es mag gehen, wie es will«, sagte er sehr bestimmt. Es waren »Die Elenden« von Victor Hugo – Mortens Bibel.

Ellen schlug das Titelblatt auf, um zu sehen, ob es denn wirklich so notwendig wäre, ein solches Ungetüm mit sich herumzuschleppen – es war so groß wie ein großes Brot.

»Dafür ist kein Platz«, erklärte sie und legte es ruhig beiseite, »wenigstens nicht, wenn Sie sich den Schmutz abwaschen wollen. Aber Sie werden dort, wohin Sie kommen, bestimmt auch Elende treffen; davon gibt es überall genug.«

»Dann erlauben gnädige Frau am Ende auch nicht, dass ich mein Schreibzeug mitnehme?«, fragte Morten wie ein Bittsteller.

»Doch«, erwiderte Ellen lachend, »und Sie dürfen es sogar zu etwas recht Schönem benutzen – wenn Sie nun einmal für uns kleine Leute schreiben wollen. Jammer und Elend gibt es genug!«

»Wenn mich die Sonne so recht beschienen hat, komme ich nach Hause und schreibe darüber ein Buch«, sagte Morten ernst.

Der nächste Tag war ein Sonntag. Morten war früh aufgestanden und zum Friedhof gegangen. Sie mussten mit dem Frühstück auf ihn warten. »Jetzt kommt er, ich hab ihn unten auf dem Feld gesehen«, rief Lasse Fredrik endlich; er war nach dem Gehöft hinübergegangen, um Milch zu holen.

»Dann können wir die Eier ins Wasser tun«, sagte Ellen zu Schwester, die ihr in der Küche ein wenig zur Hand ging.

Morten war feierlich zu Mute. »Jetzt sind die Rosen auf Johannes Grab schon wieder abgepflückt«, sagte er. »Ich kann es nicht begreifen, wie es jemand übers Herz bringt, die Toten zu berauben; sie sind doch die Ärmsten von uns allen.«

»Es freut mich, dich dies sagen zu hören«, rief Pelle aus. »Vor einem Monat glaubtest du noch, dass die Toten die einzigen Wohlhabenden seien.«

»Du bist ein Fels«, sagte Morten lächelnd und packte ihn bei den Schultern. »Selbst wenn sich alles andere ändert – wo man dich hat, weiß man stets.«

»Zu Tisch! Zu Tisch!«, rief Ellen. »Aber schnell – sonst wird die Überraschung kalt!« Sie stand da und wartete mit einer zugedeckten Schüssel.

»Aber – du hast ja frische Eier!«, rief Pelle erstaunt aus.

»Ja, die Hühner haben in den letzten Tagen wieder zu legen begonnen – Morten zu Ehren!«

»Nein, dem guten Wetter zu Ehren – und dann, weil sie jetzt endlich wieder frei herumlaufen dürfen!«, widersprach Lasse Fredrik.

Morten lachte. »Lasse Fredrik ist ein unverbesserlicher Realist – seinetwegen braucht das Leben nicht aufgeputzt zu werden.«

Ellen sorgte liebevoll für Morten. »Jetzt müssen Sie aber tüchtig zugreifen«, sagte sie, »wer weiß, ob Sie draußen in der Fremde was

Ordentliches zu essen kriegen.« Sie dachte mit Grauen an das Futter, das ihre Logiergäste im Palais zusammengemanscht hatten.

Und dann hielt der Wagen vor der Tür, der Koffer wurde vorn beim Kutscher untergebracht, Pelle und Morten stiegen ein – es war höchste Zeit. Lasse Fredrik und Schwester standen bis an die Landstraße hinunter jedes auf einem Wagentritt; dann sprangen sie ab und liefen zurück. Da oben am Giebel stand Ellen und winkte, Svend Tröst an der Hand.

»Es muss sonderbar sein, so von allem wegzureisen«, sagte Pelle.

»Ja, für dich müsste es sonderbar sein«, erwiderte Morten und warf einen letzten Blick zurück auf Pelles Heim. »Aber ich reise ja von nichts weg – ich reise im Gegenteil allem entgegen!«

»Es wird uns sonderbar vorkommen, wenn deine Schritte nicht mehr über unserm Kopf zu hören sind – namentlich Ellen und den Kindern. Aber du schreibst uns doch?«

»Das tue ich. Und du hältst mich ein wenig auf dem Laufenden über die Fortschritte deines Unternehmens.«

Und dann fuhr der Zug ab. Pelle fühlte ein eigenartiges Saugen unter dem Herzen, während er dastand und ihm nachstarrte, als wirble er etwas von ihm mit sich fort. Es war stets sein Traum gewesen, in die Welt hinauszukommen; seit Garibaldi in der engen Werkstatt in dem Provinzstädtchen aufgetaucht war, hatte er sich darauf gefreut. Jetzt zog Morten von dannen, er selbst kam wohl niemals fort, er musste sich mit jener »Auslandsreise« begnügen, die er hinter sich hatte.

Einen Augenblick stand Pelle in schwere Träume versunken da und starrte die Schienen entlang, auf denen der Zug verschwunden war. Aber dann erwachte er und entdeckte, dass er, ohne es zu wollen, sein Heim als Klotz am Bein empfunden hatte. Und zu Hause spähten Ellen und die Kinder sehnsüchtig nach ihm aus, ob er nicht bald wiederkäme – während er hier stand und sich von ihnen fortträumte! Sie unternahmen nichts, ehe er da war, denn der

Sonntag war ja sein Tag, der einzige Tag, an dem sie ihn ganz für sich hatten. Er eilte hinaus und sprang auf eine Straßenbahn.

Als er an der Endhaltestelle der Straßenbahn über einen Graben auf das Feld sprang, erblickte er in einiger Entfernung Brun auf dem Fußpfad. Der alte Bibliothekar arbeitete sich mühselig über das ansteigende Land, jeden Augenblick zwang ihn sein Asthma stehen zu bleiben.

Er ist auf dem Wege zu uns!, dachte Pelle gerührt; es war ihm bisher niemals eingefallen, wie beschwerlich diese Wanderung über gepflügte Äcker und auf schlechten Wegen für den alten Herrn sein musste. Und dessen ungeachtet legte er sie mehrmals in der Woche zurück, um nach ihnen zu sehen.

»Ja, da habt ihr mich schon wieder«, sagte Brun. »Wenn ihr meiner Besuche nur nicht überdrüssig werdet!«

»Da ist bestimmt keine Gefahr«, erwiderte Pelle und fasste ihn unter den Arm, um ihm den Hügel hinaufzuhelfen. »Die Kinder sind ja ganz versessen auf Sie!«

»Ja, die Kinder, deren bin ich sicher – und deiner auch, Pelle! Aber deine Frau macht mich unsicher.«

»Ellen ist ein wenig zurückhaltend, aber das ist nur ihr äußeres Wesen – sie hat Sie sehr lieb!«, sagte Pelle warm. »Wer die Kinder auf den Schoß nimmt, hat Ellens Herz gewonnen.«

»Meinst du das wirklich? Ich habe die Frauen immer missachtet, weil es ihnen an Persönlichkeit fehlt – bis ich deine Frau kennen lernte. Du hast eine seltene Frau, Pelle; sie ist stark im Wesen – so stark, dass sie mich unsicher macht. Könntest du sie nicht bewegen, dass sie mich nicht immer Herr Brun nennt?«

»Ich will es ihr sagen«, antwortete Pelle lachend. »Aber es ist nicht sicher, dass es etwas nützt.«

»Dieser ›Herr Brun‹ ist mir nachgerade eine unausstehliche Person geworden, will ich dir sagen, und bei euch möchte ich gern eine Freistätte vor ihm haben. Du solltest nur ahnen, was es heißt, sich sein ganzes Leben lang mit so einem Herrn herumzuschleppen, der zu nichts in einem inneren Verhältnis steht. Andere heißen doch ›Vater‹, ›Großvater‹, irgendetwas Menschliches; aber mich fertigen alle mit einem ›Herr Brun‹ ab! – Danke, Herr Brun! – Vielen Dank, Herr Brun!« Der Alte war in einer schlimmen Laune, er stieß das »Herr Brun« mit einem höhnischen Ausdruck heraus.

»Es sind ganz abscheuliche Wege hier draußen«, sagte er plötzlich und blieb stehen, um Atem zu schöpfen. »Man begreift nicht, dass diese Felder, so nahe an der Stadt, liegen bleiben – dass sich die Spekulation ihrer nicht bemächtigt!«

»Daran ist wohl das Moor da unten schuld. Aber jetzt haben sie an dem nördlichen Ende angefangen es aufzufüllen, wie ich sehe«, sagte Pelle.

Brun sah interessiert hinüber, schüttelte aber verzweifelt den Kopf.

»Nein, so weit kann ich ohne Brille nicht sehen, das ist auch eine Segnung der Bücher. – Ja, das ist es! Die alten Leute auf dem Lande greifen doch nur dann zur Brille, wenn sie in ein Buch sehen wollen, aber ich muss meine Zuflucht dazu nehmen, wenn ich mich in der Welt orientieren will – das macht einen großen Unterschied. Die Straßen und die dummen Bücher sind schuld daran, dass ich kurzsichtig bin, man hat keinen Blick in die Weite, wenn man nicht im Freien wohnt. Die Stadt verschließt alle unsere Sinne und die Bücher führen uns vom Leben fort. Darum gehe ich auch mit dem Gedanken um, aufs Land zu ziehen.«

»Ist das wohl richtig, jetzt im Winter? Sie eignen sich nicht dazu, bei jedem Wetter in die Stadt hinein- und wieder herauszufahren.«

»Dann gebe ich die Bibliothek auf«, erwiderte Brun. »Das wird mir keinen großen Kummer bereiten – ich habe genug von meinem Leben darin zugebracht. Denk dir, Pelle, über Nacht bin ich mir bewusst geworden, dass ich daran beteiligt gewesen bin, das meiste von der Weltliteratur zu katalogisieren – dass ich aber nicht einmal gesehen habe, wie ein Kind trockengelegt wird. Welch ein Recht haben Leute wie ich mitzureden?«

»Ich kann das nicht verstehen«, sagte Pelle. »Mir haben die Bücher sehr geholfen.«

»Ja, weil du das Eigentliche hattest! Wenn ich jung wäre, ginge ich hinaus und griffe mit den Händen zu. Mir ist mehr verloren gegangen, weil ich meinen Körper niemals schweißig und müde gearbeitet habe, als dir verloren gegangen ist, weil du die großen Klassiker nicht kennst. Ich entdeckte meine eigene Armut, Pelle; jetzt würde ich gern alles hingeben für einen Platz als Großvater in einer warmen Ofenecke.«

Die Kinder kamen übers Feld gelaufen. »Hast du uns heute was mitgebracht?«, riefen sie schon aus weiter Entfernung.

»Ja, aber ihr kriegt es erst, wenn wir in der warmen Stube sind. Ich wage nicht meinen Rock hier draußen aufzuknöpfen, meines Hustens wegen.«

»Ja, aber du gehst so langsam«, sagte Svend Tröst. »Tust du das, weil du so alt bist?«

»Das wird wohl der Grund sein«, antwortete der alte Mann lachend. »Ihr müsst euch ein wenig in Geduld üben.«

Aber Geduld war nicht ihre starke Seite. Sie packten ihn beim Rock und zogen mit ihm von dannen. Er war ganz außer Atem, als sie auf der Diele anlangten.

Ellen sah die Kinder streng an, sagte aber nichts. Sie half Brun den Rock und das Halstuch ablegen und führte ihn zu einem bequemen Stuhl im Zimmer. Dann ging sie in die Küche. Pelle verstand, dass sie ihm etwas sagen wollte, und folgte ihr.

»Pelle«, sagte sie ernst, »die Kinder sind zu dreist gegen Herrn Brun. Ich kann es nicht begreifen, dass du es so ruhig mit ansiehst.«

»Ja, aber er ist glücklich darüber, Ellen; du kannst dir doch denken, dass ich sie sonst bremsen würde. Er will es ja gerade so haben. Und weißt du, worüber er sich noch mehr freuen würde? Wenn du ihm anbötest, bei uns zu wohnen.«

»Nein, das tue ich nie im Leben«, sagte Ellen bestimmt. »Das würde zu sonderbar von mir aussehen.«

»Aber wenn er nun Verlangen nach einem Heim hat – und wenn er uns doch so lieb hat! Er verkehrt mit niemand außer uns.«

Ja – nein, das konnte Ellen nicht begreifen, wo sie so wenig zu bieten hatten. Und Brun, der alle Gemütlichkeit kaufen konnte, die für Geld zu haben war. »Dann brauche ich doch neue Tischwäsche und Teppiche auf den Fußböden und viele andere Sachen.«

»Das kannst du ja auch kriegen«, sagte Pelle. »Natürlich wollen wir es so gemütlich haben, wie wir nur können. Übrigens ist Brun ebenso anspruchslos wie wir selber.«

Ja, das mochte sein, aber Ellen war Hausfrau und es gab Dinge, über die sie nicht hinwegkommen konnte.

»Will Herr Brun bei uns wohnen«, sagte sie, »dann soll er es auch gemütlich haben. Aber es ist sonderbar, dass er nicht selbst mit dem Vorschlag kommt; das kann er doch viel besser als wir.«

»Nein, es soll doch gerade von uns kommen – von dir, Ellen. Ihm ist ein bisschen bange vor dir.«

»Vor mir?«, sagte Ellen entsetzt. »Und ich, die ich – aber es gibt doch keinen Menschen, gegen den ich lieber gut sein möchte! Dann will ich es sagen, Pelle, aber nicht jetzt gleich.« Sie griff sich an die Wangen, sie war dunkelrot vor Freude und Verwirrung darüber, dass ihr kleines Heim so viel wert war.

Pelle ging in die Stube. Brun saß auf dem Sofa, Svend Tröst auf dem Schoß. »Das ist ein ordentlicher kleiner Kerl!«, sagte er. »Aber er hat gar keine Ähnlichkeit mit seiner Mutter. Er hat deine Züge.«

»Ellen ist auch gar nicht seine Mutter«, sagte Pelle leise.

»Ach so. Das ist drollig mit den drei Runzeln auf der Stirn, die er von dir geerbt hat – sie gleichen den Wellenlinien in Dänemarks Antlitz. Ihr seht aus, als wenn ihr beide zornig wäret!«

»Das waren wir damals auch«, entgegnete Pelle.

»Apropos Zorn!«, fuhr Brun fort. »Ich habe mich gestern an die Polizeidirektion gewandt und erwirkt, dass sie die Verfolgungen gegen Peter Drejer einstellen, unter der Voraussetzung, dass er seine Agitation unter den Soldaten einstellt.«

»Dazu werden wir ihn nie bewegen. Das würde dasselbe sein, als wenn wir ihn auffordern wollten, seinen Menschenrechten abzuschwören. Peter Drejer hat es mit großer Selbstüberwindung gelernt sich parlamentarischer Ausdrücke zu bedienen und weiter kriegen wir ihn bestimmt nicht. In der Sache selbst gibt er niemals nach und darin muss ich zu ihm halten. Darf man das Bestehende nicht einmal mit geistigen Waffen bekämpfen, dann hört doch alles auf.«

»Ja, das stimmt«, sagte Brun, »er tut mir nur Leid. Die Polizei hält ihn auf diese Weise in einem dauernden Zustand der Wut – er hat ja gar keine Freude am Leben.«

16

Pelle hoffte noch immer, dass Peter Drejer eine ruhigere Einstellung zum Leben gewinnen würde. Man beabsichtigte im Laufe des Frühlings auch in Aarhus einen Genossenschaftsbetrieb zu errichten und Peter war dazu ausersehen, ihn auf die Beine zu stellen. Aber sein Gemüt schien unheilbar; jedes Mal, wenn er sich ein wenig beruhigt hatte, warfen ihn die Verhältnisse von neuem aus dem Gleichgewicht. Jetzt bedrückte ihn die zunehmende Arbeitslosigkeit.

Und die törichte Verfolgung erhielt ihn in einem Zustand ständiger Erregung. Selbst wenn man ihn, wie jetzt, in Ruhe ließ, ging er mit dem lästigen Gefühl umher, dass man nur darauf ausgehe, ihn zu einer Unvorsichtigkeit zu verleiten – indem man scheinbar die

Augen schloss, um dann umso kräftiger auf ihn niederzustoßen. Er wusste nie, ob er verraten oder verkauft war.

Der Betrieb war jetzt so groß, dass sie die eigentliche Fabrik in das Hintergebäude hatten verlegen müssen und den Keller nur noch als Ausbesserungswerkstatt benutzten. Diese Werkstatt leitete Peter Drejer und an seiner Leitung war nichts auszusetzen, er war energisch und aufmerksam. Aber er eignete sich nicht dazu, eine Arbeit nach größerem Plan zu leiten; sein Gemüt befand sich in ständiger Schwingung. Bei all seinen Fähigkeiten verzehrte er sich ohne jeden Nutzen.

»Er könnte seine Agitation auch einstellen und etwas Nützlicheres tun«, sagte Brun eines Abends, als er und Pelle diesen Fall besprachen. »Mit Gewalttätigkeit schafft man nie etwas! Er rennt nur mit dem Kopf gegen die Wand.«

»Der Ansicht sind Sie früher nicht gewesen«, sagte Pelle. Gerade Bruns Schriften über das Recht des Individuums hatten Peter Drejer einst zum Nachdenken veranlasst.

»Nein, das weiß ich wohl. Damals glaubte ich, dass alles in Stücke geschlagen werden müsse, damit aus dem Chaos eine neue Welt erstehe; ich kannte euch ja nicht – und meine Leute, fand ich, wären nicht zu gut in die Luft gesprengt zu werden; sie lagen nur da und versperrten die Entwicklung. Aber du hast mich bekehrt! Ich war ein wenig zu vorschnell, als ich deine Trägheit verurteilte – du hast ein besseres Gefühl für die Dinge als ich. Unser kleiner Betrieb hat mich überzeugt, dass das Volk gut daran tut, sich zum Erbe wie zu den Schulden der Oberklasse zu bekennen. Und es tut mir Leid, zu sehen, dass Peter aus der Spur läuft; denn er gehört zu euren Besten. Könnten wir ihn nicht zu uns herausnehmen? Er kann gern das eine von meinen Zimmern bekommen! Ich glaube, er braucht eine etwas gemütlichere Umgebung.«

»Es wird am besten sein, wenn Sie ihm selber den Vorschlag machen«, entgegnete Pelle.

Den nächsten Tag fuhr Brun mit in die Stadt und machte Peter Drejer den Vorschlag, aber der lehnte ab. »Ich habe kein Anrecht auf Ihren Komfort, solange zwanzigtausend Menschen herumgehen und nichts zu beißen und zu brechen haben«, sagte er abweisend. »Aber Sie sind ja Anarchist«, fügte er höhnisch hinzu, »und Millionär, wie man sagt. Wie können da die Arbeitslosen Not leiden!« Er war von dem alten Philosophen enttäuscht gewesen, als er ihn persönlich kennen lernte, und machte kein Hehl aus seinem Unwillen.

»Es wird Ihnen bekannt sein, dass ich mein Vermögen bereits den Armen zur Verfügung gestellt habe«, sagte Brun gekränkt. »Die Art und Weise, wie das geschehen ist, wird, damit tröste ich mich, einstmals sich selbst verteidigen. Falls ich heute unter die Arbeitslosen verteilen wollte, was ich besitze, würde es schon morgen wie der Tau aufgesogen sein – so bodenlos ist leider die Not.«

Peter Drejer zuckte die Achseln – umso mehr Grund, zu helfen sei da, meinte er.

»Verlangst du denn, dass wir unseren großen Plan zur Beseitigung aller Not aufgeben, um die Hilfsbedürftigen einmal zu sättigen?«, fragte Pelle.

Ja, Peter sah nur die Not des heutigen Tages, sie war ihm eine so grässliche Wirklichkeit, dass ihn die Zukunft nicht kümmerte.

Es war eine Veränderung in ihm vorgegangen, er schien ganz mit der Entwicklung gebrochen zu haben.

»Er sieht zu viel«, sagte Pelle zu Brun, »und nun ist das Herz mit dem Verstand durchgegangen. Lassen Sie ihn lieber in Ruhe. Sie regen ihn nur auf. Es ist unmöglich, in der Umgebung, in der er lebt, einen klaren Kopf zu behalten; entweder muss man die Augen schließen und sich hart machen oder man platzt!«

Peter Drejers Herz leistete Widerstand. Oft musste er mitten in seiner Arbeit innehalten und nach Luft schnappen. »Ich ersticke«, sagte er dann.

Solche wie ihn gab es viele – die ständig zunehmende Arbeitslosigkeit fing an die Gemüter mit Panik zu erfüllen. Es waren nicht mehr die jungen Brauseköpfe allein, die die Geduld verloren. Aus der großen, kompakten Organisation, in der die Einzelwesen bisher nicht zu unterscheiden gewesen waren, traten auf einmal einfältige Männer hervor und machten sich lächerlich, indem sie die Wahrheit der Zeit offen aussprachen. Kleine Leute, die nichts von den Gesetzen des Lebens ahnten, erwachten trotzdem enttäuscht aus dem Schlummer, in den der Taktschlag sie versetzt hatte – und rührten sich ungeduldig. Es geschah ja nichts – nichts weiter, als dass der eine Eliteberuf nach dem anderen sie verließ und ins Bürgertum aufrückte.

Die Bewegung war bisher der feste Ausgangspunkt gewesen, dort vollzog sich alles, was von Wichtigkeit war, und von dort aus fiel das Licht auf die Dinge. Aber jetzt plötzlich wurde in den Einfältigsten ein Keim geboren und sie setzten ein Fragezeichen hinter das Stichwort. Auf alles wurde ja geantwortet: Wenn die Bewegung gesiegt hat, wird es anders! Aber wie sollte es anders werden, wenn sich nicht die geringste Veränderung vollzog, jetzt, wo sie doch Macht besaßen! Ein wenig besser war es geworden – aber im Grunde hatte sich nichts geändert! Es war ein regelrechter Refrain geworden; jedes Mal, wenn eine Frau im Geheimen gebar, wenn ein Mann stahl oder seine Frau prügelte, hieß es: Das sind die Folgen des Systems! Auf und stimmt ab, Genossen! Aber jetzt fing es an, ihnen dumm zu klingen. Zum Teufel auch, sie stimmten ja ab! Aber trotzdem wurde alles teurer! Weiß Gott, man gehorchte dem Gesetz, man schwitzte förmlich vor Parlamentarismus und tat nichts weiter als Mandate erobern – und was dann? War etwa irgendein Mensch darüber im Zweifel, dass die Armen in der Mehrheit waren – in erdrückender Mehrheit? Was für ein Unsinn war es also, dass die Mehrheit erobert werden müsste! Nein, diejenigen, die im Besitz der Macht waren, würden es schon so einzurichten wissen, dass sie sie auch behielten – da konnte man so viele Mandate erobern, wie man wollte!

Es saß zu viel Respekt vor dem Bestehenden in einem – darum wurde einem immer auf der Nase herumgetanzt! Es mochte ja ganz gut sein mit all der Gesetzmäßigkeit – aber man ging eben nicht auf geradem Wege von dem einen zum andern über! Wie konnte es sonst geschehen, dass nichts von dem Neuen eintrat? Die Sache war wohl die, dass jeder Schritt auf das Neue zu sogleich von dem bestehenden Zustand aufgefressen und Speck auf seinen Rippen wurde. Das Kapital mästete sich; was man auch damit anfangen mochte, es war wie die Katze, die immer auf die Füße fällt. Jedes Mal, wenn die Arbeiter eine kleine Lohnerhöhung erzwangen, multiplizierten die Unternehmer sie mit zwei und schlugen den Betrag auf die Waren auf – darum waren sie bei Lohnforderungen so entgegenkommend! Und die, denen es einigermaßen gut ging, lockte das Kapital auf seine Seite hinüber – sodass die anderen als Lumpenproletariat zurückblieben. Es mochte wohl sein, dass die Bewegung ein großes Stück Arbeit geleistet hatte, aber es gehörten verdammt gute Augen dazu, es zu entdecken.

Solche und ähnliche Stimmen erhoben sich. Im Anfang waren es ja nur Hungerpfotensauger, auf die man nicht zu hören brauchte, Wirtshausgäste, die dasaßen und in ihrem Rausch Bosheiten aussprachen. Aber allmählich gingen solche Reden von Mund zu Mund, das Gespenst der Arbeitslosigkeit hauste in allen Häusern und veranlasste die Männer noch einmal selber über die Dinge nachzudenken; niemand konnte wissen, wann die Reihe an ihn kam, das Pflaster zu treten.

Pelle wurde es nicht schwer, aus allem diesem den Klang herauszuhören; seine eigene Abrechnung mit der Bewegung, als er aus dem Gefängnis kam, wurde jetzt aller Welt Eigentum. Aber jetzt war er selber ein anderer! Er war nicht mehr sicher, dass die Bewegung so ganz erfolglos gewesen war; einen Wendepunkt hatte sie nicht bedeutet, aber sie hatte den Apparat in Gang gehalten und ihn gestärkt. Sie hatte die Massen durch eine tote Zeit hindurchgeführt, wenn das auch geschehen war, indem sie sie hatte im Kreis wandern lassen. Und nun wurden sie von neuem von der Idee gefesselt! Vielleicht war es gut, dass keine zu großen Fortschritte erzielt worden waren – sonst wären sie wohl nie wieder erwacht. Sie sollten noch ein wenig hungern, bis sie sich in ihrer eigenen Welt einrichten könnten – fette Sklaven verloren die Freiheit leicht aus den Augen.

Hinter dem missvergnügten Brummen konnte Pelle hören, wie sich das Neue ankündigte – es äußerte sich auf sonderbare Weise. Eine Gruppe Arbeiter – wohl ein paar hundert Mann –, die bei einem großen Tiefbauunternehmen beschäftigt waren, wurden brotlos, weil der Unternehmer Bankrott machte. Ein neuer Unternehmer übernahm die Arbeit, aber ehe sie wieder antraten, stellten sie die Bedingung, dass er ihnen den Arbeitslohn auszahlte, den sie guthatten – und das Spaziergehgeld. »Wir haben keinen Anteil an dem Profit«, sagten sie, »da müsst ihr auch das Risiko alleine tragen!« Sie machten den einen Arbeitgeber verantwortlich für den andern und waren bereit eine gute Arbeit aufzugeben zu einer Zeit, wo tausende müßig gingen. Die öffentliche Meinung war nahe daran, sie zu verdammen, selbst ihre eigene Presse distanzierte sich von ihnen. Aber eigensinnig beharrten sie auf ihrer Forderung und schlossen sich dem Strom der Arbeitslosen an, bis man sich ihrem unsinnigen Einfall beugte.

Pelle vernahm hier einen neuen Ton. Zum ersten Mal machte die Unterklasse das Kapital für seine Sünden verantwortlich, ohne kleinlich zwischen Hinz und Kunz zu unterscheiden. Offensichtlich entwickelte sich das Solidaritätsgefühl!

Der große Widerwille dagegen, in einer geistigen Wüste zu wandern, kam wieder an die Oberfläche. Pelle hatte dasselbe schon einmal erlebt, am Anfang der Bewegung; aber diesmal kamen die

Proteste wunderbarerweise aus dem allertiefsten Grund. Es fing mit blinden Angriffen auf den Parlamentarismus, das Stimmrecht und die Wahlparolen an und es lag eine unbewusste Empörung gegen Zwang und Massenbehandlung darin. Infolge eines unfassbaren Erneuerungsprozesses begann die Menge sich in Einzelwesen aufzulösen, die mitten in den schlechten Zeiten anfingen, nach dem Ich und den Gesetzen für seine Befriedigung zu fragen. Ganz unten aus dem Grunde kamen sie und forderten, dass ihr lausiges, zerlumptes Ich respektiert werden sollte.

Woher kam das? Es war ein völliges Rätsel! War es nicht töricht, dass der arme Mann nach einem jahrzehntelangen Leben in Lumpen und Unterdrückung, das mit seinem vollkommenen Untergehen in der Masse geendet hatte, jetzt mit dem stärksten Anspruch von allen ans Tageslicht trat und verlangte, dass man ihm seine Seele zurückgab?

Pelle erkannte die Ungeduld der Jungen in dieser Bewegung wieder – nicht umsonst war Peter Drejer die Seele der Arbeitslosenversammlungen. Peter wollte, dass er käme und das Wort ergriffe, und ein paar Mal ging er auch mit – er musste Klarheit über das Verhältnis dieser Menschen zu seiner Idee haben. Aber er hielt sich im Hintergrund und war nicht zu bewegen die Rednertribüne zu besteigen; mit diesen verwirrten Zusammenrottlern, die alle Begriffe auf den Kopf stellten, hatte er nichts zu schaffen. Ihnen heute Essen zu geben, vermochte er ja doch nicht, und die Zeit der großen Worte war für ihn vorbei.

»Geh hinauf und sprich zu ihnen – siehst du denn nicht, wie ausgehungert sie sind?«, sagte Peter Drejer eines Abends. »Sie haben noch aus alten Zeiten Vertrauen zu dir. Aber predige um Himmels willen nicht die Kooperation; hungrige Menschen füttert man nicht mit Zukunftsmusik.«

»Gibst du ihnen denn zu essen?«, fragte Pelle.

»Nein, das kann ich ja nicht; aber ich gebe ihnen ein Ventil für ihre Missstimmung und bringe sie dazu, dass sie sich erheben und protestieren. Es ist doch schon etwas, dass sie nicht mehr schweigen und dulden.«

»Und wenn sie morgen etwas zu beißen und zu brechen haben, dann ist die ganze Geschichte vergessen – aber vom Fleck sind sie nicht gekommen. Ist es nicht gleichgültig, ob sie heute Not leiden – im Verhältnis zu der Frage, ob es für ewige Zeiten so weitergehen soll?«

»Wenn du die Verantwortung auf die Ärmsten abwälzt, dann musst du ein abgebrühter Hund sein!«, sagte Peter heftig.

Jawohl, jetzt galt es gerade, hart zu sein, mit Mitgefühl allein richtete man nichts aus! Wer an tränenden Augen litt, taugte nicht als Kutscher durch die Dunkelheit.

Es war eine tote Zeit, man musste froh sein, dass man die errungene Stellung behauptete; vor dem Frühling war an Erweiterungen nicht zu denken. Aber Pelle arbeitete eifrig daran, Anhänger für seine Idee zu werben, er hatte eine Diskussion in der Parteipresse in Gang gebracht und hielt Vorträge. Er suchte am liebsten die ruhigen Gewerkschaften auf, verschmähte alle agitatorische Beredsamkeit und legte seine Idee sachlich dar, auf seinen eigenen Erfahrungen aufbauend. Gerade auf die Trägen hatte er es abgesehen, auf jene, die all die Jahre hindurch den Kern der Bewegung gebildet hatten und immer weiter in den alten Fußstapfen gingen, obwohl die nirgends hinführten. Die Kerntruppen aus dem großen Kampf mussten in erster Linie herbeigerufen werden! Die kannte er; konnte er die bewegen mit ihrer unerschütterlichen Disziplin für seine Idee ins Feuer zu gehen, so war viel gewonnen.

Es war höchste Zeit, dass eine neue Idee kam und sie weiterführte; sie hatten sich bei dem ständigen Marsch auf demselben Fleck müde gelaufen. Aber nun kam er mit einer neuen Idee, an der sie sich nie müde laufen sollten und die sie durch alles hindurchtragen konnte. Und keiner sollte kommen und sagen, dass er sie nicht zu fassen vermochte, denn es war der einfache Gedanke des Heims, der so weit ausgeführt war, dass er das Ganze umschloss. Ellen hatte ihn diesen gelehrt, und wenn sie ihn nicht selber kannten, dann sollten sie zu ihren Frauen nach Hause gehen und ihn lernen. Die grübelten nicht darüber nach, wer von der Familie am wenigsten leistete und am meisten verzehrte, sondern gaben einem jeden nach seinem Bedarf und sahen nur auf den guten Willen. Wie ein gutes, liebevolles Heim, in dem keiner den anderen niederrannte, sollte die Welt sein – verwickelter war die Sache nicht.

Pelle war von früh bis spät auf den Beinen. Es verging fast kein Tag, wo er nicht einen Vortrag hielt oder über seinen Genossenschaftsgedanken schrieb. Oft wurde er in die Provinz gerufen, um dort zu sprechen; man wollte den sonderbaren Fabrikanten, der nicht mehr verdiente als seine Arbeiter, sehen und hören.

Auf diesen Reisen lernte er das Land kennen und sah, dass allerlei von seinen Gedanken da draußen schon vorweggenommen war. Der Bauer, der vor Schrecken erstarrte, wenn man das Wort Sozialdemokrat aussprach, setzte im großen Stil die Ideen der Bewegung in die Tat um; er hatte sich kooperativ eingerichtet und das Land in Genossenschaften aufgeteilt.

»Da müssen wir anknüpfen, wenn wir unser Unternehmen erst besser in Schuss haben«, sagte er zu Brun.

»Wenn die Bauern nur mit uns zusammenarbeiten wollen«, wandte Brun ein. »Sie sind von Natur konservativ.«

Doch sie handelten im Grunde revolutionär; soweit Pelle es beurteilen konnte, war da draußen bald kaum mehr ein Platz von der Größe eines Fingernagels, auf dem das reine Kapital weiterschmarotzen konnte. Die Bauern gingen ganz still vor!

Pelle entstammte selbst einem Bauerngeschlecht und zweifelte nicht daran, dass er schon Fühlung mit dem Lande gewinnen würde, wenn nur erst die Zeit gekommen wäre.

Die Entwicklung vollzog sich von verschiedenen Seiten aus – man bekämpfte sie nicht, wenn man etwas erreichen wollte. Sie war wie ein Gesetz, das dem Dasein innewohnte, ein unanfechtbarer Gottesgedanke, der alles durchzog! Jetzt führte sie ihn und die Seinen ins Feuer, und wenn sie vorrückten, durfte keiner zu Hause bleiben. Mit einem so großen Vorhaben war noch keine Gesellschaftsklasse ins Gefecht gerückt: sie wollten der Schande, dass die menschliche Klugheit die Körper im Weltenraum abwog, darüber aber vergaß das Brot gerecht abzuwiegen, für immer ein Ende machen.

Die erwachende Unzufriedenheit mit dem Alten war ihm nicht unangenehm, sie brachte die stumpfen Gemüter in Bewegung und bereitete den Boden für das Neue. Vorläufig bekam er keinen größeren Zulauf; verschiedene neue Strömungen kämpften um die Menschen, die in ihrem schwankenden Suchen bald nach der einen, bald nach der anderen Seite gezerrt wurden. Aber er hatte das frohe Gefühl, einem Weltgedanken zu dienen, und verlor nicht den Mut.

Die Arbeitslosigkeit und das erwachende Ichgefühl bewogen viele sich Peter Drejer anzuschließen; sie empörten sich gegen die Zustände und sahen keinen anderen Ausweg, als mit allem zu brechen. Sie sprangen nackend aus dem Nichts hervor und forderten, dass ihre Persönlichkeit respektiert werde, aber deren Bürden konnten sie noch nicht tragen – und ihre Hoffnungslosigkeit in Bezug auf das Elend drohte sie zu ersticken. Deshalb betrieben sie Obstruktion; ihre eigene Zerrissenheit bewog sie das Ganze zu zerreißen. Sie waren Pelles schwierigste Gegner.

Bisher hatten sie leider Recht gehabt, aber jetzt begriff er ihre verzweifelte Ungeduld nicht mehr. Er hatte ihnen eine Idee gegeben, womit sie die Welt gerade dadurch erobern konnten, dass sie den Zusammenschluss bewahrten; und wenn sie die nicht annahmen, mussten sie krank sein. Von dem Gesichtspunkt aus nahm er ihre zersplitternde Agitation mit Ruhe hin; das Gesunde würde schon siegen!

Zur Zeit agitierte Peter Drejer für eine Massenkundgebung der Arbeitslosen. Er wollte, dass sich die zwanzigtausend Mann mit Frauen und Kindern auf dem Rathausplatz oder vor dem Schloss Amalienborg versammeln und nicht vom Fleck bewegen sollten, ehe sie nicht die Zusicherung erhalten hatten, dass sich der Staat ihrer annehmen würde.

»Dann bleibt der Öffentlichkeit nur die Wahl, ihre Forderungen anzuhören oder mit Spritzen und Kanonen aufzufahren«, sagte er. Vielleicht gerieten die Dinge dann in Bewegung!

»Pass auf, dass dich die Polizei nicht einlocht«, sagte Pelle warnend. »Dann stehen deine Leute ohne Kopf da und du hast sie in eine lächerliche Situation hineingetrieben, die nur zu einer Niederlage führen kann.«

»Sie sollen sich vorsehen, die Köter!«, entgegnete Peter drohend. »Auf die erste Hand, die nach mir greift, schlage ich los!«

»Und was dann? Was erreichst du dadurch, dass du auf Schutzleute losprügelst? Sie sind nur das Werkzeug – und es gibt genug von der Art!«

Peter lachte scharf. »Nein, es sind nicht die Schutzleute und auch nicht die Leutnants – oder der Polizeichef! Es ist keiner! Das ist so bequem, niemand kann etwas dafür. Auf diese Weise hat man uns immer genasführt – überall duckt sich das Böse und verschwindet, wenn man es packen will; ich bin es ja gar nicht gewesen! Jetzt, wo der Arbeiter sich erhebt und sein Recht fordert, erblickt der Arbeitgeber einen Vorteil darin, zu verschwinden, und die unpersönliche Aktiengesellschaft taucht auf. Ach, diese verdammte Drückebergerei! Wo soll man sich denn hinwenden? Keiner hat mehr Schuld! Aber, siehst du, jetzt soll etwas getan werden! Treffe ich die Hand, so treffe ich auch das, was dahintersteckt – man muss auf das losschlagen, was man sieht. Ich habe mir gegen die Polizei einen Revolver angeschafft; es soll nicht ungestraft zu einem unschuldigen Broterwerb gemacht werden, gegen seine eigenen Mitmenschen Waffen zu tragen.«

17

Pelle kam an einem Samstagabend mit dem Zug nach Hause; er war in der Provinz gewesen und hatte bei der Einrichtung eines Genossenschaftsunternehmens Hilfe geleistet.

Es war spät, aber viele Läden waren noch offen; sie warfen ein strahlendes Licht in den Staubregen, worin der große Strom der Fußgänger gleichmäßig weiterlief. Jetzt erst kamen die arbeitenden Frauen aus der inneren Stadt, bleiche Maschinenschreiberinnen, Kassiererinnen, denen noch die Spannung des Kolportageromans in den Augen stand, Näherinnen aus den großen Geschäften. Einige hasteten dahin, den Blick geradeaus gerichtet, ohne sich von den einsamen Schwärmern der Straße stören zu lassen; sie hatten etwas, das auf sie wartete – vielleicht ein kleines Kind. Andere hatten nichts, was sie zur Eile antrieb, sie gingen dahin und sahen sich müde um – und konnten plötzlich aufleben bei dem Anblick eines jungen Mannes im Gewimmel.

Die Scheuerfrauen waren auf dem Weg nach Hause, den Korb am Arm; sie hatten einen langen Tag gehabt und schlurften müde dahin. Die Straße war voll von Arbeiterinnen; es war die umgekehrte Welt! Die schlechten Zeiten lockten die Frauen hervor und verbannten die Männer in die Wohnungen. Auf dem Heimweg besorgten sie die Einkäufe für den Sonntag; in den Schlächter- und Butterläden standen sie, ließen die Köpfe hängen wie müde Gäule und warteten, bis sie an die Reihe kamen. Blau gefrorene Kinder standen da und reckten sich, die Hand krampfhaft um das Geld geballt; sie legten das Kinn auf den Ladentisch und glotzten gierig die Esswaren an, während sich das Licht wunderbar weich in ihren begehrlichen Augen brach.

Pelle schritt rasch dahin, um auf das offene Land zu kommen. Er liebte diese öden Gassen am Rande der Stadt nicht, wo sich die Armut wie ein Vogelberg zu beiden Seiten der schmalen Kluft erhob und die Dunkelheit unter so vielem seufzte. Wenn er in eine endlose Steinschlucht hineingeriet, wo sich Ein- und Zweizimmerwohnungen in sieben Reihen übereinander erhoben, so weit er sehen konnte, drohte ihn der Mut zu verlassen. Es war wie eine Wanderung über einen ungeheuren Friedhof voll zerstörter Hoffnungen, alle diese tausenden von Familien waren wie ebenso viele unglückliche Geschicke; hoffnungsvoll hatten sie alle begonnen und nun saßen sie hier und kämpften mit der Leere.

Er ging rasch den Feldweg entlang. Es war stockdunkel und es regnete, aber er kannte die Gräben und Pfade auswendig. Hoch auf dem Hügel schimmerte ein Licht, das an einen Stern erinnerte, der niedrig am Himmel stand – es musste die Lampe in Bruns Schlafzimmer sein. Er wunderte sich, dass der Alte noch auf war; er ermüdete jetzt schnell, wo er die Tätigkeit eines langen Lebens aufgegeben hatte, und pflegte früh zu Bett zu gehen. Vielleicht hatte er vergessen die Lampe zu löschen.

Pelle hatte den Kragen hochgeschlagen, ihm war so recht wohlig zu Mute – er liebte es, allein in der Dunkelheit zu gehen. In alten Zeiten hatte ihn ihre Leere mit panischem Schrecken erfüllt, aber das Gefängnis hatte ihn mit ihr vertraut gemacht; er freute sich immer auf die einsamen nächtlichen Wanderungen heimwärts über die Felder. Dann erstarb der Lärm der Stadt hinter ihm und er atmete die reine Luft, die ihm unmittelbar aus dem Weltenraum entgegenzuströmen schien. All das, was ein Mann mit niemand teilen kann, stieg bei diesen Wanderungen in ihm auf. In dem täglichen Kampf hatte er oft das niederdrückende Gefühl, dass der Ausgang vom Zufall abhing. Es war nicht leicht, sich in dem tausendstimmigen Lärm Gehör zu verschaffen, es gehörte etwas Sensationelles dazu, um die Aufmerksamkeit zu fesseln, und er kam nur mit einer ganz gewöhnlichen Idee und behauptete, dass sie, ohne ein Rad anzuhalten, die Welt umzuwandeln vermöge. Die bestehende Ordnung machte sich nicht einmal die Mühe, ihn zu bekämpfen, selbst die Fabrikanten innerhalb des Fachs begegneten seinem Unternehmen mit Ruhe und schienen den Krieg gegen ihn aufgegeben zu haben. Er war auf großen Widerstand gefasst gewesen und hatte sich darauf gefreut, ihn zu überwinden, aber die Gleichgültigkeit ließ ihn oft an sich selbst zweifeln. Seine unbezwingbare Idee ging unter in dem bunten Wirrwarr des Lebens!

Doch hier auf dem Lande, wo die Nacht als große Ruhe über der Erde lag, kehrten seine Kräfte zurück. Alles Gleichgültige fiel ab und er sah, dass er wie die großen Brückenpfeiler sein Eigentliches unter der Oberfläche hatte. So unscheinbar er auch schien, so ruhte er doch auf einem gewaltigen Fundament; die Einsamkeit um ihn her entschleierte ihm das und bewirkte, dass er sich mächtig fühlte. Während man sein Unternehmen übersah, wollte er es so stark machen, dass sie mit der Stirn dagegenrannten, wenn sie erwachten. Pelle war glücklich auf dem Lande zu wohnen, es war sein Traum, dass einstmals auch die Arbeiter wieder hier herausziehen sollten. Die Stadt wurde ihm immer widerwärtiger, er konnte nie ganz vertraut mit ihr werden. Es war ihm immer gleich sonderbar, sich in diesem summenden Bienenkorb zu bewegen, wo ein jeder auf seine eigene Rechnung zu schnurren schien und sich doch alle unter einen großen Willen beugten – den des Hungers. Die Stadt hatte eine dumpfe Macht über die Gemüter, sie zog die Armen durch eine lügenhafte Vorspiegelung von Glück an. Und hatte sie sie erst einmal, so hielt sie sie dämonisch fest. Die giftige Luft war wie Opium, die elendsten Armen erträumten sich darin das Glück; und wenn sie erst Geschmack daran gefunden hatten, konnten sie nicht mehr hinausfinden in den schlichten Alltag. Es lag immer etwas Entsetzliches hinter der Physiognomie der Stadt, als lauere sie nur darauf, Menschen in ihr Netz zu ziehen und sie auszusaugen. Am Tage konnte dies von dem vielen Lärm verschleiert werden, aber in der Dunkelheit kam es an die Oberfläche.

Jeden Abend, ehe Pelle zu Bett ging, musste er ans Fenster treten und in die Nacht hinausstarren; das war eine alte Bauernsitte, die er von Vater Lasse und von dessen Vater geerbt hatte. Dann schweifte sein Blick fragend über die Stadt, wo seine Gedanken bereits weilten. An sonnigen Tagen sah man nur Dunst und Rauch, aber in einer so stockfinsteren Nacht lag ein festlicher Lichtschimmer darüber. Die Stadt hatte eine eigentümliche Gabe, die Dunkelheit auf sich herabzuziehen und ein weißes, künstliches Licht darin anzuzünden. Sie lag niedrig, wie ein Sumpf mit Gefälle von allen Seiten, alle Abflüsse mündeten darin; ihr leuchtender Nebel schien bis an die äußersten Grenzen des Landes zu reichen – alles strebte ihr zu. Große goldene Fliegen hingen schaukelnd in metallischer Pracht über dem Sumpf. Mücken tanzten darüber hin gleich sorglosen Schatten. Ein unaufhörliches Summen stieg daraus empor und darunter lag die Tiefe, die das alles großgezogen hatte, und brodelte so, dass man es bis hier oben hörte.

Zuweilen flackerte das Licht am Himmel auf wie der Schein aus einer gewaltigen Esse. Es war, als poche ein ungeheures Herz in der Dunkelheit dort, sein eigenes wurde davon angesteckt und krampfte sich in dumpfer Angst zusammen. Schreie konnten plötzlich von daher aufsteigen und man wünschte es fast; ein starker Ausbruch wäre nach der ewigen latenten Spannung eine Erleichterung gewesen. Dort unten, unter den Mauern der Stadt, war die Dunkelheit immer lebendig; gleich einem schweren Lebensstrom glitt sie dahin, rann träge zwischen Kneipen, Lasterhöhlen und Mietskasernen mit ihrem verhängnisvollen Inhalt von

Not und Verwünschung. Ihr geheimes Treiben flößte ihm Schrecken ein; er hasste die Stadt um ihrer Finsternis willen, die so vieles verbarg.

Er war vor der »Morgendämmerung« stehen geblieben und starrte hinab. Plötzlich hörte er einen Laut von drinnen, der ihn zusammenfahren ließ; rasch schloss er auf und ging hinein. Ellen kam auf die Diele hinaus, sie sah verstört aus.

»Gottlob, dass du kommst«, sagte sie, »Anna ist so krank.« Sie vergaß ihm Guten Tag zu sagen.

»Ist es ernst?«, fragte Pelle und warf hastig Hut und Rock ab.

»Es ist wieder die alte Geschichte. Ich ließ in einem Wagen vom Hof den Doktor aus der Stadt holen – das ist teuer geworden, aber Brun sagte, ich sollte es tun. Sie bekommt warme Milch mit Emser Salz und Sodawasser. – Du musst dich wohl erst etwas aufwärmen, ehe du zu ihr hineingehst – aber beeile dich ein wenig. Sie fragt fortwährend nach dir.«

Im Krankenzimmer herrschte Dämmerung. Ellen hatte einen roten Schirm über die Lampe gehängt, damit das Licht die Kleine nicht stören solle. Brun saß auf einem Stuhl am Bett und starrte das Kind unverwandt an, das im Fieberschlummer dalag und vor sich hin plapperte. Er machte Pelle ein Zeichen, dass er ganz leise gehen solle. »Sie schläft«, flüsterte er. Der alte Mann sah unglücklich aus.

Pelle beugte sich geräuschlos über sie. Sie lag mit geschlossenen Augen da, schlief aber nicht, ihr heißer Atem ging in kurzen Stößen über sein Gesicht. Als er sich aufrichten wollte, öffnete sie die Augen und lächelte ihn an.

»Was ist das mit Schwester, will sie uns wieder krank werden?«, fragte er leise. »Ich glaubte, die Sonne hätte die alte Bronchitis weggejagt.«

Das Kind schüttelte ergeben den Kopf. »Hörst du nicht den Kellermann?«, flüsterte sie. Er saß in ihrer Luftröhre und pfiff aus Leibeskräften, sie lauschte ernst nach ihm hin, dann steckte sie die Hand unter der Bettdecke hervor und strich dem Vater übers Gesicht, als wolle sie ihn trösten.

Brun steckte die Hand schnell wieder zurück und deckte das Kind bis über die Schultern zu.

»Da wäre die Puppe beinahe auf und davon geflogen«, sagte er bedenklich. Er hatte ihr eine große Puppe versprochen, wenn sie sich gut unter der Decke halten würde.

»Krieg ich sie noch?«, fragte sie keuchend und starrte ihn erschreckt an.

»Ja, natürlich kriegst du sie. Und wenn du rasch wieder gesund wirst, sollst du auch einen Puppenwagen haben – mit Gummirädern.«

Ellen kam herein und unterbrach sie. »Jetzt hab ich Herrn Bruns Schlafstube fertig gemacht«, sagte sie und legte beruhigend die Hand auf die gespannten Züge des Kindes.

Der Bibliothekar erhob sich zögernd. »Mit anderen Worten, nun soll Herr Brun zu Bett gehen!«, sagte er halb ärgerlich. »Na ja, gute Nacht denn! Ich verlasse mich darauf, dass ihr mich ruft, wenn es schlimmer werden sollte.«

»Wie gut er doch ist«, sagte Ellen leise. »Er hat die ganze Zeit hier gesessen und Acht gegeben, dass Anna gut zugedeckt war. Wir wagten kaum uns zu rühren, sie müsse Ruhe haben, sagte er; aber er selbst konnte es nicht lassen, mit ihr zu plaudern, sobald sie nur die Augen öffnete.«

Ellen hatte Lasse Fredrik in das Schlafzimmer unten gebettet und ihr Lager hier oben aufgeschlagen, damit sie bei dem Kind wachen konnte.

»Jetzt solltest du schlafen gehen«, sagte sie leise zu Pelle, »du musst ja todmüde sein nach der Reise. Vorige Nacht in der Bahn hast du wohl auch nicht viel Schlaf gekriegt?«

Er sah müde aus, aber ihre Überredungskünste nützten nichts, er wollte hier oben bleiben. »Ich kann unter diesen Umständen doch nicht schlafen«, flüsterte er, »und morgen ist ja Sonntag.«

»Dann leg dich auf mein Bett! Da ruhst du dich doch wenigstens etwas aus.«

Er legte sich hin, um sich ihr zu fügen, und lag nun da und starrte zur Decke empor, während er den kurzen, röchelnden Atemzügen des Kindes lauschte. Er konnte hören, dass sie nicht schlief; sie lag da und spielte mit dem röchelnden Laut und ließ den Kellermann bald mit grober Stimme reden, bald pfeifen. Sie schien ganz vertraut mit diesem bösartigen Gerede, mit dem sie schon so viele Stunden ihrer Krankheit verbracht hatte, und das in Pelles Ohren so qualvoll klang. Sie hatte eine erstaunlich ergebene Art, die Krankheit zu ertragen, die den Wesen aus den Hintergassen anhaftete; sie wurde nicht ungeduldig und anspruchsvoll, sondern lag in der Regel da und unterhielt sich selber. Es war, als sei sie ihrem Lager dankbar, sie war immer am besten gelaunt, wenn sie lag. Die Sonne hier draußen hatte sie tüchtig gebräunt, aber es musste etwas in ihr sitzen, was sie noch nicht überwunden hatte – man entrann der bösen Macht der Hintergasse nicht so leicht.

Jedes Mal, wenn sie einen Hustenanfall bekam, richtete Pelle sie auf und half ihr ausspeien. Sie wurde blaurot vom Husten. Dann kam Ellen mit der warmen Milch und dem Emser Salz, die Kleine trank mit einem resignierten Ausdruck – und sank wieder in die Kissen zurück.

»So schlimm ist es noch nie gewesen«, flüsterte Ellen. »Was kann das da nützen? Vielleicht ist die Landluft gar nicht gut für sie.«

»Das sollte sie doch eigentlich sein«, erwiderte Pelle, »denn sonst wäre sie ja ein armes, kleines, vergiftetes Ding.«

Ellen erwog die Möglichkeit, dass sie um des Kindes willen wieder in die Stadt zurückziehen müssten. Für sie war die Stadtluft nicht heimtückisch, sondern milder als die Luft hier draußen. Durch mehrere Generationen war sie daran gewöhnt und hatte ihre schädlichen Einflüsse überwunden; für sie war sie gut, wie es nur die Luft der heimatlichen Gegend ist. Sie konnte überall wohnen, aber auf die Heimat ihrer Kindheit ließ sie nichts kommen.

Die Kleine war durch ihr Flüstern erwacht und lag da und starrte sie an. »Ich sterbe doch nicht etwa?«, fragte sie in die Stube hinein.

Ellen beugte sich über sie.

»Du musst dich ruhig hinlegen und nicht an so was denken«, sagte sie angsterfüllt.

Aber das Kind blieb hartnäckig bei dem Gedanken. »Wenn ich nun sterbe, seid ihr dann über mich ebenso traurig wie über Johanne?«, fragte sie gespannt und wandte keinen Blick von den Eltern.

Pelle nickte nur, es war ihm unmöglich, etwas zu sagen.

»Willst du den Boden schwarz teeren, um zu zeigen, dass du über mich trauerst? Willst du das tun, Vater?«, fuhr sie unerbittlich fort, indem sie ihn ansah.

»Ja, ja!«, sagte Ellen verzweifelt und küsste sie auf den Mund, um sie zum Schweigen zu bringen.

Da legte sich das Kind befriedigt auf die Seite, einen Augenblick später war es eingeschlafen.

»Sie ist gar nicht mehr heiß«, flüsterte Pelle. »Ich glaube, das Fieber hat nachgelassen.« Sein Gesicht war sehr ernst; der Tod hatte mit seiner kalten Hand darüber hingestrichen. Er wusste, dass es nur im Scherz geschehen war, konnte aber den Eindruck nicht abschütteln.

Sie saßen schweigend da und lauschten dem Atem des Kindes, der jetzt ruhig klang; Ellen hatte Pelles Hand gefasst, von Zeit zu Zeit zuckte sie schaudernd zusammen. Sie rührten sich nicht, sondern saßen nur da und lauschten, während die Zeit singend verrann.

Dann krähte der Hahn und weckte Pelle. Die Uhr war drei; das Kind hatte jetzt zwei Stunden ruhig geschlafen. Die Lampe war im Begriff, auszugehen, er konnte gerade noch Ellens Profil in der

Dämmerung erkennen; die Schwangerschaft hatte ein wenig von der Fülle des Sommers verzehrt und das Gesicht zarter gemacht. Sie sah müde aus.

Lautlos erhob er sich und küsste sie auf die Stirn. »Geh jetzt hinunter und leg dich schlafen«, flüsterte er und führte sie an die Tür.

Draußen wurden schleichende Schritte hörbar, es war Brun, der gekommen war, um an der Tür zu lauschen, wie es der Kranken ginge; er war gar nicht zu Bett gewesen. In seinem Arbeitszimmer brannte die Lampe und der Tisch war voll von Papieren; er hatte gesessen und geschrieben.

Er wurde ganz heiter, als er hörte, dass der Anfall überstanden war. »Ich finde, die gnädige Frau sollte uns lieber eine Tasse Kaffee machen«, erwiderte er, als Ellen mit ihm schalt, weil er noch nicht schlief.

Ellen ging hinunter und machte Kaffee. Sie tranken ihn in Bruns Zimmer; die Türen waren nur angelehnt, sodass sie nach dem Kind hören konnten.

»Das ist eine böse Nacht gewesen«, sagte Pelle und strich sich über die Stirn.

»Ja, wenn es so weitergeht, werden wir wohl in die Stadt zurückziehen müssen«, sagte Ellen hartnäckig.

»Wir wollen lieber mit kalten Abwaschungen anfangen, sobald sie wieder gesund ist, und sie abzuhärten versuchen«, sagte Pelle.

»Pelle glaubt nämlich, dass sich die schlechte und die gute Luft um das Kind streiten und dass sie nur deshalb elender ist als in der Stadt«, wandte sich Ellen an Brun.

»So ist es auch«, sagte Brun ernst. »Und so ein krankes Kind gibt einem zu denken.«

18

Am nächsten Tag kam man erst spät in Gang. Ellen erwachte erst gegen zehn Uhr und war ganz erschrocken; aber als sie aufgestanden war, fand sie es überall warm und aufgeräumt. Lasse Fredrik hatte das besorgt. Sie konnte gleich das Frühstück machen.

Schwester war wieder ganz munter. Ellen trug sie in die Wohnstube hinunter und bettete sie auf das Sofa, da saß sie zwischen Kissen und aß mit am Tisch.

»Tut es dir Leid, dass Schwester wieder gesund ist, alter Mann?«, fragte Svend Tröst.

»Ich heiße nicht alter Mann. Ich heiße Großvater – oder auch Herr Brun!«, sagte der Bibliothekar lachend und sah zu Ellen hinüber. Sie errötete.

»Tut es dir Leid, dass Schwester wieder gesund ist, Großvater?«, wiederholte der Kleine mit drolliger Pedanterie.

»Warum sollte mir das Leid tun, du kleiner Dummerjan?«

»Denn nu musst du ja mit deinem Geld rausrücken!«

»Die Puppe, ja – das ist auch wahr. Du musst dich bis morgen gedulden, mein Kind, denn heute ist Sonntag.«

Anna hatte ihr weich gekochtes Ei gegessen und die Schale im Eierbecher umgekehrt, sodass es aussah, als sei das Ei unberührt. Sie schob es langsam zu Brun hinüber.

»Aber was ist denn das!«, rief er und schob die Brille auf die Stirn hinauf. »Du hast ja dein Ei nicht gegessen!«

»Ich kann nicht«, sagte sie und ließ den Kopf hängen.

»Dann muss dir ja etwas fehlen«, sagte der Alte und tat sehr erstaunt, »so ein großes, schönes Ei! Nun ja, dann esse ich es.« Er zerschlug das Ei, Anna und Svend Tröst folgten seinen Bewegungen mit jubelnden Augen und mussten sich den Mund zuhalten; erst in dem Augenblick, als der Löffel durch die Schale plumpste und Brun aufsprang, um ihnen das Ganze an den Kopf zu werfen, platzten sie los. Das war ein Spaß, der endlos wiederholt werden konnte, ohne dass die drei ihn überbekamen.

Während sie aßen, kam der Bauer vom Bakkehof, um zu sagen, dass sie sich darauf gefasst machen müssten, umzuziehen, da er die Absicht habe, das Haus zu verkaufen. Er gehörte zu den Stadtrandbauern, die die Großstadt aus dem Gleichgewicht gebracht hatte. Er hatte hier oben gesessen und gesehen, wie die Stadt um ein Gehöft nach dem anderen herumgewachsen war und die Besitzer zu Millionären gemacht hatte, und nun wartete er ständig darauf, dass auch an ihn die Reihe käme. Seine Äcker vernachlässigte er, selbst die reichste Ernte erschien lächerlich klein, verglichen mit seinen goldenen Träumen – da konnten seinetwegen die Felder brachliegen und Unkraut tragen.

Ellen war ebenso bestürzt wie Pelle bei dem Gedanken, die »Morgendämmerung« verlassen zu müssen. Dies war ihr Heim, ihr Nest; all ihr Glück und Gedeihen war an dieses Haus geknüpft.

»Sie können das Haus ja kaufen«, sagte der Bauer. »Ich habe ein Angebot von fünfzehntausend – dafür will ich es hergeben.«

Nachdem er gegangen war, saßen sie da und überlegten.

»Das ist sehr billig«, sagte Brun. »In ein paar Jahren zieht sich die Stadt bis hier heraus und dann ist es mindestens das Doppelte wert!«

»Ja, das mag sein«, erwiderte Pelle. »Aber diese Summe will beschafft und verzinst sein.«

»Es stehen ja achttausend als erste Hypothek, und der Hypothekenverein leiht die Hälfte – das macht zwölf. Dann fehlen nur noch dreitausend, und die will ich gern als dritte Hypothek hineinstecken«, sagte Brun.

Aber das wollte Pelle nicht.

»Für Ihr Geld haben wir Verwendung genug in unserem Betrieb«, sagte er.

»Ja, ja, aber wenn ihr das Haus in Stand setzt und es taxieren lasst, so bin ich überzeugt, dass ihr die ganzen fünfzehntausend von den Darlehensvereinen erhalten könnt«, sagte Brun. »Ich glaube, ihr werdet gut dabei fahren!«

Ellen hatte Papier und Bleistift geholt und saß da und rechnete. »Wie viel Prozent rechnet man für Zinsen und Abzahlungen?«, fragte sie.

»Fünf«, meinte der Alte. »Alle Instandhaltungsarbeiten macht ihr ja doch selbst.«

»Dann wage ich es!«, sagte sie und sah die beiden mutig an. »Es muss herrlich sein, sein eigenes Haus zu haben! Meinst du nicht auch, Pelle?«

»Nein, ich finde, es ist ein ganz wilder Gedanke«, erwiderte Pelle. »Wir laden uns eine Hausmiete von siebenhundertundfünfzig Kronen auf.«

Ellen war nicht bange vor der Hausmiete. Die konnten das Haus und der Garten wohl tragen. »In ein paar Jahren können wir den Grund und Boden als Bauplatz verkaufen und viel Geld dabei verdienen«, sagte sie. Ihre Wangen glühten.

Pelle lachte. »Ja, die Spekulation – geht denn der Bakkehofbauer nicht daran zu Grunde?« Er hatte genug um die Ohren und empfand kein Bedürfnis, sich auch noch die Mühen aufzuladen, die ein eigenes Haus verursachte.

Aber Ellen wurde nur erpichter darauf. »Dann kauf du es doch!«, sagte Pelle lachend. »Ich habe keine Lust Millionär zu werden.«

Ja, das wollte Ellen gern. »Aber dann soll das Haus auch mir gehören«, erklärte sie. »Und wenn ich Geld daran verdiene, will ich auch das Recht haben, es so zu verwenden, wie es mir passt. Es soll nicht in eure bodenlose Genossenschaftskasse gehen.« Die Männer lachten.

»Brun und ich machen jetzt einen Spaziergang«, sagte Pelle. »Dann können wir ja gleich hingehen und den Kauf für dich abschließen.«

Sie gingen unten um den Garten herum, an dem südlichen Hügelrand entlang. Das Wetter war klar, es herrschte leichter Frost; über den Feldern lag weißer Reif. Wohin die niedrig stehende Sonne fiel, da schmolz der Reif und sah das welke Grün hervor.

»Hier ist es wirklich hübsch«, sagte Brun. »Sieh, wie schmuck sich die Stadt mit ihren Türmen ausnimmt – man darf nur nicht da unten wohnen. Über Nacht, als das Kind dalag und mit seinem Husten kämpfte, habe ich darüber nachgedacht – die Arbeiter haben keinen Anteil an der Sonne! Auch die nicht, die sonst ganz gut gestellt sind. Und da wandelte mich die Lust an, hier auf dem Hügelkamm Wohnungen für unsere Leute zu bauen, zu beiden Seiten der ›Morgendämmerung‹ – die Leute der neuen Zeit sollten eigentlich höher und heller wohnen als andere. Ich habe mir gedacht, die Sache so zu ordnen, dass ich vorläufig für die Grundstücke hafte und dass der Betrieb sie dann allmählich aus seinem Überschuss einlöst. Das ist ebenso praktisch, als den Überschuss unter die Arbeiter zu verteilen; dadurch schaffen wir Werte für unser Unternehmen. Apropos Überschuss – du hast gut gearbeitet, Pelle! Ich habe mir über Nacht einen Überblick verschafft, es werden in diesem Jahre schon zehntausend Kronen sein. Nun, um aber auf das zurückzukommen, worüber wir sprachen: Die Hypotheken pflegen die Kosten der Bebauung zu decken, und wenn sie nach einer Reihe von Jahren amortisiert sind, steht das Ganze unbelastet da.«

»Wem soll es denn gehören?«, fragte Pelle. Er kaute im Gehen auf einem Grashalm und setzte die Beine vorsichtig vorwärts – wie ein Bauer, der auf umgepflügter Erde geht.

»Der Genossenschaft! Es muss so geordnet werden, dass die Häuser nicht übertragen und mit keinen neuen Hypotheken belastet werden können. Unser Genossenschaftsbetrieb muss jeder Form von Spekulation entzogen sein, dadurch wird der Einfluss des Kapitals begrenzt. Alles muss auf sich beruhen und muss innerhalb seines Rahmens den Einzelbesitz aufheben können. Du siehst, es ist deine eigene Idee von einem Staat im Staate, die ich weiterentwickle! Bisher ist es noch nicht leicht, eine juristische Form dafür zu finden, aber vorläufig leiten du und ich es – und Morten, wenn er mittun will. Ich denke mir, er kehrt mit frischen Kräften heim!«

»Und wann soll dieser Plan verwirklicht werden? In absehbarer Zukunft?«

»Schon jetzt, in diesem Winter, hatte ich gedacht – dadurch wirken wir ja auch etwas der großen Arbeitslosigkeit entgegen. Dreißig Häuser – das ist doch immerhin ein Anfang. Und dahinter liegt die ganze Welt, Pelle!«

»Wollen Sie die Benutzung der Wohnungen für unsere Arbeiter obligatorisch machen?«

»Ja – Genossenschaft verpflichtet. Man kann nicht halb außerhalb und halb innerhalb sein! Nun, wie denkst du darüber?«

»Es ist ein großer Plan!«, sagte Pelle. »Wir erbauen unsere eigene Stadt auf dem Berge!«

Das Antlitz des Alten leuchtete vor Freude. »Es ist doch auch ein wenig Gutes an mir, wie? In meinen Adern fließt altes Kaufmannsblut. Meine Vorfahren haben sich eine Welt zusammengezimmert, warum sollte ich geringer sein als sie? Ich müsste nur jünger sein, Pelle!«

Sie gingen rund um den Hügel herum und kamen von der anderen Seite zu dem Gehöft. »Das Ganze wäre im Grunde nicht zu groß, wenn wir Platz haben wollen, uns auszudehnen«, sagte Pelle, dem nicht bange war, weit auszulangen, wo es sich um einen großen Plan handelte.

»Ich habe eben denselben Gedanken gehabt«, erwiderte Brun. »Wie groß ist das hier – ein paar hundert Tonnen Land? Da wird für ungefähr tausend Familien Platz sein, wenn jede ein ordentliches Fleckchen Erde haben soll.«

Und dann gingen sie zu dem Bauern und erstanden das Ganze für eine Viertelmillion.

»Aber Ellen – was machen wir mit Ellen?«, rief Pelle, als sie auf dem Heimweg waren.

»Ja, das ist auch wahr! In ihrem Auftrag sind wir ja hierher gegangen – und nun haben wir selber das Geschäft gemacht. Nun, sie wird sich schon dareinfinden, wenn sie erst hört, um was es sich handelt.«

»Dessen bin ich nicht sicher«, sagte Pelle lachend. »Vielleicht, wenn Sie sich mit ihr einigen.«

»Nun, habt ihr das Haus bekommen?«, fragte Ellen, sie stand in der Tür und empfing sie.

»Wir haben viel mehr als das bekommen«, sagte Brun munter. »Wir haben den ganzen Krempel gekauft.«

»Ist das euer Ernst, Pelle?«

Er nickte.

»Und wie wird es mit meinem Haus?«, fragte sie langsam.

»Ja, das haben wir zusammen mit allem anderen gekauft«, sagte Brun. »Aber es kann leicht abgeteilt werden – es ist nur ein wenig früh, aus der Genossenschaft ein Stück herauszuschneiden, ehe sie noch etabliert ist!« Er saß eine Weile da und wartete darauf, dass Ellen etwas sagen sollte. Als sie hartnäckig schwieg, fuhr er ein wenig kurz angebunden fort: »Nun ja – dann ist nichts weiter über die Sache zu sagen! Recht soll Recht bleiben – morgen werde ich die nötigen Anstalten treffen, dass das Haus auf Ihren Namen geschrieben wird. Dann müssen wir die ganze Geschichte aufgeben, Pelle. Wir können doch nicht zulassen, dass der Mann, der für das Ganze einsteht, auf seinem privaten Grund und Boden wohnt. Damit ist der Plan ins Wasser gefallen!«

»Falls sich nicht Ellen und ich jeder in seinem Haus einrichten«, sagte Pelle verschmitzt. »Ich kann ja gleich jenseits der Grenzscheide bauen, dann können wir einander noch zunicken.«

Ellen sah ihn ernsthaft an.

»Ich finde nur, es ist ein wenig sonderbar, dass man über meine Angelegenheiten bestimmt, ohne mich zuvor zu fragen«, sagte sie endlich.

»Ja, das war auch rücksichtslos von uns«, sagte Brun, »wir hoffen, dass Sie es vergessen werden. Sie verzichten also auf das Haus?«

»Dazu bin ich wohl gezwungen, wenn Pelle damit droht, von mir wegzuziehen«, entgegnete Ellen lächelnd. »Aber Leid tut es mir; ich bin überzeugt, es wäre mit der Zeit Geld daran zu verdienen gewesen.«

»Es würde amüsant werden, wenn die Frauen in unsere verlassenen Schneckenhäuser einziehen wollten«, sagte Brun halb im Ernst.

»Ellen ist immer ein unverbesserlicher Kapitalist gewesen«, warf Pelle ein.

»Ich habe noch nie so viel Geld gehabt, dass ich nicht wissen sollte, was es wert ist«, erwiderte Ellen schlagfertig.

Der alte Brun lachte. »Das war wohl auf Herrn Brun gemünzt?«, sagte er. »Aber da Sie so viel Mut zu Bodenspekulationen haben, Frau Ellen, so will ich Ihnen einen Vorschlag machen. Zu dem Areal, das wir gekauft haben, gehört ein Stückchen Wiese, das nach der Stadt zu liegt – am Moor; das bekommen Sie als Abfindung. Es ist augenblicklich nicht viel wert und muss trockengelegt werden, um überhaupt einen Wert zu erlangen. Aber es wird nicht lange dauern, da ist die Stadt draußen und fordert Platz.«

Dagegen hatte Ellen nichts einzuwenden. »Aber dann will ich auch selbst über das verfügen dürfen, was dabei herauskommt«, sagte sie.

19

Die Sonne hielt tapfer aus in diesem Jahr. Bis in den Dezember hinein hingen noch Überreste des Sommers in der Luft. Jedes Mal, wenn das schlechte Wetter kam, sagte Ellen: »Jetzt kriegen wir sicher Winter!« Aber die Sonne schlug den Winter noch einmal aus dem Felde, sie ging ganz niedrig im Süden unter und guckte in die Stube hinein, als wolle sie alle Bilder zählen.

Die große gelbe Gloire de Dijon fuhr fort zu blühen, jeden Tag kam Ellen mit einem großen Strauß aus Rosen und blutfarbigem Laub nach Hause. Sie ging schwerfällig; die frische Kälte biss sie in die Nase, die immer spitzer wurde, und färbte ihre Wangen rot. Eines Tages kam sie und hielt Pelle einen großen Strauß hin. »Wie viel Geld bekomme ich, um Weihnachten dafür zu feiern?«, fragte sie.

Ja, wahrhaftig, das Jahr war bald herum!

Nach Neujahr wurde es im Ernst Winter. Er kam mit viel Schnee und Kälte und machte es zu einer beschwerlichen Angelegenheit, die Verbindung mit der Außenwelt aufrechtzuerhalten; um so enger schloss man sich innerhalb der vier Wände aneinander an. Anna war jetzt schulpflichtig, aber sie litt sehr unter der Kälte und war überhaupt nicht sehr stark; Pelle und Ellen wagten nicht sie so lange durch den Schnee waten zu lassen und unterrichteten sie selbst.

Ellen war ein wenig träge im Gehen geworden und kam jetzt selten in die Stadt; die beiden Männer besorgten die Einkäufe abends auf dem Heimweg. Es war eine tote Zeit; man arbeitete nicht bei Licht, sodass sie früh nach Hause kamen. Ellen hatte das Mittagessen auf fünf Uhr angesetzt, sodass sie alle gemeinsam essen konnten. Nach Tisch ging Herr Brun in der Regel hinauf, um noch einige Stunden zu arbeiten. Er war eifrig damit beschäftigt, Pläne zur Bebauung des Bakkehofgrundstücks auszuarbeiten, und gönnte sich keine Ruhe. Pelles Ideenreichtum und seine Energie wirkten ansteckend auf ihn, sodass die Pläne wuchsen und immer größeren Umfang annahmen; er nahm keine Rücksicht auf seinen zarten Körper, sondern stand früh auf und mühte sich den ganzen Tag mit Genossenschaftsangelegenheiten ab. Es war, als wolle er mit Pelles Jugend wetteifern, als schwebe er in beständiger Angst, dass irgendetwas hinterrücks kommen und das Ganze zu Fall bringen könnte.

Die übrige Familie versammelte sich um die Lampe, ein jeder mit dem Seinen beschäftigt. Svend Trösts Spieltisch war aufgeklappt und er saß da und hämmerte unverdrossen mit seiner kleinen hölzernen Keule auf einem Stück Zeug herum, das Ellen ihm hingelegt hatte, damit er keine Dellen in den Tisch schlug. Er war ein kräftiger, kleiner Bursche, das Fett an den Ärmchen bildete Kringel bis über die kleinen Hände; die Runzeln auf der Stirn standen ihm drollig, wenn man nicht gerade daran dachte, dass er seine Mutter das Leben gekostet hatte. Es sah so aus, als wisse er das selbst, so ernsthaft war er. Er durfte noch ein wenig aufbleiben, um mit ihnen zusammenzusitzen; um sechs Uhr wurde er zu Bett gebracht.

Lasse Fredrik zeichnete oft, wenn er mit seinen Schularbeiten fertig war. Er hatte Anlage dafür und Pelle sah staunend sein eigenes Talent, das ihm lediglich Zuchthaus eingebracht hatte, bei dem Jungen in verbesserter Gestalt wiedererstehen. Er lehrte ihn die Verfahren und nahm selbst nach langer Zeit wieder einen Bleistift zur Hand. Aber seine eigentliche Beschäftigung bestand darin, die Kleine zu unterrichten und ihr von allem zu erzählen, was sich ereignen konnte.

Schwester hörte besonders gern von Tieren und Pelle besaß aus seiner Kuhhirtenzeit einen Reichtum an Erinnerungen, aus dem er schöpfen konnte.

»Haben die Tiere wirklich Verstand?«, fragte Ellen verwundert.

»Du glaubst wirklich, dass sie über die Dinge nachdenken, genau wie wir?«

Für Schwester war das nichts Neues, sie sprach jeden Tag mit den Hühnern und Kaninchen und wusste sehr gut, wie klug sie waren.

»Können die Blumen denn auch denken?«, fragte Lasse Fredrik. Er war gerade dabei, aus dem Gedächtnis eine Blume zu zeichnen, und sie bekam dauernd Ähnlichkeit mit einem Gesicht – daher die Frage.

Pelle meinte, dass es wohl möglich sei.

»Aber Pelle«, sagte Ellen, »jetzt gehst du wirklich zu weit. Denken ist etwas, was nur wir Menschen können.«

»Auf alle Fälle können sie fühlen und das ist doch gewissermaßen auch denken – freilich nur mit dem Herzen. Sie merken es gleich, ob man sie gern hat; ist das nicht der Fall, dann gedeihen sie nicht.«

»Ja, das glaube ich gern; denn wer sie lieb hat, der pflegt sie auch gut«, fuhr Ellen unverbesserlich fort.

»Das kann man doch nicht so als Tatsache hinstellen«, entgegnete Pelle und sah sie neckend an. »Du hast Fleißige Lieschen sehr lieb, aber ein Gärtner würde sicher behaupten, dass du sie wie einen Kohlstrunk behandelst. Und sieh doch, wie fleißig sie trotzdem blühen! Die Blumen erwidern freundliche Gedanken mit Dankbarkeit, und das ist doch eine hübsche Art und Weise zu denken. Der Verstand ist vielleicht gar nicht so viel wert, wie wir Menschen uns einbilden – du denkst ja selbst mit dem Herzen, Mutterchen.« Das war in dieser Zeit, wo sie das Kind erwartete, sein Schmeichelname für sie.

Nach einer solchen Unterbrechung fuhren die beiden fort. Pelle musste Schwester von all den Tieren im Abc-Buch erzählen, von der nützlichen Kuh und von dem Hasen, der den Tau vom Klee ableckt und gerade vor der Nase des Hirtenjungen aufspringt. Im

Winter kam er in den Garten, nagte die Rinde von den jungen Bäumen und fraß dem Bauern seinen Kohl auf. »Ja, das unterschreibe ich«, stimmte Ellen zu und dann lachten sie alle, denn Lampe hatte gerade all ihren Grünkohl verputzt.

Dann schweifte die Kleine plötzlich ab und fragte, ob Kopenhagen immer, immer da gewesen sei! Pelle wusste einen Augenblick keine Antwort, erinnerte sich dann aber glücklicherweise an Bischof Absalon. Er erwähnte dabei, dass in der Hauptstadt eine halbe Million Menschen wohnte.

»Hast du sie gezählt, Vater?«, unterbrach ihn das Kind ganz verdutzt und packte ihn beim Ärmel.

»Ach, das kannst du doch wohl begreifen, dass Vater das nicht getan hat, du kleines Schaf!«, sagte Lasse Fredrik. »Es könnte ja währenddessen einer geboren werden!«

Und dann war man wieder beim Hahn angelangt, der das Buch einleitete und abschloss. Er stand ganz übermütig da und schlief nie; ein eingebildeter Bursche war er, aber wenn Schwester fleißig war, legte er eine Öre zwischen die Blätter. Aber die Hühner legten Eier und es zeigte sich, dass es mit ihnen ebenso ging wie mit den Blumen.

War man gut Freund mit ihnen und behandelte sie als zur Familie gehörig, so legten sie fleißig, machte man aber einen Musterhof für sie und behandelte sie nach allen Regeln der Wissenschaft, so verdienten sie nicht einmal ihr Futter.

Onkel Kalle hatte ein Huhn, das zwischen den Gören in der Stube herumlief, das legte sein Ei den ganzen Winter lang tagtäglich unters Bett, auch wenn kein anderes Huhn mehr legte. Dann kaufte es der Besitzer vom Steinhof als Zuchthuhn, er gab zwanzig Kronen dafür und glaubte, er hätte eine Goldgrube erworben. Aber kaum war es auf den Steinhof gekommen, als es auch schon aufhörte Wintereier zu legen. Denn da gehörte es nicht zur Familie, sondern war ein Huhn, an dem man verdienen wollte.

»Mutters Fleißiges Lieschen blüht den ganzen Winter«, sagte Schwester und sah gerührt nach der Blume hinüber.

»Ja, das kommt daher, weil es sieht, dass wir alle so fleißig sind«, erwiderte Lasse Fredrik mit schelmischem Gesicht.

»Willst du dich wohl schicken, du Strolch!« Pelle langte nach ihm aus.

Ellen saß da und strickte an einem Paar winzig kleiner Strümpfe. Ihr Blick verweilte bald bei dem einen, bald bei dem anderen; sie lächelte nachsichtig zu ihrem Geplauder. Sie waren doch alle miteinander große Kinder!

»Mutter, kann ich die nicht für meine Puppe kriegen?«, fragte Anna und nahm die fertigen Strümpfe.

»Nein, die soll die kleine Schwester haben, wenn sie ankommt.«

»Vorausgesetzt, dass es ein Mädchen wird!«, sagte Lasse Fredrik nüchtern.

»Wann kommt denn die kleine Schwester?«

»Im Frühling, wenn der Storch wieder auf den Hof zurückkehrt; dann bringt er sie mit.«

»Ach was, der Storch!« Lasse Fredrik machte eine verächtliche Miene. »Das ist Quatsch!«

Schwester war auch klüger, als man denken sollte – wenn das Wetter gut war, holte sie die Milch vom Hof.

»Ach, ich weiß recht gut, dass ich in dir gelegen habe, Mutter! Darum hab ich dich doch so lieb«, sagte sie und bohrte den Kopf in den Schoß der Mutter.

»Jetzt musst du zu Bett, mein Herz«, sagte Ellen und stand auf. »Ich kann merken, dass du müde bist.«

Als sie das Kind zu Bett gebracht hatte, kam sie herein und setzte sich wieder hin, um zu stricken.

»Jetzt, finde ich, solltest du Feierabend machen«, sagte Pelle.

»Dann werde ich nicht mehr fertig«, sagte Ellen und ließ die Stricknadeln noch fleißiger klappern.

»Schick es zu einer Maschinenstrickerin – du verdienst ja dabei nicht mal das tägliche Brot. Jedes Ding hat seine Zeit, die Arbeit und die Ruhe, sonst ist man kein Mensch.«

»Mutter kann die Stunde drei Öre mit Stricken verdienen«, sagte Lasse Fredrik, der es ganz genau ausgerechnet hatte.

Ja, was machte das? Ellen meinte doch, dass sie nichts damit versäumte.

»Es ist eigentlich dumm«, sagte Lasse Fredrik plötzlich, »warum wachsen uns nicht dichte Haare an den Beinen? Dann hätte man nicht die Mühe, die Wolle zu scheren, zu spinnen und Strümpfe daraus zu stricken.«

»Nein, was für ein Unsinn!«, sagte Ellen lachend.

»Ja, einmal sind wir doch behaart gewesen«, beharrte Lasse Fredrik. »Es ist bloß dumm, dass es nicht so geblieben ist.«

Pelle war der Ansicht, dass es gar nicht so dumm sei; denn das war ein Zeichen, dass man zu sich selbst gekommen war! Die Tiere wurden fertig geboren; selbst solchen Tieren, die, wie Hühner und Katzen, einen Abscheu vor dem Wasser hatten, war das Schwimmen angeboren; aber die Menschen mussten sich erst aneignen, was sie brauchten, für die sorgte die Natur nicht, weil sie die Verantwortung für sich selbst übernommen hatten; sie waren ja die Herren der Schöpfung.

»Aber dann müssten ja die armen Leute am ganzen Leibe behaart sein«, wandte Ellen ein. »Warum nimmt sich die Natur der Armen nicht ebenso gut an wie der Tiere? Die können doch auch nicht für sich sorgen.«

»Ja, sieh, gerade das können sie«, sagte Pelle, »denn sie bringen ja das meiste hervor. Oder meinst du vielleicht, dass das Geld die Äcker bebaut oder Zeug webt oder die Kohlen aus der Tiefe ans Tageslicht schafft? Das lässt es hübsch bleiben. Das Kapital der ganzen Welt vermag nicht eine Stecknadel von der Erde aufzuheben, wenn keine Hände da sind, die es dazu kaufen kann. Wenn der Arme behaart geboren wäre, so wäre er damit als niedriges Wesen gestempelt, das nichts aus sich selber machen kann. Ist es nicht eigentlich ein Wunder, dass die Natur hartnäckig die Kinder des armen Mannes ebenso nackend zur Welt kommen lässt wie die des Königs – trotz allem, was an Not und Püffen über uns hergeht? Wenn man die neugeborenen Kinder des Fürsten und des Bettlers vertauschte, würde kein Mensch unterscheiden können, welches dem einen und welches dem andern gehört. Es ist, als ob der liebe Gott niemals müde wird, uns unser Adelszeichen vorzuhalten.«

»Glaubst du denn wirklich, dass sich die Welt umwandeln lässt?«, fragte Ellen und sah ihn warm an. Es war so abenteuerlich, dass er, Pelle, den sie in ihre Arme nehmen konnte, sich mit so großen Dingen beschäftigte.

Und Pelle sah sie wieder warm und staunend an. Sie war heute dieselbe wie an dem Tag, als er sie kennen lernte – vielleicht wie an dem Tag, als die Welt erschaffen wurde! Sie wucherte mit nichts, sondern alles war ihr angeboren. Die Welt konnte umgewandelt werden, ja, aber sie blieb alle Tage die, die sie war.

Der Postbote kam mit einem Brief von Morten. Er war zur Zeit unten in Sizilien und hatte die Absicht, an der Nordküste von Afrika entlang nach Südspanien zu reisen. »Dann mache ich vielleicht einen kleinen Abstecher an den Rand der Wüste und versuche, wie es ist, auf Kamelen zu reiten«, schrieb er. Er war gesund und guter Laune; ganz sonderbar war es, sich vorzustellen, dass er bei offenen Türen saß und schrieb, während man hier mit der Kälte kämpfte. Er trank Wein zu jeder Mahlzeit, wie man daheim Dünnbier trank, und schrieb, dass die Oliven- und Apfelsinenernte eben beendet sei.

»Es müsste herrlich sein, auch einmal so zu reisen«, sagte Ellen mit einem Seufzer.

»Wenn sich erst das Neue durchgesetzt hat, gehört das nicht

mehr zu den unerreichbaren Dingen für den Arbeiter«, erwiderte Pelle. Und dann kam Brun herunter – endlich machte er Feierabend. »Ach, zu Hause ist gut sein!«, sagte er und schüttelte sich. »Ein schreckliches Wetter heute Abend!«

»Hier ist ein Brief von Morten«, sagte Pelle und gab ihn ihm.

Der Alte setzte die Brille auf.

20

Wenn der Frost es gestattete, arbeitete man mit voller Kraft an der Ausschachtung des Grundes für die neuen Arbeiterwohnungen. Brun war ganz erfüllt von der Arbeit und ging vom Morgen bis zum Abend draußen herum und fror. Er hatte einen großen Mantel an, den er über den Überrock ziehen konnte, und trug Fausthandschuhe über den pelzgefütterten Handschuhen. Ellen hatte ihm einen großen Schal gestrickt, den er vor den Mund binden sollte; sie gab vom Fenster her Acht auf ihn und musste ihn von Zeit zu Zeit hereinholen, um ihn aufzutauen. Aber ihn im Hause zu halten war unmöglich, er war zu sehr gespannt die Arbeit fortschreiten zu sehen. Wenn der Frost die Erde verschloss und die Arbeit hemmte, trippelte er trotzdem da draußen herum, ruhelos und schlecht gelaunt.

An den Wochentagen war Pelle nie bei Tageslicht zu Hause, aber des Sonntags musste er mit hinaus, sobald der Tag graute, und sehen, was geschafft worden war. Der Alte kam und klopfte an seine Tür.

»Na, Pelle, kommst du noch nicht bald aus den Federn?«

»Er muss noch so lange liegen bleiben, bis er seinen Kaffee getrunken hat«, erklärte Ellen von der Küche aus.

Dann lief Brun noch einmal rund ums Haus, um sich die Zeit zu vertreiben; er war nicht eher zufrieden, als bis er Pelle alles gezeigt und dieser die Veränderungen gutgeheißen hatte. So, hatte er sich gedacht, sollte der Weg verlaufen und dort, wo sich die Wege kreuzten, würde sich ein kleiner Park mit Statuen gut ausnehmen! Ständig sprossten neue Ideen aus dem Unternehmen auf, die Phantasie des Bibliothekars zauberte eine ganze Stadt aus den kahlen Feldern hervor, mit einer Schule, einem Theater und behaglichen Aufenthaltsräumen für die Alten.

»Einen Konsumverein und einen Kindergarten errichten wir gleich«, sagte er. »Allmählich, wenn wir mehr geworden sind, kommt das andere an die Reihe! Nur für ein Armenhaus und ein Gefängnis, denke ich, haben wir keine Verwendung.«

Sie konnten den ganzen Vormittag damit hinbringen, da draußen herumzuwandern und Pläne zu machen. Ellen musste sie hereinholen, wenn sie essen sollten. Sie fand sie in der Regel in eifriger Unterhaltung an irgendeiner Grube stehen – einer ganz gewöhnlichen Erdgrube mit Schneeschlamm oder Eis auf dem Grunde. So wurde jedes Haus angefangen, aber die beiden redeten darüber, als sei es der Anfang zu einer ganz neuen Welt!

Am Tage entbehrte Brun Pelle und sah ebenso eifrig nach ihm aus wie Ellen, wenn die Zeit herankam, wo er von der Arbeit zurückerwartet werden konnte. »Ich werde wirklich ganz eifersüchtig auf ihn«, sagte Ellen und zog Pelle zu sich in die Küche, um ihm unter vier Augen Guten Tag zu sagen. »Wenn er es könnte, nähme er dich mir ganz weg.«

Wenn Pelle einen Vortrag zu halten hatte, kam er erst nach Hause, wenn sich Brun schon zur Ruhe begeben hatte, und des Morgens, wenn er fortging, war der Alte noch nicht auf. Brun fuhr für gewöhnlich nie in die Stadt, er schützte das schlechte Wetter vor, wusste in Wirklichkeit aber nicht, was er dort mit sich anfangen sollte.

Wenn einige Tage vergangen waren, ohne dass er Pelle gesehen hatte, kam eine Unruhe über ihn; er verlor das Interesse an den

Erdarbeiten und trippelte ratlos herum, ohne sich etwas vornehmen zu können. Und plötzlich zog er die Halbstiefel an und ging über die Felder hinweg bis zur Straßenbahn. Dann stand Ellen am Fenster und beobachtete ihn mit gerührtem Lächeln – sie wusste ja, was ihn dort hinzog.

Man hätte glauben können, dass zwischen den beiden geheime Bande des Blutes bestünden, so hingen sie aneinander. »Was macht der Alte?«, war Pelles erste Frage, wenn er zur Tür hereinkam; und wenn Brun sein Vater gewesen wäre, hätte er Pelle nicht mit größerer Bewunderung in seinen Greisenaugen verfolgen können, als er es tat. Wenn Pelle weg war, ging der Alte mit einem Ausdruck umher, als suche er nach etwas.

Ellen war nicht damit einverstanden, dass er bei jedem Wetter draußen herumlief. Am Abend legte sich ihm die Stubenwärme auf die Brust und verschlimmerte seinen Husten.

»Es endet noch mit einer tüchtigen Erkältung«, sagte sie dann. Sie wollte, dass er ein paar Tage im Bett bliebe, damit er die Erkältung los würde, ehe sie sich ganz festgesetzt hatte.

Das war ein ständiger Streit zwischen ihnen und Ellen ruhte nicht eher, als bis sie den Sieg davongetragen hatte. Und als er der Erkältung dies Zugeständnis gemacht hatte, brach sie auch allen Ernstes aus; die Bettwärme taute seinen Körper auf, dass Nase und Augen liefen.

»Ein Glück, dass wir Sie noch rechtzeitig eingefangen haben«, sagte Ellen. »Und nun kommen Sie nicht eher aus dem Bett, als bis der ärgste Frost überstanden ist – und wenn ich Ihnen Ihre Kleider verstecken müsste!« Sie pflegte ihn wie ein Kind und kochte ihm »Kameltee« von Blüten, die sie im Sommer gesammelt und getrocknet hatte.

Er fand sich gut dahinein, sein alter Körper fühlte sich wohl im Bett. Er lag da und genoss es, umhegt zu werden, und ersann bald dies, bald jenes, um von Ellens Händen gepflegt zu werden.

»Jetzt machen Sie sich gewiss kränker, als Sie sind«, sagte sie und lachte ihn aus.

Brun lachte mit. »Ich bin auch noch nie verhätschelt worden«, sagte er. »Seit ich geboren wurde, haben meine Eltern Menschen gedungen, damit sie für mich sorgten – darum bin ich so ausgedörrt. Alles habe ich für Geld kaufen müssen. Nun, es liegt eine gewisse Gerechtigkeit darin, dass Geld die Liebe tötet – sonst bliebe einem nichts mehr zu wünschen übrig.«

»Ja, es ist doch gut, dass man das Beste nicht für Geld kaufen kann!«, sagte Ellen und stopfte ihm die Bettdecke um die Füße.

Brun wurden Kissen hinter den Rücken gestopft, sodass er im Bett arbeiten konnte. Er hatte eine Karte des Bakkehofes neben sich liegen und machte Entwürfe für die Bebauung des Terrains. Seine Gedanken darüber schrieb er in ein Heft nieder, das als Beilage zu den Plänen dienen sollte. Er arbeitete, sobald es hell wurde, bis zur Mitte des Tages; während der Zeit hatte Ellen ihre liebe Not, die Kinder unten zu halten, jeden Augenblick war Svend Tröst auf dem Wege zu dem Alten hinauf.

Am Nachmittag, wenn sie in der Küche fertig war, ging sie auf eine Stunde mit den Kindern zu ihm. Dann bekamen sie ein Bilderbuch und wurden an Bruns großen Arbeitstisch gesetzt; Ellen setzte sich mit ihrem Strickzeug ans Fenster und unterhielt den Alten. Von ihrem Platz aus konnte sie die Erdarbeiten draußen auf dem Feld verfolgen und musste ihm erzählen, wie weit sie mit jedem einzelnen Grund waren.

Es standen immer einige hundert Mann dabei und sahen den Arbeitern zu – eine frierende Schar, die sich ständig vergrößerte. Es waren Arbeitslose, die ausgekundschaftet hatten, dass hier draußen etwas im Gange war.

Lange vor Morgengrauen stellten sie sich ein, in der Hoffnung, hier Arbeit zu bekommen, und den ganzen Tag zog von der Stadt her und wieder zur Stadt zurück eine endlose Kette von trübseligen Männern. Sie glichen hoffnungslos Verdammten, die ein ungeheures Rad traten; über die Felder hinab lief die breite Spur ihrer Tritte.

Brun lag da und quälte sich bei dem Gedanken an diese tausende, die bis hier herauswanderten, um für einen Tag Arbeit zu bekommen, und mit einem abschlägigen Bescheid wieder fortgeschickt wurden. »Wir können doch nicht noch mehr Leute annehmen, als wir schon haben – sie wären einander nur im Wege«, sagte er zu Pelle. »Aber vielleicht könnten wir schon jetzt einige Zukunftspläne ausführen! Könnten wir nicht damit anfangen, Wege abzustecken und dergleichen – damit die Menschen was zu tun bekommen?«

Nein, darauf wagte Pelle nicht einzugehen.

»Zum Frühling brauchen wir Kapital, um den Gerbern mit ihrer Genossenschaftsgerberei zu helfen«, sagte er. »Die Gründung dieser Genossenschaft wird in ihrem Fachverein an einem der nächsten Tage beschlossen werden, unter der Voraussetzung, dass wir Geld dafür vorschießen, und ich halte es für sehr wichtig, die Sache in Gang zu bringen. Unsere Gegner benutzen den Umstand als Waffe gegen uns, dass wir unsere Rohstoffe aus dem Ausland beziehen. Das ist auf die Dauer unhaltbar und jetzt muss es ein Ende haben. So, wie die Dinge jetzt liegen, hängt die Fabrik in der Luft; man könnte uns den Bezug der Rohstoffe abschneiden und dann wären wir erledigt. Haben wir aber unsere eigene Gerberei, so ist der eine Betrieb unabhängig und kann nicht ruiniert werden! Dann können wir einem Lieferantenboykott mit Ruhe entgegensehen.«

»Die Häute!«, wandte Brun ein.

»Da sind wir bei der Landwirtschaft angelangt; die ist bereits genossenschaftlich organisiert und lässt sich gewiss nicht gegen uns gebrauchen. Da müssen wir überhaupt anknüpfen, sobald wir einigermaßen im Gang sind – müssen Vieh kaufen und selbst schlachten, sodass wir uns außer mit Häuten auch mit gutem und billigem Fleisch selber versorgen.«

»Ja, ja, aber die Gerberei verschlingt doch nicht unser ganzes Vermögen. Es müsste doch wohl noch genug für ein paar Wegeanlagen übrig bleiben.«

»Nein, das geht nicht«, erklärte Pelle bestimmt. »Vergessen Sie nicht, dass wir auch an die Konsumvereine denken müssen – sonst ist all unsere Arbeit auf Sand gebaut; das eine zieht das andere nach sich. Es hängt zu viel von dem ab, was wir vorhaben, wir dürfen unser Unternehmen nicht mit toten Werten belasten, die es auf den Grund ziehen. Erst die Menschen – dann die Wege! Die Arbeitslosen von heute müssen sehen, wie sie ohne uns beide fertig werden!«

»Du bist ein wenig hart, finde ich!«, sagte Brun und trommelte auf das Oberbett – verletzt durch Pelles Unerschütterlichkeit.

»Es ist nicht das erste Mal, dass ich in diesem Zusammenhang der Härte angeklagt werde – aber damit muss ich mich abfinden!«, erwiderte Pelle ernst.

Der Alte streckte ihm die Hand hin. »Entschuldige! Es war nicht meine Absicht, dich anzugreifen, weil du nicht kopflos handelst. Selbstverständlich dürfen wir den Sieg nicht opfern aus Mitgefühl für die, die kämpfen. Es war nur eine vorübergehende Weichheit bei mir – aber freilich einer von den Augenblicken, die das Ganze gefährden können, das gebe ich zu! Aber es ist auch nicht leicht, bei allen diesen verkehrten Zuständen ruhiger Zuschauer zu sein. Man behauptet, die Arbeiter wollten lieber eine Hungerunterstützung annehmen als etwas tun; und nach allem, was sie bis jetzt von der Arbeit gehabt haben, könnte man es sehr wohl verstehen, wenn das wahr wäre. Aber in dem Monat, seitdem die Erdarbeiten hier im Gang sind, haben sich jeden Tag mindestens tausend Arbeitslose eingefunden, um zuzugreifen. Und die bezahlt man, damit sie es unterlassen, etwas zu tun! Sie können zur Not Unterstützung erlangen, aber um keinen Preis Arbeit! Das ist doch so wahnsinnig wie nur möglich! Man bekommt Lust, der Maschinerie einen kleinen Stoß zu versetzen, um sie wieder in Gang zu bringen.«

»Dazu gehört ein kräftiger Stoß«, sagte Pelle. »Es ist keine Kleinigkeit, um die es sich hier handelt.«

»Lächerlich genug sieht es jedenfalls aus. Die Arbeiter leiden ja nicht deshalb Not, weil es ihnen an Arbeit fehlt, wie unsere Nationalökonomen uns einreden wollen, sondern ihnen fehlt die Arbeit, weil sie Not leiden. So verkehrt greift man die Dinge an! Der Zug der Arbeitslosen ist eine Schmach und Schande für den Staat; welch eine Vergeudung von Werten – auch vom rein kaufmännischen Standpunkt aus –, während das Land und die Nation vernachlässigt werden! Würde ein Privatunternehmen nach solchen Grundsätzen betrieben, wäre es im selben Augenblick zum Tode verdammt.«

»Ja, wenn das Elend nur daher käme, dass man die Dinge verkehrt angreift, so wäre die Sache ja rasch wieder in die Reihe gebracht«, sagte Pelle. »Aber den Leuten, die über das Ganze bestimmen, kann man Mangel an kaufmännischem Sinn jedenfalls nicht zum Vorwurf machen – hätten sie nur das andere ebenso gut in Ordnung! Sie können mir glauben, es fällt kein Sperling vom Dach, wenn nicht die Geldmacht ihren Vorteil darin erblickt! Wenn es sich, rein kaufmännisch gesehen, für sie lohnte, dass im Land alles in der schönsten Ordnung wäre, dann würden sie schon dafür sorgen, dass auch alles in Ordnung käme. Aber das lässt sich ganz einfach nicht machen; allgemeine Wohlfahrt und die Anhäufung von Werten beim Einzelnen sind unvereinbare Gegensätze. Ich glaube, die Menschheit ist an ein merkwürdiges Gleichgewicht gebunden, sodass sie zu jeder Zeit genauso viel hervorbringen kann, wie zur Befriedigung aller ihrer Bedürfnisse erforderlich ist; und wenn einer zu viel für sich mit Beschlag belegt, so entsteht anderswo ein Mangel. Auf Grund dieser Erkenntnis wollen wir ja übrigens die anderen absetzen und selbst die Leitung übernehmen.«

»Jaja, jaja! Es ist keineswegs meine Absicht, das Bestehende rechtfertigen zu wollen; lasst die die Verantwortung übernehmen, die in der Leitung sitzen. Aber ich habe hier gelegen und darüber nachgedacht – können wir nicht ein Verfahren ausfindig machen, wie all dies Vergeudete zu sammeln wäre, damit es dem Genossenschaftsbetrieb zugute käme?«

»Wie sollten wir das wohl machen? Wir sind ja doch nicht in der Lage, die Arbeitslosen zu beschäftigen.«

»Nicht gegen Lohn! Aber sowohl die Bewegung als auch der Staat haben ja angefangen sie zu unterstützen – wäre es nicht natürlich, dass man als Entgelt dafür Arbeit von ihnen verlangte? Wohlverstanden, sie müsste ihnen selbst zugute kommen.«

»Sie meinen, dass zum Beispiel arbeitslose Maurer und Zimmerleute Wohnungen für Arbeiter bauen sollten?«, fragte Pelle lebhaft.

»Ja, zum Beispiel das! Aber die Häuser müssten vor der Privatspekulation gesichert sein – auf ähnliche Weise wie die, die wir bauen – und für alle Zeiten den Arbeitern gehören. Da wir nicht in den Verdacht der Ausbeutung geraten können, könnten wir sie verwalten – das würde Wind in die Segel der Genossenschaft sein. Auf diese Weise wird der Abfall der alten Zeit Dünger für die neue Saat.«

Pelle saß in Gedanken versunken da; der Alte lag in seinem Bett und betrachtete ihn gespannt. »Nun, schläfst du?«, fragte er endlich ungeduldig.

»Es ist ein schöner Gedanke«, sagte Pelle und hob den Kopf. »Die Organisation bekommen wir, glaube ich, auf unsere Seite – sie fangen ja schon an sich für das Genossenschaftswesen zu interessieren. Wenn sie den Ausschuss gewählt haben, will ich Ihren Plan vorlegen. Aber der Gesellschaft bin ich nicht so sicher, Brun! Die hat gelegentlich Verwendung für die große Hungerreserve, darum erhält sie sie gerade so am Leben – sonst ließe man sie wohl bald den Hungertod sterben. Ich glaube nicht, dass die Gesellschaft damit einverstanden ist, dass diese Hungerreserve sozusagen gegen sie selbst gebraucht wird.«

»Du bist ein unverbesserlicher Schwarzseher«, sagte Brun ärgerlich.

»Ja – dem Alten gegenüber«, erwiderte Pelle mit einem Lächeln.

So erwogen sie die Möglichkeiten der Zukunft in Anknüpfung an die Ereignisse des Tages, wenn Pelle des Abends oben bei dem Alten saß – beide gleich erfüllt davon. Zuweilen fühlte der Alte, dass er aus der Spur lief. »Das ist das Blut«, sagte er missmutig, »ich gehöre doch nicht so ganz zu euch. Es ist so lange her, seit meine Familie ihre Körperkräfte gebraucht hat, dass ich es ganz vergessen habe.«

In dieser Zeit beschäftigte er sich viel mit seiner Vergangenheit und hatte jeden Abend irgendetwas von sich zu erzählen. Es war, als müsse er um jeden Preis ein Gesetz finden, das ihn an Pelles Seite stellte.

Brun gehörte einer alten Familie an, die sich über mehrere hundert Jahre zurückführen ließ, bis auf einen Mann, der ein Schiff führte und an der Küste von Trakebar Handel trieb; der Stammvater des Geschlechts, der auch Walfischfang und Seeräuberei betrieb, wohnte in einem Hause an einem der Kanäle von Christianshavn; wenn das Schiff in der Heimat war, lag es an dem Bollwerk vor der Haustür. Das brunsche Haus wurde vom Vater auf den Sohn vererbt und erweiterte sich allmählich zu einem wahren Palais; im Laufe von vier Generationen arbeiteten sich die Bruns zu einem der ersten Handelshäuser der Hauptstadt empor. Gegen Ende des achtzehnten und zu Anfang des neunzehnten Jahrhunderts waren die meisten Mitglieder der Familie in die Börsen- und Bankenwelt hinübergeglitten. Bruns Vater, der bekannte Cornelius Brun, hing noch an dem alten Geschäft, die Brüder überließen ihm ihren Anteil und gingen in die Diplomatie; einer von ihnen bekleidete eine hohe Stellung am Hof.

Cornelius Brun fühlte sich verpflichtet, das alte Geschäft weiterzuführen. Um an Vornehmheit nicht hinter seinen Brüdern zurückzustehen, heiratete er eine Dame von uraltem – und verschuldetem – fünschem Adel. Sie gebar ihm drei Kinder, die – wie er selber sagte – alle drei missglückt waren. Das erste Kind war taubstumm und überhaupt mit sehr geringen geistigen Gaben ausgestattet; es starb glücklicherweise, ehe es herangewachsen war. Das zweite war sehr aufgeweckt und mit allen möglichen Talenten begabt, zeigte aber schon in den Knabenjahren perverse Anlagen. Der Junge war sehr hübsch, hatte dunkles, weiches Haar und einen feinen, frauenhaften Teint; die Mutter kleidete ihn in Samt und vergötterte ihn. Er tat nie etwas Nützliches, sondern trieb sich in vornehmer Gesellschaft herum und gab Unsummen aus. In seinem vierzigsten Jahr starb er plötzlich, verlebt und blasiert. In der Todesanzeige hieß es, er sei einem Herzschlag erlegen; die Wahrheit aber war, dass Gerüchte über einen Sittlichkeitsskandal laut geworden waren, in den er gemeinsam mit sehr hochstehenden Personen verwickelt sei. Das war zu Ende der siebziger Jahre gewesen – zu der Zeit, als die Arbeiterbewegung anfing in Schwung zu kommen. Von unten her wurde energisch Untersuchung gefordert; die Geschichte ganz niederzuschlagen wagte man nicht, um nicht der Behauptung von der Verderbnis der oberen Zehntausend Wind in die Segel zu geben. Als eine Untersuchung drohte und vorauszusehen war, dass der Lebemann Brun der Menge geopfert werden würde, um jene zu decken, die höher standen, drückte Cornelius Brun seinem Sohn die Pistole in die Hand. Oder schoss ihn selber nieder – der Bibliothekar vermochte nicht zu sagen, wie es tatsächlich gewesen war.

»Das waren zwei Früchte eines absterbenden Baums«, sagte Brun bitter, »und es lässt sich ja auch nicht leugnen, dass sie wurmstichig waren. Die dritte bin ich! Ich kam gleichsam als jämmerlicher Nachzügler zur Welt – fünfzehn Jahre nach meinem ältesten Bruder. Meine Eltern hatten gewiss schon damals von ihrer Nachkommenschaft genug; wenigstens wurde ich von vornherein als hoffnungslos missglückt betrachtet – noch bevor ich Gelegenheit gehabt hatte, irgendetwas zu zeigen. Vielleicht haben sie instinktiv gefühlt, dass auch ich die verkehrte Richtung einschlagen würde. Auch in mir waren die auflösenden Kräfte vorherrschend, mir fehlte zum Beispiel in hohem Maße jeglicher Familiensinn. Ich entsinne mich schon als kleines Kind gehört zu haben, wie sich meine Mutter über meine plebejischen Neigungen beklagte, ich hielte zu den Dienstboten und nähme gegen meine Eltern Partei für sie. Man sah mich in der Familie mit scheelen Blicken an, wenn ich für die Rechte unserer Untergebenen eintrat, mit viel scheeleren Blicken als den Idioten oder den Perversen, der Schulden und Skandal machte – und wohl mit gutem Grund! Meine Mutter versah mich reichlich mit Geld, damit ich mich amüsieren sollte, wahrscheinlich, um meinen plebejischen Neigungen entgegenzuwirken; aber ich war schnell mit den Vergnügungen fertig und stürzte mich auf die Studien. Die Gegenwart interessierte mich nicht, aber schon als Knabe hatte ich ein eigenartiges Bedürfnis, zurückzublicken; ich warf mich hauptsächlich auf Geschichte und Philosophie. Vater sah richtig, wenn er mich verhöhnte und mich einen Klosterbruder nannte; in dem Alter, wo andere junge Leute schwärmen, konnte ich mich für keine Frau erwärmen, während mich fast jedes Buch zu näherer Bekanntschaft reizte. Lange Zeit hindurch hoffte er im Stillen, dass ich in mich gehen und das Geschäft übernehmen würde, und als ich endgültig das Studium wählte, zerriss das Band völlig. ›Wenn das Geschäft aufhört, dann ist es mit der Familie aus!‹, sagte er und verkaufte das Ganze. Er war damals bereits seit mehreren Jahren Witwer und hatte niemand außer mir; aber während der fünf Jahre, die er nach dem Verkauf des Geschäfts noch lebte, verkehrten wir nicht miteinander. Er hasste mich, weil ich die Firma nicht übernommen hatte – aber was sollte ich damit? Ich besaß ja nicht die Eigenschaften, mit denen man heutzutage ein Geschäft betreibt, und hätte es nur zu Grunde gerichtet. Von meinem dreißigsten Jahr an habe ich mein Leben zwischen Bücherregalen verbracht und Leben und Taten anderer registriert; erst jetzt habe ich in den Tag hinausgefunden und schicke mich an mein eigenes Leben zu leben – und nun ist es bald vorbei!«

»Erst jetzt wird das Leben wieder lebenswert werden – folglich sind Sie zur rechten Zeit gekommen«, sagte Pelle.

»Nein, Pelle, ich stehe nicht am Anfang!«, sagte Brun niedergeschlagen. »Ich bin der Jugend begegnet und mein Sinn neigt sich ihr zu; aber es ist wie Abend und Morgen, die sich während der hellen Nächte in derselben Röte begegnen. Ich habe meinen Anteil an dem Neuen nur bekommen, weil sich das Alte davor beugen soll, sodass der Ring geschlossen werden kann. Du gehst hinein, wo ich hinausgehe.«

»Es muss ein trübseliges Dasein gewesen sein, ständig zwischen all den Büchern herumzugehen, ohne einen Menschen, der einen lieb hatte!«, sagte Ellen. »Warum haben Sie sich denn nicht verheiratet? So schrecklich sind wir Frauen doch gar nicht, dass es nicht eine gegeben haben sollte, die Sie lieb gehabt hätte.«

»Nein, man sollte es nicht glauben – aber es ist trotzdem wahr«, erwiderte Brun mit einem Lächeln. »Die Abneigung war übrigens gegenseitig – das ist immer so. Es war wohl nicht beabsichtigt, dass ich alter Kerl noch Kinder in die Welt setzen sollte! Aber ergötzlich ist es nicht, von irgendetwas das letzte Ende zu sein!«

Ellen lachte. »Ja, aber Sie sind doch nicht immer alt gewesen!«

»Doch, im Grunde ja – ich bin alt geboren. Erst jetzt fühle ich mich jung! Und wer weiß«, rief er in einem Anfall von Galgenhumor, »vielleicht spiele ich der Vorsehung noch einen Streich und komme eines schönen Tages mit einer kleinen Frau am Arm anspaziert!«

»Brun liegt da und fängt Grillen«, sagte Pelle, als sie ihn verließen, um ins Bett zu gehen. »Aber das gibt sich wohl, wenn er wieder aufsteht.«

»Ach, er hat es auch nicht gerade gut gehabt, der Ärmste«, entgegnete Ellen und lehnte sich an ihn. »Es ist unrecht, dass es Menschen gibt, die keinen Anteil an der Liebe bekommen – das ist ebenso unrecht wie das, wogegen du arbeitest, finde ich!«

»Ja, aber das können wir nicht in die Reihe bringen!«, rief Pelle lachend.

21

Im Garten der »Morgendämmerung« schwand der Schnee von Tag zu Tag. Zuerst zog er sich vom Hause fort und machte einem ganzen kleinen Wald von Schneeglöckchen und Krokussen Platz; die Hyazinthen auf dem Rasen stiegen aus der Erde hervor wie eine Reihe Knöchel, die erst hübsch anklopften.

Die Kinder waren jeden Augenblick draußen, um die Fortschritte zu verfolgen; sie begriffen die zarten Krokusse nicht, die aus der gefrorenen Erde hervorschossen, ohne zu erfrieren, aber starben, wenn sie in die Wärme kamen. Jeden Tag packten sie Schneeglöckchen in Papier und legten sie auf Bruns Tisch – das waren Neckbriefe. Dann gingen sie in ungeheurer Spannung umher, und wenn er vom Feld hereinkam, begegneten sie ihm mit einer geheimnisvollen Miene und versuchten ihn in sein Zimmer zu locken.

Draußen auf dem Feld waren sie mit den Ausschachtungen fast fertig und warteten nur darauf, dass das Winterwasser sinken sollte, sodass man Kies und Steine fahren und mit den Maurerarbeiten beginnen konnte. Noch konnten die Felder die Wagen nicht tragen.

Jetzt, nach seinem Krankenlager, war der alte Brun nicht mehr so voller Eifer; obgleich ihm eigentlich nichts Rechtes fehlte, hatte ihn das Bett doch angegriffen. Er ließ Pelle mit dem Betrieb schalten und walten, wie er wollte, und sagte zu allem, was er vorschlug, Ja und Amen. »Ich kann es nicht in meinem Kopf zusammenhalten«, pflegte er zu sagen, wenn Pelle kam und ihm irgendeine Erweiterung vorschlug, »mach du es, wie du meinst, mein Sohn, dann wird es sicher richtig!«

Es geschah nicht genug Handgreifliches da unten, um seinen Sinn wachzuhalten – und er war doch zu alt, um es wachsen zu hören und Kraft daraus zu schöpfen.

Aber dann übertrug er seinen Glauben an die Sache selbst auf Pelle – ihn sah er lebend vor sich und konnte sich auf seine jungen Kräfte stützen.

Die Pläne hatte er beiseite gelegt. Die Arbeit daran überstieg seine Kräfte und er begnügte sich damit, ein paar Mal täglich seine Runde auf dem Feld zu machen und nach den Arbeiten zu sehen. Die Energie, die Pelles Jugend bei ihm hatte aufflammen lassen, war verschwunden – zurück blieb ein rührender Greis, der sein ganzes Leben lang in der Kälte gelebt hatte und sich nun in einigen späten Abendstrahlen sonnte. Er maß sich nicht mehr mit Pelle und wurde nicht mehr eifersüchtig auf dessen Vorsprung, sondern bewunderte ihn ganz einfach und fügte sich dem Kreis ein, dessen Mittelpunkt Pelle war. Ellen behandelte ihn wie ein großes Kind, das vieler Fürsorge bedurfte, und die Kinder sahen in ihm einen Spielgefährten.

Wenn er seinen Spaziergang über das Feld machte, hatte er in der Regel Svend Tröst an der Hand; die beiden konnten ebenso gut Schritt miteinander halten wie sich unterhalten. Da war etwas, was sie stark beschäftigte und ihre Gemüter in Spannung hielt:

täglich wurde der Storch auf dem Bakkehof zurückerwartet und dann würde er Mutter Ellen ein Kind mitbringen. Es war keineswegs ein bloßes Vergnügen, darauf zu warten. Der Storch biss immer die Frau des Hauses ins Bein, wenn er mit einem Kind zu ihr kam; Svend Tröst eigene Mutter hatte er so gebissen, dass sie daran starb – ja, jetzt war er so klug. Der kleine Bursche, Ellens Liebling, ging in einer ernsten, fast gedrückten Stimmung umher. Mit den Geschwistern sprach er nicht über seine Sorge, um nicht ausgelacht zu werden, aber wenn der Alte und er aufs Feld gingen, besprachen sie die Sache und Brun, als der Ältere und Vernünftigere, gelangte zu dem Ergebnis, dass keine Gefahr bestand.

Trotzdem hielten sie sich immer in der Nähe des Hauses auf, um zur Hand zu sein.

Eines Tages ging Pelle nicht zur Arbeit, sondern blieb zu Hause und Ellen stand nicht auf wie sonst. »Ich liege hier und warte auf den Storch«, sagte sie zu Svend Tröst, »geh du hinaus und pass ihm da auf.« Und dann ging der Kleine mit einer Gerte rund um das Haus herum, zusammen mit Brun, und wenn sie Ellen schreien hörten, pressten sie einander die Hand. Es war ein Tag so voller Verwirrung, dass es unmöglich war, irgendetwas in Gang zu halten; bald rollte ein Wagen mit einer dicken Frau vor die Tür, bald sprang Lasse Fredrik auf sein Rad und jagte den Feldweg hinab – auf den Pedalen stehend. Ehe Svend Tröst es sich versah, war der Storch da gewesen und Ellen lag mit einem kleinen Jungen im Arm im Bett. Er und Brun gingen zusammen zu ihr hinein, um ihr zu gratulieren, und sie waren beide gleich erstaunt. Der Alte bat um die Erlaubnis, die Wange des Kleinen nur eben berühren zu dürfen.

»Er ist noch so hässlich«, sagte Ellen mit einem verschämten Lächeln und hob den Zipfel, der den Kopf des Kindes bedeckte, ein klein wenig in die Höhe. Und dann musste sie Ruhe haben und Brun nahm Svend Tröst mit nach oben.

Pelle saß auf dem Rand des Bettes und hielt Ellens Hand, die in einigen wenigen Stunden weiß und dünn geworden war.

»Jetzt müssen wir zu Königin Therese schicken«, sagte sie.

»Sollen wir nicht auch zu deiner Mutter schicken?«, fragte Pelle, der oft den Vorschlag gemacht hatte, dass sie die Alten kurzerhand aufsuchen sollten. Es war ihm zuwider, alten Groll mit sich herumzutragen.

Ellen schüttelte den Kopf. »Sie müssen von selber kommen«, sagte sie bestimmt. Wie man sich gegen sie selbst benahm, war ihr einerlei, aber sie hatten über Pelle die Nase gerümpft; da war es nicht mehr als billig, dass sie kamen und es wieder gutmachten.

»Aber ich habe hingeschickt«, sagte Pelle, »deshalb ist Lasse Fredrik fortgeradelt. Du sollst nicht ohne Mutterhilfe im Kindbett liegen.«

Schon nach ein paar Stunden war Frau Stolpe da. Sie war sehr bewegt; um das zu verbergen, fing sie an das ganze Haus nach reinen Lappen und Binden zu durchsuchen und auf den Kopf zu stellen. Dabei schalt sie ununterbrochen vor sich hin. Das war die rechte Zeit, einen holen zu lassen, wenn alles schon überstanden war!

Vater Stolpe war härter; er gehörte nicht zu denen, die gleich angesprungen kamen, wenn man pfiff. Aber ein paar Abende, nachdem der Kleine zur Welt gekommen war, lief ihn Pelle beinahe um – er schlich in einiger Entfernung um das Haus herum. Nun ja, er warte auf Mutter, um sie nach Hause zu bringen – das ginge doch wohl niemand was an! Er tat sehr abweisend, war aber verhältnismäßig leicht zu bewegen einzutreten; und es währte nicht lange, bis es Ellen gelungen war, ihn aufzutauen. Sie hatte ihre eigene Art wie immer.

»Ich will dir nur sagen, Vater, dass nicht ich zu dir geschickt habe, sondern Pelle. Und wenn du ihm nicht die Hand gibst und ihm sagst, dass du ihm Unrecht getan hast, denn werden wir nie wieder gute Freunde!«

»Sie ist, weiß Gott, dasselbe hart gesottene Frauenzimmer, das den Stier bei den Hörnern packt, das sie immer gewesen ist«, sagte Stolpe, ohne sie anzusehen. »Na, man kann wohl ebenso gut hineinspringen wie kriechen – und eingestehen, dass man sich schweinemäßig betragen hat. Wollen wir einen Strich unter die Sache machen, Schwiegersohn?«

Er reichte Pelle die Hand.

Als erst die Versöhnung überstanden war, wurde Stolpe ganz aufgeräumt. »Ich hatte es mir wirklich nicht träumen lassen, dass ich das Mädel so schnell zu sehen kriegen würde – und am allerwenigsten im Kindbett!«, sagte er vergnügt und strich Ellen mit seiner rauen Hand über das Gesicht.

»Sie ist ja immer sein Augapfel gewesen und Vater hat die Geschichte oft Leid genug getan. Aber er machte sich ja hart«, sagte Frau Stolpe.

»Unsinn, Mutter!«, brummte Stolpe. »Frauenzimmer müssen immer schwatzen!«

Die Zeit hatte sie beide mitgenommen. Es hatte große Arbeitslosigkeit im Fach gegeben und Stolpe war jetzt bei Jahren; es wurde ihm schwer, es auf dem Gerüst mit den Jungen aufzunehmen. Man sah es ihrer Kleidung an, dass sie nicht mehr in so guten Verhältnissen lebten wie in früheren Zeiten. Aber Stolpe war immer noch Vorsitzender des Fachvereins und innerhalb der Bewegung ein angesehener Mann.

»Und nun, mein Junge«, sagte er plötzlich und legte die Hände auf Pelles Schultern, »musst du mich ein bisschen mit dem vertraut machen, was du diesmal vorhast. Ich höre, du fängst an die Gemüter von neuem aufzuwiegeln.«

Pelle machte ihn mit seinem großen Plan der Genossenschaften bekannt.

Der Alte wusste allerlei darüber – es zeigte sich, dass er aus der Entfernung Pelles Tun und Treiben verfolgt hatte.

»Es ist vielleicht gar nicht so übel, das da«, sagte er, »vielleicht könnten wir ganz in der Stille das Kapital beiseite drücken, wenn wir alle zusammen darauf losgingen. Aber die Bewegung musst du auf deiner Seite haben und dann muss ausgemacht werden, dass jeder, der seine Partei nicht stützt, Streikbrecher ist.«

»Ich habe Anschluss bekommen – aber es geht ein wenig langsam«, sagte Pelle.

»Dann müssen wir ein bisschen Dampf dahinter machen. Pelle, was ich sagen wollte, dieser Sonderling – Brun heißt er ja wohl –, wohnt der nicht bei euch?«

»Er ist kein Sonderling«, sagte Pelle, »wir können ja hinaufgehen und ihn besuchen.«

Brun und Stolpe kamen gleich miteinander ins Gespräch; sie waren gleich alt und hatten, jeder auf seiner Seite, die ersten Tage der Bewegung miterlebt.

Frau Stolpe erschien mehrmals und mahnte ihren Mann, sie müssten nach Hause.

»Na, es ist nie gut, sich mit der eigenen Frau zu überwerfen«, sagte Stolpe endlich, »aber ich komme wieder. Ich höre, Sie bauen hier draußen, da möchte ich doch gern mal sehen, wie unsere eigenen Häuser aussehen werden.«

»Wir haben noch nicht angefangen«, entgegnete Pelle. »Aber komm Sonntag heraus, dann zeigen dir Brun und ich die ganze Geschichte.«

»Ihr vergebt die Arbeit wohl an die Meister?«, fragte Stolpe.

»Nein, wir hatten geplant, die Arbeitslosen hier zu beschäftigen, falls sie es übernehmen wollen und einen Mann haben, den man an die Spitze setzen kann«, sagte Brun. »Aber das könnten Sie vielleicht übernehmen?«

»Sie dürfen überzeugt sein, dass ich das kann«, erwiderte Stolpe mit Selbstgefühl. »Sollte ich nicht der geeignete Mann sein, Häuser für die Arbeiter zu bauen? Ich war schon Mitglied der Partei, als sie erst einen Mann zählte!«

»Ja, Stolpe ist der Veteran der Bewegung«, sagte Pelle.

»Tod und Teufel, es wäre doch wirklich ein putziger Zufall, wenn ich die Arbeit bekäme!«, sagte Stolpe, als Pelle die beiden Alten zur Straßenbahn begleitete. »Ich will einen Stamm Arbeiter auf die Beine stellen, wie sie noch kein Mensch gesehen hat – und was für Häuser wir bauen werden! Nicht die Spur Papiermaché soll daran sein!«

22

Noch immer konnte es geschehen, dass Pelle erwachte und sich in der Dunkelheit nicht zurechtzufinden vermochte. Eine erstickende Angst befiel ihn: Er hatte geträumt, dass er im Gefängnis wäre, und glaubte noch, den Gestank des Kübels und die Ausdünstung der rohen Mauern zu spüren. Erst nach und nach besann er sich, wo er war; die Atemzüge um ihn her führten ihn zurück in sein Heim. Er richtete sich froh auf und strich ein Streichholz an, um einen Schimmer von Ellen und den Kleinen zu erhaschen. Sich wieder zum Schlafen niederzulegen wagte er nicht, der Traum würde ihn gleich wieder ins Gefängnis zurückführen. Geräuschlos kleidete er sich an und schlich hinaus, um einen Spaziergang zu machen und den Tag erwachen zu sehen.

Es war wunderlich mit dem Traum, denn er stellte alles auf den Kopf! Im Gefängnis hatte er immer geträumt, dass er frei wäre und mitten im Glücksland lebte – billiger tat er es dort nicht! Dort war der Tag böse und die Nacht gut – und hier draußen war es umgekehrt; es war, als wenn etwas in einem immer das Ganze mit dabei haben wollte. Ob das wohl die Seele ist?, dachte er, während er gen Osten wanderte, dem ersten Tagesschimmer entgegen. Daheim auf dem Lande, in seiner Kindheit, hatten die alten Leute geglaubt, die Träume seien die Seele, die sich losgelöst hätte und nun umherschweifte; einige hatten sie als weiße Maus dem Mund des Schlafenden entschlüpfen sehen, um neue Erlebnisse für ihn einzusammeln. Und es war ja die Wahrheit! Im Traum hatte der arme Mann bisher seinen Anteil erhalten – der trug ihn hinaus aus dem Gefängnis. Vielleicht wurden die Rollen in der Finsternis der Nacht vertauscht? Vielleicht schlüpfte die Seele des Reichen während der Nacht in den Körper des Armen, um für ihren Herrn Leiden einzusammeln?

Es lag Frühling in der Luft. Bisher war er eigentlich nur in Pelles Blut vorhanden, ein dumpfes Sehnen sich auszubreiten und alle Grenzen zu sprengen. Er ging, das Gesicht dem dämmernden Tag zugewandt, und hatte ein Gefühl von unüberwindlicher Kraft. Woher dies Gefühl kam, wusste er nicht, aber es war da. Er fühlte sich als etwas Unermessliches, das in einem kleinen Raum eingesperrt war und die Welt sprengen müsste, wenn es losgelassen wurde. Er schritt schnell dahin – über seinem Haupt stieg die erste Lerche auf. Langsam befreite die Erde ihr Antlitz von jenem Schleier von Ruhe und Rätselhaftigkeit, den die Nacht webt.

Vielleicht kam dies Gefühl von Kraft daher, dass er den Geist in Besitz genommen hatte und die Übersicht über die Welt besaß? Die Welt war ohne Grenzen, aber das waren seine Fähigkeiten auch; es gab keine Kraft mehr, die ihn aus seiner Bahn werfen konnte. In seinen Schritten hörte er die Zukunft widerhallen – die Bewegung würde bald ein Ende haben, wenn sie erst die Tatsache verdaut hatte, dass das Ganze mitgenommen werden musste. Noch hielt es ein wenig schwer, man wollte die Zusammenarbeit davon abhängig machen, dass Pelle um seine Rehabilitierung bat. Pelle lachte und hob sein Antlitz der Morgenbrise entgegen, die wie ein Kälteschauer dem Sonnenaufgang vorauslief. Er stand außerhalb! Ja, lag nicht eine große Wahrheit darin? Er gehörte dem Bestehenden nicht an, dort wünschte er keine bürgerlichen Rechte. Es war sein Adelszeichen, dass er außerhalb stand, sein Verhältnis zur Zukunft erwuchs aus dieser Tatsache. Er hatte seinen Kampf als Ausgestoßener aufgenommen und so wollte er siegen. Wenn er siegte, sollte es keine Pariakaste mehr geben.

Jetzt, wie er hier ging, die Nacht hinter sich, und ins Licht sah, war es ihm, als habe seine Jugend eben erst begonnen und er habe das Ganze noch vor sich – alles hatte er noch vor sich! Und doch war ihm, als sei er seit dem Morgen der Zeiten mit dabei gewesen, so genau kannte er die Welt der Finsternis, die er verließ. War denn der Mensch nicht ein wunderliches Wesen – in seiner Fähigkeit, einzuschrumpfen und zu nichts zu werden, wie auch in seiner Fähigkeit, sich auszubreiten und alles zu erfüllen? Jetzt begriff er Oheim Kalles Lächeln; er hatte sich damit gepanzert, damit das Leben nicht zu tiefe Schrunden in sein weiches Gemüt riss. Der arme Mann war gezwungen gewesen abzustumpfen, er würde ganz einfach zu Grunde gehen, wenn er sich der harten Wirklichkeit hingäbe. Die Abgestumpftheit war wie eine harte Schale, die die Kleinen beschützte; und nun kamen sie mit unversehrtem Herzen, trotz allem. Sie konnten sehr wohl Anführer sein in der guten Zeit!

Pelle hatte ja immer das dunkle Gefühl mit sich herumgetragen, dass er auserwählt sei; schon als er noch ein Kind war, ließ ihn dieses Gefühl einer harten Welt unverzagt entgegentreten und füllte seine nackten Glieder mit Spannkraft. Nackt und arm war er in die Welt gekommen, anscheinend ohne eine Wiegengabe irgendwelcher Art, und doch kam er als lichte Verheißung zu dem alternden, von Arbeit gekrümmten Vater Lasse. Es strahlte Licht von ihm aus, eine wie geringe und gewöhnliche Tatsache er auch war; der liebe Gott habe ihm den Funken gegeben, sagte der Alte immer. Wie ein kleines Wunder des Himmels war er dem Alten erschienen. Der kleine Pelle staunte ein wenig darüber, fühlte sich aber wohl in der

Freude des Vaters. Er selbst kannte damals ganz andere Wunder, zum Beispiel auf dem Jahrmarkt die Kälber mit den zwei Köpfen und das Lamm mit den acht Beinen. Er stellte seine eigenen Ansprüche an den wunderbaren Reichtum des Lebens und geriet nicht in Erstaunen über einen ganz gewöhnlichen kleinen Burschen mit abstehenden Ohren, wie man ihn jeden Tag treffen konnte.

Aber nun war er nahe daran, Vater Lasse Recht zu geben. Die größten Wunder lagen ja in ihm selber – in ihm, Pelle, der hundert Millionen anderen Arbeitern glich und noch nie mehr besessen hatte als das tägliche Brot. Der Mensch, das war doch das Wunderbarste von allem. War er nicht selbst – in all seiner täglichen Selbstverständlichkeit – als leuchtender Funke der mächtigen Esse des Gottesgedankens entsprungen? Bis an die äußerste Grenze des Raumes konnte er seine fragenden Gedanken senden – und zurück zu der ersten Morgenröte der Zeiten! Und diese alles umspannende Fähigkeit schien aus nichts hervorgegangen zu sein – wie Gott selber! Ein Wunder war es ja schon, dass er, der Streitrufer, ins Gefängnis musste, um das Ziel der Dinge zu begreifen! Es mussten große Pläne in ihm niedergelegt sein, da er sich selbst einsperrte.

Wenn er über die Erhebung hinaussah, fühlte er sich einem Weltgedanken mit unendlich weiter Aussicht gegenüber. Durch Jahrtausende hindurch hatte das Volk, ohne es zu ahnen, sich darauf vorbereitet, in eine neue Welt einzuziehen; der Wanderung der Massen ließ sich wohl nicht Einhalt gebieten, ehe sie ans Ziel gelangt waren. Ein Gesetz, das sie nicht einmal selbst kannten und in das sie nicht einzugreifen vermochten, führte sie den rechten Weg und Pelle war nicht bange. Hinter seiner nie schlummernden Arbeit an dem großen Problem der Zeit stand die Erkenntnis, dass er zu denen gehörte, denen die Nation die Verantwortung für die Zukunft anvertraut hatte; aber über das Ziel war er sich niemals im

Zweifel. Und über die Mittel auch nicht! Die Weitsehenden hatten sich während der großen Aussperrung voller Grauen gefragt, wie es möglich sein würde, diese Massen ins Feuer zu führen. Und dann hatte sich alles ganz von selber entwickelt – von einer scheinbar winzig kleinen Ursache zu einem unerbittlich geführten Kampf auf der ganzen Linie.

Einen so großen Anspruch wie den, mit dem er und die Seinen kamen, hatte die Welt noch nie gesehen! Es handelte sich um nichts Geringeres als um den Sieg der Güte. Er bediente sich nicht gern großer Worte, aber auf dem Grund seiner Seele war er davon überzeugt, dass alles Böse seinen Ursprung in Not und Elend hatte. Misstrauen und Eigennutz kamen vom Missbrauch, das war der Schutz des Menschen gegen die Ausbeutung! Und die Ausbeutung war eine Folge der unsicheren Zustände, der Erinnerung an Not oder der unbewussten Furcht davor! Die meisten Verbrechen ließen sich leicht auf die traurigen Zustände zurückführen, und selbst da, wo der Zusammenhang nicht sichtbar wurde, war Pelle der festen Überzeugung, dass er trotzdem existierte. Seiner Erfahrung nach waren alle Menschen im Grunde gut; das Böse in ihnen ließ sich immer auf etwas Bestimmtes zurückführen, während die Güte oft trotz allem vorhanden war. Sie würde siegen, wenn die Lebensumstände aller Menschen gesichert waren. Selbst jene Verbrechen, die auf Abnormität zurückzuführen waren, würden, dessen war er sicher, von selbst fortfallen, wenn es in der menschlichen Gesellschaft keine verborgene Erinnerung an das Elend mehr gab.

In ihm lebte der Glaube, dass er und die Seinen die Erde erneuern sollten; das Volk sollte sie zu einem Paradies für die vielen machen, wie es sie bereits zu einem Paradies für einige wenige gemacht hatte. Es gehörte große Langmut dazu, aber sein Heer war ja gründlich erprobt! Sie, die durch undenkbare Zeiten geduldig die Last des Daseins für andere getragen hatten, mussten dazu geeignet sein, in der neuen Zeit die Führung zu übernehmen.

Pelle war auf seiner Morgenwanderung bis auf den Strandweg hinabgelangt; es war zu spät zum Umkehren und er hatte einen gewaltigen Hunger. Er kaufte bei einem Bäcker ein paar warme Semmeln und verzehrte sie auf dem Weg ins Geschäft.

Gegen Mittag war Brun im Betrieb, um einige Schriftstücke zu unterschreiben und mit Pelle die Bücher durchzugehen. Sie saßen im Kontor hinter dem Laden. Pelle las vor und machte seine Bemerkungen, der Alte hörte mit halbem Ohr zu und nickte nur; er sehnte sich nach Hause zurück. »Willst du es nicht so kurz wie möglich machen«, sagte er, »ich fühle mich nicht ganz wohl.« Der scharfe Frühlingswind war nicht gut für ihn, das Atmen wurde ihm schwer. Der Arzt hatte zu einem mehrmonatigen Aufenthalt an der Riviera geraten, bis der Frühling vorüber wäre, aber er hatte nicht den Mut, sich allein auf die Reise zu begeben.

Die Ladenglocke läutete und Pelle ging hinunter, um den Kunden zu bedienen. Ein junger, sonnengebräunter Mann stand vor dem Ladentisch und lachte.

»Kennst du mich nicht?«, sagte er und streckte Pelle die Hand hin.

Es war Karl, der jüngste der drei Waisen aus der Arche.

»Freilich kenne ich dich!«, rief Pelle erfreut. »Ich habe dich in der Adelgade gesucht – man sagte mir, du hättest dort ein eigenes Geschäft.«

Das war so lange her! Jetzt war Karl Anker Leiter eines großen Konsumvereins auf Fünen. Er war herübergekommen, um für das Geschäft bei Pelle einen Posten Schuhzeug zu bestellen. »Es ist nur ein Versuch«, sagte er. »Wenn die Sache einschlägt, werde ich dich mit dem Genossenschaftsverband in Verbindung bringen; das ist ein Kunde, der was absetzt, das kannst du mir glauben!«

Pelle musste sich beeilen die Bestellung niederzuschreiben, denn Karl musste wieder mit dem Zug zurück.

»Es ist eine Schande, dass du keine Zeit hast, dir den Betrieb anzusehen«, sagte Pelle. »Entsinnst du dich noch des kleinen Paul aus der Arche? Des Jungen der Fabrikarbeiterin – den sie am Ofen festband, wenn sie auf Arbeit ging? Er ist ein prächtiger Bursche geworden – er ist meine rechte Hand in der Fabrik. Es würde ihm bestimmt Freude machen, dich zu begrüßen.«

Als Pelle die Tür hinter Karl geschlossen hatte und wieder zu dem Alten in das Kontor hinaufgehen wollte, erblickte er eine kleine, ein wenig verwachsene Frau mit einem Kind; sie gingen oben vor den Werkstattfenstern hin und her und sahen verstohlen hinunter. Sie wichen den Leuten scheu aus und machten einen erbärmlichen, eingeschüchterten Eindruck. Pelle rief sie in den Laden.

»Wollt ihr mit Peter Drejer sprechen?«, fragte er.

Die Frau nickte. Sie hatte ein feines Gesicht mit großen, traurigen Augen. »Wenn wir nicht stören«, sagte sie.

Pelle rief Peter Drejer und ging dann ins Kontor hinauf; der alte Brun saß da und war eingeschlafen.

Er hörte sie unten flüstern. Peter Drejer war heftig, die Frau und das Kind weinten – er konnte das am Ton ihres Flüsterns hören. Das Ganze währte nur einen Augenblick, dann ließ Peter sie hinaus. Pelle eilte in den Laden hinunter.

»Wenn es sich um Geld handelt, so weißt du doch, dass du es nur zu sagen brauchst«, erklärte er.

»Nein, sie kamen wegen der großen Arbeitslosenversammlung heute Nachmittag – sie wollten mich bitten zu Hause zu bleiben. Dumme Geschöpfe, Gott weiß, was ihnen einfällt!« Peter Drejer war ganz beleidigt. »Du hast doch nichts dagegen, dass ich jetzt gehe? In einer Stunde fängt es an.«

»Ich glaubte, die Versammlung sei abgesagt?«, fragte Pelle.

»Ja, aber das war nur ein Manöver – damit sie nicht verboten werden sollte. Wir halten sie draußen auf einem Feld ab. Du solltest mitkommen – das wird eine Versammlung, die Aufsehen erregen wird. Heute geht es um große Dinge.« Peter Drejer war nervös, seine Hände tasteten an seinen Kleidern herum, während er sprach.

Pelle legte ihm beide Hände auf die Schultern und sah ihm in die Augen. »Du solltest den beiden den Willen tun!«, sagte er eindringlich. »Ich kenne sie ja nicht, aber wenn ihr Wohl und Wehe von dir abhängt, dann haben sie auch Forderungen an dich zu stellen. Gib auf, was du vorhast, und mach einen Ausflug mit den beiden! Jetzt fängt ja alles an grün zu werden – geh mit ihnen in den Wald. Es ist besser, zwei Wesen glücklich als tausend unglücklich zu machen.«

Peter sah nach der anderen Seite. »Wir haben nichts Besonderes vor, wozu da so viel Wesens von der Sache machen!«, murmelte er.

»Du hast heute was vor – ich kann es dir anmerken. Und wenn du es nicht durchführen kannst, wen treffen da die Folgen? Die Frauen und die Kinder. Du kannst es nicht durchführen, unsere Kräfte liegen nicht da!«

»Du gehst deinen Weg, also lass mich meinen gehen«, sagte Peter und machte sich sanft frei.

Auf dem gegenüberliegenden Bürgersteig standen zwei Schutzleute und sprachen miteinander, immer den Laden im Auge behaltend. Pelle zeigte hinüber.

»Die Polizei weiß nicht, wo die Versammlung abgehalten werden soll, und nun passt man auf mich auf«, sagte Peter mit einem Achselzucken. »Die da werde ich leicht auf eine falsche Spur führen!«

Die beiden Schutzleute kamen über die Straße und trennten sich vor dem Laden; der eine blieb eine Weile stehen und betrachtete die Auslagen im Fenster, dann trat er rasch ein.

»Ist Peter Drejer hier?«, fragte er wichtigtuerisch.

»Der bin ich«, entgegnete Peter und zog sich hinter den Ladentisch zurück, »aber ich rate Ihnen mich nicht anzurühren. Ich dulde keine Polizeihände an meinem Leibe.«

»Sie sind verhaftet!«, erklärte der Schutzmann kurz und folgte ihm hinter den Ladentisch.

Pelle legte die Hand auf den Arm des Schutzmanns. »Sie sollten ein wenig glimpflich vorgehen«, sagte er.

Aber der Schutzmann schob ihn unsanft beiseite. »Keine Einmischung hier!«, rief er und stieß in seine Polizeipfeife.

Peter zuckte zusammen. Einen kurzen Augenblick war er unschlüssig, was zu tun sei, dann sprang er wie eine Katze über das eiserne Geländer auf die Werkstatttreppe hinunter. Aber da unten stand der andere Schutzmann, um ihn in Empfang zu nehmen. Mit einem Satz war er wieder oben im Laden und sprang auf seinen Verfolger los; er hatte den Revolver in der Hand. »Zum Teufel auch, jetzt hab ich es satt!«, fauchte er.

Zwei Schüsse fielen dicht hintereinander – Knall auf Knall. Der Schutzmann, der sich zur Flucht umgewandt hatte, fiel mit dem Kopf unter den Ladentisch; Peter sank über ihm zusammen. Es sah so aus, als strauchle er über die Beine des Schutzmanns; aber als Pelle ihm aufhelfen wollte, sah er, dass aus einem Loch in seiner Schläfe Blut sickerte. Der Schutzmann war tot.

Peter öffnete mühsam die Augen, als Pelle seinen Kopf anhob. »Hilf mir fort!«, flüsterte er und drehte sich mit einem Ausdruck des Ekels zu dem toten Schutzmann um. Den Revolver hielt er noch immer krampfhaft umklammert.

Pelle entwand ihm die Waffe und trug ihn auf das Sofa im Kontor. In der Tür stand der alte Bibliothekar und zitterte. »Holen Sie Wasser«, sagte Pelle, aber der Alte hörte nicht.

Peter Drejer machte eine abwehrende Bewegung, er hatte nichts mehr nötig. »Aber die beiden!«, flüsterte er.

Pelle nickte.

»Und dann – Pelle – Kamerad ...« Er versuchte den brechenden Blick auf Pelle zu richten, zuckte aber plötzlich wie in einem Krampf zusammen, die Knie zogen sich bis unter das Kinn hinauf. »Die Bluthunde!«, stöhnte er. Er schielte so stark, dass die Pupillen ganz verschwanden. Aber dann glitt der Körper wieder in die alte Lage zurück, er war tot.

Der Schutzmann kam herauf. »Na, is er krepiert?«, fragte er gehässig. »Er hat uns lange genug auf der Nase herumgetanzt.«

Pelle nahm ihn beim Arm und führte ihn an die Treppe. »Jetzt gehört er nicht mehr zu Ihrem Revier«, sagte er. Er schloss die Tür und ging hinter dem Schutzmann her in den Laden hinab. Der erschossene Schutzmann lag, so lang er war, oben auf dem Ladentisch; sein Kamerad hatte ihn da hinaufgelegt, er hatte die Ladentür abgeschlossen und die Rollläden heruntergelassen.

»Sie schließen wohl den Betrieb für heute und teilen den Kameraden mit, was geschehen ist«, sagte Pelle ruhig zu Brun, »ich habe noch etwas zu erledigen. Heute wird nicht mehr gearbeitet!«

»Willst du fort?«, fragte der Alte bekümmert.

»Ja, ich will Peters Versammlung für ihn abhalten – er selbst kann es ja nicht mehr«, sagte Pelle leise.

Sie waren durch die Werkstatt gegangen, die Kameraden standen da und sahen einander an – sie hatten die Schüsse gehört, wussten aber nicht, was los war. »Peter ist tot«, sagte Pelle; mehr konnte er vor Bewegung nicht hervorbringen. Alles stürzte plötzlich auf ihn ein. Er eilte hinaus und sprang auf eine Straßenbahn.

Auf einem der großen Felder hinter Nörrebro hatten sich ein paar tausend Arbeitslose versammelt. Ein Wind hatte sich erhoben; ein feiner Staubregen kam von Westen her, in Stößen brauste das Unwetter über das Feld. Die Arbeitslosen stampften hin und her oder standen da und froren in ihrer dünnen Kleidung; es lag eine böse Luft über der Versammlung. Fortwährend strömten neue Männer herbei, arg mitgenommene Gestalten, die meisten von ihnen mit Gesichtern, in die die Arbeitslosigkeit ihre Spuren eingegraben hatte. Viele hatten keine Kleidung mehr, um sich damit in der Stadt sehen zu lassen, aber hier wollten sie mit dabei sein.

Sie gingen umher und murrten, dass die Versammlung nicht begann, fragten einer den anderen, was das zu bedeuten habe, und wussten weder ein noch aus. Es fehlte nur, dass auch Peter Drejer sie genasführt hatte und zu den Bürgern übergegangen war!

Aber plötzlich tauchte eine Gestalt auf dem Arbeitswagen auf, der als Rednertribüne benutzt werden sollte. Von allen Seiten strömten sie herbei. Wer, zum Teufel, war denn das? Peter Drejer war es nicht! Pelle? Ach, der von dem großen Kampf – der »Blitz«! Lebte der noch? Freilich lebte der, er war ja Großindustrieller geworden und eine Stütze der Gesellschaft! Verdammt und verflucht, was wollte der hier? Das war keine kleine Unverschämtheit!

Plötzlich peitschte ihm ein ganzes Gewitter von Rufen und Zischen und spärlichem Beifall entgegen.

Pelle stand da und sah mit einem Ausdruck fürchterlichen Ernstes über die Versammlung hin. Ihre Demonstration gegen ihn rührte ihn nicht, aber hier stand er an Stelle eines Toten! Noch fühlte er Peters todschweren Kopf in seinem Arm.

Als es einigermaßen ruhig geworden war, hob er den Kopf. »Peter Drejer ist tot«, sagte er mit einer Stimme, die man überall hörte. Es ging ein Flüstern durch die Reihen, sie sahen einander fragend an, als hätten sie nicht recht gehört. Er sah es ihnen an, wie viel für sie zu Grunde gehen würde, falls sie es glauben mussten.

»Das ist eine stinkende Lüge!«, rief plötzlich eine Stimme. »Du bist von der Polizei gedungen, um uns auseinander zu jagen, du verdammter Schurke!«

Pelle wurde bleich. »Peter Drejer liegt in der Fabrik mit einer Kugel im Kopf«, wiederholte er unerbittlich. »Die Polizei wollte ihn verhaften, da erschoss er den Schutzmann und sich selbst!«

Einen Augenblick schien alles Leben unter der unbarmherzigen

Wahrheit wegzufrieren; er sah, wie sehr sie Peter Drejer geliebt hatten. Dann fingen sie an zu murren und zu rufen, sie wollten zur Stadt und ein Wort mit der Polizei reden. Einige setzten sich schon in Bewegung.

»Still, Leute!«, rief Pelle mit gewaltiger Stimme. »Ihr seid erwachsene Männer und wollt an der Bahre eines Kameraden Skandal machen?«

»Was weißt du davon«, erwiderte einer. »Du weißt ja gar nicht, wovon du redest!«

»Ich weiß so viel, dass irgendwo auf Vesterbro eine Frau und ein Kind sitzen und auf Peter warten – und der kommt nicht. Sollen noch mehr Frauen und Kinder so sitzen und warten? Was ist los mit euch, dass ihr in die See springen und euch ertränken wollt, weil ihr ein bisschen nass geworden seid? Bekommen dadurch die Überlebenden ihren Anteil? Denn wenn ihr das glaubt, ist es ja eure Pflicht, euch zu opfern. Aber glaubt ihr nicht eher, dass euch der Staat in eine große gemeinsame Grube werfen und euch von den Witwen und Waisen beweinen lassen wird?«

»Du hast gut reden!«, rief man ihm zu. »Du hast dein Schäflein im Trockenen!«

»Ich bin damit beschäftigt, auch das eure für euch ins Trockne zu ziehen – und das wollt ihr durch eine Dummheit verhindern. Ihr habt gut reden. Aber ist da jemand unter euch, der es wagt, sein Antlitz zum Himmel zu erheben und zu sagen, dass er mehr durchgemacht hat als ich, so mag er kommen und meinen Platz einnehmen.«

Er schwieg und sah über sie hinweg. Ihre abgezehrten Gesichter verrieten ihm, dass sie mehr der Nahrung als neuer Hoffnung bedurften, ihre Blicke starrten ins Ungewisse. Jetzt musste man ihnen eine Verantwortung zu tragen geben, eine große Verantwortung für so übervorteilte Wesen, am liebsten eine so große, dass sie von ihr mit fortgerissen würden.

»Was geht mit euch vor?«, fuhr er fort. »Ihr leidet Not, aber das habt ihr ja immer getan, ohne etwas dafür zu bekommen; und jetzt, wo die Sache einen Sinn hat, wollt ihr nicht mehr. Wir sind doch nicht von gestern – bedenkt das! Haben wir nicht den großen Kampf zusammen zu Ende geführt? Jetzt verhöhnt ihr ihn und die ganze Bewegung und sagt, das alles hätte nichts eingebracht; aber es war doch da, wir haben uns zum Leben durchgerungen und unser Menschenrecht erobert.

Und davor haben wir tausend Jahre lang unsere blinde Hoffnung durch Unterjochung und Entbehrungen weitergetragen. Gibt es eine andere Gesellschaftsklasse, die eine Marschroute wie wir aufzuweisen hat? Durch die Umstände gezwungen, richteten wir uns darauf ein, jahrtausendelang in der Wüste zu wandern, und vergaßen niemals das Land; Gott hatte uns etwas von seiner unendlichen Langmut gegeben, um uns über die mühselige Zeit hinwegzubringen. Und jetzt, wo wir an der Grenze stehen, habt ihr vergessen, wohin der Marsch führen sollte, und opfert das Ganze, wenn man euch aus mageren Sklaven nur in fette Sklaven verwandelt.«

»Hier gibt es keine Sklaven!«, wurde drohend von mehreren Seiten gerufen.

»Ihr seid Arbeitstiere im Joch und mit Scheuklappen vor den Augen. Jetzt verlangt ihr gut gefüttert zu werden. Wann fällt es euch wie Schuppen von den Augen, sodass ihr die Verantwortung für euch selber übernehmt? Ihr glaubt, dass ihr ganz verteufelte Kerle seid, wenn ihr die nackte Brust den Bajonetten entgegenwerft; aber können wir es mit der Brutalität aufnehmen? Wenn wir es könnten, gehörte uns die Zukunft schon.«

»Verhöhnst du Peter Drejer?«, fragte eine finstere Stimme.

»Das tue ich nicht! Peter Drejer gehörte zu jenen, die vorangehen und die Steine auf den Wegen mit ihrem Herzblut bestreichen, damit wir andern weiterfinden. Aber ihr habt nicht das

Recht, euch mit ihm zu vergleichen; er brach zusammen unter der Last einer ungeheuren Verantwortung und was tut ihr? Wollt ihr sein Andenken ehren, wie er es verdient, dann geht still nach Hause und schließt euch wieder der Bewegung an! Da habt ihr eine Arbeit zu verrichten, die die Welt verwandeln wird, wenn ihr nur alle eure Kräfte einsetzt. Was tut es, dass ihr noch eine Weile bluten müsst und dass eure Gedärme vor Hunger schreien, während ihr euer eigenes Haus baut – ihr habt ja auch gehungert, als ihr für andere bautet!

Ihr beruft euch auf Peter Drejer, aber wir gehören nicht zu den großen Märtyrern. Wir sind gewöhnliche Menschen des Alltags und im Alltag liegt unsere Aufgabe. Alle die tausende, die in der Stille litten und starben, haben sie nicht einen noch größeren Anspruch darauf, dass wir ihnen folgen? Sie sind friedlich zu Grunde gegangen, um die Entwicklung zu fördern, und haben ein Recht, zu fordern, dass wir an eine friedliche Entwicklung glauben. Gerade wir, die wir von unten stammen, müssen die historische Entwicklung bewahren – niemals hat eine Bewegung eine so lange und bittere Vorgeschichte gehabt wie die unsere! Durch Leiden und Entbehrungen haben wir uns darin geübt, die Führung zu übernehmen, wenn einst das Gute zu seinem Recht gelangt – und nun wollt ihr das Ganze durch eine Gewalttat über Bord werfen!«

Sie hörten ihm jetzt schweigend zu.

Er hatte ihre Gemüter gefesselt, aber es war kein frohes Wissen, das sie aufsogen. Vorläufig sahen sie eher aus wie müde Leute, die erfahren, dass sie noch weit zu gehen haben. Aber sie mussten da hindurch!

»Kameraden!«, rief er warm. »Vielleicht werden wir das Neue nicht mehr erleben, aber durch uns soll es einstmals Wirklichkeit werden. Die Vorsehung hat bei uns Halt gemacht und hat uns ausersehen dafür zu kämpfen – ist das nicht eine Ehre? Seht, wir kommen ja vom Grunde her – ganz nackend; das Alte haftet nicht an unseren Kleidern, denn wir haben keine; wir können uns in das Neue kleiden! Den alten Gott mit seinen tausenden von Pfaffen als Schutz gegen die Ungerechtigkeit kennen wir nicht; die Moral des Krieges haben wir niemals gespürt – wir, die wir immer seine Opfer waren! Wir glauben an das Gute, weil wir wissen, dass es ohne den Sieg des Guten keine Zukunft gibt. Unser Sinn ist licht und kann das Licht aufnehmen, wir wollen unser kleines Land emporheben und zeigen, dass es eine Mission auf Erden hat. Wir, die wir selber klein sind, wollen zeigen, wie sich die Kleinen aufrecht halten und sich durch das Prinzip der Güte Geltung verschaffen können. Wir wünschen niemand etwas Böses, darum ist das Gute auf unserer Seite. Nichts kann uns auf die Dauer niederhalten! – Und jetzt geht nach Hause – eure Frauen und Kinder sind vielleicht in Sorge um euch!«

Sie standen einen Augenblick schweigend da, als lauschten sie noch. Dann zerstreute sich die Menschenmenge in aller Stille.

Als Pelle vom Wagen sprang, kam Morten auf ihn zu und reichte ihm die Hand. »Du bist stark, Pelle!«, sagte er ruhig.

»Wo kommst du denn her?«, fragte Pelle froh überrascht.

»Ich bin heute Nachmittag mit dem Dampfer gekommen und ging gleich ins Geschäft. Brun erzählte mir, was geschehen war, und sagte, du seiest hier draußen. Es war wohl eine gefährliche Versammlung. Da drüben in einer der Seitengassen stand eine Abteilung Schutzleute. Was lag denn vor?«

»Sie hatten irgendeine Kundgebung geplant – und dann wäre man wohl scharf gegen sie vorgegangen«, sagte Pelle ernst.

»Gut, dass es dir gelang, sie umzustimmen. Ich habe im Süden Kundgebungen gesehen, wo Polizei und Soldaten elende Arbeitslose niederritten – das ist ein trauriges Schauspiel.«

Sie gingen über die Felder zur »Morgendämmerung« hinaus. »Dass du wieder heimgekehrt bist!«, sagte Pelle ganz kindlich. »Du hast ja nicht ein Wort davon geschrieben!«

»Es war auch meine Absicht, noch ein paar Monate fortzubleiben; aber dann, eines Tages, sah ich die Zugvögel nach Norden zu über das Mittelmeer fliegen – und da erwachte eine unbändige Sehnsucht in mir. Und es war ja gut, dass ich kam, denn so kann ich Brun doch noch Lebewohl sagen.«

»Ach, will der nun doch reisen? Das ist schnell gekommen – heute Vormittag konnte er sich noch gar nicht dazu entschließen!«

»Das ist die Sache mit Peter. Der Alte ist im letzten halben Jahr sehr hinfällig geworden. Aber lass uns ein wenig schneller gehen – ich sehne mich nach Ellen und den Kindern. Was macht der Kleine?«

»Der ist ein Dicksack«, sagte Pelle stolz. »Neun Pfund netto – ist das nicht aller Ehren wert? Ein richtiges Sonnenkind!«

23

Und dann ist es wieder Frühling in Dänemark!

Schon lange ist er im Anmarsch gewesen; die Lerche kam, ehe noch der Frost aus der Erde war, und dann tauchte der Star auf. Und eines Tages war die Luft plötzlich leicht geworden, sodass der Blick wieder weit hinausschweifen konnte, und im Wind spürte man den Atem des Lenzes. Er trug die Botschaft von jungen frischen Kräften und die Leute reckten sich und atmeten die Luft ein. »Ach, der Südwind!«, sagten sie erwartungsvoll.

Und dort kommt er selbst von Süden her übers Meer geritten inmitten seines Gefolges übermütiger Jugend. So herrlich ist sein Einzug noch nie gewesen, gleicht er doch der strahlenden Sonne selbst! Das Meer glitzert unter goldenen Hufen und die Luft ist zitternd voll von Strahlenspießen, die auf dem ausgelassenen Ritt ergriffen und geworfen werden. Juchhei – in halsbrecherischem Galopp über die Wogen dahin! Wer landet zuerst am dänischen Strand?

Gleich einem Sturm saust der Lenz dahin über Inseln und Belte und umarmt das Ganze mit übermütiger junger Kraft; er singt in den geöffneten Mündern der Kinder wie in einer Muschel und rüttelt munter an allem. Die Zähne der Frauen werden gesund von seinem Kuss und blitzen mit ihren Augen um die Wette; ihre Wangen glühen unter seiner Liebkosung und sind doch kühl wie sonnenreife Früchte, die vom Morgen betaut sind. Und in dem Gehirn des Mannes wirbelt es von neuem, es weitet sich vor dem Lenzwind aus, groß wie der Himmel selbst, und blaut in unbestimmter Erwartung. Hoch oben ziehen die wilden Vögel dahin; ihn schwindelt ob seiner eigenen Unendlichkeit.

Barhäuptig und mit einem Lächeln aus Sonne geht er wie ein junger Riese, berauscht von seiner eigenen Stärke, breitet die Arme aus und erweckt trällernd das Ganze. Nichts kann ihm widerstehen. Er kitzelt die schlafende Erde unter dem Herzen und ruft ausgelassen hinab in ihren dunklen Schoß: »Ruf einmal Kuckuck!«

Und tief unten erwachen zappelnd die Wurzeln des Lebens und bringen die Säfte wieder in Umlauf. Igel und Feldmaus taumeln schlaftrunken hervor und fangen an, in der Hecke zu pusseln. Unten aus der Finsternis gärt und brodelt es von all dem Alten, was da verwest, und das saure Wasser der Gräben fängt an dem Meer zuzulaufen.

Die Menschen stehen wie aus den Wolken gefallen da und starren den freigebigen Riesen an, bis es auch in ihnen wächst und sie selbst alles Mögliche vermögen. Alles, was man unmöglich konnte, kann man jetzt auf einmal – und noch mehr! Der Bauer hat schon lange den Pflug in der Erde und der Sämann schnallt sich seinen Korb um; jetzt soll das Land wieder bestellt werden.

Die Tage werden länger und nehmen an Wärme zu; es ist herrlich, zu wissen, dass es aufwärts geht. Eines Tages entfernt Ellen die Vorsatztüren und macht die Tür zum Garten weit auf; es ist wie eine Befreiung. Aber wie viel Schmutz das Licht an den Tag bringt!

»Nun kriegen wir viel zu tun, Petra Drejer!«, sagte Ellen. Die verwachsene, kleine Näherin lächelt mit ihren traurigen Augen und nun fangen die beiden an zu fegen und Fenster zu putzen; von Zeit zu Zeit kommt ein kleines Mädchen aus dem Garten herein und beklagt sich, weil sie nicht mit Annas großer Puppe spielen darf. Aber Svend Tröst ist vom Morgen bis zum Abend auf dem Feld; er hilft Großvater Stolpe die neuen Arbeiterwohnungen bauen. Das ist eine gute Hilfe! Wenn Ellen ihn zu den Mahlzeiten hereinholt, ist er so schmutzig, dass sie nahe daran ist, aus der Haut zu fahren.

»Gott weiß, wie es dem alten Brun gehen mag«, sagte Ellen plötzlich. »Wir haben jetzt, glaube ich, seit drei Tagen nichts von ihm gehört. Es ist traurig, zu denken, dass er so weit weg ist. Wenn sie nur recht gut für ihn sorgen!«

Pelle hat gewaltig zu tun – sie sehen nicht viel von ihm. Jetzt hat die Bewegung die Verwirklichung seines Gedankens allen Ernstes in Angriff genommen und er soll jetzt über alles schalten und walten; da hat er alle Hände voll zu tun. »Hab ich einen Mann oder hab ich keinen Mann?«, sagt Ellen, wenn sie seiner einmal habhaft wird.

»Jetzt wird es bald besser«, entgegnet er. »Wenn wir die Maschinerie erst einmal in Gang haben, läuft alles von selbst.«

Morten ist der Einzige, der nichts Ernstes vorhat. Er geht umher und duselt und wirkt sonderbar fremd inmitten all der Geschäftigkeit. »Er denkt!«, sagt Ellen und hält mitten im Teppichklopfen inne. »Gott sei Dank, dass man kein Schriftsteller geworden ist!«

Pelle will ihn gern in das Unternehmen hineinziehen. »Da ist über so vieles zu schreiben, da gibt es so vieles, worüber man Vorträge halten müsste«, sagte er. »Das könntest du viel besser als ich!«

»Nein, Pelle, ich kann nicht«, erwiderte Morten. »Deine Arbeit wächst auch in mir, meine Gedanken beschäftigen sich ständig mit ihr und ich habe ja auch die Absicht gehabt, dir dabei zu helfen –

aber ich kann nicht. Wenn ich dazu komme, mein Scherflein zu deinem Riesenwerk beizusteuern, so wird es auf ganz andere Weise geschehen.«

»Du arbeitest auch nicht an deinem Werk von der Sonne«, sagte Pelle bekümmert.

»Nein, denn jedes Mal, wenn ich daran arbeiten will, verschwimmt alles so sonderbar mit deinem Werk. Ich kann die Gedanken nicht auseinander halten: Zur Zeit komme ich mir vor wie ein Maulwurf, der in der schwarzen Erde blind unter dem mächtigen Baum des Lebens herumwühlt. Ich grabe und suche und jeden Augenblick stoße ich auf die starken Wurzeln des Riesen. Ich kann sie nicht sehen, aber ich höre es von da oben her tönen – und leide darunter, dass ich ihnen nicht ins Licht hinauffolgen kann.«

Eines Sonntagvormittags gegen Ende Mai saßen sie draußen im Garten. Die Wiege stand in der Sonne, Pelle und Ellen saßen jeder an einer Seite und besprachen häusliche Angelegenheiten. Ellen hatte ihm viel zu erzählen, wenn sie ihn einmal ganz für sich hatte. Der Kleine lag da und sah mit seinen dunklen Augen, Ellens Augen, in die Luft, er war braun und rundlich. Man sah ihm an, dass er in Sonne und Liebe empfangen war.

Lasse Fredrik saß abseits unter dem Dornbusch und malte ein Bild, das Pelle nicht sehen durfte, ehe es fertig war. Er besuchte jetzt die Zeichenschule und war tüchtig, er hatte einen scharfen Blick für Menschen – namentlich die Armen konnte er zeichnen, wie sie gingen und standen. Er hatte eine leichte Hand; mit zwei, drei Strichen konnte er das geben, was der Vater sich mühselig hatte erarbeiten müssen. »Du schluderst«, pflegte Pelle halb verdrießlich zu sagen, »deine Arbeit verträgt nicht, dass man sie aus der Nähe betrachtet!« Aber er musste zugeben, dass es ähnlich war.

»Nun, bekomme ich denn das Bild bald zu sehen?«, rief er hinüber. Er war sehr neugierig.

»Ja, jetzt ist es fertig«, sagte Lasse Fredrik und kam damit an. Das Bild stellte eine Straße dar, in der ein einsamer Milchwagen stand; hinter dem Wagen lag ein Milchjunge mit blutendem Kopf. »Er ist eingeschlafen, weil er so früh aufstehen muss«, erklärte Lasse Fredrik. »Und dann, als der Wagen weiterfuhr, ist er heruntergefallen.« Die morgendliche Öde der Straße war gut wiedergegeben, aber das Blut war zu knallrot.

»Das ist so unheimlich«, sagte Ellen schaudernd. »Aber wahr ist es.«

Morten kam aus der Stadt nach Hause. »Hier ist Nachricht von Brun für dich!«, sagte er und reichte Pelle einen großen Brief. Pelle ging in das Gartenzimmer, um ihn in Ruhe zu lesen, nach einer Weile kam er wieder heraus.

»Ja, große Neuigkeiten sind es diesmal«, sagte er bewegt. »Wollt ihr es hören?« Er setzte sich hin und las:

»Lieber Pelle!

Ich sitze in meinem Bett und schreibe an dich. Es steht schlecht mit mir, schon seit einigen Tagen; doch hoffe ich, dass es nichts Ernstes ist. Wir schulden dem lieben Gott ja alle einen Tod, aber ich möchte die große Weltumseglung gern von Euch aus antreten. Ich sehne mich nach der ›Morgendämmerung‹ und nach Euch allen und fühle mich einsam; falls das Geschäft dich einige Tage entbehren kann, würde ich mich freuen, wenn du hierher kämst. Dann könnten wir zusammen nach Hause reisen, allein wage ich mich nicht auf den Weg.

Gerade jetzt geht die Sonne unter und sendet ihre letzten Strahlen zu mir herein; der Tag ist grau und trübe gewesen, aber jetzt bricht die Sonne durch die Wolken und küsst die Erde und auch mich alten Mann – zum Abschied. So ist mein Tag ja auch gewesen, ehe ich dir begegnete. Endlos lang und grau! Wenn man das letzte Glied eines aussterbenden Geschlechts ist, muss man auch die grauen Schicksale der anderen mit sich herumschleppen!

Ich habe oft darüber nachdenken müssen, wie wunderlich die verborgene Kraft des Lebens ist. Die Verbindung mit dir ist wie eine Verheißung für mich gewesen, obwohl ich wusste, dass ich nichts mehr ausrichten und mich auch nicht mehr fortpflanzen würde. Trotzdem fühle ich mich durch dich im Bund mit der Zukunft! Du stehst im Aufgang und siehst wohl auf mich wie auf etwas, das verschwindet. Aber sieh doch einmal, wie das Leben uns alle leben lässt – indem es jeden auf seine Weise benutzt! Bleibe stark in deinem Glauben an die Zukunft, mit dir ist die Entwicklung. Ich wünschte von ganzem Herzen, ich wäre ein erwachender Proletarier und stünde in der Morgendämmerung; aber ich freue mich doch, dass mir das Neue durch dich die Augen zudrückt.

Ich ging umher und fand, dass das Leben langweilig und selbstverständlich sei – zu bekannt. Ich hatte es ja in meinen Katalogen alles geordnet! Und wie hat es sich dann erneuert! Jetzt, in meinen alten Tagen, habe ich seine ewige Jugend erlebt. Früher habe ich mir nie etwas aus dem Landleben gemacht, das war für mich eine Wanderung durch Staub und Schmutz. Die schwarze Erde erschien mir schauerlich, sie rief nur Gedanken an den Friedhof in mir wach – so weit war ich von der Natur entfernt. Das Land war etwas, wo sich die Bauern bestätigten, die derben, gefräßigen Geschöpfe, die einem im Grunde wie Tiere vorkamen, die versuchten, unsereins nachzuahmen. Denkende Wesen konnten unmöglich da draußen leben. Das war die Auffassung in meinen Kreisen und ein wenig auch die meine, wenn auch meine akademische Bildung selbstverständlich alles ein wenig umschrieb und verschleierte. Unser Verhältnis zur Natur kam mir, ästhetisch gesehen, sehr interessant vor, aber im Grunde schien es mir ein feindliches Verhältnis. Ich konnte nicht begreifen, dass jemand an einem umgepflügten Acker oder an einem Rain etwas Schönes finden konnte. Erst als ich dich kennen lernte, rührte sich etwas in mir und rief mich hinaus; es war etwas an dir, was Luft von da draußen war.

Jetzt verstehe ich auch meine Vorfahren! Früher standen sie als grobhäutige Kerle vor mir, die das Geld zusammenscharrten, von denen wir zwei Generationen lang gezehrt haben, ohne auch nur für zwei Schilling wirklichen Nutzen zu schaffen. Sie haben uns doch in den Stand gesetzt, das Leben zu leben, habe ich immer gedacht – und das als die einzige Entschuldigung dafür betrachtet, dass sie sich in der Familie vorfanden, saftig und robust, wie sie waren. Jetzt sehe ich, dass sie gelebt hatten, während wir nach ihnen bei all unserem Wohlbehagen nur ein Bett im Altersheim des Daseins gehabt haben.

Für das alles danke ich euch. Ich bin glücklich, dass ich durch euch die Menschen der neuen Zeit kennen gelernt habe und mein Vermögen zurückgeben kann. Es ist von allen denen geschaffen worden, die arbeiten, und von einigen wenigen aufgehäuft; es ist nur selbstverständlich, dass ich es zurückgebe. Andere werden es in Zukunft ebenso machen wie ich – freiwillig oder notgedrungen –, bis alles allen gehört. Und dann erst kann der Kampf um das Menschliche beginnen! Der Kapitalismus hat wunderbare Maschinen geschaffen, aber was für wunderbare Menschen erwarten uns nicht mit der neuen Zeit! Wer das erleben könnte!

Ich habe alles dir und Morten vermacht. Es gibt bisher noch keine Stiftung, der ich es übergeben könnte, da müsst ihr es denn im Namen der Genossenschaft verwalten. Ihr beide seid die besten Vormünder des armen Mannes und ich weiß, Ihr werdet es auf die beste Weise verwenden; ich lege es ruhig in eure Hände. Das Testament liegt bei meinem Rechtsanwalt, ich habe vor meiner Abreise alles geordnet.

Einen Gruß an alle in der ›Morgendämmerung‹, an Ellen und die Kinder und Morten. Wenn der Kleine getauft werden sollte, ehe ich wieder nach Hause komme, so wisst ihr ja, dass er meinen Namen tragen soll. Aber nun hoffe ich, dass du kommst.«

Ellen atmete tief auf, als er mit dem Brief fertig war.

»Wenn es nur nicht ernster mit ihm ist, als er zugeben will«, sagte sie. »Du reist doch?«

»Ja, ich ordne morgen in aller Frühe das Notwendige im Betrieb und reise mit dem Vormittagsexpress.«

»Dann muss ich mich wohl um deine Sachen kümmern«, sagte Ellen und ging hinein.

Pelle und Morten machten einen Gang den Hügelrand entlang, vorüber an den halb fertigen Wohnungen, deren rote Steine in der Sonne leuchteten.

»Kommst du dir nicht wie ein Glückskind vor, Pelle?«, fragte Morten plötzlich.

»Ja«, antwortete Pelle, »mir hat nichts etwas anhaben können und da ist es wohl richtig, was Vater Lasse und die anderen sagten, dass ich mit dem Siegerhemd geboren sei. Die Missstände, unter denen ich als Kind gelitten, haben mich gelehrt, gut gegen andere zu sein, im Gefängnis gewann ich meine Freiheit – was mich zu einem Verbrecher machen sollte, machte mich zum Menschen. Nichts hat mir schaden können! Da muss ich denn wohl ein Glückskind sein, wie du sagst.«

»Ja, das bist du und nun habe ich meinen Stoff gefunden, Pelle! Ich wühle nicht mehr blind im Dunkeln herum – jetzt will ich ein großes Werk schreiben.«

»Glück auf! Wovon soll es denn handeln? Soll es ein Werk über die Sonne sein?«

»Ja, über die Sonne und über das, was siegt. Es soll ein Werk über dich sein, Pelle!«

»Über mich?«, fragte Pelle erschrocken.

»Ja – über den nackten Pelle mit dem Siegerhemd! Jetzt ist es wohl an der Zeit, den nackten Menschen wieder in das Licht hinauszurufen und ihn richtig anzusehen, jetzt, wo er dasteht und die Zukunft übernehmen soll. – Ihr wollt ja am liebsten von Grafen und Baronen lesen, aber jetzt will ich eine Geschichte von einem

Prinzen schreiben, der den Schatz findet und die Prinzessin gewinnt. Er hat in der ganzen Welt nach ihr gesucht – und sie war nicht da. Dann ist nur er selber übrig geblieben und da findet er sie, denn er hat ihr Herz verschluckt. Ist das nicht eine gute Geschichte?«

»Ich finde, es ist ein richtiger Blödsinn«, sagte Pelle lachend. »Und du musst tüchtig Lügen hineinweben, wenn du mich zu einem Prinzen machen willst. Ich glaube nicht, dass du die Arbeiter bewegen kannst es als ein richtiges Buch zu betrachten – dazu ist das alles zu bekannt und zu gewöhnlich.«

»Sie werden danach greifen – und vor Freude und Stolz weinen, weil sie sich selbst darin wieder finden. Vielleicht nennen sie auch aus lauter Dankbarkeit ihre Kinder danach!«

»Wie soll es denn heißen?«, fragte Pelle.

»Es soll ›Pelle der Eroberer‹ heißen!«

Martin Andersen Nexö
Die Küste der Kindheit
Die schönsten Erzählungen
Mit einem Nachwort
von Tilman Spreckelsen
Aus dem Dänischen
310 Seiten
ISBN 3-7466-5122-0

»Literarische Brutplätze der Erinnerung.« TAZ

Der große dänische Dichter hat im Laufe seines Lebens an die neunzig Geschichten geschrieben. In seiner unverwechselbaren, bildhaften Sprache erzählt er von Menschen, die „etwas von der Weltumdrehung im Blut haben“ und das Glück oft finden, wo sie es nicht gesucht haben. Junge und Alte, Abenteurer und Seßhafte, Seefahrer und Dörfler kreisen um die beiden Pole dieser phantastischen Welt: die märchenhaft schöne Insel Bornholm und das nicht weniger sagenhafte Kopenhagen, das alles und jeden zu verschlingen droht und doch für viele zum letzten Ankerplatz wird.

Außerdem lieferbar:
Martin Andersen Nexö, Ditte Menschenkind, Roman. 731 Seiten. ISBN 3-7466-5123-9
Fordern Sie unser kostenloses Kundenmagazin an: Aufbau Taschenbuch Verlag, PF 193, 10105 Berlin. **www.aufbau-verlag.de**

AtV

Aufbau Taschenbuch Verlag